民法論攷 Ⅵ

尹眞秀

博 英 社

머 리 말

이번에 민법논고 6권과 7권을 같이 펴낸다. 여기 실린 글들은 2007년 하반기부터 2013년 상반기까지 발표된 것들이다. 그 동안 민법논고 후속편이 언제 나오는가 묻는 분들도 있었는데, 저자가 부지런하지 못하여 이제야 나오게 되었다. 민법논고 5권까지는 각 권을 재산법 1-3, 친족법, 상속법으로 구분하여 발간하였으나, 6권부터는 그렇게 구분하지 않기로 하였다. 분량 자체는 재산법과 친족·상속법이 얼추 비슷하기는 하지만, 7권에 실린 "2007년도 주요 民法 관련 판례 회고"와 "李容勳 大法院의 民法判例"는 재산법과 친족·상속법을 모두 다루고 있어서 위와 같은 구분이 큰 의미가 없기 때문이다.

그리고 필자와 공동으로 집필한 논문을 민법논고에 싣는 것을 선뜻 허락해 준 이동진 교수(6권의 "계약법의 법경제학")와 현소혜 교수(7권의 "부모의 자녀 치료거부 문제 해결을 위한 입법론")에게 사의를 표한다.

끝으로 발간을 수락해 주신 박영사 안종만 회장님과 연락을 도맡아 주신 조성호 이사님, 교정을 꼼꼼하게 봐 주신 김선민 부장님께도 감사의 인사를 드린다.

2015. 5.

윤 진 수

차　　례

* 이동진 교수와 공동집필.

세부차례

法의 解釋과 適用에서 經濟的 效率의 考慮는 가능한가?

變化하는 사회와 宗中에 관한 慣習

私法上의 團體와 憲法

계약법의 법경제학

契約上 共通의 錯誤에 관한 연구

土地 및 林野 査定의 法的 性格

— 原始取得論 批判 —

抵當權에 대한 侵害를 排除하기 위한 擔保地上權의 效力

유치권 및 저당권설정청구권에 관한 민법개정안

한국법상 약관규제법에 의한 소비자 보호

증여계약의 해제에 관한 민법개정안

製造物責任의 主要 爭點

— 최근의 논의를 중심으로 —

法의 解釋과 適用에서 經濟的 效率의 考慮는 가능한가?

Ⅰ. 서　　론

법경제학이 학문적으로 자리를 잡은 미국에서는 법규칙의 정립뿐만 아니라 재판과정에서도 경제적 효율을 고려하여야 한다는 것에 어느 정도 의견이 모아지고 있다.[1] 그러나 이른바 성문법 국가인 독일에서는 과연 법관이 법의 해석과 적용 과정에서 경제적 효율을 고려할 수 있는가에 관하여 많은 논란이 벌어지고 있다. 이러한 독일의 논의는 법체계가 비슷한 우리나라에도 상당한 참고가 될 수 있을 것이다. 이 글에서는 이 문제에 관한 독일의 논의를 소개하고, 과연 한국에서는 어떠한 주장이 타당할 것인지를 살펴보고자 한다. 결론을 먼저 이야기한다면 필자는 재판과정에서 법의 해석과 적용이 문제되는 경우에도 법관은 경제적 효율을 고려하여야 하고, 또 실제로도 고려하고 있다고 믿는다. 그리하여 이 점에 관한 필자의 생각을 개진하여 본다.

그런데 우선 효율의 개념을 명확히 할 필요가 있다. 여기서는 1차적으로는 이른바 배분적 효율(allocative efficiency), 즉 한정된 자원의 효용을 극대화한다는 의미로 효율 개념을 사용하고자 한다.[2] 만일 자원이 더 큰 효용을 가져올

1) 그렇지만 실제로 미국의 재판에서 법관이 얼마나 법경제학을 활용하고 있는가에 대하여는 논란이 있다. Eric M. Fink, “Post-Realism, or the Jurisprudential Logic of Late Capitalism: A Socio-Legal Analysis of the Rise and Diffusion Of Law And Economics”, 55 Hastings L.J. 931, 958 ff.(2004) 참조.

2) Richard A. Posner, Economic Analysis of Law, 6th ed., 2003, p. 11; Hans-Bernd Schäfer/Claus Ott, Lehrbuch der ökonomischen Analyse des Zivilrechts, 4. Aufl., 2005, S. 1.

수 있게 사용될 수 있음에도 불구하고 그렇게 사용되지 못한다면, 이는 자원을 낭비하는 것이다. 법경제학에서는 법제도를 설계하고 운영함에 있어 이처럼 한정된 자원의 효용을 극대화하는 것 내지 자원의 낭비를 막는 것이 목적이 되어야 한다고 주장한다.

다른 한편 생산적 효율(productive efficiency)이라는 개념도 고려할 수 있다. 이는 특정의 목적을 달성함에 있어서 그 목적 달성을 위한 수단을 어떻게 사용하여야만 가장 자원을 절약하면서 목적을 달성할 수 있는가, 또는 일정한 자원을 투입하여 어떻게 최대한의 목적을 달성할 수 있는가 하는 점이다. 대개 특정의 재화를 생산함에 있어서 어떻게 생산하는 것이 효율적인가를 따지기 때문에 생산적 효율이라고 한다.[3] 그렇지만 그러한 목적의 달성 내지 재화의 생산이 사회 전체적으로 보아 효율적인가, 즉 배분적으로 효율적인가 하는 점은 별개의 문제이다. 어떻게 본다면 법의 제정과 집행에 있어서는 생산적 효율의 문제는 항상 고려되어야 하는 것이고, 이를 무시한다면 비합리적이라고 할 수 있다.

그러나 여기서는 일단 배분적 효율의 문제, 즉 법이 규범적으로 배분적 효율을 추구하여야 하는가의 문제에 초점을 맞추기로 한다. 다만 뒤에서 살펴볼 비례의 원칙은 생산적 효율의 문제라고 할 수 있다.[4]

여기서 배분적 효율과 법의 관계를 좀 더 구체적으로 살펴본다. 어떤 자원(예컨대 만년필)이 A보다는 B에게 더 큰 효용을 가져올 수 있음에도 불구하고 A에게 만년필이 귀속되어 있다면, 이 만년필이 B에게로 이전되는 것이 더 효율적이라고 할 수 있다. 그러나 그렇다고 하여 법이 개입하여 A의 의사와는 관계없이 A로부터 만년필을 빼앗아 B에게로 옮겨야 한다는 결론이 나오는 것은 아니다. 만일 B가 A보다 그 만년필을 더 필요로 한다면 B가 A로부터 만년필을 사면 된다. 그렇지 않고 법이 A로부터 B에게 만년필을 빼앗는 것은 몇 가지의 문제점을 낳는다. 그 하나는 실제적인 것으로서, 법이 A로부터 만년필을 빼앗는 것은 대부분의 경우에는 B가 A로부터 만년필을 사는 것보다 더 비용이 든다. 이러한 불필요한 비용, 즉 거래비용(transaction cost)을 지출하는 것이 우선 낭비이다. 다른 하나는 과연 B가 A보다 더 만년필을 높이 평가하는가 하는 점은 제3자가 알기 어렵고, 이는 B와 A 사이의 거래를 통하여 가장 정

---

3) Robert Cooter and Thomas Ulen, Law and Economics, 3rd ed., 2000, p. 12; 朴世逸, 法經濟學, 개정판, 2000, p. 589; Anthony Ogus, Costs and Cautionary Tales, 2005, pp. 26 f. 등.

4) 아래 Ⅲ. 2. 나. 참조.

확하게 판단할 수 있다. 마지막으로 일방적으로 만년필의 소유권을 이전시키는 것은 B의 효용은 증가시키지만 A의 효용은 감소시키게 된다. 이는 칼도-힉스 기준(Kaldor-Hicks criterion)을 만족시킬 수는 있지만, 파레토 기준(Pareto criterion)을 만족시키지는 못한다. 반면 B가 A로부터 만년필을 산다면 B뿐만 아니라 A에게도 최적의 상태가 되어 이른바 파레토 최적(Pareto optimality)을 달성하게 되는 것이다.

여기서 파레토 기준이란 파레토 개선 내지 파레토 우월(Pareto improvement or Pareto superiority)을 달성할 수 있는가 하는 문제이다. 우선 파레토 최적(Pareto optimality)이란 어느 한 사람이라도 불리하게 되지 않고서는 현재의 재화 배분 상태를 변경시킬 수 없는 경우를 말한다. 따라서 재화의 배분 상태를 변경시킴으로써 불이익을 입는 사람이 있다면 그에 대하여 보상을 해 주어야만 파레토 균형이 유지될 수 있다. 그리고 파레토 개선은 재화 배분의 변경이 얼마나 파레토 균형에 접근하고 있는가, 다시 말하여 재화 배분의 변경이 누구한 사람에게도 불리하게 되지는 않아야 한다는 것을 말한다. 반면 칼도-힉스 기준은 재화 배분의 변경으로 인한 이익이 그로 인한 손실보다 크다면 그러한 손실을 감수하고서라도 재화 배분의 변경을 허용한다는 것을 말한다.[5)]

이러한 두 가지 기준 가운데 어느 것을 채택할 것인가는 일률적으로 말할 수 없으나, 이른바 사적 자치가 지배하는 사법관계에서는 일반적으로는 파레토 기준이 우월하다고 말할 수 있다. 좀 더 일반적으로는 보상이 뒤따르는 재화 배분의 거래비용이 작을 때에는 파레토 기준이 바람직하다.[6)]

효율의 문제를 거래비용의 관점에서 살펴본다면, 법이 개입할 필요가 있는 것은 효율적인 자원 분배에 소요되는 거래비용이 높아서 그러한 자원의 분배가 이루어지지 못하는 경우이다. 나아가 법은 전체적으로 거래비용을 낮추는 기능을 할 것이 요구된다. 뒤에서 살펴보는 여러 가지의 예도 이러한 거래비용을 얼마나 낮추는 것인가 하는 관점에서 이해할 수 있다.

이 논문의 서술 순서는 다음과 같다. 우선 Ⅱ.에서는 이 문제에 관한 독일의 논쟁을 살펴본다. 그리고 Ⅲ.에서는 우리나라에서는 이 문제를 어떻게 다루어야 할 것인가를 생각해 본다. 먼저 주로 민법을 중심으로 하여, 일반적인 분석을 한 다음 판례상 경제적 효율이 고려되고 있는 예가 있는지를 찾아본다.

---

5) 朴世逸(주 3), 163면; Cooter and Ulen(주 3), pp. 12, 43 f. 등 참조.
6) 그러나 뒤에서 살펴 볼 비례의 원칙 가운데 법익의 균형성은 칼도-힉스 기준을 채택한 것이라고 할 수 있다.

여기서 민법이 주된 대상이 된 것은 필자가 민법을 전공한다는 이유도 있지만, 법경제학은 미국에서나 독일에서도 주로 민사법을 대상으로 하여 발전되어 왔고, 그에 따라 비교적 많은 논의가 이루어졌기 때문이다. 나아가 헌법상으로는 이러한 효율의 문제가 어떻게 고려될 수 있는지를 살펴본다.

한 가지 미리 밝혀둘 것은, 이 글에서는 효율만이 법에서 고려되어야 할 유일한 가치라고 보지는 않는다는 점이다. 다른 목적, 특히 공정(fairness)도 법의 제정이나 적용 과정에서 고려하여야 할 중요한 요소이다.[7][8] 이 문제에 관하여는 다른 기회에 다루어 보려고 한다. 그렇지만 효율이 법에서 고려되어야 할 중요한 요소임에 틀림없다. 아주 단순화시켜서 말한다면, 법이 특별히 효율을 고려하지 말라고 명하지 않는 한 항상 효율을 고려하여야 한다.[9]

Ⅱ. 독일의 논쟁

독일에서는 법의 해석과 적용에서 효율을 고려할 것인가에 관하여 이를 부정하는 견해와 긍정하는 견해가 대립하고 있다. 여기서는 전자에 대하여는 대표적으로 아이덴뮐러(Eidenmüller)의 주장[10]을 소개하고, 후자에 대하여는 얀존(Janson)의 견해[11]를 중심으로 살펴본다.

---

7) 사람들이 효율 내지는 자신의 이익보다는 공정성도 중요하게 생각한다는 점은 예컨대 행동경제학(behavioral economics)에서 사용하고 있는 최후통첩 게임(ultimatum game)과 같은 실험에서도 나타난다. 이에 대하여는 Christine Jolls, Cass R. Sunstein and Richard Thaler, “A Behavioral Approach to Law and Economics”, in, Cass R. Sunstein ed., Behavioral Law & Economics, 2000, pp. 21 ff.; 리차드 H. 세일러 지음, 최정규・하승아 옮김, 승자의 저주, 2007 (원저: Richard H. Thaler, The Winner’s Curse, 1992), 53면 이하; 許盛旭, “法의 經濟的 分析에 관한 몇 가지 誤解에 관한 考察”, 民事裁判의 諸問題 제16권, 2007, 205-206면 등 참조.

8) 이와는 반대로, 효율 내지 복리(welfare)만이 고려되어야 하고 공정은 고려되어서는 안 된다는 최근의 주장으로는 Louis Kaplow and Steven Shavell, Fairness versus Welfare, 2002 참조.

9) 이 점에서 효율을 고려하여야 한다는 것은 일종의 임의규정(default rule)이라고 할 수 있다. 즉 반대되는 입법자의 명령이 없으면 법의 해석과 적용에서는 항상 효율을 고려하여야 하는 것이다.

10) Horst Eidenmüller, Effizienz als Rechtsprinzip, 3. Aufl., 2005. 이 책은 저자가 1994년에 받은 법학박사학위논문으로서, 1995년에 제1판이 출판되었는데, 제3판까지의 내용은 별로 수정되지 않았다.

11) Gunnar Janson, Ökonomische Theorie im Recht, 2004. 이 책은 저자가 2003년에 받은 법학박사학위논문이다.

1. 아이덴뮐러의 주장

아이덴뮐러는 주로 민법(Zivilrecht)을 중심으로 논의를 전개하고 있다.[12] 아이덴뮐러의 주장을 한 마디로 요약한다면, 입법과정에서는 법경제학이 도움이 될 수 있지만, 독일의 법관은 효율을 증진하는 사람이 될 수 없다는 것이다.[13]

그는 우선 미국에서는 판례법이 중심이지만, 독일에서는 성문법이 중요하다는 점을 강조한다.[14] 즉 미국에서는 법의 핵심적 영역이 법관법(Richterrecht)으로 구성되어 있고, 법관이 법정책적인 고려에 대하여 개방적이지만, 독일의 경우에는 그렇지 않다고 한다.

먼저 경제적 효율이 법의 정책(Politik des Gesetzes)일 때에는 민법을 적용함에 있어 경제적 효율을 고려하는 것에는 아무런 문제가 없지만, 민법, 예컨대 채권법이나 물권법의 경우에는 경쟁법이나 상법과는 달리 입법자가 경제적 효율을 목적으로 하는 경우가 별로 없기 때문에 이러한 주장이 적용될 여지가 별로 없다고 한다.[15] 그러면 효율이 법의 정책이 아닌 경우에도 효율을 지향하는 법률해석이 적어도 허용될 수 있는 법률의 구체화에 해당하는가가 문제되는데, 결론적으로는 이를 부정한다. 여기서 그는 과실의 개념과, 계약의 보충적 해석(ergänzende Vertragsauslegung)[16]의 두 가지 예를 들고 있다.[17]

우선 독일민법 제276조 제1항 제2문이 규정하고 있는 거래상 필요한 주의의무를 게을리하였다는 과실의 개념을 구체화함에 있어서 법경제학적인 개념[18]을 적용하는 것이 금지되는 것은 아니지만, 그로부터 그것이 바람직하다고 하는 결론이 나오는 것은 아니고, 법원이 효율을 촉진하는 역할을 하는 것이 정

---

12) 그는 상법이나 회사법과 같이 경제적인 특징을 가지는 법분야는 효율의 고려가 가능하다고 보고 있다. Eidenmüller(주 10), S. 451 참조.

13) Eidenmüller(주 10), S. 486 등.

14) Eidenmüller(주 10), S. 404 ff.

15) Eidenmüller(주 10), S. 452 ff.

16) 계약의 보충적 해석이란, 계약에 규정되지 않은 사항에 관하여 분쟁이 생겼을 때에는 계약에 흠결이 있다고 보고, 이 흠결을 당사자들이 그러한 사항에 관하여 규정하였더라면 어떻게 규정하였을까 하는 이른바 가정적인 당사자의사(hypothetischer Parteiwille)에 의하여 보충하는 것을 말한다. Schäfer/Ott(주 2), S. 429 ff.는 계약의 보충적 해석을 경제학적 모델에 의하여 설명하고 있다.

17) Eidenmüller(주 10), S. 454 ff.

18) 손해 발생을 막기 위한 한계비용이 예상되는 손해액과 손해의 발생가능성보다 작으면 과실이 있다는 이른바 러니드 핸드(Learned Hand)의 공식을 말한다. Eidenmüller(주 10), S. 400 f. 참조.

당화될 수도 없으며, 또 그럴 능력도 없다고 한다. 왜냐하면 민사소송법상 변론주의의 원칙 때문에 법관이 주의를 기울임으로 인한 한계비용과 한계효용을 확인하기에 필요한 정확한 지식을 가질 수 없으므로, 효율의 고려에 기초한 판결은 이익보다는 해가 된다고 한다. 뿐만 아니라 경제적 효율을 법정책상 유일한 또는 우월한 목표로서 정당화하는 것은 불가능하고, 경제적 효율이라는 목적이 다른 특별한 사정이 없는 한 우월하다는 것은 근거지울 수 없으므로,[19] 과실 개념을 효율을 지향하여 해석하는 것은 다른 법적 평가에 의하여 보충되거나 수정되어야 한다고 한다.[20] 그리고 계약의 보충적 해석에 대한 법경제학적 분석은 민법학에서 인정되고 있는 것처럼 구체적인 당사자의 규율계획을 끝까지 생각하는 것이 아니라, 경제인(homines oeconimicus)이 이상적인 조건 하에서 어떻게 합의하였을 것인가가 중요하므로, 이를 받아들일 수 없다고 한다.

이어서 그는 법률에 흠결이 있는 경우에 법원이 법의 형성(Rechtsfortbildung)을 함에 있어서 효율을 고려할 수 있는가 하는 점을 따져본다.[21] 이때 법원은 법원리(Rechtsprinzip)에 따라야 하는데, 법원리는 특정 법분야에만 의미를 갖는 국부적 법원리(lokales Rechtsprinzip)와, 헌법상의 체계적 지위 때문에 모든 법분야의 법형성에 작용하는 포괄적 법원리(globales Prinzip)로 나누어 볼 수 있고, 효율은 예산법과 같은 특정 법분야에서 의미를 가지는 국부적 법원리이기는 하지만, 민법에도 의미를 가지는 포괄적 법원리는 아니라고 한다. 여기서 그는 효율이 포괄적 법원리라고 주장하는 논자[22]에 대하여, 그러한 주장은 경제적 효율이 전통적인 정의의 논증 및 법원리와 동일하거나 적어도 부분적으로 동일하다는 동일성명제(Identitätsthese)와, 이를 전제로 법원이 법의 형성에 있어 법경제학적으로 재판하여도 된다는 정당성명제(Legitimationsthese)를 근거로 하는 것으로 이해하여 이를 비판하고 있다.

우선 동일성명제에 대하여는 긴급피난과 소송법상 보전처분의 예를 살펴보고 있다. 독일 민법 제228조 제1항이 규정하고 있는 긴급피난은 다른 덜 중

19) 그는 여기서 법의 경제적 분석은 효율만이 고려되어야 한다는 배타적 주장을 하는 것으로 이해하고 있다. Eidenmüller(주 10), S. 455.

20) 그는 여기서 물건의 손해인 경우에는 비용 효과 분석이 유용하다는 Heinrichs의 주장을 원용하고 있는데(Palandt/Heinrichs, Bürgerliches Gesetzbuch, 53. Aufl., 1994, §276 BGB Rdnr. 19. 2002년에 발행된 제61판의 설명도 마찬가지이다), 물적 손해의 경우에는 신체의 완전성이나 생명의 경제적 가치와는 다른 평가가 기초가 되기 때문이라는 것이다.

21) Eidenmüller(주 10), S. 459 ff.

22) 그 예로서 Ott, "Allokationseffizienz, Rechtsdogmatik und Rechtsprechung", in: C. Ott/H. - B. Schäfer(Hrsg.), Allokationseffizienz in der Rechtsordnung, 1989, S. 28 ff.를 들고 있다.

대한 결과를 가져오는 방어수단이 존재하지 않고, 위협을 받고 있는 법익과 실제로 침해된 법익 사이에 비례를 벗어나지 않을 것을 요건으로 하는데, 이는 헌법상 기본권의 제한에 관하여 특히 중요한 의미를 가지는 일반적인 비례의 원칙(allgemeine Verhältnismäßigkeitsprinzip)의 한 예라고 한다.[23] 그리고 소송법상 보전처분의 경우에 연방헌법재판소는 중대한 불이익을 피하거나, 급박한 폭력 기타의 중대한 사유로 공공의 이익을 위하여 절실하게 필요한 경우에 보전처분을 명한다고 한다. 이는 모두 법익이나 법률상 보호되는 이익의 형량(Abwägung)을 의미하는데, 이것이 얼핏 보기에는 일종의 비용-효과 계산(Kosten/Nutzen-Analysen)처럼 보이지만 실제로는 그렇지 않다고 한다. 이 경우에는 문제되는 법익 내지 법적으로 보호되는 이익을 어떻게 법률적으로 평가할 것인가가 문제되고, 이들의 시장 가격이나 장부상의 가격을 탐구하는 것이 아니라고 한다.[24] 그리고 경제적 효율이 법관을 위한 법원리라고 할 수 있으려면 법관이 실제로 경제적인 의미에서 효율적인 결과를 가져오는 재판을 하고자 원해야 하는데, 단순히 재판의 결과가 경제적인 효율이라는 목적과 일치하였다고 하여 반드시 경제적인 효율이 법원리라고는 할 수 없고, 이는 우연의 일치일 수도 있다고 한다.

다른 한편 법관이 경제적인 효율을 고려하여 재판을 하는 것은 정당화될 수도 없다고 한다. 법관에 의하여 수립된 법원리의 정당성은 입법자, 법학자 및 공중의 지지에 의하여 규범적인 중요성을 가지는데, 법의 경제적 분석은 그렇지 못하다고 한다. 법의 경제적 분석은 기껏해야 법적 관점에서 허용되는 재판의 대안이 어떤 효율의 효과를 가져올 것인가를 법관에게 보여주는 지시자의 역할을 할 수는 있지만, 법관에게 경제적으로 최적인 해결책을 확정하지는 못하며, 법관은 의식적으로 효율이 감소될 것을 감수하면서도 경제적으로 최적이 아닌 결정을 내릴 수도 있다고 한다.[25]

그리고 기본권의 보호도 경제적 효율과는 조화되지 않는다고 한다.[26]

---

23) 헌법상 비례의 원칙 또는 과잉금지의 원칙에 대하여는 아래 Ⅲ. 2. 나. 참조.

24) Eidenmüller(주 10), S. 467 ff. Eidenmüller도 비례의 원칙 가운데 피해의 최소성 내지 필요성의 경우에는 덜 피해를 입힐 수 있는 수단이 존재함에도 더 피해를 입히는 방법을 선택하는 것은 파레토 효율적인 관점에서 비효율적이고, 이 점에서는 경제적 효율의 기준과 관련이 있지만, 법의 경제적 분석에서는 칼도-힉스 기준이 중요하고, 파레토 기준은 의미가 없으므로 이 문제를 다루지 않겠다고 한다. Eidenmüller(주 10), S. 470 Fn. 55.

25) Eidenmüller(주 10), S. 476 ff.

26) Eidenmüller(주 10), S. 480 ff.

2. 얀존의 주장

반면 얀존은 법경제학적 이론이 법관에게도 법률의 해석이나 일반조항의 구체화 및 법의 형성에서 의미를 가진다고 주장한다.27)

우선 그는, 경제적 이론에 의하여 획득하는 지식 그 자체, 즉 경제적 이론이 제공하는 행동모델(Verhaltensmodell)과 신제도론적 접근(Neoinstitutionelle Ansätze)이 법원의 재판에 도움이 된다고 지적한다.28) 그리고 경제적 이론을 고려하여서는 안 된다는 주장에 대하여는 다음과 같이 상세한 반론을 펼치고 있다.

가. 정당성의 문제

그는 법관은 경제적 법이론의 지식을 재판에서 고려하는 것이 정당하지 않다고 하는 데 대하여는 다음과 같이 주장한다. 법관이 "어려운 사건(hard case)"을 재판할 때에는 법의 발견이 항상 어느 정도 "법의 정립(Rechtssetzung)"의 성격을 가진다고 한다. 법관은 "법률과 법(Gesetz und Recht)"에 구속되는데, 법은 법률의 총체 이상의 것으로서, 국가 권력에 의하여 실정적으로 정립된 것 이외에, 의미의 전체로서 헌법합치적 법질서에서 근원을 가지는 부분이 있으며, 성문법에 대하여 교정적인 역할을 할 수 있다고 한다. 이러한 한계를 넘어서서는 법관은 법을 정립할 수 없고, 입법자로부터 미리 주어진 것(Vorgabe)이 있을 때에는 이를 따라야 하지만, 법률에의 구속이란 문자를 그대로 따르는 것이 아니라, 입법자에 의하여 미리 결정된 것을 좇는 것이라고 한다. 실증적인 행동모델과 신제도론적 접근은 수단에 불과하고 목적은 아니어서 헌법적인 의문과는 관계가 없고, 과연 규범적인 경제적 법이론이 사법적 법발견에 의미를 가지는가가 문제된다고 한다.29)

우선 해석에 의한 법발견의 경우를 살펴보면, 주관적-목적론적 해석30)에서는 입법자가 분배의 효율을 추구하였다면 법관이 이를 따르는 것은 당연하고, 오히려 법원이 이를 따라야 한다고 한다. 그리고 주관적-목적론적 해석만으로 문제가 해결되지 않을 때에는 객관적-목적론적 해석에 의하여야 하는데, 이는 합리적인

27) Janson(주 11), S. 142 ff.
28) Janson(주 11), S. 143 ff.
29) Janson(주 11), S. 152 ff.
30) 이는 입법자의 의사를 고려하는 것으로서, 역사적 해석이라고 부르기도 한다.

근거를 지향해야 하고, 규율의 대상과 의미 있는 밀접한 관련을 가지면 되며, 반드시 법원리의 성질을 가질 필요는 없다고 한다. 그런데 효율과 합의라는 규범적 경제이론[31)]은 실제의 사회적 所與뿐만 아니라 입법과정에서도 중요한 의미를 가지므로 고려되지 않으면 안 된다고 한다. 나아가 결과고려(Folgenberücksichtigung)라는 관점에서도 경제적 이론은 중요한 역할을 할 수 있다고 한다.[32)]

또한 일반조항과 개방적 가치개념(offene Wertbegriffen)에서의 법발견에 관하여는, 이러한 영역에서는 입법자가 명시적으로 결정을 판례에 위임하였고, 그에 따라 정당성을 부여하였다는 점이 특징이라고 한다. 이 경우에는 법관이 경제적 이론을 고려하는 것이 헌법상 전혀 문제되지 않는다고 한다.[33)]

그리고 법의 공백을 메우는 법의 형성에 있어서는 일반적 법원리가 중요하고, 따라서 효율이 법원리가 될 수 있는가를 따져 보아야 한다.[34)] 우선 아이덴뮐러는 국부적 법원리와 포괄적 법원리를 구별하지만, 법의 어느 부분에서라도 관련이 있으면 법원리라고 할 수 있고, 국부적 법원리와 포괄적 법원리를 구별할 필요는 없다고 한다. 아이덴뮐러처럼 국부적 법원리라는 개념을 인정한다고 하더라도, 효율이 예산법과 같은 특정 법분야에만 국한되는 법원리는 아니고, 민사법에서도 효율은 중요하며, 그 외에도 환경책임법(Umwelthaftungsgesetz, UHG), 도산법 등에서도 효율은 중요하다고 한다. 그리고 가정적인 합의도 원리로서 이해할 수 있다고 한다. 그리하여 효율은 헌법원리는 아니고 단순한 법원리로서 파악하여야 하지만, 근래의 발전에 따라 국부적 원리에서 포괄적 원리로 격상되었다고 한다. 효율을 법원리로서 이해한다면 이는 과거의 포즈너(Posner)와 같이 유일한 규범의 목적은 아니고, 다른 정의로운 재판의 부수조건이며, 이 부수조건의 중요도는 각각의 법영역에서 효율이 가지는 의미에 따라 결정된다고 한다. 효율적인 것이 반드시 정의로운 것은 아니지만, 비효율적인 것은 통상 정의롭지 못하다고 한다. 나아가 경제적 합의의 원리는 민주주의의 원리와 함께 헌법적으로 확고한 위치를 차지하고 있다고 한다.[35)]

---

31) Janson은 경제적 고려에서 효율만으로는 불충분하다고 보아 합의(Konsens)를 또 다른 기준으로서 검토하는데, 여기서의 합의도 실제의 합의가 아니라 가정적인 합의이고, 이는 결국 다수의 동의를 받을 수 있는 것을 말한다. Janson(주 11), S. 108 ff.

32) Janson(주 11), S. 154 ff.

33) Janson(주 11), S. 163 f.

34) Janson(주 11), S. 164 ff.

35) 얀존은 이외에도 설령 효율과 합의가 법원리가 아닌 법 외의 평가라고 하더라도, 법원이 재판에서 이를 고려할 수 있다고 한다. Janson(주 11), S. 174 ff.

나. 기타의 비판에 대하여

우선 법관이 경제적인 관점에서 고려하기 위하여는 정확한 정보를 필요로 하는데 이를 얻기 어렵고, 또 정확한 정보를 얻을 수 있더라도 그에 드는 비용이 그로 인한 이득보다 크기 때문에 경제학 이론의 재판에의 적용은 어려움이 많다는 비판에 대하여는 다음과 같이 반론을 편다.

먼저 정확한 정보를 얻기 어렵다는 점에 대하여는, 법관은 일반적으로 알려지고 승인된 추측, 즉 일상적 이론(Alltagstheorie) 내지 생활경험(Lebenserfahrung)에 의존할 수 있으며, 이러한 문제는 경제적 논증에만 국한된 것은 아니라고 한다.[36] 그리고 정보를 얻기 위하여 필요한 비용이 그로 인한 이득보다 크다는 문제점에 대하여는, 법원은 기존의 연구결과를 활용하거나 당사자들로 하여금 자료를 제출하게 함으로써 해결할 수 있다고 한다. 비용이 많이 드는 조사는 근본적인 의미를 가지거나 커다란 경제적 이미를 가지는 경우에만 고려될 수 있지만, 이로 인하여 생기는 지연과 비용은 적절한 재판을 내리기 위하여는 감수되어야 할 뿐만 아니라, 이러한 재판으로 인하여 얻는 이익은 비용을 국민경제적으로 절감하는데 이바지할 수 있다고 한다.[37] 그리고 일단 정보를 얻더라도 법관은 이를 다룰 능력이 없다는 점에 대하여는, 이는 진지하게 받아들여야 할 문제이기는 하지만, 이것이 경제학적 논거에 의한 논증을 막을 이유는 되지 못한다고 한다. 이는 형사재판 법관이 심리학을 공부하지 않았으므로 심리학적인 감정 결과를 평가하지 못한다고 할 수 없는 것과 마찬가지라고 한다. 뿐만 아니라 법관이 이를 배우기 위하여 몇 년이 걸리는 것은 아니고, 기본적인 원칙은 어느 정도의 노력을 하면 배울 수 있다고 한다.[38]

그리고 독일의 소송법이 변론주의, 재판의 지연, 소송비용을 당사자가 부담하여야 한다는 문제, 소송이 제1차적으로는 당사자들의 이익을 위한 제도라는 등의 비판도 그다지 중요하지 않은 문제거나 또는 극복할 수 있는 문제라고 한다.[39]

또 경제학적 논거의 활용이 당사자가 결과를 예측하기 어렵기 때문에 법적 안정성을 해친다는 주장에 대하여도, 법적 안정성의 문제는 경제학적 논거

36) Janson(주 11), S. 179 ff.
37) Janson(주 11), S. 181 ff.
38) Janson(주 11), S. 185 ff.
39) Janson(주 11), S. 187 ff.

를 활용하지 않더라도 마찬가지로 존재하며, 법적 안정성의 측면에서는 법원리를 전혀 고려하지 않고 법률의 문언에만 따르는 것이 의미가 있을지 모르지만, 이는 오늘날의 법 이해와는 맞지 않고, 법적 안정성도 다른 정의관념과 조화를 이루어야 할 원리일 뿐이라고 한다.[40][41]

결론적으로 그는 경제학 이론에 대한 비판들은 이를 재판에 활용하는 것을 막을 수 없다고 한다. 다만 필요한 정보를 얻기에 어려움이 있는 것은 사실이지만, 이 또한 경제학 이론의 경우에 특유한 문제는 아니라고 한다.[42]

다. 재판에서의 경제학 이론의 활용 범위

독일에서 판례가 실제로 법경제학 이론을 얼마나 활용하고 있는가에 대하여, 얀존은 단순히 어떤 재판의 결과가 우연히 효율의 논리에 부합한다고 하는 것만으로는 충분하지 않고, 법관이 자신의 판결을 국민경제적 논거로 뒷받침한다는 주관적인 의사가 필요하지만, 이에 관하여 정확한 경제적 용어를 사용할 필요는 없다고 한다. 그런데 실제로는 전체경제적 범주와 효율에 의하여 논증하는 판례는 찾아볼 수 있다고 한다.[43]

결론적으로 그는 경제학적 법이론이 입법부뿐만 아니라 법원에 의하여도 활용될 수 있고, 아이덴뮐러의 비판은 효율만이 유일한 법적 판단 기준이라는 과거의 포즈너의 이론에 대한 것으로서, 경제적 논거가 어느 경우에 어느 정도로 법에서 고려될 수 있는가 하는 근본적인 문제는 별로 따져보지 않았다고 한다. 다만 그는 경제학 이론을 만능 열쇠(Generalschlüssel)로 사용할 수는 없고, 법관은 법학적 해석론의 바탕 위에서 이를 선택적으로 받아들여야 한다고 한다. 효율의 원리가 각각의 규율 대상에 어떤 의미를 가져야 하는가는 실증적 경제이론의 바탕 위에서 좀 더 현실과학을 지향하는 법학에 의하여 밝혀져야 한다는 것이다.[44]

---

40) Janson(주 11), S. 195 ff.

41) 이외에도 Janson(주 11), S. 197 ff.는 법관이 한 번 내린 판례를 바꾸기 어렵다는 점, 경제적 가치관념을 부당하게도 전통적인 법적 사고보다 위에 놓는다는 점 등에 대하여 검토한 끝에 이들도 경제적 이론을 재판에 활용하는데 장애가 되지 않는다고 한다.

42) Janson(주 11), S. 199 f.

43) Janson(주 11), S. 201 ff.

44) Janson(주 11), S. 203 ff.

Ⅲ. 법의 해석과 적용에서의 경제적 효율의 역할

우선 결론부터 말한다면 법의 해석과 적용에서 경제적 효율은 고려되어야 할 중요한 원리라고 하여야 할 것이다. 이하에서 편의상 민법에서의 경제적 효율을 따져보고, 이어서 경제적 효율이 민법뿐만 아니라 법 전반에 걸친 일반적 법원리라고 할 수 있는지를 살펴본다. 그런데 이하에서는 주로 규범적인 면에서 법의 해석과 적용의 결과가 효율적이어야 한다는 문제를 다루지만, 이와는 다른 차원에서 경제학이 법의 해석과 적용에 도움을 준다는 것은 틀림없다. 즉 경제학이 재판에 필요한 정보를 제공함으로써 도움을 줄 수 있는 것이다.[45][46] 이 점에 대하여도 여러 가지의 논의가 필요하지만, 여기서는 이 문제는 다루지 않는다.

1. 민법에서의 경제적 효율

가. 일반적 고찰

아이덴뮐러도 인정하고 있는 것처럼 효율의 증진이 법률의 정책이라면 법원이 그 해석과 적용에서 이를 고려하여야 함은 당연하다. 그러면 효율의 증진이 민법의 정책이라고 할 수 있는가? 나아가 민법의 해석과 적용에서 경제적 효율은 고려될 수 있는가? 앞에서 본 것처럼 아이덴뮐러는 이를 부정하고 있다. 국내에서도 유사한 취지의 견해가 있다. 즉 민사에 관한 우리의 실무관행

---

45) Janson(주 11), s. 142 ff.; Anne van Aaken, “Rational Choice” in der Rechtswissenschaft, 2003, S. 108 ff. 또한 Ogus(주 3), pp. 303 ff.도 참조.

46) 우리 판례에 나타난 예를 두 가지만 들어 본다. 서울중앙지방법원 2007. 1. 23. 선고 2001가합10682 판결(각공 2007, 549)은, 군납유류 입찰 과정에서 정유사들의 담합행위로 인한 손해배상책임을 인정하고, 구체적인 손해액 계산에 있어서 계량경제학의 방법을 사용하여 중회귀분석을 통한 이중차분법에 의하되, 회귀분석 모형의 추정방법으로 통상최승자승법을 채택하고 담합효과를 일부 연도별로 분리하며 유찰수의계약을 분석에서 제외하여 손해액을 산정하였다. 이 판결에 대하여는 趙弘植, “經濟學的 論證의 法的 地位”, 서울대학교 法學 제48권 4호, 2007, 124면 이하 참조. 그리고 대법원 2007. 9. 28. 선고 2005두12572 전원합의체 판결(공 2007하, 1685)의 다수의견에 대한 보충의견은, 근로자의 출·퇴근 중에 발생한 재해를 업무상재해로 볼 수 없다고 하는 이유 중 하나로서, 출·퇴근 재해가 보상의 범위에 포함됨으로써 부담하게 되는 막대한 재정과 이해관계의 조정에 대한 고려 없이 사법이 적극적으로 이를 유도·개입하는 것은 입법재량을 침해하는 것으로, 산재보험의 사보험 대체효과와 정부정책이 민간정책을 구축해 버리는 효과가 발생할 뿐만 아니라, 산재보험 재정의 현저한 악화, 보험강제가입자인 사업주의 부담 증가, 예산의 효율적 배분의 저해, 기준의 해석에 관한 혼란 등과 같은 문제점이 초래될 것이라는 점을 들고 있다.

은 민사법적 문제들을 '민사정의'의 관념에 의하여 처리해 왔는데, 민사정의의 관념은 실무관행에 의하여 확인되어 온 수많은 종류의 가치를 포괄하는 개념으로서 경제학적 논증만으로는 포착하기 어려운 복합적 관념이고, 따라서 담당 법원은 경제학적 논증을 이용하기 전에 실무관행에 의해 전승되어 온 법적 논증을 먼저 사용하여야 하며, 경제학적 논증을 이용하는 경우에도 아무런 법적 통제 없이 이를 그대로 받아들일 수는 없다고 한다.[47] 나아가 경제학적 논증이 정책의 영역에서 보충적으로 쓰이는 경우는 생각보다 많지 않을 것이라고 하면서, 경제학적 논증이 사용될 수 있는 예는 ① 입법목표가 경제적 효율임이 분명한 경우, ② 비록 다른 입법목표를 가진 입법의 경우라 하더라도 비용효과적인 수단을 선택할 것을 주문하는 경우 정도라고 한다.[48]

그러나 이러한 견해에는 동의하기 어렵다. 일반적으로 근대민법의 기본원리로서 사유재산권 존중의 원칙, 사적 자치의 원칙, 과실책임의 원칙 이 세 가지를 든다.[49] 이 중 과실책임의 원칙에 관하여는 여전히 근대민법의 기본원리라고 할 수 있는가, 아니면 무과실책임 내지 위험책임이 실제로는 더 중요한 것이 아닌가 하는 의문이 있을 수 있다.[50] 그러나 사유재산권 존중 및 사적 자치가 민법상 중요한 가치라는 점에 대하여는 다툼이 없다. 그런데 이러한 사유재산권 존중이나 사적 자치가 경제적 효율을 달성하기 위한 것이라고 설명하는 데에는 별다른 어려움이 없다.

법경제학에서는 재산권의 보장은 자원의 낭비를 막기 위하여 필요한 것이라고 일반적으로 설명되고 있다. 만일 재산권이 보장되지 않으면, 자신이 보유하고

---

47) 趙弘植, "經濟學的 論證의 領域", 民事判例硏究 XXX, 2008, 709면 이하, 739면 이하.

48) 趙弘植(주 47), 745-746면.

49) 郭潤直, 民法總則, 제7판, 2002, 30면 이하. 다만 李英俊, 民法總則, 改訂增補版, 2007, 12면 이하는 우리 민법의 기초이념은 사적자치의 원칙이고, 사회적 형평과 구체적 타당성의 원칙이 이를 보완한다고 한다.

50) 예컨대 실무상 불법행위로 인한 손해배상사건에서 가장 다수를 이루는 자동차 교통사고로 인한 손해배상책임은 자동차손해배상보장법에 의하여 규율되는데, 이 법 제3조에 의한 운행자의 책임은 기본적으로 무과실책임이다. 상황에 따라서는 위험책임이 과실책임보다 효율적일 수 있다는 점에 대하여는 Steven Shavell, "Strict Liability versus Negligence", 2 Journal of Legal Studies 323, 1973; William M. Landes and Richard A. Posner, The Economic Structure of Tort Law, 1987, Ch. 3; Steven Shavell, Foundations of Economic Analysis of Law, 2004, pp. 177 ff.; Michael Adams, Ökonomische Analyse der Gefährdungs- und Verschuldenshaftung, 1985; 尹眞秀, "好意同乘의 經濟的 分析", 民法論攷 Ⅲ, 2008, 387면 이하(처음 발표: 光州地方辯護士會, 無等春秋 제2호, 1989) 등 참조. 또 채무불이행책임(계약위반)의 경우에는 법과는 달리 실제상으로는 무과실책임과 같이 운영된다고 해도 과언이 아니다. 채무자가 자신의 책임을 면하기 위하여는 자신에게 과실이 없음을 증명하여야 하는데, 그러한 증명이 성공하는 예는 드물기 때문이다.

있는 재산을 지키거나, 또는 다른 사람이 가지고 있는 재산을 훔치는데 자원이 소요되어 낭비를 가져오는 것이다. 그러므로 재산권의 보장은 재산의 생산을 촉진하고, 절도를 억제하며, 재산의 보호를 위한 비용을 감소하기 위하여 필요하다.[51)]

다른 한편 사적 자치의 핵심을 이루는 계약 자유의 원칙은 자산이 효율적으로 이동하기 위한 필요조건이다. A가 보유하고 있는 자산이 A보다는 B에게 더 가치가 있고, 반면 B가 보유하고 있는 자산이 B보다는 A에게 더 가치가 있다면, A와 B 사이에 자산의 교환이 이루어지는 것이 효율적이다. 이러한 교환이 가능하기 위하여는 A와 B 사이에 자발적인 거래, 즉 계약이 이루어질 수 있어야 한다. 이러한 의미에서 계약 자유의 원칙은 효율을 증진시키기 위한 중요한 수단이다.

그러므로 적어도 재산법에 관한 한 법의 중요한 목적 중 한 가지는 효율의 증진에 있다고 말할 수 있다. 다시 말하여 재산법에 관한 한 효율의 증진은 법률의 정책에 해당함은 물론이고, 나아가 아이덴뮐러가 말하는 국부적 법원리에도 해당될 수 있다. 물론 민법이 추구하는 가치가 효율에만 있는 것이라고는 할 수 없다. 가령 민법은 미성년자나 한정치산자 또는 금치산자와 같은 행위무능력자가 한 법률행위는 취소할 수 있는 것으로 규정하고 있는데, 이는 상대방의 신뢰를 깨뜨려 거래의 안전을 해치고, 이 점에서는 효율의 감소를 가져온다. 그렇지만 이는 민법이 효율의 증진 외에 약자의 보호도 중요하다고 보아 채택한 원리이다. 따라서 이러한 행위무능력자의 보호가 문제되는 경우에는 효율의 고려는 후퇴될 수밖에 없다.[52)][53)] 또한 주택임대차보호법은 일정 범위의

51) Posner(주 2), pp. 32 ff.; Shavell, Foundations of Economic Analysis of Law(주 50), pp. 11 ff.; Cooter and Ulen(주 3), p. 81 등 참조. 다른 한편 배타적인 재산권은 이른바 공유지의 비극(tragedy of commons)을 막기 위하여 필요하다고 설명할 수도 있다. 朴世逸(주 3), 125면 참조.

52) 대법원 2007. 11. 16. 선고 2005다71659, 71666, 71673 판결(공 2007하, 1926)은, 행위무능력자 제도는 거래의 안전을 희생시키더라도 행위무능력자를 보호하고자 함에 근본적인 입법취지가 있으므로, 신용카드 가맹점이 미성년자와 사이에 신용구매계약을 체결할 당시 향후 그 미성년자가 법정대리인의 동의가 없었음을 들어 스스로 위 계약을 취소하지는 않으리라고 신뢰하였다 하더라도 법정대리인의 동의 없이 신용구매계약을 체결한 미성년자가 사후에 법정대리인의 동의 없음을 사유로 들어 이를 취소하는 것이 신의칙에 위반된 것이라고 할 수 없다고 하였다. 이에 대하여는 尹眞秀, “2007년도 주요 民法 관련 판례 회고”, 서울대학교 法學 제49권 1호, 2008, 315면 이하 참조.

53) 그런데 이러한 설명에 대하여는 다음과 같은 반론이 제기될 수 있다. 즉 이는 온정적 개입주의(paternalism)의 발로인데, 당사자들이 완전한 합리성이 아니라 제한적 합리성(bounded rationality)만을 가진 경우에는 온정적 개입주의가 스스로의 합리적이지 않은 결정으로부터 당사자를 보호하는 역할을 한다는 것이다. 김일중 교수는 이 글의 초고에 대한 논평에서 이와 같은 점을 지적하였다. 온정적 개입주의를 법경제학적으로 검토한 것으로는 예컨대 Ogus (주 3), pp. 230 ff. 참조. 그러나 온정적 개입주의를 법경제학적으로 설명한다는 것은 반드시 쉬운 문제는 아니다. Markus Englerth, “Vom Wert des Rauchens und der Rückkehr der Idioten-

임차인에 대하여는 그 보증금의 우선변제청구권을 인정하고 있는데, 이 중 특히 소액임차인의 우선변제권(제8조 제1항)은 그보다 앞서 성립한 담보물권에도 우선한다는 점에서 거래의 안전을 해치는 것으로서, 효율을 감소시킨다고 할 수 있으나, 이 또한 임차인을 약자라고 보아 보호하여야 한다는 입법자의 결단의 결과이므로, 법원으로서는 이를 존중하지 않으면 안 된다.[54)]

그러나 이처럼 민법이 예외적으로 효율보다는 다른 이념을 우위에 놓은 것이 아닌 한, 민법의 해석과 적용에서는 효율을 고려하지 않으면 안 된다. 이하에서는 그 구체적인 예를 민법의 개별 조항의 해석, 일반조항 및 불확정개념의 해석 그리고 법원에 의한 법형성의 세 가지로 나누어 살펴본다. 물론 이 글에서 민법의 전반에 관하여 이러한 설명을 시도하는 것은 명백히 불가능하므로, 몇 가지 구체적인 예를 드는 것으로 만족할 수밖에 없다. 그리고 법의 해석과 적용을 경제적인 측면에서 이해할 수 있다고 하는 것은 반드시 법관이 의식적으로 효용의 증진을 의도하여야 한다는 것을 전제로 할 필요는 없다. 특정한 해석과 적용의 결과에 대하여 효율의 증진이라는 관점에서 모순 없고 체계적인 설명이 가능하다면 그것으로 충분한 것이다.

우리나라의 예를 살펴보기에 앞서 독일에서 법의 적용 내지 법형성에 관하여 효율을 고려하고 있는 전형적인 예로서 외관수권(Anscheinsvollmacht)과 묵인수권(Duldungsvollmacht)을 살펴본다. 독일 민법의 규정상으로는 표현대리가 인정되는 범위가 그다지 넓지 않다. 즉 우리 민법상 대리권 수여의 표시에 의한 표현대리(제125조), 대리권 소멸 후의 표현대리(제129조)에 해당하는 규정은 있으나,[55)] 그 외에 우리 민법 제126조의 권한을 넘은 표현대리에 관한 규정은 없다. 나아가 표현대리가 인정되는 경우에도 실제로 보호되는 범위는 우리 법보다 좁다.[56)] 그런데 독일의 판례는 위와 같이 선의의 상대방 보호에 관한 법규정이 불충분한 것을 보충하기 위하여 외관수권과 묵인수권이라고 하는 두

Paternalismus als Antwort auf beschränkte Rationalität?", in: Christoph Engel/Markus Englerth/Jörn Lüdemann/Indra Spiecker(Hrsg.), Recht und Verhalten, 2007, S. 231 ff.는 행동경제학이 제한된 합리성의 개념에 의하여 온정적 개입주의를 설명하는 데 대하여 비판적이다.

54) 미등기주택에 대하여도 주택임차인의 우선변제권이 미친다고 한 대법원 2007. 6. 21. 선고 2004다26133 전원합의체 판결(공 2007하, 1080) 참조. 이 판결에 대하여는 尹眞秀(주 52), 374면 이하 참조.

55) 전자: 제171조 제1항, 제172조 제2항. 후자: 제170조, 제171조 제2항, 제172조 제2항.

56) 상세한 것은 李容博, 表見代理의 法理에 관한 硏究, 동국대학교 대학원 박사학위 논문, 1990, 15면 이하; 金學東, "無權代理에 관한 우리 民法과 獨逸民法과의 比較", 考試硏究 1992. 9, 113면 이하 참조.

가지의 표현대리를 인정하고 발전시켜 왔다. 전자는 본인이 대리인이라고 칭하는 자의 행동을 알고도 묵인한 경우에 성립하고, 후자는 본인이 그러한 사실을 알지 못하였으나 정당한 주의를 기울였다면 알 수 있었고 나아가 그것을 저지할 수 있었던 경우에 성립한다.[57] 이 중 묵인수권의 경우에는 독일의 학설도 일반적으로 이를 인정하고 있으나, 외관수권의 경우에는 이를 인정하는 것이 독일의 법체계에는 부합하지 않는다는 반대설도 유력하다.[58]

이러한 외관수권과 묵인수권의 이론은 이른바 신뢰책임(Vertrauenshaftung)이 구체적으로 발현된 형태로서, 상대방의 신뢰를 보호한다는 기능을 가진다.[59] 그런데 경제학적으로 본다면, 이처럼 독일의 판례가 인정하고 있는 묵인수권과 외관수권의 법리는 정보비용을 줄임으로써 거래비용을 절약하고, 효율에 이바지하는 기능을 한다. 즉 이러한 경우에는 본인이 대리권 없는 대리인의 대리행위를 막는 비용이 상대방이 대리인의 대리권 유무를 확인하는 비용보다 작으므로, 무권대리인의 행위로 인한 부담을 본인에게 부담시키는 것이 더 효율적인 것이다. 독일의 법경제학자는 효율이라는 관점에서는 신뢰책임은 다음의 4가지 요건이 갖추어질 때 인정될 수 있다고 한다. 즉 정보비용이 비대칭적으로 분배되어 있고, 그 정보가 생산적인 정보라야 하며, 신뢰에 대한 대가(Vertrauensprämie)가 있어야 하고, 마지막으로 기회주의의 위험이 존재하여야 한다는 것이다.[60] 위와 같은 외관수권과 묵인수권의 이론은 이러한 경제적 관점에 대체로 부합한다.

나. 민법 조항의 해석에서의 효율의 고려

이하에서는 민법의 해석과 적용에서 효율이 고려되는 사례를 민법 조항의 해석, 일반조항 및 불확정개념, 법형성(Rechtsfortbildung)의 경우로 나누어 보기로 한다.[61] 여기서 법형성이라 함은 법관이 적용할 법이 없음에도 불구하고 법

57) 일반적으로는 Staudinger/Schilken, Neubearbeitung 2004, §167 Rdnr. 28 ff. 참조. 여기서는 양자를 포괄하는 명칭으로서 權利外觀授權(Rechtsscheinsvollmacht)이라는 용어를 사용하고 있다. 국내의 문헌으로는 위 주 56)의 각 문헌 외에도 閔日榮, "獨逸民法에 있어 外觀代理(Anscheins- und Duldungsvollmacht)의 展開와 現在", 李好珽敎授華甲記念 法律行爲論의 史的展開와 課題, 1998, 321면 이하 참조.

58) Staudinger/Schilken(주 57), §167 Rdnr. 31 참조.

59) 신뢰책임 일반에 대하여는 Claus-Wilhelm Canaris, Die Vertrauenshaftung im deutschen Privatrecht, 1971 참조. 스위스 법에 관하여는 Peter Loser, Die Vertrauenshaftung im schweizerischen Schuldrecht, 2006 참조.

60) Schäfer/Ott(주 2), S. 517 ff. 또한 Loser(주 59), Rdnr. 77 ff. 참조.

61) 필자의 견해로는 민법의 해석과 적용에서 효율이 고려되는 경우는 매우 많다고 생각하지

을 창조하는 것을 말한다고 정의할 수 있다.[62)63)]

(1) 계약의 해석

계약의 해석에 관하여 다툼이 있을 때에는 다음의 몇 가지 단계에 따라 해결할 수 있다.[64)] 우선 당사자 쌍방의 일치된 의사가 확인되면 그에 따른다. 예컨대 계약 문언과는 다른 당사자의 일치된 의사가 인정되는 경우에는 계약 문언에는 관계없이 당사자의 일치된 의사에 따라야 하는 것이다(falsa demonstration non nocet). 그러나 실제로 분쟁이 생긴 경우에는 이처럼 일치된 의사를 확인하는 것은 쉽지 않다. 그러므로 법원은 제1차적으로 계약의 문언에서 출발한다(文言解釋). 그러나 그 문언의 내용이 명백하지 않거나, 또는 문언의 내용이 당사자의 의사에 부합하지 않는다는 의문이 있는 경우에는 제2단계로 여러 가지의 제반 사정을 종합하여 계약의 의미를 탐구한다. 이때에는 합리적인 당사자라면 계약 조항에 어떠한 의미를 부여하였을까 하는 점이 기준이 된다. 이를 객관적 해석(objektive Auslegung)이라고 부를 수 있다. 이러한 두 번째 단계의 탐구 결과 계약 당사자가 서로 상이한 의사를 가졌다고 인정되면 어느 당사자의 의사를 계약의 의미로 볼 것인가가 문제된다. 이는 제3단계라고 할 수 있다. 이를 주관적 해석(subjektive Auslegung)이라고 부를 수 있다. 그리고 이러한 방법에 의하여도 계약의 의미를 확정할 수 없을 때에는 법원이 어느 해석이 규범적으로 가장 바람직한가를 결정하는 수밖에 없다. 이것이 본래의 의미에서의 규범적 해석(normative Auslegung)이라고 할 수 있다. 이는 제4단계에 해당한다. 다른 한편으로 계약에 공백 내지 흠결이 있으면 보충적 해석의 방법을 동원하여야 한다. 이는 굳이 분류한다면 제5단계라고 할 수 있다.

이러한 계약 해석의 방법은 대체로 경제적 효율의 측면에서도 합리적이라고 할 수 있다. 원래 계약은 쌍방에게 다 같이 이익을 가져오는 것이어야 하므로, 당사자 쌍방의 일치된 의사가 확인되면 그에 따라야만 쌍방에게 다 같이 이익을 가져올 수 있고, 가령 쌍방의 의사와는 다른 문언만을 따르게 된다면 당사자들이 계약에 의하여 추구하려는 목적을 달성하지 못하게 됨은 명백하다.

만, 여기서 이를 다 서술하는 것은 불가능하므로 몇 가지 주요한 예를 드는 데 그친다.

62) 법형성 내지 법관에 의한 법의 형성발전(richterliche Rechtsfortbildung)의 개념에 대하여는 예컨대 鄭仙珠, "法官에 의한 法의 形成發展과 그 限界", 民事訴訟 Ⅱ, 1999, 62면 이하 참조.

63) 민법 조항의 해석에 관하여는 기본적으로 민법 조문의 순서에 의하였다.

64) 尹眞秀, "契約 解釋의 方法에 관한 國際的 動向과 韓國法", 民法論攷 Ⅰ, 2007, 244면 이하 (처음 발표: 比較私法 제12권 4호, 2005) 참조.

그러나 당사자 쌍방의 일치된 의사를 확인하는 것은 반드시 쉽지 않다. 다른 말로 하면 이 경우에는 정보비용(information cost)이 소요되는 것이다. 이러한 경우에는 법원으로서는 정보비용이 가장 작게 소요되는 방법부터 시도할 필요가 있다. 그것이 문언 해석이고, 문언 해석만으로는 해결되지 않으면 그 다음에 비로소 제반 사정을 종합하여 계약의 의미를 탐구하는 것이 합리적이다.

가장 문제가 되는 것은 당사자 쌍방의 의사가 서로 다른 경우이다. 이 경우에는 우선적으로 객관적 해석에 부합하는 당사자의 의사에 따라야 하고, 다만 상대방이 객관적 해석에 부합하지 않는 일방의 의사를 안 경우에는 그 일방의 의사가 객관적 해석에 부합하지 않더라도 그에 따라야 할 것이다. 상대방이 객관적 해석에 부합하지 않는 일방의 의사를 알지는 못하였지만 알 수는 있었던 경우에는, 양 당사자의 책임의 정도를 비교 형량하여 결정할 수밖에 없다. 즉 표의자가 자신의 의사표시를 정확하지 않게 한 잘못이 있다고 하더라도 상대방이 표의자의 진의를 쉽게 알 수 있었고, 이를 알지 못한 상대방의 잘못이 표의자의 잘못보다 크다고 판단될 때에는 표의자의 의사가 기준이 되어야 한다. 이러한 방법이 거래비용을 줄임으로써 효율을 증진시키는 데 이바지할 수 있다.[65)]

그리고 계약에 공백 내지 흠결이 있는 경우에 법원이 당사자가 이를 예상했더라면 어떻게 규율했을 것인가를 추측하여 그에 따라야 할 것이다. 당사자가 계약 체결시에 모든 것을 다 예측할 수는 없으므로 이러한 보충적 해석을 인정하는 것이 계약 체결 비용을 줄이는 데 도움이 될 수 있는 것이다.[66)]

(2) 착오(민법 제109조)

민법 제109조 제1항 본문은 "意思表示는 法律行爲의 內容의 重要部分에 錯誤가 있는 때에는 取消할 수 있다"고 규정하고 있다. 그런데 법률행위의 내

65) 규범적 해석의 경우에는 반드시 일률적으로 말하기는 어려우나, 규범적 해석에 포함되는 유효해석의 원칙(유효하게 되는 해석과 무효로 되는 해석이 있다면 유효한 해석이 우선되어야 한다는 원칙) 및 엄격해석의 원칙(당사자 일방이 주장하는 계약의 내용이 상대방에게 중대한 책임을 부과하게 되는 경우에는 그 문언의 내용을 더욱 엄격하게 해석하여야 한다는 원칙) 등은 효율이라는 관점에서 합리화될 수 있을 것으로 생각된다.

66) Schäfer/Ott(주 2), S. 428 ff. 참조. 그런데 앞에서 본 것처럼 Eidenmüller(주 10), S. 457은, 계약의 보충적 해석에 대한 법경제학적 분석은 민법학에서 인정되고 있는 것처럼 구체적인 당사자의 규율계획을 끝까지 생각하는 것이 아니라, 경제인(homines oeconimicus)이 이상적인 조건 하에서 어떻게 합의하였을 것인가가 중요하므로, 이는 받아들일 수 없다고 하지만, 이는 오해라고 생각된다. 보충적 해석도 기본적으로는 구체적인 당사자의 입장에서 출발하는 것이다.

용의 중요부분에 착오가 있다는 것이 무엇을 의미하는지에 관하여는 매우 논란이 많다. 필자가 판례를 분석한 바에 따르면, 판례가 착오를 허용한 사례는 대체로 상대방이 착오를 야기한 경우, 상대방이 착오사실을 알았거나 알 수 있었던 경우 및 공통의 착오 이 세 가지로 분류할 수 있다.[67] 이 중 상대방이 착오를 야기한 경우와 상대방이 착오사실을 알았거나 알 수 있었던 경우의 두 가지는 착오로 인한 취소를 허용하는 것이 이른바 the cheapest cost avoider 내지 the cheapest mistake avoider의 관점에서 효율을 증진시킨다는 점을 쉽게 설명할 수 있다. 즉 착오를 방지하기 위하여는 비용이 드는데, 가장 작은 비용으로 착오를 방지할 수 있는 자에게 착오로 인하여 생기는 손실을 부담시키는 것이 비용의 지출을 줄인다는 면에서 효율적이다. 그런데 상대방이 착오를 야기한 경우 및 상대방이 착오사실을 알았거나 알 수 있었던 경우에는 그 상대방이 작은 비용으로 착오를 방지할 수 있는 자이므로 취소를 허용하여야 하는 것이다.[68]

(3) 무단점유가 자주점유인지 여부

민법 제245조 제1항은 20년간 소유의 의사로 평온, 공연하게 부동산을 점유하는 자는 등기함으로써 그 소유권을 취득한다고 규정하여 이른바 점유취득시효를 인정하고 있다. 그리고 민법 제197조 제1항은 점유자는 소유의 의사로 선의, 평온 및 공연하게 점유한 것으로 추정한다고 규정하고 있으므로, 점유취득시효를 주장하는 자는 자신의 점유가 소유의 의사를 가진 점유(自主占有)라는 것을 증명할 필요가 없고, 반대로 점유취득시효가 성립하지 않았다고 주장하는 소유자측에서 소유의 의사가 없는 점유(他主占有)임을 증명하여야 한다. 이와 관련하여, 종래 점유할 권원이 전혀 없는데도 이를 알면서도 타인의 부동산을 점유하고 있는 자도 자주점유에 해당하여 취득시효를 인정할 것인가가 문제되었는데, 이전의 판례는 이를 인정하고 있었다. 그러나 대법원 1997. 8. 21. 선고 95다28625 전원합의체 판결[69]의 다수의견은, 점유자가 점유 개시 당시에 소유권 취득의 원인이 될 수 있는 법률행위 기타 법률요건이 없이 그와 같은 법률요건이 없다는 사실을 잘 알면서 타인 소유의 부동산을 무단점유한 것임

67) 尹眞秀, "民法上 錯誤規定의 立法論的 考察", 民法論攷 Ⅱ, 2008, 52면 이하(처음 발표: 心堂 宋相現先生華甲紀念 二十一世紀 韓國民事法學의 課題와 展望, 2002, 66면 이하).

68) 尹眞秀(주 67), 58면 이하. 다만 공통의 착오의 경우에는 the cheapest mistake avoider의 이론만으로는 설명할 수 없다. 이 경우에는 당사자가 위험기피적(risk averse)임을 전제로 하거나, 또는 효율 아닌 공정(fairness)의 관점에서 설명하는 것을 생각해 볼 수 있다.

69) 집 45권 3집 민84면.

이 입증된 경우, 특별한 사정이 없는 한 점유자는 타인의 소유권을 배척하고 점유할 의사를 갖고 있지 않다고 보아야 할 것이므로 이로써 소유의 의사가 있는 점유라는 추정은 깨어졌다고 할 것이라고 판시하여, 이러한 무단점유자에게는 원칙적으로 취득시효를 인정하지 않겠다는 태도를 밝혔다.

이 판례에 대하여도 많은 논란이 있으나, 필자로서는 이러한 대법원의 새로운 판례는 효율이라는 면에서 충분히 정당화될 수 있다고 생각한다. 즉 점유자가 자신이 점유하고 있는 부동산이 타인의 소유임을 알고 있었을 때에는 그 소유자로부터 부동산을 취득하는 데 별다른 비용이 들지 않는다. 다시 말하여 거래비용(transaction cost)이 작으므로, 이때에는 점유자로 하여금 소유자로부터 그 부동산을 취득하게 하는 것이 효율적이다. 반면 점유자가 자신이 점유하고 있는 부동산이 타인의 소유임을 몰랐을 때에는 점유자가 소유자로부터 부동산을 취득하는 데 거래비용이 크다고 할 수 있으므로, 이때에는 점유자의 20년에 걸친 점유에 비추어, 그 부동산이 소유자보다 점유자에게 더 큰 효용이 있다고 보아 취득시효를 인정하는 것이 합리적일 수 있다. 이러한 관점에서 판례가 무단점유의 경우에는 자주점유의 추정을 깨고 취득시효를 부정하는 것은 경제적으로 효율적이라고 할 수 있다.[70]

(4) 공동저당의 목적인 건물을 철거하고 신축한 경우 법정지상권의 성립 여부

민법 제366조는 저당물의 경매로 인하여 토지와 그 지상건물이 다른 소유자에게 속한 경우에는 그 건물소유자를 위하여 법정지상권이 설정되는 것으로 규정하고 있다. 그런데 종래의 판례[71]는, 저당권설정 당시 건물이 존재한 이상, 그 이후 건물을 개축, 증축하는 경우는 물론이고 건물이 멸실되거나 철거된 후 재축, 신축하는 경우에도 법정지상권이 성립한다고 보고 있었다.

그런데 대법원 2003. 12. 18. 선고 98다43601 전원합의체 판결[72]은, 동일인의 소유에 속하는 토지 및 그 지상 건물에 관하여 공동저당권이 설정된 후 그 지상 건물이 철거되고 새로 건물이 신축된 경우에는, 그 신축건물의 소유자가 토지의 소유자와 동일하고 토지의 저당권자에게 신축건물에 관하여 토지의 저당권과 동일한 순위의 공동저당권을 설정해 주는 등 특별한 사정이 없는 한,

---

70) 尹眞秀, "'惡意의 無斷占有와 自主占有'에 대한 所見", 判例實務研究 Ⅰ, 1997, 377면 이하 참조.

71) 대법원 1990. 7. 10. 선고 90다카6399 판결(집 38권 2집 민167면) 등.

72) 공 2004상, 134.

저당물의 경매로 인하여 토지와 그 신축건물이 다른 소유자에 속하게 되더라도 그 신축건물을 위한 법정지상권은 성립하지 않는다고 해석하여야 한다고 판시하여, 토지뿐만 아니라 건물도 저당권의 목적이었던 경우에는 법정지상권의 성립을 부정하였다. 판례는 그 이유로서, 동일인의 소유에 속하는 토지 및 그 지상 건물에 관하여 공동저당권이 설정된 경우에는, 처음부터 지상 건물로 인하여 토지의 이용이 제한받는 것을 용인하고 토지에 대하여만 저당권을 설정하여 법정지상권의 가치만큼 감소된 토지의 교환가치를 담보로 취득한 경우와는 달리, 공동저당권자는 토지 및 건물 각각의 교환가치 전부를 담보로 취득한 것으로서, 저당권의 목적이 된 건물이 그대로 존속하는 이상은 건물을 위한 법정지상권이 성립해도 그로 인하여 토지의 교환가치에서 제외된 법정지상권의 가액 상당 가치는 법정지상권이 성립하는 건물의 교환가치에서 되찾을 수 있어 궁극적으로 토지에 관하여 아무런 제한이 없는 나대지로서의 교환가치 전체를 실현시킬 수 있다고 기대하지만, 건물이 철거된 후 신축된 건물에 토지와 동순위의 공동저당권이 설정되지 아니하였는데도 그 신축건물을 위한 법정지상권이 성립한다고 해석하게 되면, 공동저당권자가 법정지상권이 성립하는 신축건물의 교환가치를 취득할 수 없게 되는 결과 법정지상권의 가액 상당 가치를 되찾을 길이 막혀 위와 같이 당초 나대지로서의 토지의 교환가치 전체를 기대하여 담보를 취득한 공동저당권자에게 불측의 손해를 입게 하기 때문이라는 점을 들고 있다.

위와 같은 판례의 결론은 경제학적인 면에서 충분히 타당성이 있다. 다만 그 이유의 설명은 다소 불충분하다. 즉 사후적(ex post)으로 법정지상권을 인정하면 저당권자가 손해를 입는다는 면보다는 사전적(ex ante)으로, 즉 저당권을 설정할 당시에 나중에 그러한 법정지상권의 성립을 전제로 한다면 저당권 설정자에게 불리하게 된다는 측면을 아울러 언급하여야 하는 것이다. 저당권자로서는 토지와 건물에 대하여 담보로서 공동저당권을 취득하고 채무자에게 돈을 대여함에 있어서 나중에 건물 철거 후 법정지상권이 인정되는가 인정되지 않는가에 따라 달리 행동할 것이다. 다시 말하여 법정지상권이 인정되는 경우에는 그만큼 담보의 가치가 작아지므로 채무자에게 대여할 돈의 액수가 작아지게 되고, 이는 채무자에게 불리하게 작용한다. 따라서 이 경우에는 법정지상권의 성립을 부정하는 편이 사전적으로 관찰할 때 채권자인 공동저당권자뿐만 아니라 채무자에게도 유리한 것이다. 따라서 이 경우에는 법정지상권의 성립을 인정하지 않는 것이 사전적인 관점에서 파레토 기준에 부합한다.

(5) 저당권에 기한 방해배제청구

대법원 2006. 1. 27. 선고 2003다58454 판결[73]은 다음과 같은 사안에서 저당권자가 방해배제청구권을 행사할 수 있다고 판단하였다. 즉 원래의 토지 소유자가 그 지상에 오피스텔을 건축하여 분양하기로 하고, 공사에 착수한 상태에서 은행으로부터 돈을 차용하고 토지상에 근저당권을 설정하여 주었으며, 그 후 토지 소유자가 부도를 내자 수분양자들이 피고 조합을 결성하여 건축사업의 시행권을 양수한 뒤 공사를 재개한 경우에, 근저당권자가 근저당권 실행을 위한 임의경매신청을 하고, 피고 조합을 상대로 하여 건물신축행위의 금지를 청구하였고, 대법원은 이러한 청구를 인정하였다.

대법원은, 저당권자는 저당권설정 이후 환가에 이르기까지 저당물의 교환가치에 대한 지배권능을 보유하고 있으므로, 저당목적물의 소유자 또는 제3자가 저당목적물을 물리적으로 멸실·훼손하는 경우는 물론 그 밖의 행위로 저당부동산의 교환가치가 하락할 우려가 있는 등 저당권자의 우선변제청구권의 행사가 방해되는 결과가 발생한다면 저당권자는 저당권에 기한 방해배제청구권을 행사하여 방해행위의 제거를 청구할 수 있다고 하였다.

이 문제도 앞에서 살펴본 공동저당에서의 법정지상권 문제와 같은 맥락에서 파악할 수 있다.[74] 즉 이러한 경우에 저당권자가 건물의 신축을 막을 수 없다고 한다면, 토지의 담보가치가 떨어지므로 저당권자가 대출을 꺼리거나 줄일 것이고, 따라서 이때에도 저당권자의 방해배제청구권을 인정하는 것이 쌍방에게 유리한 것이다. 나아가 이러한 경우에 건물의 신축을 허용한다고 하여 반드시 건물 소유자에게 유리한 것도 아니다. 이러한 경우에 건물 신축을 허용하더라도 나중에 건물이 경매절차에서 매각되면 그 건물은 매수인에 의하여 철거될 수밖에 없는데, 건물의 신축을 허용함으로써 건물의 철거 비용이 증가되는 것 외에도 건물 소유자에게 손해가 증가하면 증가했지 이익이 될 수는 없다.[75]

---

73) 공 2006상, 316.

74) 같은 취지, 閔裕淑, "垈地의 抵當權者가 妨害排除請求權의 행사로서 垈地上의 建築行爲의 中止를 구할 수 있는지 여부: 抵當權에 기한 妨害排除請求로서 抵當目的土地上의 建物建築行爲를 中止시킬수 있는지 여부", 判例實務硏究 Ⅷ, 2006, 346-347면 참조.

75) 尹眞秀, "2006년도 주요民法 관련 판례 회고", 民法論攷 Ⅲ, 2008, 726면 이하(처음 발표: 서울대학교 법학 제47권 1호, 2007). 나아가 이는 저당권과 지상권을 같이 설정한 경우와 비교하여 보면 좀 더 명확하다. 대법원 2004. 3. 29.자 2003마1753 결정(공 2004상, 781)의 사안은 대상판결의 사안과 비교하여 별다른 차이가 없고, 다만 그 사건의 경우에는 근저당권자

(6) 임차권의 무단양도

민법 제628조 제1, 2항은 임차인은 임대인의 동의 없이 그 권리를 양도하거나 임차물을 전대하지 못하고, 이에 위반하면 임대인은 계약을 해지할 수 있다고 규정하고 있다. 그런데 근래의 일련의 판례[76]는, 임차인이 임대인으로부터 별도의 승낙을 얻은 바 없이 제3자에게 임차물을 사용·수익하도록 한 경우에도, 임차인의 당해 행위가 임대인에 대한 배신적 행위라고 인정할 수 없는 특별한 사정이 있으면 위 법조항에 의한 해지권은 발생하지 않는다고 판시하고 있고, 국내의 학설도 일반적으로 이를 지지한다.

이러한 결론은 경제적인 관점에서는 쉽게 이해될 수 있다. 일반적으로 권리나 재화는 그 효용이 현재의 보유자보다 다른 사람에게 더 클 때에는 다른 사람에게로 이전되는 것이 효율적이고, 따라서 권리나 재화의 자유로운 양도는 원칙적으로 인정되어야 한다. 그런데 임차권의 경우에 양도나 전대를 제한하고 있는 것은 양도를 자유롭게 인정하면 임대인에게 손해가 생길 우려가 있기 때문이다. 그러므로 임대인에게 손해가 생길 우려가 없다면 임차권의 양도나 전대를 제한할 이유가 없고, 이러한 점에서 위와 같은 해석은 경제적인 효율에 이바지하는 것이다.[77] 그런데 이러한 설명에 대하여는, 이는 임대인의 이익을 희생하여 임차인 내지 전차인 또는 임대권의 양수인을 보호하려는 것으로서, 이 경

가 근저당권설정등기와 함께 지상권설정등기까지 마쳤을 뿐이다. 이 사건에서 대법원은 근저당권자의 지상권에 기한 공사중지가처분을 받아들여야 한다고 판시하였다. 위와 같은 사례에서 저당권자가 저당권과 아울러 지상권을 취득하는 것은 제3자가 목적 토지의 담보가치를 하락시키는 침해행위를 하는 것을 배제함으로써 저당 부동산의 담보가치를 확보하는 데 있는 것이다. 그러나 저당권자가 지상권을 같이 취득하지 않은 경우라고 하여 저당권자에게 저당 부동산의 담보가치를 확보하려는 의사가 없었다고는 말할 수 없고, 다른 한편 저당권설정자도 저당권자의 이러한 목적을 위한 지상권 설정 요구에 대하여 특별히 거부할 사유는 없으므로, 구태여 저당권과 아울러 지상권을 취득한 경우에만 저당권자에게 그러한 보호를 부여할 이유는 없고, 저당권만을 취득한 경우에도 같은 보호를 하여 주는 것이 지상권 설정으로 인한 비용을 절감한다는 면에서 더 합리적이라고 생각된다. 위 논문 412면 이하 참조. 그런데 梁彰洙, "2006년도 民事判例 管見", 서울대학교 법학 제48권 2호, 2007, 139-140면은 필자의 이러한 주장에 대하여, 지상권이 없음에도 불구하고 지상권에 의한 보호를 인정하는 것이라고 비판하고 있다. 그러나 필자는 저당권만을 설정한 경우에도 저당권과 지상권을 같이 설정한 경우와 달리 볼 이유가 없으므로 저당권에 의한 보호만으로도 지상권에 의한 보호와 같은 효과를 거둘 수 있다는 것이고, 지상권이 없음에도 불구하고 지상권에 의한 보호를 인정하자고 하는 것은 전혀 아니다.

76) 대법원 1993. 4. 27. 선고 92다45308 판결(공 1993하, 1553); 1995. 7. 25. 선고 94다46428 판결(공 1995하, 2938); 2007. 11. 29. 선고 2005다64255 판결(공 2008상, 1997) 등.

77) 미국에서도 이러한 점이 문제되고 있다. 상세한 것은 尹眞秀, "美國 契約法上 Good Faith 原則", 民法論攷 Ⅰ(주 64), 55면 이하(처음 발표: 서울대학교 法學 제44권 4호, 2004) 참조.

우 누구의 이익을 보호하여야 하는가의 문제가 설명되어야 하고, 또 임차인측의 이익이 더 크다고 하는 경우에도 이는 파레토 기준 아닌 칼도-힉스 기준에 의하는 것이 아닌가 하는 지적이 있을 수 있다. 그러나 이는 파레토 기준에 의하더라도 충분히 설명할 수 있다. 즉 판례가 임차인의 당해 행위가 임대인에 대한 배신적 행위라고 인정할 수 없는 특별한 사정이 있는 경우에는 해지권은 발생하지 않는다고 하는 것은, 이러한 임차권의 양도나 전대행위가 임대인에게 별다른 손해가 없는 경우에 한하여 해지할 수 없다는 의미라고 할 수 있고, 따라서 이러한 판단은 파레토 기준을 만족시킨다. 오히려 이러한 경우에까지 해지를 인정하는 것은 임대인의 기회주의 내지 전략적 행동을 조장하는 결과가 될 것이다.

다. 일반조항과 불확정 개념에서의 효율의 고려

(1) 선행행위에 모순되는 거동의 금지(venire contra factum proprium)

민법 제2조 제1항은 권리의 행사와 의무의 이행은 신의에 좇아 성실히 행하여야 한다고 규정하고 있다. 이와 같은 신의성실의 원칙은 민법상 대표적인 일반조항이고, 이러한 일반조항을 어떻게 구체화할 것인가는 매우 어려운 문제이다. 그러나 사견으로는 많은 경우에는 신의성실의 원칙의 구체화는 효율이라는 관점에서 설명될 수 있다고 생각한다.[78] 다른 한편 일반조항인 신의성실의 원칙을 적용하면 명문의 규정을 적용하는 것보다 예측가능성이 낮아지게 되어 불확실성이 늘어나고, 이는 효율의 감소를 가져온다. 그러므로 신의성실의 원칙 내지 일반조항의 활용은 그로 인하여 얻을 수 있는 효용의 증가와, 이에 수반하는 효용의 감소를 잘 조화시켜서 이루어져야 할 것이다.

이처럼 신의성실의 원칙이 효율에 이바지하는 전형적인 예로서 이른바 선행행위에 모순된 거동의 금지 내지 모순행위의 금지의 원칙을 들 수 있다. 이는 어떤 사람의 행동이 그의 선행하는 행동과는 모순되는 것이어서, 그러한 후행행위에 원래대로의 법효과를 인정하게 되면 그 선행행위로 말미암아 야기된 다른 사람의 신뢰를 부당하게 침해하게 되는 경우에, 그 후행행위의 효력이 제한되는 법원칙을 말한다고 할 수 있다.[79] 영미법상의 禁反言(estoppel)도 이와 같은 맥락에서 이해할 수 있다.

이러한 선행행위에 모순되는 거동의 금지는 앞에서 언급한 신뢰책임의 한

78) 이 점에 관하여는 尹眞秀(주 77), 41면 이하에 소개된 Burton과 Summers의 논쟁 참조.

79) 郭潤直/梁彰洙, 民法注解 Ⅰ, 1992, 119면 참조.

내용으로도 이해할 수 있다.[80] 따라서 이에 관하여는 정보비용의 감소에 대한 앞에서의 설명이 대체로 적용될 수 있다. 아래에서는 이에 관한 전형적인 판례 하나만을 소개한다.

대법원 2000. 1. 5.자 99마4307 결정[81]은 다음과 같은 사실관계에 관한 것이다. 즉 채무자가 자기가 살고 있던 동생 소유의 아파트에 관하여 근저당권을 설정하고 대출을 받으면서, 채권자에게 자신은 임차인이 아니고 위 아파트에 관하여 일체의 권리를 주장하지 않겠다는 내용의 확인서를 작성하여 주었다. 그 후 위 근저당권이 실행되어 이를 낙찰받은 채권자가 채무자를 상대로 인도명령을 신청하자, 채무자는 자신이 대항력을 갖춘 임차인이라고 주장하면서 채권자의 인도명령은 허용될 수 없다고 다투었다. 이에 대하여 대법원은, 채권자는 채무자가 위와 같은 내용의 확인서를 두 차례나 작성해 줌으로써 이를 믿은 나머지 이 사건 아파트의 담보가치를 높게 평가하여 대출을 해 주고, 경매절차에서도 보증금을 고려하지 아니한 가격으로 입찰한 것으로 볼 수 있으므로, 채무자가 채권자에 대한 위와 같은 확인 내용을 번복하여 대항력을 갖춘 임차인임을 내세워 인도명령을 다투는 것은 특별한 사정이 없는 한 금반언 및 신의칙에 위배되어 허용되지 아니한다고 판시하였다.

만일 이러한 경우에 채무자의 임차권 주장을 허용한다면, 채권자로서는 당초 채무자가 임차인이 아니라는 확인서를 써 주었더라도 이를 믿지 않고, 임차인인지 여부를 별도로 확인하여야 한다는 것이 되나, 그것이 실제로 가능한지도 문제일 뿐만 아니라, 가능하다 하더라도 그 확인을 위하여 상당한 비용이 들 것이다. 반면 임차권의 주장을 허용하지 않는다면 채권자로서는 확인서를 믿고 그에 따라 대출을 하여 주면 될 것이므로 거래비용을 줄일 수 있는 것이다.

(2) 권리남용의 법리

민법 제2조는 “권리는 이를 남용하지 못한다”고 규정하여 이른바 권리남용의 법리를 선언하고 있다. 과연 어떤 경우가 권리남용에 해당하는지가 문제되는데, 필자는 이전에 토지 소유자가 건물 소유자를 상대로 그 건물의 철거를 구하는 사안에 대하여 경제적 관점에서 다음과 같이 판례를 분석한 바 있다.[82]

---

80) Canaris(주 59), S. 530 f. 참조.

81) 공 2000상, 545.

82) 尹眞秀, “權利濫用의 經濟的 分析”, 民法論攷 Ⅰ(주 64), 84면 이하(처음 발표: 朴世逸, 金一中 편, 私法과 法執行, 2001) 참조.

즉 토지 소유자의 건물철거청구를 권리남용이라 하여 배척하기 위하여는, 다음과 같은 요건이 필요하다.

첫째, 그 철거로 인하여 토지 소유자가 얻는 이익보다 지상물 소유자가 입는 손해가 현저하게 클 것.

둘째, 점유자가 토지를 점유한 상태에서 당사자 사이에 거래가 이루어지지 않은 책임이 토지 소유자에게 있을 것.

셋째, 토지 점유자가 그 토지의 점유를 개시한 데 악의나 중대한 과실이 없을 것.

우선 첫째의 요건에 관하여는, 철거가 객관적으로 보아 자원의 낭비에 해당하여야만 그 철거 청구를 막을 필요가 있으므로, 철거로 인하여 토지 소유자가 얻는 이익과 지상물 소유자가 입는 손해를 비교하는 것은 당연하다. 다만 이 경우 지상물 소유자가 입는 손해가 토지 소유자가 얻게 될 이익보다 현저하게 클 것을 요구하는 것은, 법원이 이익과 손해를 판단함에 있어서 오류를 범할 가능성을 최소화하기 위하여 필요하다.

셋째의 요건은 토지 점유자가 사전에 토지 소유자로부터 그 토지나 토지의 이용권을 취득하기 위한 거래비용이 높은가 낮은가 하는 점에 따른 것이다. 거래비용이 낮다면 구태여 법원이 개입할 이유가 없고, 이때에는 권리남용의 항변을 배척함으로써 토지 점유자가 토지 소유자로부터 그 토지나 토지의 이용권을 취득하도록 유도할 필요가 있다.

그리고 둘째의 요건은 쌍방 독점으로 인한 토지 소유자의 버티기(holdout)를 예방하기 위하여 필요하다.[83)]

그러므로 권리남용의 법리도 판례가 경제적 효율을 고려하여 구체화하고 있다고 설명할 수 있다.

(3) 과실의 개념[84)]

법경제학에서는 과실의 개념을 이른바 러니드 핸드 공식(Learned Hand Formel)에 의하여 설명하고 있음은 주지의 사실이다.[85)] 그런데 최근의 대법원 판

83) 대법원 1999. 9. 7. 선고 99다27613 판결(공 1999하, 2084)이 이러한 분석에 전형적으로 들어맞는 사례이다. 尹眞秀(주 82), 111면 이하 참조.

84) 과실 개념을 일반조항으로 볼 것인지에 대하여는 다소 논란이 있다. 예컨대 金先錫, "一般條項의 證明責任", 司法論集 제14집, 1983, 243면 이하 참조. 그러나 과실 개념이 일반조항에는 해당하지 않더라도 적어도 입법자가 그 내포를 명확하게 하지 않은 이른바 불확정개념임에는 틀림없다.

85) 事故의 確率을 P, 事故로 인한 損害를 L, 事故防止費用을 B라고 할 때 $B < P \cdot L$이라면 過失

례 가운데 채권의 준점유자의 변제가 유효하기 위한 요건으로서의 과실과 관련하여 거래비용을 언급하고 있는 것이 있다. 민법 제470조 제1항은 채권의 준점유자에 대한 변제는 변제자가 선의이며 과실없는 때에 한하여 효력이 있다고 규정하고 있다. 그런데 대법원 2007. 10. 25. 선고 2006다44791 판결[86]에서는 은행의 예금통장 절취인에 대한 예금의 지급에 과실이 있었는가가 문제되었다.

이 사건에서는 원고가 피고 은행에 저축예금을 가지고 있었는데, 원고의 집에 도둑이 침입하여 원고의 통장과 인장을 절취하였다. 그리고 위 통장의 비밀번호를 알아내어 2005. 2. 22. 12:49경 피고 은행 A지점에서 2,500만원을 인출하고, 이어서 같은 날 13:48경 B지점에서 다른 사람을 시켜 2,000만원을 인출하였으며, 이어서 같은 날 14:19경 C지점에서 다른 사람을 시켜 현금 1,900만원을 인출하였다.

원심법원은 위 지급이 유효하다는 피고 은행의 주장에 대하여, 첫 번째의 예금 인출은 채권의 준점유자에 대한 변제로서 피고 은행에게 과실이 없었으므로 그로 인하여 위 인출액만큼 원고의 예금채권은 소멸하였지만, 두 번째 및 세 번째의 예금 인출에 관하여는 피고 은행의 창구직원들로서는 일단 창구에서 예금지급을 구하는 청구자에게 정당한 변제수령권한이 없을 수 있다는 의심을 가질 만한 특별한 사정이 있다고 보이고, 이러한 경우에는 당해 청구자의 신원을 확인한다거나 전산입력된 원고의 연락처에 연결하여 원고 본인의 의사를 확인하는 등의 방법으로 그 청구자가 정당한 변제수령권한을 가지는지 여부를 조사하여야 할 업무상 주의의무를 진다고 하여, 결국 피고의 위 두 번째 및 세 번째의 지급은 채권의 준점유자에 대한 변제로서 유효하다고 보기 어렵다고 판단하였다.

그러나 대법원은 이러한 두 번째 및 세 번째 지급에 관한 원심의 판단이 잘못이라고 하였다. 즉 두 번째 및 세 번째 지급과 관련하여, 피고 은행의 직원이 단순히 인감대조 및 비밀번호의 확인 등의 통상적인 조사 외에, 당해 청구자의 신원을 확인하거나 전산 입력된 예금자의 연락처에 연결하여 예금자 본인의 의사를 확인하는 등의 방법으로 그 청구자가 정당한 예금인출권한을 가지는지 여부를 조사하여야 할 업무상 주의의무를 부담하는 것으로 보기 위

이 인정된다는 것이다. United States v. Carroll Towing Co. 159 F. 2d 169(2d cir. 1947) 참조. 정확하게는 여기서의 손해나 사고방지비용은 한계개념으로 이해하여야 한다.

86) 공 2007하, 1817.

해서는, 그 예금의 지급을 구하는 청구자에게 정당한 변제수령권한이 없을 수 있다는 의심을 가질 만한 특별한 사정이 인정되어야 하는데, 그러한 특별한 사정이 있다고 보기 어렵다고 하면서, 그 이유 중 하나로서, 금융기관에게 추가적인 확인의무를 부과하는 것보다는 예금자에게 비밀번호 등의 관리를 철저히 하도록 요구하는 것이 사회 전체적인 거래비용을 줄일 수 있는 것으로 보이는 점 등을 고려하여야 한다고 보았다.

이러한 판례를 경제학적인 관점에서 분석한다면, 위와 같은 경우에는 예금자가 비밀번호 등의 관리를 철저히 하는 것이 금융기관이 수없이 많은 예금청구의 경우에 매번 당해 청구자의 신원을 확인하거나 예금자 본인의 의사를 확인하는 것보다 비용이 덜 들고, 따라서 권한 없는 사람이 예금을 인출한 것으로 생기는 손해는 예금자가 부담하여야 한다는 것이다. 특히 이 판례가 거래비용을 줄일 수 있다는 점을 명시적으로 밝히고 있는 점이 인상적이다.

라. 법형성에서의 효율의 고려

판례는 법형성에서도 효율을 고려하고 있는 것으로 보인다. 여기서는 대리권의 남용과 대상청구권의 두 가지를 살펴본다.

(1) 대리권의 남용

대리인이 그 대리권의 범위 내에서 대리행위를 한 경우에는 설령 그 대리행위가 본인의 이익에 어긋난다고 하더라도 본인이 그 대리행위의 효과를 부인할 수 없음이 원칙이다. 만일 이를 인정한다면 상대방은 항상 본인의 의사를 확인해 보아야 할 것이고, 이는 대리제도를 인정하는 이유 중의 하나인 경제적 효용을 크게 해친다. 그러나 대리인의 대리행위가 본인의 이익을 위한 것이 아니라, 대리인이나 제3자의 이익을 위한 것이면서 본인에게는 손해가 되는 이른바 대리권의 남용의 경우에도 이러한 원칙을 관철할 것인지는 별개의 문제이다. 이러한 대리권의 남용은 이른바 대리인 문제(agency problem)의 전형적인 예라고 할 수 있다. 이 점에 관하여는 법률상 아무런 규정이 없으므로, 이 문제는 법원이 해결할 수밖에 없다.

이에 관하여 판례는, 지배인의 행위가 영업에 관한 것으로서 대리권한 범위 내의 행위라 하더라도, 영업주 본인의 이익이나 의사에 반하여 자기 또는 제3자의 이익을 도모할 목적으로 그 권한을 행사한 경우에 그 상대방이 지배인의 진의를 알았거나 알 수 있었을 때에는, 민법 제107조 제1항 단서의 유추해석상 그 지배인의 행위에 대하여 영업주 본인은 아무런 책임을 지지 않는다고 보아야 한다고 판시하고 있다.[87] 다시 말하여 이러한 대리인의 행위는 민법 제107조 제1항의 비진의표시와 유사하다고 보아, 상대방이 대리권의 남용 사실을 알았거나 알 수 있었을 때에는 본인이 대리행위에 대하여 책임을 지지 않는다는 것이다.

그러나 이러한 대리권의 남용이 과연 비진의표시와 유사한 것인지는 의심스럽다. 비진의표시에서는 의사표시로 인한 법률효과의 발생 자체를 의욕하지 않는 것인 반면, 대리권 남용의 경우에는 법률효과의 발생은 의욕하지만, 그로 인한 경제적 이익을 본인 아닌 대리인이나 제3자에게 귀속시키려는 것이기 때문이다.[88]

이러한 비진의표시 유추적용설 이외에도 권리남용설, 대리권 부인설, 표현대리설 등 여러 가지 설이 주장되고 있으나, 어느 것이나 잘 들어맞지는 않는다. 결국 이는 판례가 대리제도의 목적에 비추어 새로운 제도를 창설하였다고 설명하는 것이 가장 적절할 것이다. 그리고 이러한 판례의 이론은 대체로 경제적 효율에 부합한다. 원래 대리제도의 근거는 노동 분업의 원리에 따른 경제적 효율의 증진에 있다고 할 수 있다. 그러므로 대리인의 대리권 남용으로 인한 손실도 제1차적으로는 대리행위의 상대방보다는 대리제도에 의하여 이익을 얻을 뿐만 아니라, 대리인을 감독할 수 있는 위치에 있는 본인이 부담하여야 할 것이다.

그러나 대리인의 상대방이 대리권 남용을 안 경우에까지도 본인이 그 손실을 부담할 것은 아니다. 이는 거래비용의 관점에서는 충분히 수긍할 수 있다. 문제는 상대방이 대리권 남용 사실을 알지는 못했으나 알 수는 있었던 경우이다. 이 경우에는 대리행위의 효력을 인정하여야 한다거나, 상대방에게 중대한 과실이 있었을 경우에만 대리행위를 무효로 보아야 한다는 견해 등이 주장된다. 그러나 판례는 상대방에게 과실이 있는 경우에는 대리행위의 효력을 부정하면서도, 본인의 사용자책임을 인정하고 상대방의 과실이 있음을 이유로 과실상계를 하고 있는데,[89] 이러한 처리가 경제적으로 보아 합리적이라고 생각된다.

---

87) 대법원 1999. 3. 9. 선고 97다7721, 7738 판결(공 1999상, 618).

88) 河京孝, "代理權 남용시의 대리효과 부인의 근거와 요건", 茂巖 李英俊 博士 華甲紀念韓國民法理論의 發展 Ⅰ: 總則·物權編, 1999, 143면 참조.

89) 대법원 1999. 1. 15. 선고 98다39602 판결(공 1999상, 290).

(2) 대상청구권

어느 채무가 이행불능으로 되었으나 채무자가 이행의 목적물에 대신하는 이익을 얻게 된 경우에, 채권자가 그 이익의 양도를 청구할 수 있는 권리를 대상청구권이라고 한다. 예컨대 토지를 매도하였으나 그 이행 전에 토지가 수용되어 매매계약의 이행은 불가능하게 되었지만, 그 대신 매도인이 수용보상금을 받게 된 경우에, 매수인이 매도인에게 그 수용보상금을 양도할 것을 청구할 수 있는가 하는 문제이다. 이에 관하여는 독일과 같이 민법에 명문규정을 두는 나라도 있으나, 우리 민법에는 아무런 규정이 없다. 그럼에도 불구하고 판례[90]나 일반적인 학설은 이를 인정하고 있다. 그러나 판례와 학설은 왜 이를 인정할 수 있는지에 관하여는 반드시 설득력 있는 근거를 제시하지 못하고 있다.

필자는 효율을 고려할 때 대상청구권을 인정하는 것이 타당하다고 생각한다. 가령 대상청구권이 인정되지 않는다고 전제할 때, 채무자에게 이행불능에 대하여 귀책사유가 없으면 결과적으로 채권자는 원래 의도했던 이익을 얻지 못하게 된다. 따라서 가령 매매계약의 경우라면 매수인은 매매대금을 정함에 있어서 이러한 가능성을 고려하여 매매대금을 낮추게 될 것이다. 그러나 이러한 판단을 함에 있어서는 추가적인 비용이 발생한다. 반면 대상청구권을 인정한다면 이러한 추가적인 비용은 발생하지 않고, 따라서 경제적으로 효율적인 결과가 된다. 이처럼 대상청구권을 인정할 수 있는 법률적인 근거로서는 앞에서 언급한 계약의 보충적 해석을 들 수 있다.[91]

2. 헌법원리로서의 효율

가. 헌법이 추구하는 가치로서의 효율

효율이 이처럼 민법상의 원리에만 국한되는 것은 아니다. 효율은 가령 행정법[92]이나 환경법[93] 또는 세법[94]에서도 문제된다. 그러나 여기서는 효율이 헌

90) 대법원 1992. 5. 12. 선고 92다4581, 92다4598 판결(공 1992하, 1849) 등.

91) 尹眞秀, "法律行爲의 補充的 解釋에 관한 獨逸의 學說과 判例", 民法論攷 Ⅰ(주 64), 215면 (처음 발표: 判例月報 1990. 7) 참조.

92) Wolfgang Hoffmann-Riem, Eberhard Schmidt-Assmann (Hrsg.), Effizienz als Herausforderung an das Verwaltungsrecht, 1998.

93) Erik Gawel (Hrsg.), Effizienz im Umweltrecht, 2001. 우리나라의 판례상 확립된 이른바 수인한도론(예컨대 대법원 1999. 1. 26. 선고 98다23850 판결, 집 47권 1집 민20면 등)은 일종의 비용효과 분석의 한 예라고 할 수 있다. 趙弘植, "留止請求 許容 與否에 관한 小考", 民事

법상의 원리로 인정될 수 있는가, 나아가 헌법의 해석에서 효율이 고려될 수 있는가를 살펴본다.[95] 이 점에 관하여 독일에서는 헌법 제14조의 재산권 보장이나 제2조의 일반적인 인격의 발현권 등에 비추어 보면, 효율이 헌법상 원리로서 인정될 수 있다고 하는 견해가 있다.[96]

우리 헌법재판소의 판례에서도 이러한 결론을 이끌어낼 수 있다고 보인다. 가령 헌법재판소 1997. 8. 21. 선고 94헌바19, 95헌바34, 97헌가11 결정[97]은, 구 근로기준법 제30조의 2 제2항 중 근로자의 퇴직금은 사용자의 총재산에 대하여 질권 또는 저당권에 의하여 담보된 채권, 조세·공과금 및 다른 채권에 우선하여 변제되어야 한다는 부분은 질권이나 저당권을 침해하므로 위헌이라고 하였다. 이 결정 가운데 특히 주목을 끄는 것은, 위 조항이 과잉금지의 원칙 위배라고 하면서 그 이유로, "퇴직금"에 관하여는 아무런 범위나 한도의 제한 없이 질권이나 저당권에 우선하여 그 변제를 받을 수 있다고 규정하고 있으므로, 도산위기에 있는, 자금의 융통이 꼭 필요한 기업일수록 금융기관 등 자금주는 자금회수의 예측불가능성으로 말미암아 그 기업에 자금을 제공하는 것을 꺼리게 되고, 그 결과 이러한 기업은 담보할 목적물이 있다고 하더라도 자금의 융통을 받지 못하여 그 경영위기를 넘기지 못하고 도산을 하게 되며, 그로 인하여 결국 근로자는 직장을 잃게 되므로 궁극적으로는 근로자의 생활보장이나 복지에도 좋은 결과를 낳지 못한다는 점을 들고 있는 것이다.[98] 이는 전형적으로 경제학적인 사전적 효율(ex ante efficiency)의 원리를 고려한 것이다.

또 헌법재판소 1991. 6. 3. 선고 89헌마204 결정[99] 등은 계약자유의 원칙은 헌법상의 행복추구권 속에 함축된 일반적 행동자유권으로부터 파생되는 것

判例硏究 XXII, 2000, 68면 이하 참조.

94) 李昌熙, "조세법 연구 방법론", 서울대학교 法學 제46권 2호, 2005, 28면 이하 참조. 여기서는 적어도 세법의 영역에서는 효율의 문제는 자유의 문제이므로, 비효율적인 법령은 자유에 대한 간섭으로서 위헌이 된다고 한다.

95) Joseph Franz Lindner, "Verfassungsrechtliche Rahmenbedingungen einer ökonomischen Theorie des öffentlichen Rechts", JZ 2008, S. 957 ff. 참조.

96) Stefan Grundmann, "Methodenpluralismus als Aufgabe", Rabels Zeitschrift für ausländisches und internationales Privatrecht Bd. 61, 1997, S. 442; Erik Gawel, "Ökonomische Effizienzforderungen und ihre juristische Rezeption", in Gawel (Hrsg.)(주 93), S. 38 등 참조. 그러나 Eidenmüller(주 10), S. 443 ff.는 독일 헌법이 입법자에게 자유시장경제 또는 사회적 시장경제를 명하지 않았으므로, 입법자는 법률을 경제적 효율의 관점에서 정립할 헌법적인 의무를 지지 않는다고 한다.

97) 헌판집 9권 2집 243면 이하.

98) 헌판집 9권 2집 243, 262면.

99) 헌판집 3권 268면 이하.

이라고 보고 있다.

이러한 구체적인 규정들 외에도 헌법상의 일반원칙으로 승인되고 있는 신뢰보호의 원칙도 경제적인 효율의 관점에서 설명할 수 있다. 헌법재판소는, 일반적으로 국민이 어떤 법률이나 제도가 장래에도 그대로 존속될 것이라는 합리적인 신뢰를 바탕으로 하여 일정한 법적 지위를 형성한 경우, 국가는 그와 같은 법적 지위와 관련된 법규나 제도의 개폐에 있어서 법치국가의 원칙에 따라 국민의 신뢰를 최대한 보호하여 법적 안정성을 도모하여야 한다고 판시하고 있다.[100] 학설상으로도 신뢰보호가 헌법상의 원칙이라는 점에 대하여는 반대하는 견해가 보이지 않는다.[101] 이러한 신뢰가 보호되지 않는다면, 당사자로서는 그 자체로는 생산적이고 효율적인 행위라 하여도 장래 예상에 어긋나는 법령 등의 개폐가 일어남으로 말미암아 손해를 볼 것을 두려워하기 때문에 생산적인 행위의 위축을 가져오게 되는 것이다. 대법원 판례[102]는, 법령의 개정에서 신뢰보호 원칙이 적용되어야 하는 이유는, 어떤 법령이 장래에도 그대로 존속할 것이라는 합리적이고 정당한 신뢰를 바탕으로 국민이 그 법령에 상응하는 구체적 행위로 나아가 일정한 법적 지위나 생활관계를 형성하여 왔음에도 국가가 이를 전혀 보호하지 않는다면 법질서에 대한 국민의 신뢰는 무너지고 현재의 행위에 대한 장래의 법적 효과를 예견할 수 없게 되어 법적 안정성이 크게 저해되기 때문이라고 한다.

그리하여 대법원의 판례는, 행정청의 행위에 대하여 신뢰보호의 원칙이 적용되기 위하여는, 첫째 행정청이 개인에 대하여 신뢰의 대상이 되는 공적인 견해표명을 하여야 하고, 둘째 행정청의 견해표명이 정당하다고 신뢰한 데 대하여 그 개인에게 귀책사유가 없어야 하며, 셋째 그 개인이 그 견해표명을 신뢰하고 이에 따라 어떠한 행위를 하였어야 하고, 넷째 행정청이 위 견해표명에 반하는 처분을 함으로써 그 견해표명을 신뢰한 개인의 이익이 침해되는 결과가 초래되어야 하는 것이며, 이러한 요건을 충족할 때에는 행정청의 처분은 신뢰보호의 원칙에 반하는 행위로서 위법하다고 한다.[103]

100) 헌법재판소 2004. 12. 16. 선고 2003헌마226 등 결정(헌판집 16권 2집 하 580, 590면) 등.
101) 成樂寅, 憲法學, 제8판, 2008, 241면 이하; 鄭宗燮, 憲法學原論, 제3판, 2008, 158면 이하 등.
102) 대법원 2006. 11. 16. 선고 2003두12899 전원합의체 판결(공 2006하, 2085); 2007. 10. 29. 선고 2005두4649 전원합의체 판결(공 2007하, 1853) 등.
103) 대법원 1992. 5. 26. 선고 91누10091 판결(공 1992, 2043) 등.

나. 비례의 원칙과 효율

(1) 비례의 원칙의 의미

헌법재판소는 법률의 위헌 여부를 판단하는 기준으로서 이른바 비례의 원칙(Verhältnismäßigkeitsgrundsatz, Verhältnismäßigkeitsprinzip)을 채택하고 있다. 비례의 원칙 또는 과잉금지(Übermaßverbot)의 원칙이란, 기본권을 제한하는 입법을 할 때에는 입법목적의 정당성과 그 목적달성을 위한 방법의 적정성, 피해의 최소성, 그리고 그 입법에 의해 보호하려는 공공의 필요와 침해되는 기본권 사이의 균형성을 모두 갖추어야 하며, 이를 준수하지 않은 법률 내지 법률조항은 기본권제한의 입법한계를 벗어난 것으로서 헌법에 어긋난다는 것을 의미한다. 여기서 목적의 정당성이란 국민의 기본권을 제한하려는 입법의 목적이 헌법 및 법률의 체제상 그 정당성이 인정되어야 한다는 것을 의미하고, 방법의 적정성이란 그 목적의 달성을 위하여 그 방법이 효과적이고 적절하여야 한다는 것을 의미한다. 그리고 피해의 최소성이란 입법자가 선택한 기본권 제한의 조치가 입법목적 달성을 위하여 적절하다 할지라도, 가능한 한 보다 완화된 형태나 방법을 모색함으로써 기본권의 제한은 필요한 최소한도에 그치도록 하여야 한다는 의미이고, 법익의 균형성이란 보호하려는 공익과 침해되는 사익을 비교형량할 때 보호되는 공익이 더 커야 한다는 것을 의미한다.[104)]

예컨대 헌법재판소 2003. 10. 30. 선고 2000헌바67, 83 결정[105)]은, 법률이 국내주재 외교기관 청사의 경계지점으로부터 1백미터 이내의 장소에서의 옥외집회를 전면적으로 금지하고 있는 것이 집회의 자유를 침해하여 위헌인가 여부에 관하여 다음과 같이 판단하였다. 즉 외교기관 인근에서의 집회를 금지하는 목적은 '외교기관의 기능보장'과 '외교공관의 안녕보호'에 있는 것으로서 그 목적의 정당성은 인정된다고 하였다. 그리고 외교기관의 업무에 대한 방해나 외교관의 신체적 안전에 대한 위협이 우려되는 전형적인 경우인 대규모 항의시위의 관점에서 본다면, 1백미터 거리를 외교기관의 청사로부터 확보하는 것은 일반적인 경우 법익충돌의 위험성에 비추어 적절한 것으로 판단된다고 보

---

104) 헌법재판소 1992. 12. 24. 선고 92헌가8(헌판집 4권 853면 이하) 등 참조. 그러나 논자에 따라서는 목적의 정당성은 비례의 원칙에 포함시키지 않는다. 鄭宗燮(주 101), 331면 참조. 또한 피해의 최소성은 필요성(Erforderlichkeit)으로, 법익의 균형성은 좁은 의미의 비례의 원칙(Verhältnismäßigkeitsprinzip im engeren Sinne)이라고 부르기도 한다.

105) 헌판집 15권 2집 하 41면 이하.

았다. 그러나 다음과 같은 점에서 피해의 최소성과 법익의 균형성에 어긋난다고 하였다. 우선 피해의 최소성에 관하여는, 외교기관에 대한 집회가 아니라 우연히 금지장소 내에 위치한 다른 항의대상에 대한 집회의 경우, 위 법률조항에 의하여 전제된 법익충돌의 위험성이 작다고 판단되고, 소규모 집회의 경우, 일반적으로 위 법률조항의 보호법익이 침해될 위험성이 작으며, 예정된 집회가 외교기관의 업무가 없는 휴일에 행해지는 경우에는 보호법익에 대한 침해의 위험이 일반적으로 작다고 할 수 있는데도 위 법률조항은 전제된 위험상황이 구체적으로 존재하지 않는 경우에도 이를 함께 예외 없이 금지하고 있고, 이는 입법목적을 달성하기에 필요한 조치의 범위를 넘는 과도한 제한이므로 최소침해의 원칙에 위반되어 집회의 자유를 과도하게 침해한다고 하였다.

그리고 법익균형성에 관하여는, 위 법률조항은 개별적인 경우 보호법익이 위협을 받는가와 관계없이 특정 장소에서의 모든 집회를 전면적으로 금지함으로써, 개별적 집회의 경우마다 구체적인 상황을 고려하여 상충하는 법익간의 조화를 이루려는 아무런 노력 없이, 위 법률조항에 의하여 보호되는 법익에 대하여 일방적인 우위를 부여하였으므로 위 법률조항은 비례의 원칙에 위반되어 집회의 자유를 과도하게 제한한다고 하였다.

다른 한편 헌법재판소 2007. 8. 30. 선고 2004헌가25 결정[106]은, 경과실로 인한 실화의 경우 실화피해자의 손해배상청구권을 전면 부정하고 있는 실화책임에 관한 법률이 위헌이라고 하였다. 위 결정은, 과실 정도가 가벼운 실화자를 가혹한 배상책임으로부터 구제한다는 입법목적은 정당하지만, 실화 및 연소로 인한 피해가 예상외로 확대되어 그에 대한 배상책임을 전부 실화자에게 지우는 것이 가혹한 경우에는 민법 제765조에 의하여 구체적인 사정에 맞추어 실화자의 배상책임을 경감시킴으로써 실화자의 가혹한 부담을 합리적으로 조정할 수 있는데, 이처럼 합리적인 제도가 있음에도 불구하고 경과실로 인한 화재의 경우에 실화자의 책임을 전부 부정하고 그 손실을 전부 피해자에게 부담시키는 것은 실화피해자의 손해배상청구권을 입법목적상 필요한 최소한도를 벗어나 지나치게 많이 제한하는 것이라고 하였다. 나아가 화재 피해자에 대한 보호수단이 전혀 마련되어 있지 아니한 상태에서 일률적으로 실화자의 손해배상책임과 피해자의 손해배상청구권을 부정하는 것은, 일방적으로 실화자만 보

106) 헌판집 19권 2집 203면 이하.

호하고 실화피해자의 보호를 외면한 것으로서 실화자 보호의 필요성과 실화피해자 보호의 필요성을 균형있게 조화시킨 것이라고 보기 어렵다고 하였다.

(2) 경제적 분석

그런데 이러한 비례의 원칙은 경제적인 관점에서 설명할 수 있다.107) 우선 목적의 정당성과 방법의 적절성은 실제적 합리성(practical rationality) 가운데 실체적 실제적 합리성(substantive practical rationality)과 절차적 실제적 합리성(procedural practical rationality)의 개념에 각각 대응한다고 볼 수 있다. 여기서 실제적 합리성이란 이론적 합리성(theoretical rationality)에 대비되는 개념으로서, 후자는 어떤 것을 믿는 것이 합리적인가를 따지는 것인데 반하여, 전자는 어떤 행동을 하거나 의도하거나 의욕하는 것이 합리적인가를 논하는 것이다. 이 중 절차적 합리성이란 어떤 사람이 어떤 목적을 가지고 있는 경우에 그 목적을 달성할 수 있는 수단을 선택하는 것을 말한다. 만일 어떤 사람이 그 목적을 가지고 있으면서도 그 목적을 달성할 수 있는 수단을 선택하지 않는다면 그는 절차적인 의미에서 합리적이라고는 할 수 없다. 반면 실체적 합리성은 그 목적 자체가 합리적인지를 묻는다. 예컨대 어떤 사람이 자신의 장래에 대하여 전혀 개의하지 않는다면 그는 실체적인 의미에서 비합리적이라고 할 수 있다.108)

목적의 정당성은 실체적 합리성에 해당한다. 만일 실체적 합리성이 없는 목적을 입법자나 기타 공권력의 보유자가 추구한다면 이는 헌법적으로 허용될 수 없음은 자명하다. 그런데 이러한 목적의 정당성이 반드시 경제적 효율의 추구에 국한되는 것은 아니다. 입법자는 입법의 목적을 설정함에 있어서 그것이 헌법적으로 금지되는 것이 아니라면 폭넓은 자유를 가지며, 설령 배분적 효율을 저해하는 것이라 해도 그것만으로 헌법상 허용되지 않는다고 할 수는 없다. 실제로 헌법재판소가 법률 목적의 정당성이 인정되지 않는다고 하여 위헌이라고 한 것은 매우 드물다.109) 그러나 이러한 목적을 달성하기 위한 수단은 아래

107) Anne van Aaken, “How to Do Constitutional Law and Economics”, in: Thomas und andere (Hrsg.), Internationalisierung des Rechts und seine ökonomische Analyse, Festschrift für Hans-Bernd Schäfer zum 65. Geburtstag, 2008, S. 658 ff. 참조.

108) B. Hooker and B. Streumer, “Procedural and Substantive Practical Rationality”, in: A. Mele and P. Rawling ed., The Oxford Handbook of Rationality, 2004, pp. 57 ff. 참조. 또한 Martin Führ, “Ökonomische Effizienz und juristische Rationalität”, in: Gawel(Hrsg.)(주 93), S. 170 ff.; Aaken (주 45), S. 93 ff. 등 참조.

109) 다만 헌법재판소는 동성동본 혼인의 금지(2005년 개정 전 민법 제809조 제1항), 호주제(2005년 개정 전 민법 제778조) 등은 입법 목적의 정당성이 없다고 하였다. 헌법재판소 1997. 7. 16. 선고 95헌가6(헌판집 9권 2집, 1면 이하); 2005. 2. 3. 선고 2001헌가9 등 결정(헌판집

에서 보는 것처럼 목적과의 관계에서 합리적이어야 한다. 이 점에서 비례의 원칙은 일종의 생산적 효율(productive efficiency)을 의미한다고 할 수 있다.110)

다른 한편 입법이 그 목적 달성을 위하여 그 방법 내지 수단이 효과적이고 적절하여야 한다는 것은 절차적 합리성으로 이해할 수 있다. 일반적으로 특히 경제학 분야에서는 합리성의 개념을 절차적 합리성으로 이해한다.111) 이러한 절차적 합리성은 경제학에서는 기본 전제가 되는 개념이라고 할 수 있다. 자원이 희소한 상황에서는 목적 달성에 효과적이지 않은 수단을 택하는 것은 자원의 낭비를 가져오기 때문이다. 다른 말로 한다면 경제학은 자원의 낭비를 막기 위한 합리적 선택(rational choice)에 관한 학문이라고 할 수 있다.112) 그런데 법에서도 목적과 수단 사이에 합리적인 관계가 존재하지 않으면 낭비를 가져올 수밖에 없으며, 이러한 낭비를 감수하여야 할 별다른 이유가 없다.113) 이러한 의미에서 절차적 합리성은 법이 가져야 할 최소한의 기본적인 속성이라고 할 수 있다.

그리고 피해의 최소성은 파레토 기준을 만족시킨다. 즉 가능한 한 기본권을 덜 제한하는 방법으로 입법 목적을 달성하는 것이 가능하다면, 이는 누구도 더 불리하게 만드는 것은 아니기 때문이다.114)

마지막으로 법익의 균형성은 일종의 비용-효과 분석(cost-benefit analysis)을 의미한다고 할 수 있다.115) 즉 어떤 법률로 인하여 얻는 이익이 그로 인한 기본권 제한이라는 비용을 능가할 때에는 그 법률은 합헌이라고 할 수 있는 것이다. 나아가 기본권을 제한당하는 사람에게 보상이 주어지는 것은 아니므로, 이러한 경우에는 파레토 기준은 충족시키지 못하지만, 칼도-힉스 기준은 충족시킨다.116) 그런데 여기서의 문제는 이익과 비용을 비교할 수 있는 객관적인 기준 내지 공통의 분모가 없다는 것이다.117) 이는 이른바 통약불가능성(incommensurability)

17권 1집 1면 이하) 등 참조.

110) Janson(주 11), S. 88, 132; Klaus Meßerschmidt, “Ökonomische Effizienz und juristische Verhältnismäßigkeit”, in: Gawel (Hrsg.)(주 93), S. 226 f. 등.

111) 예컨대 Posner(주 2), p. 17; P. Weirich, “Economic Rationality”, in: Mele and Rawling ed.(주 108), pp. 380 f. 등.

112) Posner(주 2), p. 3.

113) 許盛旭(주 7), 191면은 법이란 결국 자원의 희소성으로 인해 발생하는 선택의 상황에서 요구되는 규칙제정(rule-making)의 필요성의 산물이라고 한다.

114) Janson(주 11), S. 132; Gawel(주 96), S. 228; Aaken(주 45), S. 329. Eidenmüller도 이 점을 인정하고 있다. 위 주 24) 참조.

115) Janson(주 11), S. 132; Gawel(주 96), S. 230.

116) Gawel(주 96), S. 230 f. 참조.

117) Eidenmüller가 비례의 원칙에 대하여, 이것이 얼핏 보기에는 일종의 비용/효과 계산처럼 보

의 문제라고 할 수 있다.[118] 그런데 우선 상충되는 법익이 동일한 종류의 것일 때에는 통약불가능성의 문제는 어느 정도 회피할 수 있다.[119] 그리고 비용-효과 분석을 위하여 비교 형량하여야 하는 법익이 반드시 금전적으로 평가될 수 있는 것일 필요는 없다. 통약불가능의 문제를 객관적으로 누구나 동의할 수 있게 해결할 방법은 없겠지만, 법적 판단을 위하여는 법익 형량은 불가피하고,[120] 이는 넓은 의미에서는 비용-효과 분석에 해당한다고 할 수 있는 것이다.

Ⅳ. 결　　론

이상에서 경제적 효율이 법의 해석과 적용에서 고려될 수 있음을 보여 주려고 시도해 보았다. 실제로는 이 문제는 여기에서 다룬 것보다도 훨씬 많은 논증을 필요로 하는 것으로서, 여기서는 단편적으로 다룰 수밖에 없었다. 그러나 아직도 국내에서는 이 문제에 관하여는 비교적 논의가 없었을 뿐만 아니라, 논의가 있는 경우에도 법 자체, 나아가 법의 해석과 적용에서 경제적 효율의 고려는 의미가 없다는 견해가 다수라고 할 수 있다. 이 글은 그러한 생각을 반박하려는 시도라는 점에서 의미가 있을 것이다. 이 글의 주장이 얼마나 설득력을 가졌는지의 판단은 독자의 몫이다.

〈서울대학교 법학 제50권 1호, 2009〉

이지만, 이 경우에는 문제되는 법익 내지 법적으로 보호되는 이익을 어떻게 법률적으로 평가할 것인가가 문제되고, 이들의 시장 가격이나 장부상의 가격을 탐구하는 것이 아니라고 하는 것은 이런 의미로 이해할 수 있다. 위 주 24)의 본문 참조.

118) 통약불가능성에 대하여는 *趙弘植*, "*法*에서의 *價値*와 *價値判斷*", 서울대학교 *法學* 제48권 1호, 2007, 160면 이하.

119) 위 실화책임에 관한 법률에 대한 헌법재판소 2007. 8. 30. 선고 2004헌가25 결정(주 106) 참조. 여기서 사후적으로 볼 때에는 일단 발생한 실화로 인한 손해를 실화자가 부담할 것인가, 아니면 피해자가 부담할 것인가 하는 점에서는 법익의 균형을 따지기 어려울 것처럼 보인다. 그러나 사전적으로 본다면 실화책임을 면제해 주는 것은 실화를 저지를 가능성이 있는 자에게는 실화를 방지하기 위한 주의의무를 낮추어 주는 이익이 있는 반면, 실화로 인한 피해를 입을 수 있는 사람에게는 실화로 인한 손해를 예방하기 위한 부담을 지우는 결과가 되어 후자가 전자보다 크다면 법익의 균형이 맞지 않는다. 이 점에 관하여는 고학수, "실화책임에 관한 법률의 법경제학적 분석", 외법논집 제27집, 2007, 653면 이하 참조. 또한 헌법재판소 1997. 8. 21. 선고 94헌바19 등 결정(주 97)도 참조.

120) *趙弘植*(주 118)은 통약불능이 반드시 비교불능을 의미하는 것은 아니라고 한다.

〈追記〉

이 글은 고학수 · 허성욱 편저, 경제적 효율성과 법의 지배, 박영사, 2009, 3면 이하와 김일중 · 김두열 편, 법경제학 이론과 응용, 도서출판 해남, 2011, 3면 이하에도 약간 수정된 형태로 실려 있다.

變化하는 사회와 宗中에 관한 慣習*

Ⅰ. 서 론

지난 2005. 7. 21. 대법원은 전원합의체 판결에서, 宗中의 구성원의 자격을 성년 남자만으로 제한하는 종래의 관습법의 효력을 부정하고, 공동선조와 성과 본을 같이 하는 후손은 성별의 구별 없이 여성이라도 성년이 되면 당연히 그 구성원이 된다고 보는 것이 조리에 합당하다고 판시하여, 종중의 구성원은 성년 남자에 제한된다고 보던 종래의 판례들을 변경하였다.1) 이 사건의 원심판결은 2001. 12. 11. 선고되었으므로, 대법원에서 선고될 때까지 4년 가까이 걸렸을 뿐만 아니라, 대법원은 2003. 12. 18. 사법사상 최초로 이 사건에 관하여 공개변론까지 열었던 바 있어, 대법원이 어느 정도 고심을 하였는지를 짐작할 수 있다.2) 이 사건은 언론에도 크게 보도되어 일반 국민들의 많은 관심을 끌었고, 법률적으로도 종전의 확립되었던 판례를 변경한 것이 되어 매우 중요한 의미를 가진다. 다른 한편 이 판결의 판결문상으로도 나타나듯이 한국 사회의 변화가 판례의 변경을 가져온 배경이 되었고, 나아가 종래 판례의 종중에 관한 관습 이해가 정당하였는가 하는 점도 따져 볼 필요가 있기 때문에, 법률적으로 뿐만 아니라 사회학적 내지 사회사적으로도 흥미 있는 연구대상이 될 수 있다.

---

* 이 글은 2006. 11. 17. 및 18. 충남대학교에서 "전환기의 한국가족: 글로벌리제이션과 탈전통·탈식민"이라는 주제로 개최된 한국사회사학회 2006년 정기학술대회에서 발표하였던 내용을 보완한 것이다.

1) 대법원 2005. 7. 21. 선고 2002다1178 전원합의체 판결(공 2005하, 1326). 이하 이 사건 판결이라고 한다.

2) 여성의 종원 자격에 관한 대법원 전원합의체 판결 관련 보도자료(2005. 7. 21). 이는 대법원 홈페이지(www.scourt.go.kr)에서 확인할 수 있다. 최종 방문 2006. 11. 2.

이하에서는 이 판결을 대상으로 하여 약간의 분석을 시도하여 보고자 한다.

글의 순서로서는 Ⅱ.에서 위 판결 전까지 종중이 어떻게 다루어졌나 하는 점을 살핀다. 그리고 Ⅲ.에서는 위 판결의 내용을 간단히 소개한다. 이어서 Ⅳ.에서는 어디에 문제가 있는가 하는 점을 따져 본다. 그리고 Ⅴ.에서는 사회의 변화가 종중에 관한 관습법에 미치는 영향을 살핀다. 마지막으로 Ⅵ.에서는 판례의 종전의 관습 이해가 정확했는지를 따져 보기로 한다.

Ⅱ. 위 판결 전의 상황

1. 종중[3]의 개념

종래 대법원은 관습상의 단체인 종중을 공동선조의 분묘수호와 제사 및 종원 상호간의 친목을 목적으로 하여 공동선조의 후손 중 성년 남자를 종원으로 하여 구성되는 종족의 자연적 집단이라고 정의하고 있었고, 이 사건 판결도 마찬가지이다. 그러나 이러한 종중의 정의 중 공동선조의 분묘수호와 제사 및 종원 상호간의 친목을 목적으로 한다는 점에 대하여는 큰 이의가 없으나, 성년 남자를 종원으로 한다는 점은 이 사건에서 문제되었고, 자연적 집단이라는 점에 대하여도 종래 많은 비판이 있었다. 이들에 대하여는 아래에서 살펴본다.

2. 종중의 출현 시기

이러한 종중은 그 중심적인 기능이 조상의 제사를 드리는 데 있으므로, 종중이 출현하게 된 것은 중국에서 유래한 종법상의 제사제도가 우리나라에 들어와 장자 중심의 제사승계가 확립되게 된 것과 밀접하게 맞물려 있다.[4][5] 현

---

3) 종중 외에 門中이라는 용어도 비슷한 의미로 사용되고 있다. 이외에 과거에는 族中, 門黨, 宗族 등의 용어도 사용되었다. 崔在錫, 韓國家族制度史硏究, 一志社, 1983, 729-730면 참조. 다만 문중은 종중보다 좀 더 규모가 작은 것을 가리킨다는 견해도 있으나, 판례는 별다른 구별 없이 종중이라는 용어를 사용하고 있다. 이하에서도 종중이라는 용어로 통일하기로 한다. 다른 한편 종중의 구성원을 가리키는 용어로도 종원(宗員)과 종중원(宗中員)이 같이 쓰이고 있다. 여기서는 종원이라는 용어로 통일하기로 한다.

4) 우리나라의 종중에 해당하는 것이 중국의 祭祀公業이다. 李光奎, 韓國의 家族과 宗族, 민음사, 1990, 210면 이하 참조. 반면 제사승계의 관습이 없는 일본에는 종중과 같은 것은 존재

재의 제사제도는 중국의 종법제도에 바탕을 둔 남송의 朱熹(朱子)로부터 비롯된 朱子家禮에 근거한 것이다. 이러한 주자가례는 고려 말에 주자학과 함께 도입되었고, 그에 따라 종법적인 제사제도가 고려 말부터 국가에 의하여 시행되기에 이르렀다. 그러나 제사를 지내기 위한 家廟의 설치는 잘 이행되지 않다가 15세기 후반에 이르러 가묘의 건립이 어느 정도 일반화되었다. 그런데 제사를 지내게 된 후에도 嫡長子만이 단독으로 제사를 지내기보다는 자녀나 아들들이 번갈아 가며 제사를 지내는 子女輪回奉祀 또는 諸子輪回奉祀가 많았고, 성이 다른 사람이 제사를 지내는 異姓奉祀, 즉 외손이 제사를 지내는 外孫奉祀, 異姓養子인 收養子와 侍養子에 의한 收養·侍養奉祀도 행하여졌다. 그러나 임진왜란을 겪고 난 후인 17세기 이후에는 점차 법에 규정된 적장자에 의한 제사승계가 정착되었고, 자녀윤회봉사와 같은 관행은 사라지게 되었다.

다른 한편 제사를 지내는 대상은 조선 초기에는 신분에 따라 다른 이른바 차등봉사였다. 즉 문무관 6품 이상은 3대를 봉사하고, 7품 이하는 2대를, 서인은 다만 죽은 부모(考妣)만을 봉사한다는 것이었다.[6] 그러나 그 후 조선 중기에 이르러서는 사림의 주장에 따라 주자가례가 규정하고 있는 고조까지의 제사를 지내는 사대봉사가 점차 보급되어 일반화되기 시작하였다.[7]

이러한 사대봉사가 일반화되면서 종중이 출현하게 되었다고 보인다. 최재석은 과거의 자료를 분석하여 문중의 초기 형태는 16세기에 출현하고 좀 더 조직화된 것은 17세기라고 주장한다.[8]

하지 않으나, 중국의 종법제도의 영향을 받은 오끼나와에는 우리나라의 종중과 같은 것이 존재한다. 이에 대한 국내의 문헌으로는 李庚熙, “오키나와 「토오토메」 承繼에 관한 一考察”, 法史學研究 제21호, 2000, 5면 이하 참조.

5) 이하에 대하여는 도이힐러 지음, 이훈상 옮김, 한국 사회의 유교적 변환, 아카넷, 2003(原著: Martina Deuchler, The Confucian Transformation of Korea, 1992), 135면 이하; 鄭肯植, 朝鮮初期 祭祀承繼法制의 成立에 관한 研究, 서울대학교 대학원 法學博士學位論文, 1996, 65면 이하; 尹眞秀, “高氏 門中의 訟事를 통해 본 傳統 相續法의 變遷”, 家族法研究 제19권 제2호, 2005, 337면 이하 등 참조.

6) 經國大典 禮典 奉祀條. 이 문제에 관한 朝鮮王朝實錄의 기사는 申榮鎬, 朝鮮前期相續法制, 2002, 7면 이하 참조.

7) 鄭肯植, “朝鮮前期 四代奉祀의 形成過程에 대한 一考察”, 法制研究 제11호, 1996, 130면 이하 참조.

8) 崔在錫(주 3), 727면 이하.

3. 종래의 판례 및 그에 대한 비판

이러한 종중에 관한 관습을 체계적으로 조사하기 시작한 것은 한일합병 무렵의 관습조사보고서[9] 이후의 일본 사람들이었고,[10] 당시의 조선고등법원에 의하여 종중에 관한 판례법이 형성되었으며,[11] 해방 후의 대법원의 판례도 이를 답습하고 있다.

이 사건 판결은 이를 다음과 같이 정리하고 있다.

"종래 대법원은 관습상의 단체인 종중을 공동선조의 분묘수호와 제사 및 종원 상호간의 친목을 목적으로 하여 공동선조의 후손 중 성년 남자를 종원으로 하여 구성되는 종족의 자연적 집단이라고 정의하면서, 종중은 공동선조의 사망과 동시에 그 자손에 의하여 성립되는 것으로서 종중의 성립을 위하여 특별한 조직행위를 필요로 하는 것이 아니므로, 반드시 특별하게 사용하는 명칭이나 서면화된 종중규약이 있어야 하거나 종중의 대표자가 선임되어 있는 등 조직을 갖추어야 하는 것은 아니라고 하였고, 종원은 자신의 의사와 관계없이 당연히 종중의 구성원이 되는 것이어서 종원 중 일부를 종원으로 취급하지 않거나 일부 종원에 대하여 종원의 자격을 영원히 박탈하는 내용으로 규약을 개정하는 것은 종중의 본질에 반하는 것으로 보았으며, 혈족이 아닌 자나 여성은 종중의 구성원이 될 수 없다고 하였다."[12]

즉 종중은 자연발생적인 단체로서, 공동선조의 사망과 함께 특별한 조직행위 없이 바로 성립하는 것이며, 혈족이 아닌 자나 여성은 종중의 구성원이 될

---

9) 鄭肯植 編譯, 改譯版 慣習調査報告書, 韓國法制研究員, 2000, 343-344면. 慣習調査報告書에 관하여 상세한 것은 鄭肯植, "日本의 慣習調査와 그 意義", 韓國近代法史攷, 博英社, 2001, 205면 이하, 특히 236면 이하 참조.

10) 예컨대 野村調太郎, "宗中に關する法律關係", 司法協會雜誌 18권 11호, 1939(昭和 14), 1면 이하; 高橋隆二, "宗中財産を繞る法律關係に就て", 司法協會雜誌 19권 10 · 11호, 1940(昭和 15) 등.

11) 이를 소개하고 정리한 것으로는 許奎 · 盧宗相 · 李泰勳, "宗中 · 宗中財産에 關한 諸考察 : 沿革的 · 實務的", 司法論集 제4집, 1973, 5면 이하 = 許奎, 法史學研究 제2호, 1975, 77면 이하, 제3호, 1976, 113면 이하가 있다.

12) 그런데 성년 남자를 종원으로 한다는 부분에 관하여, 일제시대에는 성년의 남자 중 호주만이 종원이라고 보았으나 해방 후에는 성년의 남자로 확대하였다. 金載亨, "團體로서의 宗中", 民事裁判의 諸問題 제14권, 博英社, 2005, 358-359면 참조. 다른 한편 종원과 종회원을 구분하는 견해도 있다. 즉 공동시조의 후손들 전부가 종원이고, 종회원은 그 중에서 종중의 의사결정기관인 宗會, 즉 宗中總會의 구성원을 의미한다는 것이다. 그러나 판례는 종원이라는 말을 종중총회의 구성원이라는 의미로 사용하는 경우가 많다. 金載亨, 위 글 356-357면 참조.

수 없다는 것이다. 이러한 종래의 판례 가운데 여성은 종중의 구성원이 될 수 없다는 부분이 이 사건에서 문제로 되었다. 이 점에 대하여는 종래에도 성년의 여성을 종원에서 배제하는 것이 헌법의 평등원칙에 어긋난다고 하는 비판이 있었다.13)

그런데 이와는 별개로 종중이 공동선조의 사망과 동시에 별도의 조직행위 없이 당연히 성립한다는 부분은 종래부터 논란이 많았다. 일찍이 김두헌 박사는 종중은 공동선조의 제사에 의하여 맺어진 자손의 일단이므로 그것은 자연적이라 하겠지만, 그 일단의 宗族의 의식으로써 구성되는 한, 그것은 또한 인위적이라고 하였다.14)

이 문제를 실증적으로 연구한 학자는, 일정한 종족관계에 있는 종원들이 아무런 조직적 활동을 하지 않고 공동재산을 운용하지 않으며 외부에서 그 존재를 인정할 수 없을 때 그 종원들의 '단체'가 있다고 말하는 것은 형용모순이고, 종래에는 종중과 조직화된 宗契 또는 宗約을 별개로 보았으나, 종중이란 부계혈연씨족을 집합적으로 가리키는 말에 불과하며, 종계나 종회는 어떤 종중의 조직성이 최고도로 발휘되어 단체성을 획득한 단계를 말하는 것이지 종중이 아닌 것이 아니라고 하여 자연발생적 조직체설을 비판한다.15)

그리고 공동선조의 사망과 동시에 종중이 성립한다는 점16)에 대하여도, 종래 주자가례에 따른 사대봉사의 원리에 의하면 4대까지의 선조, 즉 고조부모까지는 집에서 제사를 지내고, 5대 이상의 조상은 집에서 제사를 지낼 수 없고

---

13) 鄭貴鎬, "宗中法에 관하여", 厚巖郭潤直敎授華甲紀念 民法學論叢, 博英社, 1985, 80면 이하. 자세한 문헌의 소개는 金載亨(주 12), 346면 주 3) 참조.

14) 金斗憲, 韓國家族制度研究, 서울대학교 출판부, 1969, 91면.

15) 심희기, 한국법사연구, 영남대학교출판부, 1992, 340면 이하. 또한 鄭肯植, "宗中財産의 法的 問題", 韓國近代法史攷(주 9), 282면 이하도 종중은 자연적 단체가 아니라 인위적인 단체이며, 설사 종중이 자연적 단체라고 하더라도 그 의미는 개인의 출생과 동시에 종중의 구성원이 될 수 있다는 개연성을 갖는 것이지, 그 자체로 종중이라는 단체를 형성하는 것은 아니라고 한다. 기타 자연발생적 단체설을 비판하는 문헌의 소개는 金載亨(주 12), 353면 주 25) 참조. 반면 金濟完, "團體 法理의 再照明", 民事法學 제31호, 2006, 109-110면은 종중의 자연발생설에 대하여 다소 유보적이면서도 종중의 자연발생설을 인정하는 전제에서 논의를 전개하고 있다.

16) 대법원 1992. 7. 24. 선고 91다42081 판결(공 1992, 2524)은 종중은 공동선조의 후손들에 의하여 그 선조의 분묘수호 및 봉제사와 후손 상호간의 친목을 목적으로 형성되는 자연발생적인 종족단체로서 그 선조의 사망과 동시에 그 자손에 의하여 성립하는 것으로서 그 대수에 제한이 없다고 하여, 공동선조의 4대 이내의 자손이 생존하여 있는 이상 종중이 자연적으로 발생할 수 없다고 판시한 것은 종중의 성립에 관한 법리를 오해하였다고 하였다. 이 판결은 1940(昭和 15). 3. 30.자 中樞院議長回答(司法協會雜誌 19권 5호 49면)에 근거한 것으로 보인다.

선조의 묘 앞에서 일정한 날에 時祭[17]를 지내므로 그 때 비로소 종중이 성립한다고 하는 비판이 있다.[18]

Ⅲ. 이 사건 판결

1. 이 사건 판결에 이르게 된 경위[19]

이 사건 피고인 용인 이씨 사맹공파 종회 Y는 용인 이씨 시조 길권의 18세손 말손을 중시조로 하는 종중이고, 원고들은 말손의 후손인 기혼 여성들로서 용인 이씨 33세손이다. 그런데 피고 종중의 소유인 용인시 소재 토지의 가격이 폭등하자, 피고 종중은 이를 매각하여 그 대금 중 다른 토지를 매수하고 남은 돈 약 350억원을 분배하면서 남녀 및 연령에 따라 분배금액에 차이를 두었는데, 성년남자뿐만 아니라 미성년 남자, 미혼 여성들에게도 분배하였으나, 원고들과 같은 출가한 여성들은 완전히 배제하였다. 이에 대하여 출가한 여성들이 항의하여 피고는 그들에게 2,200만원씩을 주는 선에서 타협이 이루어졌다. 그러던 중 피고가 며느리들에게도 3,300만원씩을 나누어 주자, 원고들이 이 사건 소송을 제기하기에 이르렀다. 피고의 종중규약 제3조에는 "본회는 용인 이씨 사맹공(휘 末字 孫字)의 후손으로서 성년이 되면 회원자격을 가진다"고 규정되어 있었다. 그리하여 원고들은 위 규약에서 회원 자격을 남자로 제한하고 있지 않으므로 원고들도 피고 종회의 회원(종원) 자격을 가진다고 주장하면서, 원고들이 피고 종중의 종원이라는 확인을 구하는 이 사건 소송을 제기하였다. 제1심 및 원심은, 종래 관습상 종중은 공동선조의 분묘수호와 제사 및 종원 상호간의 친목을 목적으로 공동선조의 후손 중 성년인 남자를 종원으로 하여 구성되는 종족의 자연적 집단으로서, 혈족이 아닌 자나 여성은 종중의 구성원이 될 수 없다고 하여 원고들의 청구를 기각하였다.

---

17) 李在性, "우리 나라 舊來의 慣習에 의한 宗中의 成立時期", 李在性判例評釋集 XI, 한국사법행정학회, 1998, 247면은 時享이라는 용어가 정확하다고 하지만, 판례에서는 일반적으로 時祭라는 용어를 쓰고 있다.

18) 李在性(주 17) 참조. 李光奎(주 4), 177면 이하도 四代奉祀를 행하는 사회집단인 堂內와 5대 이상의 조상에 대한 제사를 행하는 門中을 구별한다.

19) 상세한 내용은 양현아, "여성의 '목소리'와 법여성학 방법론", 양현아 편, 가지 않은 길, 법여성학을 향하여, 사람생각, 2004, 102면 이하 참조.

2. 이 사건 판결의 내용

이 사건 판결은 대법관 7인의 지지를 받은 다수의견과 6인이 지지한 별개의견으로 이루어져 있다. 다수의견과 별개의견은 모두 여성에게 종원의 지위를 인정하지 않은 원심판결이 잘못되었으므로 원심판결을 파기환송하여야 한다는 결론에는 일치하였으나, 그 이유에서는 차이가 있었다. 여기서는 다수의견을 중심으로 살펴본다. 다수의견을 요약하면 다음과 같다.

즉 관습법이란 사회의 거듭된 관행으로 생성한 사회생활규범이 사회의 법적 확신과 인식에 의하여 법적 규범으로 승인·강행되기에 이른 것을 말하는데, 사회생활규범이 관습법으로 승인되었다고 하더라도, 사회 구성원들이 그러한 관행의 법적 구속력에 대하여 확신을 갖지 않게 되었다거나, 사회를 지배하는 기본적 이념이나 사회질서의 변화로 인하여 그러한 관습법을 적용하여야 할 시점에 있어서의 전체 법질서에 부합하지 않게 되었다면, 그러한 관습법은 법적 규범으로서의 효력이 부정될 수밖에 없다고 한다.

그런데 종원의 자격을 성년 남자로만 제한하고, 여성에게는 종원의 자격을 부여하지 않는 종래의 관습에 대하여 우리 사회 구성원들이 가지고 있던 법적 확신은, 그것이 현재 소멸되었다고 단정할 수는 없으나 상당 부분 흔들리거나 약화되어 있고,[20] 여성은 종중의 구성원이 될 수 없다는 종래의 관습은, 공동

---

20) 대법원이 그 근거로서 들고 있는 것은 다음과 같은 점이다. 즉 성년 남자만을 종중의 구성원으로 하는 종래의 관행은 이러한 종법사상에 기초한 가부장적, 대가족 중심의 가족제도와 자급자족을 원칙으로 한 농경중심의 사회를 그 토대로 하고 있었으나, 우리 사회는 1970년대 이래의 급속한 경제성장에 따른 산업화·도시화의 과정에서 교통과 통신이 비약적으로 발달하고, 인구가 전국적으로 이동하면서 도시에 집중되며, 개인주의가 발달하는 한편 대중교육과 여성의 사회활동참여가 대폭 증대되고, 남녀평등의식이 더욱 넓게 확산되는 등 사회환경이 전반적으로 변화하였고, 이에 따라 가족생활에서는 출산율의 감소와 남아선호(男兒選好) 내지 가계계승(家系繼承) 관념의 쇠퇴에 따라 딸만을 자녀로 둔 가족의 비율이 증가하게 되었고, 부모에 대한 부양에 있어서도 아들과 딸의 역할에 차이가 없게 되었으며, 핵가족의 확산 등에 따라 과거의 엄격한 제사방식에도 변화가 생겨, 여성이 제사에 참여하는 것이 더 이상 특이한 일로 인식되지 않게 되었다고 한다. 그리고 국토의 효율적인 이용을 위한 국토이용계획의 수립과 묘지제도의 변화로 화장(火葬)이 확산됨에 따라, 조상의 분묘수호를 주된 목적의 하나로 하는 종중의 존립기반이 동요될 수 있는 요인이 생겼고, 개인주의의 발달과 함께 조상숭배관념이 약화됨으로써 종중에 대하여 무관심한 현상이 일부 나타나고 있기도 하지만, 다른 한편으로는 교통·통신의 발달, 경제적 생활여건의 개선과 더불어 자아실현 및 자기존재확인 욕구의 증대 등으로 종중에 대한 관심이 고조되는 현상도 일부 나타나고 있다고 한다. 그리하여 족보의 편찬에 있어서 과거에는 아들만을 기재하는 경우가 보통이었으나 오늘날에는 딸을 아들과 함께 기재하는 것이 일반화되어 가고 있고, 전통적인 유교사상에 입

선조의 분묘수호와 봉제사 등 종중의 활동에 참여할 기회를 출생에서 비롯되는 성별만에 의하여 생래적으로 부여하거나 원천적으로 박탈하는 것으로서, 변화된 우리의 전체 법질서에 부합하지 아니하여 정당성과 합리성이 있다고 할 수 없으므로,[21] 종중 구성원의 자격을 성년 남자만으로 제한하는 종래의 관습법은 이제 더 이상 법적 효력을 가질 수 없게 되었다는 것이다.

이처럼 그 구성원에 관한 종래 관습은 더 이상 법적 효력을 가질 수 없게 되었으므로, 종중 구성원의 자격은 민법 제1조가 정한 바에 따라[22] 조리에 의하여 보충될 수밖에 없고, 종중이란 공동선조의 분묘수호와 제사 및 종원 상호간의 친목 등을 목적으로 하여 구성되는 자연발생적인 종족집단이므로, 종중의 이러한 목적과 본질에 비추어 볼 때 공동선조와 성과 본을 같이 하는 후손은 성별의 구별 없이 성년이 되면 당연히 그 구성원이 된다고 보는 것이 조리에 합당하다고 한다.

각한 가부장적 남계혈족 중심의 종중 운영과는 달리 성년 여성에게도 종원의 지위를 부여하는 종중이 상당수 등장하게 되었으며, 나아가 종원인 여성이 종중의 임원으로 활동하고 있는 종중들도 출현하게 되었다는 것이다.

21) 이 사건 판결은 이 점에 관하여 다음과 같이 설명하고 있다. 즉 우리 헌법은 1948. 7. 17. 제정 시에 평등의 원칙을 선언하였으나, 가족생활관계를 규율하는 가족법 분야에서는 헌법에서 선언한 남녀평등의 원칙이 바로 반영되지는 못하였고, 그 후 1980. 10. 27. 전문 개정된 헌법에서는 혼인과 가족생활은 개인의 존엄과 양성의 평등을 기초로 성립되고 유지되어야 한다는 규정이 신설되었는데, 이는 유교사상에 의하여 지배되던 우리의 전통적 가족제도가 인간의 존엄과 남녀평등에 기초한 것이라고 보기 어렵기 때문에 헌법이 추구하는 이념에 맞는 가족관계로 성립되고 유지되어야 한다는 헌법적 의지의 표현이며, 1985. 1. 26.부터 국내법과 같은 효력을 가지게 된 유엔의 여성차별철폐협약은, 위 협약의 체약국에 대하여 여성에 대한 차별을 초래하는 법률, 규칙, 관습 및 관행을 수정 또는 폐지하도록 입법을 포함한 모든 적절한 조치를 취할 것과 남성과 여성의 역할에 관한 고정관념에 근거한 편견과 관습 기타 모든 관행의 철폐를 실현하기 위하여 적절한 조치를 취할 의무를 부과하였고, 1990. 1. 13. 법률 제4199호로 개정되어 1991. 1. 1.부터 시행된 민법은 가족생활에서의 남녀평등의 원칙을 특히 강조하고 있는 헌법정신을 반영하여, 친족의 범위에 있어서 부계혈족과 모계혈족 및 부족인척(夫族姻戚)과 처족인척(妻族姻戚) 사이의 차별을 두지 아니하고, 호주상속제를 폐지하는 대신 호주승계제도를 신설하면서 실질적으로 가족인 직계비속 여자가 호주승계인이 되어 조상에 대한 제사를 주재(主宰)할 수 있도록 하였으며, 재산상속분에 있어서도 남녀의 차별을 철폐하였다고 한다. 또한, 1995. 12. 30. 법률 제5136호로 제정되어 1996. 7. 1.부터 시행된 여성발전기본법은, 실질적인 남녀평등의 실현을 위한 적극적인 조치를 취할 수 있도록 규정하였고, 나아가 2005. 3. 31. 법률 제7428호로 개정된 민법은, 호주제도가 남녀평등의 헌법이념과 시대적 변화에 따른 다양한 가족형태에 부합하지 않는다는 이유에서 이에 관한 규정을 삭제하고, 자녀의 성(姓)과 본(本)은 부(父)의 성과 본을 따르는 것을 원칙으로 하되 혼인신고 시 부모의 협의에 의하여 모(母)의 성과 본을 따를 수도 있도록 규정하기에 이르렀다고 한다.

22) 민법 제1조: 民事에 관하여 法律에 規定이 없으면 慣習法에 의하고 慣習法이 없으면 條理에 의한다.

Ⅳ. 문제의 소재

1. 관습법의 사법적 통제 방법

이 사건 판결은 여러 가지로 흥미 있는 문제를 담고 있다. 우선 이 사건에서는 관습법에 대하여 법원이 어떤 방법으로 통제할 수 있는가가 문제된다. 법원이 관습법을 통제하는 방법으로는 여러 가지를 생각할 수 있는데, 우선 관습법으로서의 요건을 갖추지 못하였다고 하여 그 효력을 부정하는 방법이 있다. 그러나 이 사건에서 문제되는 종중의 구성원에 관한 관습은 이미 장구한 역사를 가졌고, 판례도 여러 차례 그 효력을 확인한 바 있으므로, 이러한 방법은 처음부터 문제되지 않는다. 다른 방법은 관습법의 성립요건 가운데 일반인의 법적 확신[23]이 이제는 소멸되어 더 이상 관습법으로서의 효력을 인정할 수 없다고 하거나, 관습법 자체에 변화가 있어서 새로운 내용의 관습법으로 바뀌었다고 하는 방법이다. 그리고 세 번째는 관습법이 헌법과 같은 상위의 법규범에 어긋나므로 효력이 없다고 하는 방법이다.

그런데 이 사건 판결은 두 번째의 방법을 검토하였으나 결국 이를 채택하지는 않았다. 즉 사회 환경과 인식의 변화로 인하여 종원의 자격을 성년 남자로만 제한하고 여성에게는 종원의 자격을 부여하지 않는 종래의 관습에 대하여 우리 사회 구성원들이 가지고 있던 법적 확신은, 그것이 현재 소멸되었다고 단정할 수는 없으나 상당 부분 흔들리거나 약화되어 있고, 이러한 현상은 시일의 경과에 따라 더욱 심화될 것으로 보인다고 하였다.[24]

결국 법원이 채택한 것은 세 번째의 방법이다. 그런데 여기서도 여성에게는 종원의 자격을 부여하지 않는 종전의 관습이 처음부터 무효였던 것이라고는 보지 않고, 우리 사회의 법질서가 변화함에 따라 더 이상 법적 효력을 가질 수 없게 되었다고 하였다. 이처럼 여기서 문제되고 있는 관습이 사후에 효력을

23) 일반적으로 어떠한 관습 내지 관행이 관습법이라 하여 법규범으로서의 효력을 인정받기 위하여는 그러한 관행이 사실상 존재한다는 것 외에 법공동체의 구성원 사이에서 그러한 관행이 정당한 것으로서 법적으로 구속력이 있다고 하는 법적 확신 내지 법적 인식이 있어야 한다고 보는 것이 법학 분야에서의 일반적인 견해이다. 尹眞秀, "相續回復請求權의 消滅時效에 관한 舊慣習의 違憲 與否 및 判例의 遡及效", 比較私法 제11권 2호, 2004, 292면 등 참조.

24) 그러나 金濟完(주 15), 100면 이하는 종래의 관습법이 남녀간 양성 평등의 방향으로 변경되었다고 보아야 한다고 주장한다.

잃게 되었다는 법원의 판단과 관련이 있는 것이, 이 사건 판결은 위와 같이 변경된 대법원의 견해는 이 판결 선고 이후의 종중 구성원의 자격과 이와 관련하여 새로이 성립되는 법률관계에 대하여만 적용되고, 다만 종래 관습법의 효력을 다투고 있는 원고들에 대하여는 위와 같이 변경된 견해가 소급하여 적용된다고 한 점이다.

일반적으로 판례는 과거에 일어난 사건에 대하여 재판하는 것이므로, 종래의 판례를 변경하더라도 변경된 판례는 소급적으로, 즉 판례 변경이 있기 전에 일어난 사건에 대하여도 적용되는 것이 원칙이다.[25] 이 사건 판결은 이처럼 판례를 장래에 향하여 변경하는 이유로서, 이러한 판례의 변경은 그동안 종중 구성원에 대한 우리 사회일반의 인식 변화와 아울러, 전체 법질서의 변화로 인하여 성년 남자만을 종중의 구성원으로 하는 종래의 관습법이 더 이상 우리 법질서가 지향하는 남녀평등의 이념에 부합하지 않게 됨으로써 그 법적 효력을 부정하게 된 데에 따른 것이라는 점을 들고 있다.[26]

이러한 이 사건 판결의 접근방식이 타당한지 여부는 별론으로 하고, 우선 떠오르는 문제점은 사회질서 또는 법질서가 어느 정도 변화하여야만 관습법의 효력이 소멸되게 되는가 하는 점이다. 다시 말하여 법원이 사회질서나 법질서 변화의 크기를 양적으로 판단하여 그 크기가 작으면 아직 관습법의 효력이 소멸하지 않았고, 그 크기가 크면 관습법의 효력이 소멸하였다고 판단할 수 있는 능력이 있는가 하는 점이다.

2. 남녀평등 원칙의 사인관계에서의 적용

이 사건에서 대법원이 여성에게는 종원의 자격을 부여하지 않는 종전의 관습이 더 이상 효력을 가질 수 없게 되었다고 판단한 기본적인 이유는 헌법이 규정하고 있는 남녀평등의 원칙 때문이다.[27] 그런데 일반적으로 이러한 헌

25) 이른바 판례 변경의 소급효(retroactivity). 이에 대하여는 尹眞秀, "美國法上 判例의 遡及效", 저스티스 제28권 1호, 1995, 91면 이하 참조.

26) 이를 이른바 장래적 판례변경(prospective overruling)이라고 한다. 그 문제점에 대하여는 아래 주 57) 참조.

27) 헌법 제11조 제1항: 모든 國民은 法앞에 平等하다. 누구든지 性別·宗敎 또는 社會的 身分에 의하여 政治的·經濟的·社會的·文化的 生活의 모든 領域에 있어서 差別을 받지 아니한다.
헌법 제36조 제1항: 婚姻과 家族生活은 個人의 尊嚴과 兩性의 平等을 기초로 成立되고 유지되어야 하며, 國家는 이를 보장한다.

법상의 기본권 규정이 사인 사이에도 적용될 수 있는가 하는 이른바 기본권의 제3자적 효력[28]에 관하여는, 기본권의 효력도 개인 사이에 직접 적용된다는 직접적용설과, 기본권은 제1차적으로는 사인의 국가에 대한 권리이므로 사인 상호간에는 직접 적용되지 않고, 다만 민법 제103조[29]와 같은 사법상의 일반조항을 통하여, 간접적으로 적용될 수 있다는 간접적용설(간접효력설)의 대립이 있다. 현재 우리나라의 통설은, 명문의 규정이 있거나 성질상 직접 적용될 수 있는 것(예컨대 근로3권)을 제외하고는, 기본권은 사법상의 일반원칙을 규정한 조항들을 통하여 간접적으로 적용된다고 보는 것이, 공·사법질서의 이원적 구별 체계에 혼란을 야기하지 아니하면서 헌법의 기본권 보장을 구현할 수 있는 헌법해석론이라고 보고 있다.[30][31] 이러한 간접적용설에 따른다면, 개인에 의한 다른 개인의 차별은 원칙적으로는 허용된다. 예컨대 어떤 집 주인이 집을 임대할 때 남자에게만 임대하고 여자에게는 임대하지 않겠다고 하더라도 이는 원칙적으로는 허용되는 것이다. 다만 어느 법률행위가 개인의 기본권을 침해하는 정도가 클 때에는 민법 제103조의 선량한 풍속 기타 사회질서에 어긋나서 무효라고 보게 된다.[32] 이처럼 일반적으로 헌법상의 기본권이 원칙적으로는 사인

28) 영어로는 이를 수평적 효과(horizontal effect)라고 부른다.

29) 民法 第103條[反社會秩序의 法律行爲] 善良한 風俗 기타 社會秩序에 違反한 事項을 內容으로 하는 法律行爲는 無效로 한다.

30) 朴駿緖 編/尹眞秀, 註釋民法 제3판, 總則 (2), 한국사법행정학회, 2001, 416면 참조.

31) 근래 독일에서는 이 문제에 관하여, 국가는 기본권에 의하여 보호되는 기본권적 법익을 사인인 제3자의 위법적 침해로부터 보호하여야 할 이른바 기본권 보호의무(grundrechtliche Schutzpflicht)를 부담하므로, 기본권의 제3자적 효력의 문제도 이러한 관점에서 해결하여야 한다고 하는 견해가 대두되었다. 이 견해에 따르면 국가는 사인의 다른 사인에 의한 기본권 침해에 대하여 어느 정도로, 어떤 방법에 의하여 보호할 것인지에 관하여 재량을 가지지만, 국가가 그 재량의 여지를 일탈한 경우에만 보호의무 위반이 인정되고, 이러한 의미에서 "지나치게 적은 보호의 금지", 즉 "과소보호의 금지(Untermaßverbot)"가 타당하며, 다른 한편으로는 이처럼 사인의 기본권을 보호하는 것은 그 상대방의 기본권을 제약하는 것이 되므로, 그 상대방에 관하여는 종래의 "과잉개입의 금지(Übermaßverbot)"가 적용되고, 국가는 이러한 과소보호의 금지와 과잉보호의 금지 사이에서 재량의 여지를 가진다고 한다. 계약관계에 있어서는 당사자가 계약을 체결하는 것 자체가 헌법상 보장되고 있는 계약의 자유의 행사이므로, 일단 계약을 체결한 당사자가 그 계약이 기본권을 침해한다는 이유만으로 계약에서 벗어날 수는 없고, 그 계약에 의하여 침해되는 자신의 기본권이 매우 중요한 것이고, 그 계약의 강제에 의하여 매우 중대한 침해가 발생하며, 그에 비하면 상대방에게는 계약의 관철이 중요성을 가지지 않는다는 것을 논증하여야 한다. 이러한 이론은 상당히 설득력을 가지는 것이기는 하나, 결론에 있어서는 간접적용설과 큰 차이가 없다. 尹眞秀(주 30), 416-417면 참조. 김형석, "기본권이 한국 사법에 미친 영향", 변화하는 사회에서의 법의 변천, 제3회 서울법대-프라이부르크 법대 공동심포지엄 자료집, 2006, 146-147면은 이러한 보호의무론을 지지하고 있다.

32) 예컨대 과거의 일부 직장에서 여자 직원에게 혼인하면 퇴직하겠다고 하는 각서를 받는 관

간의 관계에 직접 적용되지 않는다고 보는 주된 근거는, 직접 적용된다고 보게 되면 개인이 자기의 생활을 자기의 의지에 따라 형성할 수 있는 사적 자치의 원칙이 침해될 우려가 있기 때문이다.

이 사건에서는 원고들도 사인이고, 원고들의 종원의 자격을 부정하고 있는 피고 종중도 사인이므로, 이러한 남녀평등의 원칙이 원고와 피고 종중 사이에도 적용될 수 있는가 하는 점이 문제로 된다. 이 점에 관하여 이 사건 판결의 태도는 명백하지 않다. 일면에서는 헌법상의 남녀평등의 원칙을 근거로 하고 있는 점에서 직접적용설을 따른 것처럼 보이기도 하지만, 다른 한편으로는 곧바로 헌법 위반이라고 하지 않고, 헌법의 남녀평등의 원칙을 하나의 요소로 고려하여 전체 법질서에 비추어 판단하고 있기 때문에, 간접적용설을 따른 것으로 보이기도 한다.[33]

3. 약간의 법적 분석

여기서 기본권의 제3자적 효력 문제와 관련하여 이 사건에서 문제되는 관습의 의미를 다시 생각해 본다.

우선 판례가 인정하고 있는 종래의 관습은, 종원은 성년 남자로 한정되고, 어느 종중이 여자를 종원으로 인정하는 것은 허용되지 않는다는 의미였다. 예컨대 대법원 1992. 12. 11. 선고 92다30153 판결[34]은, 종중은 공동선조의 분묘수호, 제사, 종원 상호간의 친목을 목적으로 하여 공동선조의 후손중 성년 이상의 남자를 종원으로 하여 구성되는 종족의 자연적 집단으로서, 혈족 아닌 자나 여자는 종중의 구성원이 될 수 없다고 판시하였다. 다른 한편 이 사건에서는 피고 종중이 원고들을 종원으로 받아들인 것이 유효한가가 문제된 것이 아니고, 피고 종중이 원고들을 종원으로 인정하지 않는 것이 허용되는가 하는 점이 문제되었다.

양자는 법적으로 다른 의미를 가진다. 후자의 경우에는 원칙적으로 헌법이 직접 적용되는 것은 아니다. 만일 헌법이 직접 적용되어 종중이 여자를 받아들여야 할 의무를 지게 된다면 종원의 선택에 관한 종중의 사적 자치가 침해될 여지가 있기 때문이다.[35] 반면 전자의 경우에는 여자뿐만 아니라 여자를 종원

행이 있었는데, 이는 남녀차별로서 민법 제103조에 어긋나서 무효라고 보아야 한다.

33) 金載亨(주 12), 364-365면 참조.

34) 공 1993상, 454.

35) 朴燦柱, "大法院에 의한 慣習法의 廢止", 法曹 2006. 7, 50면 이하는, 여성을 종원으로 받아

으로 받아들인 종중의 권리도 침해된다고 할 수 있다. 이 경우에는 종중과 종중이 받아들인 여성 종원 사이에 이해관계가 대립하는 것은 아니고, 국가와 종중, 국가와 여성 종원 사이에만 이해관계의 대립이 있는 것이다. 그러므로 이때에는 여성을 종원으로 받아들여서는 안 된다는 관습을 무효라고 선언한다 하더라도, 종중이나 여성 종중원 어느 한 쪽의 사적 자치가 침해되는 것은 아니다. 반면 그러한 관습법을 국가의 기관인 법원이 유효로 인정한다면, 종중의 입장에서는 국가가 누구를 종원으로 받아들일 것인가 하는 점에 관한 종중 스스로의 결사의 자유를 침해하는 것이 되고,[36] 여성 종원의 입장에서는 국가가 결사의 자유뿐만 아니라 남녀평등의 원칙을 침해하는 것이 된다. 따라서 이러한 경우는 이른바 기본권의 제3자적 효력의 문제가 아니라, 국가가 사인의 기본권을 침해하는 것인가 하는, 일반적인 기본권의 적용 문제라고 보아야 할 것이다.[37] 이는 말하자면 동성동본인 사람들의 혼인을 금지하는 것이 헌법에 위반되는가[38] 하는 문제와 같은 구조를 가지고 있다. 이러한 경우에는 혼인 당사자들 사이의 사적 자치가 충돌하는 것이 아니고, 혼인 당사자들이 사적 자치에 기하여 합의한 것을 국가가 부정하는 것이기 때문이다.

그런데 이러한 내용의 관습법을 합리화할 근거를 찾기는 어렵다. 위와 같은 내용의 관습법이 유효하다면, 이 사건 판결이 언급하고 있는 것처럼 일부 종중이 여성을 종원으로 받아들이고 있는 것은 무효라고 하여야 할 것이나, 이를 무효로 하여야 할 특별한 이유가 없는 것이다. 굳이 이러한 관습법이 유효

들이도록 한 다수의견은, 종중의 강제적으로 구성원을 받아들이지 아니할 자유, 결사조직을 해산할 자유와 재산권의 보장을 침해당하지 아니할 자유, 조직결사의 운영이 저해받지 아니할 자유 등을 침해하므로 위헌이라고 주장한다.

36) 법인 등 결사체 자체도 그 조직과 의사형성에 있어서, 그리고 업무수행에 있어서 자기결정권을 가지므로 결사의 자유의 주체가 된다. 헌법재판소 2000. 6. 1. 선고 99헌마553 결정(헌판집 12권 1집 704-705면) 참조.

37) 필자는 종전에 발표한 논문("女性差別撤廢協約과 韓國家族法", 서울대학교 법학 제46권 3호, 2005, 103면 이하)에서 잠정적인 의견으로 이러한 관습에 대하여는 헌법과 여성차별철폐협약이 직접 적용되기는 어렵고 다만 간접적으로 관습법의 효력을 심사할 수는 있을 것이라고 하였으나, 이 한도에서는 본문과 같이 견해를 바꾼다. 참고로 영국의 1998년 人權法은 유럽인권협약을 영국의 국내법으로 받아들였는데, 이때 종래 불문관습법인 common law도 유럽인권협약에 비추어 효력을 판단하여야 하는가에 관하여 이른바 강한 間接的 水平效(strong indirect horizontal effect)를 인정하여야 하는가, 아니면 약한 間接的 水平效(weak indirect horizontal effect)를 인정하여야 하는가 등의 견해 대립이 있으나 일반적으로는 약한 간접적 수평효만을 인정하는 것이 다수의 견해이다. 이는 우리나라에서의 간접적용설에 대응한다. 이에 대하여는 尹眞秀, "英國의 1998년 人權法이 私法關係에 미치는 영향", 서울대학교 法學 제43권 1호, 2002, 125면 이하, 특히 139면 이하 참조.

38) 아래 주 48)에서 들고 있는 헌법재판소 결정 참조.

하다고 할 수 있는 근거를 찾자면, 그것이 전통에 부합한다는 점을 들 수 있을 것이나, 어떠한 법규범이 전통에 의하여 뒷받침된다는 것만으로는 그 합헌성의 근거가 될 수 없는 것이다.[39)]

그렇지만 종중이 여성을 종원으로서 받아들이지 않는다고 하여 그것이 바로 헌법에 어긋난다고 할 수는 없다. 이때에는 헌법상의 남녀평등의 원칙을 고려할 때, 과연 종중의 그러한 거부행위가 민법 제103조에 어긋나는가 하는 점을 따져야 한다.[40)] 그런데 민법 제103조가 규정하는 선량한 풍속 기타 사회질서라는 개념은 시대에 따라 사회의 가치관념이 변하면 그 내용이 달라질 수 있는 것이다.[41)] 그러므로 동일한 행위라 하더라도, 과거에는 선량한 풍속 기타 사회질서에 부합하는 것이었으나, 오늘날에는 그에 어긋나는 것일 수 있는 것이다. 그러므로 이 사건에서 종중이 그 규약에 따라 가입의 의사를 표시한 여자들을 종원으로 받아들이지 않은 행위가 민법 제103조에 어긋나는가 하는 점을 따질 때에는, 사회의 변화에 따라 가치관념이 변한 것인가 여부를 따져 볼 필요가 있는 것이다.

그런데 이 사건 판결은 여성은 종원이 될 수 없다고 하는 관습이 효력을 가지는가 하는 점을 살펴보는 단계에서 사회의 변화 내지 법질서의 변화를 고려하여 관습의 효력을 부정하고, 이어서 그러한 관습이 효력을 잃게 되면 이는 조리에 의하여 보충되어야 한다고 하여, 민법 제103조를 끌어들이지 않고 곧바로 종중의 목적과 본질에 비추어 볼 때 공동선조와 성과 본을 같이 하는 후손은 성별의 구별 없이 성년이 되면 당연히 그 구성원이 된다고 보는 것이 조리에 합당하다고 하였다.

그러나 이론적으로는 여성은 종원이 될 수 없다고 하는 관습이 효력을 가

39) 이 점에 대하여는 尹眞秀, "憲法·家族法·傳統", 憲法論叢 제15집, 2004, 411면 이하, 특히 447면 이하; 同, "傳統的 家族制度와 憲法", 서울대학교 법학 제47권 2호, 2006, 171면 이하 등 참조.

40) 이 사건 판결의 별개의견은 성년 남성은 당연히 종원이 되지만, 성년 여성이 가입을 원하는 경우 종중의 정관이 합리적이고 정당한 이유 없이 가입을 거부하는 것은 민법 제103조에 의하여 허용될 수 없다고 한다. 또한 李和淑, "宗中의 女性問題", 逸軒 崔柄煜教授 停年紀念 現代民事法硏究, 法文社, 2002, 98면 이하; 이승우, "宗中財産分配問題와 憲法上의 問題點", 人權과 正義 2004. 6, 149면 이하 등은 기본권의 간접적 효력설을 인정하는 입장에서, 여성을 종원에서 배제하는 종중 규약은 선량한 풍속 기타 사회질서에 위반되어 무효라고 한다. 김형석(주 31), 151-152면도 특정 후손에게 자의적으로 구성원이 될 수 있는 가능성을 박탈하는 규약은 과소보호금지 원칙에 위반되기 때문에 민법 제103조에 위반하여 무효라고 한다.

41) 尹眞秀(주 30), 414면, 434면; 郭潤直, 民法總則, 제7판, 博英社, 2002, 215면 등 참조.

지는가 하는 점을 따짐에 있어서는 바로 이러한 관습이 헌법에 위반되는가 하는 점을 따지면 되고, 사회의 변화 내지 법질서의 변화는 과연 종중이 여성을 종원으로서 받아들여야 하는가 하는 점을 따짐에 있어서 살펴보아야 한다. 다수의견은 이 점에 관하여, 사회의 거듭된 관행으로 생성한 어떤 사회생활규범이 법적 규범으로 승인되기에 이르렀다고 하기 위하여는 헌법을 최상위 규범으로 하는 전체 법질서에 반하지 아니하는 것으로서 정당성과 합리성이 있다고 인정될 수 있는 것이어야 하고, 그렇지 못한 것은 법적 규범으로서의 효력이 부정될 수밖에 없다고 하였다. 그러나 이러한 판시는 받아들이기 어렵다. 다수의견은 이 점에 관하여, 제정 민법이 시행되기 전에 존재하던 관습 중 “상속회복청구권은 상속이 개시된 날부터 20년이 경과하면 소멸한다”는 내용의 관습에 대하여 법적 규범인 관습법으로서의 효력을 인정할 수 없다고 한 대법원 2003. 7. 24. 선고 2001다48781 전원합의체 판결[42]을 선례로 인용하고 있다. 그러나 일단 유효하게 법적 확신에 의하여 뒷받침되는 관습법이라면, 법원이 그 내용이 불합리하다는 이유만으로 그 구속력을 배제하는 것은 허용되지 않을 것이다. 이는 관습법에 法源으로서의 효력을 인정하는 것과는 어긋난다. 이 사건에 있어서와 같이 과거의 판례가 관습법의 존재를 시인하고 있었던 경우에는, 그러한 관습법의 효력을 부정하기 위하여 단순히 그 내용이 불합리하므로 법적 확신이 결여되어 있다고 할 수는 없고, 그러한 관습법의 성립이 인정될 수 없다는 점에 대하여 상세한 논증을 하든가, 아니면 관습법이 상위의 법규범에 저촉되므로 그 효력이 없다고 하였어야 할 것이다.[43]

42) 공 2003하, 1785.
43) 이 문제에 관하여 상세한 것은 尹眞秀(주 23), 294-296면 참조. 같은 취지, 金濟完(주 15), 101-102면; 김형석(주 31), 150면 주 20). 다른 한편 朴燦柱(주 35), 19면 이하, 특히 50면 이하는 대법원 2003. 7. 24. 전원합의체 판결(주 42)과 이 사건 판결을 대법원이 관습법을 폐지한 것으로 이해하면서, 관습법의 폐지는 그것이 헌법에 위반되는 것임을 이유로 한다 할지라도 국회의 제정법이나 헌법재판소의 위헌심판을 거치지 아니하고는 불가능하다고 한다. 그러나 법률이 위헌인가의 여부에 대한 최종적인 심판권한은 헌법재판소에 있지만(헌법 제111조 제1항 제1호), 여기서 말하는 법률은 형식적 의미의 법률이므로 관습법과 같은 불문법에 대한 위헌 여부의 판단 권한은 법원, 최종적으로는 대법원이 가지고 있다. 尹眞秀(주 23), 298면; 김형석(주 31), 151면 주 21) 등 참조.

V. 사회의 변화가 종중 관습법에 미치는 영향

1. 종중에 대한 의식의 변화

이 사건 판결의 다수의견은 종중에 관한 사회의 변화를 종중에 대한 사회 일반의 인식 변화와, 우리 사회 법질서의 변화로 나누어 살펴보고 있다. 그리고 사회 일반의 의식 변화에 관하여는 앞에서 살펴본 것처럼[44] 그러한 의식 변화를 가져오게 된 사회 환경의 변화, 가족생활의 변화 및 제사 문화의 변화 등 여러 가지 사정을 나열하고 있는데, 특히 그 중에서도 여성이 제사에 참여하는 것이 늘어난 점, 족보의 편찬에 있어서 딸을 아들과 함께 기재하는 것이 일반화되어 가고 있는 점 및 성년 여성에게도 종원의 지위를 부여하는 종중이 상당수 등장하게 되었으며, 나아가 종원인 여성이 종중의 임원으로 활동하고 있는 종중들도 출현하게 되었다는 점 등은 상당히 중요한 의미를 가진다고 보인다.[45] 그럼에도 불구하고 다수의견은 사회 환경과 인식의 변화로 인하여 종원의 자격을 성년 남자로만 제한하고 여성에게는 종원의 자격을 부여하지 않는 종래의 관습에 대하여 우리 사회 구성원들이 가지고 있던 법적 확신은 그것이 현재 소멸되었다고 단정할 수는 없고, 다만 상당 부분 흔들리거나 약화되어 있으며, 이러한 현상은 시일의 경과에 따라 더욱 심화될 것으로 보인다고 하는 데 그쳤다.

일반적으로 사회의 변화가 법, 특히 그 구체적인 표현인 법원의 재판에 영향을 줄 수 있다고 하는 것은 논란의 여지가 없을 것이다. 그러나 실제로 법원이 사회의 변화를 이유로 하여 판례를 변경한 예는 쉽게 찾아보기 어렵다.[46]

왜 다수의견이 종래의 관습에 대한 법적 확신이 소멸되었다고 단정하지

---

44) 위 주 20) 참조.

45) 李德勝, "宗中의 變化에 관한 一考察", 法史學硏究 제15호, 1994, 23면에 의하면 안동지방의 총 40개 종중 중 19개의 종중이 여성의 참가자격을 인정하고 있다고 한다.

46) 굳이 예를 들자면 대법원 1989. 12. 26. 선고 88다카16867 전원합의체 판결(집 37권 4집 241; 공 1990, 356)이, 종래 판례가 일반육체노동 또는 육체노동을 주된 내용으로 하는 생계활동의 가동연한이 만 55세라고 경험칙에 근거하여 추정하였으나 국민의 평균여명의 연장, 공무원의 정년 연장, 국민연금법상 노령연금의 지급대상을 60세로 하고 있는 것 등 제반 사정의 변화에 비추어 보면 이러한 추정은 더 이상 유지되기 어렵다고 하여 종래의 판례를 변경한 것을 들 수 있다.

못하였을까? 여기에는 여러 가지 이유가 있다고 보인다. 첫째, 법원은 사회의 변화를 파악할 수 있는 충분한 능력을 가지고 있지 않다. 가령 여성이 제사에 참여하는 것이 늘어났고, 성년 여성에게도 종원의 지위를 부여하는 종중이 상당수 등장하고 있다고 하나, 실증적인 연구의 부족으로 그것이 전국적으로 어느 정도인지에 관하여는 잘 알 수 없다.[47]

둘째, 보다 중요한 원인으로는 사회의 변화에 관한 객관적인 자료를 어느 정도 확보할 수 있다고 하더라도, 그것만으로 법적 인식의 변화가 있었다고 단정할 수는 없는 것이다. 관습법의 성립요건으로서 이른바 법적 확신이 있어야 한다고 하지만, 과연 법적 확신이라는 것이 무엇인지, 그것이 사회과학적으로 파악할 수 있는 개념인지 하는 것은 명확하지 않다. 많은 경우에 이것은 사회적으로 실재하는 것이라기보다는 법적인 구성물이 아닌가 하는 의문이 있는 것이다. 특히 일단 법적 확신이 있었다고 하더라도 사회적인 변화가 있는 경우에 그러한 법적 확신이 어느 정도 유지되고 있는가, 아니면 바뀌었는가 하는 점은 단순히 경험적인 조사만으로 해결될 수는 없을 것이다.

결국 대법원은 이러한 여러 가지 문제점 때문에 사회 환경의 변화를 이유로 하여 종중에 관한 법의식이 약화되었다고는 하면서도 소멸하였다고까지 단정할 수는 없었던 것으로 보인다.[48]

2. 법질서의 변화

이러한 상황에서 법관들이 좀 더 쉽게 의존할 수 있는 것은 법질서의 변화에 주목하는 것이다. 우선 법질서의 변화는 법원의 입장에서 사회의 변화보

---

47) 여성의 종원 자격에 관한 대법원 전원합의체 판결 관련 보도자료(2005. 7. 21)(주 2)에 의하면, 이 사건과 관련하여서 특히 재경법원의 한 부장판사는 위 문제를 연구하면서 일반 국민과 전문가 집단을 상대로 한 의식조사를 실시하기도 하였는데, 조사 결과 종래 관습대로 성년 남자만으로 하자는 견해에 대해, 일반인 집단의 경우는 69.7%, 전문가 집단(대한변협 소속 변호사와 한국법학교수협의회 소속 교수들)의 경우는 64%의 다수가 반대하고 있는 것으로 나타났다고 한다. 그러나 이러한 조사를 어느 정도 신빙성 있는 것으로 받아들일 수 있는가 하는 것은 별개의 문제이다.

48) 이와 유사한 예로서 동성동본 금혼이 위헌이라고 한 헌법재판소 1997. 7. 16. 선고 95헌가6 내지 13 결정(헌판집 9권 2집 1면)을 들 수 있다. 여기서는 여러 가지 사회환경의 변화로 말미암아, 동성동본금혼제의 존립기반이 이제 완전히 붕괴되었다고까지 단언하기는 어렵다고 할지라도, 적어도 그 존립기반이 더 이상 지탱할 수 없을 정도로 근본적인 동요를 하고 있음은 이를 부인하기 어렵다고 하면서, 동성동본 금혼제도가 헌법에 어긋나서 위헌이라고 하였다.

다는 훨씬 더 객관적으로 확인할 수 있다. 그리고 법질서의 변화는 문제를 "선량한 풍속 기타 사회질서"라는 관점에서 보면 고려하지 않을 수 없다. 일반적으로는 선량한 풍속 기타 사회질서에는 법규범 아닌 도덕규범도 포함된다고 말하기는 하지만, 현대사회에서는 법률이 인간의 거의 전 사회적 활동을 규율하고 있기 때문에 순수하게 도덕규범에만 근거한 선량한 풍속의 판단은 드물고, 오히려 法外的인 가치질서와 법에 내재하는 근본원칙과의 상호작용에 의하여 공서양속의 판단이 이루어지며, 도덕규범 그 자체만으로 법규범적인 효력을 가지는 것이 아니라 그것이 법질서 전체에 비추어 받아들일 수 있고 나아가 강제력을 부여할 가치가 있다고 판단될 때에만 선량한 풍속으로서 인정받을 수 있는 것이다.[49)]

이러한 관점에서 본다면 이 사건 판결이 설시하고 있듯이, 남녀관계에 관한 법질서의 변화는 종중이 여성을 종원으로서 받아들이는 것을 거부하는 것이 선량한 풍속 기타 사회질서에 위반되는가 여부를 판단함에 있어서 중요한 함의를 가지게 될 것이다.[50)] 그런데 이에 관하여 대법원이 들고 있는 여러 가지 사정[51)]들 가운데 헌법 규정의 변화는 반드시 실질적 의미가 달라졌다고 보기 어려우므로 큰 의미를 가진다고 할 수 없을 것이다. 그러나 유엔의 여성차별철폐협약이 남녀차별적인 관습 및 관행을 수정 또는 폐지하라고 한 것은 어

49) 尹眞秀(주 30), 413면 참조. 나아가 이동진, "不倫關係의 相對方에 대한 遺贈과 公序良俗", 比較私法 제13권 4호, 2006, 62면 이하는 오늘날과 같은 민주사회에서 지배적인 사회일반의 가치관이 성립할 수 있고 또 그것이 적절히 인식될 수 있는지 의심스럽다고 하여, 민법 제103조는 직접 법질서와 무관하게 발생한 가치를 수용하기 위한 장치라기보다는 전체 법질서의 내적 원리를 실현하기 위한 도구로 간주되어야 한다고 주장한다. 다른 한편 Andreas Voßkuhle, "Sittlichkeitsvorbehalte im Öffentlichen Wirtschatsrecht", 변화하는 사회에서의 법의 변천(주 31), 225면 이하, 특히 239면 이하는 경제공법에 있어서 선량한 풍속(Sitte)를 파악하는 방법으로서 규범적 · 가치윤리적 접근(Normativ-wertethischer Ansatz), 경험적 · 사회학적 접근(Empirisch-sozioloischer Ansatz) 및 위험방지법적 접근(der gefahrenabwehrrechtliche Ansatz)의 3가지가 있으나, 마지막 것만이 견뎌낼 수 있고 실용적이라고 한다.

50) 이와 좀 다른 맥락이기는 하지만 영국 귀족원(House of Lords)이 1991. 10. 23. 선고한 Regina v. R., [1992] 94 Cr. App. R. 216을 참조할 필요가 있다. 이 사건에서는 영국 판례가 오랫동안 유지해 왔던, 강간에 대한 예외, 즉 아내는 혼인에 의하여 남편과의 성교에 동의한 것이고, 이 동의는 철회할 수 없으므로 남편을 처를 강간하였다는 이유로 처벌할 수 없다고 하는 관습법에 대하여, 이러한 관습이 아내가 남편에게 종속되어 있었던 과거에는 타당하였을지 몰라도, 20세기 후반에 이르러서는 여성의 지위와 혼인한 여성의 지위는 극적으로 변화하여, 남편과 아내는 오늘날 모든 실제적 목적에서 동등한 혼인의 파트너이고, 아내는 남편의 과도한 성적 요구에 복종할 의무가 없으며, 살아 있는 법의 체계는 일반적 원칙의 적용에 대한 어떠한 예외의 정당성을 시험함에 있어서 항상 변화된 환경에 주의를 기울여야 한다고 하여, 이러한 남편에 대한 예외가 더 이상 정당하지 않다고 하였다.

51) 위 주 21) 참조.

느 정도 의미를 가진다. 또한 1990. 1. 13. 개정된 민법이 친족의 범위에 있어서 부계혈족과 모계혈족 및 부족인척(夫族姻戚)과 처족인척(妻族姻戚) 사이의 차별을 두지 아니하고, 실질적으로 가족인 직계비속 여자가 호주승계인이 될 수 있도록 한 것 등은 주목할 가치가 있다. 특히 위 개정민법이 종래 출가녀의 상속분을 호주상속인 아닌 아들의 1/4로 하였던 것을 개정하여, 아들과 딸 모두에게 동등한 상속분을 인정한 것은 이 사건에 관하여 중요한 함의가 있다. 이 사건 원고들은 출가녀들이었고, 이 사건의 실질적인 분쟁은 뒤에서 보는 것처럼 재산상속을 둘러싼 분쟁과 유사한 면이 있기 때문이다. 그 외에 대법원은 2005. 3. 31. 개정된 민법이 호주제도를 폐지하고 자녀가 어머니의 성도 따를 수 있게 한 것도 들고 있으나, 이는 이 사건 분쟁이 생긴 뒤의 일일 뿐만 아니라 이러한 개정이 있기 전에도 대법원이 이 문제를 둘러싸고 고심하였던 점에 비추어 보면 이는 부수적인 의미밖에 없다고 보인다. 오히려 헌법재판소가 1997. 7. 21. 남계혈통주의에 입각한 동성동본 금혼규정을 위헌이라고 한 점[52] 및 2000. 8. 31. 선고 97헌가12 결정[53]에서 부계혈통주의에 입각하여 출생한 당시에 父가 아니라 모만이 대한민국의 국민인 자는 대한민국의 국민으로 하지 않고 있었던 구 국적법의 조항에 대하여 위헌이라고 한 것 등이 남녀평등에 관한 일반인의 법관념에 중대한 영향을 미쳤다고 생각된다.[54]

나아가 앞에서 언급한 사회환경의 변화, 특히 여성의 제사 참여의 증가 및 성년 여성에게도 종원의 지위를 인정하는 종중이 늘어나고 있다는 점 등과 결부시켜 본다면, 지금에 이르러서는 종중이 성년 여성이나 출가한 여성의 종원의 지위를 부정하는 것은 민법 제103조에 어긋난다고 하는 결론을 이끌어낼 수 있을 것이다.[55] 물론 이 점에 대하여는 반대의 견해도 있을 수 있

52) 위 주 47) 참조.

53) 헌판집 12권 2집 167면 이하.

54) 이들 결정에 대하여는 尹眞秀, "憲法·家族法·傳統"(주 37) 참조.

55) 그런데 피고 종중의 정관이 "본회는 용인 이씨 사맹공(휘 末字 孫字)의 후손으로서 성년이 되면 회원자격을 가진다"고 규정하고 있었으므로, 위 정관의 해석상 성년 여자도 당연히 종원이 되는 것이라고 생각할 수도 있다. 그러나 정관도 법률행위의 일종으로서 그에 대하여는 법률행위의 해석원칙이 적용될 수 있는 것인데, 과거에 실제로 피고 종중이 여자를 종원으로 가입시킨 바 없다면, 이는 당사자들 사이에 확립된 관행으로서 위 정관의 의미는 성년 여자는 종원에서 제외하는 것으로 해석되어야 할 것이다. 이 사건 별개의견은 피고 종중의 정관을 근거로 하여, 성년 여자인 원고들이 피고 종회에의 가입의사를 표명한 경우 원고들이 용인 이씨 사맹공의 후손이 아니라는 등 그 가입을 거부할 정당하고 합리적인 이유가 없는 이상 원고들은 가입의사를 표명함으로써 피고 종회 회원자격을 가진다고 보고 있다. 이는 그렇게 해석하지 않으면 위 정관이 공서양속에 어긋나게 된다는 점을 근거로 하는 것으로서, 규

다.[56)]

이러한 점에 비추어 본다면, 이 사건 판결의 다수의견이 원고들과 같은 성년 여성도 종원이 될 수 있다고 한 것은 그 결론에 있어서는 타당한 면이 있다.[57)] 다만 그 근거로서는 조리를 원용하기보다는 별개의견과 같이 민법 제103조에 의거하는 편이 더 나았을 것이다.[58)]

3. 몇 가지 검토하여야 할 문제

이처럼 이 사건을 선량한 풍속 기타 사회질서의 문제로 접근할 경우에 검토하여야 할 몇 가지 문제가 있다.

범적 해석의 일종인 유효 해석을 시도한 것이라고 할 것이나, 당사자 사이에 확립된 관행이 있으면 이러한 유효해석에 우선한다고 보아야 할 것이다. 尹眞秀, "契約 解釋의 方法에 관한 國際的 動向과 韓國法", 比較私法 제12권 4호, 2005, 57-58면, 75-77면 참조.

56) 위 주 43)에서 인용한 朴燦柱의 견해 참조.

57) 다만 성년 여성 본인의 가입의 의사표시를 필요로 하는가에 관하여는 아래 Ⅵ. 2. 참조.

58) 이와 매우 유사한 문제가 일본에서 다투어진 바 있다. 즉 오끼나와에서는 마을 소유 임야에 대한 입회권자의 자격에 관하여, 원칙적으로 입회권자는 一家의 대표자인 男系孫 세대주라야 하고, 그러한 사람이 없는 경우에 한하여 여자도 제한적으로 입회권자가 될 수 있으나, 그 마을 주민 이외의 남자와 혼인한 여자는 이혼 등에 의하여 舊姓으로 복귀하지 않는 한, 배우자가 사망하는 등에 의하여 마을에 독립한 세대를 이루더라도 입회권자가 될 수 없었다. 이러한 관습이 유효한가에 관하여 소송상 문제가 되었는데, 日本 最高裁判所 第二小法廷 2006(平成 18). 3. 17. 판결(민집 60-3, 773)은 다음과 같이 판시하였다. 즉 위 관습 가운데 각 세대의 구성원의 수에 관계없이 각 세대의 대표자에게만 입회권을 인정하는 부분(세대주요건)은, 입회단체의 단체로서의 통제의 유지라고 하는 점에서나, 입회권 행사에 있어서 각 세대간의 평등이라는 점에서도 불합리하다고 할 수 없으므로, 공서양속에 반하지 않는다. 그러나 그 마을 주민 이외의 남자와 혼인한 여자에 대하여 입회권자가 될 수 없다고 하는 부분(男子孫要件)은, 단지 여자라는 것만을 이유로 하여 여자를 남자와 차별하는 것으로서, 늦어도 이 사건 분쟁이 생긴 平成 4년(서기 1992년) 이후로는 성별만에 의한 불합리한 차별로서 일본 민법 제90조(한국 민법 제103조에 해당한다)의 규정에 의하여 무효라고 하였다. 이러한 男子孫要件은 세대주요건과는 달리 입회단체의 단체로서의 통제의 유지라고 하는 점에서나, 입회권 행사에 있어서 각 세대간의 평등이라는 점에서도 아무런 합리성을 가지지 않고, 남녀의 본질적 평등을 정하고 있는 일본국 헌법의 기본적 이념에 비추어, 입회권을 달리 취급하여야 할 이유를 찾아볼 수 없다고 한다. 이 판결은 이 사건에서 문제된 관습을 법규범으로서의 성질을 가진 관습법이라기보다는 일본 민법 제92조(한국 민법 제106조에 해당한다)가 규정하고 있는, 법률행위 해석의 기준으로서의 "사실인 관습"으로 본 것으로 여겨진다. 이 판결에 대하여는 大村敦志, "入會集團の慣習と公序良俗", 平成18年度 重要判例解說, ジュリスト No. 1332, 2007, 64면 이하. 여기서는 이 사건 판결에 대하여도 언급하면서 비교법적으로 보아 흥미 깊다고 하고 있다. 관습법과 사실인 관습의 관계에 대하여는 鄭鍾休, "慣習法과 事實인 慣習", 茂巖李英俊博士華甲紀念 韓國民法理論의 發展, 博英社, 1999, 3면 이하 참조.

가. 여성의 후손도 종원이 될 수 있는가

이 사건 판결의 다수의견은 공동선조와 성과 본을 같이 하는 후손은 성별의 구별 없이 성년이 되면 당연히 그 구성원이 된다고 보는 것이 조리에 합당하다고 하여, 그러한 여성의 후손까지 종원이 된다고 보지는 않고 있다. 별개의견도 이 점에 대하여는 같은 취지라고 보인다. 그런데 헌법상 평등의 원칙을 관철한다면, 공동선조와 성과 본을 같이하는 여성뿐만 아니라 그러한 여성의 후손까지 종원으로 인정하여야 한다는 주장도 있을 수 있다.[59] 그러나 여성이 종원으로 인정될 수 있는 근거가 헌법상 남녀평등의 원칙이 직접 적용되는 것은 아니고, 다만 여성의 종원 가입을 거부하는 것이 선량한 풍속 기타 사회질서에 반하기 때문이라고 본다면, 여성의 후손까지 종원으로 받아들여야 한다는 결론이 반드시 도출될 수 있는 것은 아니다. 다시 말하여 공동시조와는 성과 본을 달리하는 여성의 후손에 대하여는 그 종원의 자격을 인정하지 않는다고 하여도 반드시 선량한 풍속 기타 사회질서에 반하는 것이라고 할 수는 없는 것이다.

종래 여성이 제사에 참여하는 것이 더 이상 특이한 일로 인식되지 않게 되었다는 것은 이 사건 판결도 지적하고 있는 바이다. 그러나 제사의 대상인 사람과 성과 본을 달리하는 여성의 자녀들이 제사에 참여하는 일이 얼마나 있는지는 알 수 없다. 종중의 성립과 기능이 제사와 밀접한 관련이 있다는 점에 비추어 보면, 우리 국민의 일반적인 의식도 여성의 후손이 종원이 될 수 없다는 점에 대하여 별다른 의문을 가지는 것 같지는 않다. 이러한 점에서 여성의 후손을 종원으로 받아들이지 않는다고 하여 그것이 선량한 풍속 기타 사회질서에 어긋난다고 말하기는 어려울 것이다.

나. 소급효 제한의 문제

앞에서 살펴본 것처럼, 이 사건 판결은 위와 같이 여성도 종원이 된다는 변경된 대법원의 견해는 이 판결 선고 이후의 종중 구성원의 자격과 이와 관련하여 새로이 성립되는 법률관계에 대하여만 적용되고, 다만 종래 관습법의 효력을 다투고 있는 원고들에 대하여는 위와 같이 변경된 견해가 소급하여 적

59) 朴燦柱(주 35), 53면 이하는 이와 같이 주장하면서 이 사건 판결을 비판하고 있다.

용된다고 하여 선택적 장래효(slelctive prospectivity)를 인정하고 있다. 원래 이러한 장래적 판례변경이 허용될 수 있는지에 관하여는 논란이 있다.[60] 그런데 이런 선택적 장래효의 문제와는 별개로, 이 사건 판결이 말하는 것처럼 여성을 종원으로 인정하지 않는 관습이 사회환경의 변화 내지 법질서의 변화에 의하여 사후적으로 효력을 잃게 되었다면 그 효력을 잃게 된 시점이 언제부터인가 하는 의문이 떠오르게 되나, 이 사건 판결은 이 점에 대하여는 명백한 태도를 밝히지 않고 있다.

사실 이 사건 판결이 말하는 것처럼 여기서 문제되고 있는 관습이 사회환경의 변화 내지 법질서의 변화에 의하여 사후적으로 효력을 잃게 되었다면, 그 효력을 잃게 되는 정확한 시점이 언제라고 단정하기는 어렵다. 이는 일부 논자가 주장하듯이 관습법의 변경 문제로 파악할 경우에도 마찬가지이다.[61] 이러한 경우에는 종래의 관습법을 신뢰하고 행동한 당사자를 보호하기 위하여 소급효를 제한할 필요가 있을 것이다.[62]

그러나 이 글에서 주장하는 것처럼 여성을 종원으로 받아들이는 것을 거부하는 것이 선량한 풍속 기타 사회질서에 반하는 것으로 파악한다면 그러한 문제점은 상당히 완화되게 된다. 물론 이때에도 시기 확정의 어려움은 마찬가지이지만,[63] 이 경우에는 여성이 종중에 가입하겠다는 의사표시가 있을 것이 전제로 된다. 따라서 여성이 종원에 가입하겠다는 의사표시가 없었거나, 종중이 여성을 배제한 처분을 한 후 상당한 기일 내에 여성이 종원으로 가입하겠다는 의사표시를 하지 않았다면, 종래의 법률관계에는 영향이 없는 것이다.[64] 따라서 굳이 소급효 제한이라는, 문제가 많은 이론을 채택할 필요는 없었을 것이다.

60) 특히 선택적 장래효를 인정하는 데 대하여는, 이는 평등의 원칙에 어긋나고 사법부의 권한을 벗어난다고 하는 비판이 있다. 尹眞秀(주 23), 317-321면 이하; 金濟完(주 15), 100면 이하 등 참조. 반면 이 사건 판결이 선택적 장래효를 채택한 것을 옹호하는 글로서는 文英和, "宗員의 資格을 成年男子로 제한하는 종래 慣習法의 效力", 松旻崔鍾泳大法院長在任紀念 21世紀 司法의 展開, 博英社, 2005, 429면 이하가 있다.

61) 金濟完(주 15), 104-106면 참조. 金濟完 교수는 자신이 주장하는 시기에 구 관습이 개폐되었다고 주장하는 측에서 그 개폐시기를 입증하여야 한다고 해석하면 문제가 상당히 해소된다고 주장한다.

62) 이 점에 관한 독일과 영미에서의 논의에 관하여는 尹眞秀(주 23), 316면 주 99) 및 그 본문 참조.

63) 사견으로는 여성의 상속분이 남자와 완전히 같아진 1990년 개정 민법이 시행된 이후, 늦어도 남계혈통주의에 입각한 동성동본 금혼 규정이 위헌이라고 한 1997년 헌법재판소 결정 이후에는 선량한 풍속 기타 사회질서 위반임이 명백하여졌다고 생각한다.

64) 이 사건 판결의 별개의견이 소급효 제한에 대하여는 특별한 언급이 없는 것은 이 때문이라고 생각된다.

그러나 이 사건에서는 원고들이 출가 여성을 배제하고 돈을 분배한 데 대하여 바로 이의를 제기한 바 있으므로, 원고들에 대한 관계에서는 소급효가 제한될 여지는 없다고 보아야 한다.65)

다. 유사종중의 경우

이 사건 판결의 다수의견에 대한 고현철 대법관의 보충의견은, 고유 의미의 종중 이외에 공동선조의 후손 중 일부에 의하여 인위적인 조직행위를 거쳐 성립된 유사종중이나 종중유사단체의 경우에는 관습법에 의하여 규율되는 것이 아니라 사적 자치의 영역에 속하는 것이므로, 이에 대하여 그 조직행위에서 배제된 후손을 가입시키도록 강제하거나 양성평등의 이념을 들어서 공동선조의 후손인 여성을 그 구성원에서 배제하고 있는 정관의 효력을 부인할 수 없다고 하였다.

종래의 판례는 공동시조의 후손 전원이 종원이 되는 고유의 의미의 종중 이외에, 종중에 유사한 비법인사단(이른바 유사종중)이라는 것을 인정하고 있다. 이러한 유사종중은 종원의 자격이 일정한 지역에 거주하는 후손과 같은 형식으로 제한되고, 또 고유의 의미의 종중과는 달리 조직행위를 필요로 한다는 것이다.66)

과연 이러한 유사종중의 경우에는 여성을 종원에서 배제하더라도 괜찮다고 볼 수 있을까? 이러한 유사종중의 경우에는 고유 의미의 종중과는 달리 인위적인 조직행위가 있다는 점을 중시한다면, 이러한 경우에는 당사자의 사적 자치의 측면이 더 두드러지고, 따라서 사적 자치를 좀 더 보호하여야 한다고 볼 여지도 있을 것이다.67)

65) 나아가 돈 분배 당시 원고들이 종원 가입의 의사표시를 하지 않았다 하더라도, 종원이 아니었던 미성년자나 미혼 여성, 며느리들에게까지 돈을 분배하면서 출가 여성인 원고들을 배제한 것은 그 자체 선량한 풍속 기타 사회질서에 어긋난다고 할 수도 있다.

66) 예컨대 대법원 1993. 5. 27. 선고 92다34193 판결(공 1993, 1868)은, 본래 종중은 공동선조의 후손들에 의하여 그 선조의 분묘수호와 제사 및 후손 상호간의 친목을 목적으로 형성되는 자연발생적인 종족단체로서 그 선조의 사망과 동시에 그 자손에 의하여 성립되는 것이므로 그 후손 중 특정지역 거주자나 특정범위 내의 자들만으로 구성된 종중이란 있을 수 없지만, 다만 특정지역 거주자나 특정범위 내의 자들만으로 분묘수호와 제사 및 친목도모를 위한 조직체를 구성하여 활동하고 있어 그 단체로서의 실체를 인정할 수 있을 경우에는 본래의 의미의 종중은 아니나 권리능력 없는 사단으로서의 단체성을 인정할 여지는 있다고 한다. 유사종중에 관한 참고문헌으로는 朴貞杬, "고유 의미의 종중과 종중에 유사한 비법인 사단", 裁判과 判例 제6집, 1997, 39면 이하; 배병일, "대법원 판례에서의 유사종중", 가족법연구 제20권 2호, 2006, 233면 등 참조.

67) 배병일(주 66), 257면은 유사종중의 경우에는 종중의 규약이 가장 중요한 요소가 되고, 심지어 고유한 의미의 종중에서 볼 때 종중의 본질에 반하는 내용이라고 할 수 있는 내용을

그러나 후손들의 조직행위로 성립하는 유사종중이라 하더라도 그 목적이나 기능 면에서는 고유 의미의 종중과는 별다른 차이가 없다. 그러므로 이러한 유사종중의 경우에도 정관이 공동선조의 후손인 여성을 그 구성원에서 배제하고 있다면, 고유 의미의 종중과 마찬가지로 이는 선량한 풍속 기타 사회질서에 위반된다고 보아야 할 것이다.[68] 나아가 원래의 종중이란 아래에서 보는 것처럼 실제로는 조직행위에 의하여 이루어졌다고 보이고,[69] 따라서 양자를 달리 취급하는 것은 기본적으로 문제가 있다고 생각된다.

Ⅵ. 종원 당연가입론에 대한 재검토

1. 종원 당연가입론

앞에서 언급한 것처럼 종래의 판례나 다수설은 종중은 공동시조가 사망하면 특별한 조직행위 없이도 당연히 성립하고, 종원은 자신의 의사와 관계없이 당연히 종중의 구성원이 된다고 보았다. 이 사건 판결의 다수의견도 여전히 종래의 판례를 유지하면서, 다만 종래와는 달리 조리를 근거로 하여 성년 남성뿐만 아니라 성년 여성도 당연히 종중의 구성원이 된다고 하였다. 이를 가리켜 종원 당연가입론이라고 부를 수 있을 것이다. 반면 별개의견은 성년 남성은 종래 판례와 마찬가지로 자신의 의사와 관계없이 당연히 종중의 구성원이 되지만, 성년 여성의 경우에는 결사의 자유를 근거로 하여 가입의 의사를 표명하여야 한다고 보고 있다.

2. 당연가입론의 재검토

사견으로는 이러한 당연가입론은 종중에 대한 관습의 오해에서 비롯된 것이라고 생각된다. 우선 기본적으로 이러한 당연가입론의 전제가 되는 종중 자연발생설 자체를 받아들이기 어렵다. 종중의 가장 주요한 기능은 시제를 지내는

담고 있더라도 가능하다고 한다.

68) 金載亨(주 12), 365-366면 참조.

69) 朴貞杝(주 66), 47-48면도 같은 취지에서, 종중은 조직행위가 필요없음에 반하여 유사종중은 조직행위가 필요하다고 보는 점은 양자의 근본적인 차이점이라고 볼 수 없다고 한다.

데 있다고 할 수 있다. 그러므로 시제를 지내지 않는 종중이라는 것은 생각할 수 없다. 따라서 시제도 지내지 않고, 시제를 지내기 위한 위토도 소유하고 있지 않은 종중은 관념적으로는 생각할 수 있을지 몰라도, 법률적인 의미에서는 존재하고 있다고 할 수 없다. 그러므로 종중이 성립하기 위하여는 그것이 법적인 단체로서 인정되기 위한 최소한의 조직과 활동은 있어야 하는 것이다.[70)][71)] 실제로도 그러한 경우에만 비로소 단체로서의 종중을 운위할 수 있었다.[72)] 이처럼 법적인 의미에서의 종중이 성립하기 위하여는 조직행위가 필요하다면, 공동선조의 자손이라고 하여 그 의사에 관계없이 당연히 종원이 된다는 것은 있을 수 없다.

그러면 종중이 자연발생적이라는 것은 무슨 의미일까? 그것은 공동선조의 자손이면 누구나 원하기만 하면 종원이 될 수 있는 자격을 가지고 있다는 정도의 의미일 뿐이지, 실제로 공동선조의 자손이면 그 의사에 관계 없이 당연히 종원이 된다는 것은 아니라고 이해하여야 할 것이다.[73)] 과거에 종원으로서의 활동은 일정한 날짜에 조상의 묘 앞에 모여서 제사를 지내는 것이 주요한 행

---

70) 李在性(주 17), 245면 이하는 속된 의미에서의 문중은 특정공동선조의 남계자손 중 堂內間 사이를 넘어선 사람들의 집단을 총체적으로 가리키는 것이므로, 그것은 특정공동선조의 후손들의 집단이 있기만 하면 그 존재를 인정할 수 있는 것이지만, 법적 의미에서의 종중은 위 속된 의미의 문중 중에서 그 구성원들이 그 문중을 종족단체로 만들어서 단체활동을 한 사실이 있어야만 그 존재를 인정할 수 있는 것이라고 한다. 일본 最高裁判所 1980(昭和 55). 2. 8. 판결(判例時報 961, 64)은 오끼나와의 蔡氏門中에 대하여, 늦어도 메이지시대에는 문중의 재산 관리운영에 필요한 제기관이 갖추어졌고, 大宗家, 中宗家들의 當主가 대표자로 되며, 家譜 등에 의하여 문중의 범위에 속하는 자가 확정될 수 있고, 또 연례집회에 참석한 구성원의 총의에 의하여 업무집행자가 선임되는 불문의 규약이 있고, 선조가 기부한 토지와 그 지상의 사당의 관리 등에 의하여 생긴 수익으로 제사 및 이에 부속하는 사업을 행하는 경우에는, 그 문중은 권리능력 없는 사단으로서 소송상 당사자능력을 가진다고 하였다.

71) 이를 가리켜 조직행위라고 부르기도 하나, 이를 어떻게 이해할 것인가는 논자에 따라 다르다. 朴貞杹(주 66), 48면은 평소 성문의 규약이나 대표자가 반드시 정하여져 있어야만 하는 것은 아니고, 종원들이 갹출하여 종중재산을 마련하거나 종가에서 금전을 제공하여 종중재산을 마련하는 행위 등이 종중의 조직을 준비하는 행위라고 할 수 있지만, 위와 같은 분명한 행위가 없더라도 그 자손들이 매년 가을에 공동선조의 묘전에서 시제를 지내왔다면, 위 행위도 종중으로서의 단체행위이므로 그 성립을 인정할 수 있다고 한다. 반면 배병일(주 66), 237면은 단체로서의 활동과 조직행위를 구분하고, 후손들이 조상의 분묘를 위한 임야를 취득하고, 시제를 지내고 벌초를 하는 등 단체적 활동을 하게 되면 그것만으로 명칭사용이나 종중규약의 제정, 대표자 선출 등의 특별한 조직행위가 없이도 고유한 의미의 종중이 성립하였다고 한다.

72) 심희기(주 15), 348면이 "어떤 종중이 종회나 종계를 결성하여 종약을 만들고 그 규약에 따라 조직을 갖추고 제사공동체관계를 실천하고 있을 때 이 종중은 단체 상태에 있다"고 하는 것은 이러한 의미이다.

73) 鄭肯植(주 15), 286면 참조.

사였고, 실제로 그와 같이 제사에 참여하면 다른 가입 절차 없이도 종원으로서 취급되었다고 생각된다.[74]

다만 과거에는 공동선조의 자손이면 누구나 조상의 제사를 지내는데 참여하여야 한다는 것이 후손으로서 당연한 도리로 여겨졌고, 또 종원이 되는데 제사에 참여하는 것 이상의 특별한 절차가 없었기 때문에, 후손이면 종원이 될 수 있다는 것과, 실제로 종원이 되어 활동하는 것을 개념상 구별하지 못하여, 공동선조의 후손이면 그 의사에 관계없이 당연히 종원이 된다고 하는 혼선이 생긴 것으로 여겨진다. 그러나 종중이 근대법이 계수되기 전의 관습법상의 단체라 하더라도, 권리능력 없는 사단이라는 것은 근대법의 개념이므로 누가 종중의 구성원인가 하는 문제도 근대법적인 관점에서 재해석해야 하는 것이다. 그런데 헌법 제21조가 보장하고 있는 결사의 자유에는 결사에 가입하지 않을 소극적 결사의 자유도 포함된다.[75] 그러므로 종중의 경우라고 하여 공동선조의 후손이면 그 의사에 관계없이 당연히 종원이 된다는 것은 소극적 결사의 자유를 침해하는 것이고,[76] 종원이 되기 위하여는 그 종원의 의사에 의한 가입을 필요로 한다고 보아야 할 것이다.

---

74) 金載亨(주 12), 354면은, 종중이 자연발생적 단체라는 것은 혈연관계에 있는 후손들이 공동선조에 대한 제사를 지내면서 자연스럽게 종중이라는 단체를 형성하였다는 의미로 파악하여야 한다고 주장한다. 이 사건 별개의견은 "대법원 판례가 종중이 자연발생적이라고 한 것은 조상숭배를 일족일가의 가장 중요한 일 중의 하나로 여기는 남계혈족 중심의 종법 아래 특별한 소집권자나 소집절차 없이 그야말로 자연스럽게 모여 제사를 지내고 친목을 도모하던 현상(現象)을 있는 그대로 표현한 것이지, 종중은 자연발생적이어야 한다는 규범을 설정한 것이 전혀 아니다. 그러므로 종중이 자연발생적 단체이기 때문에 성년여자도 그 의사와 관계없이 모두 종중 구성원이 되어야 한다는 논리구성을 취하는 것이라면, 이는 사실과 규범을 혼동한 것이라고 생각된다"고 주장한다. 그러나 종전의 대법원 판례(대법원 1993. 3. 9. 선고 92다42439 판결, 공 1993상, 1152 등 참조)는 종중의 자연발생설에 근거하여, 종중의 구성원은 공동선조의 후손 중 성년 이상의 남자이면 누구나 당연히 그 구성원이 되는 것이므로 그 구성원은 해마다 달라지게 되는 것이고, 따라서 새로운 세보가 발간되었다면 당연히 이에 의하여 연락 가능한 종원들의 범위를 확정하여야 하므로 종전의 세보에 의하여 종중총회의 소집통지를 하여서는 안 된다고 하고 있어서, 종전의 판례가 종중은 자연발생적이어야 한다는 규범을 설정한 것이 아니라고 할 수는 없다. 고현철 대법관의 다수의견에 대한 보충의견 참조.

75) 헌법재판소 1996. 4. 25. 선고 92헌바47 결정(헌판집 8권 1집 377면) 등. 일반적인 견해이다.

76) 金載亨(주 12), 360-361면; 김형석(주 31), 150면 등. 鄭貴鎬(주 13), 91-92면; 鄭肯植(주 15), 286면 등도 본인의 의사에 관계없이 단체에 귀속되는 것은 부당하다고 주장한다. 이 사건 별개의견도 다수의견이 공동선조와 성과 본을 같이 하는 성년 여성은 당연히 종중의 구성원이 된다고 보는 조리에 합당하다고 한 데 대하여, 일반적으로 어떤 사적 자치단체의 구성원의 자격을 인정함에 있어서 구성원으로 포괄되는 자의 신념이나 의사에 관계없이 인위적·강제적으로 누구든지 구성원으로 편입되어야 한다는 조리는 존재할 수 없고, 존재하여서도 안 된다고 하면서, 그 근거로서 결사의 자유를 들고 있다.

그런데 이에 대하여는, 설령 종중의 자연발생을 인정하지 않고 조직행위가 있어야만 종중이 성립한다고 보더라도, 일단 종중이 성립하면 그때부터는 공동선조의 후손은 당연히 종원이 될 수 있다고 보는 견해가 있을 수 있다. 종래의 판례를 옹호하는 고현철 대법관의 보충의견은, 종원의 종중에 대한 의무는 도덕적·윤리적인 성격이 강하여, 공동선조의 후손들이 성년이 되면 본인의 의사와 관계없이 종중의 구성원이 된다고 하더라도, 종원으로서 종중의 활동에 참여할 것인지 여부는 개인의 의사에 달린 것이고, 이로써 종중 활동에 참여하도록 강제되거나 법률적 의무가 부과되는 것은 아니므로 이러한 종중의 구성을 법질서에 위반된 것이라고 볼 수 없다고 한다.[77]

그러나 이 사건 별개의견도 지적하는 것처럼, 예컨대 제사를 지낼 것인가 아닌가는 개인의 양심의 자유나 종교의 자유와도 관련이 있는 문제로서, 제사를 지낼 것인가 아닌가도 본인이 자유롭게 선택하여야 할 성질의 것인데, 본인이 원하지 않음에도 불구하고 제사를 지내는 것을 주된 목적으로 하는 종중에 당연히 가입하게 할 특별한 이유가 없다. 이는 성년 남자이건 여자이건 다를 바가 없다.[78]

나아가 일단 종원이 된 경우에도 종중으로부터 탈퇴할 자유도 헌법상 기본권으로서 인정되어야 한다.[79] 그리고 일단 자신의 의사에 의하여 종원이 된 자의 후손이 종원으로서의 지위를 승계하는 것으로 보아야 하는가 하는 점은 명백하지 않으나, 관습상 승계하는 것으로 볼 수 있다고 보더라도, 장기간 활동하지 않으면 묵시적인 탈퇴를 인정하여야 하지 않을까 하는 의문이 있다.

---

77) 이 사건 판결의 별개의견도 같은 이유에서, 종래의 관습법상 성년남자는 그 의사와 관계없이 종중 구성원이 된다고 하는 것은 현재로서는 문제될 것이 없다고 한다. 그러나 별개의견은 성년남자와 성년여자를 달리 취급하여야 할 특별한 근거를 제시하고 있지는 않다.

78) 金載亨(주 12), 359-360면 참조.

79) 위 헌법재판소 1996. 4. 25. 선고 92헌바47 결정(주 75); 김형석(주 31), 150면 등 참조. 이와 관련하여 대법원 1983. 2. 8. 선고 80다1194 판결(집 31권 1집 민46; 공 1983, 485)은 종중이 그 구성원인 종원에 대하여 그 자격을 박탈하는 소위 할종이라는 징계처분은, 비록 그와 같은 관행이 있다 하더라도 공동선조의 후손으로서 혈연관계를 바탕으로 하여 자연적으로 구성되는 종족 단체인 종중의 본질에 반하는 것이므로, 그러한 관행이나 징계처분은 위법무효하여 피징계자의 종원으로서의 신분이나 지위를 박탈하는 효력이 생긴다고 할 수 없다고 하였으나, 그 타당성에는 의문이 있다.

Ⅶ. 결　　론

이 사건은 법원으로서는 매우 다루기 어려운, 이른바 hard case였다. 이 사건에서 법원이 타당한 결론을 내리기 위하여는 우선 종래 판례상 확립되었던 종중에 관한 관습이 과연 정확한 것이었는가를 따져 볼 필요가 있었다. 그리고 최근 몇십 년간 숨가쁘게 진행된 한국 사회의 변화를 종중에 관하여 어떻게 고려할 것인가 하는 점도 어려운 문제이다. 이는 법학과 사회과학의 접점에 있는 문제로서, 법률가들로서는 익숙하지 않은 문제인 것이다. 이 사건 판결의 결론은 긍정적인 방향으로 나아갔다고 평가할 수 있겠지만, 그 이론 구성에 있어서 반드시 만족스럽다고만 할 수는 없다. 앞으로 법률문제에 대하여 법률가들뿐만 아니라 사회과학자들의 보다 적극적인 관심이 필요하다고 생각된다.80)

〈追記〉

첫머리에서 언급한 2006. 11. 18. 사회사학회에서의 발표 당시에는 활발한 토론이 있었는데, 여기서는 그 중 중요한 것 두 가지만을 소개한다.

첫째, 종래의 판례가 공동선조의 후손 중 성년남자 전원이 종원이 된다고 한 것은 관습을 오해한 것으로서, 한 가구의 대표자만이 종원이 된다고 하는 것이 원래의 관습이었다는 지적이 있었다.

둘째, 종중은 자연발생적인 집단은 아니지만, 그렇다고 하여 가입의 의사를 표시하여야 할 필요는 없다는 의견이 있었다.

〈사법 창간호, 2007〉

〈追記〉

1. 이 글 주 36)에서는 법인 등 결사체 자체도 그 결사의 자유의 주체가 된다고 하였다. 그러나 필자가 그 후 발표한 글에서는 결사의 자유가 결사 그 자체의 자유라고 볼 필요가 있는지에 대하여 의문을 제기하였다. 이 책에 같이 실린 "私法上의 團體와 憲法" 참조.

---

80) 법학과 사회과학 사이의 교류와 대화의 필요성을 역설하는 것으로 梁鉉娥, "사회학적 사고와 법해석의 교감(交感)을 위해", 서울대학교 法學 제47권 3호, 2006, 254면 이하 참조.

2. 이 글 주 43)과 관련하여, 헌법재판소 2013. 2. 28. 선고 2009헌바129 결정은, 법률과 같은 효력을 가지는 관습법도 당연히 헌법재판소법 제68조 제2항에 의한 헌법소원심판의 대상이 되고, 단지 형식적인 의미의 법률이 아니라는 이유로 그 예외가 될 수는 없다고 하였다. 이에 대하여 필자는 "慣習上 分財請求權에 대한 歷史的, 民法的 및 憲法的 考察", 民事裁判의 諸問題 22권, 2013, 242면 이하에서 반대의견을 밝혔다.

私法上의 團體와 憲法

Ⅰ. 서　　론

이 글에서는 사법상의 단체와 관련하여 생길 수 있는 헌법적 문제에 관하여 살펴보고자 한다. 사법상의 단체를 헌법적 관점에서 살펴보면 여러 가지 흥미 있는 문제가 제기될 수 있는데, 종래에는 이에 관하여 그다지 논의된 바 없었기 때문에 이를 다루어 보는 것은 의미가 있다고 생각된다. 이 글에서 사법상 단체와 헌법에 관한 많은 문제를 포괄적으로 검토하는 것은 불가능하다. 다만 종래 이 문제가 별로 다루어지지 않고 있었기 때문에, 관심을 촉구하는 의미에서 실제로 문제되고 있는 몇 가지의 사법적인 쟁점들을 소개하고, 약간의 분석을 덧붙이려는 것이 이 글의 주된 목적이다. 이를 위하여는 어느 정도 헌법상의 단체에 관한 일반론에 대하여 언급할 필요가 있다.

사법상의 단체와 관련하여 생길 수 있는 헌법적 문제는 다음과 같은 3가지의 범주로 나누어 살펴보는 것이 이해에 도움이 될 것으로 생각된다.

첫째, 사법상 단체에 관한 개별 구성원의 기본권

둘째, 사법상 단체의 기본권

셋째, 사법상 단체 내부의 문제

물론 이러한 분류는 반드시 절대적인 것은 아니고, 이들 상호간에는 아래에서 보는 것처럼 다소 겹치는 경우가 있다.

이 글의 순서는 다음과 같다. 우선 Ⅱ.에서는 이 글의 대상인 사법상 단체의 개념을 명확히 하고자 한다. 그리고 Ⅲ.에서는 사법상 단체의 결성 및 가입의 문제를 사법상 단체에 관한 개별 구성원의 권리라는 관점에서 살펴보고,

Ⅳ.에서는 사법상 단체의 활동의 문제를 사법상 단체 자신의 권리라는 관점에서 살펴본다. 마지막으로 Ⅴ.에서는 사법상 단체 내부의 문제는 헌법과 어떤 관련이 있는지에 관하여 생각해 본다.

Ⅱ. 사법상 단체의 개념

1. 단체의 개념

우선 단체의 개념을 명확히 할 필요가 있다. 단체라는 말도 여러 가지를 의미할 수 있지만, 여기서는 일단 헌법 제21조 제1항이 규정하고 있는 결사와 같은 의미로 사용하고자 한다. 헌법재판소는, 헌법상 결사란 자연인 또는 법인의 다수가 상당한 기간 동안 공동목적을 위하여 자유의사에 기하여 결합하고 조직화된 의사형성이 가능한 단체를 말하는 것으로, 공법상의 결사는 이에 포함되지 아니한다고 보고 있다.[1] 학설의 설명도 대체로 이와 같다.[2] 이는 아래에서 설명할 사법상 단체를 염두에 둔 설명이다.

이러한 결사 내지 단체에 해당하는 것으로는 사단법인, 법인 아닌 사단 및 조합 등이 있다.[3] 주로 문제되는 것은 앞의 두 개이다. 그러므로 재단은 여기서 말하는 단체에는 해당하지 않는다.[4] 재단과 관련하여서도 여러 가지의 헌법적 문제가 있고,[5] 또 사단과 재단의 구별이 반드시 명확한 것은 아닐 뿐만 아니라,[6] 법은 많은 경우에 사단법인과 재단법인을 동일하게 다루고 있다. 그

1) 헌법재판소 1996. 4. 25. 선고 92헌바47 결정(헌판집 8권 1집 370면 이하); 2002. 9. 19. 선고 2000헌바84 결정(헌판집 14권 2집 268면 이하) 등.

2) 鄭宗燮, 憲法學原論, 제3판, 2008, 533면; 成樂寅, 憲法學, 제8판, 2008, 562면; 桂禧悅, "結社의 自由", 考試硏究 2000. 2, 15면 이하 등. 이러한 개념 정의는 대체로 독일 헌법학의 논의를 받아들인 것이다. Kemper in v. Mangoldt/Klein/Starck, GG Kommentar Bd. Ⅰ, 5. Aufl., 2005, Art. 9 Rdnr. 12 ff. 참조.

3) 근래에는 조합과 사단의 구별도 상대화되는 경향이 있다. 유주선, "독일법상 민법상 조합의 권리능력", 기업법연구 제20권 1호, 2006, 379면 이하; 제철웅, "단체와 법인", 민사법학 특별호(제36호), 2007, 104면 이하 등 참조.

4) 金承煥, "結社의 自由", 憲法學硏究 제6권 2호, 2000, 189면 등.

5) 예컨대 제철웅, "재단법인법에 관한 비판적 고찰", 민사법학 제31호, 2006, 47면 이하. 2005. 12. 29. 법률 제7802호로 개정된 사립학교법의 일부 조문이 위헌인지 여부에 대하여는 많은 논란이 있었다. 이에 대하여는 제철웅(주 3), 118면 이하; 姜京根, "사립학교 관계법 개정안의 위헌성 연구", 憲法學硏究 제11권 2호, 2005, 243면 이하 참조.

6) 金濟完, "團體 法理의 再照明: 宗中財産의 法的 性格", 民事法學 제31호, 2006, 127면 이하

러나 헌법적인 관점에서는 사단과 재단은 구별된다. 가령 사단의 결성은 제1차적으로 결사의 자유에 의하여 보호되지만, 재단의 설립은 결사의 자유에 의하여 보호되는 것은 아니고, 헌법 제10조에 의한 일반적 행동의 자유에 의하여 보장된다.[7] 그러므로 여기서는 재단의 문제는 일단 논외로 한다. 다만 아래의 설명 가운데 특히 단체의 기본권과 관련된 부분은 재단의 경우에도 상당 부분 적용될 수 있을 것이다.

2. 사법상 단체와 공법상 단체의 구별

이 글에서 다루는 것은 사법상 단체이고, 공법상 단체 내지 공법인은 다루지 않는다. 사법상 단체와 공법상 단체는 예컨대 기본권의 주체가 될 수 있는가 하는 점 등과 관련하여 중요한 차이가 있다. 결사의 자유와 관련하여서도 결사의 자유의 대상이 되는 것은 사법상의 결사에 국한된다.[8]

그러나 사법상 단체 내지 사법인과 공법상 단체 내지 공법인의 구별은 반드시 쉽지 않다. 헌법재판소는, 공법인과 사법인의 구별은 전통적인 것으로, "설립형식"을 강조하여 공법인은 공법상 설립행위 또는 법률에 근거하고, 사법인은 설립계약 등 법률행위에 근거한다고 하기도 하고, 그 "존립목적"을 강조하여 공법인은 국가적 목적 내지 공공목적을 위하여 존재하는 것인 반면, 사법인은 그 구성원의 공동이익을 위하여 존재한다고 하여 왔으나, 오늘날 사회복

는 사립학교, 사찰 및 교회의 예를 들면서, 현실의 우리 사회에는 사단과 재단의 성격을 모두 가지고 있는 경우가 오히려 일반적이므로, 사단과 재단의 이분법 도그마를 넘어서야 한다고 주장한다.

7) 헌법재판소 2001. 1. 18. 선고 99헌바63 결정(헌판집 13권 1집 68면); 대법원 2007. 5. 17. 선고 2006다19054 전원합의체 판결(공 2007상, 873) 등은, 사립학교를 설립하고 운영할 자유는 헌법 제10조에서 보장되는 행복추구권의 한 내용을 이루는 일반적인 행동의 자유권과 모든 국민의 능력에 따라 균등하게 교육을 받을 권리를 규정하고 있는 헌법 제31조 제1항 그리고 교육의 자주성 · 전문성 · 정치적 중립성 및 대학의 자율성을 규정하고 있는 헌법 제31조 제3항에 의하여 인정되는 기본권이라고 한다. 또한 Kemper(주 2), Art. 9 Rdnr. 18 참조.

8) 鄭宗燮(주 2), 533면 등. 그러나 咸仁善, "公法人 · 私法人의 區別에 대한 管見", 憲法論叢 제11집, 2000, 417면 이하는, 당해 법주체가 공법인인지 사법인지를 사전에 결정하여 놓고, 연역적으로 법관계의 성격이나 법원리를 적용 또는 유추적용하고자 하는 시도는 개별적 · 구체적 법률관계의 해석 · 적용과 관련하여 부당한 또는 무의미한 것으로 되는 경우가 발생하므로, 법인의 기본권주체성 및 그 인정범위의 문제는 당해 법인이 공법인이냐 사법인이냐에 의해서 결정될 것이 아니라, 문제되는 개별기본권의 성질과 내용에 따라 결정되어야 한다고 주장한다. 또한 함인선, "공법인의 기본권주체성", 憲法實務研究 제3권, 2002, 128면 이하도 참조.

지국가의 등장으로 국가가 국민의 모든 생활영역에 간섭하고 활발한 경제활동을 하게 되자, 위와 같은 기준만으로는 구별이 어려운 중간적 영역의 법인도 많이 생겨나고 있다고 설시하고 있다.[9)]

그리하여 헌법재판소는 과거의 축산업협동조합법상 업종별축산업협동조합과 지역별축산업협동조합은 공법인이라기보다 사법인이므로 결사의 자유에서 말하는 결사가 될 수 있고,[10)] 축산업협동조합 중앙회는 지역별·업종별 축협과 비교할 때, 회원의 임의탈퇴나 임의해산이 불가능한 점 등 그 공법인성이 상대적으로 크지만, 이로써 축협중앙회를 공법인이라고 단정할 수는 없으며, 그 존립목적 및 설립형식에서의 자주적 성격에 비추어 사법인적 성격을 부인할 수 없다고 하였다.[11)]

Ⅲ. 사법상 단체 구성원의 기본권

1. 결사의 자유

사법상 단체 구성원의 기본권으로서는 1차적으로 헌법상 결사의 자유(제21조 제1항)가 문제된다. 그 외에도 정당의 경우에는 정당 설립의 자유(헌법 제8조 제1항), 종교단체의 경우에는 종교의 자유(헌법 제20조 제1항), 학술과 예술단체의 경우에는 학문과 예술의 자유(헌법 제22조 제1항), 노동조합의 경우에는 근로자의 단결권(헌법 제33조 제1항)이 문제될 것이다.[12)] 이러한 자유는 일반적인 결사의 자유보다 우선 적용되지만, 이러한 기본권이 적용되지 않는 범위 내에서

9) 헌법재판소 2000. 6. 1. 선고 99헌마553 결정(헌판집 12권 1집 686, 706-707면). 또한 Staudinger/Weick, Kommentar zum Bürgerlichen Gesetzbuch mit Einführungsgesetz und Nebengesetzen, Neubearbeitung 2005, Einleitung zu §§21 ff, Rdnr. 22. 참조.

10) 헌법재판소 1996. 4. 25. 선고 92헌바47 결정(헌판집 8권 1집 370, 377-379면). 그러나 헌법재판소 2000. 11. 30. 선고 99헌마190 결정(헌판집 12권 2집 325, 338-339면)은, 농지개량조합은 그 설립 자체가 강제되지는 않는다는 점 등 사법인적 성격도 없지 않으나, 농지개량조합의 존립목적, 조직과 재산의 형성 및 그 활동전반에 나타나는 매우 짙은 공적인 성격을 고려하면 이를 공익적 목적을 위하여 설립되어 활동하는 공법인이라고 봄이 상당하다고 하여, 농지개량조합의 헌법소원의 청구인 적격을 부정하였을 뿐만 아니라 농지개량조합의 해산이 그 조합원의 결사의 자유를 침해하는 것도 아니라고 하였다. 반대평석: 함인선, "공법인의 기본권주체성"(주 8), 128면 이하.

11) 헌법재판소 2000. 6. 1. 선고 99헌마553 결정(헌판집 12권 1집 686, 706-708면).

12) 鄭克元, "基本權으로서의 設立의 自由", 憲法學硏究 제7권 3호, 2001, 179면 이하 참조.

는 이러한 단체도 결사의 자유에 의하여 보호될 수 있다.[13]

결사의 자유의 내용으로는 적극적으로는 단체 결성의 자유, 단체 존속의 자유, 단체 활동의 자유, 결사에의 가입·잔류의 자유가, 소극적으로는 기존의 단체로부터 탈퇴할 자유와 결사에 가입하지 아니할 자유를 내용으로 한다고 설명되고 있다.[14] 그러나 단체 활동의 자유를 결사의 자유의 내용으로 보는 것에는 다소 의문이 있다. 아래 Ⅳ. 4 참조.

자연인 아닌 법인이나 그 외의 단체도 다른 자연인이나 단체와 함께 결사를 결성하려고 할 때에는 결사의 자유의 주체가 될 수 있다.[15] 그런데 이와는 별개로, 단체 구성원의 결사의 자유의 효력이 단체 그 자체에까지 미치는가,[16] 다시 말하여 단체 구성원의 결사의 자유 침해가 동시에 단체 자체의 결사의 자유 침해에 해당하는가 하는 점에 관하여 독일에서는 논의가 있다. 독일 연방헌법재판소의 판례는, 결사의 자유는 결사 그 자체의 성립과 존속에 관한 권리를 보장하므로, 예컨대 결사의 조직을 스스로 결정하는 것이나, 그 의사를 형성하는 절차, 그 업무의 수행 등에 관한 사항을 포함한다고 보고 있다. 즉 결사의 자유는 결사의 구성원뿐만 아니라 결사 자체도 보호한다고 하면서, 그 주된 근거로는 개인의 결사의 자유와 집단적인 결사의 자유 사이의 밀접한 관련을 든다.[17] 독일의 통설도 이를 지지하고 있다.[18]

우리 헌법재판소의 판례도 이러한 태도를 취하는 것으로 보인다. 즉 헌법재판소 2000. 6. 1. 선고 99헌마553 결정(주 11)은, 축산업협동조합 중앙회를 해산하기로 하는 법률규정에 대한 헌법소원 사건에서, 축산업협동조합 중앙회는

---

13) 鄭宗燮(주 2), 533면; 金承煥(주 4), 190면 등. 헌법재판소 1999. 11. 25. 선고 95헌마154 결정(헌판집 11권 2집 555, 572-574면)은, 노동조합이 정치자금의 기부를 통하여 정당에 정치적 영향력을 행사하는 결사의 자유(단체활동의 자유)는 노동조합이 근로자의 근로조건과 경제조건의 개선이라는 목적을 위하여 활동하는 것이 아니므로, 헌법 제33조의 단결권이 아니라 헌법 제21조의 노동조합의 정치활동의 자유, 즉 표현의 자유, 결사의 자유, 일반적인 행동자유권 및 개성의 자유로운 발현권을 그 보장내용으로 하는 행복추구권이라고 보아야 한다고 판시하였다.

14) 헌법재판소 2006. 5. 25. 선고 2004헌가1(헌재공보 116, 750, 752면); 成樂寅(주 2), 563면 등.

15) 鄭宗燮(주 2), 534면; Höfling, in: Sachs, Grundgesetz, 3. Aufl., 2002, Art. 9 Rdnr. 33 등. 헌법재판소 2000. 6. 1. 선고 99헌마553 결정(헌판집 12권 1집 686이하)은 단위 축산업협동조합을 구성원으로 하는 축산업협동조합 중앙회를 해산하는 내용의 법률이 단위 축산업협동조합의 결사의 자유를 침해할 수 있음을 인정하고 있다.

16) 이른바 二重基本權(Doppelgrundrecht)의 이론.

17) BVerfGE 13, 174, 175; 50, 290, 354; 80, 244, 253; 등.

18) Bauer, in: Dreier(Hrsg.), Grundgesetz-Kommentar, Bd. 1, 2. Aufl., 2004, Art. 9 Rdnr. 34 참조. 국내의 학설 가운데에도 이를 지지하는 것이 있다. 金承煥(주 4), 186면.

개별 회원조합들이 결성한 결사체에 불과하므로, 결사의 구성원인 회원조합들에 결사의 자유 주체성을 인정하는 것 이외에 결사체 자체에 대하여는 결사의 자유 주체로서 청구인 적격을 별도로 인정할 필요가 없다는 주장에 대하여, 법인 등 결사체도 그 조직과 의사형성에 있어서, 그리고 업무수행에 있어서 자기결정권을 가지므로 결사의 자유의 주체가 된다고 봄이 상당하다고 하였다.[19] 또한 헌법재판소 1999. 11. 25. 선고 95헌마154 결정(주 13)은, 근로자의 단결권을 보장하는 헌법 제33조 제1항은 근로자 개인의 단결권만이 아니라 단체 자체의 단결권도 보장하고 있는 것으로 보아야 하고, 노동조합이 정당에 정치자금을 기부하는 것을 금지하는 것은 노동조합의 결사의 자유를 침해한다고 하였다.[20]

그러나 이처럼 결사의 자유가 결사 구성원의 자유인 동시에 결사 그 자체의 자유라고 볼 필요가 있는지는 의문이다. 결사의 자유는 어디까지나 결사를 구성하려고 하거나 이미 구성한 사람들의 개별적 자유를 보장하는 것이지, 구성된 결사를 어떻게 보호할 것인가 하는 점은 결사의 자유와는 별개의 문제인 것이다. 만일 결사 구성원의 결사의 자유를 침해하는 행위가 동시에 구성된 결사의 별개의 기본권을 침해한다면 이에 대하여 결사가 그 기본권의 침해를 주장할 수 있음은 당연하지만, 결사 구성원의 결사의 자유 침해가 바로 결사 자체의 결사의 자유 침해가 되는 것은 아니다.[21] 이에 대하여는 위와 같은 경우 결사 그 자체의 결사의 자유를 인정하는 것이 결사의 자유의 효율적인 보호에 이바지하고, 이를 부정한다면 결사의 자유가 형해화될 것이라는 비판이 있다.[22] 그러나 헌법재판소의 판례는 기본권을 침해당한 경우 단체가 구성원의 권리구제를 위하여 그를 대신하여 헌법소원심판을 청구하는 것은 원칙적으로 허용될 수 없다고 보고 있는데,[23] 침해되었다고 하는 단체구성원의 기본권이 결사의 자유인 경우에만 예외를 인정할 근거는 없다. 뿐만 아니라 이와 같은 경우에는 대부분 단체 그 자체가 자신의 기본권 침해를 주장할 수 있을 것이다.

---

19) 헌판집 12권 1집 686, 705-706면.

20) 헌판집 11권 2집 555, 572면 이하.

21) Kemper(주 2), Art. 9 Rdnr. 61 f.; Höfling(주 15), Art. 9 Rdnr. 25 f.

22) Bauer(주 18), Art. 9 Rdnr. 34 등.

23) 헌법재판소 1991. 6. 3. 선고 90헌마56 결정(헌판집 3권 289, 297-298면); 2002. 8. 29. 선고 2002헌마4 결정(헌판집 14권 2집 233, 238면) 등.

2. 민법상 법인 설립의 허가주의

가. 문제의 소재

단체의 결성과 관련하여서는 민법 제32조가 비영리법인의 설립에 관하여 주무관청의 허가를 얻도록 규정하고 있는 것이 헌법상 위헌이 아닌가가 문제될 수 있다. 특히 헌법 제21조 제1항은 결사에 대한 허가를 금지하고 있기 때문이다. 실제로 국내에는 이러한 점에서 법인 설립의 허가주의가 위헌이라고 하는 주장이 있다.[24] 또한 이러한 헌법상 허가의 금지와는 별개로 민법상의 허가주의는 위헌이라고 하는 주장도 있다. 즉 법인설립의 자유는 결사의 자유의 한 내용을 이루는데, 법인 설립의 자유를 제한하는 허가주의는 정당한 제한사유 없이 국민의 기본권을 침해하는 것으로서 헌법에 반한다고 한다.[25]

나. 일본 및 프랑스의 논의

일본에서도 이에 관한 논의가 많지는 않았으나,[26][27] 근래 프랑스에서의 논의를 참조하여 이러한 법인의 성립 문제를 헌법적인 관점에서 보아야 한다는 주장이 제기되었다. 즉 법인의 본질에 관한 미쇼(Léon Michoud)의 이른바 기술적 실재설[28] 및 이를 채용하였다고 할 수 있는 프랑스 파기원 1954. 1. 28. 판결[29]

---

24) 金敎昌, "民法 總則 중 法人에 관한 改正意見", 法曹 2002. 5, 152면 이하; 姜台星, "法人에 관한 民法改正方向", 法曹 2001. 7, 182면; 同, 民法總則의 改正論, 2008, 124면 등. 그러나 김교창 변호사는 헌법 제21조의 허가는 행정법상의 허가와 인가를 모두 포함하는 개념이라고 하면서도, 특별히 사회적으로 중요한 영향을 미치는 법인에 한하여 인가를 받도록 하여야 한다고 주장하여 앞뒤가 맞지 않는다. 반면 姜台星 교수는 허가주의를 인가주의로 전환하여야 한다고 주장하여 헌법 제21조의 허가는 인가를 포함하지 않다고 이해하는 것으로 보인다.

25) 金曾漢·金學東, 民法總則, 제9판, 1995, 171-172면. 이외에 鄭煥淡, "民事法人設立에 관한 比較法的 考察", 比較私法 제5권 1호, 1998, 94면 이하는 영리를 목적으로 하는 사단(회사)은 준칙주의에 의한다는 점에서 헌법 제11조가 규정하는 평등의 원칙 위반 여부가 재음미되어야 한다고 주장한다.

26) 이 문제에 관한 일본의 논의 상황은 井上武史, "憲法秩序における結社の自由 (一)", 法學論叢 제159권 6호, 2006, 28면 이하 참조.

27) 일본 헌법 제21조 제1항은 결사의 자유를 보장하고 있으나, 결사에 대한 허가를 명문으로 금지하고 있지는 않다.

28) La theorie de la personnalite morale et son application en droit francais, t. 1 1906; t. 2. 1909. 井上武史, "憲法秩序における結社の自由 (二)", 法學論叢 161권 1號, 2007, 80면 주 77)에서 재인용. 南孝淳, "프랑스法에서의 法人의 歷史", 서울대학교 法學 제40권 3호, 1999, 160면은 "법기술 실재론"이라고 표현한다. 이는 la théorie de la technique juridique의 역어이다.

29) Civ. 2, 28 janv. 1954, Dalloz 54.217. Ph. Malaurie/Laurent Aynès, Cours de droit civil, Les

을 인용하여, 단체의 법인격 취득은 결사의 자유와 밀접한 관련이 있다는 것이다.[30]

여기서 미쇼의 기술적 실재설이란, 단체에 집단적 이익이 존재하고, 집단의사를 표명할 수 있는 조직체가 존재하면, 법인격을 가지는 단체로서 실재하며, 법인격은 단체이익이 구체적이고 적절한 조직체에 의하여 구현될 수 있기만 하면 당연히 단체에게 부여되어야 할 하나의 특전(le privilège)이라는 것이다.[31]

그리고 프랑스 파기원 1954. 1. 28. 판결은, 노동자와 경영자 사이에 긴밀한 협력관계를 설정하기 위하여 법령에 의하여 설치된 사업장 위원회(le comité d'établissement)에 법인격이 있는가 하는 문제를 다루고 있다. 법은 이에 관하여 명백한 규정을 두고 있지 않았는데, 이 판결은 다음과 같은 이유로 이를 긍정하였다. "법인격은 법에 의하여 창조되는 것이 아니고, 법인격은 원칙적으로 법적으로 승인되어 보호받을 가치가 있는 적법한 이익을 옹호하기 위하여 집단적으로 의사를 표현할 수 있는 가능성이 있는 모든 단체에게 귀속된다. 만일 입법자가 고도의 질서유지의 목적으로 특정 부류의 단체로부터 법인격을 박탈할 수 있는 권능을 가지고 있다고 한다면, 이는 역으로 재판상 권리가 될 수 있는 특정의 이익을 관리할 임무를 가진 단체로서 법 스스로가 창설한 조직체의 존재를 묵시적으로 그러나 필연적으로 인정하는 것이 되고 만다."

이 판결은 말하자면 미쇼의 기술적 실재설을 받아들인 것으로서, 단체가 보호받을 가치가 있는 적법한 이익을 옹호하기 위하여 집단적 의사를 표시할 가능성을 갖추기만 하면 법률의 규정에 관계없이 법인격을 가진다고 한 점에서 매우 중요한 의미를 가진다. 그러나 이러한 논의를 바로 헌법적 차원의 문제로 연결시킬 수 있는가 하는 것은 약간 다른 문제이다.

오히려 이 점에 관하여는 프랑스 헌법원(Conseil constitutionnel) 1971. 7. 16. 결정[32]이 좀 더 밀접한 관련을 가진다고 생각된다. 이 결정에서는 법인 성립에 대한 사전적 심사를 내용으로 하는, 결사계약에 관한 1901년 7월 1일 법

personnes les incapacités, 2003, no 431 f. 4에서 재인용.

30) 井上武史 "憲法秩序における結社の自由 (一), (二), (三)", 法學論叢 제159권 6호, 2006, 28면 이하; 제161권 1호, 2007, 68면 이하; 제161권 3호, 2007, 55면 이하.

31) 井上武史(주 30) (三), 55면 이하; 南孝淳(주 28), 160-161면 참조. 이것이 프랑스의 통설이라고 할 수 있다. 위 논문들 및 Bernard Teyssié, Droit civil Les personnes, 8e édition, 2003, n° 490 et. suiv.

32) 71-44 DC, Rec. 29, RJC Decision Ⅰ-24. L. Favoreau/L. Philip, Les grandes décisions du Conseil constitutionnel, 13e édition, 2005, n° 18(pp. 241 ff.)에 게재되어 있다.

률(la loi du 1er juillet 1901 relative au contrat d'association)[33]을 수정하는 1971. 7. 1.의 법률이 결사의 자유(liberté d'association)를 침해하는 것으로서 위헌인가가 문제되었다. 원래 프랑스의 1901년 법률은 단체가 신고(déclaration)를 하기만 하면 법인격을 취득하는 것으로 되어 있었다. 그런데 1971년에 이르러 시몬느 드 보브와르 등의 운동가가 '인민의 친구'라는 단체를 조직하여 신고하려고 하자, 정부가 이를 막기 위하여, 신고된 단체가 불법적이거나 기타 영토보전 및 공화제 정부 형태를 침해하는 목적을 가진 경우에, 검사의 청구에 의하여 법원이 그 결사의 무효선언을 할 수 있도록 하는 법안을 제안하여 이 법이 의회에서 통과되었다. 그러자 상원의장이 이른바 사전적 심사절차에 의하여 헌법원에 위 개정 법률의 위헌 여부의 판단을 청구하였다.[34]

헌법원은, 공화국 제 법률에 의하여 승인되고, 헌법전문에서 엄숙히 재확인된 기본적 원리들 가운데에는 결사의 자유의 원리가 포함되는데,[35] 이에 따르면 결사는 자유롭게 조직되고, 사전신고에 의하여 공적으로 인정되는 것으로서, 결사의 조직은 그것이 무효인 것으로 보이거나 위법한 목적을 가진 것이라고 하더라도 그 유효성에 관하여 행정청이나 법원의 사전적 개입에 따르지 않는다고 하여, 위 1971. 7. 1.의 법률 중 법원의 사전 심사를 인정하는 조항은 위헌이라고 판시하였다.

위 결정은 프랑스 헌법원이 사실상 최초로 법률에 대하여 위헌 결정을 하였다는 점에서 매우 중요한 의미를 가지지만, 여기서는 단체의 신고에 대한 법원의 사전 심사를 위헌이라고 한 부분에 대하여만 살펴본다. 위 결정에 대하여는, 위 결정은 결사의 자유는 결사 그 자체에 대하여 공권력에 의한 모든 사전

---

33) association이라는 단어는 프랑스에서 결사 일반을 지칭하는 용어로 쓰이기도 하지만 위 법률에서는 비영리단체를 가리킨다. 南孝淳(주 28), 157면은 위 법률을 비영리사단계약법이라고 부르고 있다.

34) Favoreau/Philip(주 32), pp. 244 ff. 또한 成樂寅, "프랑스憲法委員會 1971年 7月 16日 結社의 自由에 관한 決定", 行政判例研究 제1집, 1992, 307면 이하.

35) 프랑스 헌법에는 결사의 자유에 관한 규정이 없다. 그러나 헌법원은 결사의 자유가 '공화국의 제 법률에 의하여 승인된 기본적 원리들(principes fondamentaux reconnus par les lois de la République)'로서 헌법적 지위를 가진다고 본 것이다. 여기서 '공화국의 제 법률에 의하여 승인된 기본적 원리들'이라는 표현은 제5공화국 헌법에 직접 나오지는 않는다. 그러나 이 결정 당시의 제5공화국 헌법 前文은 "프랑스 인민은 1789년 권리선언에 의하여 정하여지고, 1946년 헌법 전문에 의하여 확인되고 보완된 인권과 국민 주권의 원리에 대한 애정을 엄숙히 천명한다"고 규정하고 있었다(현행의 전문은 "2004년 환경 헌장에 의하여 정하여진 권리 의무와 함께"라는 부분이 덧붙여져 있다). 그리고 제4공화국 헌법 전문은, 프랑스 인민은 1789년의 권리선언에 의하여 확립된 인간과 시민의 권리와 자유 및 공화국 제 법률에 의하여 승인된 기본적 원리들을 엄숙하게 재확인한다고 규정하고 있었다. 위 결정이 언급하고 있는 공화국의 제 법률에 의하여 확인된 기본적 원리들이란 결국 제4공화국 헌법 전문에서 지칭하는 것을 가리킨다.

적 통제를 배제하는 것으로 이해하는 주장이 있다.[36] 그러나 이에 대하여는 결사에 대한 사전적 통제는 결사 자체의 존재 자체에 대한 장애가 될 수 없다는 비판이 제기될 수도 있다고 한다. 즉 신고하지 않은 결사도 미신고결사(associations non déclarées)[37]로서 얼마든지 존재할 수 있고, 결사의 신고는 결사의 존재를 부여하는 효과를 가지는 것이 아니며, 법적 권리능력만을 부여한다는 것이다. 1901년 법 제2조도 인적 결사는 허가나 사전신고 없이 자유롭게 결성될 수 있다고 규정하고 있는 것이다. 결국 이 결정은 실제로는 정부가 결사에 대한 사전신고를 통한 통제에 의하여 단체 결성을 지연시키고 무효화시키려는 정부의 의도에 대하여 헌법원이 비난을 한 것이라는 것이다.[38]

그러나 이 결정은 프랑스의 결사에 관한 전통적인 법제를 배경으로 하고 있기 때문에 이를 바로 우리나라에 적용할 수는 없다. 이 결정이 "공화국의 제 법률에 의하여 확인된 기본적 원리들"을 인용하고 있는 것은, 단체에 대한 법인격을 부여함에 있어 사전심사를 하지 않는다는 것은 이미 1901년 결사법 이래 확립된 전통이 되어 헌법원리로까지 승격된 것인데, 새삼 사전심사를 도입하는 것은 헌법에 어긋난다는 취지로도 이해할 수 있는 것이다.

다. 소 결

우선 법인이 성립하기 위하여 관할청의 허가를 받도록 하는 것이 바로 헌법이 금지하고 있는 결사에 대한 허가라고 할 수는 없을 것이다. 법인격을 취득하기 위한 허가와, 결사 자체의 성립을 위한 허가는 구별될 수 있기 때문이다.

독일에서도 결사의 성립과 그에 대한 법인격의 부여는 구별되어야 한다는 지적이 있다. 결사의 성립을 허용할 것인가 하는 것은 헌법적인 문제로서, 결사의 자유, 노동법상의 단결권 등의 헌법 규정에 의하여 결정될 문제이지만, 단체 내지 결합체에 법인격을 부여할 것인가는 보다 기술적인 문제라고 한다. 법질서는 상이한 유형의 결사에 대하여 적절한 질서를 마련하여야 한다는 것이다.[39]

---

36) J. Rivero 교수의 주장이라고 한다. Favoreau/Philip(주 32), p. 248; 成樂寅(주 34), 313-314면 참조.

37) 미신고결사(association non déclarée)는 우리나라의 비법인사단에 해당하는 개념이다. 이러한 미신고결사는 법인격을 가지지 않고, 구성원들 사이에는 구속력이 있지만, 제3자에 대한 관계에서는 영향을 미치지 못한다. 그리하여 미신고결사는 계약을 체결하지도 못하고, 증여를 받을 수도 없으며, 그 재산은 구성원들의 공유에 속한다. 미신고결사는 월권소송(le recours pour excès de pouvoirs)의 경우를 제외하고는 소송의 원고가 될 수 없고, 다만 제3자의 이익을 위하여 피고는 될 수 있다. Malaurie/Aynès(주 29), n° 400 참조.

38) Favoreau/Philip(주 32), pp. 248 f.

39) Staudinger/Weick(주 9), Einleitung zu §§21 ff, Rdnr. 58 ff. 실제로 독일 민법 제21조는 비영

이처럼 법인 성립에 관한 허가제가 바로 헌법에 위반되는 것이라고는 할 수 없지만, 그렇다고 하여 법인 성립에 대한 허가제도가 헌법상 결사의 자유와 관련이 없다고는 할 수 없다. 국민에게 결사의 자유가 인정되어 단체를 설립할 수 있는 자유가 인정된다면, 더 나아가 어떠한 형태의 단체를 설립할 것인가를 선택할 자유도 인정되어야 할 것이기 때문이다.[40] 특히 단체가 법인으로서 권리능력을 가지는가 하는 점은 단체의 목적 달성을 위하여 중요한 요소이다. 물론 그렇다고 하여 당사자들이 임의로 단체의 형태를 선택할 수 있다거나, 당사자들이 법인을 설립하기를 원한다면 국가는 유보 없이 이를 받아들여야 한다는 결론이 나오는 것은 아니다. 가령 어떠한 종류의 단체를 인정할 것인가, 회사의 경우에도 어떤 형태의 회사를 인정할 것인가 하는 것은 제1차적으로는 입법자에게 달려 있는 문제이다. 그러므로 당사자들이 법인을 설립하는 경우에도 국가가 사전에 개입하는 것이 허용되지 않는다고 할 수는 없을 것이다. 그러나 정당한 이유 없이 법인의 설립을 허가하지 않는 것은 단체의 자유에 대한 침해가 될 소지가 많다.

이와 관련하여 민법상 비영리법인 설립 허가의 법적 성질을 따져 볼 필요가 있다. 종래 민법학에서는 법인의 설립에 대한 입법주의로서 자유설립주의, 준칙주의, 인가주의, 허가주의 및 특허주의가 있다고 설명하고 있다.[41] 여기서 자유설립주의란 법인의 설립에 아무런 제한을 두지 않고, 법인으로서의 실질만 갖추면 당연히 법인격을 인정하는 주의를 말한다. 준칙주의란 법률이 법인설립에 관한 요건을 미리 정해 놓고, 그 요건이 충족되는 때에는 당연히 법인이 성립하는 것으로 하는 주의이다. 인가주의란 법률이 정한 일정한 요건을 갖추고, 주무관청의 인가를 얻음으로써 법인으로서 성립하게 하는 주의를 말하는데, 법률이 정한 일정한 요건을 갖추어 신청한 경우에는 반드시 인가를 해주어야 한다는 점에서 실질적으로는 준칙주의와 거의 차이가 없다고 한다. 그리고 허가주의란 법인의 설립을 위해서 주무관청의 자유재량에 의한 허가를 필요로 하는 주의인데, 인가주의의 경우와는 달리 주무관청이 법인설립을 불허하는 경우

리사단은 법인등기부에 등기함으로써 바로 권리능력을 취득하는 것으로 규정하고 있으나, 제22조는 영리사단은 주의 권리능력 수여에 의하여 권리능력을 취득하는 것으로 규정하고 있다.

40) Bauer(주 18), Art. 9 Rdnr. 44; Kemper(주 2), Art. 9 Rdnr. 2.

41) 홍일표, 민법주해 Ⅰ, 1992, 545면 이하 등 참조. 이러한 분류에 대한 비판으로는 송호영, "단체의 설립과 권리능력의 취득에 관한 일고", 인재임정평교수화갑기념 신세기의 민사법과제, 2001, 37면 이하 참조.

에도 불허가결정을 재판에 의하여 다툴 수 없기에, 허가주의 아래에서는 법인설립의 자유는 크게 제한된다고 한다. 마지막으로 특허주의는 법인설립을 위하여 그에 따른 특별법의 제정을 필요로 하는 입법주의이다. 그리하여 민법은 비영리법인의 설립에 관하여는 허가주의를 채택하였다고 보는 것이 일반적인 설명이다.

그런데 행정법학에서는 특허, 허가, 인가 등의 개념을 이와는 다르게 사용하고 있다. 그에 의하면 허가란 법규에 의한 일반적인 상대적 금지를 특정한 경우에 해제하여 적법하게 일정한 사실행위 또는 법률행위를 할 수 있게 하여 주는 행위를 말하고, 특허란 특정 상대방을 위하여 새로이 권리를 설정하거나 능력을 설정하는 행위 또는 법적 지위를 설정하는 행위를 말하며, 이 중에서 권리를 설정하는 행위를 협의의 특허라고 한다고 한다. 그리고 인가는 제3자의 법률행위를 보충하여 그 법률적 효력을 완성시켜 주는 행정행위를 말한다고 한다.[42] 주의할 것은 법률이 허가하는 용어를 쓰고 있다고 하여 반드시 이것이 강학상의 허가에 해당하는 것은 아니고, 또 근래에는 이론상으로도 허가와 특허의 구별이 상대화되고 있다는 점이다.

그러면 민법 제32조가 규정하는 허가는 행정법상으로는 어디에 해당하는가? 종래 행정법학자들은 이를 인가로 보고 있었다.[43] 민법학자들 가운데에도 이와 같이 보는 견해가 있다.[44] 그러나 종래의 판례와 학설은 민법 제31조의 허가를 행정법상의 특허로 보고 있었던 것으로 이해된다. 우선 우리 민법 내지 그 모범이 되었던 과거의 일본 민법 제34조[45]는, 국가 권력으로부터 독립한 법인의 설립을 부정적으로 보아, 원칙적으로는 자유로 설립할 수 없고, 다만 국가의 허가가 있을 때에만 예외적으로 허용된다는 전제에서 출발한 것으로 보인다.[46] 다시 말하여 주무관청의 허가에 의한 법인의 설립은 일종의 특권을 부

42) 金東熙, 行政法 Ⅰ, 제13판, 2007, 282면 이하; 金鐵容, 行政法 Ⅰ, 제10판, 2007, 192면 이하 등.

43) 金東熙(주 42), 290면; 金鐵容(주 42), 200면 등.

44) 鄭煥淡(주 25), 92면; 제철웅(주 5), 52면 주 11); 金敎昌(주 24), 154면 주 21) 등.

45) "제사, 종교, 자선, 학술, 기예 기타 공익에 관한 사단 및 재단으로서 영리를 목적으로 하지 않는 것은 주무관청의 허가를 받아 이를 법인으로 할 수 있다." 종래의 일본 민법 제34조는 2006년에 폐지되었고, 현재 일본의 법인 설립은 2006년의 "一般社団法人及び一般財団法人に関する法律"에 의하여 준칙주의에 따르게 되었다. 이에 대하여는 權澈, "日本의 새로운 非營利法人제도에 관한 小考", 比較私法 제14권 4호, 2007, 117면 이하 참조.

46) 김진우, "비영리법인의 설립에 있어 허가주의에 관한 연혁적 고찰", 인권과 정의 2008. 8(제384호), 108면 이하 참조. 위 글 111면은 우리 민법의 입법자는 일본 민법의 기초자와 흡사한 법인관(즉 性惡說的 法人觀)을 가지고 있었다고 한다. 또한 鄭煥淡(주 25), 94-95면 참조.

여하는 것으로 이해된 것이다. 과거의 판례도, 비영리재단법인의 설립이나 정관 변경에 관하여 허가주의를 채용하고 있는 제도 아래에서는, 비영리 재단법인의 설립이나 정관변경에 관한 주무관청의 허가는 그 본질상 주무관청의 자유재량에 속하는 행위로서 그 허가 여부에 대하여 다툴 수 없으므로, 그 불허가는 행정소송의 대상이 되는 행정처분이 아니라고 하였다.[47] 이처럼 법인 설립의 허가를 주무관청의 재량으로 보고 있는 것은, 법인은 허가에 의하여 비로소 권리능력을 취득하는 것으로서, 허가가 당사자 사이의 법인 설립 행위를 보충하는 것에 불과한 것은 아니라고 보았기 때문이라고 이해된다. 그러므로 종래에는 법인의 설립 허가는 특허로 파악하고 있었던 것이라고 할 수 있다.[48]

그러나 이처럼 법인 설립에 대한 허가를 특허로 보아, 허가 여부를 주무관청의 자유재량에 의한다고 보는 것은 헌법이 결사의 자유를 인정하고 있는 것과는 조화되지 않으며, 위헌이 아닌가 하는 의문이 있다.[49] 따라서 법인 설립은 결사의 자유를 실현하는 행위로서 원칙적으로 허용되어야 하고, 주무관청은 이를 허용하지 않을 특별한 이유가 있는 경우에만 그 신청을 불허하여야 한다. 정부가 2004년 국회에 제출하였던 민법개정안 제32조가 "주무관청의 허가"를 "주무관청의 인가"로 바꾼 것도 주무관청의 결정을 기속행위로 하려는 것이었다.[50]

---

47) 대법원 1979. 12. 26. 선고 79누248 판결(공 1980, 12553). 다만 이 사건은 재단법인 정관변경에 대한 불허가가 문제된 것이었으므로 이 판결 중 재단법인 설립 허가에 관한 부분은 방론에 불과하다. 다른 한편 대법원 1996. 9. 10. 선고 95누18437 판결(공 1996하, 3041)은 비영리법인의 설립허가를 할 것인지 여부는 주무관청의 정책적 판단에 따른 재량에 맡겨져 있고, 따라서 주무관청의 법인설립불허가처분에 사실의 기초를 결여하였다든지 또는 사회관념상 현저하게 타당성을 잃었다는 등의 사유가 있지 아니하고, 주무관청이 그와 같은 결론에 이르게 된 판단과정에 일응의 합리성이 있음을 부정할 수 없는 경우에는, 다른 특별한 사정이 없는 한 그 불허가처분에 재량권을 일탈·남용한 위법이 있다고 할 수 없다고 판시하였다. 그러나 이 판결은 비영리법인 설립불허가가 행정소송의 대상이 아니라고까지는 하지 않고 있다. 위 판결은 대체로 日本最高裁判所 1988(昭和 63). 7. 14. 判決(判例時報 1297, 29면)과 같은 취지이다.

48) 森泉 章, "公益法人設立不許可處分における主務官廳の裁量權と司法審査", 私法判例リマークス No. 1, 1990, 7면은, 공익법인의 설립허가는 어업권의 설정 등과 같이 행정청이 특정인에게 일반인이 가질 수 없는 권리, 권리능력 또는 포괄적인 법률관계를 설정, 변경, 소멸시키는 행정청의 행위를 가리키는 행정법상의 특허라고 한다. 田中 實, "公益法人の設立不許可と裁量權", 法學敎室 제97호, 1988, 80-81면이 공익법인의 설립허가는 허가 가운데 일반적으로 금지되어 있는 것을 특정한 경우에 해제하는 이른바 명령적 행정행위가 아니라, 자연적으로는 가지고 있지 않은 법률상의 자격이나 능력을 새로이 인정하는 이른바 형성적 행정행위라고 하는 것도 같은 취지라고 할 수 있다.

49) 독일에서 과거에 재단법인의 설립 허가(종전의 제80조)를 자유재량으로 보았던 것에 대하여 위헌이라는 논란이 많았다. 김진우(주 46), 106면 이하 참조.

50) 이에 대하여는 尹眞秀, "民法에 관한 法人改正案의 考察", 서울대학교 法學 제46권 1호,

나아가 이는 행정법에서의 인가 개념에도 부합한다. 즉 법인 설립은 당사자의 법률행위에 의하여 이루어지며, 주무관청의 허가 내지 인가는 그 효력을 발생시키는 보충적인 행위에 지나지 않는다는 것이다.[51]

그런데 이러한 민법개정안에 대하여는, 대법원은 현재에도 재단법인법의 허가를 강학상의 인가로 파악하지만, 이를 재량행위라고 하고 있기 때문에 과연 자구의 변경만으로 재량행위가 기속행위로 전환될 수 있을지는 의심스럽다는 비판이 있다.[52] 그러나 현재의 판례가 법인 설립의 허가를 인가로 파악하고 있다고 할 수는 없고, 또 법인 설립의 입법주의에 관한 종래 민법학상의 논의에 비추어 보면, 법인 설립에 관한 주무관청의 관여를 자유재량행위인 특허에서 기속행위인 인가로 변경하려는 입법자의 의사는 충분히 파악될 수 있을 것이다. 특히 개정안이 제38조의 허가 취소 사유로서 현재의 "設立 許可의 條件에 違反하거나 其他 公益을 害하는 行爲를 한 때"를 "法令에 違反하여 公益을 해하는 行爲"로 개정하려는 것은, 자유재량행위에는 조건을 붙일 수 있지만 기속행위에는 조건을 붙일 수 없고, 다만 법령상 근거가 있는 경우에 한하여 조건을 붙일 수 있기 때문인 것이다.[53]

3. 상호신용금고의 임원과 과점주주의 연대책임

헌법재판소 2002. 8. 29. 선고 2000헌가5 등 결정[54]은, 상호신용금고의 감사를 제외한 임원과 과점주주에게 상호신용금고의 예금 등과 관련된 채무에 대하여 상호신용금고와 연대하여 변제할 책임을 부담하게 하고 있던 과거의 상호신용금고법 제37조의 3 제1항 및 제2항(1995. 1. 5. 법률 제4867호로 개정된 것)에 대하여 한정위헌의 결정을 내렸다. 즉 위 규정은 "상호신용금고의 부실경영에 책임이 없는 임원"에 대하여도 연대하여 변제할 책임을 부담케 하는 범위 내에서 헌법에 위반되고, 또 "상호신용금고의 경영에 영향력을 행사하여 부실의 결과를 초래한 자 이외의 과점주주"에 대하여도 연대하여 변제할 책임

2005, 66면 이하 참조.

51) 이처럼 주무관청의 허가를 인가로 파악하는 것은 법인의 본질에 관한 실재론과 통하는 면이 있다. 앞에서 살펴본 프랑스에서의 논의 참조.

52) 제철웅(주 5), 66면.

53) 尹眞秀(주 50), 69면 참조.

54) 헌판집 14권 2집 106면 이하.

을 부담케 하는 범위 내에서 헌법에 위반된다는 것이다. 그 주된 이유는 위 법률조항이 달성하고자 하는 바가 금고의 경영부실 또는 사금고화로 인한 금고의 도산을 막고 이로써 예금주를 보호하고자 하는 데에 있다면, 이를 실현하기 위한 입법적 수단이 적용되어야 하는 인적 범위도 마찬가지로 '부실경영에 관련된 자'에 제한되어야 하고, 부실경영에 아무런 관련이 없는 임원이나 과점주주에 대해서도 연대변제책임을 부과하는 것은 입법목적을 달성하기 위하여 필요한 범위를 넘는 과도한 제한이라는 것이다.

헌법재판소는 위 법규정이 침해하는 기본권으로서 결사의 자유, 재산권, 평등권 및 행복추구권을 들고 있다. 이 중 결사의 자유에 관하여는 다음과 같이 설명한다. 즉 특정 형태의 단체를 설립하기 위하여 일정 요건을 충족시킬 것을 규정하는 법률은, 한편으로는 결사의 자유를 행사하기 위한 전제조건으로서 단체제도를 입법자가 법적으로 형성하는 것이자, 동시에 어떠한 조건 하에서 단체를 결성할 것인가에 관하여 자유롭게 결정하는 결사의 자유를 제한하는 규정이라고 한다. 입법자는 결사의 자유에 의하여, 국민이 모든 중요한 생활영역에서 결사의 자유를 실제로 행사할 수 있도록 그에 필요한 단체의 결성과 운영을 가능하게 하는 최소한의 법적 형태를 제공해야 한다는 구속을 받을 뿐만 아니라, 단체제도를 법적으로 형성함에 있어서 지나친 규율을 통하여 단체의 설립과 운영을 현저하게 곤란하게 해서도 안 된다는 점에서 입법자에 의한 형성은 비례의 원칙을 준수해야 한다. 그런데 임원과 특정주주 등 개인이 법인과 연대하여 기업의 위험을 부담케 하는 경우, 사업에 필요한 자금을 제공할 주주의 모집 및 회사의 기관인 이사회의 구성이 어렵고, 소유와 경영의 분리를 전제로 하여 적임자에게 기업의 경영·관리를 맡기는 방식으로 기업을 운영하는 것이 곤란하므로, 위 법률조항은 임원과 과점주주의 연대변제책임이란 조건 하에서만 금고를 설립할 수 있도록 규정함으로써 사법상의 단체를 자유롭게 결성하고 운영하는 자유를 제한하는 규정이라는 것이다.[55)]

우선 위 결정은 위 법규정에 의하여 주주뿐만 아니라 임원의 결사의 자유도 제한되는 것으로 보고 있다. 그러나 주식회사의 구성원은 주주이고, 임원은 그 기관일 뿐 구성원이라고는 할 수 없다. 그러므로 위 규정에 의하여 임원의 직업의 자유가 침해된다고는 할 수 있을지언정 결사의 자유가 침해된다고 하

---

55) 헌판집 14권 2집 106, 122-123면. 이 결정에 대한 헌법연구관의 해설인 韓秀雄, "상호신용금고법 제37조의3 위헌제청, 위헌소원 — 상호신용금고 임원과 과점주주의 연대책임규정 위헌여부 —", 헌법재판소결정해설집 2002, 2003, 329-331면 참조.

기는 어려울 것이다. 그리고 위 헌법재판소 결정도 언급하고 있는 것처럼, 단체나 법인의 형태를 어떻게 결정할 것인가 하는 점은 제1차적으로는 입법자의 형성의 자유에 속한다. 따라서 입법자가 이미 존재하는 법인이나 회사의 형태와는 다른 형태의 단체를 규정한다고 하여도, 그것만으로 결사의 자유를 침해한다고 할 수는 없다.[56] 따라서 단체의 제3자에 대한 책임을 어떻게 규율할 것인가 하는 문제는 원칙적으로는 결사의 자유의 제한에는 해당하지 않는다고 보는 것이 타당할 것이다.[57] 당사자들도 그러한 책임이 따르지 않는 다른 형태의 회사나 법인을 설립하면 되기 때문이다. 다만 이 사건에서 상호신용금고와 같은 업종을 영위하려는 사람이 위와 같은 과점주주나 임원의 연대책임이 수반되지 않는 다른 형태의 회사를 설립하는 것이 불가능하거나 매우 어려울 때에 한하여, 결사의 자유 침해가 문제될 수 있을 것이다.[58] 그러나 위 결정에서는 이 점에 대하여는 언급하고 있지 않다.

4. 종중에 관한 헌법적 문제

가. 종중의 자연발생설

대법원 2005. 7. 21. 선고 2002다1178 전원합의체 판결[59]은 종중에 관한 종래의 판례를 다음과 같이 요약하고 있다.

“종래 대법원은 관습상의 단체인 종중을 공동선조의 분묘수호와 제사 및 종원 상호간의 친목을 목적으로 하여 공동선조의 후손 중 성년 남자를 종원으로 하여 구성되는 종족의 자연적 집단이라고 정의하면서, 종중은 공동선조의 사망과 동시에 그 자손에 의하여 성립되는 것으로서 종중의 성립을 위하여 특별한 조직행위를 필요로 하는 것이 아니므로, 반드시 특별하게 사용하는 명칭이나 서면화된 종중규약이 있어야 하거나 종중의 대표자가 선임되어 있는 등 조직을 갖추어야 하는 것은 아니라고 하였고, 종원은 자신의 의사와 관계없이

56) 위 결정에 대한 재판관 김효종, 재판관 김경일, 재판관 송인준의 반대의견은, ‘소유와 경영의 분리’, ‘주주유한책임의 원칙’은 헌법상의 원칙이 아닌 법률상의 원칙에 불과하므로, 입법자는 그러한 법리나 원칙에 얽매이지 않고 회사의 형태와 회사 구성원의 책임을 어떻게 결부시킬지에 관하여 입법정책적인 결정을 내릴 수 있다고 보고 있다. 헌판집 14권 2집 106, 135면.

57) Höfling(주 15), Art. 9 Rdnr. 36.

58) Bauer(주 18), Art. 9 Rdnr. 53은, 입법자는 기능할 수 있는 다양한 법적 형태를 제공할 의무가 있다고 한다.

59) 공 2005하, 1326.

당연히 종중의 구성원이 되는 것이어서 종원 중 일부를 종원으로 취급하지 않거나 일부 종원에 대하여 종원의 자격을 영원히 박탈하는 내용으로 규약을 개정하는 것은 종중의 본질에 반하는 것으로 보았으며, 혈족이 아닌 자나 여성은 종중의 구성원이 될 수 없다고 하였다."

즉 종래의 판례에 따른다면, 종중은 자연발생적 집단으로서, 종원은 공동선조의 후손 중 성년 남자[60]이고, 그는 자신의 의사와 관계없이 당연히 종중의 구성원이 되는 것이며, 종원의 자격을 박탈하는 것은 허용되지 않는다는 것이다. 그러나 이러한 종중의 자연발생설은 역사적 사실에도 부합하지 않을 뿐만 아니라,[61] 헌법적으로도 문제가 있다.

결사의 자유에는 기존의 단체로부터 탈퇴할 자유와 결사에 가입하지 아니할 자유가 포함된다.[62] 그런데 공동선조의 후손이라 하여 자신의 의사와 관계없이 당연히 종중의 구성원이 된다는 것은 일종의 강제가입에 해당하므로, 이러한 결사에 가입하지 않을 자유와 저촉된다. 따라서 이러한 강제가입을 정당화할 사유가 없는 한 이는 헌법에 어긋난다.[63]

그런데 위 전원합의체 판결의 다수의견에 대한 고현철 대법관의 보충의견은, 종원의 종중에 대한 의무는 도덕적·윤리적인 성격이 강하여, 공동선조의 후손들이 성년이 되면 본인의 의사와 관계없이 종중의 구성원이 된다고 하더라도, 종원으로서 종중의 활동에 참여할 것인지 여부는 개인의 의사에 달린 것이고, 이로써 종중 활동에 참여하도록 강제되거나 법률적 의무가 부과되는 것은 아니므로 이러한 종중의 구성을 법질서에 위반된 것이라고 볼 수 없다고 한다.

그러나 위 전원합의체 판결의 별개의견은, 결사의 자유의 구체적 내용으로서는 조직강제나 강제적·자동적 가입의 금지, 즉 가입과 탈퇴의 자유가 보장되는 것을 말하고, 특히 종중에서와 같이 개인의 양심의 자유·종교의 자유가 보장되어야 할 사법적(私法的) 결사에 있어서는 더욱 그러하다고 한다. 이러한

---

60) 다만 위 판결은 종전의 판례 가운데 성년 남자만이 종원이 될 수 있다고 하는 점을 변경하여 성년 여자도 종원이 된다고 하였다.

61) 이 점에 대하여는 尹眞秀, "變化하는 사회와 宗中에 관한 慣習", 사법 창간호, 2007, 10-11면, 29-32면 참조. 좀 더 상세한 것은 鄭肯植, "宗中의 性格에 대한 批判的 檢討", 民事判例研究 XXIX, 2007, 495면 이하; 이우석, "종중의 '자연발생적 단체설'에 대한 소고", 財産法硏究 제24권 1호, 2007, 29면 이하 및 그곳에 인용된 문헌들 참조.

62) 주 14) 및 그 본문 참조.

63) 尹眞秀(주 61), 30-31면; 金載亨, "단체로서의 종중", 民事裁判의 諸問題 제14권, 2005, 360면 이하.

판시가 보다 설득력이 있다고 생각된다.[64)]

나아가 판례는 종중이 그 구성원인 종원에 대하여 그 자격을 박탈하는 소위 할종(割宗)이라는 징계처분은 공동선조의 후손으로서 혈연관계를 바탕으로 하여 자연적으로 구성되는 종족 단체인 종중의 본질에 반하는 것이므로, 그러한 관행이나 징계처분은 위법무효이어서 피징계자의 종중원으로서의 신분이나 지위를 박탈하는 효력이 생긴다고 할 수 없다고 한다.[65)] 그 후의 판례[66)]가, 종중의 구성원인 종원에 대하여 10년 내지 20년간 종원의 자격을 정지시킴으로써 장기간 동안 종중의 의사결정에 참여할 수 있는 모든 권리를 박탈하는 처분들은 종원이 가지는 고유하고 기본적인 권리의 본질적인 내용을 침해하는 것으로서 그 효력을 인정할 수 없다고 한 것도 같은 맥락에서 이해될 수 있다. 또 다른 판례는, 고유의 의미의 종중의 경우 종중원의 자격을 박탈할 수도 없을 뿐만 아니라 종중원이 종중을 탈퇴할 수도 없다고 한다.[67)]

그러나 종중원은 결사의 자유를 가지므로 종중을 탈퇴할 자유도 가진다고 하여야 할 것이다. 마찬가지로 종중도 충분한 사유가 있는 경우에는 종중원의 자격을 박탈하거나 장기간 자격을 정지시키는 처분도 할 수 있다고 보아야 할 것이다.[68)]

나. 여성의 종중원 자격

위 전원합의체 판결은, 여성은 종중의 구성원이 될 수 없다는 종래의 관습은 공동선조의 분묘수호와 봉제사 등 종중의 활동에 참여할 기회를 출생에서 비롯되는 성별만에 의하여 생래적으로 부여하거나 원천적으로 박탈하는 것으

64) 그런데 별개의견은, 종래의 관습법상 성년 남자는 그 의사와 관계없이 종중 구성원이 된다고 대법원이 파악하여 온 것은 현재로서는 문제될 것이 없는데, 왜냐하면 고유한 의미의 종중에 있어서 종원의 가장 주요한 임무는 공동선조에 대한 제사를 계속 실천하는 일이고, 따라서 종원은 기제·묘제의 제수, 제기 구입, 묘산·선영 수호, 제각 수리 등을 비롯한 제사에 소요되는 물자를 조달·부담하는 것이 주된 임무였으며, 종원의 이러한 부담행위는 법률적으로 강제되는 것이 아니고 도덕적·윤리적 의무에 불과하여, 그들의 권리가 실질적으로 침해되는 바가 없었으므로 법률이 간섭하지 않더라도 무방하다고 보기 때문이라고 한다. 그러나 이러한 별개의견은 바로 앞에서의 별개의견의 설명과도 어긋나며, 남자와 여자를 달리 보는 근거도 불분명하다.

65) 대법원 1983. 2. 8. 선고 80다1194 판결(집 31권 1집 민46면).

66) 대법원 2006. 10. 26. 선고 2004다47024 판결(공 2006하, 1966).

67) 대법원 1996. 10. 11. 선고 95다34330 판결(공 1996하, 3295); 1998. 2. 27. 선고 97도1993 판결(공 1998상, 955).

68) 尹眞秀(주 61), 31-32면; 同, “2006년도 주요 民法 관련 판례 회고”, 서울대학교 法學 제48권 1호, 2007, 379면 이하; 김형석, “기본권이 한국 사법에 미친 영향”, 변화하는 사회에서의 법의 변천, 제3회 서울법대-프라이부르크 법대 공동심포지엄 자료집, 2006, 150면 등 참조.

로서, 변화된 우리의 전체 법질서에 부합하지 아니하여 정당성과 합리성이 있다고 할 수 없으므로, 종중 구성원의 자격을 성년 남자만으로 제한하는 종래의 관습법은 이제 더 이상 법적 효력을 가질 수 없게 되었다고 판시하고 있다.

그런데 이 문제는 두 가지로 나누어 보아야 한다. 첫째, 종중이 여성을 종중원으로 받아들인 경우에 이것이 무효인가? 대법원 1992. 12. 11. 선고 92다30153 판결[69]은, 종중 규약이 남녀를 불문하고 위 구성원 중 분가 호주인 자만을 종중원이라고 정한 경우에도 여자는 종중의 구성원이 될 수 없다고 판시하였다. 둘째, 종중이 여성을 종중원으로 받아들이지 않는 것은 어떠한가? 위 전원합의체 판결에서 문제된 것은 이러한 사안이었다.

위 두 가지 문제는 서로 차원을 달리하는 것이다. 뒤의 경우에는 원칙적으로 헌법이 직접 적용되는 것은 아니다. 만일 헌법이 직접 적용되어 종중이 여자를 받아들여야 할 의무를 지게 된다면 종중원의 선택에 관한 종중의 사적 자치가 침해되게 되기 때문이다.[70] 따라서 이 경우에는 이른바 기본권의 제3자적 효력의 문제로 다루어야 한다. 이에 관하여는 아래 Ⅴ. 2.에서 다시 살펴본다. 반면 앞의 경우에는 종중이 여성을 종중원으로 받아들인 것을 법원이 무효로 선언한다면, 이는 바로 국가가 종중원으로 가입한 여성의 결사의 자유나 여성을 종중원으로 받아들인 종중의 기본권[71]을 제약하는 것이다. 그런데 이러한 여성의 결사의 자유나 종중의 기본권을 제약할 별다른 근거를 찾기 어려우므로, 이러한 법원의 판결 내지 그 기초가 된 관습은 위헌이라고 할 수밖에 없다.[72]

5. 변리사의 변리사회에의 강제가입

헌법재판소 2008. 7. 31. 선고 2006헌마666 결정[73]에서는 등록한 변리사는

69) 공 1993상, 454.

70) 朴燦柱, "大法院에 의한 慣習法의 廢止", 法曹 2006. 7, 50면 이하는 여성을 종중원으로 받아들이도록 한 다수의견은 종중의 강제적으로 구성원을 받아들이지 아니할 자유, 결사조직을 해산할 자유와 재산권의 보장을 침해당하지 아니할 자유, 조직결사의 운영이 저해받지 아니할 자유 등을 침해하므로 위헌이라고 주장한다.

71) 이를 어떠한 기본권으로 파악할 것인지는 문제이다. 앞에서 언급한, 단체 구성원의 결사의 자유 침해가 단체의 결사의 자유 침해도 된다는 견해를 따른다면 종중 자신의 결사의 자유 침해가 될 것이다. 그러나 그러한 견해를 따르지 않는다면, 종중의 일반적인 행동의 자유를 침해하는 것이 될 것이다.

72) 尹眞秀(주 61), 19-20면 참조.

73) 헌재공보 142, 1132 이하.

변리사회에 가입하도록 규정한 변리사법 제11조가 변리사의 결사의 자유나 직업의 자유를 침해하는 것이어서 위헌인가가 문제되었다. 위 사건에서 재판관 3인은 각하 의견을, 2인은 합헌 의견을, 4인은 위헌 의견을 내어 결국 헌법소원은 기각되었다.

합헌 의견의 요지는, 위 규정이 변리사로 하여금 변리사회에 의무적으로 가입하도록 규정한 것은 변리사회의 법적 지위를 강화하여 공익사업을 수행하고 지식재산권에 관한 민간차원의 국제협력을 증진하고자 하는 입법목적의 정당성을 가지고, 등록된 변리사로 하여금 변리사회에 의무적으로 가입하도록 하는 것은 그 입법목적의 달성에도 적합하며, 그 입법목적을 달성하기 위하여 적합한 유일한 수단이어서 피해의 최소성 원칙에도 위반되지 않을 뿐만 아니라, 청구인의 불이익과 공익을 비교형량하면 청구인이 겪게 되는 직업수행의 자유에 대한 제한보다 그 입법목적을 달성함으로써 얻게 되는 공익의 비중과 정도가 더 크므로, 법 제11조 중 변리사 부분은 법익의 균형성 원칙에도 위배되지 않는다고 하였다.

반면 위헌 의견은, 변리사회에의 의무가입을 통하여 유일한 변리사단체를 구성함으로써 대한변리사회의 대표성과 법적 지위를 강화하는 것 이외에 목적 정당성을 인정할 수 없고, 변리사로 하여금 대한변리사회에 의무적으로 가입하도록 하는 것은 산업재산권제도의 발전을 도모하고 변리사의 품위향상과 그 업무개선을 도모하는 설립목적이나 공익사업수행 및 국제협력의 달성에 적합한 수단이라고 볼 수 없으며, 사법인에 해당하는 대한변리사회의 법적 지위 강화라는 입법목적을 제외한 나머지 입법목적을 달성할 수 있으면서도 청구인의 소극적 결사의 자유도 제한하지 않는 대한변리사회에의 임의적 가입이라는 대체 수단이 존재하므로 피해의 최소성원칙에 위반되며, 청구인이 받게 되는 소극적 결사의 자유에 대한 제한으로 인하여 발생하는 불이익이 법 제11조가 추구한다는 대한변리사회의 대표성과 법적 지위 강화라는 입법목적을 달성함으로써 얻게 되는 공익보다 훨씬 더 크다 할 것이므로 법 제11조는 법익균형성 원칙에도 위배된다고 보았다.

현재 법률의 규정에 의하여 설립되는 각종 직업단체 중에는 그러한 직업을 가진 사람에게 가입의 의무를 부과하는 경우가 많다.[74] 따라서 변리사법의

74) 변호사법 제7조, 의료법 제28조, 공인회계사법 제41조, 세무사법 제18조, 관세사법 제21조, 공인노무사법 제24조의 2 등. 그러나 공인중개사의 경우에는 공인중개사협회에의 가입의무가

위 규정이 위헌이라면 다른 유사한 직업단체들에도 미치는 파장이 매우 클 것이다. 만일 변리사회를 순수한 공법인으로 본다면 강제가입이 결사의 자유를 침해하지 않는다고 볼 여지도 있다.75) 그러나 위 결정의 합헌 의견도 변리사회가 일부 공법인으로서의 성격을 지니고 있기는 하지만, 오히려 사법인으로서의 성격을 가지고 있다고 한다.

이 점에 관하여 결론을 내리려면, 실제로 변리사회가 어떤 기능을 수행하는가 하는 점을 따져 보아야 할 것이다. 만일 변리사에게 연수 의무가 부과되어 변리사회가 변리사의 연수 업무를 수행하고, 또 변리사의 징계를 담당하는 등 공적인 기능을 수행한다면, 그러한 공적인 목적을 달성하기 위하여는 변리사회에의 강제가입도 필요할 수 있다. 그러나 변리사회는 그러한 공적 기능을 수행하고 있는 것은 아니므로, 변리사회에의 가입 강제가 정당화될 수 있는지는 의문이다.76)

최근의 헌법재판소 2008. 10. 30. 선고 2006헌가15 결정은, 시각장애인 안마사들이 전국적인 중앙회(대한안마사협회)에 의무적으로 가입하도록 한 의료법 제61조 제3항 중 제23조 제3항 부분이 결사의 자유를 침해하거나 평등원칙에 위배되지 않는다고 하였다. 그러나 위 결정에는 위 조항이 시각장애인 안마사들의 결사의 자유를 침해한다는 위헌 의견이 과반수를 넘는 5인이나 되었지만, 위헌결정을 위하여 필요한 6인이 되지 못하여 위헌선고를 할 수 없었다. 위헌의견은, 안마사들이 비록 시각장애인들이지만 중앙회를 창설하고 가입하여 자신들의 권익을 보호하고 친목을 도모하며 안마 시술행위의 발전 방향을 모색할 것인지 여부는 스스로 결정할 문제이고, 시각장애인들이라 하더라도 그러한 의사결정과 실행이 불가능하다고 단정할 수 없으며, 안마업의 효과적 발전이나

인정되지 않으며, 공인중개사협회의 설립도 의무화되어 있지는 않다. 공인중개사의 업무 및 부동산 거래신고에 관한 법률 제41조 참조.

75) 독일에서는 공법인에 대한 강제가입이 결사의 자유를 침해하는가에 대하여 견해의 대립이 있다. 다수설 및 판례는, 공법인의 결성의 자유가 인정되지 않으므로 공법인에 대한 강제가입도 결사의 자유 침해가 아니며, 다만 독일 기본법 제2조 제1항에서 도출되는 일반적인 행동의 자유 제한이 문제될 수 있다고 한다. 반면 공법인에 대한 강제가입도 결사의 자유 제한이라고 하는 반대의견도 유력하다. 상세한 것은 Kemper(주 2), Art. 9 Rdnr. 58 ff.; Bauer(주 18), Art. 9 Rdnr. 47 f.; Höfling(주 15), Art. 9 Rdnr. 21 f. 등 참조.

76) 野中俊彦・中村睦男・高橋和之・高見勝利, 憲法 Ⅰ, 第3版, 2001, 342면(中村睦男 집필 부분)은, 직업단체에의 가입강제는 직업이 고도의 전문기술성・공공성을 가지고, 그 전문기술수준・공공성을 유지확보하기 위하여 조치를 취할 필요가 있으며, 그 단체의 목적 및 활동범위가 그 직업종사자의 직업윤리의 확보와 사무의 개선진보를 꾀하는 것에 엄격히 한정되는 한 반드시 결사의 자유를 침해하는 것은 아니라고 하면서 같은 취지의 문헌을 인용하고 있다.

이에 대한 조직적 통제는 굳이 중앙회의 강제가입 방법이 아니더라도 국가가 자격을 갱신하면서 필요한 규제를 하거나 필요한 보수교육을 받도록 하고, 나아가 합리적인 감독을 수행함으로써 충분히 가능하므로, 안마사가 안마사회에 강제적으로 가입하도록 규정한 것은, 충분히 소기의 입법 목적을 달성할 수 있으면서도 안마사의 소극적 결사의 자유도 제한하지 않는 안마사회에의 임의적 가입이라는 대체 수단이 존재하므로 피해의 최소성 원칙에 위반되며, 이는 입법목적이 중대하거나 긴요한 것이라 볼 수 없는 반면, 개인의 자유에 대한 중대한 제한이므로 법익의 균형성 원칙에 위배된다고 하였다.

6. 유니언 숍(union shop)[77]의 문제

일반적으로 근로자가 노동조합의 조합원이 될 것을 고용조건으로 하는 단체협약상의 규정을 유니언 숍(union shop) 협정이라고 한다. 노동조합 및 노동관계조정법 제81조 제2호는, 근로자가 어느 노동조합에 가입하지 아니할 것 또는 탈퇴할 것을 고용조건으로 하거나 특정한 노동조합의 조합원이 될 것을 고용조건으로 하는 행위를 부당노동행위로 규정하여 이를 금지하면서도, 다만, 노동조합이 당해 사업장에 종사하는 근로자의 3분의 2 이상을 대표하고 있을 때에는 근로자가 그 노동조합의 조합원이 될 것을 고용조건으로 하는 단체협약의 체결은 예외로 한다고 규정하고 있어서, 유니언 숍 협정에 법적인 근거를 제공하고 있다. 그러나 이러한 유니언 숍 협정이 허용될 수 있는가에 대하여는 종래부터 논란이 많았다.

대법원[78]과 헌법재판소[79]는 모두 위 법조항이 합헌이라고 하였다. 여기서는 위 헌법재판소 결정을 중심으로 살펴본다.

위 결정의 다수의견은, 노동조합의 조직강제는 근로자로 하여금 어떠한 노동조합 또는 특정한 노동조합에 가입할 것을 강제함으로써 노동조합의 조직을 유지·강화하는데 기여하는 측면이 있기는 하지만, 한편으로 그러한 노동조합

77) 대법원과 하급심의 판례는 '유니언 숍'이라고 하고 있으나, 아래에서 살펴볼 헌법재판소의 결정은 '유니언 샵'이라고 부른다.

78) 대법원 2002. 10. 25.자 2000카기183 결정(공 2003상, 133).

79) 헌법재판소 2005. 11. 24. 선고 2002헌바95·96, 2003헌바9 결정(헌판집 17권 2집 392면 이하). 위 결정에 대한 헌법연구관의 해설로는 김우수, "노동조합및노동관계조정법 제81조 제2호 단서 위헌소원", 헌법재판소 결정해설집(2005), 2006, 651면 이하가 있다.

에 가입을 원하지 않는 근로자 개인의 단결하지 않을 자유나 노동조합의 가입을 선택할 수 있는 자유[80]를 제한하는 측면도 함께 지니고 있어서, 두 기본권이 충돌한다고 보았다. 그런데 단결권은 '사회적 보호기능을 담당하는 자유권' 또는 '사회권적 성격을 띤 자유권'으로서의 성격을 가지고 있고, 일반적인 시민적 자유권과는 질적으로 다른 권리로서 설정되어 헌법상 그 자체로서 이미 결사의 자유에 대한 특별법적인 지위를 승인받고 있는데 반하여, 일반적 행동의 자유는 헌법 제10조의 행복추구권 속에 함축된 이른바 보충적 자유권에 해당하므로, 근로자에게 보장되는 적극적 단결권이 단결하지 아니할 자유보다 특별한 의미를 갖고 있고, 노동조합의 적극적 단결권은 근로자 개인의 단결하지 않을 자유보다 중시된다고 하면서, 결론에 있어서 위 조항이 위헌이 아니라고 하였다.

반면 반대의견은, 노동조합의 단결강화권과 단체교섭권은 근로자 전체의 지위 향상을 위하여 인정되는 것이기 때문에, 근로조건의 향상을 위하여 필요한 경우에도 어느 근로자의 생존권을 근본적으로 위협하는 해고를 수단으로 삼는 것은 허용되지 않으므로, 위 법률조항은 헌법 제33조 제1항의 근로자 단결권이나 노동조합 단결강화권에 의하여도 정당화될 수 없어 위헌이라고 하였다.

종래 이러한 유니언 숍 제도 내지 위 법조항이 위헌인가에 대하여는 노동법학자들 사이에 의견이 팽팽하게 대립하였다.[81] 노동법의 전문가가 아닌 필자가 이 문제에 관하여 자신 있게 이야기하기는 어려우나, 개인적으로는 유니언 숍 제도의 합헌성에 의문이 있다고 생각한다. 근로자 또는 노동조합의 단결권이 반드시 다른 근로자에 대한 단결 강제를 핵심적 내용으로 하는 것인지, 이러한 단결권이 근로자의 단결하지 않을 권리에 비하여 반드시 우월한 지위에 있다고 할 수 있는지가 명확하지 않다. 다른 말로 한다면 이른바 '강제를 통한 자유의 확보(Zwang zur Freiheit)'라는 논리에 의문이 있는 것이다.[82] 다만 종래

---

80) 헌법재판소는 근로자가 노동조합을 결성하지 아니할 자유나 노동조합에 가입을 강제당하지 아니할 자유, 그리고 가입한 노동조합을 탈퇴할 자유는 근로자에게 보장된 단결권의 내용에 포섭되는 권리로서가 아니라, 헌법 제10조의 행복추구권에서 파생되는 일반적 행동의 자유 또는 제21조 제1항의 결사의 자유에서 그 근거를 찾을 수 있다고 보고 있다.

81) 상세한 것은 이승욱, "유니언숍제도(단결강제제도)의 위헌 여부", 憲法實務硏究 제4권, 2003, 407면 이하; 강성태, "유니언 숍(union shop) 협정과 노동조합가입", 노동판례비평 2004, 2005, 117면 이하; 宋剛直, "단결강제제도의 법적 쟁점과 과제", 노동법연구 제16호, 2004, 41면 이하 등.

82) 이승욱(주 81), 335면 참조. 鄭宗燮(주 2), 613-614면도 유니언 숍 제도는 자유로운 직업시장과 직장선택의 자유와 취업의 자유를 보장하고 있는 헌법의 이념과 가치질서에 비추어 볼 때 문제가 있다고 한다.

의 노사 실무에서는 유니언 숍 협정이 유효하다는 전제에서 당사자들이 행동하여 왔는데, 하루아침에 이를 무효라고 보는 것이 법적 안정성을 크게 위협할 우려가 있음은 부정할 수 없다.[83)]

Ⅳ. 사법상 단체의 기본권

1. 단체의 기본권

가. 단체의 기본권 주체성

우리 헌법에는 법인 기타 단체가 기본권의 주체가 될 수 있다는 명문 규정은 없다. 그럼에도 불구하고 우리나라에서 법인이 기본권의 주체가 될 수 없다는 주장은 찾아볼 수 없고, 일치하여 이를 인정하고 있다.[84)] 헌법재판소의 판례도 법인이 기본권자가 될 수 있다고 판시하고 있다.[85)] 다만 헌법재판소는 공법인은 기본권의 '수범자(Adressat)'이지 기본권의 주체로서 그 '소지자(Träger)'가 아니고, 오히려 국민의 기본권을 보호 내지 실현해야 할 '책임'과 '의무'를 지니고 있는 지위에 있을 뿐이라고 보고 있다.[86)] 그러나 축산업협동조합 중앙회와 같은 단체는 공법인성이 상대적으로 크지만, 사법인적 성격을 부인할 수 없으므로 기본권의 주체가 될 수 있다고 한다.[87)]

나아가 법인 아닌 사단이나 재단도 기본권의 주체가 될 수 있다는 점에 대하여 학설[88)]이나 판례[89)]가 일치하고 있다. 조합의 경우는 어떠한가? 이론상 긍정할 수 있는 여지도 있으나,[90)] 현행법상 조합의 소송상 당사자능력이 인정되고 있지 않으므로,[91)] 실제로 조합이 자신의 기본권 침해를 주장할 수 있는 방법이 있을지 확실하지 않다.

---

83) 유니언 숍 제도의 위헌성을 지적하는 논자도 이 점을 우려하고 있다. 이승욱(주 81), 343-344면; 강성태(주 81), 189면 등.
84) 成樂寅(주 2), 321-322면; 鄭宗燮(주 2), 278면 등.
85) 헌법재판소 1991. 6. 3. 선고 90헌마56 결정(헌판집 3권 289면 이하) 등.
86) 헌법재판소 1994. 12. 29. 선고 93헌마120 결정(헌판집 6권 2집 477면 이하) 등.
87) 헌법재판소 2000. 6. 1. 선고 99헌마553 결정(헌판집 12권 1집 686, 706-708면).
88) 成樂寅(주 2), 322면; 鄭宗燮(주 2), 280-281면 등.
89) 헌법재판소 1995. 7. 21 선고 92헌마177 결정(헌판집 7권 2집 112, 118면).
90) 독일에서는 이에 관하여 견해가 나누어지고 있다. Krüger, in: Sachs(주 15), Art. 19 Rdnr. 64 참조.
91) 대법원 1991. 6. 25. 선고 88다카6358 판결(집 39권 3집 민66면) 등.

그런데 단체에게 기본권을 인정하는 근거는 무엇일까? 이에 대하여는 크게 두 가지의 생각이 있을 수 있다. 그 하나는 법인의 활동은 궁극적으로 그 구성원의 이익이나 권리 실현을 목적으로 하는 것이므로, 법인의 기본권 주체성은 궁극적으로 그 구성원인 자연인의 기본권에 근거한다는 것이다.[92] 다른 하나는 법인의 기본권은 그 구성원의 기본권으로 환원되어 설명될 수 없고, 구성원과는 별개의 독자적인 기본권을 가진다는 것이다. 법인은 실제 사회에서 자연인과 같이 활동하는 실체이고 자연인과 나란히 현대사회의 중요한 구성요소이므로, 그 자체의 활동에 있어서 독자적으로 헌법상의 기본권을 인정하여야 할 이유와 실익이 있다는 것이다.[93][94]

이 문제는 단순히 이론적인 차원에 그치는 것이 아니고, 경우에 따라서는 실제적인 차이를 가져올 가능성도 있다. 즉 단체와 그 단체 구성원 사이의 기본권이 서로 대립하는 경우에는 어느 기본권이 우선할 것인가 하는 점이다.[95]

이 글에서 이 문제에 대하여 단정적으로 의견을 밝히기는 어려우나, 개인적으로는 단체의 기본권도 그 구성원의 기본권을 실현하기 위한 수단이라고 보는 것이 원래 기본권이 인정되게 된 근거에 부합하는 것이 아닌가 생각된다.

나. 단체의 인격권과 일반적 행동자유권

단체가 기본권의 주체가 될 수 있다고 할 때, 구체적으로 어떤 기본권을 행사할 수 있는가가 문제된다. 일반적으로는 인간의 존엄과 가치, 행복추구권,

---

92) 이른바 투시론(Durchgriffsthese). 예컨대 權寧星, "「법인의 기본권주체성」에 관한 한 試論", 서울대학교 法學 제35권 1호, 1994, 99면 이하. 독일의 판례도 이러한 태도를 취하고 있다고 한다. Peter Michael Huber, in: v. Mangoldt/Klein/Starck(주 2), Art. 19 Rdnr. 216 참조.

93) 예컨대 金承煥, "法人의 基本權主體性", 考試界 2002. 2, 5면 등. 鄭宗燮, "法人의 基本權에 관한 研究 序說", 憲法論叢 제2권, 1991, 408면 이하는 이러한 견해를 지지하면서도, 원래 법인이라는 것이 자연인인 개인이 경제적, 사회적, 정치적 이익 등을 추구함에 있어서 단독으로 이를 추구하는 것보다는 경우에 따라 집단이나 단체를 구성하여 이를 추구하는 것이 보다 충실하고 효과적이기 때문에 생겨난 점을 감안해보면, 법인의 기본권보장문제를 법인의 구성원의 기본권보장과 완전히 단절시켜 이해하는 것은 문제점이 있다고 한다.

94) 이 문제에 관한 독일에서의 논의 상황에 대하여는 Huber(주 92), Rdnr. 215 ff. 참조.

95) 橋本基弘, 近代憲法における團體と個人, 2004, 246면 이하는 단체의 인권을 개인의 이익에 환원시켜야 한다는 입장에 서서, 단체의 인권은 자연인의 인권을 희생시켜서까지 추구되어서는 안 되고, 자연인의 인권을 부당하게 제약·제한하여서는 안 된다고 한다. 鄭宗燮(주 93), 409면은, 법인의 표현의 자유행사와 그 구성원의 표현의 자유행사가 모순되거나 충돌되는 경우에는 법인의 기본권을 법인 그 자체에서 구하는 논리를 일률적으로 관철시킨다면 법인의 기본권과 그 구성원의 기본권간의 충돌문제(기본권간의 상충문제)에 귀착될 것이지만, 양자의 유기적 관련성을 인정하는 경우에는 위와 같은 경우 법인의 기본권은 부정된다는 입론도 가능하다고 한다.

성별·가문·출신 등 인적 요소와 결합된 차별금지, 생명권, 정신적 자유권, 내심의 자유, 혼인의 순결, 인신의 자유, 교육을 받을 권리, 참정권 등 천부적인 자연권이나 인적 요소에 결부된 기본권에 해당하는 것은 법인·단체에게 인정되지 않고, 그 외의 기본권은 원칙적으로 법인이나 단체에게 인정된다고 한다. 예컨대 신문사의 표현의 자유, 대학의 학문의 자유, 종교단체의 종교활동의 자유 등은 일정한 법인이나 단체에게 인정된다고 한다.[96] 그러나 일률적으로 특정의 기본권은 단체에게 인정된다거나 인정되지 않는다고 할 필요는 없고, 각 기본권의 성질에 따라 어떤 기본권은 특정의 단체에게 인정되는 반면 다른 단체에게는 인정되지 않을 수도 있을 것이다.[97] 여기서는 주로 사법과 관계되는 기본권으로서 인격권 및 일반적 행동자유권에 관하여 살펴본다.

먼저 단체에게도 인격권이 인정되는가? 우선 인격권의 개념 및 그 헌법적 근거가 문제된다. 인격권의 개념에 대하여도 여기에 포함되는 내용이 다양하기 때문에 이를 쉽게 정의하기는 어려우나, 일단 사생활의 보호(사생활의 비밀과 자유) 및 사회적 인격상(人格像)에 관한 자기결정권이라고 설명할 수 있다. 구체적으로는 사생활영역, 개인의 명예, 사회적 상(象)의 형성에 관한 결정권, 초상권, 성명권 및 자기가 한 말에 관한 권리, 개인관련 정보의 공개와 사용에 관하여 스스로 결정할 수 있는 권리인 정보자결권 등이 이에 해당한다.[98] 이러한 인격권의 헌법상 근거에 관하여도 여러 가지의 견해가 주장되지만, 사생활의 보호에 관하여는 주거보장에 관한 헌법 제16조, 사생활의 비밀과 자유에 관한 제17조, 통신의 비밀에 관한 제18조 등이 그 근거가 된다고 한다. 그리고 사회적 인격상에 관한 자기결정권의 근거는 헌법 제10조의 행복추구권 또는 인간으로서의 존엄과 가치라고 한다.[99] 헌법재판소는 인격권의 근거를 대체로 헌법 제10조의 인간으로서의 존엄과 가치에서 찾고 있다.[100] 그런데 이

96) 鄭宗燮(주 2), 281면. 보다 상세한 것은 鄭宗燮(주 93), 422면 이하.

97) 鄭宗燮(주 2), 281면; 權寧星(주 92), 108-109면 등.

98) 韓秀雄, "憲法上의 人格權", 憲法論叢 제13집, 2002, 636면 이하.

99) 韓秀雄(주 98), 640면; 丁泰鎬, "個人情報自決權의 憲法的 根據 및 構造에 대한 考察", 憲法論叢 제14집, 2003, 426면 등 참조.

100) 헌법재판소 1999. 5. 27. 97헌마137, 98헌마5 결정(헌판집 11권 1집 653, 665면); 2001. 7. 19. 선고 2000헌마546 결정(헌판집 13권 2집 103, 112면); 2002. 7. 18. 선고 2000헌마327 결정(헌판집 14권 2집, 54, 64면) 등. 다른 한편 헌법재판소 2002. 1. 31. 선고 2001헌바43 결정(헌판집 14권 1집, 49, 57면)은 헌법 제37조 제1항은 "국민의 자유와 권리는 헌법에 열거되지 아니한 이유로 경시되지 아니한다"고 규정하고 있는데, 이는 헌법에 명시적으로 규정되지 아니한 자유와 권리라도 헌법 제10조에서 규정한 인간의 존엄과 가치를 위하여 필요한 것일

처럼 인격권의 근거를 헌법 제10조에서 찾는다면, 인간으로서의 존엄과 가치는 단체에게는 인정되지 않으므로 단체의 헌법상 기본권으로서의 인격권은 인정되기 어렵다는 결론에 도달하게 된다. 그러나 헌법재판소의 판례는 법인의 인격권을 인정하고 있다.[101)]

이러한 문제는 일반적 행동자유권의 경우에도 마찬가지로 발생한다. 헌법재판소의 판례는 일반적 행동자유권은 적극적으로 자유롭게 행동을 하는 것은 물론 소극적으로 행동을 하지 않을 자유 즉 부작위의 자유도 포함되는데, 이러한 일반적 행동자유권의 근거는 헌법 제10조의 행복추구권이라고 한다.[102)] 그런데 행복추구권도 법인에게 인정되지 않으므로, 단체에게는 일반적 행동자유권은 인정되지 않게 될 것이다. 그렇지만 헌법재판소는 법인의 일반적 행동자유권도 인정하고 있다.[103)]

독일에서는 법인이 독일 헌법 제2조 제1항[104)]에 근거하여 일반적 행동자유권을 가진다는 데에는 다툼이 없다.[105)] 반면 법인에게도 일반적 인격권이 인정되는지에 관하여는 다툼이 있다. 다수설은 일반적 인격권은 인간으로서의 존엄에서 도출되는 것이라고 하여 법인에게는 인정되지 않는다고 하지만, 경우를 나누어 명예와 같은 권리는 법인과 같은 단체에게도 인정되어야 한다는 주장도 있다.[106)]

독일연방헌법재판소의 판례는, 일반적 인격권에 포함되는 자기에게 불리한

때에는 이를 모두 보장함을 천명하는 것이며, 이러한 기본권으로서 일반적 행동자유권과 명예권 등을 들 수 있다고 한다.

101) 헌법재판소 1991. 4. 1. 선고 89헌마160 결정(헌판집 3권 149, 154-155면). 이 결정에 대하여 鄭宗燮(주 93), 425면은, 이 판례에서는 법인의 경우 인격권이 인정될 수 있는 헌법상의 근거와 법인이 가지는 인격권의 의의와 내용이 무엇인지는 밝혀져 있지 않으므로, 헌법재판에서는 앞으로 법인의 인격권의 의의와 내용을 구체화하는 과제가 남아 있다고 한다. 헌법재판소 2002. 1. 31. 선고 2001헌바43 결정(주 100)도 사단법인인 헌법소원청구인의 명예권의 침해를 인정하였다.

102) 헌법재판소 1991. 6. 3. 선고 89헌마204 결정(헌판집 3권 268, 275, 276면) 등.

103) 위 헌법재판소 1999. 11. 25. 선고 95헌마154 결정(주 13); 2002. 1. 31. 선고 2001헌바43 결정(주 100). 다른 한편 재단법인에 관하여도, 헌법재판소 2005. 2. 3. 선고 2004헌바10 결정(헌판집 17권 1집 97, 110면)은 '사회복지법인의 운영의 자유'는 헌법 제10조에서 보장되는 행복추구권의 구체적인 한 표현인 일반적인 행동자유권 내지 사적자치권으로 보장되는 것이라고 판시하였고, 헌법재판소 2006. 4. 27. 선고 2005헌마1119 결정(헌판집 18권 1집 상, 631, 643면)도 사립학교의 설립자(학교법인)가 사립학교를 자유롭게 운영할 자유는 헌법 제10조에서 보장되는 행복추구권의 한 내용을 이루는 일반적인 행동의 자유권에서 인정된다고 하였다.

104) 모든 사람은 타인의 권리를 침해하지 않고 헌법적 질서나 풍속법규에 위반되지 않는 한 자신이 인격을 자유롭게 발현할 권리를 가진다.

105) Huber(주 92), Rdnr. 318; Dreier, in: Dreier(주 18), Art. 19 Abs. 3 Rdnr. 37.

106) Dreier(주 105), Art. 19 Abs. 3 Rdnr. 37.

진술을 강요당하지 않을 권리는 법인에게 적용되지 않지만,[107] 자신의 말에 대한 권리(다른 사람이 듣지 않게 할 권리)는 법인에게도 적용된다고 하였다.[108]

이처럼 단체의 인격권이나 일반적 행동자유권을 인정할 수 있는지, 인정할 수 있다면 그 근거는 어디에서 찾을 것인지는 어려운 문제이지만, 이를 인정할 필요성은 충분히 인정된다. 이하에서는 헌법재판소의 판례에 따라 이를 인정한다는 전제에서 논의를 진행한다. 대법원의 판례도 단체에 대하여 사법상 권리로서의 인격권을 인정하고 있다.[109]

2. 단체에 대하여 사죄광고를 명하는 재판의 위헌성

헌법재판소 1991. 4. 1. 선고 89헌마160 결정[110]은, 법원이 사죄광고를 명하는 것은 그에 의한 기본권제한에 있어 그 선택된 수단이 목적에 적합하지 않을 뿐만 아니라, 그 정도 또한 과잉하여 비례의 원칙이 정한 한계를 벗어난 것으로 헌법 제37조 제2항에 의하여 정당화될 수 없는 것으로서, 양심의 자유를 침해하는 것일 뿐만 아니라, 헌법상 보장되는 인격권(人格權)의 침해(侵害)에 이르게 되므로 위헌이라고 하였다. 여기서 문제되는 것은 이 사건의 당사자인 헌법소원 청구인은 법인인 신문사였으므로, 자연인 아닌 법인에 대하여 사죄광고를 명하는 것이 위헌이라고 할 수 있는가 하는 점이다.

이 문제는 대법원도 이와 같은 헌법재판소의 판례를 받아들여서 사죄광고는 더 이상 허용되지 않는 것으로 보고 있기 때문에,[111] 실무상은 더 이상 문제되지 않는다고 볼 수도 있다. 그렇지만 위 헌법재판소 결정은 이른바 한정위

---

107) BVerfGE 95, 220, 242. 다만 여기서는 일반적 인격권이 일반적으로 법인에게 적용될 수 없는지에 대하여는 입장을 유보하였다.

108) BVerfGE 106, 28, 42 ff.

109) 대법원 1990. 2. 27. 선고 89다카12775 판결(집 38권 1집 민103면); 1997. 10. 24. 선고 96다17851 판결(공 1997하, 3574). 대법원 2006. 5. 26. 선고 2004다62597 판결(공 2006하, 1145)은 학교법인의 인격권을 인정하였다.

110) 헌판집 3권 149면 이하.

111) 대법원 1996. 4. 12. 선고 93다40614, 40621 판결(집 44권 1집 민323면)은 부정적 광고에 대하여 효율적인 구제수단인 사죄광고가 허용되지 않는다고 판시하였다. 또한 대법원 2000. 5. 18. 선고 95재다199 전원합의체 판결(집 48권 1집 민165면)의 반대의견은, 명예회복에 적당한 처분의 하나로 사죄광고가 허용되지 아니하는 우리 법제하에서, 교원에 대한 명예훼손적인 불이익처분이 있는 경우 그 불이익처분 자체에 대하여 무효확인을 받는 것이 민법 제764조에서 말하는 명예회복에 적당한 처분이 될 수 있다고 한다. 다수의견도 사죄광고가 허용되지 않는다는 점에 대하여 이견이 있었던 것은 아니다.

헌을 선고한 것인데, 대법원은 한정위헌의 결정은 법원에 대하여 기속력을 미치지 않는다고 보고 있을 뿐만 아니라,[112] 위 헌법재판소의 결정 자체에 대하여도 아직까지 찬반 양론이 그치지 않고 있으므로[113] 이 문제도 다시 한 번 검토하여 볼 필요가 있다.[114]

첫째, 위 결정은 사죄광고를 명하는 것이 자연인의 경우에는 양심의 자유와 인격권을 침해하는 것으로 보고, 법인의 경우에는 인격권만을 침해하는 것으로 보았으며, 다만 법인의 대표자의 양심의 자유도 침해하는 것으로 보았다. 다시 말하여 위 결정이 법인의 양심의 자유를 인정한 것은 아니다. 이 점은 위 결정이 "사죄광고의 강제는 … 우리 헌법이 보호하고자 하는 정신적 기본권의 하나인 양심의 자유의 제약(법인의 경우라면 그 대표자에게 양심표명의 강제를 요구하는 결과가 된다)이라고 보지 않을 수 없다"라고 판시하고 있는 데서 분명하게 나타난다. 만일 헌법재판소가 법인에게 양심의 자유를 인정한 것이라면 굳이 그 대표자의 양심의 자유를 문제삼을 이유가 없었을 것이다.[115]

둘째, 그런데 위 결정이 사죄광고의 강제가 법인의 대표자의 양심의 자유를 침해하는 것이라고 보는 것에 대하여는 의문이 있다. 사죄광고를 명하는 대상은 법인이고, 그 효과도 법인에게 귀속되며, 법인의 대표자에게 귀속되는 것은 아니다. 그러므로 사죄광고를 명하는 것이 과연 법인의 대표자의 양심의 자유를 침해한다고 할 수 있을까?

셋째, 좀 더 기본적으로는 종전의 사죄광고 명령이 과연 양심의 자유를 침해하는 것인지는 문제될 수 있다. 종전에 사죄광고를 명하는 재판의 강제집행은 대체집행[116]에 의하여 이루어졌다.[117] 다시 말하여 채무자가 직접 사죄광고

112) 대법원 1996. 4. 9. 선고 95누11405 판결(집 44권 1집 특762면) 등. 다만 대법원 2005. 8. 2. 자 2004마494 결정(공 2005하, 1543)은 다소 다른 취지로 보인다.

113) 예컨대 崔大權, "良心의 自由와 謝罪廣告", 서울대학교 法學 제39권 3호, 1998, 1면 이하; 윤철홍, "명예훼손과 원상회복: 사죄광고를 중심으로", 比較私法 제10권 3호, 2003, 25면 이하 등.

114) 아래에서의 설명은 필자가 헌법재판소 연구관으로서 위 결정을 해설한 尹眞秀, "謝罪廣告制度와 民法 제764조의 違憲 여부", 司法行政 1991. 1, 73면 이하의 서술과는 다소 차이가 있다.

115) 尹眞秀(주 114), 83면 이하; 姜京根, "良心의 自由와 謝罪廣告", 月刊考試 제23권 5호, 1993, 160면; 鄭宗燮(주 2), 468면; 成樂寅(주 2), 475면 등 참조. 그럼에도 불구하고 이 결정이 법인의 양심의 자유를 인정한 것이라고 하는 비판{예컨대 許營, "謝罪廣告와 民心의 自由", 法律新聞 2045호(1991. 7. 15), 15면; 황치연, "헌법재판소 1991. 4. 1. 선고 89헌마160 결정과 관련된 헌법상 쟁점들에 대한 몇 가지 고찰", 司法行政 1992. 1, 91면 이하; 崔大權(주 113), 14면 이하; 韓秀雄, "憲法 제19조의 良心의 自由", 憲法論叢 제12집, 2001, 434면 등}이 있으나 이러한 비판은 위 결정을 정확히 이해하지 못한 것이다.

116) 민법 제389조 제2항, 제3항; 2002. 1. 26. 법률 제6626호로 개정되기 전의 민사소송법 제692조(현행 민사집행법 제260조).

를 하는 것은 아니고, 채권자가 채무자의 이름으로 사죄광고를 한 다음 그 비용을 채무자에게 청구하는 것이다. 그런데 이러한 것이 과연 양심의 자유를 침해하는지는 분명하지 않다. 만일 사죄광고를 명하는 재판의 강제집행이 간접강제[118]에 의하여 이루어진다면, 채무자는 스스로 사죄광고를 하여야 하고, 이에 따르지 않으면 그에 대한 제재를 받게 된다. 이 경우에는 채무자에게 자신의 의사와는 다른 행동을 할 것을 강제하는 것이 되어, 양심의 자유 침해 여부가 문제될 수 있을 것이다. 그러나 대체집행에 의하여 사죄광고를 명하는 재판이 집행된다면, 채무자에게 자신의 의사와는 다른 행동을 할 것을 강제하는 것은 아니고, 다만 채무자 자신이 하지 않은 주장을 채무자가 한 것으로 될 뿐이다. 그러므로 이러한 사죄광고의 명령은 양심의 자유의 침해라기보다는 인격권의 침해라고 보는 것이 더 적절하고 간명하다고 생각된다.[119]

참고로 사죄광고를 명하는 재판의 집행이 간접강제에 의하여 이루어진다면 이는 양심의 자유 침해가 될 것인가? 이 점은 우선 양심의 개념을 어떻게 파악할 것인가에 달려 있다. 일설은 양심은 "선과 악의 범주에 관한 진지한 윤리적 결정"이라고 좁게 정의하는 것이 타당하다고 한다.[120] 그러나 양심의 자유를 그와 같이 제한적으로 해석하여야 할 필연성은 없다.

헌법재판소 2001. 8. 30. 선고 99헌바92 등 결정은 위 사죄광고에 대한 헌법재판소 결정을 인용하면서, '양심의 자유'는 자신의 양심에 어긋나는 신념이나 행동을 강요당하지 않고 자신의 양심에 따라 행동할 수 있는 자유로서, 여기서 말하는 '양심'이란, 세계관 · 인생관 · 주의 · 신조 등은 물론, 이에 이르지 아니하더라도 보다 널리 개인의 인격형성에 관계되는 내심에 있어서의 가치적 · 윤리적 판단도 포함되고, 이러한 양심의 자유에는 널리 사물의 시시비비나 선악과 같은 윤리적 판단에 국가가 개입해서는 아니되는 내심적 자유는 물론, 이와 같은 윤리적 판단을 국가권력에 의하여 외부에 표명하도록 강제받지 아니할 자유까지 포괄된다고 보고 있다.[121]

---

117) 尹眞秀(주 114), 293-294면 참조.

118) 개정 전 민사소송법 제693조(현행 민사집행법 제261조).

119) 독일의 판례는 자신이 하지 않은 의사표현을 제3자가 자신이 하였다고 주장하는 것은 일반적 인격권의 침해가 될 수 있다고 하였다. BVerfGE 34, 269, 282 f.; 54, 148, 155 등 참조.

120) 韓秀雄(주 115), 431면 이하.

121) 헌판집 13권 2집 174, 203면. 같은 취지, 金文顯, "良心의 自由", 考試硏究 제27권 10호(319호), 2000, 19면 등. 또한 헌법재판소 2002. 4. 25. 선고 98헌마425 결정에서의 반대의견(헌판집 14권 1집 351, 372-373면) 참조.

나아가 사죄광고를 명하는 것이 비례의 원칙에 어긋나는가? 이 점은 위 결정이 판시하고 있듯이, 명예의 회복을 위하여 사죄광고 이외에 가해자의 기본권을 덜 침해하는 다른 수단이 존재하므로 쉽게 긍정될 수 있다고 생각된다.[122]

3. 단체의 운영에 관한 권리

단체는 그 운영에 관하여 스스로 정관을 작성하고, 그 조직을 결정하며, 의사를 형성할 권리를 가진다. 다시 말하여 사단은 자신의 목적에 합치하는 조직을 스스로 형성하고, 이를 자유로이 결정할 권한을 가지는 것이다. 이를 가리켜 독일에서는 사단의 자치(Vereinsautonomie)라는 용어로 지칭한다.[123] 이러한 권리는 단체의 일반적 행동자유권에 근거한 것일 뿐만 아니라, 그 구성원의 결사의 자유에도 포함된다.[124] 다른 한편 단체는 그 권한을 정관에 의하여 제한하고, 다른 제3자에게 위임하는 것도 가능하며, 이 또한 자치에 포함된다.[125]

최근의 대법원 2008. 10. 9. 선고 2005다30566 판결은, 종중의 성격과 법적 성질에 비추어 보면 종중에 대하여는 가급적 그 독자성과 자율성을 존중해 주는 것이 바람직하고, 따라서 원칙적으로 종중규약은 그것이 종원이 가지는 고유하고 기본적인 권리의 본질적인 내용을 침해하는 등 종중의 본질이나 설립목적에 크게 위배되지 않는 한 그 유효성을 인정하여야 할 것이라고 판시하였다. 이러한 독자성과 자율성의 존중이라는 원칙은 종중뿐만 아니라 다른 단체에도 일반적으로 적용될 수 있는 것이다. 다만 위 사건에서는 종중이라는 특성을 특별히 고려하고 있다고 이해할 수 있다.

물론 이러한 단체의 권리도 법률에 의하여 제한될 수 있다. 가령 민법은 정관에 기재하여야 할 사항을 규정하고 있다(제40조, 제43조). 그러나 이러한 법률에 의한 제한도 단체나 그 구성원의 자유를 필요 이상으로 침해하여서는 안 됨은 물론이다.

---

122) 尹眞秀(주 114), 308면 이하; 金載亨, "言論에 의한 人格權 侵害에 대한 救濟手段", 人權과 正義 2004. 11, 82-83면 등 참조.

123) 독일연방헌법재판소 1991. 2. 5. 결정(BVerfGE 83, 341, 358 ff.); Sauter/Schweyer/Waldner, Der eingetrage Verein, 17. Aufl., 2001, Rdnr. 39a. 그러나 이러한 사단의 자치는 단순히 결사의 자유가 보장되는 결과이고, 또 그 범위 안에서만 존재한다고 하는 견해도 있다. Kemper(주 2), Art. 9 Rdnr. 53 참조.

124) Kemper(주 2), Art. 9 Rdnr. 2 참조.

125) Kemper(주 2), Art. 9 Rdnr. 2.

이와 관련하여 문제되는 것이, 단체의 설립이나 내부적 운영 등에 대한 주무관청의 허가가 단체나 그 구성원의 기본권을 침해할 소지가 없는가 하는 점이다. 판례는 비영리법인 설립허가,[126] 사회복지법인의 정관변경 허가[127] 등을 모두 자유재량행위로 판단하고 있다.[128] 이처럼 주무관청의 허가를 요구하는 것까지 위헌이라고 할 수 있는지는 좀 더 검토할 문제이지만,[129] 이러한 허가를 자유재량행위로 보는 것은 앞에서 언급한 것처럼 결사의 자유와는 조화되지 않는다.

다른 한편 단체의 정관 등이 선량한 풍속 기타 사회질서에 어긋난다는 이유로 법원이 무효라고 판단하는 것은 물론 허용될 수 있다. 이에 대하여는 아래 Ⅴ. 3. 참조.

4. 단체의 대외적 활동

가. 단체의 대외적 활동과 결사의 자유

단체의 대외적 활동은 단체 자신의 일반적 행동자유권이나 기타 다른 기본권에 의하여 보호될 수 있을 것이다. 나아가 단체의 대외적 활동의 보장은 직업의 자유의 내용이 될 수도 있다. 법인이나 단체에게도 직업의 자유가 인정된다는 점에 대하여는 다툼이 없다.[130] 그런데 이러한 단체의 대외적 활동이 단체 자신의 권리 외에 단체 구성원의 결사의 자유에 의하여도 뒷받침되는가?

앞에서도 언급한 것처럼 헌법재판소의 판례는 이를 긍정하는 태도를 보이고 있다. 즉 헌법재판소 1999. 11. 25. 선고 95헌마154 결정[131]은, 노동조합이

126) 대법원 1996. 9. 10. 판결(주 47).

127) 대법원 2002. 9. 24. 선고 2000두5661 판결(공 2002하, 2577). 사회복지법인은 재단법인으로 보인다.

128) 대법원 1995. 7. 25. 선고 95누2883 판결(공 1995하, 2996); 2000. 1. 28. 선고 98두16996 판결(공 2000상, 601)은 재단법인의 정관에 이사와 감사의 임면에 있어 주무관청의 인가 또는 승인을 요한다는 취지의 규정이 있는 경우에, 그 승인(인가)행위 또는 인가거부행위는 공법상의 행정처분으로서, 그 임원취임을 인가 또는 거부할 것인지 여부는 피고의 권한에 속하는 사항이라고 할 것이라고 하였다.

129) 헌법재판소 2005. 2. 3. 선고 2004헌바10 결정(헌판집 17권 1집 97, 109면)은 재단법인으로서의 성격을 가지는 사회복지법인과 관련하여, 국가는 사회복지법인의 자율성을 침해하지 않는 범위 내에서 사회복지법인이 사회복지사업을 공명하고 적정하게 행하고 있는지를 살필 필요가 있고, 민법에 비영리법인의 설립허가제, 감독청에 의한 감사 및 감독권, 설립허가의 취소 등이 규정되어 있는 것은 이 때문이라고 한다.

130) 헌법재판소 2006. 1. 26. 선고 2005헌마424 결정(헌판집 18권 1집 상 36, 45-46면) 참조.

131) 헌판집 11권 2집 555, 572-574면.

정치자금의 기부를 통하여 정당에 정치적 영향력을 행사하는 결사의 자유(단체활동의 자유)는 노동조합이 근로자의 근로조건과 경제조건의 개선이라는 목적을 위하여 활동하는 것이 아니므로, 헌법 제33조의 단결권이 아니라 헌법 제21조의 노동조합의 정치활동의 자유, 즉 표현의 자유, 결사의 자유, 일반적인 행동자유권 및 개성의 자유로운 발현권을 그 보장내용으로 하는 행복추구권이라고 보아야 한다고 판시하였다. 이를 긍정한다면, 앞에서 살펴본 것처럼 결사의 자유는 결사 그 자체도 보호한다는 이론과 결합될 때에는 단체 스스로도 단체활동의 제한에 대하여 결사의 자유 침해를 주장할 수 있을 것이다.

그러나 단체의 대외적인 활동이 결사의 자유에 의하여 보호된다고 하는 것이 타당한가는 의문이다. 가령 자연인의 정치자금의 기부가 문제되었다면 그는 헌법재판소가 말하는 대로 표현의 자유, 일반적인 행동자유권 등에 의하여 보호될 수 있겠지만, 결사의 자유에 의하여는 보호될 수 없을 것이다. 그런데 똑같은 행위의 주체가 단체일 때에는 이에 덧붙여 결사의 자유에 의하여도 보호받는다고 하는 것은 균형에 맞지 않는다. 뿐만 아니라 단체의 활동의 보호를 단체 자신의 결사의 자유에 의하여 보호하지 않더라도 다른 기본권에 의하여 충분히 보호될 수 있을 것이다.[132)]

이 문제에 관하여는 독일에서도 논란이 있다. 독일 연방헌법재판소는 결사의 자유는 효과적인 기본권의 보호를 위하여는 사단의 존속과 사단 활동의 핵심적 영역에 대한 침해로부터 보호하여야 한다고 하고 있다.[133)] 독일의 통설은 단체의 대외적 활동도 결사의 자유에 의하여 보호받는다고 보고 있으나,[134)] 단체의 대외적 활동은 결사의 자유에 의하여 보호되는 것은 아니라고 하는 부정설도 주장되고 있다.[135)] 절충설로서는 다른 사람과 같이 거래에 참여하는 것은 결사의 자유에 의하여 보호될 수 없지만, 업무의 수행이나 구성원의 모집 또는 자기소개(자신의 회원이 얼마나 되는지를 밝히는 것)[136)] 등과 같이 자신의 유지를 위한 대외적인 활동은 결사의 자유에 의하여 보호된다는 것도 있다.[137)]

132) Kemper(주 2), Art. 9 Rdnr. 5 참조.
133) BVerfGE 30, 227, 241 등.
134) Bauer(주 18), Art. 9 Rdnr. 45 Fn. 224의 문헌지시 참조.
135) Kemper(주 2), Art. 9 Rdnr. 3 ff.
136) BVerfGE 84, 372, 378 f.
137) Höfling(주 15), Art. 9 Rdnr. 19; Bauer(주 18), Art. 9 Rdnr. 45 등.

나. 단체의 활동에 대한 허가

각종 특별법 가운데 단체의 채무부담행위나 재산의 처분 등에 관하여 주무관청의 허가를 얻어야 한다는 규정이 있다.[138] 이처럼 허가를 요구하는 규정이 헌법상 허용될 것인가? 사단법인 그 밖의 단체에 관하여는 아직 헌법재판소의 판례를 찾아볼 수 없으나, 재단법인에 관하여는 허용된다고 하는 판례가 있다.

그 하나는 학교법인이 의무를 부담하고자 할 때 관할청의 허가를 받도록 하고 있는 사립학교법 제28조 제1항이 합헌이라는 헌법재판소 2001. 1. 18. 선고 99헌바63 결정[139]이고, 다른 하나는 사회복지법인의 기본재산을 처분함에 있어 보건복지부장관의 허가를 받도록 규정한 사회복지사업법 제23조 제3항 제1호가 합헌이라는 헌법재판소 2005. 2. 3. 선고 2004헌바10 결정[140]이다. 이들 사례는 모두 당해 재단법인과 거래한 제3자가 그러한 허가가 없는 행위가 무효로 됨으로써 손해를 입게 되자, 위 법규정들에 대하여 헌법소원을 제기한 것이다.

위 99헌바63 결정은, 설립자가 사립학교를 자유롭게 운영할 자유는 일반적 행동자유권과 헌법 제31조 제1항, 제3항에 의하여 인정되는 기본권의 하나인데, 사립학교법인이 일정한 금액의 한도를 초과한 의무를 부담하는 경우 관할청의 허가를 받아야 하므로 사립학교운영의 자유가 제한되고 있다고 한다. 그렇지만, 국민이 교육을 받고 부모의 자녀교육권이 적절하게 보장되도록 하기 위하여 사립학교의 재산관리에 대한 국가개입은 불가피하고 긴요한 것으로서 그 정당성은 충분히 인정되고, 위 법률조항이 제한된 범위 내에서 관할청의 허가를 받도록 하고 있는 것은 입법목적을 위한 실효성 있고 적합한 수단으로 인정되며, 그 방법이 특별히 기본권 침해적인 것으로 볼 수도 없고, 위 법률조항으로 인하여 경제활동을 제약받는 학교법인의 불이익이 학교교육에 필요한 기본적인 시설과 그 운영에 필요한 재산확보라는 공익보다 크다고 단정할 수도 없다고 한다. 나아가 위 조항은 재산권을 침해하는 것도 아니고, 학문·예술의 자유를 규정한 헌법 제22조 제1항과 교육을 받을 권리를 제한하는 것도 아니라고 한다. 그러나 이에 대하여는 위 조항이 위헌이라는 반대의견이 있었다.[141]

---

138) 전통사찰보존법 제9조, 공익법인의 설립 및 운영에 관한 법률 제11조, 상호저축은행법 제17조 등.

139) 헌판집 13권 1집 60면 이하.

140) 헌판집 17권 1집 97면 이하.

141) 같은 취지, 梁彰洙, "「義務의 負擔」에 管轄廳의 허가를 요하는 법규정에 대하여", 人權과

다른 한편 위 2004헌바10 결정은, 사회복지법인의 운영의 자유는 헌법 제10조에서 보장되는 행복추구권의 구체적인 한 표현인 일반적인 행동자유권 내지 사적자치권으로 보장되는 것인데, 위 조항의 목적은 사회복지법인의 특수성을 고려하여 그 재산의 원활한 관리 및 유지 보호와 재정의 적정을 기함으로써 사회복지법인의 건전한 발달을 도모하고 사회복지법인으로 하여금 그 본래의 사업목적사업에 충실하게 하려는데 있으므로 정당한 목적이고, 법인의 기본재산을 처분함에 있어 보건복지부장관의 허가를 받도록 하는 것은 그 목적을 달성하는데 적절한 수단이라고 한다. 또한 보건복지부장관의 허가가 필요한 것은 사회복지법인의 재산 모두에 적용되는 것이 아니고 사회복지법인의 기본재산만이 그 대상이 될 뿐 아니라, 보건복지부장관의 허가를 받으면 이를 처분할 수 있는 등 피해의 최소성이라는 요건도 갖추었다고 한다. 그리고 사회복지법인의 기본재산을 처분하는데 보건복지부장관의 허가를 받도록 하는 공익은 사회복지법인의 운영자유 못지않은 중요성을 가지고 있으며, 위 조항은 사회복지법인의 영속성을 보장하기 위한 수단으로서 그 공익이 매우 크다는 점, 사회복지법인의 채권자는 사회복지법인의 기본재산 외의 다른 재산으로 채권을 만족시킬 수 있고, 경우에 따라서는 파산절차를 통하여 채권을 만족시킬 수도 있다는 점, 사회복지법인의 기본재산 중 가장 문제가 되는 부동산의 경우에는 이를 취득하려는 자는 거래의 통념상 부동산의 현 상태가 어떠한가를 조사하여야 할 일반적인 주의의무가 있으므로, 외관상 사회복지법인의 기본재산에 관하여는 정관을 열람하여 이를 살펴볼 의무가 있다는 점 등을 고려하여 보면, 사회복지법인에 대한 채권자나 거래의 상대방 및 사회복지법인의 재산을 취득하고자 하는 자의 손해가 사회복지법인의 기본재산에 대한 처분제한의 공익을 능가한다고 보기 어려우므로 법익의 균형성도 갖추었다고 한다.

이러한 판례가 사단법인 기타의 단체의 경우에도 바로 적용될 수는 없을 것이다. 재산의 처분이나 의무의 부담에 대하여 주무관청의 허가를 얻게 하는 것에도 여러 가지 태양이 있고, 또 재단법인에 대하여 타당한 법리가 사단법인에 대하여도 그대로 타당하다고 할 수는 없기 때문이다.[142] 이 문제는 구체적인 상황에 따라 달리 판단될 수 있을 것이나, 주무관청의 허가를 요구하는 것

正義 1999. 3, 104면 이하 = 民法硏究 제5권, 1999, 347면 이하.

142) 諸哲雄, "정부의 "민법중개정법률안"의 평가", 財産法硏究 제21권 2호, 2005, 13면은 사단법인과 재단법인을 구별하여, 재단법인 이사의 잘못으로 재단법인의 이익이 침해되는 경우 주무관청에서 재단법인의 이익보호 차원에서 개입하는 것은 필수적이라고 주장한다.

을 쉽게 위헌이라고 하기는 어려울 것이다.

5. 단체의 해산

일단 성립한 단체를 법률이나 법원의 재판에 의하여 해산시키는 것은 단체 그 자체나 단체 구성원의 기본권을 제한하는 것이다. 단체의 경우에는 앞에서 본 것처럼 그 기본권을 단체 자체의 결사의 자유에서 찾는 견해가 있기는 하지만,[143] 이는 타당하지 않고, 이러한 경우에는 단체의 일반적 행동자유권이나 인격권을 제한하는 것으로 봄이 타당할 것이다. 한편 헌법재판소는 법인의 설립 및 존속은 "직업의 자유"의 한 모습이라고 보고 있으므로,[144] 법인의 해산은 법인에 대한 직업의 자유 침해라고도 볼 수 있을 것이다. 그리고 단체 구성원의 경우에는 그러한 해산이 결사의 자유를 제한하는 것임은 명백하다.

헌법재판소 2000. 6. 1. 선고 99헌마553 결정[145]에서는 법률에 의하여 기존의 축산업협동조합중앙회(축협중앙회)와 농업협동조합중앙회(농협중앙회) 및 인삼협동조합중앙회를 해산하여 새로 설립되는 농협중앙회에 합병하는 것이 위헌인가가 문제되었다. 헌법재판소는, 축협중앙회는 공법인성과 사법인성을 겸유한 특수한 법인으로서 기본권의 주체가 될 수 있지만, 위와 같이 두드러진 공법인적 특성이 축협중앙회가 가지는 기본권의 제약요소로 작용하는 것만은 이를 피할 수 없다고 할 것이라고 전제한 다음, 과거의 축산업협동조합법(축협법) 제111조가 중앙회 자체의 해산은 반드시 따로 법률을 제정하여서만 해산하도록 되어 있는 점을 들어, 축협중앙회의 해산 및 통합은 정치적 측면이 아닌 국가의 경제정책적인 측면, 사회경제적인 측면에서 접근하여야 할 문제인데, 이러한 점에 대한 적정한 평가와 판단은 사법적 판단보다는 입법자의 정책기술적인 재량에 맡기는 것이 바람직하고, 헌법재판소는 일단 입법자의 입법형성권을 존중하여야 한다고 보았다. 그리하여 위와 같은 통합조항이 결사의 자유나 직업의 자유 또는 재산권 등을 제한한다고 하더라도, 그 본질적 내용을 침해하는 것도 아니고 그 제한이 비례의 원칙에 어긋나는 것도 아니므로 위헌은 아니라고 하였다.[146]

---

143) 위 Ⅲ. 1. 참조.

144) 헌법재판소 1996. 4. 25. 선고 92헌바47 결정(헌판집 8권 1집 370, 379-380면); 2000. 6. 1. 선고 99헌마553 결정(헌판집 12권 1집, 686, 714-715면) 참조.

145) 위 주 11).

146) 金善擇, "法人의 結社의 自由", 考試界 2002. 5, 97면 이하는 이 결정에 반대한다.

단체의 해산과 관련하여 한 가지 더 언급할 것이 있다. 공익법인의 설립 및 운영에 관한 법률 제13조는 해산한 공익법인[147]의 남은 재산은 정관으로 정하는 바에 따라 국가나 지방자치단체에 귀속된다고 규정하고 있다. 원래 민법은 법인이 해산되면 그 재산은 정관으로 정한 자에게 귀속하고, 정관으로 지정되지 않거나 지정하는 방법을 정하지 않았으면 이사 또는 청산인이 법인의 목적에 유사한 목적을 위하여 그 재산을 처분할 수 있도록 규정하고 있는데(제80조), 위 법률은 잔여 재산에 관한 당사자의 권한을 박탈하여 무조건 국가나 지방자치단체에 귀속하는 것으로 규정하고 있는 것이다. 이처럼 당사자들의 자치적인 권한을 박탈하는 것은 위헌이라고 판단될 소지가 매우 크다. 뿐만 아니라 위 법 자체가 공익법인의 설립을 억제하려는 취지에서 만들어졌으며 그 내용도 규제 일변도이다.[148] 이러한 과도한 규제가 헌법에 부합하는 것인지는 깊이 생각해 볼 문제이다.[149]

Ⅴ. 사법상 단체 내부의 문제

1. 단체 내부에 대한 기본권의 간접적 효력

사법상 단체 내부의 문제는 기본적으로 사법관계로서 기본권이 직접 미치는 영역이 아니다. 다만 이른바 기본권의 간접적 효력에 의하여 단체 내부의 문제라도 공서양속(민법 제103조)과 같은 일반조항을 통하여 법원이 개입할 수 있는 것이다.[150] 이러한 기본권의 간접적 효력은 특히 단체가 그 구성원에 비하여 현저하게 우월한 지위를 가지거나 또는 독점적 지위를 가지는 경우에 더욱 문제될 수 있다.[151]

---

147) 공익법인은 사단법인일 수도 있고 재단법인일 수도 있다. 위 법 제2조 참조.

148) 예컨대 공익법인은 목적 달성을 위하여 수익사업을 하려면 정관으로 정하는 바에 따라 사업마다 주무 관청의 승인을 받아야 하고(제4조 제3항), 그 임원은 주무관청의 승인을 받아 취임하며(제5조 제2항), 대통령령으로 정하는 특별한 관계가 있는 자의 수는 이사 현원(現員)의 5분의 1을 초과할 수 없고, 그와 같이 특별한 관계가 있는 자는 감사가 될 수 없으며(제5조 제5항, 제8항), 주무관청은 이사의 취임 승인도 취소할 수 있고(제14조 제2항), 그 설립허가도 취소할 수 있다(제16조).

149) 尹喆洪, "公益法人에 관한 小考", 숭실대 法學論叢 제10집, 1997, 129면 이하, 특히 149면 이하 참조.

150) 이 점을 언급하고 있는 독일의 문헌으로는 예컨대 Bauer(주 18), Art. 9 Rdnr. 49 f. 참조.

151) Bauer(주 18), Art. 9 Rdnr. 50 참조.

2. 단체의 가입 여부에 관한 단체의 권리

일반론으로서는 단체는 누구를 그 구성원으로 할 것인가에 관하여 결정권을 가지므로, 단체가 가입을 희망하는 특정인의 가입을 받아들이지 않는다 하더라도 이를 가리켜 위법이라고 할 수는 없다. 그러나 경우에 따라서는 이러한 단체의 가입 거부가 공서양속에 반하여 허용되지 않고, 그 가입을 받아들여야만 하는 경우[152]도 있을 수도 있다. 독일에서는 어느 단체가 독점적인 구조를 가지고 있거나, 적어도 현저한 경제적 또는 사회적 지위를 가지고 있고, 그리하여 가입 희망자가 본질적인 이익의 추구를 위하여는 그 구성원이 되어야 할 필요가 있을 때에는, 단체가 그 구성원을 받아들이지 않는 것은 독일 민법 제826조(고의에 의한 선량한 풍속 위반의 불법행위)에 해당되므로 그러한 단체의 권리가 제한될 수 있다는 논의가 있다.[153]

우리나라에서 이와 관련하여 논의될 수 있는 것은 종중이 여성을 받아들이지 않는 것이 허용되는가 하는 문제이다. 앞에서 살펴본 것처럼 대법원 2005. 7. 21. 선고 2002다1178 전원합의체 판결(주 50)은, 여성은 종중의 구성원이 될 수 없다는 종래의 관습은 공동선조의 분묘수호와 봉제사 등 종중의 활동에 참여할 기회를 출생에서 비롯되는 성별만에 의하여 생래적으로 부여하거나 원천적으로 박탈하는 것으로서, 변화된 우리의 전체 법질서에 부합하지 아니하여 정당성과 합리성이 있다고 할 수 없으므로, 종중 구성원의 자격을 성년 남자만으로 제한하는 종래의 관습법은 이제 더 이상 법적 효력을 가질 수 없게 되었다고 판시하였다.

그런데 이 중 종중이 여성을 종중원으로 받아들이는 것을 금지하는 것은 그 자체 헌법상 기본권을 침해하는 것으로서 허용될 수 없지만, 종중이 여성을 종중원으로 받아들이지 않는 것은 1차적으로는 종중의 권한에 속한다. 문제는 그러한 종중의 거부 내지 그러한 취지의 종중 규약이 공서양속에 반하는 것이 아닌가 하는 점이다. 이 점에 대하여 결론만을 이야기한다면, 우리나라가 유엔의 여성차별철폐협약에 가입한 점, 민법의 규정이 남녀평등의 방향으로 개정된 점, 헌법재판소가 동성동본 금혼을 위헌이라고 하고, 국적법상의 부계혈통주의

---

152) 수용강제(Aufnahmezwang).

153) Kemper(주 2), Art. 9 Rdnr. 52 참조.

를 위헌이라고 한 점 등의 법질서의 변화에 비추어 보면, 종중이 여성을 종중원으로 받아들이지 않는 것은 공서양속에 어긋나서 허용되지 않는다고 볼 수 있을 것이다.[154)]

3. 단체의 내부규정의 효력

가. 일 반 론

단체의 정관이나 규약 등의 내부규정은 그것이 강행법규에 어긋나거나 하는 등의 특별한 사정이 없는 한 이른바 자치규범으로서의 효력을 가지므로, 단체 및 그 구성원을 구속하며 법원도 이를 존중하여야 한다.

대법원 1992. 11. 24. 선고 91다29026 판결[155)]은, 법인의 정관이나 그에 따른 세부사업을 위한 규정 등 단체내부의 규정은, 특별한 사정이 없는 한 그것이 선량한 풍속 기타 사회질서에 위반되는 등 사회관념상 현저히 타당성을 잃은 것이거나, 그 결정절차가 현저히 정의에 어긋난 것으로 인정되는 경우 등을 제외하고는 이를 유효한 것으로 그대로 시인하여야 할 것이라고 판시하였다.

또한 최근의 대법원 2008. 10. 9. 선고 2005다30566 판결은, 종중의 성격과 법적 성질에 비추어 보면, 종중에 대하여는 가급적 그 독자성과 자율성을 존중해 주는 것이 바람직하고, 따라서 원칙적으로 종중규약은 그것이 종원이 가지는 고유하고 기본적인 권리의 본질적인 내용을 침해하는 등 종중의 본질이나 설립목적에 크게 위배되지 않는 한 그 유효성을 인정하여야 할 것이라고 보았다.

다른 한편 대법원 2000. 11. 24. 선고 99다12437 판결[156)]은, 사단법인의 정관은 이를 작성한 사원뿐만 아니라 그 후에 가입한 사원이나 사단법인의 기관 등도 구속하는 점에 비추어 보면, 그 법적 성질은 계약이 아니라 자치법규로 보는 것이 타당하므로, 이는 어디까지나 객관적인 기준에 따라 그 규범적인 의미 내용을 확정하는 법규해석의 방법으로 해석되어야 하는 것이지, 작성자의 주관이나 해석 당시의 사원의 다수결에 의한 방법으로 자의적으로 해석될 수는 없고, 따라서 어느 시점의 사단법인의 사원들이 정관의 규범적인 의미 내용과 다른 해석을 사원총회의 결의라는 방법으로 표명하였다 하더라도 그 결의

154) 이 점에 대하여 상세한 것은 尹眞秀(주 61), 3면 이하, 특히 21면 이하 참조.
155) 공 1993상, 212. 같은 취지, 대법원 2007. 7. 24.자 2006마635 결정(미공간).
156) 공 2001상, 113.

에 의한 해석은 그 사단법인의 구성원인 사원들이나 법원을 구속하는 효력이 없다고 하였다.

그러나 이러한 단체 내부의 규정도 그것이 공서양속에 어긋나는 경우에는 효력이 없다. 그리고 공서양속에 어긋나는가의 판단에 있어서는 헌법상의 기본권 규정이 많은 영향을 미칠 수 있다. 이 점에 관한 판례 몇 가지를 살펴본다.

나. 제소금지 규정

대법원 2002. 2. 22. 선고 2000다65086 판결[157]에서는 노동조합의 내부규정에서 노동조합과 조합원의 분쟁에 대하여 조합원은 노동조합을 상대로 일절 소송을 제기할 수 없다는 제소금지규정을 둔 것이 유효한가가 문제되었다. 이 사건에서 노동조합이 규약에 근거하여 만든 신분보장대책기금관리규정은 조합원이 조합업무 및 활동으로 인하여 부상을 입은 경우 치료비 및 위로금을 지급하도록 정하고 있었다. 그런데 위 규정에서는 조합의 업무 및 사업에 필요한 제 규정의 제정·개정, 규약 및 규정의 해석을 운영위원회가 하고, 신분보장대책기금의 지급은 운영위원회의 심의와 대의원대회의 의결을 거쳐서 하며, 그 지급이 부결되었을 때에는 1개월 이내에 재심을 청구할 수 있도록 정하면서, '본 조합의 신분보장 관리지급을 상대로 법적 소송을 제기할 수 없다'고 정하고 있었다.

원고들이 노동조합을 상대로 위 규정상의 위로금 지급을 청구하는 소송을 제기한 데 대하여, 원심법원은 위 규약과 규정은 노동자들의 자주적·민주적 조직체인 노동조합이 조합원들의 의사에 의하여 자율적으로 제정한 자치규범으로서 대내적으로 조합원들을 구속하는 효력이 있으므로, 이에 위반하여 제기된 이 사건 소는 권리보호의 요건을 갖추지 못한 것이어서 부적법하다고 보아 원고들의 소를 각하하였다.

그러나 대법원은, 자치적 법규범의 제정에 있어서도 헌법이 보장하고 있는 조합원 개개인의 기본적 인권을 필요하고 합리적인 범위를 벗어나 과도하게 침해 내지 제한하여서는 안 되는데, 헌법 제27조 제1항은 국민의 재판을 받을 권리를 기본적 인권 중의 하나로 보장하고 있고, 법원조직법 제2조 제1항은 국민의 재판청구권을 실질적으로 보장하고 있으며, 부제소 합의라도 그 당사자가 처분할 수 있는 특정된 법률관계에 관한 것으로서 그 합의 당시 각 당사자가

157) 공 2002상, 750.

예상할 수 있는 상황에 관한 것이어야 유효하게 되는데, 위 신분보장대책기금 관리규정 중 제소금지규정은 조합원의 재산권에 속하는 위로금의 지급을 둘러싸고 생기게 될 조합원과 피고 조합 간의 법률상의 쟁송에 관하여 헌법상 보장된 조합원의 재판을 받을 권리를 구체적 분쟁이 생기기 전에 미리 일률적으로 박탈한 것으로서, 국민의 재판을 받을 권리를 보장한 위의 헌법 및 법원조직법의 규정과 부제소 합의 제도의 취지에 위반되어 무효라고 판단하였다. 이 판결은 헌법상의 기본권 규정을 원용하여 단체 내부의 규정을 무효라고 판단한 전형적인 예라고 할 수 있다.

이처럼 단체의 내부규정에 포함된 일반적인 부제소특약이 유효한가에 관하여 국내에서는 그다지 논의가 없었다. 독일에서는 일반적으로 이처럼 단체와 그 구성원 사이의 분쟁에 대하여 제소를 금지하는 규정은 원칙적으로 허용될 수 없고, 다만 단체 내부에 중재판정부를 설치하였을 때에만 제소금지가 허용될 수 있다고 보고 있다. 그 이론적인 근거가 문제되는데, 이러한 제소의 권한 내지 중재판정부에 청구할 권한은 사원권의 일부로서 정관에 의하여도 배제할 수 없다고 설명한다.[158][159]

다. 체육단체의 내부규정

서울지법 남부지원 1995. 12. 28.자 95카합4466 결정[160]은, 한국야구위원회 규약의 지명권제도는 신인선수의 헌법상 보장된 직업선택의 자유를 지나치게 제한하는 것으로서, 선량한 풍속 기타 사회질서에 위반한 사항을 내용으로 하는 법률행위가 되어 무효라고 판단하였다. 위 한국야구위원회 규약은 국내 8개 프로야구단을 회원으로 하여 구성된 사단법인 한국야구위원회가 제정한 것인데, 이 규약 가운데 지명권제도 부분의 내용은 다음과 같다. 즉 각 구단은 신인선수 중 구단보호지역 내의 출신고등학교를 기준으로 1명의 신인선수를 1차

---

158) Reichert, Handbuch des Vereins- und Verbandsrecht, 9. Aufl., 2003, Rdnr. 1699. 또한 Sauter/Schweyer/Waldner(주 123), Rdnr. 370 참조. 체육 단체 내부의 중재판정부에 대하여는 연기영, "스포츠분쟁 해결기구의 설립방안", 스포츠와 법 제5권, 2004, 61면 이하; 강병근, "스포츠중재재판소(CAS)를 통한 스포츠 분쟁의 처리", 위 잡지 99면 이하; 이재경, "스포츠분쟁과 국제스포츠중재재판소(CAS)", 法律新聞 2008. 9. 29.자(제3685호) 등 참조.

159) 다만 독일의 문헌은, 상당한 이유가 있을 때에는 단체는 특정한 사안에 대하여는 법원이나 중재판정부에의 제소를 금지할 수 있다고 하면서, 그 예로서 운동경기에서의 사실 확정이나 국가대표팀의 대표선수 선발 등을 들고 있다. Reichert(주 158), Rdnr. 1700 참조.

160) 하집 1995-2, 4면.

지명하여 그 명단을 위원회 총재에게 제출하여야 하고, 총재는 제출된 신인 지명선수 명단을 검토한 후 이를 공시하여야 하며, 이렇게 구단이 1차 지명한 신인선수는 해당 구단이 지명권을 포기하거나 위 규약 제111조의 규정에 의하여 그 효력이 상실되지 않는 한 지명구단에게 영구히 그 보유권이 존속되어, 이후 보유권을 가진 지명구단은 1차 지명한 신인선수에 대하여는 독점적인 선수계약체결 교섭권을 갖게 되고, 다른 구단은 그 선수와 선수계약체결을 교섭할 수 없게 되는 것이었다.

법원은, 헌법이 보장하는 직업선택의 자유 내지 그 일부인 직업수행의 자유에는 직장을 선택할 자유도 포함되는데, 지명된 선수가 지명구단과의 선수계약체결을 거부할 경우 영구히 국내는 물론 일본에서조차도 피신청인 이외의 다른 구단에서는 신청인과 선수계약체결을 위한 교섭에 응해주지 않게 됨으로써 사실상 신청인은 자기의 의사에 반하여 영구히 프로야구선수로서 활동을 하지 못하게 되고, 이처럼 국내에서 독점적으로 프로야구단 흥행사업을 영위하는 지위에 있는 구단들이 공동으로 그들의 일방적 의사만에 의하여 이와 같은 지명권제도를 합의한 야구규약은 신청인의 헌법상 보장된 직업선택의 자유를 지나치게 제한하는 것으로서, 선량한 풍속 기타 사회질서에 위반한 사항을 내용으로 하는 법률행위가 되어 무효라고 판단하였다.[161)]

다만 이 사건에서는 엄밀히 말하자면 위 규약 자체는 한국야구위원회와 그 구성원인 구단만을 구속하고, 지명된 선수 자신에게는 직접 그 구속력이 미치지 않으므로 단체와 그 구성원 사이의 분쟁은 아니다. 그러나 각 구단은 다른 어느 구단에 의하여 지명된 신인선수와는 선수계약체결을 위한 교섭을 하거나 그 교섭에 응할 수가 없게 되므로, 그 선수는 지명구단 이외의 다른 구단과는 자유로운 선수계약을 체결할 수 없게 되는, 선수계약의 상대방을 제한하는 제도라는 점에서 사실상 단체와 그 구성원 사이의 분쟁과 마찬가지로 볼 수 있다.

체육단체의 내부규정을 무효라고 한 또 다른 예로서 서울동부지방법원 2006. 9. 29. 선고 2006가합9635 판결[162)]을 들 수 있다. 이 사건에서는 중학교 또는 고등학교 재학 중 다른 시·도로 전학한 체육특기자는 만 2년이 경과한 후에 전국

161) 이 결정을 지지하는 것으로서 金善擇, "프로야구선수계약시 드래프트제의 基本權侵害性", 考試界 2002. 2, 73면 이하가 있다.
162) 각공 2006, 2362.

체육대회에 참가할 수 있다고 규정한 사단법인 대한체육회의 전국체육대회 참가요강의 효력이 문제되었는데, 법원은 다음과 같은 이유로 이를 무효라고 판단하였다. 즉 전국체육대회의 주최자인 대한체육회가 각 시·도 간의 실질적인 경쟁이 이루어질 수 있도록 하고 각 시·도 간의 과당경쟁과 부정한 선수 스카우트를 방지하기 위하여 다른 시·도로 전학 또는 진학한 체육특기자의 참가자격을 제한하는 것이 가능하다고 하더라도, 그 제한은 합리적인 범위 내이어야 하는데, 2년의 제한기간은 지나치게 장기간인 점, 참가자격 제한의 예외사유가 학생들의 불가피한 개인적인 사정을 전혀 고려하지 않은 것으로서 그 예외 인정의 범위가 지나치게 좁은 점, 부정한 선수 스카우트에 대한 제도적 통제가 가능한 점 등에 비추어 보면, 위 참가요강은 행복추구권에 포함되어 있는 일반적인 행동자유권과 개성이나 인격의 자유로운 발현권을 과도하게 제한하는 것으로서 선량한 풍속 기타 사회질서에 반하여 민법 제103조에 의하여 무효라는 것이다.

4. 단체의 그 구성원에 대한 징계

현재 우리나라의 법은 단체가 그 구성원에 대하여 징계를 할 수 있는지에 관하여, 몇몇 예외적인 경우[163] 외에는 침묵을 지키고 있다. 그러나 이러한 법 규정의 부재에도 불구하고, 단체가 단체 구성원에 대한 징계권을 가진다는 점 및 법원이 그 징계의 당부에 대하여 심사할 수 있다는 점은 일반적으로 받아들여지고 있다. 그러나 그 징계권의 성질이 무엇인지, 법원이 심사할 수 있는 범위가 무엇인지 등에 관하여는 그다지 많은 논의가 없다.[164]

독일에서는 이 문제에 관하여 논의가 많은데, 주로 단체의 징계(社團罰, Vereinsstrafe) 권한의 근거가 되는 정관의 법적 성질을 규범으로 보는가, 아니면 계약으로 파악하는가에 따라 법원의 심사 범위를 다르게 보고 있다.[165] 전

163) 민법 제718조(조합원의 제명), 상법 제220조, 제269조(합명회사와 합자회사의 사원 제명) 등.

164) 우리나라에서 이 문제에 관한 독일의 논의를 소개하고 있는 것으로는 朴鍾熹, "社團의 構成員에 대한 統制權의 法的 基礎와 司法審査의 範圍", 安岩法學 제7호, 1998, 347면 이하가 있다. 다만 노동조합의 조합원에 대한 징계에 관하여는 어느 정도 논의가 있는 편이다. 김인재, "勞動組合 內部問題의 法的 規律", 서울대학교 대학원 박사학위논문, 1996, 201면 이하; 박종희, "노동조합의 통제권의 법적 기초와 사법심사의 범위", 勞動法學 제9호, 1999, 195면 이하 등 참조. 노동조합 및 노동관계조정법 제81조 제2호 단서는 노동조합의 조합원에 대한 제명에 관하여 규정하고 있다.

165) 학설의 소개는 MünchKomm/Reuter, 4. Aufl., 2001, §25 Rdnr. 33 ff.; 朴鍾熹(주 164), 354면 이하 참조. 나아가 근래에는 독자적인 사단벌이라는 개념을 인정하지 않고, 이를 계약벌

자는 징계에 대한 법원의 심사를 제한적으로만 인정하는데 반하여, 후자는 징계에 대한 법원의 무제한적인 심사를 주장한다.

현재 독일의 판례는 일반적인 사단에 대하여는 징계가 명백하게 불공정한지 여부,[166] 또는 징계에 있어 사실 확정이 정당한지 여부[167]만을 심사하고 있다. 그러나 독점적 또는 우월적 지위에 있기 때문에 수용강제(Aufnahmezwang)가 인정되는 단체의 경우에는 그 구성원을 제명하는 자유도 제약된다고 하여, 제명에는 상당한 이유(sachlicher Grund)가 존재하여야 한다고 판시하였다.[168]

현재 우리나라에서는 아래에서 살펴보는 종교단체 내부의 징계를 제외하고는 법원이 단체의 징계에 대하여 어느 범위에서 심사할 수 있는가를 다룬 판례는 많지 않으나, 다음의 몇 가지 경우에 판례는 징계의 효력을 부인하고 있다.

첫째, 판례는 강행규정에 어긋나는 징계에 관한 정관은 무효라고 한다.[169]

둘째, 단체의 구성원에 대한 제명은 단체의 목적 달성이 어렵게 되거나 공동의 이익을 위하여 불가피한 경우에 최종적인 수단으로서만 인정되고,[170] 법원은 그 제명사유의 존부와 결의내용의 당부 등을 가려 제명처분의 효력을 심사할 수 있다고 한다.[171] 이처럼 제명이 최종적인 수단으로서만 인정된다는 것

(Vertragsstrafe)로, 단체 구성원의 제명은 중대한 사유에 의한 해지(Kündigung)로 이해하려는 견해도 유력하다. Staudinger/Weick(주 9), §35 Rdnr. 34 참조.

166) BGHZ 47, 381.

167) BGHZ 83, 337.

168) BGHZ 102, 265.

169) 대법원 2007. 5. 10. 선고 2005다60147 판결(공 2007상, 853)은 인적 회사인 합명회사, 합자회사의 사원 제명에 관한 규정을 물적 회사인 주식회사에 유추적용하여 주주의 제명을 허용할 수 없고, 주주를 제명하고 회사가 그 주주에게 출자금 등을 환급하도록 하는 내용을 규정한 정관이나 내부규정은 무효라고 판시하였다. 그리고 대법원 1994. 10. 14. 선고 94다21184 판결(공 1994하, 2982)은, 건축사법에 따르면 건축사협회 등의 제3자는 다른 법률의 규정에 의하여 시·도지사로부터 특별히 권한을 재위임받지 아니하는 한 건축사에 대하여 업무정지를 명할 수 없으므로, 건축사의 제명이나 업무정지를 인정한 건축사협회의 정관은 무효라고 하였다.

170) 대법원 2004. 11. 12. 선고 2003다69942 판결(공 2004하, 2026). 이 사건에서 대법원은 당해 단체인 어촌계의 정관상으로는 제명결의 외에 달리 계원의 불법·부당한 행위를 제재할 수 있는 방법이 없음을 인정하면서도, 계원에 대한 제명결의는 계원의 의사에 반하여 그 계원의 지위를 박탈하여 생계의 터전인 점포의 점유·사용권을 잃게 되는 것인 점을 들어 위 제명이 무효라고 보았다.

171) 대법원 1994. 5. 10. 선고 93다21750 판결(공 1994상, 1635). 대법원 1991. 2. 12. 선고 90누6248 판결(공 1991, 999)은, 사업자단체인 원고(전라북도사진앨범인쇄협동조합)가 그 조합원을 제명한 경우에, 형식상 정관에 규정된 제명사유가 있더라도, 원고조합이 조합원을 제명한 조치는 그에게 너무 가혹하여 부당하므로, 이는 독점규제및공정거래에관한법률 제18조 제1항 제2호가 사업자단체에 대하여 하여서는 아니되는 행위로 규정하고 있는 "일정한 거래분야에 있어서 현재 또는 장래의 사업자수를 제한하는 행위"에 해당하고, 따라서 경제기획원장관이 이를 이유로 같은법 제19조에 따라서 원고에 대하여 위 제명행위를 취소하도록 시정을

은 독일에서도 일반적으로 인정되고 있는데, 그 근거는 단체가 단체 구성원에 대하여 부담하는 성실의무(Treuepflicht)에 있다고 한다.172) 그러나 이를 다른 각도에서 본다면 헌법상의 비례원칙(최소침해의 원칙)이 단체 내부에서도 간접적으로 적용되는 경우라고 할 수 있다.

5. 종교단체의 내부분쟁

현재 실무상 많이 문제되는 것은 종교단체 내의 분쟁이다. 그런데 이는 헌법상 종교의 자유와 관련하여 많은 논의의 대상이 되고 있다. 주로 문제되는 것은 종교단체 내부의 징계가 종교의 자유 때문에 사법심사의 대상에서 제외되는가 하는 점이고, 그 외에 교회의 분열을 인정할 것인가 하는 점도 종교의 자유와 관련하여 논의된다.

가. 종교단체 내부의 징계

현재 대법원의 판례는 원칙적으로 종교단체 내부의 징계는 사법심사의 대상이 되지 않는다고 보면서도, 그러한 징계의 효력 유무가 다른 법률적 분쟁의 선결문제가 될 때에는 예외적으로 이를 심사하고 있다.

우선 판례는, 종교단체의 권징결의는 교인으로서 비위가 있는 자에게 종교적인 방법으로 징계 제재하는 종교단체 내부의 규제에 지나지 않으므로, 이는 사법 심사의 대상이 되지 않고, 그 효력과 집행은 교회 내부의 자율에 맡겨져야 한다고 한다.173) 그러나 다른 한편 위와 같은 징계의 효력 유무가 다른 구체적인 권리 또는 법률관계의 선결문제가 되는 경우에는 그 판단의 내용이 종교 교리의 해석에 미치지 않는 한 법원으로서는 위 징계의 당부를 판단하여야 한다고 보고 있다.174) 다만 이러한 경우에도 종교단체의 자율성을 존중하여,

---

명한 이 사건 처분은 적법한 것이라고 하였다. 그 밖의 이 점에 관한 법원의 판례는 趙胤新, "단체의 임원에 대한 명예훼손과 단체구성원에 대한 제명처분", 대법원판례해설 51號(2004 하반기), 35면 이하에 소개되어 있다.

172) Barbara Grunewald, Der Ausschluß aus Verein und Gesellschaft, 1987, S. 79 ff.; Reichert(주 158), Rdnr. 1630 등.

173) 대법원 1978. 12. 26. 선고 78다1118 판결(집 26권 3집 민361); 1981. 9. 22. 선고 81다276 판결(집 29권 3집 민87면); 1983. 10. 11. 선고 83다233 판결(공 1983, 1656); 1985. 9. 10. 선고 84다카1262 판결(공 1985, 1323) 등.

174) 예컨대 교회 대표자의 지위(대법원 1984. 7. 24. 선고 83다카2065 판결, 집 32권 3집 민184면); 사찰의 점유권원(대법원 1992. 5. 22. 선고 91다41026 판결, 공 1992, 1967); 비법인 사단

그 종교단체 소정의 징계절차를 전혀 밟지 아니하였다거나 징계사유가 전혀 존재하지 아니한다는 등 이를 무효라고 할 특별한 사정이 없으면 그 징계는 여전히 효력을 지속한다고 한다.[175)]

이처럼 종교 단체 내의 징계의 효력은 원칙적으로 사법심사의 대상이 아니라고 보는 판례의 태도를 어떻게 이해할 것인가? 우선 생각할 수 있는 것은, 이러한 교회 내부의 징계는 법률상의 권리의무에 관한 것이 아니므로 재판의 대상이 되지 않는다는 설명이다. 이처럼 사법심사를 부정하고 있는 대법원의 판례는, 종교단체의 교인에 대한 징계는 순수한 종교적 문제이고 교인 개인의 특정한 권리·의무에 관계되는 법률관계를 규율하는 것이 아니므로 그 효력을 다투는 것은 법률상의 쟁송사항에 관한 것이라 할 수 없다고 하여, 이러한 태도를 취하고 있다.[176)]

그러나 이러한 설명이 반드시 설득력이 있는 것은 아니다. 우선 판례도 위와 같은 징계의 효력 유무가 다른 법률문제의 선결문제가 될 때에는 그에 대하여 판단하여야 한다고 보고 있으므로, 그러한 징계의 효력 유무가 반드시 법률상의 분쟁에 해당하지 않는다고는 말할 수 없을 것이다. 또한 이러한 판례는 일반 단체 내의 지위에 관한 분쟁 내지 단체의 징계에 관한 사항은 권리의무에 관한 것으로 보아 사법심사의 대상으로 보고 있는 것과도 균형이 맞지 않는다.

이러한 판례를 이해하는 또 다른 관점은, 종교 단체의 종교의 자유를 보호하기 위하여는 이러한 종교 단체의 징계의 효력을 사법심사의 대상으로 삼지 않아야 한다는 것이다. 다시 말하여 법원이 징계의 효력을 심사하는 것은 종교의 자유를 침해하는 것이 된다는 것이다. 대법원 1992. 5. 22. 판결(주 174)은 종교단체의 징계결의는 헌법이 보장하고 있는 종교자유의 영역에 속한다고 보고 있다.[177)]

이러한 관점은 독일의 판례와도 유사하다. 독일의 판례는, 독일 헌법 제140조에 의하여 효력이 유지되고 있는 바이마르 헌법 제137조 제3항의 종교단체의 업무에 대한 독자적 관리권[178)]과 관련하여 종교단체의 내부문제와 외부문제를 구별하여, 내부 문제는 국가법이 관여할 수 없고, 외부문제에 대하여만

또는 단체인 사찰의 대표자로서의 지위(대법원 2005. 6. 24. 선고 2005다10388 판결, 공 2005하, 1254) 등.

175) 위 91다41026 판결(주 174). 같은 취지, 위 83다카2065 판결(주 174).

176) 위 78다1118 판결(주 173); 83다233 판결(주 173) 등.

177) 위 2005다10388 판결(주 174)도 같은 취지이다.

178) 바이마르 헌법 제137조 제3항 전문: 모든 종교단체는 자신의 업무를 모든 현행법의 한계 내에서 스스로 규율하고 관리한다.

국가법이 관여할 수 있다고 본다.[179)]

그러나 교회의 징계의 유무효에 관하여 법원이 판단하는 것이 반드시 종교의 자유를 침해하는 것인지는 의문이다. 물론 법원이 순수한 종교적 문제, 예컨대 교리상의 다툼에 대하여 판단할 능력은 없고, 또 이에 대하여 판단하는 것은 종교의 자유의 침해에 해당할 것이다.[180)] 그러나 종교단체의 징계 절차가 내부의 규정을 따른 것인지, 종교 단체가 주장하는 징계 사유가 과연 존재하는 것인지 등은 법원이 판단할 수 있는 문제로서, 당연히 사법심사의 대상에서 제외된다고 볼 수는 없다.[181)] 다만 사법심사를 행함에 있어서는 종교의 자유를 침해하지 않기 위하여 종교단체의 자율성 내지 특수성을 신중하게 고려하여야 할 것이다. 근래 독일에서도 종교단체의 내부 문제와 외부 문제를 도식적으로 구별할 수는 없고, 종교의 자유와 법률에 의하여 보호되는 법익을 형량하여야 한다는 주장이 유력하다.[182)183)]

---

179) 이른바 영역이론(Bereichlehre). BVerfGE 18, 385, 386 ff.; 42, 312, 334 등. 상세한 판례의 소개는 Ehlers, in Sachs(주 15), Art. 140 Art. 137 WRV Rdnr. 10; Classen, Religionsfreiheit und Staatskirchenrecht in der Grundrechtsordnung, 2003, S. 106 f. 참조. 黃祐呂, "國家의 法과 敎會의 裁判", 司法論集 제13집, 1982, 20면 이하도 독일의 판례를 언급하고 있다.

180) 대법원 1980. 1. 29. 선고 79다1124 판결(집 28권 1집 민45면)은, 세계기독교 통일신령협회(소위 통일교)가 기독교의 종교단체인지 여부는 원고의 권리·의무 등 법률관계와는 아무런 관련이 없는 사실문제라고 하여 그 확인의 이익이 없다고 하였다. 이러한 경우에 통일교가 기독교에 속하는가 하는 점은 법원이 판단할 수 있는 사항에는 해당하지 않을 것이다.

181) 李榮眞, "司法權과 宗敎團體의 內部紛爭", 司法論集 제33집, 2001, 250면은 권징재판의 유무, 그 권징결의가 일반 실체법 체계나 소송법 체계와 모순 저촉이 되거나 당해 교회 재판에 실체적·절차적으로 중대 명백한 하자가 있는 경우에는 예외적으로 교회의 자유권 보장이라는 측면과 이해관계 있는 당사자 간의 법률상 이익과의 균형 조화의 범위에서 사법심사가 가능하다고 볼 여지가 있다고 주장한다. 같은 취지, 오시영, "민사소송절차와 교회 내부 징계절차 및 행정쟁송절차의 비교 검토", 民事訴訟 제12권 1호, 2008, 498면 등. 野中俊彦·中村睦男·高橋和之·高見勝利, 憲法 Ⅱ, 第3版, 2001, 214면 주 4)(中村睦男 집필 부분)는 종교단체 내부의 분쟁에 관하여 일률적으로 심사를 부정하는 것은 적절하지 않다고 한다.

182) 이른바 형량이론(Abwägungslehre). Ehlers(주 179), Art. 140 Art. 137 WRV Rdnr. 11; Classen(주 179), S. 106 ff. 등. 근래의 독일연방대법원 판례(BGH NJW 2000, 1555)도 이러한 주장을 따르고 있다.

183) 다른 한편 金鎭鉉, "敎會財産紛爭에 있어서의 訴의 利益", 厚巖 郭潤直敎授華甲紀念 民法學論叢, 1985, 265면 이하는 이 문제에 관하여 미국의 일부 주 법원이 채택하고 있는 이른바 계약설을 원용하여, 교회의 헌법, 회칙 기타의 자치규정은 분쟁당사자간의 계약(합의)조항으로 보고, 교회치리기관은 중재인으로 보게 되므로, 법원은 '중재인'인 교회치리기관이 '중재계약'인 교회자치법규에 의거 그의 관할사항으로 되어 있는 분쟁에 관하여, 그 규정된 절차를 밟아, 그 규정된 권한내의 재판(중재판정)을 하였는지의 여부만을 심사하면 되며, 따라서 중재판정의 취소여부를 심사하는 정도로만 개입하면 된다고 한다. 계약설의 내용에 관하여는 위 논문 257면 이하 참조. 그러나 교회 또는 교단 내의 기관으로서 소속 교인들을 징계하는 치리회를 독립된 중재인으로 볼 수 있는지는 의심스럽다. 기본적으로 교회 내의 권징절차는 형사재판과 유사한 성질의 것으로서, 중재적격(arbitrability, objektive Schiedsfähigkeit)이 없다

최근의 대법원 2006. 2. 10. 선고 2003다63104 판결[184]은 종래의 판례보다 한걸음 더 나아간 것으로 평가할 수 있다. 이 판결은, 교회의 공동의회에서 이루어진 장로에 대한 신임투표 결의의 무효확인을 구하는 것에 대하여, 시무장로가 교회의 항존직원이자 지교회의 치리회인 당회의 구성원인 이상, 그러한 지위를 그 교회의 신앙적 정체성과 무관한 것으로 보기 어려우므로, 그에 관한 분쟁 또한 종교의 교리나 신앙과 무관한 것이라고 볼 수는 없으나, 교인으로서 비위가 있는 자에게 종교적인 방법으로 징계·제재하는 종교단체 내부의 규제(권징재판)가 아닌 한 종교단체 내에서 개인이 누리는 지위에 영향을 미치는 단체법상의 행위라 하여 반드시 사법심사의 대상에서 제외하거나 소의 이익을 부정할 것은 아니라고 하면서, 다음과 같은 이유를 들고 있다. 즉 ① 교회 내부의 지위를 둘러싼 분쟁이 사법권의 한계 밖에 있다고 보거나 소의 이익을 결여하고 있다고 본다면, 이 경우 구체적 권리의무에 관한 분쟁이 해결되지 않은 채로 남게 되고, 그 결과 국민의 재판청구권이 침해될 위험이 큰 점, ② 현실적으로 종교단체 내에서의 지위를 둘러싼 분쟁과 관련하여 효력이 다투어지는 각종 처분이나 절차 등에는 매우 중대한 하자가 있는 수가 적지 않은데, 그저 종교단체 내부의 지위를 둘러싼 분쟁이라는 이유만으로 본안에 관한 심리조차 거부하는 것이 반드시 타당하다고는 보기 어려운 점, ③ 종교단체 내에서의 지위에 영향을 미치는 처분이나 결의의 이유 자체가 언제나 신앙이나 교리와 직접 연관되어 있는 것은 아닌 점,[185] ④ 특히 교회 내부의 분쟁에 관한 사법적 관여의 자제는 종교단체의 자율적 운영의 보장이라는 헌법적 고려를 바탕에 깔고 있는데, 교회 내부의 반목이 극심한데다가 교단 분열로 인하여 소속교단부터가 불분명한 경우, 처분이나 결의의 교회법적 정당성을 재단할 적법한 권한을 가진 노회 기타 상급 치리회를 확정할 수 없어 교회 내에서의 자율적 문제 해결이 사실상 불가능한 점 등이다.

그러면서도 이 판결은, 우리 헌법이 종교의 자유를 보장하고 종교와 국가 기능을 엄격히 분리하고 있는 점에 비추어 종교단체의 조직과 운영은 그 자율

고 보아야 할 것이다.

184) 공 2006상, 404.

185) 이 판결은 이 점에서 공동의회 결의가 통상의 권징재판과 구별된다고 보았다. 즉 양자는 그 대상이 된 사람의 교회 내에서의 지위에 영향을 준다는 점에서는 차이가 없으나, 통상의 권징재판이 그러한 처분의 '원인' 내지 '이유'를 신앙·교리에서 찾고 있다면 공동의회에서 이루어진, 시무장로에 대한 신임투표는 반대로 그 '효과'면에서 피고 교회의 신앙적 정체성에 영향을 미치는 것이라고 한다.

성이 최대한 보장되어야 할 것이므로, 교회 안에서 개인이 누리는 지위에 영향을 미칠 각종 결의나 처분이 당연 무효라고 판단하려면, 그저 일반적인 종교단체 아닌 일반단체의 결의나 처분을 무효로 돌릴 정도의 절차상 하자가 있는 것으로는 부족하고, 그러한 하자가 매우 중대하여 이를 그대로 둘 경우 현저히 정의관념에 반하는 경우라야 한다고 보고 있다.[186]

나. 교회의 분열

종래의 판례는 교회의 분열이라는 개념을 인정하고, 교회가 분열되었을 경우 교회 건물을 비롯한 교회의 재산은 특별한 사정이 없는 한 분열 당시 전체 교인들의 총유에 속한다고 보고 있었다.[187] 그런데 대법원 2006. 4. 20. 선고 2004다37775 전원합의체 판결[188]의 다수의견은 종래의 판례를 변경하여 교회의 분열이라는 개념을 부정하면서, 교회가 법인 아닌 사단으로서 존재하는 이상, 그 법률관계를 둘러싼 분쟁을 소송적인 방법으로 해결함에 있어서는 법인 아닌 사단에 관한 민법의 일반 이론에 따라 교회의 실체를 파악하고 교회의 재산 귀속에 대하여 판단하여야 한다고 판시하였다. 그리하여 일부 교인들이 교회를 탈퇴하여 그 교회 교인으로서의 지위를 상실하게 되면, 탈퇴가 개별적인 것이든 집단적인 것이든 종전 교회의 총유 재산의 관리처분에 관한 의결에 참가할 수 있는 지위나 그 재산에 대한 사용 · 수익권을 상실하고, 종전 교회는 잔존 교인들을 구성원으로 하여 실체의 동일성을 유지하면서 존속하며, 종전 교회의 재산은 그 교회에 소속된 잔존 교인들의 총유로 귀속됨이 원칙이라고 하였다. 그리하여 교단에 소속되어 있던 지교회의 교인들의 일부가 소속 교단을 탈퇴하기로 결의한 다음 종전 교회를 나가 별도의 교회를 설립하여 별도의 대표자를 선정하고 나아가 다른 교단에 가입한 경우, 그 교회는 종전 교회에서 집단적으로 이탈한 교인들에 의하여 새로이 법인 아닌 사단의 요건을 갖추어 설립된 신설 교회여서, 그 교회 소속 교인들은 더 이상 종전 교회의 재산에 대한 권리를 보유할 수 없게 되고, 다만 특정 교단에 가입한 지교회가 교단이 정한 헌법을 지교회 자신의 자치규범으로 받아들였다고 인정되는 경우에는 이는 사단법인 정관변경에 준하여 의결권을 가진 교인 2/3 이상의 찬성에 의한 결의

186) 이 점에 대하여는 尹眞秀(주 68), 376면 이하 참조.

187) 대법원 1988. 3. 22. 선고 86다카1197 판결(공 1988, 669); 1990. 12. 21. 선고 90다카22056 판결(공 1991, 586); 1993. 1. 19. 선고 91다1226 전원합의체 판결(공 1993, 712) 등 다수.

188) 공 2006상, 851.

를 필요로 한다고 하였다.

이 문제는 종래부터 논란이 많았던 문제로서, 학설상으로는 분열의 개념을 승인하면서 교회 재산은 분열된 두 개의 교회가 공유하고, 그 공유지분을 각 교회의 교인이 총유로 소유한다고 보는 공유설이 다수설이었다. 이 판결 선고 후에도 이러한 공유설을 지지하는 논자가 많다.[189][190] 이러한 논자들은 분열을 인정하여야 하는 근거로서, 교회는 신앙단체라는 특수성이 있으므로 일반적인 권리능력 없는 사단의 법리로 규율될 수는 없고, 주식회사의 분할이 인정되는 점에 비추어 보면 교회의 분열도 인정될 수 있으며, 교회재산은 교회를 유지하기 위한 필요적 요소이므로 교회의 분열을 인정하여 종전의 교회 재산에 대한 분열된 교인들의 권리를 인정하여야 분열된 교인들의 계속적인 종교행위도 보장될 수 있다는 점 등을 들고 있다.

그러나 이러한 견해는 수긍하기 어렵다. 우선 주식회사의 분할(상법 제530조의 2 이하)은 사원총회의 결의에 의하여 이루어지는 것으로서 상법이 인정하고 있는 것이고, 분할을 위하여도 가중된 요건(상법 제530조의 3, 제434조)을 필요로 하므로, 이러한 결의 없이 사실상 교회가 갈라지는 교회의 분열과는 전혀 다른 개념이다. 교회나 기타 일반 사단의 경우에도 그 구성원들이 별도의 결의 또는 합의를 통하여 종전 사단을 분할하는 행위가 사적자치의 원칙상 허용됨은 당연하다.[191] 다만 이러한 경우에는 정관변경에 준하여 의결권을 가진 교인 2/3 이상의 찬성에 의한 결의를 필요로 할 것이다. 그러나 이러한 경우에 어떤 법률효과가 생기는가 하는 것은 별개의 문제이다. 단순히 사단이 분할하기로 결의하였다 하여도 그것만으로는 바로 그에 따른 권리의 변동이 생길 수는 없고, 등기와 같이 권리변동에 요구되는 별도의 요건을 갖추어야 할 것이다. 이러한 요건을 갖추지 않았음에도 불구하고 교회가 사실상 분열되었다는 이유만으로 종전의 총유 상태

189) 오시영, "교회의 분열과 재산 귀속 관계에 대한 고찰", 人權과 正義 2006. 9, 181면 이하; 金敏圭, "교회의 분열과 재산귀속에 관한 판례법리의 변천", 財産法硏究 제23권 3호, 2007, 191면 이하; 宋鎬煐, "교회의 교인들이 종전교단으로부터 집단적으로 탈퇴하여 별도의 교회를 설립한 경우의 법률관계", 民事法學 제35호, 2007, 191면 이하; 김교창, "準社團法人인 敎會의 分割", 저스티스 통권 98호(2007. 6), 248면 이하; 양형우, "교회분열에 따른 재산귀속", 財産法硏究 제24권 1호, 2007, 59-94면 이하 등.

190) 반면 판례를 지지하는 것으로는 閔裕淑, "교인들이 집단적으로 교회를 탈퇴한 경우 법률관계", 대법원판례해설 60호(2006 상반기), 31면 이하; 尹眞秀(주 68), 375-376면; 洪起台, "敎人들의 脫退에 따른 敎會財産의 歸屬關契", 民事判例硏究 XXIX, 2007, 613면 이하; 배성호, "교회분열과 재산귀속", 한국부패학회보 제12권 4호, 2007, 47면 이하 등.

191) 위 전원합의체 판결에서의 김영란 대법관의 보충의견 참조. 그런데 김교창(주 189), 265면 이하는 이 판결이 분할의 길을 막았다고 단정한다.

가 포괄적으로 공유의 상태로 바뀔 수 있는 아무런 근거가 없다.[192]

그리고 종교의 자유를 그 근거로 들고 있으나, 종교의 자유가 그 권리자의 의사와는 관계없이 종교 단체의 재산을 이용할 자유를 포함하는 것은 아니다. 어떤 종교 단체의 재산을 이용할 수 있는가는 일차적으로는 그 재산 보유자의 의사에 따라야 할 것이고, 누가 그 재산을 보유하고 있는가 하는 점은 일반 재산법의 원리에 의하여 결정될 것이다. 위와 같은 주장은 결국 분열의 경우에 분열된 두 교회에 기존 교회의 재산에 대한 재산권을 인정하여야 하는 것에 귀착된다. 그러나 기존 교회의 재산에 대한 권리는 일반적인 단체의 의사결정에 관한 법리에 따를 수밖에 없는 것이다. 이를 부정하는 것은 단체의 존재이유를 부정하는 것과 마찬가지이다.[193]

한 가지 생각할 수 있는 것은, 이러한 경우에 이탈 교인에 대하여 그 출연 재산의 환급청구권을 인정한다는 것이다. 일본의 판례는, 권리능력 없는 사단의 재산관계는 총유이므로 탈퇴한 구성원은 원칙적으로 환급청구권을 가지지 않는다고 보면서도,[194] 예외적으로 특정 단체의 시설에 들어가서 죽을 때까

192) 위 전원합의체 판결에서의 김영란 대법관의 보충의견은, 우리 단체법이론에 의하면 단체의 합병에 의한 포괄승계는 인정되나 명문으로 인정된 상법상 회사분할의 예를 제외하면 단체의 분리에 의한 포괄승계를 상정하고 있지 않으므로, 이를 인정하려면 당사자들의 법률행위나 법률의 규정이 필요한 것이라고 지적하고 있다. 그런데 우리 단체법상 상법에 따른 회사의 합병 외에 특별법에 의하여 법인의 합병을 인정하고 있는 예는 많이 있으나, 그렇다고 하여 단체의 합병 내지 그에 따른 포괄승계가 일반적으로 인정되고 있다고 할 수 있는지는 의문이다. 일본의 一般社団法人及び一般財団法人に関する法律은 법인의 합병을 일반적으로 인정하고 있다(제242조 이하). 또 법률의 규정 없이 당사자들의 법률행위만으로 단체의 분리에 의한 포괄승계가 인정될 수는 없을 것이다.

193) 위 전원합의체 판결에서의 김영란 대법관의 보충의견은, 다수결의 원리가 적용되는 결과 소수파로 되는 교인들이라 하더라도 자신들이 신봉하는 교리를 좇아 스스로 교회를 선택하거나 선택하였던 교회에서 탈퇴하여 원하는 교회를 찾아감으로써 종교의 자유를 향유할 수 있는 이상 이를 넘어서서 개개 교인들의 종교의 자유를 내세워 이를 기준으로 교회 재산의 귀속을 결정하여야 한다는 것은 구성원의 개성이 매몰되는 단체법원리를 부인하는 것으로서 받아들일 수 없다고 지적한다. 그런데 대법원 2000. 6. 9. 선고 99다30466 판결(공 2000하, 1612)은, 교회가 그 교회 건물을 교단 명의로 등기하였다가 교단을 탈퇴한 경우, 위 등기는 명의신탁에 해당하는 것으로 볼 여지가 있다고 하면서, 만일 그렇지 않으면 위 교회는 교단으로부터 탈퇴는 하면서도 그 존립의 기초가 되는 예배장소는 반환받지 못하는 결과가 되어 부당하다고 한다. 그러나 이 판결은 직접적으로는 명의신탁을 인정할 것인가 하는 문제에 관한 것으로서 직접적으로 종교의 자유를 근거로 한 것은 아니다. 뿐만 아니라 교회가 그 교회 건물을 교단 명의로 등기하는 것을 쉽게 명의신탁이라고 인정할 것은 아니라고 생각한다. 더구나 위 사건에서는 교회가 교회 건물을 교단 명의로 등기한 것은 원칙적으로 명의신탁을 무효로 하고 있는 부동산 실권리자명의 등기에 관한 법률이 시행된 1995. 7. 1. 이후인 1996. 10. 8.의 일이었다.

194) 日本 最高裁判所 1957(昭和 32). 11. 14. 판결(민집 11권 12호 1943면); 1974. 9. 30. 판결(민집 28권 6호 1382면).

지 살 것을 전제로 하여 그 단체에 재산을 출연하였다가, 사정의 변경으로 인하여 그 단체의 동의를 얻어 탈퇴한 경우에는 출연 목적의 소멸을 이유로 부당이득의 반환을 청구할 수 있다고 한다.[195] 일본의 학설상으로는 단체가 재산적 이익의 분배를 목적으로 하는 경우에는 그 환급청구를 인정할 수 있으나, 그렇지 않은 경우에는 그 출연은 통상 단체에 대한 증여에 가까우므로 환급을 인정할 수 없다는 견해도 주장된다.[196] 그러나 권리능력 없는 사단으로부터 탈퇴한 구성원이 출연의 환급을 청구할 수 있는 경우가 있을 수 있다고 하더라도, 교회가 이러한 유형의 사단에 속한다고 볼 수는 없을 것이다. 교회의 교인이 교회에 출석하지 않겠으니 자신의 연보를 반환하라고 하는 것은 받아들여지기 어렵다. 그렇다고 하여 이탈 교인이 한 사람이나 소수일 때에는 환급을 인정하지 않고, 다수일 때에는 환급을 인정한다고 하기도 어려울 것이다.

Ⅵ. 결　　론

종전에는 특히 사법학에서는 단체의 문제를 사법의 관점에서만 접근하려는 경향이 있었다. 그러나 앞에서 살펴본 법인의 설립이라든지, 종중 또는 단체 내부의 분쟁 등의 문제를 제대로 해결하려면 사법뿐만 아니라 헌법적인 시각이 필요하다. 그러나 이제까지는 이처럼 사법과 공법을 연결시키는 연구는 별

195) 日本 最高裁判所 2004(平成 16). 11. 5. 판결(민집 58권 82호 1977면). 이 판결에 대하여는 吉田邦彦, "「無所有」團體脱退時の出捐財産返還の可否・範圍(公序良俗違反事例)", ジュリスト No. 1291 平成16年度重要判例解說, 2005, 75면 이하; 藤原正則, "「無所有共用一體社會」の實現を活動の目的としている團體に加入するに當たり全財産を出えんした者がその後同團體から脱退した場合に合理的かつ相當と認められる範圍で不當利得返還請求權を有するとされた事例", 判例評論 560호, 2005, 39면(判例時報 1900호 217면) 이하; 同, "「無所有共用一體社會」の實現を活動の目的としている團體に加入するに當たり全財産を出えんした者がその後同團體から脱退した場合に合理的かつ相當と認められる範圍で不當利得返還請求權を有するとされた事例", 民商法雜誌 133권 3호, 2005, 490면 이하; 中村肇, "「無所有」団体から脱退した場合における不当利得返還請求の成否とその範囲", 法律のひろば 58권 11호, 2005, 64면 이하; 森 義之, "「無所有共用一體社會」の實現を活動の目的としている團體に加入するに當たり全財産を出えんした者がその後同團體から脱退した場合に合理的かつ相當と認められる範圍で不當利得返還請求權を有するとされた事例", 法曹時報 58권 5호, 2006, 172면 이하 등 참조.

196) 山本敬三, 民法講義 Ⅰ 總則, 2001, 427면. 河上正二, 民法總則講義, 2007, 196면은 권리능력 없는 사단의 경우 일률적으로 재산의 총유적 귀속을 말하는 것이 적절하지 않다면, 지분 환급 시스템을 가지고 있는 조합형 단체의 경우에는 조합과 마찬가지의 처리가 가능한 경우도 부정할 것은 아니라고 한다.

로 없었던 것 같다. 그런 의미에서 이 글은 의미를 가질 수 있다고 생각한다.

〈비교사법 제15권 4호, 2008〉

〈追記〉

1. 정부가 2011. 6. 22. 제18대 국회에 제출한 민법 일부개정법률안 제32조는, 비영리사단법인과 재단법인이 일정한 조건을 갖추어 법인 설립을 신청하면, 주무관청은 원칙적으로 설립을 인가하여야 한다고 규정하고 있었다. 그러나 위 법안은 제18대 국회의 임기 만료로 폐기되었다.

2. 헌법재판소 2012. 8. 23. 선고 2009헌가27 결정(헌판집 24-2상, 355)은, 방송통신위원회가 방송사업자에게 시청자에 대한 사과를 명령할 수 있다고 규정하고 있던 방송법의 규정이 법인인 방송사업자의 인격권을 침해하는 것으로서 위헌이라고 하였다. 이 사건에서 위헌제청을 한 서울행정법원은 위 규정이 인격권뿐만 아니라 양심의 자유도 침해한다고 보았으나, 헌법재판소는 양심의 자유에 대하여는 따로 판단하지 않았다. 다른 한편 위 결정 가운데 김종대 재판관의 반대의견은, 헌법상 인격권은 자연적 생명체로서 개인의 존재를 전제로 하는 기본권으로서 그 성질상 법인에게는 적용될 수 없다고 하였다. 이 결정에 대한 헌법재판소 헌법연구관의 해설로는 우승아, "방송법 제100조 제1항 제1호 위헌제청", 헌법재판소결정해설집 2012, 2013, 235면 이하가 있다.

3. 대법원 2011. 1. 27. 선고 2009다19864 판결은 서울 YMCA가 여성 회원들에게 총회원 자격을 부여하지 않은 것이 남녀차별로서 불법행위에 해당한다고 판시하였다. 이 판결은, 사적 단체가 그 구성원을 성별에 따라 달리 취급하는 것이 일반적으로 금지되지는 않지만, 사적 단체의 구성원에 대한 성별에 따른 차별처우가 사회공동체의 건전한 상식과 법감정에 비추어 볼 때 도저히 용인될 수 있는 한계를 벗어난 경우에는 사회질서에 위반되는 행위로서 위법한 것으로 평가할 수 있고, 이 판단을 위하여는 사적 단체가 일정 부분 공공적 영역에서 활동하며 공익적 기능도 수행하는지와 그러한 차별처우가 단체의 정체성을 유지하기 위하여 불가피한 것으로서 필요한 한도 내의 조치였는지 여부 등을 고려하여야 한다고 보았다. 이러한 판시는 위 Ⅴ. 2.에서 살펴본 것과 같은 취지라고 할 수 있다. 尹眞秀, "이용훈 대법원의 민법판례", 民法論攷 Ⅶ, 485면 참조.

계약법의 법경제학

Ⅰ. 서　　론

일반적으로 계약은 배분적 효율을 달성하는 데 가장 적합한 수단이라고 할 수 있다. 그러나 모든 계약이 효율적인 것도 아니고, 또 각 당사자가 모든 계약을 자발적으로 이행하는 것도 아니다. 계약법은 효율적인 계약은 강제하고 비효율적인 계약은 그 효력을 부정하며, 낮은 비용으로 계약이 체결될 수 있도록 하고, 나아가 계약을 이행할지 위반할지의 결정이 효율적으로 이루어지도록 함으로써 계약의 효율성을 제고한다.

이 글에서는 이러한 계약법에 관한 민법 규정과 학설, 판례를 경제적 관점에서 분석하여 보고자 한다. 계약의 효율성 또는 효율적인 계약을 체결하기 위하여 계약 당사자가 사용하는 여러 기법, 전략 등은 이 글에서 직접 다루지 아니한다. 오히려 효율적인 계약 체결과 이행을 뒷받침하기 위하여 계약에 관한 법규범을 어떻게 설계하고 또 운용하여야 하는지에 관심을 둔다. 다만 여건의 제약상 구체적인 논의는 계약과 계약법의 기능, 계약의 무효와 취소, 계약의 해석 및 계약위반에 대한 구제에 국한하여 살펴본다. 여기에는 계약법의 핵심 쟁점인 이중양도의 경우 제1양수인에게 어떠한 구제수단을 주어야 하는지, 어떠한 착오가 존재할 때 이를 이유로 계약을 취소할 수 있는지, 계약존중의 원칙의 근거는 무엇인지, 판례상 처분문서의 문언이 계약해석에 있어서 중요한 역할을 하는 까닭은 무엇인지, 계약위반을 이유로 한 해제에 법률규정에 없는 요건이 덧붙여지는 까닭은 무엇인지, 손해배상액은 언제를 기준으로 어떻게 산정하여야 하는지, 명문 규정이 없음에도 대상청구권을 인정하는 것은 바람직한 일인지 등이 포함된다.

계약법은 매우 방대하고 복잡한 분야이다. 이를 한두 가지 핵심 내용으로 요약하는 것은 쉽지 아니한 일이다. 그러나 경제적 관점에서 계약법은 효율적인 계약을 적은 거래비용으로 체결하고 비효율적인 계약에서는 벗어날 수 있게 해주며, 효율적인 계약을 기회주의적으로 위반하는 것은 허용하지 아니하되 그 이행이 비효율적인 계약은 오히려 이행하지 아니하게 하여야 한다고 말할 수 있다. 따라서 이하의 논의는 거래비용, 완전계약, 기회주의의 방지, 효율적 계약위반 등의 (법)경제학적 개념을 중심으로 이루어진다.

Ⅱ. 계약과 계약법의 기능

1. 계약의 기능

여기서 말하는 계약이란 매매 또는 근로계약과 같이 일방이 자신의 재화 또는 용역을 상대방의 재화 또는 용역과 교환하는 것을 말한다. 법률적으로는 유상·쌍무계약이 이에 해당할 것이다.[1)]

경제적인 관점에서 계약은 어떤 기능을 수행하는가? 계약은 배분적 효율(allocative efficiency)을 달성하기 위한 가장 적합한 수단이라고 할 수 있다. 계약을 체결하는 일방 당사자는 자신이 상대방에게 제공하는 재화보다는 상대방으로부터 얻게 되는 재화에 의하여 더 큰 효용을 얻는다고 판단하므로 계약을 체결하는 것이고, 이는 상대방도 마찬가지이다. 따라서 계약에 의하여 쌍방이 모두 계약 체결 이전보다 더 나은 상태가 된다. 다시 말하여 양합게임(win-win game)이 되는 것이다. 다른 말로 표현한다면 계약이 이행되면 이는 계약 체결 전과 비교할 때 적어도 파레토 우월(Pareto superiority)의 상태가 된다. 즉, 계약이 이행됨으로 인하여 적어도 한 사람은 종전보다 나은 상태가 되는 반면, 그

1) 민법상 계약에는 이러한 유상·쌍무 계약 외에 증여와 같은 무상계약도 포함된다. 무상계약 또는 유언에 의한 유증과 같은 무상행위를 경제적으로 분석하는 것도 흥미 있는 문제이지만, 이 글에서는 이는 다루지 않는다.

상대방도 종전보다 불리하게 되지는 않는다. 뒤에서 설명하는 것처럼 거래비용이 전혀 없는 상태를 가정한다면, 계약이 여러 번 반복됨으로써 파레토 최적(Pareto optimality)을 달성할 수도 있을 것이다.[2)] 그리고 이러한 계약이 이루어지는 장소가 시장이라고 할 수 있다. 물론 계약 내지 시장에 의하지 않고 재화의 배분이 이루어지는 경우도 찾아볼 수 있다. 그러나 이는 일반적으로는 계약에 의한 경우보다 효율적이 아닌 경우가 많다. 예컨대 사회주의 국가에서의 통제경제를 보면 알 수 있다. 그러므로 계약 내지 시장에 의하지 않는 재화의 배분은 시장이 제대로 작동하지 않는 시장 실패(market failure)의 경우에 고려될 수 있는 차선책이다.

따라서 계약의 자유를 보장하는 것은 적어도 시장경제를 채택한 정치체제에서는 필수 불가결하다고 할 수 있다.[3)] 이러한 계약을 체결할 수 있는 계약의 자유는 민법상의 기본원칙일 뿐 아니라, 헌법상 보장되는 기본권이기도 하다.[4)]

2. 계약법의 기능과 거래비용

그러므로 계약법은 효율적인 계약은 이루어지도록 촉진하고, 나아가 그 이행도 효율적으로 이루어지도록 도와야 하며, 반대로 비효율적인 계약은 저지해야 한다고 말할 수 있다. 뒤에서 살펴보는 것처럼 현실적으로 이루어지는 모든 계약이 효율적인 것은 아니기 때문이다.

그런데 계약이 이루어지기 위하여 반드시 계약법이 존재해야 하는가? 그렇지는 않다. 계약법 내지 법 자체가 없거나, 또는 법이 계약을 금지하는 경우에도 계약은 이루어진다. 예컨대 법이 없던 원시시대에도 계약은 이루어졌다.[5)] 또 마약의 거래는 법이 금지하고 있음에도 불구하고 실제로 이루어진다. 그렇다면 계약법은 어떤 기능을 하는 것인가? 우선 쉽게 생각할 수 있는 것은 계

2) 파레토 최적(Pareto optimality)이란 어느 한 사람이라도 불리하게 되지 않고서는 현재의 재화배분 상태를 변경시킬 수 없는 경우를 말한다.

3) 계약의 자유에 대한 경제학적 설명은, 예컨대 Hermalin et al.(2007), pp. 18ff. 참조.

4) 헌법재판소 1991. 6. 3. 선고 89헌마204 결정(헌판집 3권 268면)은, 계약자유의 원칙은 헌법상의 행복추구권 속에 함축된 일반적 행동자유권으로부터 파생(派生)되는 것이라고 한다.

5) 매트 리들리, 조현욱 옮김(2010), pp. 146ff.는 650km 떨어져 살던 오스트레일리아 원주민들 사이에 돌도끼와 노랑가오리 가시로 만든 창이 교환되었다는 예를 들고 있다. 이 책에서는 교환이 인류문명 발전 내지 기술 발전의 중요한 원인이라는 주장을 펴고 있다.

약의 이행을 담보하는 것을 들 수 있다. 이도 물론 계약법의 중요한 기능이다. 그리고 이는 법경제학적으로도 중요한 관심의 대상이 된다. 계약의 이행을 어떻게 담보하는가, 가령 강제이행(specific performance)이 좋은지 금전배상이 좋은지, 금전배상의 경우에도 이행이익을 배상하여야 하는가 아니면 신뢰이익만을 배상하여야 하는가에 관하여는 기존의 많은 연구가 있다.6)

그렇지만 계약법의 기능이 이에 한정되는 것은 아니다. 계약법의 기능은 위의 계약이행의 문제를 포함하여 거래비용의 관점에서 설명할 수 있다. 여기서 말하는 거래비용은 광의로는 시장이라는 자발적 거래의 장을 활용하기 위해 드는 일체의 비용을 의미하는데, 예컨대 (1) 거래(교환)의 전제로서 교환의 대상이 되는 권리(재산권, property right)의 확정 및 확정된 권리의 유지비용, (2) 거래 상대방을 찾아 내고 상대방의 거래조건을 확인하는 데 드는 정보비용(information cost), (3) 최종 거래조건을 확정하는 과정에서의 교섭비용·계약체결비용, (4) 계약내용의 이행을 확보하기 위해 드는 집행비용(소송비용·강제집행의 비용 등) 등을 들 수 있다.7)

효율적인 계약이 이루어지지 않거나 또는 많이 이루어지지 않는 것은 거래비용이 존재하기 때문이라고 할 수 있다. 나아가 계약이 체결되더라도 그 이행 또는 해소 과정에 상당한 거래비용이 발생할 수 있는데, 계약법은 이러한 거래비용을 줄이는 역할을 할 수 있는 것이다.

계약에 관하여 거래비용이 문제되는 예는 여러 가지가 있으나, 여기서는 다음 두 가지만 든다. 첫째는 세금의 문제이다. 예컨대 부동산 거래에 양도소득세가 부과되면 부동산 거래가 위축되게 된다. 취득세 등이 과다한 경우에도 마찬가지이다. 이는 세금이라는 거래비용이 계약에 미치는 직접적인 효과이다. 물론 이는 이른바 조세중립성의 문제로서, 계약법이 해결할 수 있는 문제는 아니다. 그리고 거래의 활성화를 위하여 조세를 감면해야 하는가는 단순히 효율의 관점에서만 결정할 수는 없다.

또 다른 예로는 약관(約款)의 예를 들 수 있다. 원래 고전적인 계약에서는 계약 당사자가 상대방과 계약의 내용에 관하여 교섭을 거치므로, 계약의 내용을 모두 알고 이를 받아들인다고 할 수 있고, 계약의 구속력도 이를 전제로 하고 있다. 그런데 약관에 의한 계약의 경우에는 그러한 교섭 과정이 생략되므

6) Hermalin et al.(2007), pp. 99ff. 참조.

7) 박세일(1986), p. 92 참조.

로, 약관을 계약의 내용으로 할 것을 제안하는 자[8]는 약관의 내용을 알 수 있지만, 그 상대방[9]은 반드시 약관의 내용을 안다고 할 수 없다. 그럼에도 불구하고 약관에 의한 계약도 그렇지 않은 계약과 마찬가지로 구속력이 인정되고 있다. 그 이유는 다음과 같은 점에서 찾을 수 있다. 즉, 대량적으로 이루어지는 거래의 경우에도 일일이 개별적으로 교섭을 하여야만 계약의 구속력이 인정된다면, 그로 인한 거래비용은 매우 커서 계약이 이루어지지 않거나, 또는 이루어지더라도 그러한 비용의 지출로 인하여 당사자들이 얻을 수 있는 이익은 줄어들게 된다. 약관에 의한 계약의 구속력을 인정하는 것은 이러한 거래비용을 절약할 수 있게 되는 것이다.[10]

계약법은 거래비용을 줄여 주는 역할을 한다. 예컨대 민법의 계약에 관한 규정은 상당수가 임의규정(default rule)이다. 이러한 임의규정은 당사자가 원한다면 그 적용을 배제할 수 있지만, 당사자가 적용을 배제하겠다는 특별한 의사표시가 없으면 당연히 계약의 내용으로 포함된다. 이처럼 법이 임의규정을 두는 이유는 당사자가 임의규정이 규율하는 사항을 일일이 별도로 약정함으로써 생기는 거래비용을 줄여 주는 데 있다고 할 수 있다.[11] 다른 관점에서 보자면, 계약법은 거래비용이 없다고 가정할 때 당사자가 어떠한 내용의 계약을 체결할 것인가, 또는 계약을 체결하지 않을 것인가를 판단하여 그와 같이 계약에 관하여 규율하는 것을 목표로 한다고 말할 수 있다. 계약법이 그러한 역할을 제대로 할 수 있다면 거래비용을 낮추게 되는 것이다.[12]

여기서 이른바 완전계약이라는 개념을 살펴볼 필요가 있다.[13] 이는 일어날

8) 약관의 규제에 관한 법률은 이러한 사람을 '사업자'라고 부른다.

9) 약관의 규제에 관한 법률은 이러한 사람을 '고객'이라고 부른다.

10) 물론 이처럼 일방이 계약의 내용을 알지 못하는 상태에서 계약을 체결한다면 불공정한 계약이 될 소지가 많다. 이러한 불공정한 계약은 경제학적으로는 비효율적인 계약이다. 약관의 규제에 관한 법률은 이러한 불공정한 상태를 시정함으로써 효율을 높이려는 것으로 이해할 수 있다.

11) 그런데 이러한 임의규정이 단순히 거래비용을 줄이는 기능만을 하는 것은 아니다. 특히 약관의 내용통제에 관하여는, 임의규정은 당사자 사이의 계약에 관하여 공정성의 지표가 되는 지도형상(Leitbild)의 기능을 하므로, 임의규정으로부터 지나치게 이탈하는 약관의 내용은 공정성을 잃어서 무효가 될 수 있다. 윤진수(2008a), p. 167; Grundmann und Hoerning(2007), p. 424f. 등 참조. 다른 말로 표현한다면, 임의규정은 대부분의 경우에는 당사자가 계약에서 얻게 되는 효용의 합계를 극대화하는 기능을 하는 것이므로, 임의규정에서 지나치게 일탈하는 것은 당사자 중 일방의 효용은 증가시킬 수 있어도, 전체적으로 당사자 쌍방이 얻게 되는 이익은 오히려 줄어드는 결과가 되는 것이다.

12) 여기서 말하는 계약법은 성문법뿐만 아니라 법원의 재판도 포함한다.

13) 영어에서는 perfect contract, complete contract, completely specified contract, complete

수 있는 모든 상황에 대하여 규정하고 있는 계약이라고 할 수 있다. 이러한 완전계약이 체결된다면 그 자체로 효율적인 것이 될 것이다. 이는 코즈(Coase) 정리가 함축하고 있는 내용이다.14) 그러나 현실적으로는 이러한 완전계약이 존재할 수 없음은 당연하다. 이는 모든 상황을 예측하여 그에 대비하기 위하여는 무한대의 거래비용이 들 것이기 때문이다. 미국의 한 판례15)에서는 원고가 피고로부터 알루미늄의 원료인 알루미나를 공급받아 이를 알루미늄으로 바꾸어 주기로 하였는데, 원고가 피고로부터 지급받기로 한 비용을 계산하는 산식은 물가의 변동과 연동하여 산정되도록 설계되었다. 이 산식은 나중에 미국 연방준비제도이사회 이사장이 된 유명한 경제학자 그린스펀(Alan Greenspan)이 만든 것이었다. 그런데 이 산식에는 1970년대의 석유가 폭등은 고려되지 않아서 원고가 많은 손해를 보게 된 경우였다. 만일 당사자들이 석유가의 폭등을 예측하였다면 이 또한 산식에 포함시켰을 것이다. 그러나 이를 미리 예측할 수 있었는가는 또 다른 문제이다.

계약법의 역할을 단순화하여 말한다면, 계약 당사자들 사이에 계약의 내용을 둘러싸고 분쟁이 생기는 경우에 당사자들이 완전계약을 체결하였더라면 어떤 내용으로 약정하였을 것인가를 추측하여 그와 같이 규율하는 것이라고 할 수 있다. 만일 사전에 그와 같은 법이 없다면 사후에라도 법원이 그와 같이 판결하여야 할 것이다.16)

그러나 법원이 항상 이처럼 완전계약을 모델로 하여 재판하여야 하는가? 반드시 그렇게 말할 수는 없다. 법원이 그와 같이 재판하기 위하여는 그 자체로 거래비용이 발생한다. 그런데 당사자들이 문제가 되는 사항을 더 낮은 비용으로 계약에 포함시켜 규율할 수 있다면, 법원이 개입하는 것이 반드시 효율적이라고는 할 수 없을 것이다. 이 문제는 계약의 해석과 관련하여 다시 다룬다.

다른 한편 강조하여야 할 것은 계약이 효율적이라고 할 때, 이는 원칙적으로 계약체결 당시를 기준으로 한다는 것이다. 다시 말해, 여기서의 효율은 사전적(ex ante)인 효율을 말하고 사후적(ex post)인 효율을 의미하는 것은 아니다.

---

contingent contract 등 여러 가지 표현이 사용된다. 한순구 역(2009), p. 265; Shavell(2004), p. 292; Hermalin et al.(2007), p. 96 등 참조. 이에 관한 독일의 문헌으로는 Grundmann und Hoerning(2007), pp. 423ff. 등 참조.

14) 한순구 역(2009), p. 265.

15) Aluminum Co. of America v. Essex Group, Inc., 499 F.Supp. 53(United States District Court, W. D. Pennsylvania, 1980).

16) Miceli(2009), p. 89f. 등 참조.

가령 계약체결 이후에 사정이 변하여 실제로는 계약의 이행이 어느 일방에게 손해가 되어, 상대방의 이익을 고려하여도 전체적으로는 비효율적인 것이 된다고 하더라도, 계약 체결 당시에 그 계약이 효율적이었다면 그 계약은 이행되어야 하는 것이다. 계약을 체결하는 당사자는 그러한 사정변경도 고려하여 계약을 체결하였다고 보아야 하고, 그 당시에 효율적인 계약이었다면 나중에 사정이 변경되었다는 이유로 당사자를 면책시키는 것은 결과적으로 거래비용을 증가시키게 되며, 당사자들의 기회주의적인 행동(opportunistic behaviour)을 조장하는 것이 된다. 이는 뒤에서 다룰 계약의 해석 또는 신의성실(Good Faith and Fair Dealing)의 원칙과 관련해서 문제된다.[17)]

그렇다면 계약체결 이후 사정의 변경이 당사자들로서는 전혀 예측할 수 없었던 것이었다면 어떻게 되는가? 이것이 이른바 사정변경의 원칙 내지 행위기초론(Die Lehre von der Geschäftsgrundlage)의 문제이다. 이 문제에 대하여는 또 다른 연구가 필요할 것이다.[18)] 필자의 생각으로는 이 문제는 결국 당사자가 그러한 사정을 예견하였더라면 어떻게 약정하였을 것인가를 추정하여 판단하는 것이 가장 합리적이라고 생각한다.[19)] 이는 보충적 해석의 이론과 대체로 부합한다.[20)]

Ⅲ. 계약의 무효와 취소

1. 계약효력 부정의 근거

법은 특정한 경우에는 계약의 효력을 부정한다. 즉, 계약이 성립하였으나 처음부터 그 효력이 발생할 수 없는 경우(무효) 또는 일단 효력이 발생하였지

---

17) 미국의 버튼(Burton)은 신의성실의 원칙을 계약당사자가 계약체결 당시에 포기하였던 기회(forgone opportunity)를 만회하려는 것을 막는 것이라고 설명한다. Burton(1980), pp. 369ff. 등. 또한 Hermalin et al.(2007), pp. 98f. 참조. 미국법상 신의성실의 원칙에 대하여 좀 더 상세한 것은 윤진수(2007a), pp. 31ff. 참조.

18) 예컨대 Posner and Rosenfield(1977), pp. 83ff. 등. 미국 판례상 이 이론이 잘 받아들여지고 있다고 말하기는 어려우나, 앞에서 언급한 Aluminum Co. of America v. Essex Group, Inc.(주 15)는 이 이론을 적용한 것으로 이해된다.

19) Hermalin et al.(2007), pp. 95f. 등 참조.

20) 보충적 해석과 사정변경의 원칙의 관계에 대하여는 윤진수(2007b), pp. 220ff. 참조.

만 사후에 당사자의 의사에 따라 소급하여(ex tunc) 효력을 상실하게 되는 경우(취소)이다. 법은 어떤 경우에 계약의 무효나 취소를 인정하는가?

경제학적인 관점에서만 본다면 계약의 효력이 부정되는 것은 효력이 부정되는 계약이 비효율적이기 때문이라고 말할 수 있다.[21] 그런데 계약이 비효율적인 것도 크게 두 가지 경우로 나눌 수 있다. 그 하나는 계약이 계약당사자의 관점에서 효용보다는 손실을 가져오는 경우이고, 다른 하나는 계약이 계약당사자 아닌 제3자에게 손실을 끼치는 경우이다.[22] 그런데 여기서도 고려하여야 할 것은, 효율적이 아닌 계약이라 해도, 계약이 일단 성립한 후 그 효력을 부정하는 것은 그 자체로 효율의 감소를 가져오게 된다. 예컨대 계약의 효력을 부정하는 것은 계약이 유효하게 성립하였다고 믿은 상대방의 신뢰를 깨뜨리는 것이 된다. 신뢰는 거래비용의 문제와 밀접한 관련이 있다. 신뢰가 존재하면 거래비용이 낮아지는 반면, 신뢰가 부족하면 거래비용이 높아지게 된다. 계약의 효력이 무효로 될 가능성이 있으면, 당사자로서는 계약을 체결하는 것이 효율적인 경우에도 계약을 체결하는 것을 주저하게 된다. 뿐만 아니라 계약이 무효가 될 경우에 대비하여 별도의 거래나 별도의 조치를 취해야 하는데, 이 또한 거래비용이 소요된다. 나아가 계약이 일단 이행된 후에 그 효력이 부정되면 이행의 청산 내지 이행 전으로의 원상회복이 필요한데, 이 또한 거래비용이 든다. 다른 한편, 계약의 효력이 부정되면 그 계약이 유효하다고 믿은 제3자에게도 부정적인 영향을 미치게 된다. 이는 결과적으로 거래비용의 증가를 가져오게 될 것이다. 따라서 설사 그 자체로는 비효율적인 계약이라고 해도, 그 효력을 부정하기 위하여는 이와 같은 점을 고려해야 한다.

2. 계약이 제3자에게 손실을 끼치는 경우

계약이 제3자에게 손실을 끼치고, 그것이 계약 자체가 가져오는 이익보다

21) 물론 법이 계약의 효력을 부정하는 것이 효율 외의 다른 고려에 의한 것도 많다는 것을 부정하는 것은 아니다.

22) 필자 중 한 사람은 민법 제103조가 규정하고 있는 공서양속 위반에 위반하여 무효가 되는 법률행위의 유형을 (1) 공서양속이 공공의 이익을 보호하기 위한 것인 경우, (2) 공서양속이 법률행위의 당사자 이외의 특정의 제3자의 이익을 보호하기 위한 것인 경우, (3) 공서양속이 법률행위의 당사자의 이익을 보호하기 위한 경우로 나누어서 설명한 바 있는데, 이 또한 기본적으로 같은 생각이다. 박준서(2001), pp. 435ff.(윤진수). 여기서 (1)과 (2)는 하나로 묶을 수도 있다.

크다면 그러한 계약은 허용되어서는 안 될 것이다. 경제학적으로 말한다면 이는 계약당사자 아닌 제3자에게 부정적인 외부효과(external effect) 내지 외부비용(external cost)을 미치는 것이라고 할 수 있다.[23] 가령 뇌물을 주기로 하는 계약과 같은 것이다. 이는 당사자들에게는 이익을 가져오겠지만, 다른 사람들에게는 피해를 주는 것이 된다.

민법 외의 다른 법률에서 제3자에 대한 영향을 고려하여 계약을 금지하는 예는 많이 있으나,[24] 민법 자체에서 이러한 제3자에 대한 영향을 고려하여 계약을 무효로 하거나 제한하는 예는 그다지 많지 않다. 다만 민법 제103조는 선량한 풍속 기타 사회질서에 반하는 계약을 무효로 하고 있는데, 여기서 말하는 선량한 풍속 기타 사회질서(公序良俗) 가운데에는 법률행위의 당사자 아닌 공공의 이익 내지 제3자의 이익을 보호하기 위한 것인 경우가 많다.[25]

여기서는 이중양도의 예를 가지고 경제학적으로 분석해 보기로 한다.[26] 현재의 판례는 부동산의 이중양도[27]에 관하여, 양도인이 제1양수인에 대한 양도의무를 부담함에도 불구하고 다시 제3자, 즉 제2양수인에게 부동산을 이중으로 양도하고 그 소유권이전등기까지 마치게 되면 원칙적으로 제1양수인은 그 소유권을 유효하게 취득하고, 이는 제2양수인이 선행의 양도사실을 알고 있었던 경우라도 마찬가지이지만, 제2양수인이 양도인의 제1양수인에 대한 배임행위에 적극 가담한 때에는 위 제2의 양도는 민법 제103조 소정의 선량한 풍속 기타 사회질서에 위반한 것이어서 무효라고 보고 있다(이른바 배임행위 적극가담론).[28]

이러한 판례를 옹호하는 이론으로서 이른바 효율적 위반(efficient breach)의 이론을 생각할 수 있다. 즉, 계약의 이행이 가능한 경우에도 이를 이행하지 않는 것이 경제적으로는 더 효율적일 수 있다는 것이다. 다시 말해, 계약을 이행

---

23) Hermalin et al.(2007), pp. 30ff.도 계약 자유를 제한하는 한 근거로서 제3자에 대한 외부효과를 들고 있다.

24) 그러한 경우에도 그러한 계약이 무효인지에 관하여는 법에 명문규정을 두고 있는 예는 별로 없어서, 판례가 이 점에 관하여 개별 사안마다 유무효를 판단하는 경우가 많다.

25) 위 주 22) 참조.

26) 상세한 것은 윤진수(2007c), pp. 352ff.

27) 이는 통상적인 부동산의 이중매매뿐만 아니라 일반적으로 다른 사람에게 부동산의 양도의무를 부담하는 자가 그 부동산을 제3자에게 처분함으로써 그 양도의무를 이행불능으로 만드는 여러 가지 경우를 모두 지칭한다. 예컨대 명의수탁자가 명의신탁된 부동산을 부당하게 처분하는 경우 및 양도담보권자가 양도담보의 목적물인 부동산을 부당하게 처분하는 경우 등이다.

28) 예컨대 대법원 1994. 3. 11. 선고 93다55289 판결(공 1994상, 1181) 등. 최근의 판례로서는 대법원 2009. 9. 10. 선고 2009다23283 판결(공 2009하, 1632) 등.

하는 비용이 양 당사자들에게 주는 계약 이행의 이익보다 커질 때에는 계약을 이행하지 않고, 그 대신 상대방에게 그 손해만을 배상하게 하는 것이 더 효율적이라는 것이다.[29] 가령 A가 B에게 어떤 물건을 100만 원에 팔기로 하였는데, 제3자인 C가 나타나서 A에게 그 물건을 150만 원에 팔라고 제안하였다고 하자. 그런데 이 물건은 B에게는 120만 원의 가치밖에 없다고 한다면, A는 C로부터 150만 원을 받고 그 물건을 넘겨주고, 그 대신 B에게는 120만 원을 배상하게 하는 것이 A, B와 C가 모두 이익을 얻게 되는 결과가 되어 효율적이라는 것이다.

이러한 효율적 위반의 이론을 정당화하는 근거로서 거래비용의 절감을 들기도 한다. 즉, 이 상황에서 C가 그 물건을 취득하는 방법은 위와 같이 A로부터 직접 취득하는 방법 외에, B가 일단 A로부터 그 물건을 취득한 다음 B로부터 C가 다시 취득하는 방법도 생각할 수 있다. 이 경우에 C가 A로부터 직접 취득하는 것이 B로부터 취득하는 것보다 거래비용이 적게 든다면 A의 위반을 허용하는 것이 낫다는 것이다.

실제로 미국에서는 부동산 이중매매와 같은 계약관계의 침해로 인한 불법행위(tortious interference with contract)[30]의 경우에도 이러한 효율적 위반의 이론을 적용하여, 원칙적으로 채권자는 계약관계를 침해한 제3자[31]에 대하여는 권리를 주장할 수 없고, 매도인에 대하여 손해배상을 받는 것으로 만족해야 한다는 주장도 있다.[32]

그러나 이러한 주장이 과연 타당한 것인가? 우선 효율적 위반의 이론은 위의 사례에서 제1양수인이 손해배상을 받음으로써 그의 손해가 충분히 전보된다는 것을 전제로 하고 있다. 그러나 손해배상의 경우에는 과소배상이 되기 쉽다는 것은 일반적으로 인정되고 있다. 위의 사례에서 과연 B의 손해가 120만 원에 그치는지, B가 그 물건에 대하여 부여하는 가치가 C보다 작은 것인지는 제3자인 법원이 판단하기 쉽지 않은 문제이다. 그런데 이러한 경우에 일단 A가 B에게 계약을 이행하게 한 다음에 C로 하여금 B로부터 그 물건을 취득하게 한다면, B가 그 물건에 대하여 부여하는 가치를 법원이 평가할 필요는 없다. 나아가 거래비용의 면에서도 C가 B의 존재를 알고 있다면, C가 A로부터

29) 효율적 위반의 이론에 대하여 좀 더 상세한 것은 아래 V. 1. 참조.
30) 이는 우리나라에서 말하는 제3자의 채권침해와 유사한 개념이다.
31) 이중양도의 경우에는 제2양수인.
32) Perlman(1982), pp. 61ff.; Dowling(1986), pp. 488ff. 등.

취득하는 것이 B로부터 취득하는 것보다 거래비용이 적게 든다고 단정하기도 어렵다. 다만 C가 B의 존재를 몰랐을 때에는 C가 B로부터 물건을 취득하는 것이 거래비용이 많이 든다고 할 수 있을 것이다.

그러므로 효율의 면에서 본다면, 제2양수인이 제1양수인의 존재를 알고 있었을 때에는 제1양수인은 제2양수인에 대하여 부동산의 반환을 청구할 수 있게 하는 반면,[33] 제2양수인이 제1양수인의 존재를 몰랐을 때에는 제2양수인이 그 부동산을 보유하게 하는 것이 합리적이다.[34] 다른 말로 표현한다면, 효율적 위반의 이론은 제1양수인을 책임원리(liability rule)에 의하여 보호하는 것인 반면, 제1양수인이 제2양수인에 대하여도 권리를 주장할 수 있게 하는 것은 제1양수인을 재산원칙(property rule)에 의하여 보호하는 것이라고 할 수 있다.[35] 근래 미국에서도 이와 같이 주장하는 견해를 찾아볼 수 있다.[36]

다른 한편 종래의 판례가 이러한 이중양도의 문제를 두 번째 계약의 유·무효 문제로 다루는 것도 적절하지 않다. 두 번째 계약이 무효로 되면 두 번째 계약을 전제로 하여 이해관계를 맺은 제3자의 이익을 해칠 수 있기 때문이다. 이 문제는 제1양수인의 제2양수인에 대한 손해배상으로서 원상회복을 인정하면 가장 적절한 보호가 가능하다.[37]

3. 계약당사자를 보호하기 위한 계약효력의 부정

법이 계약의 일방 당사자를 보호하기 위하여 계약의 효력을 부정하는 것도 여러 가지 이유가 있을 수 있다.[38] 그 하나는 계약이 당사자의 자유로운 의사에 기한 것이 아닌 경우이다. 강박(민법 제110조)의 경우가 그에 해당한다. 다른 한편으로는 계약당사자 사이에 교섭 능력의 차이가 있는 경우에도 계약의 효력을 부정할 필요가 있다. 이때에는 공정하고 효율적인 거래가 이루어진다는

33) 다만 그 방법에서도 판례와 같이 제2양도행위를 공서양속 위반으로서 무효라고 하기보다는 불법행위에 의한 원상회복으로 구성하는 것이 낫다.

34) 이것이 프랑스와 미국의 판례의 태도이다. 상세한 것은 윤진수(1993) 참조.

35) property rule의 경우에는 권리자로부터 권리를 취득하기 위하여는 그 권리자의 동의를 얻어야 하는 반면, liability rule의 경우에는 권리자의 손해를 배상하기만 하면 권리자의 권리를 빼앗을 수 있는 것을 말한다. 양자의 구별도 법경제학에서 기본적인 개념의 하나라고 할 수 있다. 박세일(2000), pp. 144ff. 등 참조.

36) McChesney(1999), pp. 131ff.

37) 이에 대하여는 윤진수(2008b), pp. 66ff., 특히, pp. 92ff. 참조.

38) Hermalin et al.(2007), pp. 34ff.; Miceli(2009), pp. 92ff. 등 참조.

보장이 없다. 약관규제법에 의한 규제는 대체로 이에 해당한다고 할 수 있다. 계약당사자 사이에 정보의 불균형(information asymmetry)이 존재하는 경우도 이에 포함된다.[39] 사기(민법 제110조)가 그에 해당하는 전형적인 경우이지만, 착오도 정보 불균형의 관점에서 분석할 수 있다. 착오의 문제는 아래에서 따로 살펴본다.

나아가 이른바 온정적 개입주의(paternalism)도 실제로 계약의 효력을 부정하는 중요한 근거이다. 예컨대 의사능력이나 행위능력이 없는 사람의 법률행위를 무효[40] 또는 취소할 수 있게 하는 것, 불공정한 법률행위(민법 제104조)와 같은 것 등은 온정적 개입주의의 발로라고 할 수 있다. 이러한 온정적 개입주의는 보통 사람들이 경제학에서 이념적으로 제시하는 완벽한 합리성을 갖추었다기보다는 제한된 합리성(bounded rationality)만을 가지고 있다는 것으로 정당화되고 있다.[41]

예컨대 서울중앙지방법원 2008. 11. 5. 선고 2006가합102456 판결(미공간)의 사실관계는 다음과 같다. 즉, 카지노에서 거액의 돈을 잃은 사람이 카지노의 규정에 따라 출입 제한을 받게 되자, 출입제한 규정을 풀어 달라고 요청하여 규정에는 어긋나게 출입제한이 해제된 다음 다시 카지노에서 도박을 하다가 많은 돈을 잃게 되자, 카지노를 상대로 손해배상청구를 하였다.

법원은 다음과 같은 이유로 피고의 손해배상책임을 인정하였다. 즉, 원고는 그 무렵 월 평균 7회 이상 피고의 카지노에 출입하면서 이미 합계 금 200억 원 이상의 거액의 재산을 탕진한 자로서 도박중독의 징후가 농후하였고, 피고로서는 원고 스스로 사행심을 억제할 능력을 이미 상실하였음을 쉽사리 알 수 있었으므로, 설령 원고가 피고의 직원에 대하여 카지노에 다시 출입하게 해 달라고 애원하였더라도, 마땅히 출입관리지침을 준수하여 적어도 3개월 이상 원고의 카지노 출입을 엄격히 제한함으로써 원고가 더 이상 피고의 카지노에서 거액의 재산을 탕진할 위험에 노출되지 않도록 보호하였어야 함에도, 피고 소속의 직원은 규정에 어긋나게 원고에 대한 카지노 출입제한조치를 해제해

---

39) Hermalin et al.(2007), pp. 34ff. 참조. 계약법에 관하여 정보불균형의 문제를 다룬 독일의 문헌으로서는 Fleischer(2001)이 있다.

40) 대법원 2002. 10. 11. 선고 2001다10113 판결; 2009. 1. 15. 선고 2008다58367 판결(공 2009상, 155) 등은 자신의 행위의 의미나 결과를 정상적인 인식력과 예기력을 바탕으로 합리적으로 판단할 수 있는 정신적 능력 내지는 지능, 즉 의사능력이 없는 사람의 법률행위는 무효라고 한다.

41) 예컨대 Hermalin et al.(2007), p 41; Ogus(2006), pp. 230ff. 등.

줌으로써 원고가 피고의 카지노에 출입할 수 있도록 하였고, 그에 따라 원고가 또다시 피고의 카지노에서 계속적으로 거액의 도박을 하게 됨으로써 결국 금 2,933,000,000원에 이르는 거액의 재산을 더 잃게 되는 손해를 입게 되었는데, 이는 카지노 이용자인 원고에 대한 보호의무를 저버린 행위로서 불법행위를 구성한다는 것이다.

이를 다른 말로 설명한다면, 이 경우에 원고는 도박중독에 빠져서 합리적인 판단을 할 능력이 부족하였으므로, 도박장 측에서 이를 배려하였어야 하는데, 이를 방치함으로써 원고가 손실을 입었다면 비록 이는 원고 스스로의 의사에 기인한 것이라 하여도 도박장 측이 그 손실의 일부를 부담하여야 한다는 것이다.

그러나 온정적 개입주의를 법경제학적으로 설명한다는 것은 반드시 쉬운 문제는 아니다.[42] 가령 미성년자의 행위는 설령 그 미성년자가 충분한 판단능력을 가졌더라도 취소할 수 있다.[43] 또 민법 제651조는 임대차의 존속기간을 20년을 넘지 못하도록 규정하고 있다. 이 규정에 대하여 대법원 2003. 8. 22. 선고 2003다19961 판결[44]은, 그 입법 취지가 너무 오랜 기간에 걸쳐 임차인에게 임차물의 이용을 맡겨 놓으면, 임차물의 관리가 소홀하여지고 임차물의 개량이 잘 이루어지지 않아 발생할 수 있는 사회·경제적인 손실을 방지하는 데에 있는 점 등에 비추어 볼 때, 위 규정은 개인의 의사에 의하여 그 적용을 배제할 수 없는 강행규정이라고 보고 있다. 그러나 임차물의 관리가 소홀해진다는 등의 사정은 사회경제적인 문제라기보다는 임대인의 이익에 관한 문제이고, 임대인이 그러한 사정까지 감안하여 그 존속기간을 20년이 넘도록 약정하였다면 굳이 그 효력을 부정할 필요가 있을까? 위 문제된 사안에서는 임차인이 위 규정이 강행규정이라고 주장하였다.

---

42) Englerth(2007a), pp. 231ff.는 행동경제학(behavioral economics)이 제한된 합리성의 개념에 의하여 온정적 개입주의를 설명하는 데 대하여 비판적이다.

43) 대법원 2007. 11. 16. 선고 2005다71659, 71666, 71673 판결(공 2007하, 1926)은 행위무능력자제도는 거래의 안전을 희생시키더라도 행위무능력자를 보호하고자 함에 근본적인 입법 취지가 있으므로, 신용카드 가맹점이 미성년자와 사이에 신용구매계약을 체결할 당시 향후 그 미성년자가 법정대리인의 동의가 없었음을 들어 스스로 위 계약을 취소하지는 않으리라고 신뢰하였다 하더라도 법정대리인의 동의 없이 신용구매계약을 체결한 미성년자가 사후에 법정대리인의 동의 없음을 사유로 들어 이를 취소하는 것이 신의칙에 위반된 것이라고 할 수 없다고 하였다. 위 판결에 대하여는 윤진수(2008c), pp. 315ff. 참조.

44) 공 2003, 1923.

4. 착 오[45]

민법 제109조 제1항은 “의사표시는 법률행위의 내용의 중요부분에 착오가 있는 때에는 취소할 수 있다. 그러나 그 착오가 표의자의 중대한 과실로 인한 때에는 취소하지 못한다”라고 규정하고 있다. 그런데 이 규정이 입법론적으로 문제가 있다고 하는 점은 일반적으로 인정되고 있다. 우선 민법 규정에 따르면 적어도 내용의 착오나 표시의 착오의 경우에는 착오를 이유로 취소할 수 있는가 하는 것은 전적으로 의사표시를 한 표의자의 사정에 따라 결정되고, 그 착오에 대하여 상대방에게 책임을 돌릴 수 있는가 내지 상대방이 착오 사실을 알았거나 알 수 있었는가 여부는 전혀 문제되지 않는다. 그러나 이러한 내용의 착오나 표시의 착오를 하게 된 것은 제1차적으로는 표의자의 잘못이라고 할 수 있고, 따라서 그로 인한 위험도 표의자가 부담하는 것이 타당하다. 그럼에도 불구하고 착오를 이유로 취소를 허용하는 것은 상대방의 신뢰를 깨뜨리는 것으로서, 거래비용을 증가시킨다는 점에서 비효율적이다.

다른 한편 우리 민법은 동기의 착오는 원칙적으로 취소사유가 되지 못한다는 전제에 서 있다. 물론 동기의 착오는 원칙적으로 취소사유가 되지 못한다는 것에 일리가 없는 것은 아니다. 표의자가 의사표시를 하게 된 동기에 관하여 잘못 판단하였다면, 그로 인한 위험은 원칙적으로 표의자 자신이 부담하여야 하는 것이다. 그렇지만 동기의 착오라고 하여도 표의자 자신에게 그 위험을 부담하게 하는 것이 반드시 타당하지 않은 경우가 있을 수 있다. 이는 경제적 효율의 관점에서도 그러하다.

흥미 있는 것은 실제로는 판례가 이러한 민법의 규정에도 불구하고 동기의 착오를 이유로 하는 취소를 비교적 넓게 인정하고 있고, 이는 대체로 경제적으로 합리적이라는 점이다. 이는 판례가 법의 적용에서 효율을 고려하고 있는 한 예라고 할 수 있다.[46] 필자가 판례를 분석한 바에 따르면, 판례가 착오를 허용한 사례는 대체로 상대방이 착오를 야기한 경우, 상대방이 착오사실을 알았거나 알 수 있었던 경우 및 공통의 착오 이 세 가지로 분류할 수 있다. 이는 UNIDROIT 국제상사계약원칙(PICC), 유럽계약법원칙(PECL) 및 공통참조

45) 윤진수(2008d), pp. 52ff. 참조.
46) 윤진수(2009), p. 21.

기준초안(Draft Common Frame of Reference)과 같은 근래의 모델 입법과도 일치한다.

이 중 앞의 두 가지는 정보 불균형 내지 최소비용회피자(the cheapest mistake avoider)의 관점에서 효율을 증진시킨다는 점을 쉽게 설명할 수 있다. 즉, 착오로 인한 계약체결을 방지하기 위하여는 비용이 드는데, 가장 작은 비용으로 이를 방지할 수 있는 자에게 착오로 인하여 생기는 손실을 부담시키는 것이 비용의 지출을 줄인다는 면에서 효율적이다. 그런데 상대방이 착오를 야기한 경우 및 상대방이 착오사실을 알았거나 알 수 있었던 경우에는, 그 상대방이 착오를 일으킨 일방보다 더 적은 비용으로 착오로 인하여 계약을 체결하는 것을 방지할 수 있는 자이므로, 취소를 허용하여야 하는 것이다.

구체적인 예를 들어 본다. 먼저 상대방이 착오를 야기한 경우로는 대법원 1997. 8. 26. 선고 97다6063 판결[47]을 들 수 있다. 이 사건에서는 피고가 구청과 시청 등에 이웃 토지의 소유자인 원고가 건축 중인 주택의 담장이 경계를 침범하였다는 취지로 진정하고, 감사원 등에도 진정을 하려는 태도를 보이자, 원고도 그와 같이 믿은 나머지 피고와의 분쟁을 해결하기 위하여 피고에게 금 300만 원을 증여하였다가, 나중에 원고가 피고 소유 토지의 경계선을 침범하지 않았음이 밝혀지자, 위 증여는 착오에 의한 것이라고 하여 이를 취소하고 그 돈의 반환을 청구하였다. 대법원은 이러한 원고의 착오는 동기의 착오이기는 하지만, 착오를 이유로 증여를 취소할 수 있다고 하였다. 대법원이 그와 같이 보게 된 중요한 이유는 원고의 착오가 피고 측의 강력한 주장에 의하여 생긴 것이라는 점이었다. 이처럼 착오를 상대방이 야기한 경우에는, 설령 그 상대방에게 고의나 과실과 같은 귀책사유가 없더라도,[48] 어떤 주장을 하는 사람은 그 주장이 사실과 부합하는지를 확인하여야 하고, 이 사람은 그 주장을 믿은 사람에 비하여 좀 더 확인하기에 더 나은 위치에 있다고 할 수 있기 때문이다.

그리고 상대방이 착오 사실을 알았거나 알 수 있었다는 이유를 들어 취소를 허용한 예로서는 대법원 1966. 10. 18. 선고 66다1573 판결[49]을 들 수 있다. 이 사건에서는 원고들이, 그 아들이 국가공무원의 불법행위를 이유로 사망하였다고 하여 국가배상법에 따라 국가배상심의회에 위자료 각 15만 원을 청

47) 공 1997하, 2824.

48) 위 판결은 원고의 손해배상청구는 피고의 고의 또는 과실이 없음을 이유로 받아들이지 않았다.

49) 판례총람 민법 제109조 22.

구하여, 그 청구금액 중 각 15,000원의 지급인용 결정을 받자 그 결정에 동의하고 위 돈을 수령하였는데, 당시 이 사건을 원인으로 하는 일체의 다른 손해배상을 청구하지 않는다는 각서를 제출하였다. 그 후 원고들은 위 각서는 미리 부동문자로 밝혀진 문서로서, 그 위자료 수령에 따르는 보통문서인 것으로 잘못 알고 각서에 날인하였다는 이유로 위 다른 일체의 손해배상을 청구하지 않는다는 의사표시의 취소를 주장하였다.

대법원은, 다른 사람의 불법행위로 인하여 아이를 잃은 부모가 도합 30,000원에 불과한 위자료만을 지급받고 다른 재산상의 일체의 손해배상의 청구를 포기한다 함은 일반 경험칙에 어긋난다고 하여, 원고들의 취소 주장을 받아들였다. 이 사건에서 대법원이 다른 사람의 불법행위로 인하여 아이를 잃은 부모가 도합 30,000원에 불과한 위자료만을 지급받고 다른 재산상의 일체의 손해배상의 청구를 포기한다 함은 일반 경험칙에 어긋난다고 한 것은, 다른 말로 한다면 통상적으로라면 이러한 처지의 원고들이 손해배상청구를 포기한다는 의사표시를 하지 않았을 것인데, 원고들이 이러한 의사표시를 한 것은 착오에 기인한 것이고, 이는 피고인 대한민국에게도 명백하다는 취지로 이해된다. 이러한 경우에는 상대방이 착오 사실을 알았거나 알 수 있었으므로 착오를 바로잡는 데 거래비용이 많이 드는 것은 아니라고 할 수 있다.

다만 착오자도 착오에 빠진 데 과실이 있는 경우에는 어떻게 하는 것이 타당할까? 다시 말해, 착오자도 착오 사실을 발견하는 데 거래비용이 크지 않았던 경우에도 취소를 인정하는 것이 합리적인가 하는 점이다. 우리 민법은 착오자에게 중대한 과실이 있는 경우에 한하여 취소를 배제하고 있다(제109조 제1항 단서). 이 점에 관하여 입법론적으로는 착오자의 과실과 상대방의 사정을 비교하여, 착오에 빠지게 된 데 상대방보다는 착오자의 책임이 더 중할 때에는 착오로 인한 취소를 허용하지 않는 방법과, 착오자의 과실이 중대할 때에는 착오로 인한 취소를 허용하지 않는 방법을 고려해 볼 수 있을 것이다.[50)]

다른 한편 공통의 착오의 경우에는 상대방이 반드시 최소비용회피자라고 말할 수는 없다. 이 점에 관하여는 보충적 해석과 관련하여 다시 언급한다.

---

50) 윤진수(2008d), pp. 84-85 참조.

5. 계약존중의 원칙

계약에 관한 입법이나 판례에서는 계약이 무효로 되는 것을 되도록 회피하고, 계약의 효력이 유지되도록 하려는 경향을 찾아볼 수 있다. 이를 계약존중(favor contractus)의 원칙이라고 부른다.[51] 즉, 계약을 유효로 볼 것인가, 아니면 무효로 볼 것인가가 문제될 때에는 되도록 유효한 쪽으로 보고, 가령 무효사유가 있더라도 무효로 되는 범위를 되도록 제한하려는 것이다.[52][53] 이는 유엔통일매매법(CISG)과 같은 국제협약에서도 기본 원칙의 하나로 인정되고 있다.[54] 이 또한 효율 내지 거래비용의 관점에서 설명할 수 있다.

계약존중의 원칙이 적용되는 구체적인 예를 든다면 우선 유효해석의 원칙을 들 수 있다. 즉, 계약의 해석에서 그것이 유효하게 되는 해석과 무효로 되는 해석이 있다면 유효한 해석이 우선되어야 할 것이다.[55] 그리고 공통의 착오의 경우에 계약의 변용(adaptation) 내지 수정을 인정하는 것,[56] 사정변경의 원칙이 인정되는 경우에 법원에 의한 계약 수정을 인정하는 것[57] 등을 들 수 있다.

여기서는 일부무효의 원칙과, 효력규정과 단속규정의 구별 2가지에 관하여 좀 더 상세하게 살펴보기로 한다.

우선 일부무효의 원칙에 관하여 본다. 민법 제137조는 법률행위의 일부분이 무효인 때에는 그 전부를 무효로 하되, 그 무효부분이 없더라도 법률행위를 하였을 것이라고 인정될 때에 한하여 나머지 부분은 무효가 되지 아니한다고 규정하고 있다. 이처럼 민법이 일부무효의 경우에 법률행위의 전부가 무효로

---

51) 이 개념 자체가 국내에 잘 알려지지 않았기 때문에 우리말로는 아직까지 이에 해당하는 표현이 확립되지 않았다. 계약우호의 원칙이라는 표현도 사용되고 있으나, 여기서는 계약존중의 원칙이라고 부르기로 한다.

52) 이에 대한 비교적 상세한 설명은 Fauvarque-Cosson and Mazeaud(2008), pp. 496ff.가 있다.

53) 법규범이 위헌인지 여부가 될 때에는 합헌적인 쪽으로 해석해야 한다는 법률 존중 내지 합헌성 추정(favor legis)의 원칙도 이와 유사한 관점에서 분석할 수 있을 것으로 생각된다.

54) Schlechtriem, hrsg.(2000), Art. 7 Rdnr. 54(Ferrari/Junge/Schlechtriem).

55) 이에 대하여는 윤진수(2007d), pp. 269-271 참조. 우리 판례상 이러한 유효해석의 원칙이 채택된 전형적인 예로서는 대법원 1996. 12. 10. 선고 94다56098 판결(집 44권 2집 민355; 공 1997상, 288)을 들 수 있다.

56) 이에 대하여는 아래 보충적 해석과 관련하여 다시 언급한다.

57) 이에 대한 비교법적 자료로는 Von Bar and Clive(2009), pp. 716ff. 이 점은 2004년 국회에 제출되었다가 제17대 국회의 임기 만료로 폐기된 정부 제출의 민법개정안 심의 과정에서도 논의되었으나, 개정안은 이를 채택하지 않았다. 법무부(2004), pp. 816ff, 특히 pp. 826ff. 참조.

되는 것을 원칙으로 채택하고 있는 것은 독일 민법 제139조의 영향을 받은 것인데, 비교법적으로는 이와는 반대로 일부무효 사유가 있는 경우에는 나머지 부분은 유효한 것이 원칙이고, 예외적으로만 나머지 부분도 무효라는 잔부무효의 원칙을 채택하고 있는 나라들이 많다.[58] 우리나라의 약관의 규제에 관한 법률 제16조도, 약관의 전부 또는 일부의 조항이 무효로 되는 경우에는 나머지 부분만으로 유효하게 존속하는 것을 원칙으로 하고 있다. 2004년 민법개정안 제138조도 일부유효를 원칙으로 하는 것으로 규정하고 있었다.[59]

이와 관련하여 흥미 있는 것이, 판례가 이러한 전부무효의 원칙의 적용범위를 제한하려는 경향을 보이고 있다는 것이다. 예컨대 대법원 2004. 6. 11. 선고 2003다1601 판결[60]은, 법률행위의 일부가 강행법규인 효력규정에 위반되어 무효가 되는 경우 그 부분의 무효가 나머지 부분의 유효·무효에 영향을 미치는가의 여부를 판단함에 있어서는 개별 법령이 일부무효의 효력에 관한 규정을 두고 있는 경우에는 그에 따라야 하고, 그러한 규정이 없다면 원칙적으로 민법 제137조가 적용될 것이나, 당해 효력규정 및 그 효력규정을 둔 법의 입법취지를 고려하여 볼 때 나머지 부분을 무효로 한다면 당해 효력규정 및 그 법의 취지에 명백히 반하는 결과가 초래되는 경우에는 나머지 부분까지 무효가 된다고 할 수는 없다고 하여, 상호신용금고의 담보제공약정이 효력규정인 구 상호신용금고법 제18조의 2 제4호에 위반하여 무효라고 하더라도, 그와 일체로 이루어진 대출 약정까지 무효로 된다고는 할 수 없다고 하였다.[61]

영미법에서는 이러한 일부무효의 법리에 해당하는 것이 이른바 절단가능성(severability)[62]의 이론이다. 즉, 무효로 되는 부분을 다른 부분과 나눌 수 있으면 그 다른 부분은 여전히 효력을 유지한다는 것이다. 과거에는 이에 관하여 이른바 푸른 연필 규칙(blue-pencil rule)이라는 것이 채택되고 있었다. 즉, 문제되는 조항의 문언 중 일부만을 연필로 지움으로써 배제할 수 있을 때에는 그 조항의 나머지 부분은 유효하다는 것이다. 예컨대 영국의 19세기 판례는, 영업양도의 경우에 "런던과 잉글랜드의 다른 지역(London and other places of Eng-

58) "유용한 것은 무용한 것에 의하여 효용을 잃지 않는다"(utile per inutile non vitiatur). Zimmermann(1996), pp. 76ff. 참조.

59) 현재 진행되고 있는 민법개정준비위원회에서도 잔부유효를 원칙으로 하도록 방침이 정해졌다.

60) 공 2004하, 1148.

61) 같은 취지, 대법원 2007. 6. 28. 선고 2006다38161, 38178 판결(공 2007하, 1150) 등.

62) divisibility라고 부르기도 한다.

land)에서 경업하지 않는다"는 조항 가운데 잉글랜드의 다른 지역에서 경업하지 않는다는 부분이 문제가 되면, '잉글랜드의 다른 지역'이라는 부분만을 지우면 된다고 보았다.[63] 반면 이처럼 일부분만을 지울 수 없다면 그 조항 전체가 무효가 된다고 한다. 다시 말해, 문언상 가분인지 아닌지가 중요한 것이 된다. 그러나 근래에는 미국법상으로는 이러한 푸른 연필 규칙을 채택하지 않고, 문언상 가분이 아닌 경우에도 무효 사유가 없는 나머지 부분의 유효를 인정할 수 있다고 봄으로써 나머지 부분이 유효로 될 수 있는 경우를 더 넓게 인정하려는 경향이 있다.[64]

그리고 약관에 관한 이른바 효력유지적 축소(Geltungserhaltende Reduktion)도 전부무효의 원칙을 수정하는 것이라고 할 수 있다. 즉, 약관의 개별 조항이 약관규제법에 의하여 무효로 되는 경우에도, 약관규제법에 저촉되는 부분만 무효로 되고 저촉되지 않는 부분은 유효하게 존속하는 것이다. 이에 관하여는 학설상 논쟁이 있으나, 판례는 효력유지적 축소를 인정하고 있다. 예컨대 사업자의 모든 행위에 대하여 고의나 중과실 여부를 묻지 않고 면책된다는 약관조항이 약관규제법 제7조 제1호에 의하여 무효라면 사업자에게 경과실만이 있는 경우에도 면책되지 않고 책임을 지는가 하는 점에 관하여, 판례는 위 면책조항은 경과실면책의 경우에 한하여는 유효하기 때문에 사업자는 경과실만이 있는 경우에는 면책된다는 것이다.[65]

다른 한편, 각종의 법률에서는 일정한 계약 내지 거래를 금지하고 있는 경우가 많은데, 그 금지에 위반한 계약 내지 거래의 효력에 대하여는 대체로 명시적인 규정을 두지 않고 있다. 강학상 금지규정을 위반하면 위반행위가 무효가 되는 규정을 효력규정, 무효는 되지 않지만 형벌 등 다른 제재가 따르는 규정을 단속규정이라고 부르고, 판례도 이러한 용어를 사용하고 있다.[66] 어떤 규정이 효력규정인가 아니면 단속규정인가는 결국 판례에 의하여 결정되고 있다.

양자의 구별 기준에 관하여 비교적 상세하게 설명하고 있는 학설은 다음과 같은 점을 들고 있다. (1) 그 규정이 일정한 행위 자체를 금지 내지 제한하

63) Mallan v. May, 152 Eng. Req. 967, 973(Ex. 1843).

64) Restatement [Second] of Contracts § 184, Reporter's Note; Farnsworth(2004), §5.8. 등 참조.

65) 대법원 1995. 12. 12. 선고 95다11344 판결(공 1996상, 358) 등. 좀 더 자세한 것은 윤진수(2008a), pp. 198ff. 참조.

66) 이 밖에 효력규정 대신에 강행규정이라는 용어도 쓰이며, 효력규정을 단속규정에 포함시키고, 효력에 영향이 없는 단속규정을 단순한 단속규정이라고 부르기도 한다.

는 것을 목적으로 하는 것인지, 아니면 그 행위의 결과에 의하여 재화 또는 경제적 이익이 귀속되는 것을 방지하려는 것인지 그 입법의 취지를 참작하고, (2) 위반행위에 대한 반사회적 반도덕성에 관한 사회적 평가나 이를 감안한 사회·경제정책의 방향을 고려하며, (3) 당해 법률행위의 유효성 유무가 거래의 안전에 미치는 영향 및 법률행위 당사자 사이의 신의와 형평을 비교형량하는 등 제반사정을 구체적으로 살펴 그 위반행위의 사법상의 효력까지도 부인하여야만 비로소 그 목적을 이룰 수 있는지 여부를 판단하여야 한다는 것이다.[67)]

이 점에 관하여 판례는, 대체로 그 행위가 사법상의 효력까지도 부인하지 않으면 안 될 정도로 현저히 반사회성, 반도덕성을 지닌 것이거나, 그 행위의 사법상의 효력을 부인하여야만 금지규정의 입법목적을 달성할 수 있는 경우에는 그 규정을 효력규정으로 보고, 그렇지 않은 경우에는 단속규정으로 보고 있다.[68)] 과연 그것만으로 실제상 확실한 기준이 될 수 있는지는 의문이지만, 이러한 판례에 따를 때에는 금지규정에 위반한 행위라도 원칙적으로는 유효하고, 다만 그 행위가 현저히 반사회성, 반도덕성을 지닌 것이거나 그 행위의 사법상의 효력을 부인하여야만 금지규정의 입법목적을 달성할 수 있는 경우에 한하여 무효가 될 것이다. 실제로 판례가 금지규정을 효력규정이라고 본 예는 많지 않고, 판례는 금지규정을 효력규정이라고 보아 행위의 사법상의 효력을 부인하는 데 신중한 태도를 취하고 있다.[69)] 대법원 2009. 3. 19. 선고 2008다45828 전원합의체 판결[70)]에서 박시환 대법관의 별개의견은, 금융실명거래 및 비밀보장에 관한 법률(금융실명법) 제3조 제1항은 강행규정이므로, 출연자 등이 예금명의자 명의로 실명확인 절차를 거쳐 예금계약을 하면서, 금융기관과의 합의하에 출연자 등을 예금계약상의 예금반환청구권을 갖는 예금계약의 당사자로 하기로 별도로 약정한 경우 등에는, 그 별도의 약정에 관하여 당사자들이 명확한 증명력을 가진 구체적이고 객관적인 증거를 남겨 두었는지 여부와 관계없이, 그러한 별도의 약정 자체는 강행규정인 금융실명법 제3조 제1항에 위반되어 효력이 없는 것으로 보아야 한다고 주장하였다. 그러나 이에 대하여 차한성 대법관의 다수의견에 대한 보충의견은, 금융실명법의 규정들을 해석함에 있어서

---

67) 박준서(2001), p. 507(주한일).

68) 예컨대 대법원 2003. 11. 27. 선고 2003다5337 판결(공 2004상, 13); 2008. 12. 24. 선고 2006다53672 판결(공 2009상, 85) 등.

69) 김재형(2004a), p. 42 등 참조.

70) 공 2009상, 456.

는 그 입법 목적과 입법 취지를 충분히 존중할 필요가 있음은 두 말할 나위가 없지만, 본래의 입법 목적과 입법 취지를 벗어나 공익적 목적을 이유로 법률적 근거 없이 국민의 재산권 행사가 제한당하지 않도록 해석하는 것 역시 중요하고, 그렇게 해석하는 것이 법률에 의한 기본권 제한의 원칙을 천명한 헌법 제23조 제1항의 규정에 합치하며 실질적 법치주의의 이념에도 부합한다고 하여 위 별개의견을 비판하고 있다.

과연 이처럼 법의 적용에 있어서 여러 가지 경우에 되도록 계약의 효력을 유지하려고 하는 근거는 무엇인가? 이 또한 거래비용의 관점에서 어느 정도 설명이 가능하다. 즉, 계약을 무효로 하는 것은 계약당사자나 그 계약과 이해관계를 맺은 다른 제3자의 신뢰를 깨뜨리는 것이 되고, 이는 결국 거래비용을 높이는 결과가 된다. 다른 한편으로는 이처럼 계약이 무효가 되는 경우에, 당사자가 동일한 효과를 가져오기 위하여는 또 다른 계약을 맺어야 하는데 이를 위한 재협상(renegotiation)에는 비용이 들기 때문에, 계약의 효력을 유지하는 것은 이러한 재협상의 비용도 줄이는 결과가 된다.[71)]

Ⅳ. 계약의 해석

1. 계약해석의 목적과 방법

계약해석의 목적은 일차적으로는 당사자들이 계약체결 당시 의도하였던 것을 밝히는 데 있다. 계약체결 당시의 관점에서 볼 때 당사자들의 의도가 실현되는 것이 효율적이었다면, 그러한 당사자의 의도는 실현되어야 하고, 그 실현을 위하여는 당사자들이 의도하였던 것이 밝혀져야 한다. 그러므로 계약 해석의 일차적인 목표는 당사자들의 일치한 의사를 밝히는 데 있다.[72)] 반대로 계약해석 당시의 당사자의 의도와는 다르게 계약이 해석된다면, 결과적으로는 이는 어느 한 쪽 당사자의 기회주의를 조장하는 것이 될 것이다.

이 점을 잘 보여 주는 것으로는 이른바 오표시 무해(falsa demonstratio non

71) 계약의 재교섭에 대하여는 Shavell(2004), pp. 314ff. 참조.
72) 이를 종래 일반적으로 자연적 해석이라고 부른다. 이 점에 대하여 상세한 것은 윤진수(2007d), pp. 228ff. 참조.

nocet)의 원칙이다. 즉, 당사자의 진의가 상대방의 의사와 일치한 경우에는 그 표현이 객관적으로는 당사자들의 일치한 의사와는 다른 의미를 가지는 것이라고 하여도 당사자들의 일치된 의사가 계약의 내용이 되는 것이다. 예컨대 부동산의 매매계약에 있어 계약서상에는 매매 목적물이 A 토지로 표시되어 있으나, 매도인과 매수인의 일치된 의사는 이와 다른 B 토지를 매매목적물로 하려는 것이었다면, 매매목적물은 A 토지 아닌 B 토지로 보아야 하는 것이다.[73] 이 경우에는 합리적인 인간이라면 어떻게 그 의미를 이해하였을까 하는 점은 문제되지 않는다.[74] 이처럼 당사자들의 일치된 의사를 쉽게 밝힐 수 있다면 계약해석이 그다지 큰 문제가 되지는 않을 것이다.

그러나 실제로는 계약의 해석은 그처럼 간단하지 않다. 우선 당사자들이 계약체결 당시에 일치된 의사를 가지고 있었더라도 사후에 이를 밝히기는 쉽지 않다.[75] 경제적으로 말한다면 여기에는 비용이 든다. 나아가 당사자가 계약을 체결함에 있어서 계약 조항의 구체적인 의미에 관하여 아무런 생각을 하지 않은 경우도 많을 뿐만 아니라,[76] 쌍방이 서로 다른 의미를 부여하는 경우도 있기 때문이다.

이러한 경우에 계약을 어떤 방법으로 해석해야 할 것인지가 문제된다. 이에 관하여는 종래 강학상 자연적 해석, 규범적 해석 및 보충적 해석으로 분류하는 것이 일반적이지만, 필자는 이를 문언해석, 객관적 해석, 주관적 해석, 규범적 해석 및 보충적 해석의 5단계로 나누어 설명하였다.[77] 여기서는 문언해석과 객관적 해석, 주관적 해석 및 보충적 해석에 대하여 살펴본다.[78]

2. 문언해석과 객관적 해석

계약이 계약서와 같은 서면에 의하여 체결된 경우에는 계약 해석의 제1단계는 그 서면의 문언에서 출발하여야 한다. 판례는, 법률행위의 해석이란 당사

---

73) 대법원 1993. 10. 26. 선고 93다2629, 2636 판결(공 1993, 3165).

74) Farnsworth(2004), §7.9(p. 446).

75) Farnsworth(2004), §7.9(p. 446)는 실제로는 분쟁이 생겼을 때 쌍방이 계약체결 당시 공유하고 있던 의미를 밝힐 수 있는 경우는 드물다고 한다.

76) Farnsworth(2004), §7.9(p. 452) 참조.

77) 윤진수(2007d), pp. 238ff.

78) 유효해석은 규범적 해석의 일종인데, 이에 대하여는 앞에서 언급하였다. 또한 작성자 불이익의 원칙도 규범적 해석의 한 가지라고 할 수 있다.

자가 그 표시행위에 부여한 객관적인 의미를 명백하게 확정하는 것으로서, 서면에 사용된 문구에 구애받을 것은 아니지만 어디까지나 당사자의 내심적 의사의 여하에 관계없이 그 서면의 기재 내용에 의하여 당사자가 그 표시행위에 부여한 객관적 의미를 합리적으로 해석하여야 하는 것이고, 당사자가 표시한 문언에 의하여 그 객관적인 의미가 명확하게 드러나지 않는 경우에는, 그 문언의 내용과 그 법률행위가 이루어진 동기 및 경위, 당사자가 그 법률행위에 의하여 달성하려는 목적과 진정한 의사, 거래의 관행 등을 종합적으로 고려하여 사회정의와 형평의 이념에 맞도록 논리와 경험의 법칙, 그리고 사회일반의 상식과 거래의 통념에 따라 합리적으로 해석하여야 한다고 판시하고 있다.[79] 즉, 계약해석의 일차적인 출발점은 계약의 문언이고, 그 문언에 의하여 객관적인 의미가 명확하게 드러나지 않는 경우에 다른 사정을 종합하여 당사자의 의사를 밝혀야 한다는 것이다. 필자는 이처럼 여러 가지의 제반 사정을 종합하여 이때에는 합리적인 당사자라면 계약 조항에 어떠한 의미를 부여하였을까 하는 점을 탐구하는 것을 객관적 해석이라고 부른다.[80]

나아가 판례는 이른바 처분문서의 증명력이라는 법리를 발전시켜 왔다. 이에 따르면 계약서와 같은 처분문서[81]의 경우에는 그 성립의 진정함이 인정되는 이상 법원은 그 기재내용을 부인할 만한 분명하고도 수긍할 수 있는 반증이 없는 한 그 기재내용대로의 의사표시의 존재 및 내용을 인정하여야 한다는 것이다.[82] 따라서 법원이 계약서에 기재되어 있는 것과는 다른 내용의 계약 조항이 있었음을 인정하기 위하여는 고도의 신빙성이 있는 특별한 증거가 있어야 한다. 이는 영미법상의 이른바 구두증거 배제의 법칙(parol evidence rule)과 유사한 이론이다.[83]

---

79) 대법원 1994. 3. 25. 선고 93다32668 판결(공 1994상, 1320). 같은 취지의 판례는 매우 많다.

80) 객관적 해석(objektive Auslegung)이라는 용어에 대하여는 Kötz(1996), pp. 167ff. 참조. Von Bar and Clive ed.(2009), p. 556은 객관적 방법(Objective Method)이라는 용어를 사용한다.

81) 문서는 그 내용에 따라 처분문서와 보고문서로 구별된다. 전자는 증명할 법률적 행위를 포함하여 이를 그 문서에 의하여 구현하고 있는 것을 말한다. 이 문서에 의하여 증명주제인 법률행위가 있었다는 사실이 증명되는 것이다. 어음, 수표, 유언서, 계약서, 해약통지서 등이 이에 해당한다. 처분문서 이외의 문서는 보고문서이다. 대법원 1997. 5. 30. 선고 97다2986 판결(공 1997하, 2017) 등 참조.

82) 대법원 1995. 2. 10. 선고 94다16601 판결(공 1995상, 1290) 등 다수.

83) 그러나 영미법상의 parol evidence rule은 실체법상의 원칙으로서, 증거법상의 원칙인 처분문서의 증명력의 법리와는 차이가 있다. 또한 처분문서의 증명력의 경우에는 그 기재내용을 부인할 만한 분명하고도 수긍할 수 있는 반증이 있는 경우에는 처분문서와는 다른 사실을 인정할 수 있는 반면, parol evidence rule의 경우에는 그러한 다른 증거를 제시하는 것 자체

왜 이와 같이 문언이 중시되는 것인가? 이는 거래비용의 관점에서 설명할 수 있다. 계약체결 이후 분쟁이 생긴 다음에는 계약서와 같은 계약체결 당시의 사정을 잘 보여 주는 객관적인 자료를 제외하고는 계약체결 당시의 당사자의 의사를 확인하기가 쉽지 않다. 가령 증언과 같은 자료는 반드시 정확하다고 할 수 없다. 따라서 정확한 당사자의 의도를 파악할 수 없는 경우가 많을 뿐만 아니라, 파악할 수 있다고 하여도 그에는 상당한 비용이 든다. 그리고 이처럼 비용이 들 때에는 법원 판단의 오류 가능성도 높아진다. 그러므로 만일 당사자들이 분쟁이 생기기 전에 사전적으로 계약서를 작성할 때 당사자의 의도를 명백히 하여 분쟁이 생기지 않도록 한다면, 분쟁이 생긴 후의 사후적인 비용이 줄어든다.

그러나 당사자들이 사전에 계약서를 명확하게 작성하는 비용이 크다면, 이처럼 사후적인 비용을 줄이는 것이 반드시 효율적인 것은 아니다. 그러므로 경제학적으로는 계약해석의 방법은 계약체결의 사전적 비용과 사후적 비용의 합을 최소화하는 것이라고 말할 수 있다.[84] 따라서 당사자들이 계약체결에 드는 사전적 비용이 그러한 비용을 들이지 않았을 때 발생할 수 있는 사후적 비용보다 적다면, 당사자들로 하여금 그러한 사전적 비용을 지출하게 하는 것이 효율적이다. 문언해석이나 처분문서의 증명력과 같은 법리는 이러한 결과를 가져온다. 다른 한편, 작성자 불이익의 원칙(contra proferentem rule)도 이러한 관점에서 이해할 수 있다. 이는 계약 내용이 불명확할 때에는 그 계약을 작성한 자에게 불이익하게 해석하여야 한다는 것이다. 이 원칙은 약관과 관련하여 가장 문제되고, 우리나라의 약관의 규제에 관한 법률 제5조 제2항도 약관에 관하여 이러한 원칙을 규정하고 있다. 경제적인 관점에서 본다면 계약 내지 약관을 작성한 자는 계약 내지 약관을 좀 더 적은 비용으로 명확하게 작성할 수 있으므로, 작성자 불이익의 원칙은 그로 하여금 계약이나 약관을 좀 더 명확하게 작

가 허용되지 않는다. Farnsworth(2004), §7.2.(pp. 414ff.) 참조.

84) Posner(2005), p. 1583f.는 이를 다음과 같이 표현한다. $C = x + p(x)[y + z + e(x, y, z)]$. 여기서 C는 계약해석에 관한 사회적 거래비용이고, x는 교섭 및 (계약서) 작성비용, p는 소송의 가능성, y는 당사자들의 소송비용, z는 법원의 소송비용, 그리고 e는 계약의 사적 및 사회적 가치를 감소시키는 법원의 오류로 인한 비용이다. 여기서 x는 제1단계, 즉 계약을 체결할 당시의 비용이고, $p(x)[y + z + e(x, y, z)]$는 제2단계, 즉 분쟁이 생겨 소송이 제기된 후의 비용이다. 포즈너는 계약의 사법적 집행의 목표는 이 두 단계의 비용을 최소화하는 것이라고 한다. 또한 Hermalin et al.(2007), pp. 88ff. 참조.

성하도록 하는 유인을 제공하는 것이다.[85)]

그런데 이러한 문언해석을 더욱 밀고 나간다면, 문언 외의 다른 증거는 극히 제한적으로만 허용될 수 있다고 하게 될 것이다. 미국에서는 전통적으로 이를 형식주의(formalism)라고 불러 왔는데, 20세기 후반에 이르러서는 이는 퇴조를 보였으나, 근래에는 또 다른 형태의 형식주의가 법경제학적인 관점에서 유력하게 주장되고 있다. 이를 신형식주의(neoformalism, new formalism)라고 부르기도 한다.[86)]

계약의 해석에서 문언을 얼마나 중요시할 것인가, 문언 외의 다른 증거를 어느 정도 고려할 것인가는 상황에 따라 달라져야 할 것으로 생각된다. 다시 말해, 계약당사자 쌍방이 대기업과 같이 계약을 충분히 명확하게 작성할 수 있는 능력을 가진 사람들이라면, 계약 작성의 비용은 상대적으로 적을 것이고, 따라서 이 경우에는 법원은 사후적으로 많은 비용을 들여 계약서와 같은 문언 외의 증거를 조사하기보다는 문언에 충실한 해석을 함으로써 거래비용을 줄일 수 있을 것이다. 반면 계약당사자들이 그러한 능력을 가지지 못하였다면, 법원이 좀 더 많은 증거를 고려하는 것이 계약 작성의 사전적 비용을 줄이는 방법이 될 것이다.[87)] 미국에서도 근래에는 이처럼 당사자들이 얼마나 숙련되었는지(sophisticated) 여부를 계약 해석에서 중요하게 고려하여야 한다고 주장하는 문헌들이 늘어나고 있는 것으로 보인다.[88)] 일반적으로 신형식주의의 대표자로 불려지는 슈워츠(Schwartz)와 스콧(Scott)도 주로 기업과 기업 사이의 상사계약에 관하여 형식주의를 주장하고 있다.[89)]

다른 한편 계약해석의 기본적인 목적은 당사자들의 의도를 실현시킨다는 데 있다는 점도 염두에 두어야 할 것이다. 그러므로 계약해석에 소요되는 거래비용의 절감은 그 자체가 목적이라고는 할 수 없고, 당사자들의 의사를 실현하는 데 고려해야 할 사항인 것이다.

---

85) Farnsworth(2004), §7.11(p. 459f.) 참조. Ayres and Gertner(1989), pp. 87ff.는 이처럼 당사자가 원하지 않았을 결과를 부과하는 방식을 'Penalty Default Rule'이라고 부른다.

86) 영국의 문헌인 Mitchell(2007), pp. 93ff., 108ff.도 거래비용의 관점에서 형식주의를 분석하고 있다.

87) Hermalin et al.(2007), pp. 98ff.

88) 가장 최근의 문헌으로는 Miller(2010), pp. 493ff. 참조.

89) Schwartz and Scott(2003), pp. 541ff.; (2010), pp. 926ff. 등. 물론 그들은 이러한 계약이 계약법의 주된 적용 영역이라고 보고 있다.

3. 주관적 해석[90)]

그런데 계약의 쌍방이 서로 다른 의사를 가지고 있었던 경우에는 누구의 의사를 계약의 내용으로 할 것인가? 종래의 학설은 이를 규범적 해석이라고 부르고 있다. 그러나 필자는 이를 주관적 해석이라고 부르고 있으며, 규범적 해석이라는 용어는 법원이 당사자의 실제 의사와는 관계없이 어느 해석이 규범적으로 가장 바람직한 결과를 가져오는가 하는 관점에서 결정하는 경우에 관하여 사용하고 있다.[91)]

계약의 쌍방이 서로 다른 의사를 가지고 있었던 경우에는 우선 누구의 의사가 객관적 해석과 일치하는가를 따져야 한다. 즉, 합리적인 당사자라면 계약의 문언을 어떻게 이해하였을 것인가 하는 점이다. 만일 일방의 의사가 객관적 해석의 결과와는 부합하지 않는 반면 상대방의 의사는 객관적 해석과 부합하고, 또 상대방이 객관적 해석의 결과와 부합하지 않는 일방의 의사를 알 수 없었다면 이때에는 객관적 해석과 부합하는 상대방의 의사가 계약의 내용이 될 것이다. 종래의 판례가, 법률행위의 해석에 있어서 당사자의 진정한 의사를 알 수 없다고 한다면, 의사표시의 요소가 되는 것은 표시행위로부터 추단되는 효과의사, 즉 표시상의 효과의사이고 표의자가 가지고 있던 내심적 효과의사가 아니므로, 의사표시 해석에 있어서도 당사자의 내심의 의사보다는 외부로 표시된 행위에 의하여 추단된 의사를 가지고 해석함이 상당하다고 한 것[92)]도 주로 이러한 취지라고 이해된다. 이 경우에 상대방이 알 수 없었던, 객관적 해석에 부합하지 않는 일방의 의사를 계약의 내용으로 확정하는 것은 상대방의 거래비용을 증가시키는 것이 된다. 반면 다른 일방이 자신의 의사를 객관적 해석과 부합하는 방법으로 표시하는 것은 별다른 거래비용이 들지 않는 것이다. 따라서 이 결과는 쌍방의 거래비용의 합을 줄이는 것이 된다.

그러면 일방의 의사가 객관적 해석의 결과에 합치하지 않고, 이를 상대방이 알았거나 알 수 있었던 경우는 어떠한가? 먼저 일방의 의사가 객관적 해석에 합치하지 않는데, 상대방이 이러한 일방의 의사를 알았던 경우에는 비록 그

90) 윤진수(2007d), pp. 263ff. 참조.

91) 윤진수(2007d), pp. 244, 269ff. 등 참조.

92) 대법원 1996. 4. 9. 선고 96다1320 판결(집 44권 1집 민313; 공 1996상, 1399); 1997. 11. 28. 선고 97다11133 판결(공 1998상, 49) 등.

일방의 의사가 객관적 해석에 합치하지 않는다고 하더라도 그 일방의 의사가 계약이 의미하는 것으로 인정되어야 할 것이다. CISG, PICC, PECL 및 DCFR[93] 도 모두 이를 인정하고 있다.

문제는 상대방이 일방의 의사를 알지는 못하였으나 알 수 있었다고 하는 경우이다. 이 경우에 관하여는 상대방에게 과실이 있었으면 표의자의 의사대로 의사표시가 성립한다는 견해, 상대방에게 중과실이 있는 경우에만 표의자의 진의가 법률행위의 내용이 되고, 상대방이 단지 경과실로 표의자의 진의를 알지 못한 경우에는 표시된 바대로의 법률효과가 생긴다고 하는 견해 및 상대방이 표의자의 진정한 의사를 알 수 있었거나 알았어야 하였으나 실제로 그것을 인식하지 못한 경우는 표의자의 의사에 따라 법률효과가 생긴다는 견해 등이 주장되고 있다.[94] CISG, PICC 및 PECL은 그 일방의 의사를 상대방이 몰랐을 수 없는 경우(could not have been unaware)에는 그 일방의 의사에 따라야 한다고 규정하고 있다.[95]

우선 일방의 진정한 의사를 상대방이 알 수 있었고, 따라서 알지 못한 데 과실이 있다고 하더라도 그것만으로 일방의 진정한 의사가 기준이 될 수는 없다. 가령 CISG나 PICC가 상정하고 있는, 일방의 의사표시의 의미를 상대방이 그 표의자의 의사가 아닌 객관적인 해석에 따른 의미로 이해한 경우에 관하여 살펴본다. 이때에는 그 표의자로서는 자신의 의사를 상대방이 이해할 수 있도록 표시하였어야 하는 것이고, 상대방에게는 표의자의 의사표시가 과연 표의자의 의사를 제대로 반영한 것인지를 문의하여야 할 의무(Erkundigungspflicht)는 없는 것이다.[96] 따라서 이러한 경우에는 원칙적으로 표의자가 자신의 의사가 잘못 이해된 데 대한 위험을 부담하여야 할 것이다. 특히, 표의자가 자신의 의사표시가 가지는 객관적인 의미 내지 그것이 상대방에게 어떻게 이해될 것이라는 점을 알 수 있었을 때에는 더욱 그러하다.

그러므로 이 문제는 결국 양 당사자의 책임 정도를 비교 형량하여 결정할 수밖에 없다. 즉, 표의자가 자신의 의사표시를 정확하지 않게 한 잘못이 있다

93) Ⅱ: 8-101 (2).

94) 윤진수(2007d), p. 229 참조.

95) 반면 DCFR: 8-101 (2)는 “일방의 의사를 상대방이 알았어야 할 것을 합리적으로 기대할 수 있는 경우”(could reasonably be expected to have been aware, of the first party’s intention)라는 표현을 쓰고 있다.

96) MünchKomm/H. P. Westermann, Art. 8 CISG Rdnr. 3 참조. 같은 취지, Witz/Salger/Lorenz/Witz(2000), Art. 8 Rdnr. 5.

고 하더라도 상대방이 표의자의 진의를 쉽게 알 수 있었고, 이를 알지 못한 상대방의 잘못이 표의자의 잘못보다 크다고 판단될 때에는 표의자의 의사가 기준이 되어야 한다. 많은 경우에는 상대방에게 중대한 과실이 있는 경우에 그렇게 되겠으나, 항상 그렇다고 단정할 수는 없다.

이 문제에 관하여 최근에 선고된 예금주 확정에 관한 대법원 2009. 3. 19. 선고 2008다45828 전원합의체 판결(주 70)을 살펴본다. 1993. 8. 12. 금융실명거래 및 비밀보장에 관한 긴급재정경제명령에 의하여 이른바 금융실명제가 실시된 후, 판례는 예금의 출연자와 예금명의인이 다른 경우에 관하여, 원칙적으로 예금명의인이 예금주가 되는 것으로 보아야 하고, 다만 예외적으로 예금명의인이 아닌 제삼자에게 예금반환채권을 귀속시키기로 하는 명시적 또는 묵시적 약정이 있었다면 예금명의인 아닌 다른 사람이 예금주가 될 수 있다고 하였다.[97] 이후에도 대법원은 한동안 이러한 판례를 유지하여 왔다. 그러던 중 위 대법원 2009. 3. 19. 선고 전원합의체 판결은 종래의 판례를 변경하여, 금융기관과 출연자 등과 사이에서 실명확인절차를 거쳐 서면으로 이루어진 예금명의자와의 예금계약을 부정하여 예금명의자의 예금반환청구권을 배제하고, 출연자 등과 예금계약을 체결하여 출연자 등에게 예금반환청구권을 귀속시키겠다는 명확한 의사의 합치가 있는 극히 예외적인 경우에 한하여 예금명의자 아닌 출연자 등을 예금계약의 당사자로 볼 수 있다고 하였다.

위 판결은 그 근거로서, 처분문서의 증명력에 관한 일반적인 법리와 함께, 금융실명제가 시행된 후에는 특별한 사정이 없는 한 주민등록증 등을 통하여 실명확인을 한 예금명의자가 금융실명법 제3조 제1항 소정의 '거래자'로서 금융기관과 예금계약을 체결할 의사를 표시한 것으로 보아야 하고, 또한 대량적·반복적으로 이루어지는 예금거래를 신속하고 정형적으로 처리하여야 하는 금융기관으로서도 출연자가 누구인지 여부 및 출연자와 예금명의자의 내부관계가 어떠한지에 구애받음이 없이 예금계약의 당사자 확정을 둘러싼 분쟁을 방지하고 법률관계를 명확히 하기 위하여 실명확인을 통하여 계약체결 의사를 표시한 예금명의자를 계약당사자로 받아들여 예금계약을 체결한 것이라고 보아야 하므로, 이와 같이 합치된 쌍방의 의사 및 그에 관한 금융기관의 신뢰는 존중되어야 한다는 점을 들고 있다.

97) 대법원 1998. 11. 13. 선고 97다53359 판결(공 1998하, 2855) 등.

이 글의 필자 중 한 사람은 과거에는 금융기관이 예금명의인 외의 출연자가 따로 있음을 알았을 때에는 출연자를 예금주로 보아야 한다고 주장하였다.[98] 그러나 현재에는 계약해석의 일반적인 법리에 비추어 볼 때, 위 대법원 판결과 마찬가지로 예금명의인 아닌 출연자를 예금주로 하겠다는 당사자 사이의 명시적인 의사의 합치가 있는 경우에 한하여 출연자를 예금주로 보아야 한다고 생각한다.[99] 위 판례는 앞에서 언급한 문언해석의 한 예로 볼 수도 있으나, 이와 함께 주관적(규범적) 해석의 이론도 고려하면 적절한 설명을 할 수 있을 것이다.

우선 금융기관의 입장에서는 판례가 말하는 것처럼, 금융실명제 하에서는 대량적·반복적으로 이루어지는 예금거래의 특성상 실명확인을 통하여 계약체결 의사를 표시한 예금명의자를 계약당사자로 받아들여 예금계약을 체결하려는 의사를 가진다고 봄이 합리적이다. 다른 한편, 출연자의 경우에도 이러한 금융기관의 의사를 모를 수 없었을 뿐 아니라(could not have been unaware), 자신이 예금주가 되고자 하였다면 이를 명확히 밝혔어야 하고, 그렇지 않았다면 자신이 예금주라고 주장하는 것은 금융기관의 이익에 어긋나는 것으로서 허용되어서는 안 될 것이다. 이는 예금명의인의 경우에도 마찬가지이다. 예금명의인이 내심으로는 출연자를 예금주로 하는 의사를 가지고 있었다고 하더라도, 이를 명확히 밝히지 않았다면 이러한 의사는 고려될 수 없는 것이다.[100]

그런데 이러한 경우 금융기관의 대리인인 임직원이 실명확인절차를 거친 명의인이 아닌 출연자를 예금계약의 당사자라고 합의하였다면 이때에는 출연자가 예금주가 되는 것이 아닌가 하는 의문이 있을 수 있다. 그러나 대량적·반복적으로 이루어지는 예금거래의 특성을 고려한다면 그와 같이 보기는 어려울 것이다. 가령 당해 임직원이 다른 곳으로 전출되었다면 그러한 합의가 명확한 문서로 남아 있지 않는 한 금융기관의 다른 임직원으로서는 이를 알 수 없는 것이다. 이 점에 관하여 위 전원합의체 판결에서의 양창수 대법관의 보충의견은, 그러한 임직원의 합의는 그의 금융기관에 대한 임무에 위배되는 행위로서, 대리권 남용에 관한 법리의 배후에 있는 대리행위에서의 위험 분배에 관한

98) 윤진수(2007e), 310ff.

99) 손철우(2010), p. 163은 위 판례가 반드시 묵시적인 합의의 경우를 배제한 것은 아니라고 주장하지만, 묵시적 합의가 판례가 말하는 "명확한 의사의 합치"에 해당하는 경우란 상상하기 어렵다. 오영준(2009), p. 264도 같은 취지이다.

100) 오영준(2009), pp. 256-257 참조.

사고가 이에 유비(類比)될 수 있다고 하였다.[101)]

4. 보충적 해석

보충적 해석이란 계약을 체결할 때 당사자들이 미처 생각하지 못하여 계약에서 약정한 바 없는 사항에 관하여 분쟁이 생기는 경우에, 당사자들이 그러한 사항에 관하여 약정하였더라면 어떻게 약정하였을까[102)]를 추측하여 그러한 공백을 보충하는 것을 말한다.[103)] 경제학적인 관점에서는 이는 전형적으로 앞에서 언급한 완전계약을 재구성하는 문제라고 할 수 있다.

이제 이러한 보충적 해석의 방법을 공통의 착오 문제에 적용하여 본다. 공통의 착오란 계약당사자 쌍방이 어떤 점에 관하여 동일한 착오에 빠진 경우를 말한다. 예컨대 A가 자신이 가지고 있던 자기가 고려자기의 모사품인 것으로 알고 싼 값에 B에게 팔았고, B도 그와 같이 믿고 샀는데, 나중에 그 자기가 진품 고려자기임이 밝혀진 경우에 어떻게 되는가 하는 점이다. 여기서는 두 가지가 문제될 수 있다. 그 하나는 A가 B에게 진품 고려자기의 값을 청구할 수 있을까 하는 점이고, 다른 하나는 이러한 경우에 착오를 이유로 하는 취소가 허용될 것인가 하는 점이다.

먼저 앞의 경우를 살펴본다. 통상적으로는 그러한 경우 B가 진품 고려자기의 값을 내고 살 의사가 있을 것으로는 생각되지 않는다. 그러나 그러한 경우를 전혀 배제할 수는 없다. 가령 대법원 1994. 6. 10. 선고 93다24810 판결[104)]의 경우를 본다. 이 사건에서는 토지의 매수인인 피고 은행이 매도인인 원고가 부담하여야 할 양도소득세 등도 매수인이 부담하기로 하였으나, 이를 전액 부담하기로 약정하는 경우에는 과세관청이 피고가 부담하는 세금도 과세표준의 산출근거인 양도가액에 포함시켜 또다시 양도소득세 등을 부과하게 되어, 피고가 부

---

101) 이와 유사한 문제는 대리인이 상대방과 통모하여 허위표시를 한 경우에 그러한 사실을 알지 못한 본인에 대한 관계에서 그 무효를 주장할 수 있는가 하는 점이다. 이에 관하여는 민법 제116조 제1항은 의사표시의 하자에 관하여는 대리인을 표준으로 한다고 규정하고 있으나, 이는 어디까지나 대리인이 행한 의사표시의 상대방을 보호하려는 취지이기 때문에, 대리인이 본인을 속일 목적으로 상대방과 통모한 경우에는 그 적용이 없다는 주장도 유력하다. 간단한 소개는 윤진수(2008e), p. 37 주 57) 참조. 이는 일종의 대리인 문제(agency problem)라고 할 수 있다.

102) 이른바 가정적인 당사자의사(hypothetischer Parteiwille).

103) 대법원 2006. 11. 23. 선고 2005다13288 판결(공 2007상, 24) 참조.

104) 공 1994하, 1920.

담할 세금의 액수가 거듭 늘어나고 그 액수를 확정할 수 없게 되는 문제점이 생기기 때문에, 이를 예방하기 위하여 원래의 매매대금에 대한 양도소득세 등의 세금과, 피고가 위 세금을 부담할 경우 이를 양도가액에 포함시킴으로써 추가로 납부하여야 할 세금만을 피고가 부담하고, 다시 그로 인하여 추가로 부과되는 세금은 피고가 부담하지 않겠다는 점을 명확하게 하기 위하여 피고 은행이 세무사에게 의뢰하여 산출한 세액 532,399,720원만을 부담하고, 추가로 부과되는 액수는 부담하지 않기로 약정하였다. 그런데 실제로는 위 계산한 세액 자체가 잘못 산출되어 원고가 납부하여야 할 세금이 위 532,399,720원 외에 377,802,450원을 더 납부하여야 한다는 사실이 매매계약이 이행된 후에 밝혀졌다. 대법원은 이 경우에 원고의 착오를 이유로 하는 취소 주장을 받아들였다. 그러나 이러한 경우에 피고 은행이 세금이 더 많이 나온다는 것을 알았다면 이를 부담하고라도 샀을 것이라는 사정이 있다면, 이 경우에는 원고의 취소 주장을 받아들이기보다는 피고에 대하여 추가로 부과된 세금을 지급하라고 명하는 것이 합리적이었을 것이다. 다시 말해, 계약을 쌍방이 당사자가 착오 사실을 알았더라면 가졌을 의사(가정적 의사)에 따라 체결하였을 내용으로 수정(adaptation)하게 하는 것이 가장 바람직한 것이다.[105)]

그런데 당사자의 그러한 의사를 인정할 수 없는 경우에는 어떠할까? 위 판례는 착오로 인한 취소를 인정하였다.[106)] 위 사안에서는 위와 같은 착오를 피고가 유발하였으므로 취소를 인정하는 것이 합리적일 것이다. 다시 말해, 이러한 경우에는 피고가 최소비용회피자이다. 다른 경우를 예로 든다면, 대법원 1997. 8. 22. 선고 96다26657 판결[107)]은 고려청자인 것으로 믿고 산 도자기가 진품이 아닌 것으로 밝혀진 경우에 매수인의 착오로 인한 취소 주장을 받아들였다. 이 경우에도 매도인이 그 도자기가 진품인지 여부를 매수인보다 더 잘 알 수 있는 위치에 있었을 것이므로, 착오 취소를 인정하는 것이 효율적이다.

그런데 반대로 취소를 주장하는 당사자가 최소비용회피자인 경우에는 어떠한가? 가령 자신이 모사품이라고 믿고 판 도자기가 실제로는 진품인 경우에는, 그 자기가 진품인가 아닌가는 이를 보유하고 있는 사람이 더 잘 알 수 있

---

105) 공통의 착오에 있어서 계약의 수정에 관하여는 윤진수(2007d), pp. 82ff. 참조.
106) 공통의 착오의 경우에 취소를 인정한 판례의 소개는 윤진수(2007d), pp. 89ff. 참조.
107) 공 1997하, 2786.

는 문제이고, 따라서 이 경우에는 매도인에게 손해를 부담시켜야 한다고 생각할 수 있다. 그렇지 않으면 매도인은 그 자기가 진품인지 여부를 확인하는 것을 게을리하게 되고, 이는 결국 거래비용의 증가를 가져온다는 것이다.

그러나 다른 한편으로는 위와 같은 경우에 모사품인줄 믿고 산 매수인에게 진품 도자기를 보유하게 하는 것은 그로 하여금 기대하지 않았던 이익(windfall gain)을 얻게 하는 것이다. 이러한 기대하지 않았던 이익이 생긴다는 것은 그 도자기의 효용을 매수인이 매도인보다 더 높게 평가하였다고 말하기는 어렵다는 것을 의미한다. 그렇다면 그 도자기를 매수인이 보유하게 하는 것도 반드시 효율적이라고 할 수는 없다.

그러면 이 경우에는 어떻게 하는 것이 가장 좋은 방법일까? 필자의 생각으로는 매도인의 착오로 인한 취소 주장을 받아들이되, 그 대신 매수인에 대하여 위 도자기가 모사품이었을 경우 매수인이 얻었을 이익(이행이익) 상당을 배상하게 하는 것이 합리적인 해결책이라고 생각한다. 다시 말해, 이러한 경우에는 매수인도 자신이 계약체결 당시에 가졌던 기대는 보호를 받는 것이 되므로, 계약을 체결한 목적이 거의 달성되는 결과가 된다. 이는 말하자면 앞에서 언급한 효율적 위반의 이론을 적용한 셈이다. 매수인 입장에서는 손해배상을 받을 수 있으므로 그러한 취소에 대비하여 거래비용을 지출할 요인은 최소화된다. 반면 매도인으로서도 자신이 도자기의 진품 여부를 확인하지 않고 매도하였다면 착오가 밝혀지지 않는 경우에는 그 도자기로 인하여 얻을 수 있는 이익을 잃게 되는 셈이므로, 반드시 그 도자기의 진품 여부를 확인하지 않을 도덕적 해이가 생길 것으로는 생각되지 않는다.

그런데 실제로는 그러한 해결책을 채택하고 있는 입법례를 찾기 어렵고, 대부분의 경우에는 무조건적인 착오 취소를 인정하고 있다. 다만 독일 민법 제122조 제1항은 착오를 이유로 상대방 있는 의사표시를 취소한 사람에 대하여는 그 상대방이 의사표시의 유효를 믿음으로 인하여 입은 손해를 배상하도록 규정하고 있다. 그러나 위 규정은 상대방이 의사표시의 유효를 믿음으로 인하여 입은 손해의 배상(이른바 신뢰이익, reliance interest의 배상)으로서 이행이익의 배상은 아니다. 나아가 독일의 많은 학자들은 위 규정은 공통의 착오의 경우에는 적용되어서는 안 된다고 주장하고 있다.[108] 왜 위와 같은 해결책이 채택되

108) 그러나 Huber(2001), p. 13은 이러한 경우에 손해배상의무를 부담시키는 것은 착오자가 자신의 잘못된 판단의 결과를 부담하여야 한다는 점에서 정당화될 수 있다고 주장한다.

지 않고 있을까?

Ⅴ. 계약위반에 대한 구제

1. 손해배상의 범위

민법이 정하는 계약위반에 대한 구제수단 중 현실적으로 가장 중요한 의미를 가지는 것은 손해배상이다. 민법 제390조는 계약위반에 대하여 일반적으로 손해배상을 인정하고 있고, 통설·판례는 이때 손해배상이 채무자가 계약을 이행하였더라면 채권자가 얻을 수 있었을 이익, 즉 이행이익에 미친다고 본다.[109] 이러한 결론은 이미 법해석상으로는 민법 제393조 제1항의 '채무불이행으로 인한'이라는 표현, 즉 채무불이행과의 인과관계라는 개념에서 끌어낼 수 있는 것이지만, 경제적인 관점에서도 끌어낼 수 있고, 또 계약위반에 대한 구제수단의 경제적 분석의 기초를 이루는 것이기도 하다. 그 핵심은 이행이익 배상이 채무자가 계약위반 여부를 결정함에 있어 그 결정이 사회적으로 효율적이 되도록 해 주고, 채무자가 계약이행이 불능이 되지 아니하도록 주의함에 있어 최적 수준의 주의를 기울이게 해주어, 계약이행에 있어 효율성을 달성하게 해 준다는 점에 있다.

먼저, 채무자의 고의적인 계약위반 결정에 관하여 본다. 갑이 인접한 그 소유의 B대지와 합쳐 쇼핑타운을 신축할 계획으로 을과 사이에 을 소유의 A대지를 1억 2,000만 원에 매수하기로 하는 내용의 매매계약을 체결하였고, 이때 갑이 누릴 이익, 즉 A대지의 갑에 대한 가치가 1억 5,000만 원 상당이라고 하자. 만일 병이 A대지를 1억 5,000만 원 이상의 가치로 활용할 수 있다면 을이 계약을 위반하여 A부동산을 병에게 양도하는 것이 배분적 효율을 달성하는 길이다. 이때의 계약위반을 효율적 계약위반이라고 한다. 법원이 을에게 3,000만 원(=1억 5,000만 원-1억 2,000만 원) 상당의 배상을 명한다면 을은 병이 1억 5,000만 원 이상을 제안할 때만 계약위반을 선택하도록 유인할 수 있고, 효율적 계약이행과 그 위반을 달성할 수 있다. 이는 이행이익의 배상과 일치한

109) 대법원 1999. 6. 25. 선고 99다7183 판결(집 47권 1집 민308).

다.[110)111)]

다음으로, 채무자가 계약이행을 위하여 기울일 주의 수준, 즉 과실에 의한 계약위반에 관하여 본다. 갑이 을과 사이에 을 소유의 A창고를 임료 4,000만 원에 임차하여 의류도매행사를 개최하려고 한다. A창고의 가치는 3,000만 원, 이 행사의 가치는 5,000만 원이고, 이 창고에는 30%의 확률로 화재가 발생할 위험이 있으며, 이 화재를 방지하는 데 1,000만 원의 비용이 소요된다. 임대차계약이 체결되기 전이라면 을은 화재방지조치를 취하는 데 드는 비용이 화재로 인한 손실의 기댓값 900만원(= 3,000만 원 × 30%)보다 크므로 화재방지조치를 취하지 아니할 것이고, 이는 그 조건에서는 효율적이다. 그러나 임대차계약을 체결하였고, 계약위반시 갑의 이행이익을 배상할 책임을 진다면 을은 화재로 인한 손실의 기댓값이 2,400만 원[= (3,000만 원 + 5,000만 원) × 30%]이 되어 화재방지조치를 취할 것이고, 이제는 이것이 효율적이다.[112)113)]

요컨대, 이행이익의 배상을 명함으로써 채무자가 고의 또는 과실로 계약위반을 함에 있어 최적의 계약위반 결정 내지는 주의 수준 결정을 유도할 수 있다는 것이다.

그런데 민법은 이에 그치지 아니하고 제393조 제1항에서 손해배상의 범위를 통상의 손해로 제한한 다음, 제2항에서 특별한 사정으로 인한 손해는 채무자가 예견가능하였을 때에만 배상의 대상이 된다고 한다. 이는 영국의 판례인 Hadley v. Baxendale[114)]과 맥을 같이 하는 것이다.[115)] 근래 CISG, PICC, PECL,

110) 최초의 경제적 설명은 Birmingham(1969), pp. 284f.이다. 좀 더 수학적인 것으로, Barton(1972).

111) 보다 일반적으로 다음과 같이 설명할 수 있다. 갑의 이익을 V, 을의 비용을 C, 매매대금을 P, 계약체결시점을 T_1, 이행시를 T_2라고 하면, 거래가능조건은 $V_1 \geq P$, $P \geq C_1$, 이 계약의 T_1에서의 (기대되는) 사회적 이익은 $V_1 - C$이고, 이 계약은 $V_1 - C_1 \geq 0$일 때 사회적으로 효율적이다. T_2에 을은 계약을 이행하면 P_1C_2의 이익을, 계약을 위반하면 손해배상금 D의 이익을 보므로, $P - C_2 \leq D$이면 乙은 계약을 위반할 것이다. 그런데 T_2에서 계약이 사회적으로 비효율적일 조건은 $V_2 - C_2 \leq 0$이므로, D는 이 조건을 항상 만족하는 $-(V_2 - P)$가 되어야 하는데, 이는 이행이익의 배상을 의미한다. 위 계약의 공동의 이익($V_2 - P$)을 행위자인 을에게 내부화(internalize)시키는 셈이다.

112) Cooter(1985), p. 11f.; Bebchuck and Png(1999), p. 323f.

113) 보다 일반적으로 다음과 같이 설명할 수 있다. 계약이행이 불능이 되는 사유가 발생할 확률을 p, 이를 방지하기 위하여 주의를 기울이는데 드는 비용을 B라고 하면, 을은 계약이행이 불능이 되는 경우 급부 목적물 자체를 상실하여 입는 손해 C와 이행이익 배상을 해 줌으로써 입는 손해 V - C 합계 V 상당 손해에 관하여 $B = p \cdot V$가 되도록 주의를 기울이게 될 것이다. 이때 을이 취할 주의 수준 B는 곧 사회적으로 최적의 주의 수준인 B*가 된다. 이는 핸드 공식(Hand formula)의 한 적용례라고 할 수도 있다.

114) [1854] 9 Exch. 341.

115) 이 규정의 계보는 좀 더 복잡하지만 이에 관하여는 다루지 아니한다.

DCFR도 대체로 비슷한 입장을 채택하고 있다. 이러한 요건을 부가하면 어떤 손해가 통상의 손해이고 어떤 손해가 특별한 사정으로 인한 손해인지의 구별이 중요해지는데, 그 구별기준이 반드시 명확한 것은 아니다. 특별한 사정으로 인한 손해의 경우 언제 예견가능하여야 하는지, 계약체결 당시인지 아니면 이행시인지에 관하여도 다투어지고 있다.

이는 경제적으로는 다음과 같이 설명할 수 있다. 이행이익의 배상에 관한 경제적 분석이 갖고 있는 문제 중 하나는 채무자 을이 채권자 갑의 이행이익이 얼마인지 알고 있다고 가정하여야 을이 효율적인 계약위반 및 주의 수준의 결정을 할 수 있는데, 그러한 가정이 반드시 타당하지는 아니하다는 점에 있다. 채권자가 이행이익이 5,000만 원인 경우와 2,000만 원인 경우 두 유형 중 하나이고, 어느 경우든 계약위반이 있으면 이행이익 전액을 배상받을 수 있다면, 이행이익이 2,000만 원인 갑은 계약체결 과정에서 자신이 그러한 유형임을 밝히고 — 을이 이를 믿지 아니하는 경우에는 가령 손해배상액을 2,000만 원으로 제한하는 약정을 제안하는 등으로 이를 믿게 하여 — 매매대금을 감액할 유인이 있다.[116] 그러나 반대로 갑이 이와 같은 사정을 밝히지 아니하는 경우 불능이 되더라도 그 부분에 해당하는 손해배상을 받을 수 없다는 규칙이 정해져 있다면, 이번에는 이행이익이 5,000만 원인 갑이 — 매매대금의 증액을 감수하면서 — 을에게 그 사실을 알리게 될 것이다.[117] 그러므로 어느 쪽이든 채권자의 이행이익에 관한 정보가 전달되어 결과가 거의 같아지지만, 갑이 을에게 어떤 사실을 알리고 이를 믿게 하는 데에도 비용이 소요되므로, 갑이 이행이익이 2,000만 원일 확률이 더 높다면 예견가능성을 요구하지 아니하는 쪽이 보다 효율적이고, 이행이익이 5,000만 원일 확률이 더 높다면 예견가능성을 요구하는 쪽이 더 효율적이라고 할 수 있다. 통상의 손해와 특별한 사정으로 인한 손해를 그러한 손해가 발생할 확률이 높은지에 따라 구분한다면 정보전달비용을 절약할 수 있다는 것이다. 예컨대 상인 간 매매에서는 전매로 인한 이익 취득이 목적으로 되는 것이 통상적이므로, 오히려 전매를 목적으로 하지 아니하는 경우 매수인이 이를 알리고 대금을 감액하게 하는 것이 효율적이지만, 상인 간 매매가 아니고 목적

116) 계약위반 및 손해배상가능성을 고려한 을의 비용은 $C + B^*$ 또는 B^*의 주의를 기울이더라도 p^*의 계약이행 불능 가능성이 있다면, $C + B^* + p^* \cdot (V - C)$가 된다. B^*와 $p^* \cdot (V - C)$는 V가 증가함에 따라 증가하므로 갑의 이행이익이 커지면 $P \geq C + B^* + p^* \cdot (V - C)$인 P도 커진다.

117) Bebchuk and Shavell(1991).

물이 상품으로서의 성격을 가지지 아니하는 동산의 매매나 부동산의 매매와 같은 경우에는 매수인이 전매로 인한 이익 취득을 목적으로 하는 특별한 경우에 이를 매도인에게 알리게 하는 것이 더 효율적이라는 식이다.[118)]

판례는 특별한 사정으로 인한 손해의 예견의 시기에 관하여 이행기 내지 채무불이행이 발생할 때까지 예견가능하면 족하다고 한다.[119)] 이를 효율성의 관점에서 평가한다면, 일반적으로 계약 체결시에는 예견할 수 없었지만 이행시에 예견할 수 있게 된, 이행이익을 증가시키는 사정을 고려함으로써, 을로 하여금 실제 이행이익을 기준으로 계약위반 여부를 결정하고 계약이행이 불능이 되지 아니하도록 주의를 기울이게 한다는 점에서 사회적 효율성을 증진시킨다고 볼 수 있다. 그러나 당초의 이행이익에 대한 예상을 기준으로 계약상 대금을 결정한 을로서는 사후적으로 더 많은 비용을 지출해야 하는 문제가 있다. 특히, 이것이 갑의 행위에 의하여 조정될 수 있는 경우, 예컨대 앞서 창고 임차의 예에서 갑이 사후적으로 1억 2,000만 원의 이익을 볼 수 있는 공연을 추가로 유치하는 경우에는 갑의 기회주의적 행동을 초래하여 효율성을 감소시킬 수 있고, 이는 이를 예견한 을에게 이 계약의 이익을 감소시켜 사전적 효율을 저해할 수 있다. 반면 계약체결시 예견할 수 있었던 사정을 기준으로 삼더라도 갑은 사후 이행이익이 더 크다는 사실을 알게 되면 을과 재협상(renegotiation)을 하여 — 어느 정도의 차임 증액을 받아들이고 — 을의 주의 수준을 올릴 수 있을 것이다.[120)] 그러나 이때에도 재협상에 비용(거래비용)이 소요되고 그러한 한도에서는 역시 효율성이 감소한다. 이러한 효율의 증진 · 감소효과를 비교하여 효율적인 예견시점을 결정하는 것이 가장 효율적이다. 을에게 상당한 주의비용의 증가를 초래하지 아니하는 새로운 사정이라면 이행시까지 발생한 사정도 고려하여야 하지 않을까?[121)]

2. 강제이행

보통법(common law)이 특정 이행(specific performance)을 예외적·보충적으로만 인정하는 것과 달리, 민법 제389조 제1항 제1문은 계약위반에 대한 일반적

118) 윤진수(2008f), pp. 57-59 참조.
119) 대법원 1985. 9. 10. 선고 84다카1532 판결(집 33권 1집 민1).
120) 이 한도에서 이는 코즈(Coase) 정리의 한 적용례라고 할 수 있다.
121) 이 한도에서는 Goetz and Scott(1983), pp. 1012ff.

구제수단 중 하나로 강제이행을 인정한다. 판례도 — 보통법에서 특정 이행을 인정하지 아니하는 대표적인 예로 들고 있는 — 불특정 대체물의 인도채무에 대하여도 강제이행을 허용함으로써[122] 이를 확인하고 있다.

강제이행의 효율성은 법경제학에서 계속적으로 논란의 대상이 되어 왔다. 강제이행이 효율적 계약위반을 방지하므로 원칙적으로 급부 목적물이 특이성(uniqueness)이 있는 경우에 한하여 허용해야 한다는 견해에서[123] 주는 채무에 관하여는 널리 허용할 수 있다는 견해,[124] 일반적으로 허용해도 된다는 견해까지[125] 다양한 견해가 주장되고 있다. 이미 명문규정으로 강제이행을 일반적으로 허용하는 우리 민법에서 이러한 논의의 의미가 보통법에서와 같을 수는 없다. 그러나 같은 태도를 취해 온 독일 민법이 근래 강제이행을 제한하는 개정을 하였음에[126] 비추어 경제적 관점에서 보통법과 우리의 입장 사이의 우열을 살펴보는 것이 의미가 없지는 아니하다.

손해배상의 경제적 효율성은, 무엇보다도 효율적 계약위반을 가능하게 한다는 점에 있다. 그러나 이와 관련하여서는 강제이행을 허용하더라도 계약위반이 효율적이라면 거래비용이 높지 아니한 이상 당사자는 재협상을 통하여 계약위반에 이를 수 있다는 점을 아울러 고려하여야 한다. 앞의 부동산 매매의 예에서 병이 1억 7,000만 원을 제의하였다면, 을은 병으로부터 1억 7,000만 원을 받아 갑에게 매매대금 및 그 이행이익의 합계액 1억 5,000만 원을 초과하는 1억 6,000만 원을 제시하고 매매계약을 합의 해제할 수 있다는 것이다.[127] 물론 실제로는 어느 정도의 거래비용이 존재하게 마련이다. 전형적으로, 손해배상에는 과소배상과 이로 인한 과다한 계약위반의, 강제이행에는 재협상 실패와 이로 인한 과다한 계약이행의 비용이 있다. 결국 이 문제는 손해배상과 강

122) 대법원 1975. 5. 13. 선고 75다308 판결(집 23권 2호 민61).

123) Kronman(1977).

124) Shavell(2006), 재화를 생산하는 계약(contract to produce)은 일반적으로 재협상(renegotiation)이 비용이 많이 들고 특정 이행의 관리비용(administrative cost)도 높으나 재화를 인도하는 계약(contract to convey possession)에서는 그러하지 아니하다고 한다. 수학적인 설명으로는 Shavell(1984).

125) Schwartz(1979), Ulen(1984). 공통적으로 재협상(renegotiation)의 거래비용이 높다고 볼 이유가 없다는 점, 채권자가 일반적으로 상대적 대체거래비용(relative cover cost)이 더 낮다고 볼 이유가 없다는 점 등을 지적한다. 한편, Eisenberg(2005)는 이러한 입장을 지지하면서도 더 나아가 실제 대체거래가 이루어졌을 때(이를 virtual specific performance라고 한다) 이를 기준으로 배상하는 것이 가장 바람직하다는 주장을 한다.

126) 2002년 개정된 독일민법 제275조 제2항, 제3항.

127) 이 또한 코즈 정리의 한 적용례라고 할 수 있다.

제이행의 거래비용 중 어느 쪽이 더 높은지의 문제로 환원된다. 이는 책임원칙(liability rule)과 재산원칙(property rule)의 선택 문제의 일종이다. 원칙적으로 경험적 연구에 의하여 결정할 일이지만, 일응 강제이행이 손해배상액의 산정과 같은 복잡한 과정이 필요하지 아니하여 대체로 비교적 적은 거래비용으로 관철될 수 있고, 손해배상에 특유한 과소배상의 문제도 피할 수 있으며, 이미 한 차례 계약체결에 이른 바 있는 당사자 사이의 재협상이 반드시 거래비용이 높다고 할 수도 없으므로, 강제이행의 거래비용이 손해배상의 거래비용보다 일반적으로 높다고 볼 근거는 없다고 보인다. 대체재(substitute)가 풍부한 경우(thick market)에는 버티기(hold-up)로 인한 재협상의 곤란과 과소배상의 문제 모두 크지 아니하고, 그렇지 아니한 경우(thin market)에는 둘 다 크기 쉽다는 것이다.[128] 따라서 어느 한 쪽이 더 낫다는 선험적인 판단은 불가능하고, 강제이행을 널리 허용하는 민법의 태도가 이를 제한적으로만 허용하는 보통법의 태도보다 효율적 계약위반을 억제하여 비효율적이라고 볼 수도 없다.[129][130]

3. 계약해제

계약해제는 손해배상 및 강제이행과 함께 계약위반에 대한 구제수단의 중요한 한 축을 담당하고 있다. 이에 관하여 민법은 일정한 경우 사전에 최고(催告)하고 계약을 해제할 것을 요구할 뿐이지만(제544조), 판례는 나아가 가분급부의 경미한 일부만이 이행되지 아니한 경우나[131] 부수의무 위반에[132] 대하여

128) Goetz and Scott(1983), pp. 976ff. 이러한 경우에 대하여 Mahoney(1995)는 금전배상만을 허용하면 배상금을 지급하고 강제이행청구권을 되사는 콜옵션(call Option)을 부여하는 것과 같은데, 이는 위험기피적(risk-averse)인 채무자에게는 옵션 프리미엄(option premium)만큼 보수의 변동가능성을 줄여 주고 채권자에게는 옵션 프리미엄만큼 대금을 감소시켜 모두에게 이익이므로, 위험기피적인 당사자는 손해배상만을 허용하는 계약을 선호할 것이고, 이로써 손해배상과 강제이행의 거래비용 사이에 유의미한 차이가 없는 경우 손해배상만을 허용하는 보통법의 원칙의 효율성을 설명할 수 있다고 한다.

129) Grundmann und Hoerning(2007), pp. 434ff.는 독일법에 관하여 같은 취지로 주장한다.

130) 또한 강제이행이 비효율적인 경우 중 상당수는 그로 인한 거래비용 중 관리비용이 채권자에게 내부화되어 있어 채권자 스스로 강제이행을 선택하지 아니할 것이어서 구제수단 간 선택의 효율성이 달성된다. Lando and Rose(2004). 거꾸로 강제이행이 비효율적이라면 — 그다지 거래비용, 즉 편입비용이 높지는 않을 — '강제이행은 배제된다'는 계약조항이 채택되는 예가 거의 보이지 아니하는 것은 어떻게 설명할 수 있을까? 이것이 단지 현상유지편향(status quo bias)에 불과하다고 할 수 있을까?

131) 대법원 1971. 3. 31. 선고 71다352 판결(집 19권 1호 민304).

132) 대법원 2005. 11. 25. 선고 2005다53605, 52712 판결(공 2006, 30).

계약해제를 인정하지 아니한다. 또 민법 제551조는 계약해제에도 불구하고 손해배상을 구할 수 있도록 하고 있으나, 이때의 손해배상의 범위에 관하여는 명문규정이 없어 해석상 다툼이 있는데, 판례는 계약이 해제되어 소급적으로 소멸하였음에도 이행이익의 배상이 가능하다고 한다.[133] 이러한 판례는 경제적인 관점에서 효율적이라고 볼 수 있을까?

계약의 성립 과정에 흠이 있어 계약이 무효 또는 취소되는 경우와 달리, 계약위반이 있다는 이유로 계약의 구속력에서 벗어날 수 있게 하는 것은 결코 논리 필연적인 결론은 아니다. 계약해제가 본래 당사자 사이의 약정인 실권약관(lex commissoria)에서부터 발전하였다는 점에 비추어 보면 이것이 효율성을 달성하기 위하여 당사자들이 전형적으로 원하는 것에 속하여 임의규정이 되었다고 짐작해볼 수 있다. 그렇다면 해제는 어떠한 의미에서 효율적인가? 대체로 다음과 같이 정리할 수 있다고 생각된다.

먼저, 쌍방 채무가 모두 이행되기 이전에 채무자가 자기 채무를 이행하지 아니하는 경우 계약해제는 한편으로는 자기 채무를 면하여 급부 목적물을 제3자에게 전매 기타 대체거래(cover transaction)할 가능성을 확보해 주고, 다른 한편으로는 상대방의 채무이행을 구하는 대신 손해배상을 받을 수 있게 해준다.

앞서 본 두 번째 예로 설명해본다. 이행기에 이르러 갑이 더는 창고를 필요로 하지 아니하는 경우 갑으로서는 차임을 지급하지 아니하려 할 것이다. 이때 을이 창고를 그대로 두어 창고의 사용가능성 상당의 사회적 순손실을 발생시킨 뒤 이를 갑에게 전가시키기보다 차임 3,500만 원에 정에게 임대하여 손해를 줄이는 쪽이 효율적일 것이다. 이를 위해서는 갑에 대한 임대의무를 면하여야 하므로 계약해제가 필요하다.[134] 반대로 일단 을이 창고를 임대해 줄 생각이 없다면 갑이 강제이행을 통하여 억지로 창고를 인도받는다 하더라도 전기,

133) 대법원 2003. 10. 23. 선고 2001다75295 판결(공 2003, 2225)은 이행이익을 원칙으로 한다고 한다. 학설에 관하여는 김재형(2004b), pp. 68ff. 참조.

134) 이때에는 실제 손해, 즉 정에게 임대한 경우에는 500만 원, 임대하지 아니한 경우에는 4,000만 원을 배상하게 할 것이 아니라(이렇게 하는 경우 갑은 정에게 이를 임대할 필요가 없게 된다. 물론 을이 갑을 설득하여 정을 소개하고 임대를 주선할 수 있겠지만, 이는 거래비용이 소요된다), 언제나 500만 원만 배상하여 갑으로 하여금 손해를 감소시킬 유인을 제공하는 쪽이 바람직하다. 대법원 2005. 7. 28. 선고 2003다12083(공 2005, 1406)도 같은 취지에서 "용선계약이 해지됨으로 인하여 용선자가 배상하여야 할 손해의 범위는 [중략] 용선시장의 사정과 거래관행 등을 고려하여 용선계약에 투입이 예정된 선박을 위 선박의 최종항차 종료일 후 다른 곳에 정상적으로 용선하여 줄 수 있는 시점까지의 합리적인 기간 동안의 손해로 한정함이 상당하다"고 한다.

수도 등 각종 부대서비스가 제대로 제공되지 아니하는 등 여러 불편이 있을 수 있고, 이는 사실상 급부의 가치를 갉아먹는다. 따라서 갑으로서는 차라리 인근에 있는 정의 창고를 임차하기로 하고 을과의 계약을 해제한 다음 손해배상을 받는 쪽이 더 효율적일 수 있다는 것이다.[135)]

반면 채권자가 이미 계약의 일부 또는 전부를 이행한 경우 계약해제는 손해배상에 갈음하여 원물의 반환을 구할 수 있게 해 준다. 이는 원물반환이 손해배상보다 더 적은 비용으로 관철될 수 있을 때에는 거래비용을 절감하는 효과가 있다.[136)]

그런데 이처럼 계약해제가 주로 자기 채무의 이행 또는 반대 채무의 수령과 관련된 거래비용을 절감하는 기능을 효율적으로 달성하려면, 그 점을 제외한 나머지 면에서는 손해배상과 무차별하여야 한다. 예를 들어 보자. 갑과 을이 각각 그 소유의 제1, 2대지를 교환하기로 약정하고 갑이 먼저 제1대지를 양도하였는데 을이 제2대지를 양도하지 아니하고 있다. 갑이 민법 제395조에 의하여 배상받을 수 있는 전보배상액이 1억 5,000만 원, 이행청구를 하였을 때 회복할 수 있는 제1대지의 가치가 1억 원, 신뢰이익이 3,000만 원, 소송비용 기타 거래비용이 손해배상의 경우 1,000만 원, 원상회복 + 손해배상의 경우 700만 원이다. 만약 민법 제551조의 손해배상이 신뢰이익의 배상에 그친다면, 갑은 계약을 해제하는 경우 1억 2,300만 원(= 1억 원 + 3,000만 원 - 700만 원)을 회복할 수 있는 반면, 계약을 해제하지 아니한 채 손해배상을 구하면 1억 4,000만 원(= 1억 5,000만 원 - 1,000만 원)을 회복할 수 있다. 따라서 갑으로서는 후자를 택하는 것이 합리적이다. 그러나 거래비용은 곧 사회적 순손실을 의미하므로 거래비용이 더 많이 드는 후자의 대안은 사회적으로는 비효율적이다. 계약해제시에도 이행이익의 배상을 인정하는 판례와 통설의 태도는 이러한 관점에서 효율적인 구제방법 선택을 가능하게 한다. 또 교환계약 당시 제1, 2대지의 시가가 모두 1억 원이었는데, 그 후 제1대지의 시가만 1억 5,000만 원으로 상승하였다고 하자. 갑은 손해가 0이므로 을에게 손해배상을 구할 수는 없지만,

---

135) 민법 제395조는 해제를 하지 아니한 채, 즉 자기의 급부의무는 유지하면서 강제이행 대신 손해배상을 구할 길을 열어준다. 이른바 이행거절은 민법 제544조 단서의 평가를 민법 제395조에까지 연장하는 데 의의가 있는 것인데, 이는 자기 채무는 이행하고 — 이를 통하여 자기 채무의 이행과 관련된 효율성은 달성하면서 — 이러한 비효율을 막는 데 기여한다.

136) 이를 강제이행이 손해배상보다 더 효율적인 경우, 재산원칙(property rule)과 책임원칙의 선택 문제에 비교할 수도 있다. Kull(1993), pp. 1499ff. 조금 다른 관점에서 Ulen(1984), p. 356f. 도 참조.

계약을 해제함으로써 1억 5,000만 원 상당의 제1대지를 회복하여 5,000만 원의 이익을 볼 수 있다. 그러나 이때 갑의 해제가 효율적이라고 볼 만한 근거는 없다. 제1대지의 주관적 가치가 갑에게는 1억 5,500만원 상당에 불과하지만 을에 대하여는 1억 7,000만 원일 수도 있기 때문이다. 따라서 이 경우 을의 계약위반을 문제삼아 계약을 해제하는 것은 비효율적이다. 문제는 갑과 을이 제1대지에 부여하는 가치를 알 수 없다는 점인데, 을이 이행을 거절하지 아니한 이상 갑으로 하여금 해제 전 이행의 최고를 하게 한다든지, 급부의 극히 사소한 일부만 이행되지 아니한 경우에는 해제할 수 없게 한다는[137] 등의 규정과 판례는 이러한 비효율적인 계약해제를 막는 데 기여한다. 또 판례는 "채무불이행을 이유로 매매계약을 해제하려면 당해 채무가 매매계약의 목적달성에 있어 필요불가결하고 이를 이행하지 아니하면 매매계약의 목적이 달성되지 아니하여 매도인이 매매계약을 체결하지 아니하였을 것이라고 여겨질 정도의 주된 채무여야 하고, 그렇지 아니한 부수적 채무를 불이행한 데 지나지 아니한 경우에는 매매계약 전부를 해제할 수 없다"고 하여 이른바 급부의무와 부수의무를 구분하고, 후자에 대하여는 해제를 제한하는데, 이 또한 매수인이 결과적으로 손해를 보는 것으로 판명된 계약(losing contract)에서 벗어나기 위하여 사소한 의무위반을 트집잡음으로써 생기는 비효율을 막는 장치라고 볼 수 있다.[138]

4. 전보배상액의 산정시기

이행이익 산정의 기초가 되는 재화 등의 가격은 시간에 따라 변하기 마련이다. 이로 인하여 전보배상액의 산정에는 산정기준 시기의 문제가 생긴다. 주로 부동산 매매에 관하여 발전되어 온 판례의 확고한 입장은 전보배상청구권이 발생한 시점을 기준으로 해야 한다는 것이다. 즉, 이행지체의 경우 '최고하

137) 급부가 많이 이행될수록 계약해제와 손해배상 사이에 차이가 커지고, 비효율적 계약해제의 유인이 커진다. 계약이 a(단, $0 \leq a \leq 1$)만큼 이행된 상황에서 $C - P \geq 0$이라고 하자(losing contract). 을이 계약을 해제하고 손해배상을 구하는 경우 보수는 원상회복된 기지급 급부의 가치, 즉 $(1 - a) \cdot C + a \cdot C = C$인 반면, 계약해제를 하지 아니하는 경우 보수는 — 손해가 없으므로 — 현상 그대로, 즉 $(1 - a) \cdot C + a \cdot P = C - a \cdot (C - P)$가 된다. 가정상 $C - P \geq 0$이므로 a가 크면 클수록 해제의 거래비용이 높더라도 해제를 선택하는 것이 유리해진다. Kull(1993), p. 1504f.

138) 학설상으로는 부수의무 위반에 대하여 강제이행청구권을 인정해서는 아니 된다는 견해도 주장되고 있으나(곽윤직(1995), pp. 343ff.(양창수)), 반드시 그렇게 볼 필요가 있는지는 의문이다. 부수의무 위반이라는 범주는 역시 주로 해제의 요건과 관련하여 의미가 있다고 보인다.

였던 상당한 기간이 경과한 당시의 시가'가, 이행불능의 경우 '이행불능 사유 발생 당시의 시가'가 기준이 된다.139) 그러나 이러한 태도는 타당하지 아니하다고 생각된다. 이를 경제적 효율성의 관점에서 검토해본다.

고정가격(fixed price)에 계약을 체결하는 당사자는 한편으로는 급부와 반대급부 그 자체를 원하는 것이기도 하지만 다른 한편으로는 그 급부의 가치와 생산비용의 변동가능성(fluctuation)에 대하여 투기(speculation) 또는 위험배분(risk allocation)을 하고 있다고 볼 수 있다.140) 가령 갑이 을과 사이에 갑 소유의 대지 위에 8개월 안에 쇼핑타운을 신축해 달라고 하면서 1억 5,000만 원을 지급하는 경우, 갑은 1억 5,000만 원보다 쇼핑타운 신축공사를, 을은 쇼핑타운 공사보다 1억 5,000만 원을 가치 있게 여기는 것이지만, 동시에 갑은 위 쇼핑타운의 가치가 대지의 가치 및 공사비 합계, 가령 5억 원보다 높을 위험에 투기하고 있는 반면, 을은 8개월 내 공사비가 1억 5,000만 원보다 높아지지 아니할 위험에 투기하고 있는 것이기도 하다.141) 그렇다면 이행불능의 경우 쇼핑타운 자체에 대한 이익은 누릴 수 없다 하더라도, 갑의 부가 갑이 고정된 1억 5,000만 원의 금전보다 선호한 쇼핑타운의 가치변동 가능성에 따라 변동하게 하는 것이 사전적(ex ante)으로는 더 효율적이라고 할 수 있다. 따라서 손해배상시를 기준으로 손해배상액을 산정함이 효율적이다. 가격변동의 위험을 보다 잘 부담할 수 있는 사람에게 그 위험을 귀속시키는 결과가 되기 때문이다. 일반적으로 손해배상의 기준시점이 가격변동의 위험을 누가 더 잘 부담할 수 있는지에 따라 결정되어야 한다는 점은 법경제학적 분석에서 어느 정도 알려져 있다고 할 수 있으나, 더 나아가 사정변경이 문제되는 예외적인 경우가 아닌

---

139) 대법원 1997. 12. 26. 선고 97다243542 판결(공 1998, 406); 1990. 12. 7. 선고 90다5672 판결(공 1991, 427). 그러나 학설상으로는 비판적인 견해가 다수설이라고 보인다. 곽윤직(1995), pp. 570ff.(지원림).

140) 이미 수요량 공급계약(Requirements Contract)에 관하여 Mahoney(1995), pp. 156ff.이 이러한 점을 지적한 바 있으나, 본격적으로는 Scott and Triantis(2004)가 이 문제를 다루고 있다. Scott and Triantis(2004)는 대체물이 풍부한 급부(thick market)의 거래는 생산비와 급부가치의 변동가능성에 대한 투기의 성격을 가지는 경우가 많은데, 손해배상만 할 수 있다고 한다면 생산비와 급부가치의 변동가능성 중 일부를 상대방에게 이전하는 보험과 같은 효과를 가져온다면서, 이는 당사자가 통상 의도한 바가 아니므로 이때에는 위와 같은 묵시적 옵션을 인정할 것이 아니라 명시적 옵션이 없으면 선도계약(forward contract)으로 보아야 하고, 따라서 일반적으로 강제이행을 인정해야 한다고 한다.

141) 양자 중 어느 쪽이 주된 동기를 이루는지는 구체적 사정에 따라 다를 것이다. 가령 시장성이 없는 재화의 거래의 경우 앞의 동기가 압도적이겠지만 파생금융상품과 같이 뒤의 동기 외에는 생각할 수 없는 경우도 있다.

한 계약당사자는 통상 이에 관하여 이미 결정한 것이고, 원칙적으로 계약당사자가 이 점을 가장 잘 결정할 수 있는 자라는 점은 종종 간과되어 왔다고 보인다.

이는 이행지체와 이른바 이행거절의 경우에도 기본적으로 마찬가지이지만, 이때에는 한 가지 고려요소가 추가된다. 이 경우에는 여전히 강제이행도 가능하고, 강제이행의 경우 항상 강제이행 내지 실제 만족시의 가치와 비용이 반영되므로 손해배상에서 이와 달리 전보배상청구권 발생시를 기준으로 한다면 구제방법의 비효율적인 선택이 일어날 수 있다는 것이다. 가령 계약위반 당시를 기준으로 한 손해액이 3,000만 원, 소송 당시를 기준으로 한 강제이행의 이익이 5,000만 원이고, 손해배상의 거래비용이 300만 원, 강제이행의 거래비용이 1,000만 원이면, 손해배상의 보수(payoff)는 2,700만 원에 불과한 반면 강제이행의 보수는 4,000만 원이므로 갑은 강제이행을 선택하게 되는데, 이는 사회적으로 비효율적이다. 이 점에 비추어 보더라도 손해배상액의 산정시는 원칙적으로 강제이행의 경제적 효과와 같게 하여야 한다.[142)]

5. 과소배상의 위험에 대한 보완장치

한편, 판례는 계약위반에 대한 구제수단 중 하나로 이행이익 배상과 함께 신뢰이익 배상도 선택할 수 있게 하면서, 다만 신뢰이익의 배상은 이행이익을 한도로 한다고 한다.[143)] 학설상으로는 판례의 입장을 지지하는 것이 다수이지만, 반대하는 견해도 있다.[144)]

앞서 본 바와 같이 효율적 계약위반 및 효율적 계약이행을 유인하려면 이행이익의 배상이 이루어져야 한다. 그러나 많은 경우 이행이익은 법원이 이를 검증하기 어려워 증명 부족으로 과소배상에 이르게 된다.[145)] 어떤 종류의 계약

142) 위 논의에서는 원칙을 분명히 하기 위하여 의식적으로 손해경감의무(duty to mitigate)의 일종으로서 대체거래의무를 고려하지 아니하였다. 여기에서는 다만, 채권자 갑이 항상 채무자 을보다 더 저렴한 비용으로 대체거래를 할 수 있다고 전제할 만한 근거가 없고, 금융시장이 완전하지 아니한 이상 가사 을이 갑보다 다소간 대체거래에 유리하다 하더라도 갑으로부터 배상을 받기 전 ― 돈을 빌리거나 다른 용처의 돈을 전용하여 ― 대체거래를 하기는 쉽지 아니하다는 점만을 지적해두기로 한다. 상대적 대체거래비용에 관하여는 주 125)의 문헌 참조.

143) 대법원 2002. 10. 25. 선고 2002다21769 판결(공 2002, 2834).

144) 김재형(2004b), p. 108.

145) 법경제학에서 말하는 이행이익은 급부의 객관적 가치보다는 갑의 만족을 기준으로 하고 있는데, 이는 경제학에서 말하는 주관적 효용 개념에 해당한다.

은 특성상 이러한 경향이 매우 심하여 비효율적인 계약위반의 가능성이 특히 높을 수 있는데, 신뢰이익의 배상은 바로 이러한 증명곤란으로 인한 과소배상의 문제를 완화하는 역할을 한다. 이 점은 이행이익을 한도로 하므로, 이행이익의 증명이 이루어질 수 있으면 이를 원용하면 족하다는 점에서도 알 수 있다.

그러나 다른 한편, 순수한 신뢰이익의 배상은 비효율적으로 과다한 신뢰투자를 유발할 수 있다. 앞서 본 두 번째 예로 이를 설명해 본다. 을이 최선의 주의를 다 하더라도 창고에 화재가 발생하여 계약위반이 일어날 확률이 30%라면, 갑이 6,000만 원 상당의 광고비용을 미리 지출하는 경우 행사이익이 7,000만 원 증가한다 하여 이 광고비용을 지출하는 것이 효율적이라고 할 수는 없다. 광고비용 지출의 기대이익이 (-)1,100만원(= 70% × 7,000만 원 + 30% × 0 - 6천만 원)으로 사회적 순손실이 발생하기 때문이다. 이러한 신뢰투자는 비효율적인데, 신뢰이익을 모두 배상해 주면 이러한 문제가 더욱 심각해진다.[146] 그러나 판례와 같이 신뢰이익배상을 이행이익을 한도로 제한하면 과도한 신뢰투자를 어느 정도는 억제할 수 있다.

또한 판례는 장래의 일실이익 및 재산적 손해 중 구체적 손해액의 증명이 어려운 경우에 관하여 증명도를 경감하거나 법원이 제반 사정을 고려하여 자유롭게 손해액을 정할 수 있게 하고 있는데,[147] 전형적으로 과소배상의 위험이 있는 사안에 대하여 증명도의 경감 등을 통하여 비효율적 계약위반의 유인을 감소시키려는 노력의 일환으로 볼 수 있다.

나아가 이른바 법률행위에 의한 대상에 대한 대상청구권(stellvertretendes commodum ex negotiatione)도 과소배상에 대한 보완장치의 일종으로 볼 수 있다. 이는 예컨대 갑이 을로부터 그 소유의 대지를 1억 원에 매수하였는데, 병

146) 이러한 문제는 이행이익배상의 경우에도 어느 정도 발생한다. 가령 위의 예에서 광고비용 3,000만 원을 지출하는 경우, 행사의 이익이 3,500만 원 증가하는 상황을 생각해 보라. 이때에도 신뢰투자는 비효율적인 것이다(이는 보상의 역설(the paradox of compensation)의 한 예이다). 물론 그 정도는 순수한 신뢰이익배상보다는 덜 심각하지만. 그리하여 Bebchuk and Png(1999), p. 328은 효율적인 신뢰투자가 있었을 때의 이행이익(이를 'hypothetical expectation measure'이라고 한다)을 손해배상액으로 할 것을 제안한다. 이러한 방법으로 손해배상액을 산정하면 이론적으로는 최적의 신뢰투자와 효율적 계약이행 및 계약위반 결정의 유인이 동시에 달성될 수 있다. 보다 직관적인 설명으로 Cooter(1985), p. 17f. 또다른 설명방법으로는 Wittman(1981). 이 글에서는 다루지 아니하였지만, Cooter(1985), pp. 11ff.도 지적하듯 이는 널리 손해경감(duty to mitigate)의 문제의 일부를 이루는 것이다. 이에 관하여는 Goetz and Scott(1983), pp. 971ff.

147) 대법원 1991. 4. 28. 선고 91다29972 판결(공 1992, 1698).

이 을로부터 1억 2,000만 원에 이를 매수하여 그 앞으로 먼저 소유권이전등기까지 마침으로써 갑에 대한 소유권이전등기의무가 불능이 된 경우, 을의 병에 대한 1억 2,000만 원 상당의 매매대금청구권을 법률행위에 의한 대상으로 보아 갑이 을에 대해 손해배상 외에 위 매매대금청구권의 양도를 구할 수 있는지, 그리고 대지의 시가가 1억 원임에도 1억 2,000만 원 상당의 매매대금청구권 전부에 대하여 양도를 구할 수 있는지의 문제이다. 판례의 태도는 반드시 명확하다고 할 수 없고, 학설상으로도 위 두 쟁점에 관하여 각각 논란이 있다.[148]

이처럼 을이 고의로 부동산을 이중양도하는 경우 손해배상이 실제보다 과소하게 평가될 것을 예상하고 기회주의적 행동을 하고 있을 가능성이 높다. 따라서 이때에는 이로 인하여 을이 취한 이득 전부의 반환을 명함으로써 기회주의적 행동 가능성을 차단하는 것이 오히려 효율적 계약위반 및 계약이행을 유인하는 것이 된다.[149] 다른 한편으로 보면, 판례는 병이 배임행위에 적극 가담한 경우 갑에게 부동산의 소유권을 확보할 수 있게 하고 있고, 나아가 일반적으로 병이 부동산 이중양도에 관하여 악의인 경우 이러한 해결은 효율적이다.[150] 이는 병이 여전히 1억 2,000만 원에 위 부동산을 매수하고자 한다면 그 차액 2,000만 원을 을이 아닌 갑에게 주어야 함을 의미한다. 그런데 병이 선의라 하여 1억 원의 손해배상만을 받고 2,000만 원은 을이 취하여도 된다면 을로서는 계약위반이 비효율적이라 하더라도 선의의 병을 이용하여 이를 위반하는 기회주의적 행동을 하게 된다. 1억 2,000만 원 전액에 대하여 대상청구권을 인정한다면 이러한 비효율의 유인을 차단할 수 있다.

6. 매도인과 수급인의 하자담보책임

매매 목적물 또는 도급에서 완성된 일에 흠이 있는 경우 과실이 없더라도 계약해제 및 손해배상을 하여야 하는데, 이를 하자담보책임이라고 한다(민법 제580조, 제667조 이하). 그러나 손해배상의 범위에 관하여는 명문의 규정이 없고,

148) 곽윤직(1995), pp. 289ff.(양창수).

149) Köndgen(1992), pp. 728ff. 국내의 문헌으로 이와 같이 주장하는 것으로는 안법영(1999), pp. 550ff. 이와 달리 반드시 의도적일 필요는 없고 대체거래가 불가능한 계약남용(abuse of contract)이면 항상 이익반환(disgorgement)이 인정되어야 한다는 주장으로 Farnsworth(1984), pp. 1382ff.

150) 윤진수(2007c), pp. 352ff.

또 단기의 제척기간이 정해져 있어, 손해배상의 범위에 관하여는 신뢰이익설, 이행이익설 등 여러 학설이 주장되고 있고, 제척기간과 관련하여 채무불이행책임과의 경합이 문제되고 있다. 판례는 근래 하자손해에 대하여는 그대로 배상을 인정하나, 하자에 의하여 채권자의 다른 법익에 발생한 이른바 하자결과손해 내지 확대손해에 대하여는 과실이 있어야 배상의 대상이 된다는 입장을 채택하였다.[151] 하자담보책임은 역사적으로 복잡한 과정을 거쳐 형성되었고, 근래 앞서 본 점을 중심으로 집중적인 비판을 받고 있어 폐지 여부가 논의되고 있기도 하다. 그러나 경제적으로는 전혀 다른 시각에서 볼 여지도 있다고 생각된다.

무과실의 하자담보책임은 경제적으로는 보험과 같은 기능을 한다. 매도인이 매수인을 위하여 스스로 보험자가 되어 보험을 제공하는 셈인 것이다. 이는 공급자인 매도인이 소비자인 매수인에 비하여 전형적으로 위험중립적(risk-neutral)이라면[152] 경제적으로 효율적이다.[153] 그러나 이러한 고려는 하자손해에 대하여는 타당하다고 할 수 있을지 몰라도 하자결과손해에 대하여는 그러하다고 하기 어렵다. 하자결과손해는 매수인이 얼마나 많은 법익을 매매 및 도급 목적물의 흠과 관련된 위험에 노출시키는지에 따라 그 규모가 전혀 달라질 수 있는데, 이는 매수인에 따라 천차만별이고, 매도인이 사전에 그 규모를 예상하기 어렵기 때문이다. 예상하기 어려운 손해에 대하여는 적정 보험료를[154] 산출할 수 없으므로 매도인이 최적의 보험제공자가 되기 어렵다. 오히려 매수인이 그

---

151) 대법원 2003. 7. 22. 선고 2002다35676 판결(공 2003, 1762); 2007. 8. 23. 선고 2007다26455, 26462 판결(미공간).

152) 확정적 이익 100과 이익이 0일 확률 50%, 200일 확률 50%인 도박은 기대이익의 관점에서는 같다. 0.5 · 0 + 0.5 · 200=100. 둘 사이의 선택에 무차별한 경우를 위험중립적(risk-neutral)이라고 한다. 그러나 경제주체의 선택이 항상 그러한 것은 아니다. 확정적 이익 100을 취하는 것을 더 좋아하는 사람이 있는가 하면 도박을 더 좋아하는 사람이 있는데, 전자를 위험선호적(risk-loving), 후자를 위험기피적(risk-averse)이라고 한다. 위험기피적인 사람들 사이에도 차이가 있다. 가령 확정적 이익 100을 포기하려면 적어도 200이 될 확률이 60%는 되어야 한다고 생각하는 사람이 있는가 하면 70%는 되어야 한다고 생각하는 사람도 있는데, 후자가 더 위험기피적이다. 100의 손해를 입을 확률이 20%라고 하자. 갑이 25의 비용을 지출하고라도 기댓값 20의 위 손해를 피하고 싶어한다면, 20의 비용이면 족한 을이 갑으로부터 25를 받고 대신 손해가 발생하면 전액을 배상해주기로 함으로써 양자 모두 이익을 얻을 수 있다. 그런데 을이 위험기피적이라 하더라도 충분히 다수의 동종의 위험을 인수한다면(pooling) 대수의 법칙에 의하여 전체적으로는 일정한 비율의 손해가 발생하므로 위험이 0에 가까워지고 확정적인 손해로 취급할 수 있다. 즉, 이때 을은 위험중립적이 된다. 바로 이것이 보험의 원리이다.

153) Priest(1981).

154) 이 보험료는 결국 매매대금액에 반영될 것이다.

자신의 상황에 따라 보험에 가입하는 것이 효율적이다. 즉, 하자확대손해에 대하여는 매도인이 아니라 매수인이 최적의 보험가입자(the cheapest insurer)라고 할 수 있고, 따라서 원칙적으로 하자담보책임의 범위에서 이를 제외하는 판례의 태도는 효율적이다.[155)]

한편, 일반적으로 급부에 하자가 있는 경우 이는 인도받아 사용하기 시작한 시점으로부터 일정한 기간 내에 발현될 확률이 높고, 시간이 지남에 따라 그러한 확률이 체감한다. 반대로 사용기간이 증가함에 따라 도급인의 관리소홀 및 과도한 사용으로 하자가 발현하거나 이에 기여할 가능성은 높아진다.[156)] 특히, 도급인이 목적물을 어떻게 사용하였는지를 감시하거나 사후적으로 확인할 방법이 마땅치 않은 경우에 이러한 위험이 큰데, 이러한 문제를 도덕적 해이(moral hazard)라고 한다. 이때 주로 수급인의 영역에서 발생한 하자, 특히 수급인의 과실이라고 할 수 없어도 관리소홀 내지 과도한 사용으로 발생한 하자에 대하여까지 도급인에게 책임을 지우면, 수급인은 이를 조심스럽게 사용할 유인이 없어지고, 도급인은 수급인이 소홀하게 관리하거나 과도하게 사용하는 경우를 고려하여 높은 가격에 보험을 제공해야, 즉 공사대금을 인상해야 한다. 그러므로 일정기간이 지나 수급인의 영역에서 발생한 흠이 발현된 것일 가능성이 높을 때는 수급인에게 책임을 지움으로써, 즉 배상을 해 주지 아니함으로써 수급인의 효율적 이용을 유인할 수 있다. 단기의 제척기간은 그러한 고려의 산물이라고 이해된다.[157)]

한편, 민법 제581조와 제667조는 종류매매와 도급에 관하여 같은 담보책임임에도 하나는 하자 없는 물건의 인도청구를 인정하고, 다른 하나는 보수청구만을, 그것도 과다한 비용을 요하지 아니하는 경우에 한하여 인정하고 있다. 나아가 판례는 널리 건물신축공사 도급계약을 중도해제하는 경우 건물이 사회적으로 가치가 있고 도급인에게도 이익이 되는 한 계약해제의 소급효를 제한한다.[158)] 또한 이른바 제작물 공급계약의 경우 그것이 매매인지 도급인지에 관하여 논의가 있는데, 판례는 급부 결과물이 대체물인 경우에는 매매에 준하여,

---

155) Wehrt(1991), pp. 235ff.

156) 독일 민법상 매도인의 담보책임에 대하여 Leenen(1997), 수급인의 담보책임에 대하여 Michel(2004)가 같은 점을 지적한다. 이러한 사정은 실제 독일 민법상 담보책임의 단기제척기간 규정의 입법 당시 고려된 바 있다.

157) Emond(1989); Kötz(1999), pp. 283ff.

158) 대법원 1986. 9. 9. 선고 85다카1751 판결(집 34권 3호 민12).

비대체물인 경우에는 도급에 준하여 처리하여야 한다고 한다.[159)]

경제적으로 민법 제581조 제2항, 제667조 제1항의 규율이 목적물이 대체물인지 아닌지에 따라 구별되어 있다는 점이 주목을 끈다. 대체물에서 매도인과 매수인 중 흠 있는 물건을 적정 가격으로 쉽게 처분하여 손해를 경감시키기에 유리한 자는 매도인이다. 따라서 매수인이 목적물을 반환하고 완전물의 급부를 구할 수 있게 해 주어도 효율적인 결과가 달성된다. 반면 비대체물의 경우, 특히 건물의 경우 그와 같은 거래는 전혀 불가능하다. 그런데 이러한 상황에서 기왕에 완성된 부분을 파괴하고 다시 완전한 급부를 하게 한다면, 기왕에 완성된 부분 상당의 사회적 순손실이 발생한다. 따라서 이러한 경우에는 추완만을 허용하고 부족한 부분은 금전배상을 통하여 전보받도록 하는 것이 효율적이다.[160)] 제작물 공급계약의 성질에 대한 구별기준도 같은 맥락이라고 보인다. 한편, 어떤 대체물은 높은 정보비용 등으로 말미암아 일단 한 소비자의 손에 들어가면 그 소비자에게는 여전히 큰 가치를 갖고 있는 것이라 하더라도 제3자에게 전매할 때에는 실제 사용 정도 및 가치감소와 관계없이 큰 교환가치의 감소가 일어나기도 한다. 가령 자동차의 경우 일단 어느 정도 운행한 차는, 중고차 매수인이 그것이 사고차량인지 여부 등을 정확히 확인하기 어렵다는 등의 이유로, 감가상각폭을 훨씬 넘는 교환가치의 감소가 일어나는 것이 보통이다. 같은 물건이 최초의 매수인의 손에 있을 때 훨씬 더 큰 가치를 갖는다는 점을 고려할 때 이러한 경우 완전물급부청구 — 이는 경제적으로 재매도 및 동종의 다른 제품의 재매수와 같다 — 는 비효율적이다. 이러한 완전물급부청구는 신의칙에 의하여 제한될 여지가 있을 것이다.[161)]

---

159) 대법원 1990. 3. 9. 선고 88다카31866 판결(집 38권 1호 민121); 곽윤직(1997), pp. 431ff. (김용담).

160) 다만 이때 손해배상의 기준이 문제될 수 있는데, 판례는 보수에 필요한 비용이 원칙이고, 가치감소가 보수에 필요한 비용보다 현저히 낮을 때에는 가치감소분으로 제한된다고 한다. 실제로 가치감소가 보수에 필요한 비용보다 현저히 낮음에도 불구하고 보수에 필요한 비용 내지 보수를 고집하는 경우 도급인은 자신의 주관적 효용의 손실을 주장하고 있다기보다는 수급인으로부터 더 많은 것을 얻어내기 위하여 버티기를 하고 있는 것일 가능성이 높다. 그러나 위와 같은 판례의 기준이 기계적으로 관철되는 경우에는 거꾸로 도급인의 주관적 효용을 위하여 객관적 가치에 미치는 영향은 크지 않지만 특히 주의 깊게 시공되었어야 할 부분임에도 수급인이 의도적으로 저렴한 대체시공방법을 쓸 유인이 있게 된다. 이 점에서 적어도 수급인이 기회주의적으로 하자시공을 한 경우에는 그 보수비용 상당을 배상하게 하여야 한다는 주장도 가능하다. Muris(1980), pp. 571ff.

161) Goetz and Scott(1983), pp. 995ff., 1009ff.

7. 위험부담과 이행보조자의 고의 · 과실

쌍무계약에서 일방의 채무가 귀책사유 없이 이행할 수 없게 되면 그 당사자는 자기채무를 면하지만 상대방에 대한 채권도 상실한다(민법 제537조). 이를 위험부담이라고 한다. 반면, 채무자의 귀책사유가 아니라 오히려 채권자의 귀책사유로 불능이 된 경우에는 채무자는 그 채무를 면하고 상대방에 대한 채권은 여전히 보유하되(민법 제538조 제1항), 채무자가 자기채무를 면함으로써 얻은 이익이 있으면 이를 채권자에게 상환하여야 하는데(같은 조 제2항), 이때 어떤 경우에 채권자의 귀책사유로 불능이 된 것인지 그 판단기준이 반드시 분명하다고 할 수는 없다.[162] 특히, 민법 제401조에 의하면 수령지체 중에는 채무자는 고의 또는 중대한 과실이 없으면 불이행으로 인한 모든 책임을 면하는데, 이에 비추어 수령지체 중 채무자의 경과실로 불능이 된 경우 민법 제538조 제1항에 해당하여 상대방의 이행을 청구할 수 있는 것인지가 논란이 되고 있다.[163] 그 밖에도 이른바 위험의 이전시기에 관하여는 명문규정은 없으나 동산의 경우에는 인도시가 기준이 되어야 한다고 하고 있고, 부동산의 경우 인도시를 기준으로 할지 소유권이전등기시를 기준으로 할지 다투어지고 있다.[164] 이러한 문제들에 관하여 경제적인 관점에서는 어떠한 설명을 할 수 있을까?

법경제학에서 계약이행이 불능이 될 위험을 부담하여야 하는 자를 최소비용회피자라고 한다.[165] 갑의 영업 중 을의 창고의 화재를 예방하는데 을이 조치하는 데 드는 비용이 500만 원이고, 갑이 조치하는 데 드는 비용이 600만 원이라면 을이 화재를 예방함이 효율적이나,[166] 반대로 갑이 조치하는 데 드는 비용이 300만 원에 불과하다면, 갑이 이를 예방하고 을로부터 임료를 400만 원 정도를 감액받음으로써 갑과 을 모두가 이익을 얻을 수 있기 때문이다. 이러한 위험이 실현되어 계약이행이 불능이 된 경우 갑에게 대금을 지급하게 하

162) 최수정(2003), pp. 234ff.

163) 최수정(2003), pp. 238ff.

164) 최수정(2003), pp. 194ff., 특히, pp. 225-226.

165) Posner and Rosenfield(1977).

166) 아울러 급부를 지배하는 자가 최소의 비용으로 급부불능의 위험을 회피할 수 있을 가능성이 높고, 통상 급부는 채무자가 이를 지배하므로, 이것이 원칙이라고 할 수 있다. 그리고 앞서 본 바와 같이 이는 이행이익의 배상을 명함으로써 달성된다.

면, 갑이 이러한 위험을 내부화(internalize)하여 최적의 주의를 기울이게 된다.[167] 그러므로 민법 제538조 제1항의 채권자의 과실 및 민법 제537조의 채무자의 과실은 따로따로 또는 객관적으로 따질 것이 아니라 채권자와 채무자 중 누가 최소비용 위험회피자인지에 따라 결정함이 효율적이다. 위험이전도 마찬가지이다. 이는 계약체결 이후 최소비용 위험회피자가 변경되는 경우를 말한다고 볼 수 있고, 따라서 동산인지 부동산인지에 따라 일률적으로 정할 것이 아니라 각각의 위험의 종류와 성질에 따라 개별적으로 위험이전시기를 정하여야 하는 것이다. 한편, 수령지체에 관한 민법 제401조는 채무자가 계약이행이 불능이 될 위험을 방지하기 위한 주의비용 및 주의를 기울이고도 손해배상을 하게 될 위험을 이행기까지만 인수하였는데, 채권자가 수령지체에 빠져 이행기 이후에도 급부가 여전히 채무자 손에 남아 있는 경우, 채권자로 하여금 계약이행 불능의 위험을 부담하게 하는데 그 취지가 있다고 볼 수 있다. 이때 채권자가 최소비용 위험회피자라고 보기는 어렵겠지만, 채무자에게 계속 계약위반에 대한 책임을 지우면 채권자의 기회주의적 행동으로 주의비용이 전가되는 문제가 있어[168] 채권자에게 부담을 지운다고 볼 수 있다.[169]

최소비용으로 그 위험을 회피할 수 있는 자의 개념을 응용할 수 있는 또 다른 예로 이행보조자의 고의·과실을 들 수 있다. 민법 제391조는 채무자를 위하여 이행을 보조하는 자의 고의·과실을 채무자의 고의·과실로 보고 있고,

---

167) 이 사안에서 민법 제538조 제1항에 의하면 계약이행이 이루어지는 경우 채권자의 보수는 $V-P$, 계약이행이 불능이 되는 경우 채권자의 보수는 $-P$가 된다. 따라서 채권자는 그의 주의비용 $B=p\cdot V$가 되는 B^*만큼의 주의를 기울일 것인데, 이는 앞서 본 바와 같이 사회적 최적 수준의 주의이다. 한편, 채무자가 불능이 될 때까지 아직 지출하지 아니한 비용 v가 있어 결과적으로 이를 절약한 경우, 실제 손실은 이행이익 $V-P$와 급부 목적물 자체의 가치 $P-v$의 합계인 $V-v$가 된다. 따라서 이에 대한 최적의 주의는 $B=p\cdot(V-v)$인 B^*인데, 이는 계약이행이 불능이 되는 경우 채권자의 보수를 $v-P$로 함으로써 달성된다. 바로 이를 명하는 것이 민법 제538조 제2항이라고 할 수 있다.

168) 앞서 본 바와 같이 채무자는 $P\geq C+B+p\cdot(V-C)$인 P로만 계약을 체결할 것이다. 그런데 B와 p가 모두 시간 t의 함수라면, 이행기 이후까지 주의를 해야 하는 경우 P가 인상되거나(이미 계약이 체결된 이상 이는 불가능하다) 그로 인한 B의 증가분이 채권자에게 전가되어야 한다. B와 관련하여 이 점을 밝힌 것이 "채권자지체로 인하여 그 목적물의 보관 또는 변제의 비용이 증가한 때에는 그 증가액은 채권자의 부담으로 한다"는 민법 제403조이고, $p\cdot(V-C)$와 관련하여 이 점을 밝힌 것이 민법 제401조라고 이해할 수 있다. 대금을 정함에 있어서는 $p\cdot(V-C)$이지만 실제로는 0 또는 $V-C$의 조건부 책임을 인수하는 것이기 때문이다.

169) 채권자로서는 채무자와의 재교섭을 통하여 — 경우에 따라서는 일정한 대가를 지급하고 — 이 위험을 채무자에게 다시 지움으로써 효율적인 위험회피를 할 수 있다. 이 점에서 채권자지체의 경우에 위험이전을 인정하는 것이 '지배에 따른 위험의 배분'이라고 하는 '경제적인 관점에서의 괴리가' 생긴다는 최수정(2003), p. 250의 주장에는 재고의 여지가 있다.

이와 관련하여 학설상으로는 이른바 독립적 이행대행자는 일정한 경우 가령 복위임(復委任)과 같은 경우에 한하여 선임·감독에 대하여만 채무자가 책임을 지지만, 그 밖의 경우에는 항상 그들의 고의·과실에 대하여 채무자가 책임을 진다고 이해하고 있다.

일반적으로 이행보조자 및 독립적 이행대행자는 모두 채무자가 선임한 것이므로 채권자보다는 채무자가 적은 비용으로 그들의 선임 및 이행과정을 감시·감독할 수 있다. 따라서 그들의 행위로 인한 손해도 채무자에게 내부화하여야 효과적으로 감시·감독할 유인이 있게 된다. 그런데 복수임인과 같이 그 성질상 채무자로부터도 독립적으로 일을 하는 자의 경우 선임·감독이 아닌 이행과정에 관하여까지 채무자가 채권자보다 적은 비용으로 위험을 회피할 수 있는 자라고 보기는 어렵다. 따라서 민법 제682조 제2항, 제121, 123조는 복수임인과 채권자 사이에 직접 권리의무가 생기게 하면서 채무자에 대하여는 그 선임·감독상의 과실에 관하여만 책임을 지게 하는 것이다.[170]

8. 수용보상금에 대한 대상청구권

우리는 앞서(V. 5.) 이른바 법률행위에 의한 대상에 대한 대상청구권을 과소배상의 위험에 대한 보완장치로 설명한 바 있다. 그러나 판례상 대상청구권이 문제되는 주된 영역은 오히려 법률규정에 의한 대상(stellvertretendes commodum ex re)이다. 이는 급부 목적물이 멸실·훼손된 경우 보험금, 수용된 경우 수용보상금 등 당사자의 계약이 아닌 법률규정에 의하여 발생한 대체물을 대신 달라고 할 수 있는지의 문제이다. 이 경우에는 채무자가 과소배상을 예상하고 이를 악용하여 고의로 계약을 위반하였다고 볼 수는 없다는 점에서 법률행위에 의한 대상(stellvertretendes commodum ex negotiatione)의 경우에 대한 경제적 설명을 원용할 수 없고, 별도의 설명이 필요하다.

이미 언급한 바와 같이 판례는 계약의 이행이 불능이 되면서 법률의 규정에 의하여 급부 목적물에 갈음하는 어떤 경제적 이익, 즉 대상이 생긴 경우 채권자가 채무자에게 그 이익의 양도를 구할 수 있는 권리, 즉 대상청구권을 인

170) 그러나 복위임에 관한 이러한 인식이 오늘날 위임법이 적용되는 모든 영역에서 타당한 것인지에 관하여는 의문이 있을 수 있다. 이 문제는 위임의 역사적 전개과정을 고려하여야 충분히 규명될 수 있는 문제인데 여기에서는 더 이상 논의하지 아니한다.

정한다.[171] 그러나 대법원 1996. 6. 25. 선고 95다6601 판결은[172] 당사자가 토지를 교환하였는데 그 이행 전 두 교환 목적 토지가 모두 협의매수[173]된 사안에 관하여 "쌍무계약의 당사자 일방이 상대방의 급부가 이행불능이 된 사정의 결과로 상대방이 취득한 대상에 대하여 급부청구권을 행사할 수 있다고 하더라도 그 당사자 일방의 반대급부도 그 전부가 이행불능이 되[중략]는 등 상대방에게 아무런 이익이 되지 않는다고 인정되는 때에는, 상대방이 당사자 일방의 대상청구를 거부하는 것이 신의칙에 반한다고 볼 만한 특별한 사정이 없는 한 당사자 일방은 상대방에 대하여 대상청구권을 행사할 수 없다"고 한 바 있다. 학설상으로도 대상청구권은 다른 구제수단이 없는 경우에 한하여 이를 인정하여야 한다는 견해가 있다.[174]

일반적으로 손해배상청구권이 인정되는 경우 대상청구권을 함께 인정한다면 거래비용의 절감에 기여할 수 있다. 위 대법원 1996. 6. 25. 선고 95다6601 판결도 그러한 예 중 하나인데,[175] 대상청구권이 손해배상보다 쉽게 관철될 수 있을 뿐 아니라 그 수액도 손해배상액과 비슷하여 당사자에게 가지는 의미도 대체로 같다면 이를 부정할 까닭이 전혀 없다. 또한 쌍방 급부 중 하나만 불능이 된 경우에 대상청구권을 인정하면 불능이 되지 아니한 효율적인 급부의 이행을 통하여 그 범위에서 급부이익을 실현할 수도 있다.

나아가 위와 같은 특수한 사정이 없는 보다 일반적인 예, 가령 매매 또는 교환 목적 토지가 수용되어 채무자에게 귀책사유가 없이 이행불능이 된 경우에도 민법 제537조를 적용하는 것보다 대상청구권을 인정하는 것이 바람직하다고 보인다. 이때에는 ― 앞서 본 거래비용의 문제를 제외하더라도 ― 민법 제537조를 적용하는 경우와 대상청구권을 인정하는 경우 사이에 경제적으로 차이가 생길 수 있다. 가령 갑과 을이 각각 시가 1억 원인 제1, 2대지를 교환하였는데, 그 후 제1대지가 수용되었고 수용보상금이 1억 2,000만 원이라고 하자. 대상청구권을 인정하지 아니한다면 갑은 수용보상금 1억 2,000만 원을 받고 을은 제2대지 1억 원 상당을 보유하게 된다. 반면 계약이 이행되었다면 갑은 제2

171) 대법원 1995. 2. 3. 선고 94다27113 판결(공 1995, 1150).

172) 집 44권 1호 민631.

173) 「공익사업을 위한 토지 등의 취득 및 보상에 관한 법률」에 따라 공익사업을 위하여 사업자와 토지소유자 사이에 협의를 통하여 사업자가 공익용지를 매수하는 경우를 말한다.

174) 견해의 소개는 곽윤직(1995), pp. 289ff.(양창수).

175) 대법원은 협의매수의 경우 채무자에게 귀책사유가 있는 이행불능이라고 한다.

대지 1억 원 상당을, 을은 제1대지 1억 2,000만 원 상당을 가지고, 그 후 제1대지가 수용되었으나 대상청구권이 인정된다면 갑은 제2대지 1억 원 상당을, 을은 수용보상금 1억 2,000만 원 상당을 가질 것이다. 앞서 본 바와 같이 제2대지를 제1대지와 교환하고자 할 때 을은 제1대지의 사용가치를 원하였을 뿐 아니라 동시에 제1대지의 가치변동 가능성 대신 제1대지의 가치변동 가능성을 인수하고자 한 것이고, 을로서는 가사 수용으로 제1대지를 사용할 수 없게 되었다 하더라도[176] 여전히 자신의 부가 제2대지의 가치변동에 따라 증감 변동하는 것을 선호할 것이다. 갑도 사전적(ex ante)으로는 자신의 부가 제1대지의 가치변동에 따라 변하는 것을 선호하였으므로, 사후적(ex post)으로 이에 반하는 기대하지 아니한 우연적 이익(windfall)을 누리게 할 이유가 없다. 요컨대, 대상청구권은 상이한 재화의 가치변동 가능성의 교환을 유지시켜 교환의 사전적 효율에 기여한다.[177]

9. 완전계약의 재구성과 손해배상액의 예정

계약법의 경제적 분석은 완전계약의 재구성을 지향한다. 이는 계약위반에 대한 구제수단의 경우에도 마찬가지이다. 현행법 중 상당 부분은 당사자가 효용극대화(utility-maximization)를 추구하는 경제인(homo œconomicus)이라면 대다수의 계약에서 합의하였을 내용을 대체로 구현하고 있다고 보인다. 이 과정에서 일반추상적인 법 개념의 해석과 법관에 의한 법형성에 경제적 사고가 유용한 지침을 줄 수 있다.

이와 관련된 하나의 문제는 실제로 당사자가 구제방법에 관하여 합의한

---

176) 사실 소유권 이전 후 수용되었더라면 그 수용보상금은 을에게 귀속되었을 것이라는 점에서 수용의 위험 그 자체가 이미 을이 선택한 또는 선호한 사태집합의 일부를 이룬다.

177) 민법 제537조의 적용영역은 이처럼 불능이 된 급부에 대하여 어떠한 대상이 존재하는 경우가 아니라 그러한 대상이 전혀 없는 경우이다. 이때 민법 제537조는 급부가치 상당의 사회적 손실을 전부 채무자의 부담으로 돌리는 것이 아니라 그 중 매매대금 상당만으로 채무자의 부담으로 돌리고 나머지는 채권자에게 분배하는 효과를 가져온다. 이론적으로는 이와 달리 무과실 내지 보증책임을 관철시켜 이러한 위험을 항상 채무자에게 부담시킬 수도 있고, 그렇게 하더라도 앞서 본 바 여러 효율의 고려에 반하지도 아니한다. 다만, 과실이 없는 불능에 한하여 — 여기에서는 더 이상 효율적 계약이행 내지 주의의 유인은 문제되지 아니하고 오로지 부의 재분배만이 문제된다 — 채무자의 손해 중 일부를 채권자에게 나누는 것이 소득감소에 대한 양자의 효용함수의 형태에 따라서 사회적으로 더 효율적인 경우가 있을 수는 있다. 그러나 일반적으로 그러하다고 말할 수는 없을 것이다. 이 점에서 민법 제537조의 위험부담이 효율적인지에는 의문이 있다.

경우, 가령 손해배상의 예정에 법원이 과감하게 감액(민법 제398조) 등 개입을 하는 것이 어떻게 정당화될 것인지이다. 당사자가 거래비용을 무릅쓰고 스스로 만든 계약위반에 대한 구제방법을 법원이 무시하는 근거는 여전히 논쟁거리이다. 종래 법경제학자 가운데에는 이것이 잘못되었다고 주장하는 경우가 많았으나,[178] 근래 이것이 코즈적인 재협상(Coasian renegotiation)을 촉진한다거나[179] 제한적 합리성(bounded rationality) 때문에 법원의 간섭이 필요하다는[180] 등의 주장도 제기되고 있다. 좀 더 검토를 요하는 문제이다.

한편, 급부의 성질상 강제이행도 곤란하고 손해배상을 구하고자 해도 — 적어도 채권자의 주관적인 — 손해 및 손해배상액의 증명이 어려운 경우 당사자가 사전에 손해배상액의 예정을 하였다면, 그것이 과다해 보인다 하더라도 이를 전부 무효로 하고 강제이행 또는 법률상 손해배상에 의지하게 하는 것은 효율적이라고 할 수 없다. 이때에는 법관이 적절히 감액하는 것이 경제적으로도 효율적인 차선책이 되리라고 생각된다.[181]

---

178) 계약위반에 대한 보험금이라는 관점에서 Goetz and Scott(1977). 한편, Scott and Triantis (2004), pp. 1428ff.는 계약위반에 대한 구제수단에 옵션(Option) 모형을 적용하는 경우 통상의 이행이익의 배상과는 전혀 다른 손해배상액의 산정기준이 도출될 수 있고, 실제로 많은 계약이 그러한 구조를 갖고 있음을 지적하면서, 항공권, 철회기간이 있는 소비재 구입 등의 예를 든다. 이에 관하여 소개하는 문헌으로 고학수(2007), p. 53. 그러나 이는 강제이행이 원칙적으로 허용되지 아니하는 보통법의 법리를 전제로 한 것이고(고학수, 2007, p. 53, 주 51도 이 점을 지적한다), Scott and Triantis(2004)가 들고 있는 앞서의 예들은 우리 계약법에서는 손해배상액의 예정이라기보다는 오히려 해약금(Reugeld)으로 이해될 수 있는 것들이다. 이처럼 강제이행을 원칙적으로 허용하지 아니하는 보통법을 배경으로 전개된 법경제학적 분석을 강제이행을 원칙적으로 허용하는 우리 민법에 옮겨 올 때에는 그 맥락이 달라지는 경우가 여럿 있는데, 앞으로 우리 법의 경제적 분석에 있어 주의하여야 할 점 중 하나라고 생각한다.

179) Talley(1993), pp. 1997ff. 특히 쌍방독점(bilateral monopoly)과 사적 정보로 인하여 재협상이 어려울 수 있다는 점을 지적한다.

180) Zimmermann(1996), p. 106f. 가령 과도한 낙관주의와 법원의 사후과잉확신(hindsight bias)으로 인한 과다배상의 위험을 지적하는 Rachlinski(2000), pp. 760ff. 이에 대하여 비판적인 것으로 Hillman(2000), pp. 725ff.; Englerth(2007b), pp. 115ff.

181) 근로기준법 제20조는 근로계약에 관하여 위약금 또는 손해배상액을 예정할 수 없도록 정하고 있으나, 독일에서는 이러한 규정이 없어 학설상 논란이 있다. 그러나 판례와 다수설은 이를 허용하는데, 그 주된 근거 중 하나는 근로계약에 관하여는 강제이행이 허용되지 아니하고 손해 및 손해액의 증명도 매우 곤란하여 위약금 약정조차 허용하지 아니하면 계약의 실효성을 보장할 수 없다는 점에 있다. 한인상(2008), pp. 524ff.

Ⅵ. 결　　론

법경제학은 초기에는 주로 불법행위법을 대상으로 하여 발전되어 왔다. 그리하여 계약법에 대한 경제적 분석은 상대적으로 많이 이루어지지 않았다는 인상을 받게 된다. 그러나 일상생활에서나 경제적으로는 불법행위보다는 계약이 훨씬 더 중요한 의미를 가진다. 다만 분쟁으로 나타나는 빈도가 불법행위가 더 많을 뿐이다.

이 글에서는 계약법에 대한 경제적 분석도 중요한 의미를 가진다는 것을 보여 주려고 노력하였다. 특히, 이 글에서 다룬 논점 중 상당수는 국내에서나 외국에서 법경제학적인 관점에서는 제대로 다루어지지 않았던 것들이고, 이 점에서 이 글은 의미를 가질 수 있으나, 또 그만큼 오류의 가능성도 많을 것이다. 이 글이 앞으로의 생산적인 논쟁에 기여할 수 있기를 희망한다.[182]

182) 이 글이 탈고된 후 필자 중 한 명이 공통의 착오의 경제적 분석에 관하여 좀 더 자세한 분석을 시도한 글을 발표하였다. 윤진수(2010), pp. 129 이하, 특히 p. 151 이하 참조.

[참고문헌]

고학수, 「옵션이론을 응용한 (일부) 법원칙의 재해석」, 『법학연구』, 제17권 제1호, 연세대학교, 2007, pp. 31-57.

곽윤직(편집대표), 『민법주해 Ⅸ』, 박영사, 1995.

______________, 『민법주해 XV』, 박영사, 1997.

김재형, 「법률에 위반한 법률행위」, 『민법론 I』, 2004a, pp. 25-61.

______, 「계약의 해제와 손해배상의 범위 — 이행이익과 신뢰이익을 중심으로 — 」, 『민법론 Ⅱ』, 2004b, pp. 68-110.

매트 리들리, 조현욱 옮김, 『이성적 낙관주의자』, 김영사, 2010.

박세일, 「코-스정리(Coase Theorem)의 법정책학적 의의」, 『법학』, 제27권 2·3호, 서울대학교, 1986, pp. 76-98.

______, 『법경제학』, 개정판, 박영사, 2000.

박준서(편집대표), 『주석민법 총칙(2)』, 제3판, 한국사법행정학회, 2001.

법무부, 『민법(재산편) 개정 자료집』, 법무부, 2004.

손철우, 「금융실명제와 예금주 확정」, 『민사판례연구 XXXII』, 박영사, 2010, pp. 127-174.

안법영, 「대상청구권의 발전적 형성을 위한 소고」, 『한국민법이론의 발전: 무암 이영준 박사 화갑기념 논문집 Ⅱ 채권편』, 박영사, 1999, pp. 531-598.

오영준, 「금융실명제하에서 예금계약의 당사자 확정 방법」, 『사법』, 제8호, 사법발전재단, 2009, pp. 217-288.

윤진수, 부동산 이중양도의 연구, 서울대학교 법학박사 학위논문, 1993.

______, 「미국 계약법상 Good Faith의 원칙」, 『민법논고 Ⅰ』, 박영사, 2007a, pp. 31-83.

______, 「법률행위의 보충적 해석에 관한 독일의 학설과 판례」, 『민법논고 Ⅰ』, 박영사, 2007b, pp. 200-224.

______, 「부동산 이중양도의 경제적 분석 — 배임행위 적극가담론의 비판 — 」, 『민법논고 Ⅰ』, 박영사, 2007c, pp. 352-387.

______, 「계약 해석의 방법에 관한 국제적 동향과 한국법」, 『민법논고 Ⅰ』, 박영사, 2007d, pp. 225-279.

______, 「계약당사자의 확정에 관한 고찰」, 『민법논고 Ⅰ』, 박영사, 2007e, pp. 280-316.

______, 「약관의 내용통제」, 『민법논고 Ⅲ』, 박영사, 2008a, pp. 161-202.

______, 「손해배상의 방법으로서의 원상회복」, 『민법논고 Ⅲ』, 박영사, 2008b, pp. 66-99.

______, 「2007년도 주요 민법 관련 판례 회고」, 『법학』, 제49권 1호, 서울대학교, 2008c, pp. 315-405.

______, 「민법상 착오규정의 입법론적 고찰」, 『민법논고 Ⅱ』, 박영사, 2008d, pp. 52-95.

______, 「차명대출을 둘러싼 법률문제」, 『민법논고 Ⅱ』, 박영사, 2008e, pp. 1-51.

______, 「채무불이행으로 인한 특별손해, 동시이행의 항변권과 권리남용」, 『민법논고 Ⅲ』,

박영사, 2008f, pp. 52-65.

______, 「법의 해석과 적용에서 경제적 효율의 고려는 가능한가?」, 고학수 · 허성욱 편저, 『경제적 효율성과 법의 지배』, 박영사, 2009, pp. 3-43.

______, 「契約上 共通의 錯誤에 관한 연구」, 『民事法學』, 제51호, 2010. 12.

최수정, 『급부장애와 위험부담』, 소화, 2003.

한순구 역, 『법경제학』, 제5판, 경문사, 2009(원저: Robert Cooter and Thomas S. Ulen, Law & Economics, 5th ed., Pearson Addison Wesley, 2008).

한인상, 「정형화된 근로계약에서 무효인 위약금조항의 법률효과 — 독일법상 효력유지적 축소해석(die geltungserhaltende Reduktion)에 대한 논의」, 『비교사법』, 제15권 4호, 2008, pp. 519-549.

Ayres, Ian and Gertner, Robert, “Filling Gaps in Incomplete Contracts: An Economic Theory Of Default Rules”, Yale L.J., 99, pp. 87-130.

Barton, John H., “The Economic Basis of Damages for Breach of Contract”, J. Legal Stud., 1, 1972, pp. 277-304.

Bebchuck, Lucian A. and Png, I. P. L., “Damages Measures for Inadvertant Breach of Contract”, Int’l Rev. L. & Econ., 19, 1999, pp. 319-331.

Bedchuck, Lucian A. and Steven Shavell, “Information and the Scope of Liability for Breach of Contract: The Rule of Hadley v. Baxendale”, J.L. Econ. & Org., 7, 1991, pp. 284-312.

Birmingham, Robert L., “Breach of Contract, Damage Measures, and Economic Efficiency”, Rutgers L.Rev., 24, 1969, pp. 273-292.

Burton, Steven J., “Breach of Contract and the Common Law Duty to perform in Good Faith”, Harv. L.Rev., 94, 1980, pp. 369-404.

Cooter, Robert, “Unity in Tort, Contract, and Property: The Model of Precaution”, Cal. L.Rev., 73, 1985, pp. 1-51.

Dowling, Donald C., “A Contract Theory for a Complex Tort: Limiting Interference with Contract Beyond the Unlawful Means Test”, University of Miami Law Review, 40, 1986, pp. 487-520.

Eisenberg, Melvin A., “Actual and Virtual Specific Performance, the Theory of Efficient Breach, and the Indifference Principle in Contract Law”, Cal. L.Rev., 93, 2005, pp. 975-1050.

Emond, Winand, “On the Limitation of Warranty Contracts”, Journal of Industrial Economics, 37, 1989, pp. 287-301.

Englerth, Markus, “Vom Wert des Rauchens und der Rückkehr der Idioten — Paternalismus als Antwort auf beschränkte Rationalität?”, in: Christoph Engel/Markus Englerth/Jörn Lüdemann/Indr Spiecker(Hrsg.), Recht und Verhalten, Mohr Siebeck, 2007a, pp. 231-259.

________________, “Behavioral Law and Economics — eine kritische Einführung”, in: Christoph Engel/Markus Englerth/Jörn Lüdemann/Indr Spiecker(Hrsg.), Recht und Verhalten, Mohr Siebeck, 2007b, pp. 60-130.

Farnsworth, E. Allan, “"Your Loss or My Gain? The Dilemma of the Disgorgement Principle in Breach of Contract”, Yale L.J., 94, 1984, pp. 1339-1393.

________, Contracts, 4th ed., Aspen Publishers, 2004.

Fauvarque-Cosson, Bénédicte and Mazeaud, Denis, European Contract Law, Sellier European Law Publishers, 2008.

Fleischer, Holger, Informationsasymmetrie im Vertragsrecht, C.H. Beck, 2001.

Goetz, Charles J. and Scott, Robert E., “Liquidated Damages, Penalties and the Just Compensation Principle: Some Notes on an Enforcement Model of Efficient Breach”, Colum. L.Rev., 77, 1977, pp. 554-594.

___________________________________, “The Mitigation Principle: Toward A General Theory of Contractual Obligation”, Va. L.Rev., 69, 1983, pp. 967-1024.

Grundmann, Stephan und Hoerning, Andreas, “Leistungsstörungsmodelle im Lichte der ökonomischen Theorie”, in: Eger, Thomas/Schäfer, Hans-Bernd(hrsg.), Ökonomische Analyse der europäischen Zivilrechtsentwicklung, Mohr Siebeck, 2007, pp. 420-470.

Hermalin, Benjamin E. et al., “Contract Law”, in: Polinsky, A. Mitchel and Shavell, Steven, ed., Handbook of Law and Economics, Vol. 1, Elsevier, 2007, pp. 3-138.

Hillman, Robert A., “The Limit of Behavioral Decision Theory in Legal Analysis: The Case of Liquidated Damages”, Cornell L.Rev., 85, 2000, pp. 717-738.

Huber, Peter, Irrtumsanfechtung und Sachmängelhaftung, Mohr Siebeck, 2001.

Köndgen, Johannes, “Immaterialschadensersatz, Gewinnabschöpfung oder Privatstrafen als Sanktionen für Vertragsbruch? — Eine rechtsvergleichend-ökonomische Analyse — ”, RabelsZ, 56, 1992, pp. 696-755.

Kötz, Hein, Europäisches Vertragsrecht, Mohr Siebeck, 1996.

________, “Zur Verjährung der Sachmängelansprüche — Die Vorschläge der Schuldrechtskommission im Lichte der ökonomischen Analyse des Rechts”, in: Beuthien, Volker et al.(hrsg.), Festschrift für Dieter Medicus: zum 70. Geburtstag, C. Heymanns, 1999, pp. 283-296.

Kronman, Anthony T., “Specific Performance”, U. Chi. L.Rev., 45, 1977, pp. 351-382.

Kull, Andrew, “Restitution As A Remedy for Breach of Contract”, S. Cal. L.Rev., 67, 1993, pp. 1465-1518.

Lando, Henrik and Rose, Casper, “On the enforcement of specific performance in Civil Law countries”, Int'l Rev. L. & Econ., 24, 2004, pp. 473-487.

Leenen, Detlef, § 477 BGB: Verjährung oder Risikoverlagerung?, Walter de Gruyter,

1997.

Mahoney, Paul G., "Contract Remedies and Option Pricing", J. Legal Stud., 24, 1995, pp. 139-163.

McChesney, Fred S., "Tortious Interference with Contract versus "Efficient" Breach: Theory and Empirical Evidence", J. Legal. Stud. 28, 1999, pp. 131-186.

Miceli, Thomas, The Economic Approach to Law, 2nd ed., Stanford Economics and Finance, 2009.

Michel, Kerstin, § 638 BGB Verjährung oder Risikoverteilung, Peter Lang, 2004.

Miller, Meredith R., "Contract Law, Party Sophistication and the New Formalism", Mo. L.Rev., 75, 2010, pp. 493-536.

Mitchell, Catherine, Interpretation of Contracts, Routledge-Cavendish, 2007.

Münchener Kommemtar zum BGB, 5. Aufl., C.H. Beck, 2009.

Muris, Timothy J., "Opportunistic Behavior and the Law of Contract", Minn. L.Rev., 65, 1980, pp. 522-590.

Ogus, Costs and Cautionary Tales, Hart Publishing(UK), 2006.

Perlman, Harvey S., "Interference with Contract and other Economic Expectancies: A Clash of Tort and Contract Doctrine", U. Chi. L.Rev., 49, 1982, pp. 61-129.

Posner, Richard A. and Rosenfield, Andrew M., "Impossibility and the Related Doctrines in Contract Law: An Economic Analysis", J. Legal. Stud., 6, 1977, pp. 83-118.

________________, "The Law and Economics of Contract Interpretation", Tex. L.Rev., 83, 2005, pp. 1581-1614.

Priest, George L., "A Theory of Consumer Product Warranty", Yale L.J., 90, 1981, pp. 1297-1352.

Rachlinski, Jeffrey, "The "New" Law and Psychology: A Reply to Critics, Skeptics, and Cautious Supporters", Cornell L.Rev., 85, 2000, pp. 739-766.

Schlechtriem, Peter(hrsg.), Kommentar zum Einheitlichen UN-Kaufrecht, 3. Aufl., C.H. Beck, 2000.

Schwartz, Alan, "The Case for Specific Performance", Yale L.J., 89, 1979, pp. 271-306.

______________ and Scott, Robert E., "Contract Theory and the Limits of Contract Law", Yale L.J., 113, 2003, pp. 541-619.

__________________________________, "Contract Interpretation Redux", Yale L.J., 119, 2010, pp. 926-964.

Scott, Robert E. and Triantis, George G., "Embedded Options and The Case Against Compensation in Contract Law", Colum. L.Rev., 105, 2004, pp. 1428-1491.

Shavell, Steven, "The Design of Contracts and Remedies for Breach", The Quarterly Journal of Economics, 1984, pp. 121-148.

______________, Foundations of Economic Analysis of Law, Belknap Press of Harvard

University Press, 2004.

______________, "Specific Performance Versus Damages for Breach of Contract: An Economic Analysis", Tex. L.Rev., 84, 2006, pp. 831-876.

Talley, Eric L., "Contract Renegotiation, Mechanism Design, and the Liquidated Damages Rule", Stan. L.Rev., 46, 1993, pp. 1195-1244.

Ulen, Thomas S., "The Efficiency of Specific Performance: Toward A Unified Theory of Contract Remedies", Mich. L.Rev., 83, 1983, pp. 341-403.

Von Bar, Christian and Eric clive, Principles, Definitions and Model of European Contract Law, Draft Common Frame of Reference(DCFR) Full Edition, Vol. 1, Sellier European Law Publishers, 2009.

Wehrt, Klaus, "Die Qualitätshaftung des Verkäufers aus ökonomischer Sicht", in: Claus Ott/Hans-Bernd Schäfer(Hrsg.), Ökonomische Probleme des Zivilrechts, Springer, 1991, pp. 235-259.

Wittman, Donald, "Optimal Pricing of Sequential Inputs: Last Clear Chance, Mitigation of Damages, and Related Doctrines in the Law", J. Legal Stud., 10, 1981, pp. 66-91.

Witz, Wolfgang/Salger, Hans-Christian/Lorenz Manel(hrsg.), International Einheitliches Kaufrecht, Verlag Recht und Wirtschaft, 2000.

Zimmermann, Reinhard, The Law of Obligations: Roman foundations of the Civilian Tradition, Oxford University Press, 1996.

〈김일중 · 김두얼 편, 법경제학 이론과 응용, 도서출판 해남, 2011〉

〈追記〉

1. 이 글은 서울대학교 법학전문대학원의 이동진 교수와 같이 쓴 것이다. 구체적으로는 Ⅰ.에서 Ⅳ.까지는 주로 본인이 썼고, Ⅴ.는 주로 이동진 교수가 썼다. 논문의 게재를 허락하여 준 이동진 교수에게 감사의 뜻을 표한다. 그리고 이 글의 문헌 인용방법 등은 이 글이 실린 책의 편집 방침에 따랐기 때문에, 필자의 다른 논문들과는 차이가 있다.

2. 필자는 이 글 후에 발표한 논문에서 주 35) 및 그 본문에서 언급한 property rule이라는 말을 동의규칙으로, liability rule이라는 말을 보상규칙으로 번역하였다. "혼인과 이혼의 법경제학", 법경제학연구 제9권 1호, 2012, 47면 참조.

3. 서울중앙지방법원 2008. 11. 5. 선고 2006가합102456 판결(Ⅲ. 3.)의 상고심 판결인 대법원 2014. 8. 21. 선고 2010다92438 전원합의체 판결의 다수의

견은 자기책임의 원칙을 강조하면서, 카지노사업자에게 자신과 게임의 승패를 겨루어 재산상 이익을 얻으려 애쓰는 카지노 이용자의 이익을 자신의 이익보다 우선하거나 카지노 이용자가 카지노 게임으로 지나친 재산상 손실을 입지 아니하도록 보호할 의무가 있다고 보기는 어렵다고 하였다. 그러나 이 판결은 인간의 합리성을 지나치게 과대평가하고 있다고 보인다. 이 문제에 대한 여러 나라에서의 논의에 대하여는 김재형, "법규 위반과 불법행위책임", 판례실무연구[XI](상), 2014, 674면 이하 참조.

4. 헌법재판소 2013. 12. 26. 선고 2011헌바234 결정은 주 44)의 본문에서 언급한 민법 제651조가 위헌이라고 판시하였다.

契約上 共通의 錯誤에 관한 연구

Ⅰ. 서 론

근래 계약상 공통의 착오[1]에 관하여 관심이 높아지고 있다. 판례상으로도 이 문제가 쟁점이 된 것이 눈에 뜨이고, 이에 관한 연구도 찾아볼 수 있다. 공통의 착오의 경우에 특히 문제되는 것은 일반적인 착오와 같이 계약을 취소할 수 있는가, 또한 취소 외에 계약의 수정이 가능한가, 가능하다면 그 근거는 무엇인가 하는 점들이다. 그러나 아직 이 점에 관하여 충분한 논의가 있었다고는 할 수 없고, 판례에 대한 이해도 논자에 따라 차이가 있다.

이 글은 이러한 계약상 공통의 착오 문제에 대하여 살펴보고자 한다. 특히 이 글에서는 종래의 해석론적 고찰 외에도 법경제학적인 관점에서 어떻게 이 문제를 해결하는 것이 효율적인가 하는 점도 아울러 다루고자 한다.

논의의 순서로서는 먼저 공통의 착오의 개념을 명확히 한다. 이어서 이에 관한 종래의 우리나라와 외국의 논의를 살펴본다. 다음으로 이 문제를 어떻게 해결하는 것이 법경제학적인 관점에서 효율적인가를 논한다. 나아가 공통의 착오의 경우에 법률행위의 취소와 계약의 수정을 인정할 수 있는가, 인정할 수 있다면 그 근거는 무엇인가 하는 점에 대한 필자의 견해를 제시한다.

한 가지 밝혀 둘 것은 이 글에서는 제목에서 적은 것처럼 계약상 공통의 착오만을 다룬다는 점이다. 단독행위에서는 상대방 없는 단독행위처럼 공통의 착오를 생각할 수 없는 경우도 있을 뿐만 아니라, 가령 상대방 있는 단독행위에서 상대방이 동일한 착오에 빠졌더라도 이는 표의자만이 착오에 빠진 경우

---

1) 종래에는 공통의 동기착오라는 용어가 사용되기도 하였다. 그러나 아래에서 설명하는 것과 같은 이유에서 공통의 동기착오라는 용어 대신 공통의 착오라는 용어를 사용하기로 한다.

와 달리 취급할 이유가 없기 때문이다.

Ⅱ. 공통의 착오의 개념

1. 착오의 대상

강학상 착오의 유형을 다음의 세 가지로 나누는 것이 일반적이다.

첫째, 표시의 착오. 이는 표시행위 자체를 잘못하여 내심적 효과의사와 표시상의 의사의 불일치가 생기는 경우를 말하는 것으로서, 예컨대 1만원이라고 적을 생각이었으나 잘못하여 3만원이라고 적는 경우.

둘째, 의미의 착오.[2] 이는 표시행위 자체에는 착오가 없으나 표시행위가 가지는 의미를 잘못 이해하는 것을 말하는 것이다.

셋째, 동기의 착오. 이는 의사표시를 하게 된 동기에 착오가 있는 것으로서, 예컨대 약혼한 친구가 결혼할 것으로 믿고 결혼 선물을 샀는데 실제로는 그 친구가 이미 파혼한 경우와 같다.

여기서 다루고자 하는 것은 위와 같은 표시의 착오나 의미의 착오를 제외한 나머지 착오에 국한된다. 표시나 의미에 관하여 쌍방이 일치하여 착오를 범하였다면 그 계약은 해석에 의하여 쌍방이 이해한 내용대로 성립하고, 따로 착오로 인한 취소나 계약의 수정이 문제될 여지가 없다.[3]

그런데 표시의 착오나 의미의 착오를 제외한 나머지 착오를 종래 동기의 착오라고 부르고 있으나, 아래에서 보는 것처럼 무엇을 동기의 착오로 볼 것인가에 관하여는 논란이 있고, 특히 종래 동기착오라고 보았던 것도 단순한 동기의 착오가 아니라 내용의 착오로 취급될 여지도 있다. 원래 동기의 착오라는 용어 자체가 독일 착오론에서 내용의 착오와 구분하기 위하여 쓰여졌던 것으로서, 그 자체는 원칙적으로 취소사유가 되지 않는다는 의미를 내포하고 있으

2) 일반적으로는 “내용의 착오”라고 부르고 있지만, 뒤에서 언급하는 것처럼, 법률행위의 내용이 무엇인가 하는 점도 문제되고, 또 표시의 착오도 내용의 착오에 포함된다면 이와의 구별을 위하여도 “의미의 착오”라는 용어가 좀 더 명확할 것이다.

3) 이른바 “잘못된 표시는 해가 되지 않는다(falsa demonstratio non nocet)”. 예컨대 부동산 매매계약에서 당사자 쌍방이 지번을 착각한 경우에 관한 대법원 1993. 10. 26. 선고 93다2629, 2636 판결(공 1993, 3165). 이에 관한 간단한 비교법적 설명으로는 Ernst A. Kramer, Der Irrtum beim Vertragsschluss, 1998, pp. 90 ff. 참조.

므로, 이러한 생각에 동조하지 않는다면 이와 같은 용어는 적절하지 않다.

이를 사실착오라고 부르는 것도 생각할 수 있으나, 사실착오라고 하는 경우에는 법률의 착오(mistake of law)와 대비되는 것으로서 법률의 착오를 배제하는 것처럼 이해될 수도 있다.[4] 그렇지만 법률의 착오도 물리적 사실의 착오와 마찬가지로 법률적으로 고려될 수 있는 착오의 범주에 속한다는 것은 대부분의 나라에서 인정되고 있다.[5] 그러나 이러한 두 가지의 착오를 포괄하는 적절한 용어는 찾기 어렵다.[6]

사견으로서는 事象의 착오라는 용어가 어떤가 하는 생각이 든다. 사전에서는 事象이라는 말을 "관찰할 수 있는 사물과 현상"이라고 정의하고 있으므로, 사실과 법을 모두 포괄할 수 있을 것이다. 그러나 이러한 용어법은 여기에서 처음으로 제기되는 것이므로 이 글에서는 사실착오와 법률착오를 포괄하는 개념으로서 공통의 착오라는 용어를 사용하기로 한다. 아래에서 단순히 공통의 착오라고만 하는 경우에는 이러한 공통의 事象 착오를 의미하는 것으로 사용한다.

2. 쌍방의 공통된 착오

여기서 말하는 착오는 계약 당사자 쌍방에게 공통된 것이어야 하고, 어느 일방에 국한된 것이어서는 안 된다. 예컨대 대법원 1994. 6. 10. 선고 93다24810 판결[7]은 "원고가 그와 같이 착오를 일으키게 된 계기를 제공한 원인이 피고측에 있을 뿐만 아니라 피고도 원고가 납부하여야 할 세액에 관하여 원고와 동일한 착오에 빠져 있었다는 사정을 고려하면 원고의 위와 같은 착오는 이 사건 매매계약의 내용의 중요부분에 관한 것에 해당하므로 원고로서는 다른 특별한 사정이 없는 한 위 착오를 이유로 위 매매계약을 취소할 수 있다"고 하였다.

---

4) 그러나 E. Allen Farnsworth, Contracts, 4th ed., 2004, p. 602는 존재하는 법은 합의 당시의 사실상태(state of facts)에 포함된다는 이유로 사실의 착오(mistake of fact)에는 법의 착오(mistake of law)도 포함된다고 본다.

5) Christian von Bar and Eric Clive ed., Principles, Definitions and Model Rules of European Private Law, Draft common Frame of Reference(DCFR), Full Edition, Vol. 1, 2009, pp. 474 f. 참조.

6) Kramer(주 3), S. 22는 사실의 착오(Tatsachenirrtümer)와 법적 착오(Rechtsirrtümer)를 포괄하는 의미에서 Sachverhaltsirrtum라는 용어를 사용하면서 이를 의사표시의 착오(Erklärungsirrtum, error in interpretation)라는 용어와 대비하고 있다. 또한 Historisch-kritischer Kommentar zum BGB/Schermaier, Bd. 1, 2003, §§116-124 Rn. 51 참조.

7) 공 1994하, 1920.

다른 한편 당사자 쌍방이 동일한 착오에 빠졌다고 하더라도, 이러한 경우 모두가 일방의 착오와 달리 취급되어야 하는 것은 아니다. 예컨대 교과서에서 동기 착오의 대표적인 예로 드는, 약혼한 친구가 결혼할 것으로 믿고 결혼 선물을 샀는데, 실제로는 그 친구가 이미 파혼한 경우와 같다. 이 경우에 상대방인 매도인도 그와 같이 믿었다면 이는 공통의 착오라고는 할 수 있을 것이다. 그러나 이 경우를 일방의 착오와 달리 취급할 필요는 없다. 이때에는 상대방인 매도인으로서는 매수인의 친구가 결혼하는지 여부는 별로 중요한 의미를 가지는 것이 아니기 때문이다.

그러므로 공통의 착오로서 법적으로 의미를 가지는 것은 그 착오가 상대방에게도 중요한 의미를 가지는 것이라야 할 것이다. 가령 유명한 화가가 그린 오래된 그림을 매도인과 매수인이 그러한 사실을 알지 못하고 매매계약을 체결하였다면, 매도인의 입장에서는 그 그림을 매도하지 않았거나, 아니면 원래의 매매계약보다는 훨씬 많은 금액에서 매도하였을 것으로 생각되고, 매수인의 입장에서도 그러한 사정을 알았다면 전혀 매수하지 않거나 아니면 매도인이 요구할 것으로 생각되는 금액으로 매수할 것으로 여겨져야 하며, 일반인으로서도 그와 같이 판단할 것이라는 사정이 존재하여야만 공통의 착오로서 문제될 수 있을 것이다.

그런데 이와는 구별하여야 할 것이 다음과 같은 경우이다. 가령 봄베이에서 출항하는 Peerless라는 배에 실린 면화를 매도하기로 하는 계약을 체결하였는데, 실제로는 Peerless라는 배가 두 척 있었고, 당사자들은 이 사실을 몰랐으며, 또한 쌍방이 생각한 배가 서로 달랐던 경우[8]에는 이는 쌍방의 착오이기는 하지만, 공통의 착오라고는 할 수 없다. 이 경우에는 해석에 의하여 매매의 목적물을 확정하여야 하고, 그 확정이 불가능하다면 결국 불합의로 인하여 계약이 성립하지 않았다고 볼 수밖에 없다.[9]

3. 不知도 착오인가?

국내의 학설 가운데에는 착오란 어떤 사정이나 표시내용에 관하여 표의자

8) 영국의 재정법원(Court of Exchequer)이 1864. 1. 20. 선고한 Raffles v. Wichelhaus(1864) 2 H. & C. 906.

9) 尹眞秀, "契約 解釋의 方法에 관한 國際的 動向과 韓國法", 民法論攷 Ⅰ, 2007, 268면 참조. 영국에서는 이러한 경우를 Mutual Mistake라고 부르고, 여기서 다루는 공통의 착오는 Common Mistake라고 부르기도 한다. Kramer(주 3), S. 65 Fn. 211 참조.

가 가지는 관념이 실제와 일치하지 않고 그 불일치를 표의자가 알지 못하는 것이므로, 표의자가 아무런 관념도 가지고 있지 않았으면 착오가 존재할 여지가 없고, 그러한 상태에서의 표의자의 의사표시는 착오에 의한 의사표시가 아니라고 하는 주장이 있다. 그리하여 건물을 기부채납하고 사용료를 면제받는 것이 부가가치세 부과대상인지 여부에 대하여 전혀 알지 못하고 기부채납계약을 한 경우에는 착오가 존재하지 않는다고 한다.[10)]

그러나 이러한 주장의 타당성은 의문이다. 우선 어떠한 사항에 대하여 전혀 알지 못한 경우(不知)와, 그러한 사항에 대하여 사실과 다른 관념을 가진 경우가 개념상으로는 구별될 수 있다고 하더라도, 실제로는 그와 같이 구별하는 것이 쉽지 않다. 예컨대 위의 사례에서 계약을 체결한 당사자가 부가가치세를 고려하지 않은 것이 부가가치세 부과 여부를 몰랐던 때문인지, 아니면 부가가치세가 부과되지 않을 것이라고 믿었기 때문인지를 과연 제3자가 쉽게 판단할 수 있을까?

나아가 이러한 실제상의 구별 문제는 별론으로 하더라도, 과연 적극적인 관념이 잘못된 경우와, 아무런 관념을 가지지 않았던 경우를 규범적으로 달리 평가하는 것이 정당화될 수 있는가 하는 점은 매우 의심스럽다. 가령 계약을 체결한 당사자가 부가가치세를 고려하지 않은 것이 부가가치세 부과 여부를 몰랐던 때문인 경우와, 부가가치세가 부과되지 않을 것이라고 믿었기 때문인 경우를 달리 취급할 이유가 있는가? 또 부동산의 매수인이 부동산에 쓰레기가 많다고 불평하자, 매도인이 그 쓰레기를 매수인이 치우면 거기서 나오는 것은 모두 매수인이 가질 수 있다고 하였는데, 전혀 뜻밖에 그 쓰레기더미에서 유명한 화가의 그림이 나왔던 경우에,[11)] 당사자들이 그 그림이 없다고 생각한 경우에는 착오를 이유로 하는 취소가 허용되는 반면, 이에 대하여 아무런 생각이 없었던 경우에는 취소가 허용될 수 없다고 한다면 불합리하다. 다른 말로 한다면, 당사자들이 잘못된 관념을 가졌던 경우에는 이를 알았더라면 착오에 빠진

10) 宋德洙, "공동의 동기의 착오에 관한 판례 연구", 법조 2009. 11, 373면 이하. 또한 미국의 Atlas Corp. v. U.S. 895 F.2d 745(Court of Appeal, Federal Circuit, 1990) 판결은, 착오란 사실과 일치하지 않는 믿음인데, 어떤 사실의 존재가 계약 당사자들에게 알려지지 않았다면, 그들은 그 사실에 관한 믿음을 가질 수 없고, 따라서 착오는 있을 수 없다고 한다. 이에 대한 비판은 Robert E. Scott and Jody S. Kraus, Contract Law and Theory, 3rd ed., 2002, p. 831 f. 참조. 영국에서도 Duncan Sheehan, "What is a Mistake?", Legal Studies 20(2000), pp. 538, 541 ff.는 부지(ignorance)의 경우에는 아무런 믿음이 없기 때문에 착오는 존재하지 않는다고 주장한다.

11) Wilkin v. 1st Source Bank, 548 N.E.2d 170, 172(Ind. App. 1990).

상태에서 취한 행동과는 달리 행동하였을 것인데, 이러한 사정은 당사자가 어떠한 사정을 전혀 알지 못하였던 경우에도 마찬가지인 것이다. 이 경우에도 당사자가 그러한 사정을 알았더라면 몰랐던 경우와는 달리 행동하였을 것이기 때문이다.

다른 나라에서도 대체로 부지는 착오와 동일하게 취급되고 있다. 우선 독일 보통법 시대에도 일반적으로 착오(Irrtum, error)와 부지(Unkenntnis, Unwissenheit, ignorantia)는 동일하게 취급하여야 한다고 보았다.[12] 독일 민법 시행 후에도 이와 같은 견해가 일반적인 것으로 보인다.[13] 스위스의 학설[14]과 판례[15]는 착오를 사실관계에 대한 잘못된 관념으로 정의한다면 어떤 사실관계에 대하여 아무런 관념을 가지고 있지 않을 때에는 착오가 개념적으로 부정될 것으로 보이지만, 법적인 관점에서는 이는 만족스럽지 못하고, 사실관계에 대한 관념의 결여는 좁은 의미의 착오와 동일하게 취급하여야 한다고 보고 있다. 오스트리아의 학설[16]과 판례[17]도 마찬가지이다.

미국에서는 파른스워드가 이 문제를 비교적 상세하게 다루고 있다.[18] 그에 따르면 법원은 단순한 부지(ignorance)로부터 착오를 도출해 냄으로써 부지를

12) Carl Friedrich von Savigny, System des heutigen römischen Rechts Ⅲ, 1840, S. 326; Ernst Zitelmann, Irrtum und Rechtsgeschäft, 1879, S. 331 ff.; Bernhard Windscheid, Lehrbuch des Pandektenrechts, Bd. 1, 6. Aufl., 1887, S. 233 Anm. 1.

13) Dietrich Rothoeft, System der Irrtumslehre als Methodenfrage der Rechtsvergleichung, 1968, S. 67 fn. 13 참조. 독일에서는 오늘날 이 문제는 주로 동기의 착오를 원인으로 하는 유언이나 상속계약과 같은 終意處分(letztwillige Verfügung)의 취소에 관한 독일 민법 제2078조 제2항의 해석에 관하여 논의되고 있다. 상세한 것은 MünchKomm/Leipold, 5. Aufl., 2010, §2078 Rdnr. 27 ff.; Kipp/Coing, Erbrecht, 14. Bearbeitung, 1990, S. 163 ff. 등 참조.

14) Gauch/Schluep, Schweitzerisches Obligationenrecht Allgemeiner Teil, 6. Aufl., 1995, S. 140. 같은 취지. Berner Kommentar/Schmidlin, 1995, Art. 23/24 OR N 11 ff.; Basler Kommentar OR 1-Schwenzer, 3. Aufl., 2003, Art. 23 N. 2; Ingeborg Schwenzer, Schweitzerisches Obligationenrecht Allgemeiner Teil, 4. Aufl., 2006, S. 263 등.

15) 스위스 연방대법원 1974. 11. 7. 판결(BGE 100 Ⅱ 278, 282 f.) 등. 위 판결은 인지를 한 사람이 자신이 父일 수 없었다는 사정을 알지 못했던 경우에는 인지 취소의 소를 제기할 수 있고, 이는 혼인에 의한 준정 취소의 경우에도 마찬가지라고 한다. 기타 판례의 소개는 Berner Kommentar/Schmidlin, Art. 23/24 OR, N 11 참조.

16) Rummel in Rummel^3, 2000, §871 Rz 2; Apathy/Riedler in Schwimann ABGB^3, 2006, §871 Rz 1.

17) 오스트리아 대법원(Der Oberste Gerichtshof) 2008. 9. 3. 판결(Geschäftszahl 3Ob91/08s) 참조. 이 사건에서는 배우자의 일방이 혼인 전에 에이즈에 걸려 있었는데, 상대방이 이를 모르고 혼인한 경우에, 이것이 착오를 이유로 하는 혼인 취소가 가능한가가 문제되었는데, 법원은 이를 긍정하면서 Rummel(주 16)을 인용하고 있다. http://www.ris.bka.gv.at/Dokument.wxe?Abfrage=Justiz&Dokumentnummer=JJT_20080903_OGH0002_0030OB00091_08S0000_000 참조(최종방문: 2010. 9. 20).

18) E. Allen Farnsworth, Alleviating Mistakes, 2004, pp. 31 ff.

착오의 범주에 포함시킨다고 한다.[19] 이처럼 착오와 부지를 융합하는 것은 실제적인 이점이 있는데, 경우에 따라서는 양자를 구별하기 어려운 경우가 있으나, 양자를 통합하면 그 구별의 필요가 없게 된다고 한다.[20]

그런데 유의하여야 할 것은 당사자가 어떤 사실을 모른다는 것을 알면서도 행동한 경우에는 착오를 주장할 수 없다고 하는 점이다. 전형적인 예는 당사자가 어떤 문서를 그 내용에 대하여는 관심을 가지지 않은 채로 서명한 경우이다. 이때에는 당사자가 그 문서를 그 상태대로 받아들인 것이므로, 그 결과에 대한 위험을 감수하여야 하는 것이다.[21] 독일의 교과서 가운데에는 표의자가 자신의 의사표시의 내용에 관하여 아무런 관념을 가지고 있지 않은 경우에는 착오가 존재하지 않는다고 하여, 일반적으로 부지의 경우에는 착오를 이유로 하는 취소가 허용되지 않는 것처럼 표현하고 있는 예가 있으나,[22] 전후 문맥에 비추어 보면 부지 가운데 위와 같은 경우에 착오를 이유로 하는 취소가 허용되지 않는다는 취지로 이해된다.

Ⅲ. 종래의 논의

1. 판 례[23]

가. 착오로 인한 취소

이전의 판례에서는 공통의 착오로 인한 취소가 인정되는가가 주로 문제되었는데, 판례는 대체로 이를 긍정하고 있다.

가령 대법원 1989. 7. 25. 선고 88다카9364 판결[24]의 사안은 다음과 같다. 피고는 원고가 주위토지통행권을 가지고 있는 자신의 토지상에 원고의 동의를

19) Wilkin v. 1st Source Bank(주 11)는 착오를 원인으로 하는 취소를 인정하였다.

20) 또한 Farnsworth(주 4), p. 601 참조.

21) MünchKomm/Kramer, 5. Aufl., 2006, §119 Rdnr. 52; Gauch/Sehluep(주 14), S. 763; Berner Kommentar/Schmidlin, Art 23/24 N 15; Farnsworth(주 18), pp. 37 ff. 파른스워드는 이 경우를 가리켜 의식적인 부지(conscious ignorance)라고 표현하고 있다. 또한 Staudinger/Singer, Bearbeitung 2004, §119 Rdnr. 9 ff. 2 참조.

22) Larenz/Wolf, Allgemeiner Teil des Bürgerlichen Rechts, 9. Aufl., 2004, S. 658.

23) 상세한 것은 尹眞秀, "民法上 錯誤規定의 立法論的 考察", 民法論攷 Ⅱ, 2008, 89면 이하; 宋德洙(주 10), 348면 이하 참조.

24) 공 1989, 1284.

얻어 담장을 설치하였다. 그런데 당시 위 토지에 인접한 甲 소유의 대지 위의 담장이 甲의 토지 안쪽으로 1미터 30센티미터나 들어가서 설치되어 있었는데도, 원고와 피고는 모두 甲의 담장이 대지경계선에 설치되어 있는 것으로 잘못 알고, 이 담장을 기준으로 하여 통로의 폭이 2미터 30센티미터 정도 되도록 담장을 설치하는 데 합의하였다. 그러나 그 후 甲이 실제의 대지경계선에 맞추어 담장을 옮김으로써 원고가 이용할 수 있는 통로의 폭이 입구 쪽은 113센티미터에 불과하게 되었다. 원고가 위 담장 설치에 관한 합의를 착오를 이유로 하여 취소를 주장하자, 대법원은 "원고와 피고가 이 사건 토지에 인접한 甲 소유 대지 위의 담장이 그 대지경계선과 일치하는 것으로 잘못 알고 이 담장을 기준으로 통로폭을 정하여 피고의 담장설치에 합의하였다면, 이러한 합의는 토지의 현황경계에 관한 착오에 기인한 것으로서 그 착오는 법률행위의 중요한 부분에 관한 착오라고 볼 수 있"다고 하여 원고의 주장을 받아들였다.

또 대법원 1989. 8. 8. 선고 88다카15413 판결[25]은 화해계약의 취소에 관한 것이다. 이 사건에서 원고는 피고회사에 입사하여 근무하던 중 두 차례에 걸쳐 퇴직하였다가 다시 입사한 것으로 처리되었다. 원고는 최종 퇴직한 다음 피고회사로부터 휴일근로 및 연장근로수당과 마지막 재입사시부터의 근로기간에 대한 퇴직금 합계 2,130,000원을 지급받지 못하였다고 하면서 노동부에 진정을 하여, 그 조사를 받는 과정에서 피고로부터 추가퇴직금과 휴일근무수당 등 제수당 합계 금 1,040,763원을 수령하면서 진정취하서를 작성하여 노동부 태백지방사무소장에게 교부하였다. 그 후 원고는 피고 회사의 위와 같은 중간퇴직처리나 퇴직금지급규정의 변경처리가 모두 무효라고 하여 최초 입사일부터 최종 퇴직일까지의 누진율제에 의한 퇴직금 지급을 청구하면서, 위 진정취하서는 착오에 의한 것이므로 취소한다고 주장하였다. 원심은 원고의 착오 취소 주장을 배척하였으나, 대법원은 이러한 원심의 판단이 잘못이라고 하여 원심 판결을 파기하였다.

대법원은 원심의 판단이 잘못이라고 한 근거로서 다음과 같은 점을 들고 있다. 즉 원고와 피고와의 협의 과정에서, 근로감독관이나 피고도 원고에 대한 피고의 2회에 걸친 중간퇴직처리 및 퇴직금지급규정 변경처리는 당연히 유효한 것을 전제로 하여, 잔존퇴직금 등의 청구채권액이 원고가 당초 주장하던 액

25) 공 1989, 1343.

수를 한도로 하는 범위 내임을 전제로 화해계약에 의하여 그 금액을 합계 금 1,040,763원으로 결정하였던 것이 명백하다면, 이에 관한 착오는 화해의 전제 내지 기초로 예정된 사항에 관한 착오에 해당한다는 것이다. 다른 말로 한다면, 원고와 피고 사이에 이루어진 화해계약은 원고와 피고가 다같이 과거의 중간퇴직처리 및 퇴직금 지급규정 변경처리가 유효한 것이라는 착오에 빠진 것이므로 취소할 수 있다는 것이다. 이 외에도 공통의 착오를 이유로 취소를 인정한 것으로 보이는 판례들이 있다.[26)]

나. 계약의 수정

그런데 근래의 판례는 공통의 착오의 경우에 계약의 수정도 가능하다고 보고 있다. 판례가 그와 같이 보는 근거는 뒤에서 설명할 계약의 보충적 해석에 있다고 이해된다.[27)]

우선 대법원 1994. 6. 10. 선고 93다24810 판결(주 7)에서는 토지의 매도인인 원고가 납부하여야 할 양도소득세 등을 토지의 매수인인 피고 은행이 산정하여 그것만을 부담하기로 하였는데, 실제 부과된 액수가 매수인이 산정한 액수보다 많은 경우에 원고가 그 차액을 청구할 수 있는가, 아니면 착오를 원인으로 하는 취소가 허용되는가가 문제되었다.[28)]

---

26) 대법원 1991. 1. 25. 선고 90다12526 판결(공 1991, 848); 1997. 8. 22. 선고 96다26657 판결(공 1997하, 2786) 등. 대법원 1993. 9. 28. 선고 93다31634, 31641 판결(공 1993하, 2971)도 공통의 동기착오를 이유로 하여 취소를 인정한 판결로 볼 수 있다. 이 사건에서는 피고는 인접 토지 소유자인 원고와 사이에 경계 분쟁이 생겨 이를 해결하기 위하여 피고 소유의 토지와 원고 소유의 토지를 교환하기로 하였는데, 나중에 피고가 취득하기로 한 토지의 상당 부분이 실제로는 처음부터 피고 소유였던 사실이 밝혀진 경우였다. 그러나 이처럼 자기 소유의 물건을 취득하기로 하는 계약은 원시적 불능을 목적으로 하는 계약이므로 무효이고, 위의 사례에서처럼 일부가 자기 소유인 경우에는 제1차적으로는 일부멸실을 이유로 하는 담보책임을 규정하고 있는 민법 제574조를 유추하여 해결하여야 할 것이다. 다만 담보책임이 인정되는 경우에도 착오를 이유로 하는 취소가 인정될 수 있는지에 관하여는 주지하는 것처럼 학설이 대립하고 있다. 尹眞秀, "自己 所有의 物件을 취득하기로 하는 契約의 效力", 民法論攷 Ⅲ, 2008, 148면 이하 참조.

27) 尹眞秀, "2006년도 주요 民法 관련 판례 회고", 民法論攷 Ⅲ(주 26), 699면 이하 참조.

28) 이 사건에서 피고 은행이 피고가 부담할 세금의 액수를 한정하는 특약을 넣게 된 것은, 피고 은행이 매도인에게 부과되는 양도소득세 등도 전액 매수인인 피고가 부담하는 조건으로 매매계약을 체결하는 경우에는 과세관청이 피고가 부담하는 세금도 과세표준의 산출근거인 양도가액에 포함시켜 또다시 양도소득세 등을 부과하게 되어 피고가 부담할 세금의 액수가 거듭 늘어나고 그 액수를 확정할 수 없게 되는 문제점이 생기기 때문에 이를 예방하기 위하여 원래의 매매대금에 대한 양도소득세 등의 세금과, 피고가 위 세금을 부담할 경우 이를 양도가액에 포함시킴으로써 추가로 납부하여야 할 세금까지만을 피고가 부담하고, 다시 그로 인하여 추가로 부과되는 세금은 피고가 부담하지 않겠다는 점을 명확하게 하기 위한 것이었다.

이에 관하여 대법원은 다음과 같이 판시하였다. 즉 원고측이 원고가 납부하여야 할 양도소득세 등의 세액이 피고가 부담하기로 한 금 532,399,720원뿐이므로 원고의 부담은 없을 것이라는 착오를 일으키지 않았더라면 피고와 이 사건 매매계약을 체결하지 않았거나 아니면 적어도 동일한 내용으로 계약을 체결하지는 않았을 것임이 명백하고, 나아가 원고가 그와 같이 착오를 일으키게 된 계기를 제공한 원인이 피고측에 있을 뿐만 아니라, 피고도 원고가 납부하여야 할 세액에 관하여 원고와 동일한 착오에 빠져 있었다는 사정을 고려하면, 원고의 위와 같은 착오는 이 사건 매매계약의 내용의 중요부분에 관한 것에 해당하므로 원고로서는 다른 특별한 사정이 없는 한 위 착오를 이유로 위 매매계약을 취소할 수 있다고 하였다. 그러나 대법원은 부가적으로, 원고와 피고가 원고가 부담하여야 할 세금의 액수가 금 532,399,720원을 초과한다는 사실을 알았더라면, 피고가 위 초과세액까지도 부담하기로 약정하였으리라는 특별한 사정이 인정될 수 있을 때에는, 원고로서는 피고에게 위 초과세액 상당의 청구를 할 수 있다고 해석함이 당사자의 진정한 의사에 합치할 것이므로, 그와 같은 사정이 인정될 때에는 원고가 피고에게 위 초과세액의 지급을 청구함은 별론으로 하고 원고에게 위와 같은 세액에 관한 착오가 있었다는 이유만으로 위 매매계약을 취소하는 것은 허용되지 않는다고 보아야 할 것이라고 판시하였다.

또한 대법원 2005. 5. 27. 선고 2004다60065 판결[29]도 공통의 착오의 경우에 계약의 수정이 인정될 수 있다고 보고 있다. 이 사건에서는 건물과 토지의 일괄매매 계약에서 매도인과 매수인이 다같이 건물의 매매에 대하여는 부가가치세가 부과되는 것으로 착각하여 매도인이 매수인으로부터 부가가치세를 징수하였지만, 실제로는 건물에 대하여는 부가가치세가 면제되는 경우였다. 그리하여 매수인은 매도인을 상대로 매도인이 과세관청에 일단 납부하였다가 환급받은 부가가치세 상당액의 부당이득 반환을 청구하였다. 대법원은, 만약 계약 당시 그 부가가치세 중 일부가 면제되리라는 사정을 알았더라면, 매도인과 매수인 쌍방이 건물대금의 1/11 해당액 중 실제로 과세대상이 되는 금액만을 부가가치세액으로 기재하고, 나머지 면제될 것으로 예상되는 액은 건물의 공급가액인 매매대금에 포함시켜 매매계약서와 세금계산서를 각 작성하였을 것임을 넉넉히 추인할 수 있는데, 위와 같은 경위로 환급받은 부가가치세 상당액을 부

29) 공 2005하, 1031.

당이득으로 보아 매도인으로 하여금 매수인에게 이를 반환하도록 한다면, 이는 실질적인 공평의 원칙이나 당사자에게 공통된 동기의 착오에 빠지지 아니한 상태에서의 당사자의 진정한 의사에 반하는 결과가 될 것이므로, 이러한 특별한 사정이 인정될 수 있는 사실관계 아래에서는 매수인이 매도인에 대한 관계에서 법률상 원인 없이 부가가치세 환급액 상당의 재산상 이익을 얻었다고 평가할 수는 없을 것이라고 판단하였다. 이 판결은 그 결과만을 놓고 본다면 계약의 수정을 인정하지 않은 것처럼 보인다. 그러나 자세히 본다면 당사자가 원래 약정한 것은 매매대금과 토지 및 건물 매매에 대한 부가가치세 지급이었는데, 법원은 당사자의 가정적 의사를 기초로 하여 건물 매매에 대한 부가가치세 지급 부분을 매매대금에 포함시킨 것이므로, 결국 보충적 해석에 의하여 계약을 수정한 것이라고 할 수 있다.

그리고 대법원 2006. 11. 23. 선고 2005다13288 판결[30]에서는 기부채납의 경우에 부가가치세가 부과되는가 하는 점에 관한 공통의 착오가 문제되었다. 이 사건에서는 원고가 국유지 위에 건물을 신축하여 피고 대한민국에 기부채납하는 대신 위 대지 및 건물에 대한 사용·수익권을 받기로 약정하였고, 그에 따라 원고가 건물을 신축하여 피고에게 소유권을 이전하고 사용·수익허가를 받았는데, 사용·수익허가의 조건은 건물의 감정평가액을 기부채납금액으로 하고, 대지 및 건물의 사용료 합계가 기부채납액에 달하기까지의 기간 동안 사용료를 면제한다는 것이었다. 그런데 위 과정에서 원고와 피고의 실무자는 위 기부채납이 부가가치세 부과대상인 줄을 몰랐거나 이를 고려하지 아니한 채 계약을 체결하여, 그 후 원고가 부가가치세를 납부하게 되었다.

원심판결은, 이 사건 계약에 기한 기부채납에 대하여 부가가치세가 부과된다는 점에 관하여 원고와 피고 공통으로 착오에 빠져 있었고, 원고와 피고가 위 건물의 기부채납이 부가가치세 부과대상이라는 점을 고려하여 이 사건 계약에 나아갔더라면 원고는 건물의 감정가액의 10%에 해당하는 돈을 피고로부터 받아서 이를 국가에 납부하는 절차를 취하였을 것이기 때문에, 원고와 피고가 부가가치세 부과에 관한 착오 없이 이 사건 계약을 체결하였다면 피고가 부가가치세를 부담함을 전제로 계약내용을 정하였을 것으로 보는 것이 당사자의 진정한 의사에 부합한다고 할 것이라는 이유를 들어, 피고에게 부가가치세

30) 공 2007상, 24.

중 본세 및 그 지연손해금의 지급을 명하였다.

이에 대하여 대법원은 우선, 계약당사자 쌍방이 계약의 전제나 기초가 되는 사항에 관하여 같은 내용으로 착오를 하고 이로 인하여 그에 관한 구체적 약정을 하지 아니하였다면, 당사자가 그러한 착오가 없을 때에 약정하였을 것으로 보이는 내용으로 당사자의 의사를 보충하여 계약을 해석할 수도 있고, 여기서 보충되는 당사자의 의사란 당사자의 실제 의사 내지 주관적 의사가 아니라 계약의 목적, 거래관행, 적용법규, 신의칙 등에 비추어 객관적으로 추인되는 정당한 이익조정 의사를 말한다고 하였다. 그런데 원고와 피고가 다같이 기부채납이 부가가치세 부과대상인 줄을 몰랐다면 당사자의 진의를 추정하여 계약내용을 수정 해석하는 것이 타당하다고 본 원심의 판시 자체는 수긍되는 면이 있기는 하지만, 이 사건의 경우에는 공급받는 자가 부가가치세를 부담한다는 일반적인 거래관행이 확립되어 있거나 기부채납에 있어 부가가치세를 국가가 부담하는 관행이 있다고 단정할 수 없고, 이 사건에 적용될 구 국유재산법 등의 규정에 의하면 기부채납 재산의 가액이란 공급가액을 말하므로 부가가치세액이 포함되지 아니한 금액이어야 하고, 피고로서는 그와 다른 약정을 할 여지도 없을 것으로 보이므로 피고가 부가가치세를 부담하는 것으로 약정하였으리라고 단정한 것은 수긍할 수 없다고 하여 원심판결을 파기환송하였다.

이 판결은 보충적 해석에 의한 계약의 수정을 명시적으로 인정하면서도, 착오가 없었더라면 피고가 부가가치세를 부담하는 것을 전제로 계약내용을 정하였을 것이라고 볼 수 없다고 판시한 것이다. 그리고 보충되는 당사자의 의사를 확정하는 기준을 밝히고 있는 점에서도 의미가 있다.

2. 학 설

공통의 동기착오에 관하여 논하고 있는 논자가 많지는 않으나, 크게 보아 이 문제를 이른바 주관적 행위기초론에 의하여 해결하려고 하는 견해와, 보충적 해석에 의하여 해결하려고 하는 견해로 나누어 볼 수 있다. 다만 각 견해도 세부적으로는 반드시 의견이 일치하지 않는다. 특히 보충적 해석설을 취하는 경우에도 착오 취소를 인정할 것인가에 관하여는 의견이 갈린다. 다른 한편 최근에는 주로 계약의 수정에 관하여 이 문제를 해석론에 의하여 해결하기는 어렵다고 하여, 입법론을 주장하는 견해도 주장되고 있다.

가. 행위기초론에 의하여 해결하려는 견해

이 문제에 대하여 비교적 자세하게 의견을 개진하고 있는 한 논자는 다음과 같이 주장한다. 즉 민법 제109조는 당사자 일방이 착오를 범한 경우에 관한 규정이고, 당사자 쌍방이 착오에 빠진 경우에는 민법이 그러한 착오의 특수성을 알지 못했고 따라서 그에 대하여는 규율하는 바가 없으므로, 그 해결을 위하여는 독일의 주관적 행위기초론에 의하여야 한다는 것이다. 여기서 주관적 행위기초란, 계약당사자 쌍방이 계약체결에 있어서 의식적으로 이끌려진 공통하는 관념 또는 확실한 기대 가운데 계약당사자 쌍방의 의사표시 모두에 대하여 결정적인 관념 또는 기대라고 한다. 그리고 그러한 주관적 행위기초가 결여되거나 소실된 경우가 당사자 쌍방의 공통의 착오인데. 그 효과로는 착오에 의하여 불이익하게 계약을 체결한 당사자에게 계약으로부터 벗어날 탈퇴권(해제권 또는 해지권)이 부여되어야 하나, 착오에 의해 유익하게 된 당사자가 계약을 당사자 쌍방이 착오가 없었으면 합의하였을 내용으로 효력있게 하려고 하는 경우에는 상대방의 탈퇴권이 인정되지 않아야 한다고 한다. 따라서 계약수정이 가능하더라도 상대방의 양보가 없으면 탈퇴권이 인정된다고 한다.[31)]

반면 마찬가지로 주관적 행위기초론에 의하여 해결하여야 한다고 주장하면서도, 그 효과로서는 계약관계의 해소뿐만 아니라 계약내용을 신의칙에 따라 수정하는 것도 인정되어야 한다는 견해도 있다.[32)][33)]

나. 보충적 해석에 의하되 착오로 인한 취소는 허용되지 않는다는 견해

이 견해는 당사자 쌍방이 일치하여 일정한 사정에 관하여 착오에 빠진 경우는 민법 제109조가 예정한 바가 아니므로 동기착오에 관한 이론이나 동조가 적용될 수는 없고, 이 문제는 보충적 해석에 의하여 해결하여야 한다고 주장한

---

31) 宋德洙(주 10), 334면, 362면 이하; 同, 錯誤論, 1991, 286면 이하. 같은 취지, 이상민, "당사자 쌍방의 착오", 民事判例硏究 18, 1996, 53면, 62면 이하; 姜台星, 民法總則, 新版, 2006, 564면 등.

32) 金相容, "契約當事者 雙方의 共通錯誤와 主觀的 行爲基礎의 喪失", 司法行政 1995. 1, 23면 이하, 특히 27면 이하; 同, 民法總則, 全訂增補版, 2003, 505면 등. 趙誠民, "雙方의 動機의 錯誤", 考試硏究 2003, 12, 23면, 26면 이하는 쌍방의 동기의 착오의 경우에도 민법 제109조의 적용을 배제할 타당성은 없고, 다만 계약을 유지하고자 한다면 양당사자의 계약의 기초가 된 사정의 변경이라고 보아, 사정변경의 원칙을 유추적용하는 것이 타당할 것이라고 한다.

33) 이외에 金曾漢, 金學東, 民法總則, 제9판, 1995, 344면은 행위기초론에 의하여야 한다고 하면서 그 효과로는 계약의 해제만을 언급하고 있다.

다. 여기서 계약의 보충적 해석이란 어떤 계약의 실행과정에서 당사자들이 미처 생각하지 못하여 계약에서 규정한 바 없는 사항(이른바 흠결 또는 공백)이 있는 경우에, 이에 관하여 적용될 수 있는 임의법규나 관습법이 존재하지 않으면 이 흠결을 당사자들이 그러한 사항에 관하여 규정하였더라면 어떻게 규정하였을까 하는 이른바 가정적인 당사자의사(hypothetischer Parteiwille)에 의하여 보충한다는 이론이다.[34] 이 이론을 공통의 착오에 관하여 적용하는 경우에는, 당사자가 그러한 착오가 없었더라면 어떻게 약정하였을 것인가를 탐색하여 그에 맞추어 계약내용을 수정하여야 한다는 것이 된다. 그러나 당사자들의 가정적 의사가 일치하지 않으면 계약이 불성립한 것으로 보아야 한다고 주장한다.[35]

다. 보충적 해석과 착오 취소를 같이 인정하는 견해

이 견해에서는 근본적으로는 공통의 착오의 경우에 민법 제109조가 전혀 적용될 수 없다고 볼 근거는 없고, 다만 공통의 착오의 경우에 무조건 계약의 취소만을 인정하는 것은 실제에 있어서 불합리한 결과를 가져오기 쉬우므로, 공통의 착오가 있을 때에는 계약 자체의 취소를 문제삼기 이전에 그러한 계약의 수정이 가능한가를 먼저 탐구하고, 그것이 불가능하면 그때 비로소 계약을 취소할 것인가를 따져 볼 필요가 있다고 한다. 이에 관하여는 독일에서 주장되는 행위기초론의 적용과, 법률행위의 보충적 해석의 두 가지 방법이 주장되고 있는데, 이른바 주관적 행위기초론은 아직 우리나라의 판례에서 받아들이고 있지 않는 것인 반면, 보충적 해석은 우리나라의 판례와 학설상 모두 인정되고 있을 뿐만 아니라, 당사자의 의사에 기초를 둔다는 면에서는 행위기초론보다는 더 사적 자치의 원칙에 부합하기 때문에 법률행위의 보충적 해석이 더 적절한

34) 보충적 해석에 대하여는 근래의 교과서나 주석서가 일반적으로 언급하고 있다. 상세한 것은 尹眞秀, "法律行爲의 補充的 解釋에 관한 獨逸의 學說과 判例", 民法論攷 Ⅰ, 2007, 200면 이하; 嚴東燮, "法律行爲의 補充的 解釋", 茂巖 李英俊 博士 華甲紀念 韓國民法理論의 發展, 1999, 81면 이하; 김진우, "계약의 공백보충", 比較私法 제8권 2호, 2001, 413면 이하; 尹亨烈, "契約의 補充的 解釋", 比較私法 제15권 2호, 2008, 1면 이하 등 참조.

35) 池元林, "錯誤에 관한 약간의 문제제기", 財産法研究 제22권 2호, 2005, 21면 이하; 註釋民法 總則(2), 제4판, 2010, 778면 이하(池元林); 명순구, 民法總則, 2005, 424면; 朴東瑱, "雙方의 共通된 動機錯誤", 民事法學 제35호, 2007, 356면 이하. 李英俊, 民法總則, 改訂增補版, 2007, 442면 이하도 같은 취지로 보이나 여기서는 계약의 수정에 대하여만 언급하고 있다. 그리고 金天秀, "價格의 錯誤와 一部取消", 민사법학 제17호, 1999, 325면은 계약 수정의 문제는 착오 이전의 문제로서, 그 해결은 법률행위 해석의 원칙에 따라서 이루어진다고 하여 마찬가지로 보충적 해석의 이론을 지지하는 것으로 보이나, 계약의 수정이 불가능한 경우에 대하여는 언급하지 않고 있다.

방법이라고 한다.[36)]

라. 입법론을 주장하는 견해

이 견해는, 신의칙에 의하여 독일의 주관적 행위기초의 법리에서와 동일하게 계약 내용을 수정할 수 있도록 하여야 한다는 것은 신의칙의 지나친 확장을 가져올 수 있다는 점에서 타당하지 못하다고 한다. 그리고 당사자 쌍방의 공통의 동기의 착오의 경우 보충적 해석의 방법에 의해 규율하는 것이 보다 타당한 것처럼 보이지만, 계약의 보충적 해석으로는 계약의 수정만 가능하기 때문에 보다 적극적으로 계약으로부터 탈퇴하고자 하는 경우에는 보충적 해석에 의한 방법 역시 타당하지 않다고 하여, 해석론으로 해결하기에는 무리가 있고, 적극적으로 입법론적 해결을 모색해야 할 필요가 있다고 한다. 그리하여 당사자에게 교섭의무를 부과하거나 전치요건으로서 교섭을 시도할 것을 요구하고, 교섭이 이루어지지 않으면 법원의 명령에 따라 계약의 해소가 이루어지도록 하여야 한다고 주장한다.[37)]

3. 외국에서의 논의

가. 취소(효력상실)사유로서의 공통의 착오

공통의 착오가 계약의 취소 내지 효력상실 사유가 된다는 것은 다른 나라에서 일반적으로 인정되고 있다. 미국에서는 Sherwood v. Walker 판결[38)] 이래로 일방의 착오(unilateral mistake)는 원칙적으로 취소 사유가 되지 못하지만, 공통의 착오(mutual mistake)는 취소사유가 될 수 있다는 것이 판례상 인정되고

36) 尹眞秀(주 27), 701-733면. 또한 尹眞秀(주 23), 78면, 82-84면, 89-92면; 尹眞秀(주 9), 277-278면 등 참조. 권영준, "법원의 계약수정권", 2009년 법무부 연구용역 과제보고서, 61면 이하도 사정변경과 공통의 착오를 (행위기초론에 의하여) 동일한 반열에서 다루는 것은 다분히 독일적인 입장을 반영한 것으로서, 이와 학문적, 실무적 풍토가 다른 우리나라에 그대로 받아들일 것은 아니며, 공통의 착오의 경우에는 1차적으로 보충적 해석을 통하여 사실상의 계약수정을 시도하고, 2차적으로 그것이 여의치 않으면 착오에 의한 취소가 인정될 것이라고 한다.

37) 金瑞起, "당사자 쌍방의 공통하는 동기의 착오시 법원에 의한 계약수정의 이론적 근거에 관한 고찰", 법조 2010. 10, 200면 이하. 다만 여기서 보충적 해석을 주장하는 설은 모두 착오 취소를 인정하지 않고 있는 것처럼 설명하고 있는 것은 정확하다고 할 수 없다.

38) N.W. 919, 924(Mich. 1887). 여기서는 매도인과 매수인이 모두 매매의 목적물인 암소가 새끼를 낳지 못하는 것으로 생각하고 매매계약을 체결하였으나, 실제로는 그 암소가 새끼를 배고 있었던 경우에, 매도인과 매수인이 공통의 착오에 빠졌다는 이유로 매도인의 취소 주장이 받아들여졌다.

있고, 제2차 계약법 리스테이트먼트 §152도 그와 같은 취지이다.39)40) 영국에서도 1932년 귀족원의 Bell v. Lever Brothers Ltd. 판결41) 이래로 공통의 착오는 계약의 취소사유가 될 수 있다는 점이 인정되고 있다.42)

오스트리아 민법(ABGB) 제871조는 착오로 인하여 계약을 취소할 수 있는 경우로서 상대방이 착오를 야기한 때, 상대방이 착오를 알 수 있었을 때 및 적시에 착오가 밝혀졌을 때43)를 들고 있는데, 판례는 공통의 착오의 경우에도 취소를 인정한다.44) 독일에서는 이 문제는 일반적으로 취소가 아닌 주관적 행위기초의 상실에 의한 계약의 효력 상실의 문제로 다루어졌는데, 2002년 개정된 독일 민법 제312조 제3항은 공통의 착오의 경우에 계약의 수정이 불가능할 때에는 해제 또는 해지를 할 수 있다고 규정하였다.45)46)

근래의 모델법도 이와 같은 태도를 취하고 있다.47) 즉 UNIDROIT 국제상사계약원칙(UNIDROIT Principles of International Commercial Contracts, PICC)48)과 유럽계약법원칙(Principles of European Contract Law, PECL)49)은 모두 공통의 착오

39) Restatement (Second) of Contracts § 152 (1981) When Mistake Of Both Parties Makes A Contract Voidable
(1) Where a mistake of both parties at the time a contract was made as to a basic assumption on which the contract was made has a material effect on the agreed exchange of performances, the contract is voidable by the adversely affected party unless he bears the risk of the mistake under the rule stated in § 154.
(2) In determining whether the mistake has a material effect on the agreed exchange of performances, account is taken of any relief by way of reformation, restitution, or otherwise.

40) Farnsworth(주 4), pp. 605 ff. 참조.

41) [1932] A.C. 161.

42) 영미법상의 착오에 대하여는 金學東, "영미법상의 공통의 착오", 法學論集 제14권 3호, 이화여자대학교 법학연구소, 2010, 119면 이하 참조.

43) 이는 아직 상대방이 계약의 유효성을 믿고 어떤 행위를 하기 전을 의미한다.

44) 그러나 룸멜을 비롯한 오스트리아의 다수 학자는 공통의 착오의 경우에도 상대방의 신뢰를 보호할 만한 가치가 없다고 할 수는 없다는 이유로 이를 비판한다. Rummel in Rummel[3], 2000, §871 Rz 18 등 참조. 오스트리아 연방대법원 2008. 12. 16. 판결(Geschäftszahl 8Ob98/08g)은 이러한 학설에 대하여 언급하면서도 이 점에 대하여 명시적인 가부의 판단은 내리지 않았다. http://www.ris.bka.gv.at/Dokument.wxe?Abfrage=Justiz&Dokumentnummer=JJT_20081216_OGH0002_0080OB00098_08G0000_000 참조.

45) 그러나 이 규정이 있다고 하여 반드시 착오를 이유로 하는 취소가 배제되는 것인가에 관하여는 여전히 논란이 있다. 양자의 관계에 대하여는 MünchKomm/Roth, 5. Aufl., 2007, §313 Rdnr. 144 f. 참조.

46) 기타 각국의 입법례에 관하여는 Kramer(주 3), pp. 65 ff.; Von Bar and Clive ed.(주 5), p. 471 참조.

47) 이에 대한 최근의 문헌으로는 Nils Jansen/Reinhard Zimmermann, "Vertragsschluss und Irrtum im europäischen Vertragsrecht", AcP 210(2010), 196 ff.가 있다.

48) Article 3.5 (1) (a).

49) Article 4:103 (1) (a) (iii).

를 계약의 취소 사유로 인정하고 있다.[50] 또한 공통참조기준초안(Draft Common Frame of Reference, DCFR)[51]도 공통의 착오를 계약의 취소사유로 들고 있다.[52] 그리고 DCFR과 마찬가지로 유럽위원회의 의뢰를 받아 앙리 까삐탕 협회(Association Henri Capitant des Amis de la Culture Juridique Française)와 프랑스 비교법학회(Société de Législation comparée)가 만든 공통계약원칙(Principes contractuels communs, PCC)도 PECL과 같은 규정을 두고 있다.[53]

나. 계약의 수정

그런데 이처럼 공통의 착오를 취소사유(또는 효력상실사유)로 인정하면서 그에 선행하여 계약의 수정도 인정하는 입법례도 눈에 뜨인다. 우선 독일 민법 제313조 제2, 3항은, 계약의 기초가 된 본질적인 관념이 잘못된 것으로 밝혀진 경우에는 사정변경이 있는 경우와 마찬가지로 계약의 수정(Anpassung des Vertrages)을 청구할 수 있고, 그러한 수정이 불가능하거나 당사자 일방에게 기대될 수 없는 경우에는 해제 또는 해지를 할 수 있다고 규정하고 있다.[54] 그런데 아래에서 보는 것처럼 이러한 경우에도 계약의 보충적 해석에 의한 계약의 수정이 우선되어야 한다는 것이 독일의 일반적인 견해이다. 이 점에 대하여는 아래에서 다시 살펴본다.

---

50) 상세한 것은 尹眞秀(주 23), 61면 이하 참조.

51) 이는 2005년 유럽위원회(European Commission)가 2005년에 유럽 사법에 관하여 공통참조기준(Common Frame of Reference)을 만들기 위하여 유럽민법전 연구그룹(Study Group on a European Civil Code)과 현재의 유럽공동체사법 연구그룹(Research Group on Existing EC Private Law, acquis group)에게 의뢰하여 만들어진 것이다. 좀 더 자세한 것은 김영두, "「Common Frame of Reference 초안」 중 채무의 불이행에 관한 규정의 고찰", 외법논집 제33권 1호, 2009, 91면 이하; 김진우, "최근 유럽민사법의 발전동향", 釜山大學校 法學硏究 제50권 2호, 2009, 1면 이하 참조. 국내에서는 공통참조요강초안, 공통준거기준안이라고 번역되기도 한다.

52) Ⅱ. - 7:201 (1) (b) (iii). 그 주석서는 이를 shared mistake라고 표현하고 있다. Von Bar and Clive ed.(주 5), p. 461. 이에 대한 국내의 문헌으로서는 박영복, "유럽계약법에서의 「의사의 하자」", 외법논집 제33권 1호, 2009, 51면 이하, 특히 62면 이하 참조.

53) Article 4:202. Bénédicte Fauvarque-Cosson, Denis Mazeaud ed., European Contract Law, Materials for a Common Frame of Reference: Terminology, Guiding Principles, Model Rules, 2008, p. 584 참조.

54) 이 규정은 2002년 1월 1일부터 시행되었지만 그 이전에도 학설이나 판례상 계약의 해소에 앞서서 계약의 수정이 선행되어야 한다는 점에 대하여는 거의 이견이 없었다. 예컨대 Larenz/Wolf, Allgemeiner Teil des Bürgerlichen Rechts, 8. Aufl., 1997, S. 717 f.; Dieter Medicus, Allgemeiner Teil des BGB, 6. Aufl., 1994, 329 f.; MünchKomm/Roth, 4. Aufl., 2001, §242 Rdnr. 644 등 참조. 그런데 金瑞起(주 37), 210면은, 독일민법상 사정변경 및 공통의 착오에 있어서 모두 수정권한을 법원에 부여하면서도, 계약의 해소는 수정청구가 기각된 후에 당사자에 의해 별도로 해제권이나 해지권을 행사하는 방법으로 이루어진다고 설명하고 있으나, 정확하지 않다.

오스트리아 민법 제872조는 착오가 주된 목적물이나 그 본질적인 성질에 관한 것이 아니라 부수적 사정에 관한 것일 때에는 그 계약은 유효하지만, 착오를 일으킨 사람은 착오를 야기한 사람에 대하여 상당한 보상을 요구하고 있다고 규정하고 있는데, 통설은 이 보상을 계약의 수정으로 이해한다.[55]

스위스 민법에서는 해석상 기초착오(Grundlagenirrtum)[56]로 인한 계약의 일부취소가 인정되고 있는데, 여기서의 일부취소에는 법원에 대하여 계약의 내용을 변경할 것을 청구하는 것도 포함된다고 보고 있다. 이 경우에는 당사자의 가정적인 의사를 고려하여야 한다.[57] 다만 오스트리아나 스위스에서는 계약의 수정이 반드시 공통의 착오의 경우에만 인정되는 것은 아니다.

PECL,[58] DCFR[59]도 마찬가지로 계약의 수정을 인정한다.[60][61]

반면 영국이나 미국에서는 계약의 수정을 인정하는 데 소극적이다. 미국의 한 판례에서는 공통의 착오 등을 원인으로 하여 계약의 수정을 인정한 것이 있으나,[62] 이 판결은 일반적으로 지지를 받고 있지는 못하다.[63]

---

55) Rummel in Rummel^{3}, 2000, §872 Rz 5 참조.

56) 이는 스위스 민법 제24조 제1항 제4호에 규정되어 있는 것으로서, 착오가 착오자에 의하여 신의성실의 원칙상 거래상 계약의 필수적인 근거로 간주될 수 있는 사실관계(Sachverhalt)의 착오를 의미한다. 제1호에서 제3호까지의 착오는 의사와 표시가 일치하지 않는 표시착오(Erklärungs-irrtum)이다.

57) Berner Kommentar/Schmidlin(주 14), N 152 ff; Gauch/Sehluep(주 14), S. 157 f. 참조.

58) Article 4:105 (3). PCC Article 4: 204 (3)도 마찬가지이다.

59) Ⅱ. - 7:203 (3).

60) PICC는 계약의 수정을 인정하는 규정을 두지 않고 있는데, 기초 단계에서는 이에 관한 논의가 있었으나 최종 확정 단계에서는 채택되지 않았다고 한다. Stefan Vogenauer and Jan Kleinheisterkamp ed., Commentary on the UNIDROIT Principles of International Commercial Contracts(PICC), 2009, Art. 3. 13 para. 2(Huber) 참조. 金瑞起(주 37), 198면은 PICC에서도 사정변경(hardship)의 경우에도 계약의 수정을 인정하는 것에 비추어 볼 때 당사자 쌍방의 공통의 착오의 경우에도 법원의 계약수정권이 인정될 수 있을 것이라고 하나, 근거가 불확실하다.

61) 기타 계약의 수정을 인정하는 입법례에 대하여는 Von Bar and Clive ed.(주 5), pp. 485 f.; Bénédicte Fauvarque-Cosson, Denis Mazeaud ed.(주 53), p. 247; 권영준(주 36), 5-7면 참조.

62) Aluminum Co. of America v. Essex Group, Inc., 499 F.Supp. 53(United States District Court, W. D. Pennsylvania, 1980). 이 사건에서는 원고가 피고로부터 알루미늄의 원료인 알루미나를 공급받아 이를 알루미늄으로 바꾸어 주기로 하였는데, 원고가 피고로부터 지급받기로 한 비용을 계산하는 계산식은 물가의 변동과 연동하여 산정되도록 설계되었다. 이 산식은 나중에 미국 연방준비제도 이사장이 된 유명한 경제학자 앨런 그린스펀(Alan Greenspan)이 만든 것이었다. 그런데 이 계산에는 1970년대의 석유가의 폭등은 고려되지 않아서 원고가 많은 손해를 보게 되었다. 법원은 공통의 착오뿐만 아니라 목적좌절(frustration), 실행불가능(impracticability)(이들은 우리나라에서 논의되는 사정변경의 원칙과 유사하다)을 들어서 계약 금액의 변경을 명하였다. 이 판결에 대한 보다 자세한 소개는 金瑞起(주 37), 211면 참조.

63) 예컨대 Richard Posner, "The Law and Economics of Contract Interpretation", 83 Texas Law Review 1583. 1601 ff.(2005); J. S. Kraus and R. E. Scott, "Contract Design and the Structure Of

Ⅳ. 효율의 관점에서 본 공통의 착오

1. 문제의 소재

경제적인 관점에서 볼 때 계약은 배분적 효율(allocative efficiency)을 달성하기 위한 수단이라고 할 수 있다. 배분적 효율이란 한정된 자원의 효용을 극대화하여야 한다는 것이다.[64] 계약을 체결하는 일방 당사자는, 자신이 상대방에게 제공하는 재화보다는 상대방으로부터 얻게 되는 재화에 의하여 더 큰 효용을 얻는다고 판단하므로 계약을 체결하는 것이고, 이는 상대방도 마찬가지이다. 따라서 계약에 의하여 쌍방이 모두 계약 체결 이전보다 더 나은 상태가 된다. 즉 양합 게임(win-win game)이 되는 것이다. 다른 말로 표현한다면, 계약이 이행되면 이는 계약 체결 전과 비교할 때 적어도 파레토 우월(Pareto superiority)의 상태가 된다. 즉 계약이 이행됨으로 인하여 적어도 한 사람은 종전보다 나은 상태가 되는 반면 그 상대방도 종전보다 불리하게 되지는 않는다.[65]

그런데 계약 체결 과정에서 착오가 있었다면, 계약을 이행함으로 인하여 반드시 쌍방이 계약 체결 전보다 더 나은 상태가 된다는 보장이 없다. 그러므로 이러한 경우에는 계약의 이행을 명하지 않거나, 일단 이행이 되었더라도 계

Contractual Intent", 84 New York University Law Review 1023, 1062 ff.(2009) 참조. 영미법상 공통의 착오와 관련하여 구제수단으로서 재작성(reformation)이라는 것이 인정되기는 하지만, 이는 엄밀히 말하면 여기서 다루는 공통의 착오와는 구별된다. 즉 당사자의 합의 내용과는 달리 계약서에 표시된 경우에, 그 계약서의 표시를 실제의 합의에 부합하게 수정하는 것으로서 "잘못된 표시는 해가 되지 않는다"는 법리에 대응되는 것이다. Farnsworth(주 4), pp. 430 ff. 참조.

64) Richard Posner, Economic Analysis of Law, 6th ed., 2003, p. 11; Hans-Bernd Schäfer/Claus Ott, Lehrbuch der ökonomischen Analyse des Zivilrechts, 4. Aufl., 2005, S. 1.

65) 효율의 판단 기준에 관하여는 파레토 기준(Pareto criterion)과 칼도-힉스 기준(Kaldor-Hicks criterion)에 따라 판단하는 것이라고 할 수 있다. 파레토 기준이란 파레토 최적(Pareto Optimality) 내지 파레토 우월(Pareto improvement or Pareto superiority)을 달성할 수 있는가 하는 문제이다. 파레토 최적(Pareto Pareto optimality)이란 어느 한 사람이라도 불리하게 되지 않고서는 현재의 재화 배분 상태를 변경시킬 수 없는 경우를 말한다. 따라서 재화의 배분 상태를 변경시킴으로써 불이익을 입는 사람이 있다면 그에 대하여 보상을 해 주어야만 파레토 균형이 유지될 수 있다. 그리고 파레토 개선은 재화 배분의 변경이 얼마나 파레토 균형에 접근하고 있는가, 다시 말하여 재화 배분의 변경으로 인하여 누구 한 사람에게도 불리하게 되지는 않아야 한다는 것을 말한다. 반면 칼도-힉스 기준은 재화 배분의 변경으로 인한 이익이 그로 인한 손실보다 크다면 그러한 손실을 감수하고서라도 재화 배분의 변경을 허용한다는 것을 말한다. 파레토 기준과 칼도-힉스 기준은 경제학에서는 기초적인 개념이다. 예컨대 朴世逸, 法經濟學, 개정판, 2000, 163면 등 참조.

약의 효력을 상실시키고 계약체결 전으로 원상회복시키는 것이 효율의 관점에서 바람직하다고 생각할 수 있다. 쉽게 말하면 착오로 인한 계약 취소는 이러한 이유에서 인정되는 것이라고 할 수 있을 것이다.

그러나 착오로 인한 취소를 쉽게 인정하는 것은 별로 바람직하지 않다. 우선 설령 착오가 있었다고 하더라도, 역시 계약이 이행되도록 하는 것이 착오를 일으킨 당사자에게도 계약 체결 전보다는 더 유리한 경우가 있을 수 있다. 이때에는 착오가 중요하지 않은 것이라고 보아 취소를 인정하지 않는 것이 합리적일 것이다. 민법 제109조가 법률행위의 내용의 중요부분에 착오가 있을 것을 요구하고 있는 것은 이러한 관점에서도 설명할 수 있다.

그러나 착오를 일으킨 당사자가 착오로 인하여 계약 체결 이전과 비교하여 더 불리한 상황에 있는 경우도 얼마든지 있을 수 있다. 그렇다고 하여도 이러한 이유만으로 취소를 인정하는 것은 문제가 있다. 우선 배분적 효율의 관점에서도 일방의 착오와 공통의 착오 사이에는 아래에서 보는 것과 같이 차이가 있다. 뿐만 아니라 이렇게 쉽게 착오로 인한 취소를 인정하게 되면 거래비용을 증가시키게 되어 바람직하지 않다. 법률적으로 말한다면 착오를 이유로 계약이 취소되면 그 계약 상대방의 신뢰가 보호되지 않는 것이 된다. 그렇게 되면 상대방은 계약을 체결하기 전에 상대방이 착오에 빠졌는지를 확인하고 계약을 체결하거나, 또는 계약이 취소될 경우에 대비하는 조치를 취하여야 하고, 이를 위하여는 추가적인 비용이 지출되어야 하는데, 이는 계약이 취소되지 않는 경우와 비교할 때 손실이 된다. 경제학적인 용어로는 거래비용(transaction cost)이 발생하는 것이다.[66] 이 경우에 그러한 비용을 지출하는 것이 그로 인한 이익보다 많다면, 당사자로서는 비용을 지출하지 않고 아예 계약을 체결하지 않는 것이 안전할 것이다. 그런데 이는 그 자체로 당사자들의 효용을 증대시킬 수 있는 가능성이 없어지는 것으로서, 효율적이 아니다.

이때 착오를 일으킨 사람이 상대방보다 더 적은 비용으로 착오를 방지할 수 있다면, 더 적은 비용으로 착오를 방지할 수 있는 착오자에게 착오로 인한 손실을 부담시키는 것이 경제적으로 효율적이다.[67] 일반적으로는 착오를 일으

66) 법의 중요한 기능 중 한 가지는 불필요한 거래비용의 발생을 억제하는 것이다. 尹眞秀, "法의 解釋과 適用에서 經濟的 效率의 考慮는 가능한가?", 고학수, 허성욱 편저, 경제적 효율과 법의 지배, 2009, 6면 참조.

67) 이른바 the cheapest cost avoider rule.

키는 사람이 착오를 방지하기 위한 비용이 그 상대방이 착오를 방지하거나 또는 착오를 확인하는 비용보다는 적게 들 것이다. 따라서 원칙적으로는 착오를 이유로 하는 취소를 인정하여서는 안 되고, 상대방이 착오자보다 더 적은 비용으로 착오를 방지할 수 있는 경우에 한하여 취소를 인정하여야 할 것이다. 이러한 경우로서는 상대방이 착오를 알았거나 알 수 있었던 경우 및 상대방이 착오를 유발한 경우를 들 수 있다.[68][69]

그런데 공통의 착오의 경우에 취소를 인정하는 것은 이러한 거래비용이라는 관점만으로는 설명하기는 어렵다. 물론 공통의 착오가 있었더라도 착오를 일으킨 사람이 착오를 유발하였거나, 또는 착오를 쉽게 알 수 있었던 경우도 있을 수 있다.[70] 그러나 판례가 공통의 착오를 이유로 취소를 인정한 사례가 반드시 그러한 경우에 한정되는 것은 아니다.[71]

2. 공통의 착오에 관한 종래의 법경제학적 논의

가. 종래의 법경제학적 설명

그런데 이 점에 관하여 미국의 법경제학적인 논의는 그다지 많지 않을 뿐

68) 尹眞秀(주 23), 77-78면 참조.

69) 그러나 착오를 알았던 상대방의 고지의무(duty to disclose)가 부정되는 경우는 그러하지 아니하다. 예컨대 계약이 그 본질상 위험하고 투기적인 경우라든지, 일방이 그 정보를 얻기 위하여 상당한 노력을 한 경우 등이다. 후자의 경우에 착오를 이유로 하는 취소가 허용된다면 그러한 정보를 얻기 위하여 투자를 할 유인이 없게 되고, 따라서 양 당사자에게 모두 불리하게 된다. 가령 A가 광범위한 조사 끝에 X 회사가 생산하는 특정 화학물질의 수요가 급격하게 증가할 것이라는 사실을 알아내서, X 회사의 주식을 가지고 있는 B에게 이러한 사실을 알리지 않은 채 B로부터 주식을 매수한 경우에 B는 취소할 수 없다고 보아야 할 것이다. 尹眞秀(주 23), 81면; Von Bar and Clive ed.(주 5), p. 460 등. Robert Cooter and Thomas S. Ulen, 한순구 역, 법경제학, 제5판, 2009(원저: Law & Economics, 5rd ed., 2008), 347면 이하는 정보를 보다 큰 사회적 부를 생산해 낼 수 있는 생산적(productive) 정보와, 정보를 보유한 측에게 보다 높은 협상력을 줌으로써 보다 많은 부를 획득할 수 있게 해 주는 재분배적(redistributive) 정보로 구분하고, 생산적 정보의 획득을 위하여 적극적으로 노력한 경우에는 계약은 유지되어야 한다고 보고 있다.

70) 예컨대 대법원 1994. 6. 10. 선고 93다24810 판결(주 7)에서는 매도인이 부담하게 될 양도소득세를 금융기관인 매수인이 산정하여 이를 계약 내용에 포함시켰는데, 그 액수에 잘못이 있어서 매도인이 취소를 주장하는 경우였다. 이 경우에는 매도인의 착오를 매수인이 유발하였을 뿐만 아니라, 부과될 양도소득세의 액수를 매수인이 더 정확하게 산정할 수 있었다.

71) 예컨대 주위토지 통행권의 범위에 관한 대법원 1989. 7. 25. 선고 88다카9364 판결(주 24)의 경우에는 원고와 피고 중 누가 더 쉽게 착오를 예방할 수 있었는지는 불확실하다. 또 Sherwood v. Walker 판결(주 38)에서는 매매의 목적물인 소가 새끼를 낳을 수 있었는지에 관하여는 매수인보다는 매도인이 더 잘 알 수 있었을 것이다.

만 아니라, 현실적인 판례나 법리를 제대로 설명하지 못하고 있다.[72)]

종래 이에 관하여 비교적 많이 인용되고 있는 한 문헌[73)]은 대체로 다음과 같이 설명하고 있다. 우선 착오가 있는 경우에도 거래의 일방이 입게 되는 손실보다 상대방이 얻는 이익이 더 큰 경우가 있는데, 효율을 고려하는 정책 결정자는 착오로 인한 면책이 거래에서 얻게 되는 이익을 증가시킬 때에는 면책을 장려하는 반면, 그렇지 않을 때에는 이를 제한할 것이라고 한다. 그리하여 착오로 인한 거래인 경우에도 그로부터 얻는 이익이 있으면 취소를 허용하지 않는 면책 불허 규칙(no excuse rule)이 거래로 인한 이득을 극대화하는 것이고, 따라서 취소를 허용하지 않아야 한다고 한다. 다른 한편 착오로 인한 거래가 비효율적이라면, 거래로 인한 손실이 취소를 위한 소송비용보다 큰 경우에는 일방적 착오로 인한 취소를 허용하는 일방적 착오 규칙(unilateral rule)이 사회적 잉여를 극대화하는 것이라고 한다. 반면 공통착오의 경우에만 취소를 허용하는 공통착오 규칙(mutual mistake rule)은 착오로 인한 거래가 충분히 큰 비효율을 가져온다면 면책을 시키지 않는 것보다 나을 수 있지만, 이는 언제나 일방적 착오보다도 열등하다고 한다. 다시 말하여 착오로 인한 거래에서 얻는 이득이 존재할 때에는 공통착오 이론은 너무 많은 계약을 무효화하므로 면책 불허의 원칙보다 열등하고, 반면 착오로 인한 이득이 존재하지 않는다면, 이는 정보를 가진 당사자로 하여금 정보를 알리는 것을 억제하고, 따라서 나쁜 거래를 취소되지 않게 하므로 일방적 착오보다 열등하다고 한다. 그리하여 법이 공통의 착오의 경우에 면책을 허용하고, 일방적 착오의 경우에 이를 허용하지 않는 것은 합리적이 아니라고 한다.

위의 설명은 당사자가 정보를 획득하는데 비용을 들이지 않거나 정보를 우연하게 획득하는 경우인데, 비용이 드는 경우에 관하여는 다음과 같이 설명한다. 즉 정보를 취득하는 비용이 클 때에는 면책 불허 규칙이 잉여를 극대화하는데, 이 경우에는 매도인[74)]과 매수인이 모두 정보를 취득하지 않지만, 일방적 착오 취소의 경우와 공통 착오 취소의 경우에는 모두 비용이 드는 취소를 위한 소송을 유발한다고 한다. 그리고 매수인의 정보취득비용이 작은 경우에는

72) Eric A. Posner, “Economic Analysis of Contract Law after Three Decades: Success or Failure?”, 112 Yale Law Journal 829, 845 ff.(2003) 참조.

73) Eric Rasmussen and Ian Ayres, “Mutual and unilateral Mistake in Contract Law”, 22 Journal of Legal Studies 309 ff.(1993).

74) 위 논문에서는 착오로 인하여 손실을 입는 자를 매도인으로 상정하고 있다.

일방적 착오 규칙이 매수인으로 하여금 정보를 취득하게 하므로 소송비용을 감안하더라도 가장 좋다고 한다. 반면 공통착오 규칙은 어느 경우에나 효율적이 아니라고 한다.

그리고 법경제학에 관한 한 교과서는 대체로 위 논문을 바탕으로 하여 논의를 전개하고 있는데,75) 여기서는 정보를 순수하게 재분배적인 것과 사회적으로 가치 있는 정보로 분류한다. 사회적으로 가치 있는 정보란 경제적 가치를 증가시키는 것인 반면,76) 순수하게 재분배적인 정보는 정해진 가치의 분배에만 영향을 주는 것이라고 한다. 그리하여 순수하게 재분배적인 정보의 경우에는 그러한 정보를 취득하는 것이 사회적인 이익을 가져오지 않기 때문에 일방적 착오의 경우에도 계약의 효력을 상실시킴으로써 그러한 정보를 취득하기 위한 비용을 투자하는 인센티브를 줄이는 것이 효율적이라고 한다.

나. 검　토

이러한 주장에 대하여는 다음 몇 가지를 지적할 수 있다. 위의 분석은 우선 착오가 있는 경우에도 거래의 일방이 입게 되는 손실보다 상대방이 얻는 이익이 더 큰 경우에는 그 거래를 유지하는 면책 불허의 규칙이 효율적이라고 보고 있다. 이는 효율을 이른바 파레토 기준(Pareto criterion)이 아닌 칼도-힉스 기준(Kaldor-Hicks criterion)에 따라 판단하는 것이라고 할 수 있다. 그러나 이러한 칼도-힉스 기준에 따르더라도, 착오로 인한 계약 취소의 인정 여부를 단순히 거래의 일방이 입게 되는 손실과 상대방이 얻는 이익만을 비교하여 효율을 판단할 수는 없다. 앞에서 언급한 것처럼 상대방이 착오를 방지하기 위하여 소비하여야 하는 비용도 고려하여야 하는 것이다. 개별 사건에서는 거래의 일방이 입게 되는 손실이 상대방이 얻게 되는 이득보다 크다고 하더라도, 이처럼 취소가 허용되면 그로 인하여 사회 전체적으로 착오를 방지하기 위하여 지출하여야 하는 비용은 더 클 수 있다.77) 나아가 상대방이 지출하여야 하는 비용이 너무

---

75) Thomas J. Miceli1, The Economic Approach to Law, 2nd ed., 2009, pp. 95 ff.

76) 예컨대 어느 토지에 광물이 매장되어 있다는 것.

77) 대법원 2007. 10. 25. 선고 2006다44791 판결(공 2007하, 1817)은, 예금통장을 절취한 사람이 비밀번호까지 알아내어 은행에서 예금을 인출한 경우에 은행이 채권의 준점유자에 대한 변제로서 유효하다고 주장할 수 있는가 하는 점이 문제된 사건에서 그 변제의 효력을 인정하면서, 그 이유의 하나로서 금융기관에게 추가적인 확인의무를 부과하는 것보다는 예금자에게 비밀번호 등의 관리를 철저히 하도록 요구하는 것이 사회 전체적인 거래비용을 줄일 수 있는 것으로 보이는 점을 들고 있다.

크다면 상대방으로서는 그러한 거래를 하는 것 자체를 회피할 가능성도 있다.

다른 한편 과연 일방의 손실과 상대방의 이익을 쉽게 비교할 수 있는가 하는 점도 문제가 된다. 다시 말하여 이러한 경우에는 쌍방의 손실 내지 이익의 크기를 비교할 수 있는 공통분모가 존재하지 않는 通約不能(incommensurability)의 문제가 존재할 수 있는 것이다. 설령 양자를 비교하는 것이 원리적으로는 가능하다고 하더라도 법원이 그러한 판단을 정확하게 내릴 수 있는가 하는 점도 문제이다.

이 문제는 오히려 앞에서 언급한 배분적 효율의 관점에서 접근하는 것이 적절할 것이다. 만일 자원이 더 큰 효용을 가져올 수 있게 사용될 수 있음에도 불구하고 그렇게 사용되지 못한다면 이는 자원을 낭비하는 것이다. 재화의 교환을 내용으로 하는 쌍무계약의 경우에는 재화의 교환이 각 재화에 대하여 상대방보다 더 큰 가치를 부여하는 당사자에게 귀속되는 것에 의하여 배분적 효율이 달성된다. 그런데 배분적 효율의 관점에서 본다면 일방적 착오의 경우에는 적어도 착오를 범하지 않은 당사자 일방은 계약에 의하여 그에게 귀속되게 된 재화에 대하여 상대방보다 더 큰 가치를 부여하는 것이다. 따라서 이 경우에는 칼도-힉스 기준에 의할 때에는 반드시 그 거래가 사회적인 손실을 가져온다고 말할 수는 없다. 그런데 공통 착오의 경우에는 각 계약 당사자가 자신에게 귀속되게 된 재화에 대하여 상대방보다 더 큰 가치를 부여하는 것이라고 말할 수 없다. 따라서 이러한 공통의 착오의 경우에는 배분적인 효율이 달성된다고 말할 수 없다. 그런데 이러한 경우에 계약을 취소할 수 없게 된다면, 착오를 범하지 않았던 상대방은 전혀 기대하지 않았던 망외의 이익(windfall gain)을 얻게 되는 것이고, 이는 자원이 배분적 효율에 어긋나게 배분되었다는 것을 보여주는 것이다.[78)]

다른 한편 위 주장은 정보를 순수하게 분배적인 정보와 그렇지 않은 정보

78) 법원은 일반적으로 이러한 망외의 부당한 이득에 대하여 부정적으로 평가하는 것으로 여겨진다. 대법원 2010. 5. 27. 선고 2007다66088 판결(공 2010하, 1219)은 은행에 송금을 의뢰하였던 사람이 착오로 자금이체의 원인관계 없는 수취인의 계좌에 금원을 입금한 경우에, 송금의뢰인이 착오송금임을 이유로 수취은행에 그 송금액의 반환을 요청하고 수취인도 착오송금임을 인정하여 수취은행에 그 반환을 승낙하고 있음에도 수취은행이 수취인에 대한 대출채권 등을 자동채권으로 하여 착오송금된 금원 상당의 예금채권과 상계하는 것이 신의칙 위반 내지 권리남용에 해당한다고 하면서, 그 이유의 하나로서 그러한 상계는 공공성을 지닌 자금이체시스템의 운영자가 그 이용자인 송금의뢰인의 실수를 기화로 그의 희생하에 당초 기대하지 않았던 채권회수의 이익을 취하는 행위라는 점을 들고 있다.

로 분류하여, 순수하게 분배적인 정보의 경우에는 그러한 정보 취득 자체가 효율적이 아니므로 이러한 정보를 취득하지 않게 하도록 하는 것이 바람직하다고 주장한다. 그러나 그처럼 정보를 두 가지로만 나누는 것은 반드시 적절하지 않다. 물론 정보 가운데에는 그러한 정보를 취득하게 하는 것이 바람직하지 않은 경우도 있다. 가령 공개입찰의 방식에 의하여 공사의 낙찰자를 결정하는 경우에 응찰자가 최저낙찰가격에 관한 정보를 빼내기 위하여 관계자에게 이익을 제공하고 정보를 제공받는 것과 같다. 그러나 공통의 착오가 문제되는 많은 경우에는 그 정보를 취득하는 것이 사회적으로도 필요한 경우가 많다. 즉 그 정보를 취득하였다면 불필요한 거래가 이루어지지 않거나, 또는 이루어지더라도 다른 내용으로 이루어지게 되는 것이다. 다른 말로 한다면 공통의 착오의 경우에는 쌍방 당사자가 거래로 인하여 얻게 되는 이익에 관하여 착오를 범한 것인데, 이러한 착오가 있다는 것은 그 거래 자체가 효율적이 아님을 의미하고, 따라서 거래 자체가 이루어지지 않거나, 아니면 당사자가 거래의 득실에 대하여 정확한 판단을 할 수 있는 상태에서 거래가 이루어지게 하는 것이 효율적인 것이다. 그러므로 문제는 그러한 정보를 어떻게 하면 효율적으로 취득하게 하는가가 문제이지, 정보 자체를 취득하게 하지 않는 것이 목적일 수는 없다.

3. 해결책의 모색

공통의 착오의 경우에 우선 생각할 수 있는 것은 계약의 수정이다. 즉 쌍방이 착오가 없었더라면 체결하였을 것으로 생각되는 내용으로 법원이 계약을 수정하는 것이다.[79] 가령 위 대법원 1994. 6. 10. 선고 93다24810 판결(주 7)의 경우에는, 매수인이 매도인에게 원래의 예상보다 더 많이 양도소득세가 부과될 것을 알았더라도 그 양도소득세를 부담할 의사가 있었다고 인정된다면, 계약을 그대로 유지하거나 또는 취소하는 것보다는 매수인이 추가적인 양도소득세를 부담하는 것으로 계약을 수정하는 것이 가장 바람직하다. 이 경우에는 계약을 취소하기보다는 계약을 유지하면서 계약 내용을 변경하는 것이 바람직하다는 것이다.

또 다른 예를 든다면, 큰 빌딩에 마루를 까는 공사를 하기로 계약을 체결

79) Rasmusen and Ayres(주 73), p. 309도 계약의 작성에는 비용이 들기 때문에, 법원은 불완전한 계약에 대하여는 당사자가 계약 작성에 비용이 들지 않았더라면 사전에 어떻게 약정하였을 것인가를 물어 누락된 조항을 보충하는데, 착오의 경우에도 이와 유사하게 누락된 조항을 보충하는 대신 계약의 내용을 수정할 수도 있을 것이라고 한다.

한 공사업자가 그 공사를 할 때 해야 할 작업의 양에 관하여 중대한 착오를 일으켰고, 그 상대방도 동일한 착오에 빠졌으므로 공사업자는 계약을 취소할 수 있는데, 이때 그 상대방은 그 작업량을 줄여 줌으로써 계약의 취소를 막을 수도 있지만, 위 계약의 양 당사자 모두 법원에 대하여 그 작업량에 따라 보수를 조정할 것을 청구할 수도 있다는 것이다.[80] 이는 아래에서 언급하는 보충적 해석의 이론에 의하여 설명할 수 있다. 이와 같은 계약의 수정이 가능하다면, 이것이 배분적 효율의 관점에서 볼 때 취소를 인정하지 않거나, 또는 취소만을 인정하는 것에 비하여 더 나은 방법이다.

원래 계약은 당사자의 의사를 실현하는 수단이라고 할 수 있다. 그런데 여기서 말하는 당사자의 의사는 반드시 당사자가 현실적으로 가졌던 의사에 국한되는 것은 아니고, 당사자가 어떤 사실을 알았더라면 어떤 의사를 가졌을 것인가 하는 가정적인 당사자의사도 포함한다. 이러한 가정적인 당사자 의사를 고려하는 것이 사적 자치의 실현이라는 계약의 원래 목적에 부합하는 것이다. 계약법의 역할을 단순화하여 말한다면, 계약 당사자들 사이에 계약의 내용을 둘러싸고 분쟁이 생기는 경우에 당사자들이 완전계약, 즉 모든 사항에 대하여 완전하게 규율하는 계약을 체결하였더라면 어떤 내용으로 약정하였을 것인가를 추측하여, 그와 같이 규율하는 것이라고 할 수 있다. 만일 그와 같은 법이 미리 마련되어 있지 않다면 사후에라도 법원이 그와 같이 판결하여야 할 것이다.[81]

이처럼 계약의 수정이 인정되는 경우에는 착오를 주장하는 자의 상대방의 신뢰가 깨어졌다고 말할 수는 없다. 이 경우에는 상대방으로서는 계약 체결 당시에 나중에 착오를 주장하게 되는 자가 과연 착오에 빠졌는지를 확인하기 위하여 비용을 지출할 이유가 없다. 나아가 계약의 상대방이 the cheapest cost avoider인 경우에는 계약의 수정을 인정하는 데 별다른 문제가 없다.

그런데 이처럼 계약의 수정을 인정하여야 한다는 주장에 대하여는 다음과 같은 반론이 있을 수 있다. 첫째, 이러한 결과는 결국 취소를 주장하는 사람이 사전적인 정보 취득을 위한 조사를 게을리 하게 될 우려가 있다는 것이다. 그러나 이러한 경우에도 정보 취득을 위한 비용이 사후적으로 취소 주장을 관철하는 데 드는 소송비용보다 적다면, 취소가 허용된다고 하더라도 합리적인 당

80) Von Bar and Clive ed.(주 5), p. 484 참조.

81) Cooter and Ulen(주 69), 260면; Miceli(주 75), P. 89 f.; David Charny, “Hypothetical Bargains: the Normative Structure of Contract Interpretation”, 89 Mich. L. Rev. 1815 ff.(1991) 등 참조.

사자라면 사전적으로 정보를 취득하려고 노력할 것이다. 또 사전에 정보를 취득하지 않았다면 사후에는 취소가 불가능할 수도 있다. 그러므로 취소의 허용이 반드시 당사자의 사전적 정보 취득 노력을 위축시킬 것이라고 보기는 어렵다.

둘째, 이처럼 계약의 수정이나 취소를 허용하는 경우에는 그로 인한 소송비용 등이 발생하고, 이는 결국 불필요한 거래비용을 지출하는 것이므로 이러한 구제를 허용할 필요가 없다는 것이다. 그러나 비록 그와 같은 비용이 든다고 하더라도, 공통의 착오로 인한 비효율적인 거래를 교정하는 이익이 그러한 비용보다 크다면 그러한 비용의 지출을 감수하는 것이 반드시 비효율적이라고 말할 수는 없을 것이다. 나아가 이러한 계약의 수정을 인정하게 된다면, 당사자들이 모든 상황을 예측하여 계약서를 작성하는 사전적 비용을 절감할 수 있게 된다.[82)]

뒤에서 설명하는 것처럼 이러한 계약 수정의 근거는 보충적 해석이라고 할 수 있다. 그러므로 이 문제에 관하여는 계약의 해석에 있어서 당사자의 진정한 의사의 실현을 중시하는가, 아니면 법적 안정성을 중시하여 사후적 거래비용의 발생을 막아야 하는가 하는 관점에서 살펴볼 필요가 있다. 근래 미국에서는 계약 해석에 관하여 문언 외의 다른 증거는 극히 제한적으로 고려하여야 하고, 문언에 나타나지 않는 당사자의 의사 탐구는 예외적으로만 인정될 수 있다는 이른바 신형식주의(neoformalism, new formalism)가 유력하게 주장되고 있다.[83)] 이는 사후적 거래 비용의 절감을 중요시하는 것이다. 그러나 계약 해석의 기본적인 목적은 당사자들의 의도를 실현시킨다는 데 있다. 위와 같은 신형식주의를 지나치게 밀고 나간다면, 당사자들이 계약의 형식적인 문언에만 의존하여 계약 체결 당시의 의도와는 다르게 행동하는 기회주의적 행동을 억제하지 못하는 결과가 될 뿐만 아니라, 당사자들이 계약 체결을 위하여 필요한 사전적 거래비용을 증가시키는 결과가 된다. 그러므로 계약의 사후적 해석에 소요되는 거래비용의 절감만이 중요한 것은 아니며, 당사자의 의사 실현이나 기회주의적 행동의 방지 내지 사전적 거래비용의 절감 또한 계약법의 중요한 목

82) 이는 결국 계약 해석의 문제로 귀착되는데, 경제학적으로는 계약 해석의 방법은 계약 체결의 사전적 비용과 사후적 비용의 합을 최소화하는 것이라고 말할 수 있다. Posner(주 63), 1583 f. 권영준(주 36), 53면 이하는 법원의 계약수정권은 사전적으로는 완전계약을 체결하는데 들어가는 비용을 감소시켜 주고, 사후적으로는 계약관계의 형성과 유지에 투입된 자원을 사장(死藏)시키는 것을 방지함으로써 사회적 비용을 감소시켜 주므로, 법원의 계약수정권은 효율성을 제고한다고 보고 있다.

83) 대표적으로 Alan Schwartz and Robert E. Scott, "Contract Theory and the Limits of Contract Law", 113 Yale L.J. 541 ff.(2003) 등 참조.

적이라고 할 수 있다.[84] 물론 후자의 목표를 추구한다고 하더라도, 사후적 거래비용을 줄이는 것 또한 중요한 고려사항이 되어야 한다.

그런데 위와 같은 경우에 사후적 거래비용의 발생을 막는다는 이유만으로 거래의 수정을 허용하지 않는다면 어떻게 될 것인가? 이 경우에 계약의 취소가 불가능하다면, 상대방은 전혀 기대하지 않았던 망외의 이득을 그대로 보유할 수 있게 된다. 예컨대 도자기 매매계약의 쌍방은 매매 목적물이 최근에 만들어진 고려청자의 모사품이라고 믿었는데, 실제로는 그 도자기가 고려시대 때 만들어진 진품인 경우에는, 매도인이 그 계약에 구속된다면 매수인으로서는 자신이 전혀 기대하지 않았던 이익을 얻게 되는 것이다. 그런데 매수인이 이러한 망외의 이득의 반환을 거부하는 것은 일종의 기회주의적 행동(opportunistic behaviour)으로서 허용되어서는 안 될 것이다.[85] 그러므로 쌍방이 착오가 없었더라면 어떤 내용으로 계약을 체결하였을 것인가를 알 수 있다면 그와 같이 계약을 수정하는 것이 합리적이다.

반면 착오가 없었더라면 당사자 쌍방이 아예 계약을 체결하지 않았을 것이라고 보이거나, 또는 어떤 내용으로 계약을 체결하였을 것인지를 알 수 없다면 결국 계약을 취소하는 수밖에는 없다. 그런데 이러한 경우에 그 상대방의 신뢰는 보호되어야 하지 않을까 하는 의문이 제기될 수 있다. 물론 이는 취소를 주장하는 자가 상대방보다 더 적은 비용으로 착오를 예방할 수 있는 사람(cheapest cost avoider)임을 전제로 한다. 상대방이 취소를 주장하는 사람보다 더 쉽게 착오를 방지할 수 있다면 그의 신뢰 보호는 특별히 문제되지 않는다.

이때에는 상대방이 그가 믿은 대로 계약이 이행되었다면 얻었을 이익이 있었다면 취소하는 자는 그러한 이익은 보상하게 하는 것이 타당할 것이다. 예컨대 위 도자기 매매계약의 예에서 매도인은 계약을 취소할 수 있지만, 매수인이 위 도자기가 모사품이었음을 전제로 하여 이를 팔았더라면 얻을 수 있었던 이익에 대하여는 보상하게 하는 것이다. 이러한 경우에는 매수인도 자신이 계

84) 기회주의적 행동의 방지에 관하여는 Juliet P. Kostritsky, “Plain Meaning vs. Broad Interpretation: How the Risk of Opportunism Defeats a Unitary Default Rule for Interpretation”, 96 Kentucky Law Journal 43 ff.(2008) 참조. 이에 대한 반론은 Alan Schwartz and Robert E. Scott, “Contract Interpretation Redux”, 119 Yale L.J.926, 948 ff.(2010) 참조.

85) 미국의 Burton은 신의성실의 원칙을 계약 당사자가 계약 체결 당시에 포기하였던 기회(forgone opportunity)를 만회하려는 것을 막는 것이라고 설명한다. Steven J. Burton, “Breach of Contract and the Common Law Duty to perform in Good Faith”, 94 Harv. L. Rev. 369 ff.(1980) 등. 미국법상 신의성실의 원칙에 대하여 좀 더 상세한 것은 尹眞秀, “美國 契約法上 Good Faith의 원칙”, 民法論攷 Ⅰ, 2007, 31면 이하 참조.

약 체결 당시에 가졌던 기대는 보호를 받는 것이 되므로, 계약을 체결한 목적이 거의 달성되는 결과가 되고, 취소에 대비하여 거래비용을 지출할 요인은 최소화된다.[86) 이는 말하자면 이른바 효율적 위반(efficient breach)의 이론을 적용한 것이라고 할 수 있다. 효율적 위반의 이론이란 계약을 이행하는 비용이 양 당사자들이 얻게 되는 계약 이행의 이익보다 커질 때에는 계약을 이행하지 않고, 그 대신 상대방에게 그 손해만을 배상하게 하는 것이 더 효율적이라는 것이다.[87) 이러한 보상은 손해배상의 형태로 나타나는 것이 대부분이겠지만, 꼭 그에 국한될 이유는 없을 것이다. 다만 뒤에서 보는 것처럼, 실제로 상대방에게 손해의 배상을 인정하게 할 수 있는 경우는 그다지 많지 않다.

논문의 심사 과정에서 계약의 수정이 한 당사자에게만 이익을 주는 경우에도, 칼도-힉스 기준에 의하면 계약의 효력 상실보다는 계약의 수정이 경제학적으로 더 효율적일 것이라는 의견이 제시되었다. 그러나 칼도-힉스 기준을 적용한다면 계약의 수정보다는 오히려 원래의 계약을 그대로 유지하여 이행하도록 하는 것이 더 효율적일 것이다. 계약의 수정 자체에 비용이 소요될 것이기 때문이다. 또 계약의 수정이 어느 일방에게는 손해가 되는 경우에는 당사자들이 착오가 없었더라면 합의하였을 내용 자체를 확정하기 어려울 뿐만 아니라, 이러한 경우에까지 수정을 인정한다면 당사자들의 사적 자치 원칙을 지나치게 침해하는 결과가 된다.

Ⅴ. 해석론적 검토

공통의 착오의 경우에 위와 같이 계약의 수정 또는 취소를 허용하는 것이 효율의 관점에서는 바람직하다고 하더라도, 해석론상 어떻게 그러한 결론을 이끌어낼 수 있는지는 또 다른 문제이다. 이하에서는 우선 착오로 인한 취소의 허용 문제를 먼저 살펴보고, 다음으로 계약의 수정에 대하여 살펴본다. 앞에서

86) 뒤에서 보는 것처럼 독일의 다수설은 공통의 착오의 경우에는 취소자의 신뢰이익 배상의무를 규정하고 있는 독일 민법 제119조 제2항이 적용되지 않아야 한다고 주장한다. 그러나 Peter Huber, Irrtumsanfechtung und Sachmängelhaftung, 2001, p. 13; Medicus, Bürgerliches Recht, 20. Aufl., 2004, Rdnr. 162; Staudinger/Singer, §119 Rdnr. 60 등은 이 경우에 착오를 일으킨 자는 그 결과를 자신이 부담하여야 하므로, 취소로 인한 손해에 대하여는 신뢰이익을 배상하여야 한다고 보고 있다. 다만 본문에서 말하는 손해의 배상이 엄밀한 의미에서 신뢰이익의 배상이라고 하기는 어려울 것이다.

87) 효율적 위반의 이론에 대하여는 예컨대 Miceli(주 75), pp. 108 ff. 참조.

언급한 것처럼 공통의 착오가 있는 경우에는 먼저 계약의 수정이 가능한지를 따져 보고, 그것이 불가능할 때 취소의 문제를 다루어야 하지만, 종래 학설상으로는 취소 문제가 중점적으로 다루어졌기 때문에 이하에서도 이 문제를 먼저 다룬다.

1. 공통의 착오와 계약의 취소

가. 취소부정론의 근거

앞에서도 언급한 것처럼, 종래 공통의 착오의 경우에 착오 취소에 관한 민법 제109조를 적용하여서는 안 된다는 견해는, 그 근거로서 위 규정은 당사자 일방이 착오를 범한 경우에 관한 규정이고, 당사자 쌍방이 착오에 빠진 경우에는 민법이 그러한 착오의 특수성을 알지 못했고 따라서 그에 대하여는 규율하는 바가 없으며, 이는 민법 제109조가 예정한 바가 아니므로 착오를 이유로 하는 취소는 인정될 수 없다고 한다. 그러나 이러한 설명만으로는 공통의 착오의 경우에는 왜 민법 제109조가 적용되어서는 안 된다는 것인지 알 수 없다. 민법 제109조는 당사자 일방이 착오에 빠진 경우에 관한 것이지만, 그것이 당사자 쌍방이 착오에 빠진 경우는 당연히 그 적용범위에서 배제하여야 한다는 것을 의미한다고는 할 수 없기 때문이다.[88]

위와 같은 주장은 독일 민법에서의 논의를 참조하면 대체로 다음과 같은 두 가지 근거에서 제기된 것으로 보인다. 그 하나는 공통의 착오의 경우에 취소자의 신뢰이익에 대한 손해배상책임을 인정하는 것은 불합리하다는 것이고, 다른 하나는 이러한 공통의 착오는 취소 사유에 해당하지 않는 동기의 착오에 불과하다는 것이다. 그러나 이러한 주장은 모두 타당하지 않다.

나. 취소자의 손해배상책임에 관하여

독일에서 공통의 착오의 경우에는 착오로 인한 취소를 허용하여서는 안 된다는 견해는 그 근거로서 이 경우에 착오로 인한 취소를 인정하면 독일민법 제122조에 따른 취소자의 손해배상책임을 인정하는 것은 불합리하다는 것을 들고 있다.[89] 그러나 이러한 주장은 별로 설득력이 없다. 독일 민법 제122조

88) 같은 취지, 趙誠民(주 32), 26면 이하; 박찬주, "動機의 錯誤에 관한 새로운 理解", 法學論叢 제28집 1호, 2008, 239면 등. 성질의 착오에 관한 독일 민법 제119조 제2항의 적용범위와 관련하여 같은 취지의 설명으로는 Huber(주 86), S. 13 참조.

89) 이는 주로 독일 민법 제119조 제2항의 성질의 착오에 관하여 문제되었다. 예컨대 Karl Larenz,

제1항은 착오로 인하여 의사표시를 취소한 자에 대하여는 일반적으로 신뢰이익의 배상의무를 부과하고 있다. 그러나 우리 민법에는 이와 같은 규정이 없고, 해석상 이러한 배상의무를 인정할 수 있는가에 대하여는 잘 알려져 있는 것처럼 의견이 대립한다. 판례는 불법행위로 인한 손해배상책임이 성립하기 위하여는 가해자의 고의 또는 과실 이외에 행위의 위법성이 요구되므로, 민법 제109조에서 중과실이 없는 착오자의 착오를 이유로 한 의사표시의 취소를 허용하고 있는 이상, 전문건설공제조합이 과실로 인하여 착오에 빠져 계약보증서를 발급한 것이나 그 착오를 이유로 보증계약을 취소한 것이 위법하다고 할 수는 없다고 하여 이를 부정하였다.[90] 다른 한편으로 공통의 착오의 경우에 착오자의 취소를 허용하면서 그로 인한 손해배상책임을 인정하는 것이 반드시 불합리하다고 단정할 수도 없다. 공통의 착오라도 취소를 주장하는 자의 상대방에게 보호되어야 할 신뢰가 없다고 단정할 수는 없기 때문이다.[91] 앞에서도 언급한 것처럼, 공통의 착오를 이유로 취소를 인정할 때에는 취소자의 손해배상책임을 인정하는 것이 적절한 경우가 있을 수 있다.[92] 따라서 이러한 이유만으로 착오 취소를 부정할 수는 없다.

다. 공통의 착오가 취소할 수 없는 동기의 착오에 해당하는지 여부

국내의 학설 가운데에는 우리 민법상 민법 제109조에 의한 취소사유에 해당하는 착오는 내용의 착오(표시상의 착오 및 의미의 착오)에 국한되고, 동기의 착오는 당사자의 합의에 의하여 법률행위의 내용으로 되지 않는 한 취소사유가 되지 않는다고 하는 주장이 있다.[93] 이러한 주장이 많은 지지를 받고 있는 것은 아니지만, 이는 민법 이론상 기본적인 쟁점에 속하므로 아래에서 좀 더 상세하게 살펴보고자 한다. 이를 위하여는 우선 우리나라 착오론의 계보를 살펴볼 필요가 있다.

Allgemeiner Teil des deutschen Bürgerlichen Rechts, 6. Aufl., 1983, S. 381 등.

90) 대법원 1997. 8. 22. 선고 97다13023 판결(공 1997하, 2800).

91) 이 점에 관한 오스트리아의 논의에 대하여는 주 44) 참조.

92) 위 Ⅳ. 3. 참조.

93) 宋德洙, 錯誤論(주 31), 70면 이하; 民法注解 Ⅱ, 1992, 435면(宋德洙); 金曾漢, 金學東(주 33), 343면 등. 다만 宋德洙 교수는 동기의 착오의 경우에 취소권을 인정하더라도 공통의 착오에 대하여는 특별한 취급이 필요하다고 한다. 錯誤論(주 31), 288면.

(1) 우리나라 착오론의 계보

원래 동기의 착오는 취소 사유가 될 수 없다는 견해는 독일민법 제1초안, 더 나아가서는 이에 영향을 준 찌텔만의 견해에 근거한 것이다. 찌텔만은 이른바 심리학적인 방법론[94]에 근거하여, 행동에 관한 관념을 다음과 같이 3가지로 구분하였다. 첫째, 신체적 움직임의 내용에 대한 의식으로서 그 움직임을 조정하는 의사적 행위(Willensakt)에 수반되는 관념(직접적 또는 의식된 의사). 둘째, 자신의 행동의 결과에 대한 의식(의도). 셋째, 의사적 행위의 원인관계에 있는 관념(동기).[95] 그에 따라 착오(부정확하거나 잘못된 관념) 및 그 효과도 다음과 같이 3가지로 나누어서 본다. 첫째, 자신의 행위의 내용에 대한 관념(직접적 의사)이 부정확하거나 결여된 경우. 이 경우에는 법률효과와 결부된 요건이 완전하지 않으므로 그 법률효과는 발생하지 않고, 그 법률행위는 진정한 법률행위가 아니어서 무효라고 한다. 이 경우에는 직접적 의지가 결여되어 있으므로 의사주의 이론에 따르면 의도되지 않은 것은 존재하지 않으므로 의사표시는 무효이다. 둘째, 행위의 효과에 대한 관념(의도)이 부정확하거나 결여된 경우. 이 경우도 마찬가지라고 한다. 셋째, 동기에 대한 부정확한 관념. 이 경우에 법률행위는 그 자체로서는 동기와는 독립적이고, 법률효과를 위한 요건은 갖추어졌으므로 법률효과는 발생한다고 한다.[96]

이처럼 내용의 착오만을 무효사유로 하고 동기의 착오는 무효사유에서 배제하려는 찌텔만의 이론은 이른바 의사주의를 관철하면서도 그것이 거래의 안전에 미치는 영향을 최소화하려는 것으로 이해할 수 있다.[97]

이러한 이론은 독일 민법 제정 당시에 받아들여져서, 제1초안은 찌텔만의 분류 중 앞의 두 가지만을 표시상의 착오와 의미의 착오로서 무효 사유로 하였고, 동기의 착오는 고려하지 않았다. 그러나 제2초안 내지 그에 입각한 독일 민법은 착오의 효과를 무효사유에서 취소사유로 바꿈과 함께, 내용의 착오 외에 동기의 착오로 이해되었던 성질의 착오[98]도 취소사유로 인정하였다.[99]

---

94) 그러나 이를 가리켜 과연 근대적 의미에서 심리학이라고 할 수 있는지는 의심스럽다. Historisch- Kritischer Kommentar zum BGB/Schermaier, 2003, §§ 116-124 Rdnr. 6 Fn. 57 참조.
95) Zitelmann(주 12), S. 115 ff., 186 ff.
96) Zitelmann(주 12), S. 340 ff.
97) 磯村 哲, 錯誤論考, 1997, 14면 참조.
98) 거래상 본질적인 것으로 여겨지는 사람이나 물건의 성질에 관한 착오.
99) 독일 민법 제정 과정에서 착오에 대한 규정이 어떻게 성립하였는가에 관하여는 梁彰洙, "獨逸民法典 制定過程에서의 法律行爲規定에 대한 論議", 李好珽敎授 華甲記念 法律行爲論의

그런데 독일 민법 제정 후에 판례는 동기의 착오를 계약의 효력 상실 사유로서 법규정보다 넓게 인정하였다.[100] 그 하나는 이른바 확장된 내용착오(erweiterter Inhaltsirrtum)의 이론이다. 가령 계산 착오의 경우에, 그 계산이 의사표시 자체에서 또는 계약 협상 과정에서 상대방에게 인식될 수 있도록 표현되었다면, 이러한 착오는 법률행위의 내용에 포함되므로 그 착오를 이유로 취소할 수 있다는 것이다.[101] 다른 하나는 공통의 착오의 경우에 앞에서 언급되었던 행위기초론에 의하여 계약의 해소를 인정하는 것이었다.

다른 한편 우리 민법에 직접 영향을 준 것은 일본 민법이라고 할 수 있다.[102] 착오에 관하여 규정하고 있는 일본민법 제95조는 기본적으로 독일 민법 제1초안의 영향을 받았고, 그에 따라 일본 민법 시행 후 초기의 판례는 동기의 착오를 무효사유로 인정하지 않았다. 그러나 그 후 통설[103]과 판례는 동기가 표시된 때에는 법률행위의 내용[104]으로 되어 무효사유가 될 수 있다고 하였다.[105] 이처럼 동기가 표시된 경우에는 법률행위의 내용으로 된다고 한 것은 독일 판례상 확장된 내용착오의 이론과 유사한 것으로서, 그 영향을 받은 것으로 추측된다.[106] 민법 제정 전의 대법원 판례[107]도 대체로 일본의 당시의 통설이나 판례와 같은 태도를 취하였다.

현행 민법 제109조의 제정과정은 다음과 같다.[108] 우선 민법의 제정과정에서 착오에 관하여 정부가 제출한 민법안 제104조는 다음과 같이 규정하고 있었다.

“意思表示는 法律行爲에 重大한 錯誤가 있는 때에는 取消할 수 있다. 그러

史的 展開와 課題, 1998, 125면 이하 참조.

100) 이에 대하여는 Kramer(주 3), S. 35 f.; 磯村 哲(주 97), 70면 이하 등 참조.

101) 그러나 독일연방대법원은 1998. 7. 7. 판결(BGHZ 139, 177)에서 이러한 확장된 내용착오의 이론을 포기하였다.

102) 일본 민법상 착오론의 전개과정에 대하여는 中松纓子, “錯誤”, 星野英一 編輯代表, 民法講座 1, 1984, 387면 이하; 森田宏樹, “民法九五條”, 廣中俊雄, 星野英一 編 民法典の百年, 1998, 141면 이하; 新版 注釋民法(3), 2003, 385면 이하(川井 健) 등 참조.

103) 특히 我妻 榮의 영향이 컸던 것으로 평가된다. 中松纓子(주 102), 401면 이하; 森田宏樹(주 102), 176면 이하 참조.

104) 일본 민법 제95조는 이를 “법률행위의 要素”라고 표현하고 있다.

105) 그러나 근래의 다수설은 동기가 표시되지 않더라도 취소사유가 될 수 있다고 보고 있다. 다만 그 이론구성에서는 차이가 많다.

106) 中松纓子(주 102), 405면 참조.

107) 대법원 1954. 12. 9. 선고 4286민상149 판결(집 1권 6집 민25).

108) 이에 대하여는 宋德洙(주 31), 26면 이하; 金旭坤, “法律行爲의 錯誤에 관한 沿革的 考察”, 民法學의 基本問題, 2005, 157면 이하(初出: 金旭坤 · 金大貞, “法律行爲의 錯誤에 관한 一考察”, 成均館法學 제3호, 1990, 제4호 1991) 참조.

나 그 錯誤가 表意者의 重大한 過失에 因한 때에는 取消하지 못한다.

前項 意思表示의 取消는 善意의 第三者에게 對抗하지 못한다."

그런데 법제사법위원회에서는 原案 가운데 "法律行爲에 重大한"을 "法律行爲의 內容의 重要部分에"로 수정하였고, 이것이 본회의에서 그대로 통과되어 현행 제109조가 되었다.

이처럼 원안이 현행법과 같이 수정된 데 대하여, 다음과 같은 두 가지의 설명이 있다. 그 하나는 이는 독일민법 해석론의 영향을 받은 당시의 일본의 학설·판례처럼, 착오를 심리학적으로 구별하여 동기의 착오가 고려대상에서 제외됨을 초안에서보다 더욱 명백히 한 것이고, 이러한 사정을 수정제안자나 수정에의 합의자가 의식하지 못했을 수도 있으나 그렇다고 하여 결과가 달라지는 것은 아니라고 한다. 나아가 민법 제109조에 관한 한 동기의 착오의 불고려가 민법의 근본결단이라고 한다.[109)]

다른 설명은 초안은 동기의 착오를 포함한 착오취소의 요건에 관한 문제들을 「중대한 착오」라고 하는 일반규정에 가까운 추상적인 규정에 의하여 학설·판례에 위임하고자 하였으나, 법제사법위원회의 수정안은 당시의 통설적인 견해에 따라서 이를 수정한 것이므로, 현행 민법 제109조의 취지도 법률행위의 내용을 구성하는 표시된 동기를 제외하고는 동기의 착오는 취소할 수 있는 착오로부터 배제되는 것으로 규정한 것이라고 해석하여야 한다고 주장한다.[110)]

과연 입법자의 의사는 무엇이었을까? 제3대 국회 본회의 민법 제2독회에서 당시 법제사법위원장 대리이던 장경근 의원은, 이는 자구수정으로서, 현행법[111)]상 요소의 착오라고 하는 것이 학설상 법률행위의 내용의 중요부분의 착오라고 해석되어 있는데 이것을 더 분명히 밝히자고 하는 것이라고 설명하고 있다.[112)] 이처럼 입법자는 학설을 받아들인 것이라고 하는 점을 밝히고 있는데, 여기서 말하는 학설이란 당시의 일본의 통설, 즉 동기도 표시된 경우에는 법률행위의 내용이 된다고 하는 학설을 의미하는 것으로 이해된다. 일반적으로 입법자의 의사를 밝힘에 있어서는 당시의 학설이나 판례도 참고하여야 한다. 따라서 민법의 입법자가 당시의 학설이나 판례와는 다른 태도를 취하였다고 보려면 그럴 만한 충분한 근거가 있어야 할 것이다. 그런데 오히려 민법의 입

109) 宋德洙(주 31), 29면, 30면 주 89), 63면 주 171) 등.

110) 金旭坤(주 108), 176-177면.

111) 依用民法을 말한다.

112) 제3대 국회 제26회 제45차 국회본회의(1957. 11. 25) 회의록 7면.

법자는 당시의 학설을 명확히 하는 것이라고 설명하고 있는 것이다. 따라서 민법의 입법자가 의식하지 못하면서도 찌텔만의 주장이나 독일 민법 제1초안 등으로 돌아가서 동기의 착오는 어느 경우에나 취소사유가 되지 못한다고 하는 근본적인 결단을 내렸다고는 도저히 볼 수 없다.[113)]

다른 한편 민법 제733조는 "和解契約은 錯誤를 理由로 하여 取消하지 못한다. 그러나 和解當事者의 資格 또는 和解의 目的인 紛爭 以外의 事項에 錯誤가 있는 때에는 그러하지 아니하다"라고 규정하고 있는데, 위 단서에서 말하는 화해의 목적인 분쟁 이외의 사항에 대한 착오는 종래의 분류에 따른다면 동기의 착오에 해당할 것이다. 그런데 일반적으로는 위 단서는 이러한 착오가 있는 경우에도 민법 제109조에 의한 취소를 허용한다는 취지로 해석되고 있다.[114)] 따라서 이에 비추어 보더라도 입법자의 의사가 동기의 착오는 취소사유가 되지 못한다는 입법적인 결단을 내렸다고는 생각되지 않는다.[115)]

이를 좀 더 일반화하여 말한다면, 입법자의 의사는 법률행위의 내용이라는 개념을 찌텔만과 같이 표시상의 착오나 의미의 착오에 국한된 것이 아니었고 좀 더 유연하게 해석할 수 있다고 본 것으로 생각된다. 그리고 법률행위의 내용이 구체적으로 무엇을 의미하는가 하는 점은 학설과 판례에 위임한 것으로 이해할 수 있다. 앞에서 언급한 독일이나 일본의 판례와 학설도 이처럼 정책적으로 불합리한 착오의 규정에 관하여 목적론적인 관점에서 법형성(Rechtsfortbildung)을 시도한 것으로 이해할 수 있다.[116)]

(2) 공통의 착오와 법률행위의 내용

이처럼 법률행위의 내용이라는 개념을 유연하게 해석할 수 있다면, 당사자

---

113) 註釋民法 總則(1), 제4판, 2010, 96-97면(尹眞秀) 참조.

114) 民法注解[XVI], 1997, 248면(梁彰洙) 등.

115) 그런데 宋德洙, "和解基礎에 關한 共通의 錯誤", 法律新聞 제2134호, 1992. 6, 15면은 동기의 착오는 民法 제109조에 의하여서는 전혀 고려되지 못하므로 화해기초에 관한 착오의 경우에는 취소를 허용할 수 없고, 이때에는 주관적 행위기초론에 의하여 해결하여야 한다고 주장하나, 이는 제733조 단서를 무의미하게 만드는 해석이다.

116) 동기의 착오를 원칙적으로 취소사유로 인정하지 않는 독일에서도 이 점에 관하여 참고할 만한 논의가 있다. Staudinger/Singer, §119 Rdnr. 51 ff.는 계산의 착오를 상대방이 야기한 경우, 공통의 계산의 착오 및 계산의 착오를 상대방이 알았거나 알 수 있었던 경우에는 착오를 이유로 하는 취소를 허용하여야 한다고 주장하면서, 그 근거로서 동기의 착오 불고려 원칙의 목적론적 축소(teleologische Restriktion) 또는 착오 규정의 목적론적 확장(teleologische Extension)을 들고 있다. 목적론적 축소와 목적론적 확장에 대하여는 註釋民法 總則(2), 2010, 99-101면(尹眞秀) 참조.

쌍방에게 다같이 중요한 사항에 관하여 공통의 착오가 있었을 때에는 그 사항은 법률행위의 내용이 되었다고 해석하는 것도 충분히 가능하다. 즉 당사자가 공통으로 믿은 바가 사실에 부합한다는 점에 대하여 의사의 합치가 있었다는 것이다.[117)]

가령 대법원 1994. 6. 10. 선고 93다24810 판결(주 7)은 원고가 피고에게 부동산을 매도하면서 원고에게 부과될 양도소득세를 피고가 산정하여 그 액수를 부담하기로 하였는데, 원고에게 그보다 많은 액수의 양도소득세가 부과된 경우였다. 이 경우에는 원고에게 부과될 양도소득세의 액수는 명백히 계약의 내용으로 되었다고 보아야 할 것이다. 또 대법원 2005. 5. 27. 선고 2004다60065 판결(주 29)에서는 건물의 매매도 부가가치세 과세대상이 되는 것으로 믿고 매도인이 매수인으로부터 그 부가가치세 상당을 징수하였는데, 이 경우에 건물의 매매가 부가가치세 과세대상이 된다는 것이 법률행위의 내용이 아니라고 할 수는 없을 것이다.[118)] 결국 어떤 사항이 법률행위 내지 계약의 내용이 되었는가 하는 점은 그 법률행위의 해석에 의하여 결정될 문제이며, 보통 말하는 동기라고 하여 법률행위의 내용에는 포함되지 않는다고 단정할 수는 없다.[119)]

117) 加藤雅信, 新民法大系 1 民法總則, 第2版, 2005, 264면 이하는, 법률행위의 구성요소로서 표시행위와 그에 대응하는 내심적 효과의사로 이루어지는 표층합의(表層合意) 외에, 표층합의의 배후에 표시되지 않은 전제적 합의가 있다고 한다. 예컨대 그림의 매매계약에서 그림이 진품이라는 것 등. 그리하여 표층합의와 전제적 합의 사이에 어긋남이 있는 경우에는 착오를 이유로 무효가 될 수 있다고 한다(일본 민법은 착오가 있는 법률행위를 무효로 하고 있다). 註釋民法 總則(2), 678면(池元林)은 동기가 명백하게 계약교섭의 대상으로 되었다면 그에 관한 착오도 이른바 확장된 내용의 착오로서 취소권을 부여한다고 하면서, 위 문헌을 인용하고 있다.

118) 일본 최고재판소 1989. 9. 14 판결(判例時報 1136호 93면)은, 남편(원고)이 아내(피고)와 이혼하면서 자신의 재산을 양도해 주었고, 당시에 남편은 아내에게 세금이 부과될 것이 염려된다고 하는 이야기를 하였는데 그런데 실제로는 남편인 원고에게 다액의 양도소득세가 부과되게 되자, 남편이 착오를 이유로 위 재산 양도 계약의 무효를 주장한 사건이다. 최고재판소는, 의사표시의 동기가 표시되면 이는 요소가 될 수 있고, 위 동기가 묵시적으로 표시된 경우에도 이는 법률행위의 내용이 될 수 있다고 하여, 원고의 주장을 받아들였다. 이 판결에 대하여는 피고도 원고에게 과세될 것을 전혀 알지 못하였으므로 이는 공통의 착오에 해당하여 무효라고 하는 평석(小林一俊, "譲渡所得課税の錯誤に財産分與の無效の成否", 民商法雜誌 제102권 4호, 1990, 488면; 同, "協議離婚に伴う財産分與契約における動機の錯誤", 現代判例民法學の理論と展望, 1998, 56면 이하)과, 동기의 표시가 명확하지 않은 케이스에서도 당사자가 중시하고 공유하고 있는 전제사정은 법률행위의 내용에 유연하게 포함시켜도 좋다고 하는 것을 판시한 것이라고 하는 평석(山下純司, "錯誤", 民法判例百選 總則·物權, 제6판, 2009, 51면) 등이 있다. 加藤雅信(주 117), 264면은 위 판례를 전제적 합의의 예로 들고 있다.

119) 이와 관련하여 참고가 될 수 있는 것이 성질의 착오에 관한 논의이다. 앞에서 본 것처럼 독일 민법은 성질의 착오를 취소사유로 하고 있다. 그런데 국내에서는 성질의 착오가 동기의 착오인가에 관하여 다소 논의가 있는데, 일반적으로는 이를 동기의 착오라고 이해하고 있으나, 이를 내용의 착오로 보아야 한다는 견해가 있다. 즉 성상(성질)의 착오에서 문제되는 목적물의 성상은 효과의사를 결정하는 동인에 그치지 않고 그 자체가 효과의사의 내용을 이룬

이와 관련하여 이른바 주관적 행위기초론에 의하여 공통의 착오 문제를 해결하려는 학설에 대하여도 언급할 필요가 있다. 원래 독일에서 주관적 행위기초론은 라렌쯔에 의하여 주장되었다. 즉 행위기초의 장애(Störung der Geschäftsgrundlage)를 주관적인 것과 객관적인 것으로 나누고, 계약 체결 당시에 존재하였던 사정에 대한 공통의 착오는 주관적 행위기초론에 의하여 해결하고, 계약 체결 후의 사정 변경은 객관적 행위기초론에 의하여 해결한다는 것이다.[120] 그러나 이러한 주관적 행위기초론은 근본적으로 동기의 착오를 취소사유로 인정하지 않았던 독일 민법의 문제점을 우회하기 위하여 주장되었던 것으로서, 동기의 착오를 폭넓게 취소사유로 인정하는 한 구태여 우리 민법에 규정이 없는 이러한 이론을 받아들일 필요가 없다.[121] 나아가 이처럼 주관적 행위기초론에 의한 계약의 해소를 인정하는 것은 실질적으로 동기의 착오를 이유로 하는 취소를 인정하는 것과 다를 바가 없다. 그런데 동기의 착오를 이유로 하는 계약의 취소를 인정하지 않는다는 것이 입법자의 근본적인 결단이라면, 이는 주관적 행위기초론의 경우에도 마찬가지로 적용되어야 할 것이다.

2. 공통의 착오와 계약 수정

가. 보충적 해석에 의한 계약 수정

앞에서 언급한 것처럼, 공통의 착오가 있을 때에는 계약의 취소를 문제삼기 전에 우선 계약의 수정이 가능한 것인가를 따져 볼 필요가 있다. 이는 이른바 계약 존중(favor contractus)의 원칙이라는 관점에서도 설명할 수 있다. 계약 존중의 원칙이란 계약이 무효로 되는 것을 되도록 회피하고, 계약의 효력이 유지되도록

다는 점에서 단순한 동기와 구별되며, 성상은 법률행위의 내용으로 편입된다는 것이다. 명순구(주 35), 412면 이하. 같은 취지, 金曾漢, 金學東(주 33), 345면. 특히 뒤의 문헌은 독일의 플루메의 주장에 영향을 받은 것으로 보인다. Werner Flume, Eigenschaftsirrtum und Kauf, 1948(1975), S. 11 ff.; Werner Flume, Allgemeiner Teil des Bürgerlichen Rechts, Bd. Ⅱ Das Rechtsgeschäft, 3. Aufl., 1979, S. 472 ff.

120) Karl Larenz, Geschäftsgrundlage und Vertragserfüllung, 3. Aufl., 1963, S. 17 ff.; Larenz(주 89), S. 380 ff. 등.

121) 뿐만 아니라 라렌츠는 주관적 행위기초의 장애가 있는 경우에 그 효과로서 계약의 해소를 원칙으로 하고, 다만 상대방에게 계약의 수정과 해소를 선택할 수 있도록 하여야 한다고 주장하고 있다. Larenz(주 89), S. 383; Larenz(주 120), S. 170 ff. 등. 위 Ⅲ. 2. 가의 학설도 이에 근거한 것으로 보인다. 그러나 이러한 주장은 공통의 착오를 행위기초론에 의하여 해결하려고 하는 학설에서도 일반적으로 받아들여지지 않고 있었고, 이는 라렌쯔의 교과서를 이어받은 Wolf의 경우에도 마찬가지이다. 위 주 54) 참조.

하려는 것을 말한다. 구체적으로는 이 원칙은 첫째, 계약이 무효로 되는 것을 막고 계약의 개별 부분이 무효인 경우에는 이를 최소화하며, 둘째, 불합리한 해석의 결과를 막는데 이바지하고, 셋째, 당사자들은 개별 조항을 이유 없이 합의하지는 않았으리라는 추정을 가져온다고 한다. 다시 말하여 계약을 유효로 볼 것인가, 아니면 무효로 볼 것인가가 문제될 때에는 되도록 유효한 쪽으로 보고, 가령 무효사유가 있더라도 무효로 되는 범위를 되도록 제한하려는 것이다.[122] 가령 계약의 해석에서 그것이 유효하게 되는 해석과 무효로 되는 해석이 있다면 유효한 해석이 우선되어야 한다는 유효해석의 원칙이나,[123] 약관이 약관규제법에 의하여 무효로 되는 경우에도 그 조항 전부가 무효로 되는 것이 아니라 약관규제법에 저촉되는 부분만 무효로 되고 저촉되지 않는 부분은 유효하게 존속한다고 하는 이른바 효력유지적 축소(geltungserhaltende Reduktion) 등이 그 예이다. 대법원 2010. 7. 15. 선고 2009다50308 판결[124]은, 매매계약이 약정된 매매대금의 과다로 말미암아 민법 제104조에서 정하는 '불공정한 법률행위'에 해당하여 무효인 경우에도 무효행위의 전환에 관한 민법 제138조가 적용될 수 있으므로, 당사자 쌍방이 위와 같은 무효를 알았더라면 대금을 다른 액으로 정하여 매매계약에 합의하였을 것이라고 예외적으로 인정되는 경우에는 그 대금액을 내용으로 하는 매매계약이 유효하게 성립한다고 하는데, 이 또한 같은 생각에 기인한 것이라고 할 수 있다. 이러한 계약존중의 원칙의 근거는 기본적으로 사적 자치를 존중한다는 데 있다.[125]

이는 공통의 착오의 경우에도 마찬가지이다. 즉 이러한 경우에는 계약 내용의 수정이 당사자의 가정적인 의사에 부합한다면 그러한 수정을 허용하고, 그것이 불가능할 때에만 마지막 수단(ultima ratio)으로서 계약의 해소(취소)를 인정하여야 한다는 것이다.[126]

---

122) Schlechtriem/Schwentzer/Schmidt-Kessel, Kommentar zum Einheitlichen UN-Kaufrecht, 4. Aufl., 2004, Art. 8 Rdnr. 49. 좀 더 상세한 것은 Michael Joachim Bonell, An International Restatement of Contract Law, 2nd ed., 1997, pp. 116 ff.; Von Bar and Clive ed.(주 5), pp. 49 f.; Fauvarque-Cosson and Mazeaud(주 53), pp. 496 ff. 참조. 마지막 문헌은 착오의 경우 계약의 수정이 인정되어야 한다는 것을 그 예로 들고 있다.

123) 이에 대하여는 尹眞秀(주 9), 269-271면 등 참조.

124) 공 2010하, 1566.

125) Schlechtriem/Schwentzer/Schmidt-Kessel(주 122), Art. 8 Rdnr. 49는 계약 존중의 원칙이 일치하는 당사자의 의사와 계약의 목적을 보호한다고 하고, Bonell(주 122), p. 117은 원래의 거래를 살릴 수 있도록 가능한 한 모든 방법을 찾아보는 것이, 이를 무로 돌리고 그 대신 시장의 다른 곳에서 대체적인 재화나 용역을 찾는 것보다 쌍방 당사자의 이익에 부합한다고 설명한다. 권영준(주 36), 54면도 같은 취지이다.

126) MünchKomm/Roth, 4. Aufl., 2001, §242 Rdnr. 644; 5. Aufl, 2007, §313 Rdnr. 102는 공통의

그런데 이러한 결론을 이끌어내는 방법으로서 계약의 보충적 해석과 주관적 행위기초론의 2가지가 주장되고 있다는 것은 앞에서 살펴본 바와 같다. 현행법의 해석론으로서는 어떠한 것이 타당할까?

적어도 계약의 수정에 관하여는 2가지 방법 사이에 그 효과에 관하여 실제적인 차이가 있는 것 같지는 않다.[127] 그러나 이론적으로 볼 때에는 계약의 보충적 해석은 당사자의 의사에 기반을 두는 것인 반면, 주관적 행위기초론은 이러한 당사자의 의사보다는 일반적인 신의성실의 원칙에 의존하는 것이므로 사적 자치의 존중이라는 면에서는 계약의 보충적 해석이 더 낫다.[128] 뿐만 아니라 보충적 해석은 공통의 착오 외에도 일반적으로 인정되는 법리이므로,[129] 구태여 명문 규정의 근거 없이 신의칙에만 의존하는 주관적 행위기초론이라는 이론을 끌어들일 필요는 없는 것이다.[130][131]

나. 반론에 대하여

그런데 이처럼 보충적 해석의 이론에 의하여 공통의 착오 문제를 해결하려고 하는 데 대하여, 주관적 행위기초론의 입장에서는 몇 가지 반론을 제기하고 있다. 우선 이 설은 법률행위의 보충적 해석은 당사자 사이에 약정이 없는 경우에 행하여지는 것인 반면, 당사자가 비록 잘못된 관념에 기하여 한 것이기는 하

착오를 포함하는 행위기초의 장애의 법률효과는 현실화된 위험을 가능한 최소의 침해에 의하여 최대한 이익에 부합하는 방법으로 분배하는 것이라고 하여, 계약을 실제의 또는 변경된 사실관계에 맞게 수정함으로써 계약을 유지하는 것이 우선되어야 하고, 계약의 종료 또는 청산은 마지막 수단으로서 고려되어야 한다고 설명한다.

127) 그러나 宋德洙(주 10), 368-369면은 양자 사이에 차이가 있다고 한다. 이에 대하여는 앞의 주 54), 121) 등 참조.

128) Larenz/Wolf(주 22), S. 711은 공통의 착오의 경우에 보충적 해석이 주관적 행위기초론보다 우선적으로 적용되어야 하는 근거로서, 전자가 가정적인 당사자의 의사를 지향하므로 사적 자치에 기한 당사자의 자기결정에 가장 잘 부합한다는 점을 들고 있다.

129) 가령 대법원 1985. 4. 9. 선고 84다카1131, 1132 전원합의체 판결(집 33권 1집 174면); 1992. 10. 23. 선고 91다40238 판결(공 1992, 3226) 등 참조. 이들 판결이 보충적 해석을 인정한 것이라는 점에 대하여는 尹眞秀, "法定地上權 成立 後 建物을 取得한 者의 地位", 民法論攷 Ⅱ(주 23), 419-421면; 金載亨, "法律行爲 內容의 確定과 그 基準", 民法論 Ⅰ, 2004, 10-11면 참조.

130) 이른바 오캄의 면도날(occam's razor)이라고 불리는 "실재는 불필요하게 증가되어서는 안된다(entia non sunt multiplicanda praeter necessitatem)"는 금언이 이 경우에 적용될 수 있다.

131) 다만 종래 행위기초론의 이론이 다루고 있는 또 다른 영역인 사정변경의 경우에도 보충적 해석만으로 문제를 모두 해결할 수 있는가 하는 점은 별개의 문제이다. 독일에는 이러한 문제도 보충적 해석에 의하여 해결할 수 있으므로 행위기초론은 별도로 필요하지 않다는 주장도 있다. 아래 주 139) 및 그 본문 참조. 권영준(주 36), 48면 이하는 사정변경의 경우에는 법원의 계약 수정권에 관하여 명문의 규정을 두어야 하지만, 공통의 착오에 대하여는 보충적 해석에 의하여 계약의 수정이 가능하므로 별도로 명문의 규정을 둘 필요는 없다고 한다.

지만 분명히 약정을 한 경우에는 이론상 보충적 해석이 행하여질 여지가 없다고 한다.[132] 그러나 이는 설득력이 없다. 계약의 보충적 해석은 문제가 되는 사항에 관하여 계약상 약정한 바가 없는 이른바 흠결 또는 공백(Lücke)이 있는 경우에 문제된다. 그런데 여기서 흠결이나 공백이 있는가, 다시 말하여 어떤 사항에 관하여 약정이 있었는가 하는 점은 단순히 계약의 문언만을 가지고 결정할 수는 없다. 즉 계약의 문언만을 본다면 어떠한 사항에 관하여 당사자들이 약정을 한 것처럼 보이더라도, 그것만으로 흠결이 없다고 단정할 수는 없고, 당사자들이 그러한 상황까지는 예측하지 못하여 그러한 상황에 관하여는 규율할 의사가 없었던 경우를 얼마든지 생각할 수 있다. 그러므로 그러한 사항에 관하여 당사자들 사이에 의사의 합치가 있었는가 하는 점은 계약의 해석에 의하여 결정되어야 한다.

가령 불법행위로 인한 손해배상에 관하여 가해자와 피해자 사이에 피해자가 일정한 금액을 지급받고 그 나머지 청구를 포기하기로 합의가 이루어진 후에, 당사자가 예상하지 못했던 후발손해가 발생한 경우에 그 후발손해에 대하여도 배상을 청구할 수 있는가 하는 점이 문제되는데, 과거의 판례[133]는 이러한 경우에 착오를 이유로 하는 합의의 취소를 인정하기도 하였다. 그러나 현재의 주류적인 판례[134]는 이를 합의의 효력이 미치는 범위의 문제로 파악하여, 그 합의가 손해의 범위를 정확히 확인하기 어려운 상황에서 이루어진 것이고, 후발손해가 합의 당시의 사정으로 보아 예상이 불가능한 것으로서, 당사자가 후발손해를 예상하였더라면 사회통념상 그 합의금액으로는 화해하지 않았을 것이라고 보는 것이 상당할 만큼 그 손해가 중대한 것일 때에는, 당사자의 의사가 이러한 손해에 대해서까지 그 배상청구권을 포기한 것이라고 볼 수 없으므로 다시 그 배상을 청구할 수 있다고 보고 있다. 다시 말하여 포기 합의의 문면만을 볼 때에는 모든 손해에 대하여도 배상을 청구할 수 있는 것처럼 보이지만, 판례는 합의의 해석상 포기의 효력이 미치는 범위를 제한하여 예상할 수 없었던 후발 손해에 대하여까지 포기한 것은 아니라고 보고 있는 것이다. 이에 대하여는 그러한 해석은 포기의 의사표시의 명문에 반할 뿐만 아니라 合意에서 약정한 위험분담을 무시하게 된다고 하는 비판이 있으나,[135] 이는 그

132) 宋德洙(주 10), 366면.

133) 대법원 1971. 4. 30. 선고 71다399 판결(집 19권 1집 민394면) 등.

134) 대법원 1988. 4. 27. 선고 87다카74 판결(공 1988, 900); 2001. 9. 14. 선고 99다42797 판결(공 2001하, 2119) 등.

135) 宋德洙, "不法行爲의 경우의 損害賠償에 관한 合意의 解釋", 民事判例硏究 제12권, 1990, 113-

문언에만 집착한 것으로서 당사자의 진정한 의사는 고려하지 않는 것이다.[136) 위와 같이 당사자 사이에 약정이 있기만 하면 흠결이 없다고 하는 것은 이른바 "명백한 규정은 해석을 필요로 하지 않는다(in claris non fit interpretatio)"라는 법언을 따르는 것이기는 하지만, 오늘날 이러한 원칙은 더 이상 받아들여지지 않고 있다.[137)]

이러한 설명은 공통의 착오의 경우에도 그대로 적용된다. 가령 매도인과 매수인이 매도인에게 부과될 양도소득세를 매수인이 부담하기로 하였는데, 실제로 부과된 금액이 당사자가 부과될 것으로 예측하여 매도인에게 지급하기로 한 금액을 초과하는 경우에,[138)] 과연 실제로 부과되는 금액이 당사자가 예측한 금액을 초과하더라도 이는 매수인이 부담하지 않는다고 약정한 것인가? 그와 같이 볼 수는 없을 것이다. 오히려 당사자들은 양도소득세가 당사자들이 예상한 금액을 초과할 것을 예상하지 못했기 때문에 이에 관하여는 약정하지 않았다고 보는 것이 계약의 해석상 자연스러운 결론이다. 따라서 이 경우에는 흠결이 있는 것이므로 보충적 해석이 가능하다.

다른 한편 이른바 행위기초론을 인정하는 독일에서도 보충적 해석과 행위기초론의 관계에 대하여는 여러 가지 견해가 주장되고 있으나,[139)] 행위기초론을 인정하는 견해에서도 양자의 경계는 유동적이어서 그 적용 범위를 명백하게 구분하기가 어렵다는 것은 일반적으로 인정되고 있다.[140)] 그리고 행위기초론과 보충적 계약해석의 적용범위를 달리 보는 견해에서도[141)] 보충적 해석은

115면.

136) 같은 취지, 民法注解[XVI], 1997, 241-243면(梁彰洙).

137) Helmut Coing/Heinrich Honsell, Staudinger/Eckpfeiler(2005), S. 24 ff.; MünchKomm/Busche, §133 Rdnr. 50; 民法注解 II, 1992, 180면(宋德洙) 등. 보충적 해석과 관련하여서는 Christian Huber, "(Warum) soll der Haftpflichtversicherer vom Wegfall der Sozialleistung profitieren?", NZV(Neue Zeitschrift für Verkehrsrecht) 2008, S. 431, 433 참조.

138) 대법원 1994. 6. 10. 선고 93다24810 판결(주 7) 참조.

139) 종래 행위기초론의 문제로 다루어졌던 것은 모두 보충적 해석에 의하여 해결될 수 있다는 견해, 또는 예외적으로만 행위기초론이 필요하다는 견해, 행위기초론과 보충적 해석은 구조적으로 동일하다는 견해, 보충적 계약해석과 행위기초론은 상이한 목적을 위하여 발전되었고 상이한 문제의 해결에 이바지하고 있으므로 그 요건과 효과가 서로 중복될 수는 있어도 결코 일치하지는 않는다는 견해 등. 상세한 것은 尹眞秀(주 34), 220면 이하 참조.

140) 가령 MünchKomm/Roth, §313 Rdnr. 130 f. 등.

141) 행위기초론은 행위기초의 결여 내지 상실로 인한 중대한 부정의(grober Ungerechtigkeit)를 회피하는 것이 그 목적인데 반하여, 보충적 계약해석은 당사자의 불완전한 규율계획(unvollstandiger Regelungsplan)으로 인한 흠결을 보충하는 것이라는 것이다. Karl Larenz, "Ergänzende Vertragsauslegung und Rückgriff auf die Geschäftsgrundlage", VersicherungsRecht, 25 Jahre Karlsruher Forum, 1983, S. 156 ff.

가정적 의사를 지향함으로써 사적자치에 의한 결정에 가장 잘 부합하기 때문에 행위기초론의 적용보다 우선되어야 한다고 보고 있다.[142]

이처럼 당사자 사이에 약정이 있는 경우에도 보충적 해석이 가능하다고 하는 점은, 이른바 객관적 행위기초의 변경(사정 변경)의 경우에 관한 다음의 독일 판례가 잘 보여주고 있다. 즉 독일연방대법원 1981. 7. 3. 판결[143]에서는 당사자가 지상권을 설정하면서 물가의 변동에 대비하여 지료를 호밀로 지급할 수 있도록 약정하였는데, 그 후 호밀 가격의 변동이 물가 변동에 훨씬 미치지 못한 경우에, 보충적 계약해석에 의하여 지료의 증액을 인정하였다.[144]

다른 한편 보충적 해석과 착오로 인한 취소를 같이 인정하려는 데 대한 비판도 있다. 즉 공통의 동기 착오에 민법 제109조가 적용된다면 그것은 일정한 요건 하에 취소권을 인정하는 방법밖에 없으므로 계약의 수정을 인정하는 것은 법적 근거가 없고, 계약 수정을 사용해 본 뒤 그것이 불가능할 때에 제109조로 되돌아오는 것은 매우 부자연스럽다고 한다.[145] 그러나 법률행위의 착오로 인한 취소 여부를 문제삼기 이전에 우선 해석에 의하여 문제의 해결이 가능한가를 따져 보아야 한다는 것은 당연한 일이다.[146] 공통의 착오의 경우에는 보충적 해석에 의하여 계약의 수정이 가능하다면 따로 착오를 이유로 하는 취소를 인정할 필요는 없다.[147] 그러므로 공통의 착오의 경우에 계약의 수정이 당사자들의 가정적 의사에 부합한다면 계약의 수정을 인정하면 되고, 따로 착오로 인한 취소는 문제되지 않는다. 반면 당사자의 가정적 의사를 탐구할 수 없거나, 계약의 수정이 당사자의 의사에 합치하지 않는 경우에는 결국 계약을 취소할 수밖에는 없는 것이다.[148]

---

142) Larenz/Wolf(주 22), S. 711은 공통의 착오에 관하여 주관적 행위기초론보다 보충적 해석이 우선적으로 적용되어야 한다고 한다.

143) BGHZ 81, 135.

144) 반면 독일연방대법원 1980. 5. 23. 판결(BGHZ 77, 194)은 그러한 가치보전조항 내지 적응조항이 없었던 사안에 관하여 행위기초의 상실(Wegfall der Geschäftsgrundlage)을 이유로 하여 지료의 증액을 인정하였다.

145) 宋德洙(주 10), 368면.

146) “해석은 취소에 선행한다(Auslegung geht der Anfechtung vor).” 民法注解 Ⅱ, 419면(宋德洙); 註釋民法 總則(2), 537면 이하(白泰昇); Hans Brox, Allgemeiner Teil des BGB, 28. Aufl., 2004, Rdnr. 408 ff. 등. Larenz/Wolf(주 22), S. 679도 같은 취지이다.

147) 보충적 해석이 엄밀한 의미에서의 계약의 해석인가, 아니면 객관적 법의 적용인가에 관하여는 논란이 있으나, 여기서는 이 점은 중요하지 않다. 또한 보충적 해석의 결과에 대하여는 착오로 인한 취소가 인정될 필요는 없다. 이에 대하여는 尹眞秀(주 34), 202면 이하, 218면 이하; 嚴東燮(주 34), 82면 이하, 98면 이하 등 참조.

148) 다만 뒤에서 보는 것처럼 소송법상 처분권주의 및 변론주의 원칙이 적용되어 수정이 가능

다. 계약 수정의 내용

이처럼 계약 수정이 가능한 경우에 이는 구체적으로 어떻게 실현되어야 할까? 이 문제에 관하여는 계약 수정에 선행하여 당사자의 재교섭 청구권을 인정하여야 한다는 주장이 있다. 즉 불이익을 입은 당사자는 상대방에게 계약 내용의 수정을 위한 재교섭을 청구할 수 있고, 상대방이 그러한 재교섭에 응하지 않을 때에 비로소 계약 수정을 청구할 수 있다는 것이다. 이 문제는 공통의 착오보다는 주로 사정 변경의 경우에 관하여 많이 논의되어 왔다.[149] 그러나 당사자 사이의 교섭에 의하여 문제가 해결되는 것이 바람직하기는 하지만, 재교섭이 성공하려면 당사자 사이의 협조가 잘 이루어져야 하는데 이를 강제하는 것은 큰 의미가 없을 것이다.[150] PICC, PECL, DCFR 등도 사정변경의 경우에는 재교섭 청구를 인정하지만,[151] 공통의 착오의 경우에는 이를 규정하지 않고 있다.

그리고 이러한 경우에는 당사자의 주장이 없더라도 법률상 당연히 계약이 수정되는 것으로 볼 여지도 있다.[152] 그러나 그렇게 되면 경우에 따라서는 당사자 쌍방이 모두 계약의 수정을 원하지 않는데도 법원이 계약의 수정을 강제하는 결과가 될 수도 있을 뿐만 아니라, 당사자의 계약 수정에 관한 주장이 없다면 법원으로서는 계약의 수정이 당사자들의 가정적 의사에 합치하는 것인지를 판단하기가 쉽지 않다. 따라서 공통의 착오가 있는 경우에는 당사자들은 계약의 수정을 청구할 권리를 가지고, 법원은 당사자들의 청구를 기다려서 비로소 계약의 수정을 명할 수 있으며, 직권으로 수정을 명할 수는 없다고 보아야 할 것이다. 공통의 착오의 경우에 행위기초론의 적용에 의하여 계약의 수정을 인정하고 있는 현행 독일 민법 제313조 제1항도 "계약의 수정이 청구될 수 있다"고 규정하여 이 점을 명확히 하고 있다.[153] 따라서 법원으로서는 당사자의 주장 내

함에도 불구하고 취소를 허용하여야 하는 경우가 생길 수 있다.

149) 이에 관한 국내의 문헌으로는 권영준(주 36); 박영복, "재교섭을 통한 계약내용의 수정", 민사법학 제50호, 2010, 435면 이하 참조.

150) MünchKomm/Roth, §313 Rdnr. 93 참조.

151) PECL 6: 322 (2); PICC 6.2.3; DCFR Ⅲ. - 1:110. 다만 PECL과 PICC는 당사자의 재교섭청구권 내지 재교섭의무를 규정함에 반하여 DCFR은 그러한 청구권이나 의무를 인정하는 것은 아니고, 계약 수정을 청구하기 위한 전제조건으로서 재교섭을 요구하고 있다.

152) 독일 민법 제313조가 제정되기 전에는 행위기초 상실 또는 결여의 효과로서 권리 변동의 효과가 법률상 당연히 발생한다고 하는 것이 일반적인 견해였다고 한다. MünchKomm/Roth, §313 Rdnr. 81 참조.

153) 박영복(주 149), 464면은 사정변경에 관하여 당사자의 개정을 청구하는 의사표시가 필요하

지 청구가 없는 한 직권으로 계약이 수정되었다고 판단할 수는 없을 것이다.

구체적으로는 착오로 인하여 불이익을 입은 당사자가 계약의 수정을 청구하거나, 상대방의 계약 이행 주장에 대하여 계약이 수정되어야 한다는 항변을 제기할 수 있고, 마찬가지로 상대방도 불이익을 입은 당사자의 취소 주장에 대하여 계약 수정의 항변을 제기하거나 스스로 계약의 수정을 주장하여 청구할 수도 있을 것이다.[154] 그렇지만 당사자의 주장이 없는 한 법원이 직권으로 계약의 수정을 명할 수는 없다고 보아야 할 것이다. 이러한 청구권의 성질을 형성권으로 파악할 여지도 있으나, 단순한 청구권으로 보아 별 문제가 없을 것이다.[155]

이러한 청구권의 행사방법으로는 계약 수정에 대한 동의의 의사표시를 할 것을 청구하는 것(민법 제389조 제2항)도 생각할 수 있으나,[156] 구태여 그러한 절차를 거칠 필요 없이, 바로 이행 청구를 할 수 있다고 보는 것이 간편할 것이다.[157]

다른 한편 계약의 수정과 일부취소와의 관계도 문제된다. 스위스 민법에서는 해석상 기초착오(Grundlagenirrtum)를 이유로 하는 계약의 일부취소가 인정되고, 여기서의 일부취소에는 법원에 대하여 계약의 내용을 변경할 것을 청구하는 것도 포함된다고 보고 있다는 점은 앞에서 언급하였다(위 Ⅲ. 3. 나. 참조). 대법원 1998. 2. 10. 선고 97다44737 판결[158]은 매수인의 계산 착오의 경우에 일부취소를 인정하였다. 이 사건에서는 원고 광역시가 공공용지의 취득 및 손실보상에 관한 특례법에 따라 토지를 취득함에 있어 두 감정평가법인에게 토지가격에 대한 감정평가를 의뢰하여, 그 결과에 따라 대금을 정하여 토지 소유자인 피고들로부터 토지를 협의매수하였는데, 나중에 감정평가법인들의 평가가 오류로 인하여 과다하게 산정되었다는 것이 밝혀졌다. 대법원은, 하나의 법률행위의 일부분에만 취소사유가 있다고 하더라도 그 법률행위가 가분적이거나 그

다고 본다.

154) 독일 민법 제313조에 관하여 MünchKomm/Roth, §313 Rdnr. 90도 그러한 취지이다. DCFR Ⅱ.-7:203 제3항도 "쌍방 당사자가 동일한 착오에 빠졌을 때에는 법원은 쌍방 중 어느 일방의 청구에 의하여 계약을 착오가 없었더라면 합리적으로 합의하였을 것과 일치시킬 수 있다" 고 규정하고 있다.

155) 독일 민법 제313조의 해석상으로도 계약 수정을 요구할 권리는 청구권으로 보는 것이 일반적이다. MünchKomm/Roth, §313 Rdnr. 88 등 참조.

156) 독일 민법 제313조에 관하여 Larenz/Wolf(주 22), S. 709 f. 참조. 다만 직접 이행청구를 하는 것도 허용된다고 본다.

157) 독일 민법 제313조에 관하여 MünchKomm/Roth, §313 Rdnr. 83 참조.

158) 공 1998상, 686.

목적물의 일부가 특정될 수 있다면, 그 나머지 부분이라도 이를 유지하려는 당사자의 가정적 의사가 인정되는 경우 그 일부만의 취소도 가능하고, 그 일부의 취소는 법률행위의 일부에 관하여 효력이 생긴다고 하여, 감정평가법인이 새로 평가한 가격을 기준으로 하여 산정한 금액을 초과하는 범위에서만 계약이 일부 취소되었다고 본 원심판결의 판시가 타당하다고 하였다.[159] 그러나 이는 실질적으로는 매매대금액의 수정 내지 감액을 인정하는 것과 다를 바가 없다.[160] 결국 계약의 수정과 일부취소는 개념상 구분될 수는 있지만, 양자 모두 당사자의 가정적 의사를 전제로 한다는 점에서 비슷한 기능을 수행한다고 할 수 있다.

3. 계약 수정과 취소의 관계

이처럼 계약 당사자들이 공통의 착오에 빠진 경우에는 앞에서도 언급한 것처럼 계약을 취소할 수 있는가를 따져보기 전에 우선 당사자들이 그러한 착오가 없었더라면 어떠한 내용의 계약을 체결하였을 것인가 하는 점을 탐구하여, 그에 따라 계약의 수정을 명하는 것이 합목적적이다. 이를 판단함에 있어서는 일반적인 계약의 보충적 해석에 관한 논의가 참조될 수 있다. 다시 말하여 그 법률행위에 의하여 당사자가 추구하는 목적·동기·이해의 균형·거래관행 등을 참작하여야 한다는 것이다.[161] PECL 제6:102조는 묵시적인 의무를 판단하는 기준으로서 (a) 당사자의 의도, (b) 계약의 성격과 목적, (c) 신의성실 및 공정한 거래를 그 기준으로 들고 있고, PICC 제4.8조는 누락된 조항을 보충하는 기준으로서 이에 추가하여 합리성을 그 기준으로 들고 있다.[162] 다른 한편 DCFR Ⅱ.-9:101 제2항은 계약 당사자들이 예견하였거나 규정하지 못한 문제에 관하여 규정을 할 필요가 있을 때에는 법원은 부가적인 조항이 묵시적으로 포함된 것으로 볼 수 있다고 하면서, 특히 (a) 계약의 성격과 목적, (b) 계약 체결 당시의 상황을 고려하도록 규정하고, 제3항은 이러한 묵시적인 조항은 가능한 한 당사자들이 이러한 사항에 대하여 규정하였더라면 합의하였을

159) 宋德洙(주 10), 354면은 이 판결도 공통의 착오를 인정한 것으로 보고 있다. 그러나 金天秀(주 35), 325면은 이 사건은 공통의 착오가 문제되는 경우가 아니라고 한다.

160) 金天秀(주 35), 329면은 위 판결에서 일부취소가 허용되려면 반환이 요구되는 일부 대금에 상응하는 매매목적물의 소유권의 반환도 함께 이루어져야 하는데, 위 판결에서 매도인이 처한 상황은 이러한 경우가 아니라고 하여 위 판결을 비판한다.

161) 李英俊(주 35), 309면 등.

162) 尹眞秀(주 9), 276면 참조.

내용에 효력을 부여하도록 하여야 한다고 규정한다.

이러한 기준들은 다소 뉘앙스의 차이는 있으나, 결국 당사자들이 실제로 체결한 계약에 나타난 당사자들의 의도를 바탕으로 하여, 과연 합리적이고 공정한 당사자들이 약정을 하였더라면 어떻게 하였을 것인가를 탐구하는 것이라고 할 수 있다. 파른스워드는 다음과 같이 설명한다. 즉 법원이 누락된 조항을 보충함에 있어서 첫 번째의 기초는 당사자들의 실제의 기대라고 한다. 당사자들이 누락된 사항에 대하여 공통의 기대를 공유하였다고 법원이 판단한다면, 법원은 이러한 기대가 효력을 발휘할 수 있도록 하여야 한다는 것이다. 그런데 당사자들의 기대가 상당히 다르거나, 아니면 한 당사자는 전혀 기대를 가지고 있지 않았다면, 법원은 공유된 기대라는 주관적 기준 대신 한 당사자가 다른 당사자의 기대를 합리적으로 알 수 있었는가 하는 객관적인 기준에 의하여야 한다는 것이다.[163)]

그러나 이러한 당사자의 가정적 의사를 탐구할 수 없다면 계약의 수정은 불가능하고, 결국 계약을 취소할 수밖에 없다. 구체적으로는 착오가 없었더라면 당사자들이 전혀 계약을 체결하지 않았을 것이라거나, 또는 당사자들이 착오가 없었더라면 체결하였을 계약의 내용을 확정할 수 없다면 계약의 수정은 불가능하고, 이때에는 착오를 이유로 하는 취소를 인정할 수밖에 없다.[164)]

그런데 한 가지 더 따져 보아야 할 것은 소송상 계약의 수정과 착오 취소의 관계이다. 실체법상 계약의 취소보다는 수정이 가능한 경우에 당사자 일방이 착오를 이유로 하는 취소를 주장하는데 대하여, 상대방이 계약의 수정은 주장하지 않은 채, 착오를 이유로 하는 취소는 인정될 수 없다고만 주장한다면 법원은 어떻게 하여야 할까? 앞에서 언급한 것처럼 계약의 수정은 당사자의 청구가 있어야만 가능하다면, 법원이 직권으로 계약의 수정을 명할 수는 없다. 그렇다고 하여 계약의 취소는 허용되지 않는다고 하는 이유로 이를 배척하여야 하는가?

이제까지 국내외의 문헌 가운데 이 문제를 직접 다룬 것은 찾지 못하였다. 이론적으로 볼 때에는 이처럼 보충적 해석에 의한 계약의 수정이 가능한 이상 취소권 자체가 발생하지 않았고, 따라서 상대방이 계약 수정을 주장하지 않더라도 취소의 주장을 배척하여야 한다고 볼 여지도 있다. 그러나 이렇게 보는 것이 합리적인

163) Farnsworth(주 4), p. 485.

164) 독일에서는 보충적 해석이 당사자의 실제 의사와 모순되는 경우나, 흠결을 보충할 수 있는 방법이 여러 가지 있는데 그 중 한 가지로 확정할 수 없는 경우에는 보충적 해석이 허용되지 않는다고 본다. MünchKomm/Busche, §157 Rdnr. 54 ff.; Staudinger/Roth, §157 Rdnr. 37 ff. 참조.

지는 의문이다. 앞에서 본 것처럼 계약 수정은 당사자에게 청구권을 부여하는 것으로서 당사자의 주장이 없다면 법원이 직권으로 고려할 수는 없다면, 계약의 수정이 가능하다고 하더라도 그러한 이유만으로 취소 주장을 배척할 수는 없는 것이다.

달리 설명한다면, 공통의 착오는 그 자체로는 계약의 취소 사유이고, 다만 상대방이 항변으로서 계약 수정이 가능하다고 주장하여 계약 수정 청구권을 행사함으로써 취소권을 소멸시킬 수 있다고 볼 수 있는 것이다. PECL이나 DCFR도 그 규정 형식에 비추어 이와 같이 이해하는 것으로 생각된다. PECL Article 4:103 제1항은 공통의 착오가 있으면 당사자가 계약을 취소할 수 있다고 규정하면서, Article 4:105 제3항은 양 당사자가 동일한 착오에 빠진 경우에는, 법원은 어느 일방 당사자의 청구에 따라 착오가 없었더라면 합리적으로 합의되었을 바에 따라 계약을 변경할 수 있다고 규정하여, 공통의 착오의 경우에도 일단 취소권은 발생하지만, 사후적인 계약의 수정이 가능한 것으로 보고 있다.[165] 이는 DCFR의 경우에도 마찬가지이다.[166]

이와 같이 보지 않는다면, 가령 쌍방 당사자가 모두 계약의 수정을 원하지 않는 경우에도 법원이 사실상 계약의 수정을 강제하는 것이 된다. 또 당초에는 계약 수정이 가능하였지만 사후에 계약 수정이 불가능하게 된 경우에도 취소권이 처음부터 발생하지 않았던 것이 되나, 그렇게 되면 당사자에게 아무런 구제가 주어지지 않는 결과가 된다. 이 문제는 아래 Ⅵ. 3.에서 다시 언급한다.

Ⅵ. 종래 판례의 재검토

이러한 이론적인 바탕에서 종래의 판례가 과연 타당한 결론을 내렸는지를 살펴본다.

---

165) Article 4:105 제1항은 당사자가 계약을 취소할 수 있는 경우에도 상대방이 취소권이 있는 당사자가 계약을 이해한 바대로 계약을 이행하고자 하거나 또는 실제로 이행하면 취소권이 있는 당사자가 이해한 것처럼 계약이 체결된 것으로 취급되어야 한다고 규정하고, 제2항은 상대방의 이행의 의사표시 또는 이행이 있으면 취소권은 소멸하고, 이루어진 취소의 통지는 효력이 없다고 규정하여, 일단 발생한 취소권이 소멸된다는 점을 명확하게 하고 있다.

166) DCFR Ⅱ.- 7:201, 7: 203 참조.

1. 대법원 1989. 7. 25. 선고 88다카9364 판결

이 판결(주 24)은 피고의 토지에 관하여 주위토지통행권을 가지고 있던 원고가 위 토지에 관하여 피고가 담장을 설치하더라도 통행에 지장이 없을 것으로 믿고 담장 설치에 동의하여 주었는데 결과적으로는 인접 토지의 경계에 관하여 착오를 일으켰기 때문에 원고의 통행이 어려워진 경우였다. 이 경우에는 착오가 없었더라면 원고가 자신이 주위토지통행권을 가지고 있는 토지상에 피고가 담장을 설치하는 것을 동의하였으리라고는 보이지 않으며, 또 다른 내용으로 계약을 체결하였으리라고도 생각되지 않는다. 따라서 이 경우에 착오 취소를 허용한 것은 타당하다고 여겨진다. 그런데 이때 원고에게 손해배상책임을 부담시킬 것인가를 따져 볼 필요가 있는데, 결론적으로는 적절하지 않다. 우선 이 사안에서는 누가 더 쉽게 착오를 발견할 수 있었을까가 명백하지 않다. 원래 이 사건 토지가 피고의 소유였던 점에 비추어 보면, 토지의 경계에 관한 착오는 원고보다는 피고가 더 쉽게 발견할 수 있었을 가능성도 있었다. 다른 한편으로 이 사건의 경우에 원고가 담장 설치에 동의하는 대가로 어떤 이익을 얻었다는 사정은 나타나 있지 않다. 다시 말하여 피고는 대가를 지급하지 않고 담장을 설치하는 이익을 얻었던 것인데, 그러한 이익이 소멸되었다고 하여 무상으로 담장 설치에 동의한 원고에게 책임을 묻는 것은 인정되기 어려울 것이다.

2. 대법원 1989. 8. 8. 선고 88다카15413 판결

이 판결(주 25)은 원고가 받을 수 있었던 퇴직금이 많았는데도 당사자 쌍방은 실제보다 적은 금액의 퇴직금을 전제로 하여 화해계약을 체결한 경우였다. 이때 착오가 없었더라면 당사자가 체결하였을 새로운 화해계약의 내용을 추단하여 그에 따라 계약을 수정하는 것을 생각해 볼 수는 있다. 그러나 과연 당사자가 새로운 화해계약을 체결하였을 것인가, 또 체결하더라도 어떠한 내용이 될 것인가는 판단하기 어렵다. 따라서 이 경우에는 착오로 인한 취소를 허용할 수밖에는 없었을 것으로 보인다.[167] 다만 이 경우에 착오가 없었더라면

---

167) 민법 제733조에 의하면 화해의 경우에는 원칙적으로 착오를 이유로 하는 취소가 허용되지 않지만, 동조 단서의 경우에는 취소가 허용되는데, 판례는 이 사안이 그 단서에 해당하는 것

원래 원고가 주장하였던 금액에서 양보하였던 금액만큼은 원고의 퇴직금 청구에서 공제하는 것을 생각해 볼 수 있다.[168] 이를 인정한다면 이는 앞에서 말한, 착오 취소를 허용하는 경우의 손해배상의 변형된 형태라고도 설명할 수 있고, 또는 화해계약의 일부취소라고도 볼 수 있을 것이다. 그러나 이 사건에서는 그러한 해석은 어렵다고 여겨진다. 이를 일부취소의 문제로 보더라도 취소되어야 할 부분을 특정하기 어렵다. 뿐만 아니라 결과에 있어서도 위와 같은 공제는 적절하지 않다고 보인다. 여기서 문제되었던 것은 근로자가 형식적으로 사직원을 제출하고 즉시 재입사하여 계속 근무하였던 경우 중간의 퇴직처리의 효력이었는데, 원래의 화해는 그러한 퇴직은 유효함을 전제로 하였던 것이었으나, 나중에는 그러한 퇴직이 무효라고 하여 원고가 다시 퇴직금을 청구한 것이었다.[169] 이러한 중간퇴직 처리 자체가 피고가 누진제로 인한 퇴직금 지급의 부담을 덜기 위한 편법이었으므로, 중간의 퇴직처리의 유효 여부에 관하여는 원고보다도 사용자인 피고가 더 잘 알 수 있었으리라고 보이기 때문이다.

3. 대법원 1994. 6. 10. 선고 93다24810 판결

이 판결(주 7)은 매수인이 매도인이 납부하여야 할 양도소득세를 매수인인 은행이 부담하기로 하였는데, 그 양도소득세가 매수인이 부담하기로 한 금액보다 많은 경우였다. 이에 관하여 대법원은, 매수인이 부담하여야 할 세금의 액수가 약정한 금액을 초과한다는 사실을 알았더라면 피고가 위 초과세액까지도 부담하기로 약정하였으리라는 특별한 사정이 인정될 수 있을 때에는, 원고로서는 피고에게 위 초과세액 상당의 청구를 할 수 있다고 해석함이 당사자의 진정한 의사에 합치할 것이라고 하면서도, 당해 사건에서는 그와 같이 볼 수 없

으로 본 것이다.

168) 불법행위로 인한 손해배상에 관하여 가해자와 피해자 사이에 피해자가 일정한 금액을 지급받고 그 나머지 청구를 포기하기로 합의가 이루어진 후에, 당사자가 예상하지 못했던 후발손해가 발생한 경우에 그 후발손해에 대하여도 배상을 청구할 수 있는가 하는 점에 관하여 현재의 판례가 예상할 수 없었던 후발손해에까지 배상청구권을 포기한 것은 아니라고 보고 있다는 점은 위에서 살펴보았다. Ⅴ. 2. 나. 참조. 이러한 판례에 따를 때에는 종래 합의의 효력은 유지되지만, 예상할 수 없었던 후발손해에 대하여는 배상을 청구할 수 있는 것이 된다.

169) 판례는 이와 같은 경우에 근로자의 사직원제출은 비진의표시에 해당하고, 재입사를 전제로 사직원을 제출케 한 회사 또한 그와 같은 진의 아님을 알고 있었다고 봄이 상당하다고 하여 퇴직처리에 따른 퇴직의 효과는 생기지 않는다고 보고 있다. 대법원 1988. 5. 10. 선고 87다카2578 판결(집 36권 2집 민1면); 1998. 12. 11. 선고 98다36924 판결(공 1999상, 114) 등.

다고 하였다. 그 이유는 그 초과세액이 원래 당사자가 약정한 금액에 거의 육박하는 거액이고, 또 원고가 추가세액의 납부를 촉구하였으나 피고가 이를 거부하였다는 점이었다.

그러나 위 사건의 계약 체결 과정에서 매수인인 은행의 지점장으로서 매수업무를 실제 담당하였던 사람이, 매도인측에 계약서에 명기된 금액을 넘는 세금이 부과되더라도 이 또한 매수인이 부담하겠다는 취지의 말을 하였고, 또 1심에서도 그와 같이 증언한 바 있었다는 점은 대법원도 인정하고 있다. 그렇다면 매수인 은행으로서는 양도소득세 금액에 관계없이 당해 토지를 매수하였을 것이라고 보는 것이 합리적이고, 따라서 당사자의 가정적 의사에 따른다면 매도인이 초과세액의 지급을 청구할 수 있다고 보았어야 할 것이다. 그런데 대법원이 이처럼 초과세액 지급 청구를 받아들이지 않고 그 대신 계약의 취소를 인정한 것은, 매도인의 초과세액 지급청구가 더 이상 허용될 수 없는 상태에 있었다는 점을 고려한 것이 아닌가 추측된다. 즉 이 사건에서는 매도인인 원고가 원래 매수인인 피고를 상대로 하여 주위적으로 초과세액의 지급을 청구하고 예비적으로 계약 취소를 이유로 하는 소유권이전등기등의 말소를 청구하였는데, 제1심은 원고의 주위적 청구를 기각하고 예비적 청구만을 받아들였으며, 제2심도 예비적 청구에 대한 피고의 항소만을 기각하였기 때문에, 만일 대법원이 원고의 취소권을 부정하면 결과에 있어서는 원고는 아무런 구제도 받지 못하게 되는 특별한 사정이 있었다. 그리하여 대법원은 이러한 결과가 부당하다고 보아, 약간 당사자의 가정적 의사에 부합하지 않는 면이 있어도 원고의 취소권을 인정하지 않았을까 하는 추측을 해 볼 수 있다.[170)]

그러나 앞에서 설명한 바에 따른다면 대법원과 같은 결론은 무리 없이 도출될 수 있다. 이 사건에서 원고는 더 이상 초과세액의 지급 청구를 하지 못하게 되었고, 피고도 계약의 취소는 인정되어서는 안 된다는 주장만을 하고 있을 뿐만 아니라, 원고의 수정 주장도 받아들이지 않았기 때문이다. 따라서 이처럼 쌍방 당사자가 모두 수정 청구를 하지 못하게 되었거나 또는 하지 않고 있다면, 공통의 착오가 인정되는 한 법원으로서는 착오를 이유로 하는 취소를 인정할 수밖에는 없는 것이다.

---

170) 尹眞秀(주 23), 84면 주 92) 참조.

4. 대법원 2005. 5. 27. 선고 2004다60065 판결

이 판결(주 29)은 토지와 건물의 매매에서 당사자들이 건물 매매에 대하여도 부가가치세가 부과되는 것으로 믿었으나 실제로는 부과되지 않았던 경우에, 당사자의 가정적 의사를 근거로 하여 원고가 피고에게 지급한 부가가치세 상당액도 결과적으로 대금에 포함시켰으나, 그 타당성에는 다소 의문이 있다. 이 사건에서 매도인인 피고는 실제로는 부가가치세가 면제되는 건물에 대하여도 매수인인 원고로부터 부가가치세를 징수하였는데, 그 후 위와 같은 사실이 밝혀지자 원고가 피고를 상대로 하여 부당이득을 이유로 피고가 환급받은 부가가치세 상당액의 반환을 청구하였다. 대법원은, 만약 계약 당시 그 부가가치세 중 일부가 면제되리라는 사정을 알았더라면 매도인과 매수인 쌍방이 건물대금의 1/11 해당액 중 실제로 과세대상이 되는 금액만을 부가가치세액으로 기재하고 나머지 면제될 것으로 예상되는 액은 건물의 공급가액인 매매대금에 포함시켜 매매계약서와 세금계산서를 각 작성하였을 것이므로, 매도인이 환급받은 부가가치세 상당액을 부당이득으로 보아 매도인으로 하여금 매수인에게 이를 반환하도록 한다면 이는 실질적인 공평의 원칙이나 당사자에게 공통된 동기의 착오에 빠지지 아니한 상태에서의 당사자의 진정한 의사에 반하는 결과가 될 것이라고 하여 매도인의 부당이득의 성립을 부정하였다. 말하자면 이 판결은 당사자의 가정적 의사를 고려한 보충적 해석에 의거하여, 당사자들이 착오 사실을 알았더라도 매매대금 액수를 결국 부가가치세를 포함한 종전의 매매대금 액수와 같이 정하였을 것이라고 본 것이다.[171)]

그러나 당사자들이 건물의 매매대금에 부가가치세가 부과되지 않는다는 것을 알았다면 그와 같이 정하였을 것이라는 점에 대하여는 다소 의문이 있다. 원래 건물의 매매에 부가가치세가 부과되지 않는다면, 매도인이 매수인으로부터 부가가치세를 징수할 근거는 없다. 따라서 매도인이 매수인으로부터 일단 부가가치

171) 공통의 착오의 경우에 보충적 해석에 의한 해결을 부정하는 宋德洙(주 10), 371면은 이 판결에 대하여, 당사자들이 착오가 없었더라도 그 부가가치세액을 포함한 전체 매매대금은 동일하였을 것이므로, 궁극적인 매매대금에 관하여는 착오가 존재하지 않는다고 한다. 그러나 보충적 해석의 이론에 의하지 않는다면 착오가 없었더라도 전체 매매대금은 동일하였을 것이라는 결론을 이끌어낼 수는 없을 것이다. 그리고 이 사건의 경우에 착오의 대상은 부가가치세 과세 여부에 관한 것이었으므로, 전체 매매대금이 동일하다고 하여 착오의 존재 자체를 부정할 수는 없다.

세를 징수하여 세무서에 납부하였다가 이를 환급받았다면, 그 환급받은 액수는 부당이득으로서 매수인에게 반환하여야 할 것이다.[172] 그런데 공통의 착오가 있었고, 당사자들이 착오 사실을 알았더라면 그 부가가치세액을 매매대금에 포함시키기로 약정하였을 것이므로 부당이득은 성립하지 않았다고 볼 수 있는가?

물론 정확한 사실관계를 파악하지 못하여 단언하기는 어렵다. 또 이 사건에서는 매도인과 매수인이 동일한 기업집단에 속해 있다가 분리되는 과정에서 이와 같은 매매가 이루어졌다는 사정이 있는 것으로 보인다. 그러나 위 건물 매매에 대하여 부가가치세가 부과된다면, 부가가치세법상의 사업자인 매수인은 매도인에게 지급한 부가가치세의 액수만큼 매입세액으로 하여 매출세액에서 이를 공제하거나 이를 환급받을 수 있었을 것이므로, 결과적으로는 이 부가가치세만큼의 부담을 지지 않게 되었을 것이다.[173] 그런데 위 건물 매매에 대하여 부가가치세가 부과되지 않는다면 이러한 공제나 환급이 불가능하므로, 결국 매수인이 위 부가가치세액을 부담하여야 하게 된다. 그럼에도 불구하고 당사자들이 착오사실을 알았다면 부가가치세 상당액을 매매대금에 포함시켰으리라고는 쉽게 생각하기 어렵다. 그렇게 본다면 이 경우에 매수인의 부당이득 반환청구는 받아들여졌어야 할 것이다.

5. 대법원 2006. 11. 23. 선고 2005다13288 판결

이 판결(주 30)에서는 원고가 국유지 위에 건물을 신축하여 피고 대한민국에 기부채납하는 대신 위 대지 및 건물에 대한 사용·수익권을 받기로 약정하

172) 이 경우에 매매계약의 일부취소가 선행되어야 할 것인지에 관하여 의문이 있을 수 있으나, 굳이 이를 요구할 필요는 없을 것이다. 대법원 2000. 1. 28. 선고 99다53667 판결(공 2000상, 576)은 부동산을 매매하는 당사자 사이에 그로 인하여 장차 매도인에게 부과되는 양도소득세를 매수인이 부담하기로 하는 약정이 성립된 경우에, 특별한 사정이 없는 한 매도인이 양도소득세를 납부할 필요가 없게 되었을 때에도 이를 매수인이 부담하기로 약정한 것이라고 볼 수는 없다고 한다.

173) 대법원 1993. 7. 27. 선고 92다47328 판결(공 1993, 2390)은, 타인의 불법행위로 인하여 피해자 소유의 물건이 손괴되어 수리를 요하는 경우에 피해자는 수리에 소요되는 부가가치세를 포함한 수리비만큼의 손해를 입었다고 하여 가해자에 대하여 그 배상을 청구할 수 있음이 원칙이지만, 피해자가 부가가치세법상의 납세의무자인 사업자로서 그 수리가 자기의 사업을 위하여 사용되었거나 사용될 용역의 공급에 해당하는 경우에는 위 부가가치세는 피해자가 자기의 매출세액에서 공제하거나 환급받을 수 있으므로 위 부가가치세는 실질적으로는 피해자의 부담으로 돌아가지 않게 되고 따라서 이러한 경우에는 다른 특별한 사정이 없는 한 피해자가 가해자에게 위 부가가치세 상당의 손해배상을 청구할 수는 없다고 판시하였다. 같은 취지, 대법원 1999. 5. 11. 선고 99다8155 판결(공 1999상, 1139) 등.

면서, 대지 및 건물의 사용료 합계가 기부채납액에 달하기까지 사용료를 면제하여 주기로 약정하였는데, 원고와 피고는 모두 기부채납이 부가가치세 부과대상인 줄을 몰랐거나 이를 고려하지 아니한 채 계약을 체결하여, 그 후 원고가 부가가치세를 납부하게 되었다.

원심판결은, 원고와 피고가 위 건물의 기부채납이 부가가치세 부과대상이라는 점을 고려하여 이 사건 계약에 나아갔더라면, 원고는 건물의 감정가액의 10%에 해당하는 돈을 피고로부터 받아서 이를 국가에 납부하는 절차를 취하였을 것이라고 보아 피고에게 위 돈의 지급을 명하였다. 그러나 대법원은 이 사건의 경우에 당사자의 진의를 추정하여 계약 내용을 수정하는 것이 타당하다고 본 것은 수긍되는 면이 있기는 하지만, 착오가 없었더라면 피고가 부가가치세를 부담하는 것으로 약정하였으리라고 단정한 것은 수긍할 수 없다고 하였다. 즉 대법원은 이 사건에서 계약의 수정 자체는 가능하지만, 당사자의 가정적 의사에 따르더라도 계약의 수정이 피고가 부가가치세를 부담하기로 하는 형태로 이루어질 수는 없다고 본 것으로 이해된다.

사견으로서도 대법원이 들고 있는 여러 가지의 사정에 비추어 보면, 이 사건에서 원고가 피고로부터 부가가치세 상당액을 받아서 국가에 납부하는 절차를 취하였으리라고 보기는 어렵다고 생각한다.[174] 다만 생각할 수 있는 것은 당사자로서는 오히려 사용료 면제기간을 부가가치세 액수에 상응하게 연장하여 주었을 것이라는 점이다. 그러나 대법원은 이러한 가능성도 부정하였다.

Ⅶ. 결 론

착오가 계약과 같은 법률행위의 효력에 어떠한 영향을 미치는가는 옛날부터 많이 논란이 되어 왔다. 그러나 공통의 착오가 별개의 착오 유형으로서 다루어지기 시작한 것은 그 역사가 오래 되지 않았다. 우리나라에서도 공통의 착

174) 기부채납에 대하여 부가가치세가 부과되는 경우의 법률문제에 관하여는 全映俊, “부가가치세의 거래징수 및 공급자와 공급받는 자 사이의 민사상 문제”, 조세연구 제8-2집, 2008, 7면 이하 참조. 위 글 18면은 국가가 당해 부가가치세 상당액을 매입세액으로 공제받지 못한다는 점 등에 비추어 볼 때 위 판결의 결론이 부당하다고 보기 어렵다고 하면서, 오히려 기부자가 국가에게 부가가치세 상당액을 부담하라는 요구를 하였다면, 기부채납약정 자체가 체결되지 않았을 것이라고 한다.

오를 독립적인 문제로 인식하기 시작한 것은 비교적 최근의 이후의 일이다. 따라서 이 문제를 다룬 문헌도 많지 않고, 그에 대한 의견도 통일되어 있지 않다. 그러나 다른 나라의 경우를 본다면 공통의 착오가 있을 때에는 일단 계약의 수정을 시도하고, 그것이 불가능하면 계약의 취소 내지 실효를 인정하는 경향으로 나아가고 있음을 알 수 있다. 이는 경제적인 관점에서 볼 때에도 효율적이다.

문제는 현행법상 이러한 결론을 어떻게 도출할 것인가 하는 점인데, 종래에는 공통의 착오의 경우에는 착오를 이유로 하는 취소는 허용될 수 없다는 주장이 유력하였다. 그러나 공통의 착오라고 하여 착오를 이유로 하는 취소를 배제할 근거는 없다. 다만 착오로 인한 취소를 고려하기에 앞서서 보충적 해석에 의한 계약의 수정이 가능한지를 따져 보아야 할 것이다. 현재의 판례도 그러한 취지로 이해된다. 이 논문은 그러한 이론의 근거를 법경제학적 분석과 해석론의 양 측면에서 제시하려고 노력하였다.

입법론적으로는 공통의 착오에 관하여 명문 규정을 두는 것도 검토할 필요가 있다. 계약의 수정이 보충적 해석에 의하여 허용된다고 하더라도, 명문 규정이 없는 상태에서는 논란이 계속될 수 있고, 또 보충적 해석에 의하여 도출된 결론이라 하더라도, 그것이 일반적인 규칙으로 정형화될 수 있다면 이를 명문화하는 것이 법적 안정성의 측면에서 바람직할 것이다.

〈민사법학 제51호, 2010〉

土地 및 林野 査定의 法的 性格

— 原始取得論 批判 —

Ⅰ. 서　　론

종래 대법원의 판례는 여러 차례에 걸쳐서 일제 강점기 당시에 土地調査令 및 朝鮮林野調査令에 근거하여 이루어졌던 토지 및 임야 사정(査定)[1]을 받은 자는 그 토지나 임야를 원시취득한다고 판시하였고,[2] 이는 확립된 판례라고 할 수 있다. 이러한 판례는 아래에서 살펴볼 최근의 반대의견을 제외하고는 일반적으로 큰 의문 없이 받아들여져 왔다.

그런데 2005. 12. 29. 친일반민족행위자 재산의 국가귀속에 관한 특별법(법률 제7769호)[3]이 제정되면서, 이러한 토지 및 임야 사정이 과연 사정을 받은 자에게 권리를 취득하게 하는 효력을 가지는 것인지가 중요한 쟁점으로 부각되게 되었다. 즉 특별법 제3조는 친일반민족행위자의 재산(친일재산)은 국가의 소유로 한다고 규정하고 있는 한편, 제2조는 러·일전쟁 개전시부터 1945년 8월 15일까지 친일반민족행위자가 취득한 재산은 친일행위의 대가로 취득한 재산으로 추정한다고 보고 있다. 따라서 1910년대에서 1920년대까지 있었던 토지

---

1) 토지에는 임야도 포함되지만, 이 글에서는 토지조사령에 의한 사정 대상이 되었던 토지만을 토지라고 하고, 조선임야조사령에 의한 사정대상이 되었던 토지는 임야라고 부른다.

2) 대법원 1983. 10. 25. 선고 83도2118 판결(집 31권 5집 형164; 공 1983, 1789)이 이와 같이 판시한 최초의 판례로 보인다. 임야에 관하여도 이를 명백히 한 것은 대법원 1992. 12. 22. 선고 91다27037 판결(공 1993, 542)이다.

3) 이하 "특별법"이라고 한다.

및 임야 사정에 의한 취득이 친일행위의 대가로 취득한 재산으로 추정되는 것인가 하는 점이 문제되었다. 실제로 이제까지 특별법의 적용 대상이 된 재산은 거의 대부분 사정을 받은 토지와 임야였다.

특별법에 대하여는 위헌이라는 이유로 헌법소원이 제기되었는데, 헌법재판소 2011. 3. 31. 선고 2008헌바141, 2009헌바14 · 19 · 36 · 247 · 352, 2010헌바91 결정[4]은 특별법이 위헌이 아니라고 하였다. 그러나 위 결정에서도 토지 및 임야 사정의 법적 성격을 명확히 밝히고 있지는 않다. 다만 위 결정 가운데 이동흡, 목영준 재판관의 일부한정위헌의견은, 위 추정조항 중 '취득'에 '사정에 의한 취득'이 포함된다고 해석하는 한 헌법에 위반된다고 하였다.

이하에서는 토지나 임야 사정을 받은 자가 과연 소유권을 원시취득한다고 볼 수 있는가 하는 점을 살펴본다. 미리 결론을 이야기한다면, 토지나 임야 사정은 기본적으로 종전의 소유권을 확인 내지 확정하는 효과를 가지는 것일 뿐이고, 종래의 소유자가 사정에 의하여 새로운 소유권을 취득하는 것이라고는 볼 수 없다는 것이다. 다만 진정한 소유자라 하여도 사정의 효력을 다툴 수 없기 때문에 진정한 소유자가 아닌 자가 사정에 의하여 소유권을 취득하는 경우를 배제할 수는 없으나, 이러한 이유로 사정이 원시취득의 사유라고 할 수는 없다. 그리고 사정을 받은 것을 특별법상의 "취득"으로 볼 수도 없다.

다른 한편 특별법 자체가 위헌이 아닌가 하는 점은 또 다른 중요한 문제이다. 특별법은 이른바 진정소급입법에 의하여 소유권을 박탈하는 것이므로 헌법 제13조 제2항에 어긋나서 위헌이라고 보아야 하는지[5]는 어려운 문제이다. 그러나 이는 별론으로 하더라도, 위 제2조의 추정조항은 헌법재판소에 따르더라도 매우 예외적으로만 인정될 수 있는 진정소급입법의 적용범위를 합리적인 근거 없이 지나치게 넓히고 있다. 위 법의 목적을 달성하기 위하여는 친일재산임이 확인된 것만 국가에 귀속시킴으로써 충분한 것이지, 친일재산인지 불명확한 것까지 귀속시킬 이유는 없다. 친일재산의 입증이 어렵다고 하여도, 입증의

4) 헌판집 23권 1집 상276.

5) 위 결정 가운데 이강국, 조대현 재판관의 반대의견. 김종대 재판관과 목영준 재판관도 진정소급입법에 의한 재산권 박탈은 헌법 제13조 제2항 위반이라고 하였지만, 김종대 재판관은 친일재산은 헌법상 재산권으로 보호되지 않는다고 하였고, 목영준 재판관은 특별법이 진정소급입법이 아니라 부진정소급입법이므로 위헌이 아니라고 하였다. 특별법이 위헌이라는 주장으로는 이재교, 친일청산법에 대한 헌법적 고찰(인하대학교 출판부, 2007); 김백유, ""친일반민족행위자 재산의 국가귀속에 관한 특별법" 제2조 등 위헌성 검토", 成均館法學 제22권 3호(2010), 429면 이하가 있다.

어려움은 소유자도 마찬가지일 뿐만 아니라, 그와 같은 이유로 친일재산임을 추정하는 것은 그에 의하여 얻을 수 있는 국가의 이익보다 그로 인한 소유자의 소유권 침해라는 손실이 더 커서 이른바 법익 균형성에 어긋나므로 비례의 원칙에도 반한다. 그러나 이 문제는 별도로 상세하게 고찰할 필요가 있는 복잡한 문제이므로 여기서는 더 이상 언급하지 않는다.

아래에서는 토지 및 임야 사정의 법적 성격에 관한 종래의 논의를 소개한다. 이를 위하여는 우선 토지조사사업과 임야조사사업이 어떤 것이었는지를 살펴볼 필요가 있다. 나아가 과연 토지 및 임야 사정이 새로운 소유권 제도를 창설한 것인지에 관하여 고찰해 본다. 그런데 이 문제는 단순히 법적인 논의만으로는 불충분하고, 사정 전에도 우리나라에 토지와 임야 소유권이 존재하였는가 하는 역사적인 고찰이 필요하다.

Ⅱ. 종래의 논의

1. 토지조사사업과 임야조사사업

토지조사 사업은 1912년부터 시작되어 대체로 1917년경까지 계속되었으며, 임야조사사업은 1918년부터 시작되어 실질적으로는 1924년 무렵에 종결되었지만, 완결된 것은 1935년경이었다.[6][7] 위 토지조사사업과 임야조사사업의 법적 근거는 토지조사령[8] 및 조선임야조사령[9]이었다. 두 법령의 체제는 대체로 유사하다.[10] 우선 토지조사령의 경우를 본다. 토지사정의 대상이 되는 것은 1. 전, 답, 대지, 지소, 임야, 잡종지, 2. 사사지(社寺地), 분묘지, 공원지, 철도용지, 수도

---

6) 郭潤直, 不動産登記法, 新訂(修正版)(博英社, 1998), 52-54면 참조.

7) 토지조사사업에 대한 기본 자료로는 朝鮮總督府臨時土地調査局 編, 朝鮮土地調査事業報告書(朝鮮總督府臨時土地調査局, 1918)이 있다. 또한 愼鏞廈, 朝鮮土地調査事業研究(知識産業社, 1982); 金鴻植 외, 조선토지조사사업의 연구(민음사, 1997) 참조. 임야조사사업에 대한 기본 자료로는 朝鮮總督府農林局 編, 朝鮮林野調査事業報告(朝鮮總督府農林局, 1938)이 있다. 또한 최병택, 일제하 조선임야조사사업과 산림(푸른역사, 2009); 이우연, 한국의 산림 소유제도와 정책의 역사, 1600-1987(일조각, 2010) 참조.

8) 朝鮮總督府 制令 제2호(1912. 8. 13).

9) 朝鮮總督府 制令 제5호(1918. 5. 1).

10) 강태헌, "土地調査事業과 林野調査事業을 중심으로 한 近·現代 土地所有制度의 變遷過程", 人權과 正義 제351호(2005. 11), 28면 이하 참조.

용지, 3. 도로, 하천, 주거, 제방, 성첩(城堞), 철도선로, 수도선로였다(제2조). 토지소유자는 조선총독이 정하는 기간 내에 그 주소, 성명·명칭 및 소유지의 소재, 지목 등을 임시토지조사국장(臨時土地調査局長)에게 신고하여야 하고(제4조), 임시토지조사국장은 지방토지조사위원회에 자문하여 토지 소유자 및 그 강계(彊界)를 사정한다(제9조). 사정에 대하여 불복하는 자는 고등토지조사위원회에 이의를 제기하여 재결을 받을 수 있다(제11조). 그리고 제15조는 "토지 소유자의 권리는 사정의 확정 또는 재결에 의하여 확정한다"고 규정하고 있다. 이 글에서는 제15조의 규정이 어떠한 의미를 가지는가가 중요하다.

임야 사정의 절차도 대동소이한데, 신고의 상대방이 부윤 또는 면장이고, 사정의 주체는 道 장관이며, 사정에 대한 불복은 임야조사위원회에서 한다는 정도가 다를 뿐이다. 조선임야조사령 제15조도 토지조사령 제15조와 마찬가지로 "임야 소유자의 권리는 사정의 확정 또는 재결에 의하여 확정된다"고 규정하고 있다.

위와 같은 토지조사사업과 임야조사사업의 결과물을 바탕으로 하여 전국적으로 토지대장과 임야대장 및 지세명기장이 작성되었고, 전면적인 등기제도가 시행될 수 있게 되었다.[11)]

2. 사정의 법적 성격에 관한 판례

가. 대법원의 판례

앞에서 언급한 것처럼 대법원의 판례는 토지나 임야 사정을 받은 자는 그 토지나 임야를 원시적으로 취득하는 것으로 보고 있다. 이 문제는 대법원 1965. 11. 30. 선고 64다1508 판결[12)]이 공간된 판례 가운데 처음으로 다룬 것으로 보인다. 이 판결에서는 소외인 甲의 명의로 사정된 임야 중 일부가 원래 원고의 선대의 것이었다고 인정할 수 있는가가 쟁점이었다. 원심은 위 임야가 원고의 선대 소유라고 하여, 甲으로부터 임야를 전전 취득한 피고 명의의 등기말소를 명하였다. 그러나 대법원은, 조선임야조사령 제8조에 의하여 임야의 소유자 및 그 경계를 사정하여 그 사정이 확정되었으면, 그 사정명의자는 종전에 그 임야에 대한 소유권이 있었거나 없었거나를 불문하고 위 사정의 효력으로

11) 강태헌(주 10), 40-41면 참조.

12) 집 13권 2집 민245.

써 절대적으로 그 임야의 소유자로 확정되는 반면, 종전의 소유자는 이에 따라 그 권리를 상실하게 된다고 하여 원심판결을 파기환송하였다.[13] 이 판결은 직접 원시취득이라는 표현을 쓰고 있지는 않으나, 위 헌법재판소 결정 가운데 이동흡, 목영준 재판관의 반대의견은 위 판결이 원시취득을 인정한 것으로 보고 있다.

판례상 사정의 효과로서 원시취득이라는 표현이 처음 등장한 것은 대법원 1983. 10. 25. 선고 83도2118 판결[14]로 보인다. 이 사건에서는 甲이라는 사람이 1915년에 토지를 사정받았다. 그런데 그 후 피고인이 위 토지는 원래 피고인의 조부 소유였는데 甲에게 명의신탁한 것이라고 하여, 부동산 소유권이전등기에 관한 특별조치법에 의하여 자신의 명의로 소유권이전등기를 마쳤다가, 위 특별조치법 위반으로 기소되었다. 대법원은 일정 대정년도에 있었던 토지의 사정은 소유권의 원시취득의 효력이 있으므로 甲은 위 사정에 의하여 본건 토지에 대하여 소유권을 취득하였고, 피고인의 조부가 甲에게 명의신탁하여 사정을 받았다고 인정할 수 있는 자료가 없다고 하여 피고인을 유죄로 인정한 원심판결을 확정하였다.

이 이후에도 사정을 받은 사람이 소유권을 원시취득한다는 판례가 계속 나왔다. 즉 판례는 사정을 받은 사정명의인은 소유권을 원시취득 내지 원시적·창설적으로 취득하고, 사정 당시를 기준으로 할 때 사정명의인 아닌 사람을 소유자로 인정할 수 없다고 보고 있다.[15] 그리고 대법원 1992. 12. 22. 선고 91다27037 판결[16]은, 토지조사령이나 임야조사령에 의하여 사정받은 자는 그 사정토지의 소유권을 확정적으로 원시취득하는 것이므로 그에 저촉되는 종전 권리는 모두 소멸하는 것이라고 하여, 위 대법원 1965. 11. 30. 선고 64다1508 판결(주 12)을 재확인하고 있다.

특히 종중이 종중원에게 명의신탁하여 사정을 받은 경우에 관하여는 판례

---

13) 그런데 위 판결은 소외인이 임야를 사정받은 것은 1913. 8. 20.이라고 하였으나, 조선임야조사령에 의한 임야사정은 1918년에야 시작되었으므로, 오기나 착오가 있는 것으로 보인다.

14) 위 주 2).

15) 대법원 1984. 1. 24. 선고 83다카1152 판결(집 32권 1집 민20); 대법원 2007. 10. 25. 선고 2007다46138 판결 등 다수. 대법원 1986. 6. 10. 선고 84다카1773 전원합의체 판결(집 34권 2집 민17)도 사정받은 부동산은 사정명의인이 원시취득한 것으로 보고 있으나, 이 사건에서의 주된 판시는 토지조사부에 토지소유자로 등재되어 있는 자는 재결에 의하여 사정내용이 변경되었다는 등의 반증이 없는 이상 토지소유자로 사정받고 그 사정이 확정된 것으로 추정된다고 하여, 반대 취지의 종전 판례를 변경한 것으로서, 원시취득 여부는 방론이었다.

16) 공 1993, 542.

가 여러 개 있다. 즉 판례는 사정을 받은 사람은 소유권을 원시적, 창설적으로 취득하는 것이므로, 종중이 그 소유였던 임야나 토지를 종중원에게 명의를 신탁하여 사정받았더라도 위 사정명의인이 그 소유권을 취득하고, 명의신탁자인 종중은 명의신탁계약에 의한 신탁자의 지위에서 명의신탁을 해지하고 그 소유권이전등기를 청구할 수 있음에 그친다고 한다.[17]

나. 하급심의 판례

하급심의 판례도 이러한 대법원의 판례를 답습하고 있다. 특히 근래에는 특별법의 적용이 문제된 사건들에서 사정을 받은 것이 특별법상의 취득이라고 명언한 판례들이 있다.[18] 이 중 제일 처음에 선고된 서울행정법원 2008. 10. 2. 선고 2007구합43617 판결의 이유를 소개한다. 다소 길지만 아래에서 다루려는 논점에 대하여 모두 언급하고 있기 때문에, 해당 부분에 관한 판시를 그대로 인용한다.

> "(3) 이 사건 조항상 '취득'에 사정행위가 포함되는지 여부
>
> (가) 우리 판례는 대법원 1986. 6. 10. 선고 84다카1773 전원합의체 판결에서 "토지조사부에 토지소유자로 등재되어 있는 자는 재결에 의하여 사정내용이 변경되었다는 등의 반증이 없는 이상 토지소유자로 사정받고 그 사정이 확정된 것으로 추정할 것이고, 사정받는 자는 그 부동산을 원시적으로 취득하였다"고 판결한 이래 일관하여 토지·임야조사사업상 '사정'을 소유권의 원시적 취득으로 판단하여 온 점, 위와 같은 판례의 태도로 인하여 일제시대에 토지를 사정받았으나 소유권보존등기를 하지 못한 친일반민족행위자의 후손들이 친일재산에 대하여 소유권을 행사할 수 있는 길이 열리게 되었고 실제로 친일반민족행위자의 후손들이 그와 같은 소송을 제기하여 승소하는 사례가 발생하자, 이와 같은 행태를 좌시할 수 없다는 전국민적 공감대에 기초하여 일차적으로는 친일반민족행위자의 후손들의 재산반환소송을 효과적으로 차단하려는 목적으로 특별법이 제정되기에 이른 점, 특별법의 제정과정에서도 위와 같은 문제의식이 그대로 드러나 법제사법위원회 위원들 사이에 친일반민족행위자가 사정을 통하여 재산을 취득한 경우에도 무효로 하여야 한다는 점에 관하여 공감대가 형성되었고, 구체적으로 초안 제2조에서 규정하고 있는 '취득행위'에 사법상의 법률행위 외에 공법상의 행위인 사정행위를 어떻게 포

---

17) 대법원 1991. 1. 25. 선고 90다10858 판결(집 39권 1집 민81); 1995. 8. 25. 선고 94다20426, 20433 판결(공 1995, 3253) 등.

18) 서울행정법원 2008. 10. 2. 선고 2007구합43617 판결(미공간); 2008. 10. 28. 선고 2008구합22013 판결(미공간); 서울고등법원 2009. 5. 6. 선고 2008누32296 판결(미공간) 등.

섭시킬 것인가에 관하여 논의가 이루어진 바 있는 점 등에 비추어 볼 때, 입법자는 특별법을 제정할 당시 이 사건 조항의 '취득'에 토지·임야조사사업상 사정을 포함시켜 러·일전쟁 개전 후부터 1945. 8. 15.까지 친일반민족행위자가 사정받은 재산도 일단 친일행위의 대가로 취득한 재산으로 추정하도록 할 의도였던 것으로 보인다.

(나) 여기에 다음과 같은 사정, 즉 ① 이 사건 조항은 초안에는 포함되어 있지 않다가 해방시로부터도 이미 반세기 이상 경과한 상황에서 피고가 어떠한 재산이 친일협력의 대가로 취득한 것인지를 입증하는 것은 거의 불가능하다는 점을 고려하여 친일재산의 입증책임을 완화할 목적으로 추가된 것인 점, ② 그런데, 부동산의 경우 유동성이 약하여 다른 재산들에 비하여 친일반민족행위자의 후손들이 현재까지 이를 그대로 소유하고 있을 가능성이 높고 러·일전쟁 개전시부터 사정전까지의 기간 동안 취득한 부동산의 경우에는 대부분 사정을 받았을 것이어서, 이 사건 조항은 사정받은 부동산에 관하여 적용될 필요성이 오히려 더 높은 점, ③ 사정은 원칙적으로 당해 부동산의 소유자로 신고하는 자에 대하여 이루어진다는 측면에서는 기존 권리의 확인이라는 의미도 있지만, 다른 한편 사점시장장팔십(私占柴場杖八十), 산림천택여민공지(山林川澤與民共之) 등에서 드러나듯 당시의 토지·임야에 대한 권리는 용익권과 유사한 지배권으로서 근대적 의미의 소유권과는 그 의미가 다르다는 측면에서는 (근대적) 소유권의 창설이라는 의미도 겸유하고 있는 점, ④ 특히 사정이 이루어진 시기는 일제강점기로서 부동산에 관하여 권리를 가지고 있으면서도 반일감정이나 조세부담 등을 이유로 소유권 신고를 하지 않은 경우도 있는 반면, 일제 식민통치기구에 참여한 관리나 유력자의 이해관계가 우선적으로 고려되어 무주부동산, 귀속불명토지에 대한 사정이 이루어지기도 하여 사정을 받은 사람이 반드시 기존의 권리자이었을 것이라고 보기 어려우므로, 사정을 이 사건 조항상의 취득에 포함시켜 친일재산으로 추정하고 원고로 하여금 반증을 들어 그 추정을 복멸시키도록 하더라도 그다지 부당한 것으로 보이지 않는 점, ⑤ 특별법은 일본 제국주의의 식민통치에 협력하고 우리 민족을 탄압한 반민족행위자가 그 당시 친일반민족행위로 축재한 재산을 국가에 귀속시킴으로써 정의를 구현하고 민족의 정기를 바로 세우며 일본제국주의에 저항한 3·1운동의 헌법이념을 구현함을 그 입법 목적으로 하고 있는 점 등을 종합하면, 이 사건 조항의 취득에는 사정도 포함된다고 봄이 상당하다."

즉 위 판결은 사정에 의한 소유권의 확정이 특별법상의 추정에 해당하는가에 관하여, 제1차적으로는 사정받는 자는 그 부동산을 원시적으로 취득하였다고 보는 대법원의 판례와 입법자의 의사 및 특별법의 목적을 근거로 하여 이를 긍정하면서, 그 외에도 사정은 기존 권리의 확인이라는 의미도 있지만,

다른 한편 당시의 토지·임야에 대한 권리는 근대적 의미의 소유권과는 그 의미가 다르다는 측면에서는 근대적 소유권의 창설이라는 의미도 겸유하고 있고, 사정을 받은 사람이 반드시 기존의 권리자이었을 것이라고 보기 어렵다는 점을 근거로서 부가하고 있다.

3. 학설상의 논의

종래의 학설은 사정에 의하여 사정명의인이 토지나 임야를 원시취득한다는 대법원의 판례를 당연한 것으로 받아들이고 있었을 뿐, 별로 상세한 논의가 없었다.[19] 그런데 근래 이에 대하여 의문을 제기하는 견해가 나타났다. 즉, 토지조사사업은 기존의 소유관계를 해체한 것이 아니라 단지 이를 재확인한 것으로 보아야 하므로, 이를 원시취득으로 보는 것은 그 사업을 과대평가하는 것에 다름 아니라고 한다. 사정명의인이 그 이전의 취득경위까지 입증할 필요가 없는 이유는 사정 및 재결의 속성이 원시취득이기 때문이 아니라, 사정명의인이 사정 및 재결을 통해 기존의 소유권을 재확인받았기 때문이라는 것이다.[20]

그리고 사정의 효력에 관한 조선고등법원의 판례를 분석한 다음, 사정명의인이 사정 대상 토지나 임야를 원시취득한다는 데 대하여 의문을 제기하는 견해가 있다. 이 견해는 일반적으로 사정의 확정이나 재결에 의한 소유권취득은 원시취득으로 평가되고 있지만, 원시취득은 제한이 없는 완전한 권리이어야 하는데, 사정 또는 재결명의인은 확정판결의 승소자에 대해서는 자신의 권리를 주장할 수 없고, 명의신탁자와의 관계에서는 내부적 소유권이 유보되어 있으며, 명의신탁을 해지하면 신탁자에게 반환하여야 하는 지위에 있고, 제한물권이 존재하며, 사정받은 부동산을 타인에게 양도하면 불법행위가 된다는 점에서 사정 또는 재결명의인의 소유권취득은 제한이 많은 소유권의 취득이 된다고 한다.[21]

---

19) 郭潤直, 物權法, 제7판(博英社, 2002), 60면; 郭潤直 編輯代表, 民法注解 V(博英社, 1992), 26면(金相容); 김성욱, "일제강점기 반민족행위자의 재산환수", 토지법학 제23권 2호, 2007, 325-326면 등.

20) 강태헌(주 10), 48면. 또한 정우형, "近代的 土地所有權의 成立時期에 관한 硏究", 韓國地籍學會誌 제18권 2호(2002), 51면도 사정을 소유권의 원시취득 사유로 보는 것에 대하여, 일제의 토지사업 조사 이전에 존재하고 있었던 근대적 소유권을 인정받을 수 없는가 하는 의문을 제기하고 있다.

21) 이우석, "査定에 의해 확정된 토지소유권의 성격", 法史學硏究 제36호(2007), 95-96면.

4. 일제 강점기의 논의

1945년 이전의 일제 강점기에는 이 문제에 대하여 어떤 논의가 있었는가? 문헌상 사정의 효력으로서 사정명의인이 사정된 토지를 원시취득한다는 견해도 발견할 수 있다. 즉 사정에 의하여 확정된 소유권은 사법재판소라고 하여도 인정하지 않으면 안 되는 絕體的인 것으로서 서로 병립될 수 없고, 그 확정된 소유권이 증명 또는 등기와 저촉되어 상용될 수 없는 때에는 그 증명 또는 등기를 말소시킬 수 있는 절대적인 권력을 부여함으로써 권리관계를 확정하는 것이 사정의 효력에 연관된다고 한다. 그렇다면 사정은 적극적 소유권의 존재를 기초로 하여 이에 부합하는 것이 아니라, 소유권의 존재는 사정에 의하여 비로소 확인결정되는 것이고, 사정과 사정 전의 소유권의 연락관계는 전혀 없으며, 전 소유권을 소멸시키고 새로운 소유권을 취득하게 하는 이른바 원시취득이라고 해석된다고 한다.[22]

그러나 당시 조선의 최고법원이던 조선고등법원의 판례는 반드시 이와 같이 보지 않았다.[23] 당시의 판례는 다소 엇갈리고 있었으나, 최종적으로는 확정판결에 의하여 소유권자로 확정된 사람은, 그 후 다른 사람이 사정을 받더라도 소유권을 상실하는 것은 아니라는 것으로 통일되었다.

우선 조선고등법원 1917(大正 6). 3. 27. 판결[24]은 토지의 사정명의인인 피상고인이 자신이 사정을 받은 토지에서 상고인이 석재를 채취하는 것을 금지하는 청구를 한 사건에 대한 것인데, 원심 법원은 피상고인의 소유권을 인정하였다. 이에 대하여 상고인은 상고이유로서, 토지의 소유권에 관한 토지조사국의 사정확정은 하나의 행정처분에 불과하므로 국민의 사법상 재판을 받을 권리를 잃는 것은 아니고, 따라서 재판소로서는 소유권의 근본 내용에 관하여 심리하여야 한다고 주장하였다. 그러나 조선고등법원은 토지조사령에 의한 사정 또는 재결은 하나의 행정처분이지만, 그 사정 또는 재결이 확정된 때에는 토지조사령 제15조에 의하여 토지소유자의 권리는 그로 인하여 확정되고, 동령 제16조에 규정된 재심의 신청에 의하여 변경되지 않는 한 그 사정 또는 재결명의인은 종래 소유권을 가졌는지 아닌지에 무관하게 절대로 그 토지의 소유자

22) 早川保次, 朝鮮不動産登記の沿革(大成印刷社, 1921), 56면.
23) 이우석(주 21)은 이 문제에 관한 조선고등법원의 판례를 상세하게 분석하였다.
24) 高等法院民事判決錄 4권 207면 이하.

로 확정된다고 하여 상고를 기각하였다.

그리고 조선고등법원 1918(大正 7). 11. 19. 판결[25]은 사정 전에 結數連名簿[26]상 소유자로 되어 있던 수탁자가 저당권을 설정하였는데 그 후 신탁자가 사정을 받은 경우에, 저당권의 효력이 있는가 하는 점에 관한 것이다. 이 판결은, 사정명의인 아닌 자가 사정 전에 적법하게 소유권을 취득하였다는 점을 이유로 하여 소유권을 주장할 수 있는 것으로 하는 때에는 사정에 의해 소유자로 확정된 자와 하나의 물건에 관한 공유가 아닌 2개의 소유권을 인정해야 하는 결과로 되어, 사정이 절대적으로 소유권을 확정하는 것으로 하는 토지조사령의 취지에 반하게 되므로 사정에 저촉하는 소유권의 주장을 허용할 것은 아니고, 그러한 소유권은 사정에 의하여 소멸하게 된다고 하였다.

그러나 위 판결들이 그 사정 또는 재결명의인은 종래 소유권을 가졌는지 아닌지에 무관하게 절대로 그 토지의 소유자로 확정된다고 한 것은, 반드시 사정에 의하여 소유권이 창설된다는 취지라고는 할 수 없고, 다만 사정 확정의 효력에 의하여 다른 사람이 사정과는 다른 내용의 소유권을 주장하지는 못한다고 이해할 여지도 있다.

즉 위 조선고등법원 1918(大正 7) 11. 19. 판결(주 25)은 '토지조사령에 의하여 사정 또는 재결을 거친 토지의 등기 또는 증명에 관한 건' 제1조 제3항[27]에 관하여, 위 규정은 등기 또는 증명을 거친 소유권 이외의 권리 중에는 사정명의인 자신이 설정하지 않았더라도 사정에 의해 확정된 소유권과 저촉하지 않는 권리에 근거하여 설정되고 사정명의인이라고 하더라도 이에 복종하지 않으면 안 되는 것이 있으므로, 일응 등기 또는 증명을 거친 소유권 이외의 권리자의 권리를 존중하고 동 규정의 조건을 구비한 것이 아니라면 말소를 할 수 없다는 것이라고 설시하고 있다. 만일 사정이 새로운 소유권을 부여하는 창설적

25) 高等法院民事判決錄 5권 873면.

26) 결수연명부는 1909년 조선통감부가 만든 지세징수대장의 내역부이다. 이는 납세자별로 그 동리에 소재한 토지의 결수와 납세자를 기록한 장부로서, 사실상 토지대장과 같은 역할을 하였고, 법원의 재판에서도 소유자를 밝히는데 중요하게 고려되었으며, 토지조사사업의 자료로도 사용되었다. 愼鏞廈(주 7), 29-35면; 배영순, 韓末日帝初期의 土地調査와 地稅改正(영남대학교출판부, 2002), 313면; 조석곤, 한국 근대 토지제도의 형성(해남, 2003), 278면 이하 참조.

27) 조선총독부제령 제16호(1914. 5. 1, 제정) 제1조 ① 토지의 소유권이 토지조사령에 의한 사정 또는 재결을 거쳐 확정된 경우에 이에 저촉하는 등기 또는 증명이 있는 때에는 토지소유자는 그 등기 또는 증명의 말소를 신청할 수 있다.
③ 소유권 이외의 권리에 관한 등기 또는 증명이 있는 때에는 신청서에 그 등기 또는 증명 명의인의 승낙서 또는 이에 대항할 수 있는 재판의 등본을 첨부하여야 한다.

인 효력을 가지는 것이라면, 사정 전에 존재하였던 권리는 모두 소멸되어야 할 것이므로, 위 판결도 반드시 사정에 창설적인 효력을 인정하는 것은 아니라고 보인다.

다른 한편 조선고등법원 1918(大正 7). 7. 9. 판결[28]은 사정이 소유권을 확정하는 것에 지나지 않으며, 사정명의인에게 소유권을 부여하는 효력이 있는 것은 아니라고 명확히 밝혔다. 이 판결의 구체적인 쟁점은 사정 전에 받은 소유권에 관한 확정판결의 기판력이 사정 후에 제기된 소송에 미치는가 하는 점이었다. 이 사건에서는 상고인이 피상고인을 상대로 한 이전의 소송에서 분쟁의 대상인 토지가 상고인의 소유로 판결되었고, 그 판결은 1914. 3. 17. 확정되었는데, 그 후인 1915. 2. 위 토지가 피상고인 소유로 사정되어 그 사정이 확정되었다. 원심판결은 위 사정이 확정판결의 변론 종결 후에 있었으므로, 일사부재리의 원칙에 어긋나지 않는다고 하여 피상고인의 소유를 인정하였다.

그러나 조선고등법원은, 토지조사령 제10조에 의하면 사정 또는 재결은 토지신고 또는 통지 당일의 현재로 소유권을 확정하고, 또한 그 사정 또는 재결의 효력인 인정적 효력이 있는 것에 지나지 않으며, 사정명의인에게 소유권을 부여하는 효력이 있는 것은 아니므로, 피상고인이 본건 토지가 원래 피상고인 소유이고, 1911년 8-9월경 토지신고를 하고 피상고인 명의로 사정이 확정되었다고 주장하는 것은 전소의 확정판결 이전에 피상고인이 본건의 토지의 소유자였다는 점을 주장하는 것이어서, 전소와 본소는 그 청구원인이 다른 것이라고 말할 수 없다고 하였다. 이 판결은 사정은 권리를 창설하는 효력이 있는 것이 아니라고도 밝히고 있다.[29]

위 판결에서도 확정판결과 사정이 배치되는 경우에 어느 것이 우선하는가가 문제되었는데, 이 점에 관하여는 조선고등법원에서 여러 차례 연합부 판결이 있었으나, 최종적으로는 1925(大正 14). 12. 26. 연합부 판결[30]에 의하여 종국적으로 해결되게 되었다. 이 판결은, 토지소유권의 확정에 관하여 토지조사령에 의한 사정 또는 재결과 사법재판소의 확정판결이 서로 저촉되어 상용될 수 없는 결과를 낳은 경우에는 사정명의인 또는 재결명의인과 확정판결의 승소자는 각 그 권리를 주장할 수 있고, 양자간에는 상호 대립되는 당시의 상태

28) 高等法院民事判決錄 5권 589면.

29) 그러나 이 판결은 기판력의 문제에 관하여는 소송의 목적물이 다르다는 이유로 상고인의 주장을 배척하였다.

30) 高等法院民事判決錄 12권 515면.

를 유지하고 서로 타방의 권리를 침해할 수 없으므로, 사정명의인 또는 재결명의인이 그 권리를 제3자에게 양도하고 그 자로 하여금 당해 토지에 관한 완전한 소유권을 취득하게 하고 확정판결의 승소자로 하여금 그 권리를 상실하게 한 때에는, 사정명의인 또는 재결명의인은 확정판결의 승소자에 대하여 불법행위책임을 부담한다고 하였다.

다시 말하여 확정판결을 받은 사람 아닌 다른 사람이 사정을 받았다고 하여 확정판결을 받은 사람의 소유권이 상실되는 것은 아니고, 양자가 모두 현재의 상태를 유지할 수 있으나, 사정을 받은 사람이 제3자에게 양도한 경우에는 제3자가 완전한 권리를 취득하고, 확정판결을 받은 사람은 사정명의인이나 재결명의인에 대하여 불법행위책임을 물을 수 있다는 것이다.

이처럼 복잡한 문제가 생기게 된 것은 토지조사령이나 조선임야조사령이 사정 또는 재결에 대하여 재판으로 다툴 수 있는 길을 열어놓지 않았기 때문으로서, 법원으로서도 판결에 의하여 확정된 소유권과 사정 또는 재결에 의하여 확정된 소유권 양자를 모두 인정하는 판결을 내릴 수밖에 없었다.[31] 그러나 이에 따르면 결국 한 물건에 대하여 서로 다른 소유자가 인정될 수 있다는 것이 되어, 一物一權主義에 어긋나게 된다.[32]

Ⅲ. 검　　토

이하에서 과연 토지와 임야의 사정은 사정을 받은 사람으로 하여금 토지나 임애를 원시취득하게 하는 효력을 가지는 것인지를 살펴본다.

그런데 여기서 ‘취득’과 ‘원시취득’의 개념을 다시 한 번 명백히 하고 넘어갈 필요가 있다. 취득이란 전에 가지고 있지 않던 권리를 가지게 된다는 것으로 이해할 수 있다. 가령 지방세법 제6조 제1호는 “취득”이란 매매, 교환, 상

31) 당시 총독부는 이러한 토지조사사업에서의 문제점을 인식하고, 임야조사사업을 할 때에는 다음과 같은 조치를 취하였다. 즉 1918(大正 7). 10.에 사법당국과의 협의에 의하여 토지조사사업을 실시하면서 관할 재판소에 이를 통지하면, 재판소는 신고 지역 내의 소유권 및 경계에 관한 계속 중인 소송 사건이 있음을 도지사에게 통지하고, 도지사는 재판의 결과를 기다려 사정하도록 하였다가, 1920(大正 9). 3.에는 방침을 바꾸어 재판소가 사정 결과를 기다렸다가 재판을 하도록 하였다. 朝鮮總督府農林局 編(주 7), 76-79면 참조.

32) 이우석, “토지조사사업에 의한 소유권확정과 판결의 저촉”, 嶺南法學 제10권 2호(2004), 102면 참조.

속, 증여, 기부, 법인에 대한 현물출자, 건축, 개수(改修), 공유수면의 매립, 간척에 의한 토지의 조성 등과 그 밖에 이와 유사한 취득으로서 원시취득, 승계취득 또는 유상·무상의 모든 취득을 말한다고 정의하여 어떤 경우가 취득에 해당하는지를 예시하고 있다. 취득은 다시 원시취득(original acquisition, originärer Rechtserwerb)과 승계취득(derivative acquisition, derivativer Rechtserwerb)으로 구분된다. 이 중 원시취득은 타인의 권리를 바탕으로 하지 않고 권리를 취득하는 것을 말하는데, 先占이나 拾得, 건물의 신축, 간척에 의한 토지의 조성, 수용 등에 의한 취득 등이 이에 해당한다. 승계취득은 타인의 권리를 바탕으로 하여, 타인이 이미 가지고 있던 권리를 승계하는 것을 말한다.[33)]

1. 토지 소유자의 권리 확정의 의미

종래 사정을 받은 자가 그 토지나 임야를 원시취득한다고 본 근거는 결국 토지와 임야 소유자의 권리는 사정의 확정 또는 재결에 의하여 확정한다고 규정한 토지조사령 제15조와 조선임야조사령 제15조에 있다. 그러면 여기서 확정의 의미는 무엇인가?

토지조사령이나 조선임야조사령의 기본 체제는 토지와 임야 소유자의 신고가 있으면 그 신고 내용이 정확한지를 조사하고 그 조사 결과에 따라 소유자의 권리를 확정하는 것이다. 따라서 여기서 말하는 권리의 확정이란 기존의 소유자의 권리의 확인을 의미하고, 권리의 창설을 의미하는 것은 아니다. 법 해석은 기본적으로 그 문언에서 출발하여야 하는데,[34)] "확정"을 "창설"이라고 이해하는 것은 법의 문언과는 거리가 있는 것이다.

이와 같은 파악은 당시 입법자의 의사와도 부합한다. 토지조사사업에 관한 공식적인 보고서에서는 토지조사사업의 목적에 관하여 다음과 같이 설명하고 있다.[35)]

---

33) 郭潤直, 民法總則, 제7판(博英社, 2002), 186면 참조.

34) 대법원 1994. 8. 12. 선고 93다52808 판결(공 1994, 2291); 2009. 4. 23. 선고 2006다81035 판결(공 2009상, 724); 金龍潭 編輯代表, 註釋民法 總則(1), 제4판(사법행정학회, 2010), 87면(尹眞秀) 등.

35) 朝鮮總督府臨時土地調査局 編(주 7), 411면. 이우석(주 32), 98면은 조선총독부 임시토지조사국에서 1910년에 발행한 토지조사사항설명서도 같은 취지라고 한다.

> "조선에서 고래의 토지소유권보장의 제도는 아주 불완전해서 근거로 할 만한 것이 없다. 그리고 토지에 관한 증명제도를 시행하는데 있어서나 형식상 권리보장의 制를 이루려고 하여도 기본이 될 수 있는 지도나 토지대장이 확정되어 있지 않아 목적물인 토지의 표시를 확인할 만한 방법이 없다. 따라서 권리의 증명에 지대한 결함이 있다. 조선에서 문화의 개발과 권리사상의 진전은 토지소유권의 확정 및 그 보장을 하루라도 빨리 하는 것이 급선무이고 소위 토지에 관한 분쟁이 빈번하게 제기되기에 이르러서 토지사정의 필요성이 있는 바이다."

다시 말하여 토지 소유권이 존재하기는 하지만, 그 대상을 확인하고 증명하는데 어려움이 있기 때문에 이를 명확하게 하여야 한다는 것이다. 따라서 기존에 존재하는 소유권 자체를 변화시키려는 의도가 있었던 것은 아니고, 이를 명확하게 한다는 데 주된 목적이 있었다.

다른 한편 임야의 경우에는 이러한 목적뿐만 아니라 임야의 소유권을 확정하는 것이 산림녹화에 도움이 된다는 고려도 있었던 것으로 보인다.[36] 朝鮮林野調査事業報告는 임야조사의 목적에 관하여 다음과 같이 서술하고 있다. 즉 조선에서는 임야에 관한 권리관계가 애매 혼돈스럽기 그지없어서 쟁송이 그치지 않고, 권리관념이 발달하여 쟁의가 점점 더 격증 복잡화하고 있으므로 식목조림을 권장하여도 이를 기도 실행하는 사람이 없고, 민중의 亂伐暴採에 맡겨지게 되어 마침내 황폐가 극에 달하게 되었다고 하면서, 임야에 관한 紛議爭訟이 병합 후에도 여전히 해소되지 않고 있어서 사업가가 임업의 경영을 주저하게 되므로, 병합 후에 당국의 노력에 의하여 점점 발흥되고 있는 愛林思想을 좌절시키고 임정의 진흥에 장애가 되는 점이 적지 않다고 한다. 이처럼 분규착종이 심한 임야에 대하여 권리관계를 법적으로 해결확정하는 것은 조선의 林政革新에서 초미의 급무에 속하고, 이것이 임야조사사업을 실시하게 된 이유라고 한다.[37][38]

그러면 토지와 임야 소유자의 권리가 사정의 확정 또는 재결에 의하여 확정된다는 의미는 무엇인가? 이는 사정 또는 재결이라는 확인적인 행정행위가

36) 이우연(주 7), 214면 이하, 241면 이하, 394면 등.

37) 朝鮮總督府農林局 編(주 7), 5-7면.

38) 다른 한편으로 일제가 임야의 소유권제도를 확립한 목적은 삼림소유자를 대량으로 法認해 준 다음 그들에게 식림 비용을 전가하는 한편, 그 과정에서 발생하는 제반 행정비용 및 기타 지방통치비용을 삼림조합비 혹은 임야세의 명목으로 조선인에게 부담시키고자 하는 데 있었다는 견해도 있다. 최병택(주 7), 20면 등.

확정됨으로써 사정을 받은 사람이 소유자로 확정되고, 누구도 더 이상 사정을 받은 사람의 소유권을 다투지 못한다는 의미로 이해하여야 할 것이다.

일반적으로 확인(Feststellung) 내지 확인행위는 행정행위의 하나로 인정되고 있다.[39] 여기서 확인이라 함은 미확정적인 특정의 사실 또는 법률관계의 존재여부를 공권적으로 판단하여 이것을 확정하는 행위를 말한다. 이것은 새로운 법률관계를 설정하는 것은 아니고, 기존의 사실 또는 법률관계를 확정하는 것이다. 구체적으로는 당선인의 결정, 국가시험 합격자 결정, 도로구역 결정, 발명권 특허, 소득금액 결정, 쟁송법상 확인(행정심판 재결) 등을 들 수 있다. 이러한 확인은 특정한 사실 또는 법률관계의 존부 내지 정부에 관한 분쟁이라는 전제조건이 충족된 후라야 수행되는 작용이고, 이 점에서 준사법적 행위 또는 법선언행위라고도 한다. 그리고 확인으로 확정된 사실 또는 법률관계는 권한 있는 기관에 의해 부인되지 않는 한 누구도 그것을 임의로 변경할 수 없는 힘(불가변력)을 갖는다.[40]

토지조사령 및 조선임야조사령에 의한 사정 내지 재결은 여기서 말하는 확인의 개념에 모두 부합한다. 다시 말하여 소유권의 존재 내지 범위가 불분명한 경우에 사정이라는 절차를 통하여 이를 확정하는 것이다. 이러한 사정은 성질상 준사법적 행위로서, 그 결과 누구도 사정에 의하여 확정된 소유권을 다투지 못하게 된다.[41] 그러므로 사정은 소유권을 창설하거나 부여하는 형성적인 행위라고는 할 수 없다. 위 조선고등법원 1918. 7. 9. 판결(주 28)은 확정의 성질을 이처럼 확인행위로 파악한 것으로 이해된다.

위 헌법재판소 2011. 3. 31. 선고 2008헌바141 결정(주 4) 가운데 이동흡, 목영준 재판관의 반대의견은 토지소유자와 임야소유자는 사정이 확정되면 해당 토지 내지 임야를 원시취득한 것이라고 하면서도, 사정은 1912년 및 1918

---

39) 대법원 2008. 11. 13. 선고 2008두13491 판결(공 2008하, 1685)은 특별법 제2조 제2호에 정한 친일재산은 친일반민족행위자재산조사위원회가 국가귀속결정을 하여야 비로소 국가의 소유로 되는 것이 아니라 특별법의 시행에 따라 그 취득·증여 등 원인행위시에 소급하여 당연히 국가의 소유로 되고, 위 위원회의 국가귀속결정은 당해 재산이 친일재산에 해당한다는 사실을 확인하는 이른바 준법률행위적 행정행위의 성격을 가진다고 하였다.

40) 金東熙, 行政法 Ⅰ, 제17판(博英社, 2011), 292-295면; 洪井善, 行政法原論(上), 제17판(博英社, 2009), 341면 등. 이러한 확인의 개념은 토지 및 임야조사사업 무렵에 일본에서도 인정되고 있었던 것으로 보인다. 美濃部達吉, 日本行政法總論(有斐閣書房, 1919), 145-147면 참조.

41) 朝鮮總督府臨時土地調査局 編(주 7), 412면은 토지조사 이전에 있어서의 모든 사유는 사정에 의하여 일체 단절되는 것으로 한다고 설명하고 있다. 그런데 李喆雨, "土地調査事業과 土地所有法制의 變遷", 韓國法史學論叢(博英社, 1991), 365면은 위의 설명이 소유권을 창설한 것으로 본다고 받아들이고 있으나, 본문과 같이 이해하는 것이 정확할 것이다.

년 이후의 사정 당시 누가 토지 또는 임야를 소유하였는지를 판단하는 기준이 될 뿐이지, 그가 실제로 언제 토지 또는 임야를 취득하였는지에 관한 정확한 기준이 될 수 없는 것이라고 보고 있는 것도 이와 유사한 취지라고 보인다.

사정의 효력을 소유권의 원시취득이라고 보고 있는 종래의 대법원 판례도 이러한 관점에서 모두 설명할 수 있다. 즉 판례의 기본 취지는 사정 또는 재결이 있으면 그러한 사정 또는 재결을 받은 사람이 소유자로 확정되므로 그 당시를 기준으로 하여 다른 사람을 소유자로 인정하여서는 안 된다는 것인데, 이는 사정 또는 재결에 의한 확인의 효과이고, 사정 또는 재결에 의하여 비로소 소유권을 취득하는 것은 아니라고 하여도 충분히 설명할 수 있다. 따라서 사정에 의한 소유권의 확정은 원시취득이라고 할 수 없을 뿐만 아니라, 자신의 권리를 승계취득하는 것이라고도 할 수 없으므로 취득 자체가 아니라고 하여야 할 것이다.

다만 이처럼 사정 명의인 아닌 사람을 소유자로 인정할 수 없게 된다면 결과적으로 사정 이전에 소유권을 취득하였던 사정명의인이 아닌 사람이 소유권을 상실하게 되므로, 사정에 소유권 부여라는 형성적, 창설적인 효력을 인정하지 않으면 안 된다는 견해가 있을 수 있다. 그러나 이는 사정이 가지는 확인적 효력의 반사적 효과일 뿐이라고 설명하여야 할 것이다. 이와 유사한 예로서 소유권확인의 확정 판결이 있는 경우를 들 수 있다. 예컨대 甲과 乙 사이에 누가 어떤 물건의 소유자인지에 관하여 다툼이 있어서 갑이 을을 상대로 하여 자신이 그 물건의 소유자임의 확인을 구하는 소송을 제기하여 승소 확정판결을 받았다면, 위 판결의 기판력에 의하여 을은 설령 자신이 진정한 소유자였다고 하여도 더 이상 갑에 대하여 소유권을 주장할 수 없게 된다. 거꾸로 이 경우 갑이 패소한 경우에는 그 판결의 기판력에 의하여 갑은 더 이상 을에 대하여 자신의 소유권을 주장할 수 없게 된다.[42] 이 경우에는 마치 소유권 확인에 관한 판결에 의하여 진정한 소유자라도 소유권을 상실한 것 같은 외관을 보이게 되지만, 확인판결은 소송법상 기판력만을 가질 뿐 법률관계를 변동시키는 형성력을 가지지는 않는다. 이전에는 기판력의 본질에 관하여 실체법설도 주장되고 있었다. 즉 종래 존재하고 있던 권리라도 재판에 의하여 인정되지 않으면 그 권리는 재판의 확정과 동시에 소멸하고, 존재하지 않던 권리라 하여도 재판

42) 대법원 1994. 12. 27. 선고 94다4684 판결(공 1995상, 657).

에 의하여 인정되면 그 권리관계가 발생한다는 것이다. 그러나 지금은 이러한 주장은 더 이상 받아들여지지 않고 있고, 기판력은 실체법상의 권리관계와는 무관하며, 오로지 소송법상의 효과로서 법원을 구속하는 효력이 있을 뿐이라고 하는 소송법설 내지 신소송법설이 일반적인 견해이다.[43] 이러한 설명은 준사법적 행위로서 불가변력이 인정되는 사정이나 재결의 경우에도 적용될 수 있을 것이다.

다만 문제는 이러한 사정이나 재결에 대하여 법원에 이의를 제기할 수 있는 길이 처음부터 봉쇄되어 있었다는 점이다. 토지조사령 제16조, 조선임야조사령 제16조는 각각 법원에 대한 제소는 허용하지 않고, 가벌성 있는 행위에 근거하여 사정 또는 재결이 있는 때나 근거가 되는 문서가 위조 또는 변조가 된 때에 한하여 고등토지조사위원회 또는 임야조사위원회에 재심을 제기할 수 있다고 규정하고 있을 뿐이다. 오늘날의 관점에서는 이러한 법령은 국민의 재판청구권을 침해하는 것으로서 명백히 위헌이라고 하겠지만,[44] 현재의 헌법을 기준으로 하여 당시 행정처분의 효력을 위법하다고 판단하는 것은 무리이다. 더구나 사정 후 장구한 시간이 지났고 사정 결과를 토대로 하여 그 후의 법률관계가 형성되었으므로, 이제 와서 그 효력을 문제삼는 것은 현실적이지도 못하다.

2. 사정 전의 토지 및 임야 소유권 존재 여부

가. 문제의 소재

그런데 이처럼 사정을 종전 소유권의 확인이라고 보기 위하여는 사정 전에도 소유권이 존재하였다는 것이 전제로 되어야 한다. 사정을 원시취득이라고 보아 특별법의 적용을 긍정하고 있는 하급심 판결들(주 18)은 그 이유의 하나로서, 사정은 원칙적으로 당해 부동산의 소유자로 신고하는 자에 대하여 이루어진다는 측면에서는 기존 권리의 확인이라는 의미도 있지만, 당시의 토지·임야에 대한 권리는 용익권과 유사한 지배권으로서 근대적 의미의 소유권과는 그 의미가 다르다는 측면에서는 (근대적) 소유권의 창설이라는 의미도 겸유하고 있다는 점을 들고 있다. 만일 사정 전에는 토지나 임야의 소유권이 존재하

43) 金祥源 외 4인(編輯代表), 註釋 新民事訴訟法 Ⅲ(사법행정학회, 2004), 308-310면(閔日榮) 등.
44) 헌법재판소 2006. 2. 23. 선고 2005헌가7, 2005헌마1163 결정(헌판집 18권 1집 상58).

지 않았다면 사정을 원시취득의 사유로 볼 여지도 있을 것이다.[45] 따라서 이 문제를 따져보지 않을 수 없다. 이 또한 결론을 미리 말한다면, 토지의 경우에는 사정 이전에도 이미 근대적 소유권이 인정되고 있었고, 반면 임야의 경우에는 사정에 의하여 비로소 근대적 소유권이 확립되었다고 볼 여지가 있으나, 그렇다고 하여 사정 전에는 소유권이 존재하지 않았다고 할 수는 없으며, 사정에 의하여 임야의 소유권을 원시취득한 것이라고 말할 수는 없을 것이다.

그런데 우선 근대적 소유권의 개념을 확인할 필요가 있다. 일반적으로 근대적 소유권의 개념은 자유로운 사적 토지소유권의 성립을 전제로 하여, 一物一權主義의 원칙 아래서 소유자의 전면·독점적인 지배를 표현하고 정치적·공동체적 제부담에서 해방됨으로써 토지에 대한 순수한 물적 가치의 지배권이라고 한다. 다시 말하여 사적·개인적 재산권이라는 점과 추상성·절대성·무제약성·포괄성·탄력성·항구성을 가지고 있다는 것이다.[46] 이러한 근대적 소유권의 개념은 중층적, 분할적 소유권 및 종신 용익권과 비교하면 더욱 명확하다. 가령 유럽의 봉건시대에는 토지의 소유권이 영주의 상급소유권과 경작자의 하급소유권이라는 중층적 구조를 가지고 있었다.[47] 그리고 영미법상의 종신 용익권(life estate)은 그 내용에서는 완전한 소유권(fee simple absolute)과 차이가 없지만, 존속 기간이 용익권자의 생존기간으로 한정되어 있어서, 용익권자가 사망하면 권리는 설정자나 다른 제3자에게 귀속되고, 상속은 인정되지 않는다.[48] 이에 비하여 근대적 소유권은 이러한 소유권의 분할은 인정되지 않고, 존속기간의 제한도 없는 것이다.

나. 토지 조사 전의 토지소유권

한일병합 시기의 일본 학자 가운데에는 조선의 토지는 모두 국유였으므로 사정 전에는 개인의 소유권이 인정되지 않았고, 다만 국유지 가운데 개인이 收租權을 가지는 것이 있다는 주장이 있었으나,[49] 오늘날 이러한 주장은 우리나라는 물론이고, 일본에서도 더 이상 받아들여지지 않고 있다.[50]

45) 김성욱(주 19), 315면 이하는 임야의 소유권은 사정에 의하여 비로소 인정되었기 때문에, 조선시대부터 선묘가 존재하였다는 점만으로 친일재산이 아니라고 할 수는 없다고 주장한다.
46) 民法注解 Ⅴ(주 19), 17면(金相容) 참조.
47) 民法注解 Ⅴ(주 19), 14-15면(金相容) 참조.
48) Joseph William Singer, Introduction to Property(Aspen Publishers, 2001), p. 298.
49) 학설의 소개는 심희기, 한국법사연구(영남대학교 출판부, 1992), 50면 이하 참조.
50) 일본에 대하여는 和田一郎, 朝鮮土地地稅制度調査報告書(宗高書房, 1920; 再版, 1967)에 대한 旗田 巍 교수의 해설. 위 책 895면 참조.

현재의 정설은 조선시대에도 토지에 대하여는 자유롭게 처분할 수 있고 상속할 수 있었으므로, 사적 소유권이 보편적으로 존재하였다고 보고 있다.[51] 즉 토지는 자유로이 양도할 수 있었고, 양수인은 양수 사실에 대하여 관청으로부터 일종의 소유권증명서인 입지(立旨)를 받을 수 있었다. 그리고 국가가 토지를 수용할 때에도 그에 대한 보상이 주어지기도 하였다. 심희기 교수는 막스 베버를 인용하고 있는데, 그에 의하면 독점적 샹스(chance)의 향유가 사회적으로 보장될 때 이를 '소유(Eigentum)'로, 그것이 상속을 포함하여 양도가 가능할 때 이를 '자유소유'라고 보고, 독점적 샹스의 향유를 '專有(Appropriation)'로 불렀다고 한다. 그런데 전유는 조선시대의 '執持'나 '次知'와 유사한 개념이고,[52] '執持'나 '次知'의 대상물이 상속까지 가능할 때에는 이를 '己物, 己有' 그리고 己物의 지배자를 '主'로 불렀으며, 독점적으로 전유하는 점에서 배타성을 지니고 있으므로 조선시대에 이미 '一物一權主義'가 확립되어 있었다고 한다.[53] 그리하여 조선시대 民田主의 소유권은 비교사적으로 보더라도 "전근대적 소유치고는 세계사에서 유래를 찾아보기 어려울 정도로 절대성과 관념성을 구비한 자유소유권"이었다는 것이다.[54] 이러한 관점에서는 토지조사가 소유권을 창설한 것은 아니었고, 과거의 소유를 재확인하는 것에 불과하다고 보고 있다.[55]

다만 오늘날에도 일부 학자는 국가를 토지의 궁극적인 本主로 간주하는 國制의 전통적 원리는 광무시기까지 폐기되지 못했고, 사실상 근대적 토지소유에 부합할 정도의 높은 수준으로 사적 토지소유가 발전하였음에도 불구하고, 그에 상응하는 국가적 法認 토지가 끝내 결여되었다고 주장하기도 한다.[56] 이 견해는 토지조사에 의하여 비로소 근대적 소유권이 인정되었다고 본다.[57] 그러

---

51) 朴秉濠, 韓國法制史攷(法文社, 1974), 107-236면; 同, 近世의 法과 法思想(진원, 1993), 191-203면; 배영순(주 26), 178-195면; 심희기(주 49), 특히 126면 이하; 李喆雨(주 41), 349면 이하 등.

52) 執持란 소유자로서의 배타적 지배가능성을 뜻하는 법적 점유이며 사실적이고 구체적인 요소가 강했는데, 17세기경부터는 次知라는 용어가 많이 사용되었다고 한다. 次知는 執持에 비하여 보다 추상적인 표현이라고 한다. 朴秉濠(주 51), 199-200면 참조.

53) 심희기(주 49), 114면 이하, 126면 등.

54) 심희기(주 49), 114면 이하, 126면.

55) 배영순(주 26), 179면, 191면 등은 토지조사사업은 지주적 토지소유를 근대법적으로 확인해 가면 되는 그 이상의 수준을 요하는 다른 작업이 요구되는 것은 아니었으며, 현실의 지주를 지주로, 현실의 소유를 소유로 파악하고 확인해 가면 되는 작업만이 요구되는 것이었다고 설명한다.

56) 예컨대 李榮勳, "量案 上의 主 規定과 主命 記載方式의 推移", 金鴻植 외(주 7), 53면, 190-198면; 조석곤(주 26), 355면 이하 등. 이를 일반적으로 국가의 상급소유와 개인의 하급소유를 아울러 인정하는 중층구조론으로 부르고 있다. 李喆雨(주 41), 354면 등. 중층구조론에 대한 비판으로는 배영순(주 26), 181-191면 참조.

57) 조석곤(주 26), 9면 이하 참조. 법학 분야에서 이와 같이 주장하고 있는 문헌으로는 鄭震明,

나 이러한 주장도 사적 토지소유권이 인정되었다는 점을 전적으로 부인하는 것은 아니고, 다만 동일한 현상에 대하여 이른바 王土思想이라는 이념이 얼마나 현실적으로 중요하였는지 하는 점에 관하여 시각의 차이가 있는 것뿐이므로, 앞의 견해와 그다지 큰 차이가 있는 것은 아니다.[58)]

다른 한편 토지조사사업 이전의 토지 소유권 공시 내지 증명에 관한 입법도 살펴볼 필요가 있다. 이에 관한 최초의 것은 1893년(開國 502년, 高宗 30년)에 가옥의 소유에 관한 증명으로서 실시된 家契制度가 있었다. 이어서 1901년(光武 5년)에는 전답에 관하여 地契制度를 실시하였다. 그에 따르면 전답을 소유하는 자는 반드시 관청에서 발부하는 官契를 소지하여야 하는데, 전답관계는 3통 작성하여 1통은 地契衙門에 보존하고, 1통은 토지소유자에게 교부하며, 나머지 1통은 당해 지방관청이 보존하였다. 소유자가 전답을 매매 등으로 양도할 때에는 관계를 관청에 제출하여 새 관계로 바꾸어야 하였다. 그러나 이러한 가계와 지계는 일부 지역에서만 실시되다가 얼마 되지 않아서 시행이 중지되었다.[59)] 그 후 1905년의 을사보호조약 체결 후인 1906년(光武 10년)에 토지 가옥의 소유권 증명을 위하여 土地家屋證明規則이 만들어졌다가, 1908년(隆熙 2년)에는 土地家屋所有權證明規則이 새로 만들어졌다. 후자의 규칙은 소유권을 취득한 자가 그 부동산을 관할하는 군수나 부윤에게 소유권의 증명을 신청하여 증명을 받을 수 있도록 한 것이다.[60)] 그리고 일제 강점기 이후인 1912년에는 朝鮮不動産登記令이 공포되어,[61)] 일본의 부동산등기법을 한국에 의용하였으나, 실시 지역은 일부에 그쳤고, 전면적으로 부동산등기제도가 실시되게 된 것은 토지 및 임야조사사업이 시행된 후였다. 논자에 따라서는 이러한 대한제국 시기의 입법에 의하여 근대적 소유권제도가 성립하였다고 주장하기도 한다.[62)] 이

"韓國法의 近代化와 土地所有權의 變遷", 法學論叢 제34권 제1호(2010), 37면 이하가 있다.

58) 李喆雨(주 41), 354면 참조. 토지사정에 의하여 근대적 토지소유권이 인정되었다고 보고 있는 조석곤(주 26), 99면, 101-102면은 토지조사사업에 의하여 조선 후기 이래 발전하여 오던 사실상의 사적 소유는 근대적인 토지소유권제도에 의해 보호를 받을 수 있게 되었고, 신고주의에 의해 토지소유권을 사정할 수 있었다는 사실은 사정 직전의 토지소유제도가 근대적 토지소유에 매우 근접한 것을 보여주는 것이라고 한다.

59) 朴秉濠(주 51), 70-74면; 郭潤直(주 6), 46-49면. 좀 더 상세한 것은 최원규, "19세기 후반 地契制度와 家契制度", 한국역사연구회 토지대장연구반 편, 대한제국의 토지제도와 근대(혜안, 2010), 339면 이하 참조.

60) 朴秉濠(주 51), 74-78면; 郭潤直(주 6), 49-52면. 상세한 것은 최원규, "대한제국과 일제의 土地權法 제정과정과 그 지향", 한국역사연구회 토지대장연구반 편(주 59), 454면 이하 참조.

61) 制令 제9호(1912. 3. 18).

62) 정우형(주 20), 47면 이하.

주장의 당부는 별론으로 하더라도, 이러한 입법들은 토지조사사업 이전에도 토지의 소유권이 공식적으로 인정되고 있었음을 보여 준다.

그런데 이와 같이 토지조사사업 이전에도 근대적인 소유권이 인정되고 있었다는 주장에 대하여 근래 반론이 제기되었다. 즉 조선시대의 군주에게는 형사상의 범죄행위와 결부시켜서 민사상의 재산권을 제한 없이 박탈시킬 수 있는 본원적인 권리가 존재하였으므로, 조선시대의 재산권에 대한 사유의식이나 국가의 재산권 존중사상은 근대국가에 비하여 상대적으로 미약하고 그 성질도 차이가 있었으며, 전근대사회는 개인의 권리보호보다는 군주의 주권강화 및 절대권력의 세습에 보다 중점을 두는 사회였으므로, 전근대사회에서의 토지사유제는 그러한 범위 내에서 인정되는 제도라고 한다.[63] 그리고 대한제국의 토지소유권제도에 대하여는, 대한제국은 절대군주권을 기반으로 하여 소유권을 통제할 수 있는 최소한의 권력보장장치도 없었고, 헌법에 의하여 보호되는 국민의 재산권 보호규정도 전혀 없었으며, 토지소유권의 내용과 효력이 무엇인지를 구체화할 수 있는 실체적 법규범이 존재할 여지가 없었다는 점에서 대한제국의 토지소유는 근대성을 인정할 여지가 없다고 한다.[64] 그리하여 형식적으로는 한국의 근대적 토지소유권제도는 일제강점기의 토지조사사업을 통하여 확립되었다고 볼 여지가 있다고 한다.[65]

그러나 이러한 주장은 매우 문제가 많다. 토지의 몰수가 인정되므로 근대적 소유권이라고 볼 수 없다는 주장은 일반적으로 받아들여지고 있는 근대적 소유권의 개념과는 전혀 다르고, 이제까지 이러한 주장을 한 사람은 찾아보기 어렵다. 이러한 주장은 조선시대의 토지는 모두 왕의 소유였다고 하는 왕토사상을 강조하는 토지국유론자의 주장[66]이 다소 형태만을 바꾼 것이라고밖에 볼 수 없다.

다. 임야 조사 전의 임야 소유권

그런데 임야의 경우에는 토지와는 다소 상황이 달랐다. 조선시대에는 산림(임야)의 사유가 법으로 금지되었고, 이 점에서 임야 아닌 토지의 경우와는 차이가 있었다. 經國大典 刑典 禁制條에는 私占柴草場者杖八十이라는 규정이

63) 김성욱, 한국의 토지소유제도의 변천과정과 통일문제(한국학술정보, 2010), 39-40면.
64) 김성욱(주 63), 57-58면.
65) 김성욱(주 63), 78-79면.
66) 그 소개 및 이에 대한 비판으로는 심희기(주 49), 50면 이하 참조.

있어서,[67] 산림(柴草場)을 개인이 점유하면 杖刑 80대에 처한다고 하였다. 이는 山林川澤與民共之[68]라고 하여, 산림과 천택의 이익은 백성과 함께 나눈다고 하는 사상의 발로였다.[69] 이러한 규정은 형식적으로는 조선의 마지막 법전인 고종 2년(1865년)의 大典會通에 이르기까지 유지되었다.

그러나 실제로는 개인이 산림을 점유하는 私占이 널리 행해졌는데, 이는 주로 분묘의 설치라는 방법으로 이루어졌다. 고려시대 이래 분묘에 딸린 일정 규모의 토지에 대하여는 다른 사람들이 경작하거나 소나무의 벌채 등을 금지할 수 있는 권리를 인정하였는데(禁養), 이는 관리하에 있는 나무를 처분할 수 있는 권리를 포함하였고, 국가도 이를 인정하였으며, 이러한 토지에 대하여는 매매, 상속 등도 이루어졌다. 그리하여 이러한 임야에 관하여 분쟁이 많아서 그 권리관계를 다투는 소송(山訟)이 빈발하였다.[70] 그러므로 당시의 임야는 사실상 소유의 대상이 되었지만, 이를 인정하는 명문 규정은 없었다고 할 수 있다.[71]

그 후 1908년에는 森林法이 제정되었다. 이 법은 삼림을 그 소유자에 따라 帝室林, 국유림, 공유림, 사유림으로 구분하고(제1조), 삼림산야의 소유자는 3년 내에 농상공부대신에게 신고하며, 기간 내에 신고하지 않은 것은 모두 국유로 간주하도록 하였다(제19조).[72] 그러나 실제로 신고된 것은 많지 않아서 약 52만건, 220만 정보로서, 후의 임야조사사업에서 民有로 사정된 면적의 1/3에 불과하였다. 이와 같이 신고가 제대로 이루어지지 않은 것은 신고가 종래 과세하지 않던 임야에 대해 지세를 부과하기 위한 조치로 생각하거나, 약도의 첨부를 요구함으로써 측량 비용의 부담이 컸기 때문이라고 한다.[73]

---

67) 서울大學校 奎章閣, 經國大典, 奎章閣資料叢書 法典編(서울大學校 奎章閣, 1997), 497면.

68) 이는 孟子에 대한 朱熹의 註에서 유래한 용어이다. 金東求 改正 校閱 孟子集註(明文堂, 2010), 28면. 또한 이우연(주 7), 54면 참조.

69) 이우연(주 7), 47면 이하; 최병택(주 7), 27면 이하.

70) 심희기(주 49), 199-207면; 이우연(주 7), 47면 이하; 최병택(주 7), 27-40면 등.

71) 김선경, "조선후기 山訟과 山林 所有權의 실태", 동방학지 Vol. 77, 78, 79(1993), 534면은 조선 후기의 山林, 山地에 대한 사적인 권리는 소유를 실현할 만한 강제력을 지닌 계층에게는 매매, 상속이 가능했던, 충분히 소유권이라고 불릴 만한 내용이었다고 보고 있다. 그리고 이우연(주 7), 97-98면은 법률로는 사적 소유를 금지하였지만, 사실상의 소유로서 사적 소유권이 발전하였고, 이는 전근대사회에서 흔히 볼 수 있는 성문법과 관습법의 충돌이라고 보고 있다.

72) 森林法(法律 제1호) 제19조: 森林山野의所有者ㄴ本法施行日로붓터三個年以內의森林山野의地積及面積의略圖를添付ᄒᆞ야農商工部大臣에게申告ᄒᆞ되期間內에申告치안이ᄒᆞᆫ者ㄴ總히國有로見做함. 삼림법의 본문 자체는 18개 조문으로 되어 있고, 제19조는 부칙에 속한다.

73) 이우연(주 7), 200-204면.

이렇게 본다면 조선시대에는 사실상의 소유권은 인정되었지만, 엄격한 법적인 의미에서 소유권이 인정되었다고 하기는 어려웠고, 법적으로 사적 소유권이 인정되게 된 것은 1908년의 삼림법에 이르러서였다고 할 수 있다. 그런데 당시에 많은 소유자가 신고를 하지 않아서 국유로 간주되었다가, 임야조사사업 당시에 신고한 소유자는 소유자로 인정받게 된 것이다.

이러한 점에서는 삼림법에 의하여 비로소 근대적인 소유권이 인정되었고, 임야조사사업은 이를 재확인한 것이라고 할 수 있다. 그러나 그렇다고 하여 임야의 사정에 의하여 비로소 소유권이 창설된 것은 아니다. 즉 삼림법이나 조선임야조사령의 규정이 소유자가 소유 사실을 신고하도록 한 것은 종전에도 임야의 소유권이 인정되었음을 전제로 하여 신고와 사정이라는 절차를 통하여 이를 법적으로 승인 내지 확인한 것이라고 보아야 하는 것이다.

그런데 여기서 한 가지 따져 볼 것은 삼림법상 신고하지 않았던 임야에 관한 것이다. 삼림법에 따르면 이러한 임야는 국유로 간주되게 되었다. 그러나 조선임야조사령 제10조는 삼림법 제19조의 규정에 의한 지적 신고를 하지 아니하여 국유로 귀속된 임야는 구 소유자 또는 그 상속인의 소유로 하여 사정하여야 한다고 규정하고 있다. 그러므로 형식적으로 본다면 삼림법 시행 전의 소유자라도 삼림법 당시에 신고를 하지 않았으면 일단 소유권을 상실하였다가 사정에 의하여 소유권을 새로 취득한 것이라고 볼 여지도 있다. 그러나 이렇게 보는 것은 타당하지 않다. 기본적으로 소유자라도 지적 신고를 하지 않으면 국유로 간주한다는 삼림법 제19조의 규정에 문제가 있다. 오늘날의 관점에서는 이는 위헌이라고 판단될 것이다. 조선임야조사령 제10조도 삼림법 제19조의 규정에 문제가 있다고 보아 만들어진 규정으로 이해된다.[74)]

그런데 이에 대하여는, 조선의 林野私占의 관습화는 결국 불법한 임야사점이 만연되었다는 것을 의미하는 것이고, 이를 사후에 추인한 일이 없었으므로 종래의 불법성은 여전히 해소되지 못하고 지속되고 있었고, 조선총독부가 民有를 인정한 일정한 사실현상은 법 논리적 측면에서 살펴본다면 잘못된 것이라고 하는 주장이 있다.[75)] 그러나 이러한 주장은 이전의 한국의 토지의 사유를 부정하였던 종전의 국유론자들의 주장과 다를 것이 없을 뿐만 아니라, 사실상 소유권이 인정되고 있었던 당시의 현실을 무시한 지극히 관념론적인 주장이

74) 이우연(주 7), 212-213면 참조.

75) 김성욱, “현행 임야소유제도의 형성과정에 관한 연구”, 안암법학 Vol. 26(2008), 204면.

다.[76] 이와 같은 주장의 배경은 사정에 의하여 취득한 임야도 특별법에 의하여 친일행위의 대가로 취득한 재산으로 추정된다는 결론을 이끌어내기 위한 것으로 보인다.[77] 그러나 이러한 주장도 토지의 경우와 마찬가지로 일제 식민사관의 연장이라고 하지 않을 수 없다. 일제의 잔재를 청산하기 위하여 제정된 특별법의 적용을 정당화하기 위하여 이처럼 식민사관의 이론을 원용하는 것은 아이러니라고 하지 않을 수 없다.

3. 토지 및 임야 사정의 공정성

가. 토지 및 임야 조사 사업의 수탈성 여부

위 서울행정법원 2008. 10. 2. 선고 2007구합43617 판결(주 18)은 사정을 원시취득의 사유로 보는 이유의 하나로서, 사정이 이루어진 시기는 일제강점기로서 부동산에 관하여 권리를 가지고 있으면서도 반일감정이나 조세부담 등을 이유로 소유권 신고를 하지 않은 경우도 있는 반면, 일제 식민통치기구에 참여한 관리나 유력자의 이해관계가 우선적으로 고려되어 무주부동산, 귀속불명토지에 대한 사정이 이루어지기도 하여 사정을 받은 사람이 반드시 기존의 권리자이었을 것이라고 보기 어렵다는 점을 들고 있다.

가령 이러한 사실이 있었다고 하여 사정의 법적 성격을 원시취득으로 볼 것인가 하는 점에 관하여 직접적으로 영향이 있다고는 볼 수 없지만, 사정에 관하여도 특별법의 적용을 인정하려는 입장에서는 이러한 주장이 심정적으로 호소력이 있을 수 있다. 또한 위 판결은 다음과 같이도 이해할 수 있다. 즉 일반적으로는 사정에 의한 소유권의 확정을 원시취득으로 볼 수는 없지만, 특별법의 적용에 관하여는 위와 같은 사정이 있으므로 원시취득으로 보아야 한다는 것이다.

우선 사정이 얼마나 객관적이고 공정하게 이루어졌는가? 종래에는 토지조사사업이 일제가 한국인의 재산을 수탈하기 위한 것이었다는 주장이 유력하였고, 이러한 주장은 교과서에도 실려 있었다.[78] 즉 토지조사사업 당시에 당시

76) 일본도 삼림법과 조선임야조사령 등을 시행하기 전에 임야의 권리관계 및 상태를 상세하게 조사하였다. 이우연(주 7), 197면 이하; 최병택(주 7), 48면 이하 참조.

77) 김성욱(주 19) 참조.

78) 李榮勳, “土地調査事業의 收奪性 再檢討”, 金鴻植 외(주 7), 506면 참조.

한국 사람들이 신고를 제대로 하지 못하여 토지를 빼앗겼다거나, 방대한 면적의 민유지를 빼앗아 국유지에 편입시켰다는 것이다.[79] 그러나 그 후 실증적인 연구 결과, 이러한 주장은 근거가 없다는 점이 밝혀졌다. 우선 자료가 잘 보존되어 있는 김해군의 사례를 조사한 연구에 의하면, 분명히 자신의 소유이면서도 신고하지 못한 경우는 극히 예외적이라고 보아야 하고, 분쟁의 빈도도 많지 않으며, 국유지 분쟁의 경우에도 개인 지주가 총독부를 상대로 불복을 제기한 결과 1,986필이 승소하고 127필은 패소하여 승소율이 94%에 가깝다고 서술하고 있다.[80] 이러한 주장은 그 후의 다른 연구에서도 뒷받침되고 있다. 가령 토지 사정에 관한 분쟁이 있을 때에는 紛爭地審査委員會가 결정하였고, 임시토지조사국의 사정에 불만이 있으면 고등토지조사위원회에 이의를 제기하였는데, 심사위원회나 조사위원회의 결정 내용을 분석한 결과, 심사위원회나 조사위원회에서 국가나 어느 일방에게 일방적으로 유리하게 결정되지는 않았다는 것이다.[81] 그리하여 토지조사사업의 수탈성 주장은 오늘날 더 이상 받아들여지지 않고 있다.[82][83]

임야조사의 경우에도 사정은 크게 다르지 않다. 이전에는 임야조사사업이 민유 임야를 수탈하여 국유림을 창출하였다는 주장이 많았다.[84] 그러나 근래에는 이에 대한 반론이 우세하다.[85] 수탈론이 강조하는 것은, 당시 소유자가 사업의 취지를 이해하지 못하였거나 권리의식이 박약하여 신고하지 않아서 소유권을 상실하였고, 임야의 소유자나 연고자가 제출하는 신고서가 친일적인 산림지주인 지주총대의 임의에 맡겨짐으로써 수탈이 발생하였다는 것인가 하는 점이다. 그런데 실제로는 그와 같은 사정이 있었다고 볼 만한 자료가 별로 없다. 오

79) 대표적으로 愼鏞廈(주 7), 104-107면 등.

80) 배영순(주 26), 196면 이하 참조.

81) 조석곤(주 26), 105면 이하 참조.

82) 토지조사사업의 연구사에 관하여는 조석곤(주 26), 9면 이하 참조.

83) 이외에 소작인의 권리였던 賭地權을 물권으로 인정하지 않았던 것이 조사사업의 수탈성 여부와 관련하여 논쟁의 대상이 되고 있으나, 이 글의 주제와 직접 관련은 없으므로 이 글에서는 다루지 않는다. 이 논쟁은 기본적으로 賭地權을 어느 정도로 강력한 권리로 인정하였어야 하는가에 관한 관점의 차이에 그 원인이 있다. 愼鏞廈(주 7), 81면 이하; 강태헌(주 10), 48면; 배영순(주 26), 250면 이하 등 참조.

84) 강영심, "日帝下의 「朝鮮林野調査事業」에 관한 硏究 (上)", 韓國學報 33(1983), 129면 이하; 신용하, "'식민지근대화론' 재정립 시도에 대한 비판", 창작과 비평 1997년 겨울호(통권 98호), 28면 이하 등.

85) 이우연(주 7), 288면 이하; 최병택(주 7), 55면 이하 등.

히려 당시에는 신고를 독려하였고, 또 삼림법 시행 당시에 신고를 하지 않았던 사람도 그 명의로 사정받을 수 있었다.[86] 그리고 법적인 소유자는 아니라도 사실상 임야를 점유하면서 소유권과 같은 권리를 행사하는 자를 연고자로 신고하도록 하였고, 이러한 연고자가 있는 임야는 제2종 불요존림으로 하여 조림대부[87]라는 제도를 통하여 연고자가 무상으로 소유권을 취득할 수 있게 하였다. 그리하여 사정이 대체로 완료된 1924년말 현재 전국적으로 민유림 40.9%, 연고자 있는 국유림 20.9%, 연고자가 없는 국유림 38.2%에 이르렀다.[88] 다시 말하여 임야조사사업에 의하여 삼림법 시행 결과 국유림으로 편입된 지역의 상당 부분이 민유림으로 바뀌거나, 조림대부를 통하여 장래 민유림으로 바뀔 가능성이 있는 임야가 되었던 것이다.[89] 나아가 1926년에는 朝鮮特別緣故森林讓與令[90]을 제정하여, 이러한 연고자가 특별히 양여를 받을 수 있도록 하였다.[91]

기본적으로 일제는 이른바 공유지의 비극(tragedy of commons)으로 인한 삼림의 황폐를 방지하기 위하여는 개인의 소유권을 인정하는 것이 효율적이라고 보았기 때문에 되도록이면 임야의 사적 소유를 넓게 인정하는 방향을 택하였다고 볼 수 있고, 따라서 굳이 사유 임야를 부정할 이유가 없었던 것이다.[92]

나. 기존의 권리자 아닌 친일행위자가 사정을 받았을 수 있는지 여부

위 서울행정법원 2008. 10. 2. 선고 2007구합43617 판결(주 18)은, 일제 식민통치기구에 참여한 관리나 유력자의 이해관계가 우선적으로 고려되어 무주부동산, 귀속불명토지에 대한 사정이 이루어지기도 하였다고 보았다. 이는 사정을 받은 사람이 원래는 사정을 받을 수 없었는데도 친일행위를 하였기 때문에 특별히 사정을 받았을 수도 있다는 의미로 이해된다.

그런데 이제까지 친일반민족행위자가 친일행위를 하였기 때문에 특별히 사정을 받았다고 볼 만한 자료가 나타나지 않았고, 학자나 다른 사람들로부터 이와 같은 주장이 제기되거나 그에 대한 근거가 제시된 일도 없었다.

---

86) 위 주 74)의 본문 참조.
87) 조림대부란 조림계획을 가진 민간인에게 대부하고, 그 계획이 성공하면 조림한 자에게 무상으로 소유권을 부여하는 제도였다고 한다.
88) 이우연(주 7), 270-271면.
89) 최병택(주 7), 64면.
90) 1926. 4. 5. 制令 제7호.
91) 이우연(주 7), 279면 이하 참조.
92) 이우연(주 7), 388면 이하.

다만 근래 사정 당시의 권력자였던 친일파들이 국유지나 무주부동산을 자기 소유로 신고하고 조선총독부로부터 사정받은 토지가 상당할 것으로 추정된다고 한 글이 있다.[93] 그러나 여기서는 그러한 추정의 직접적인 근거를 제시하고 있지는 않고 있고, 다만 토지조사부에 이완용의 소유로 되어 있는 땅이 분쟁지였다가 이후 분쟁 해결을 통해 이완용의 소유로 결정되었다는 예를 들고 있을 뿐이다.

결국 토지 및 임야조사사업이 수탈적인 성격을 가졌다거나, 친일파에게 특혜를 부여하였기 때문에 원시취득으로 보아야 한다는 주장은 별로 실증적인 근거가 없다고 하여야 할 것이다.

4. 입법자의 의사 및 입법취지

가. 입법자의 의사에 관하여

위 서울행정법원 2008. 10. 2. 선고 2007구합43617 판결(주 18)은 취득에 사정행위가 포함되어야 한다는 근거로서, 특별법 제정 당시 법제사법위원회 위원들 사이에 친일반민족행위자가 사정을 통하여 재산을 취득한 경우에도 무효로 하여야 한다는 점에 관하여 공감대가 형성되었고, 구체적으로 초안 제2조에서 규정하고 있는 '취득행위'에 사법상의 법률행위 외에 공법상의 행위인 사정행위를 어떻게 포섭시킬 것인가에 관하여 논의가 이루어진 바 있다는 점을 들고 있어, 입법자의 의사가 사정행위를 취득에 포함시키는 것이라고 보고 있다.

그러나 그와 같은 입법자의 의사가 존재하였다고 볼 만한 직접적인 자료나 근거는 없다. 입법 과정에서 나온 특별법에 관한 법제사법위원회의 검토보고서나 심사보고서를 살펴보아도, 토지나 임야 사정을 언급하거나 다룬 흔적을 찾아볼 수 없다.[94]

다만 입법과정에서 유일하게 사정에 관하여 언급한 것으로는 2005. 6. 17. 법제사법위원회가 특별법 제정에 관하여 개최한 공청회에서 진술인으로 나온 김천수 교수가, 위 법안상의 재산취득행위에 사법상의 법률행위뿐만 아니라 행정 내지 공법행위인 사정도 포함시킬 필요가 있을 것이라는 취지로 이야기한

93) 홍경선, 친일파와 일제시대 토지(한울아카데미, 2006), 96-97면.

94) 이들 자료는 국회 홈페이지에서 쉽게 찾아볼 수 있다. http://likms.assembly.go.kr/bill/jsp/BillDetail.jsp?bill_id=035312 참조(최종 방문: 2012. 2. 15).

것이 있을 뿐이다.[95] 우선 위와 같은 김천수 교수의 발언을 입법자의 의사와 동일시할 수는 없다. 뿐만 아니라 위의 발언도 사정에 의하여 사정 명의자가 새로이 소유권을 취득한다는 종래의 판례를 전제로 한 것으로서, 그러한 발언에 특별한 의미를 부여하기는 어렵다. 그러므로 이러한 점만을 이유로 하여 입법자의 의사가 취득에 사정행위를 포함시키는 것이었다고 하기는 어렵다.

나. 입법 취지에 관하여

위 서울행정법원 판결(주 18)은 사정을 취득에 포함시켜야 한다는 근거로서 입법자의 의사 외에도 다음과 같은 점을 들고 있다.

첫째, 우리 판례는 일관하여 토지·임야조사사업상 '사정'을 소유권의 원시적 취득으로 판단하여 왔기 때문에, 일제시대에 토지를 사정받았으나 소유권보존등기를 하지 못한 친일반민족행위자의 후손들이 친일재산에 대하여 소유권을 행사하는 소송을 제기하여 승소하는 사례가 발생하자, 이와 같은 행태를 좌시할 수 없다는 전국민적 공감대에 기초하여 일차적으로는 친일반민족행위자의 후손들의 재산반환소송을 효과적으로 차단하려는 목적으로 특별법이 제정되기에 이르렀다.

둘째, 특별법의 추정 조항은 초안에는 포함되어 있지 않다가, 해방시로부터도 이미 반세기 이상 경과한 상황에서 피고가 어떠한 재산이 친일협력의 대가로 취득한 것인지를 입증하는 것은 거의 불가능하다는 점을 고려하여 친일재산의 입증책임을 완화할 목적으로 추가된 것이다.

셋째, 부동산의 경우 유동성이 약하여 다른 재산들에 비하여 친일반민족행위자의 후손들이 현재까지 이를 그대로 소유하고 있을 가능성이 높고, 러·일전쟁 개전시부터 사정 전까지의 기간 동안 취득한 부동산의 경우에는 대부분 사정을 받았을 것이어서, 이 사건 조항은 사정받은 부동산에 관하여 적용될 필요성이 오히려 더 높다.

넷째, 특별법은 일본 제국주의의 식민통치에 협력하고 우리 민족을 탄압한 반민족행위자가 그 당시 친일반민족행위로 축재한 재산을 국가에 귀속시킴으로써 정의를 구현하고 민족의 정기를 바로 세우며 일본제국주의에 저항한 3·1운동의 헌법이념을 구현함을 그 입법 목적으로 하고 있는 점 등을 종합하면,

95) 第254回國會(臨時會) 法制司法委員會會議錄 第3號(2005. 6. 17), 13면, 23면.

이 사건 조항의 취득에는 사정도 포함된다고 봄이 상당하다.

이러한 판시 또한, 사정으로 인한 소유권의 확정을 일반적으로는 취득이라고 볼 수 없다고 하여도 적어도 특별법의 해석으로서는 취득에 포함시키는 것이 입법 취지 내지 입법 목적에 부합한다는 것으로 이해될 여지가 있고, 이는 법 해석 방법론상의 이른바 목적론적 해석을 시도한 것이라고 볼 수 있다. 달리 설명한다면, 사정에 의한 소유권의 확정을 취득으로 보지 않는다면 특별법이 적용될 수 있는 경우는 별로 없을 것이므로, 이를 취득으로 보는 것이 특별법의 목적에 부합한다는 것이다.

그러나 우선 특별법은 취득의 개념을 따로 정의하고 있지 않으므로 이를 일반적인 취득의 개념과는 달리 해석하기는 어려울 것이다. 특별법의 목적만을 내세워 이와는 다른 취득 개념을 인정하는 것은 문제가 있다. 보다 근본적으로는 서론에서 언급한 것처럼, 특별법은 이른바 진정소급입법에 의하여 소유권을 박탈하는 것이므로 엄격하게 해석하여야 하고, 취득의 개념을 일반적인 개념과 달리 적용하여 그 적용범위를 넓히는 것은 위헌의 소지가 많다. 이른바 헌법합치적 해석의 원리에 의하면, 어떤 법률이 한 가지 해석방법에 의하면 헌법에 위배되는 것처럼 보이더라도 다른 해석방법에 의하면 헌법에 합치하는 것으로 볼 수 있을 때에는 헌법에 합치하는 해석방법을 택하여야 한다.[96] 그런데 이처럼 특별법의 목적을 내세워 특별법의 취득 개념을 문언상 근거가 박약함에도 불구하고 넓게 해석하는 것은 헌법합치적 해석과는 정반대가 되는 것이다.

5. 보　　론

다른 한편 사정을 받은 사람이 사정 대상인 토지나 임야를 원시취득한다는 종래의 판례를 변경하지 않으면서도 사정을 받은 재산이 친일재산으로 추정된다는 결론의 부당성을 완화하기 위하여는 다음과 같은 방법을 생각해 볼 수 있다. 즉 사정이 원시취득 사유이기는 하지만, 사정을 받은 사람이 전혀 새로운 권리를 취득하는 것은 아니고, 다만 그 권리의 성질에 다소 변화가 있는 정도에 그치는 것이므로 특별법상의 취득에는 해당하지 않는다고 하는 것이다. 이는 위 헌법재판소 2011. 3. 31. 결정 가운데 이동흡, 목영준 재판관의 한정위

96) 대법원 1992. 5. 8.자 91부8 결정(공 1992, 21510); 헌법재판소 1989. 7. 21. 선고 89헌마38 결정(헌판집 1권 131면) 등.

헌 의견과 맥을 같이하는 것이다.

이러한 주장의 근거로는 사정은 친일행위자와 같은 특정인만을 대상으로 한 것이 아니고, 토지와 임야 소유자 전체를 대상으로 한 것이므로, 성질상 친일재산의 대가라고 볼 수 없다는 점을 들 수 있을 것이다. 말하자면 사정을 받았다는 것이 친일재산의 추정을 깨뜨리는 사유라는 것이다.

만일 이러한 방법이 채택된다면 어느 정도 무난한 결과를 얻을 수는 있을 것이다. 그러나 우선 원시취득이라는 것은 종전의 권리와는 전혀 관계가 없는 다른 권리가 생겨난다는 것을 의미하므로, 이러한 생각은 원시취득의 개념과는 조화되기 어렵다. 또 위 특별법의 추정조항은 재산취득의 경위 여하를 불문하고 친일재산으로 추정한다는 것이므로, 사정을 받은 재산은 원시취득된다는 전제를 유지하는 한 사정을 받은 재산만을 별도로 취급하는 것은 쉽지 않을 것이다. 결론적으로는 사정이 원시취득 사유가 아니라고 보는 것이 간명하고 문제를 해결하는 정도라고 생각된다.

Ⅳ. 결　　론

종래 대법원의 판례는 토지 및 임야 사정을 받은 것을 소유권의 원시취득으로 보고 있었고, 이는 별다른 의문 없이 그대로 받아들여지고 있었다. 이러한 판례는 구체적으로 특별히 부당한 결과를 가져오지는 않았다. 그러나 특별법이 시행되면서 사정의 법적 성격이 중요한 의미를 가지게 되었다.

이 글에서 검토한 바에 따르면, 토지와 임야의 사정은 종래의 소유권을 재확인한 것일 뿐, 새로운 소유권을 창설한 것은 아니라고 보지 않을 수 없다. 이와 달리 보는 종래의 판례나 학설은 토지와 임야 사정 전에도 소유권이 인정되었다는, 현재 역사학에서 일반적으로 인정되고 있는 사실을 부정하는 것이 된다. 뿐만 아니라 친일 잔재의 청산을 위한 특별법의 적용을 위하여 토지와 임야 사정을 소유권의 원시취득 사유로 보는 것은 그 이전의 토지 소유권의 존재를 부정하였던 식민사관과 결론을 같이 하는 것이 되어, 역설적이라고 하지 않을 수 없다. 다른 말로 한다면 토지와 임야 사정을 원시취득으로 볼 것인가 아닌가는 개별적인 특별법의 적용 범위 문제에 그치는 것이 아니고, 한국사의 정체성과 직결되는 문제인 것이다.

다른 한편으로는 법을 연구함에 있어서 이론의 중요성을 다시 한 번 느끼게 된다. 어떤 판례가 구체적인 결론에 있어서는 부당하지 않다고 하더라도, 그 이론이 다른 경우에 적용되게 되면 잘못된 결과를 가져오게 될 수 있는 것이다. 이 점에서 결론의 구체적인 타당성만이 아니라 이론의 정확성을 추구하는 것은 학문적으로 게을리할 수 없는 일이다.

〈서울대학교 법학 제53권 1호, 2012〉

〈追記〉

이 글이 탈고될 무렵에 선고된 대법원 2012. 2. 23. 선고 2010두17557 판결은 다음과 같은 이유로 특별법상의 취득에 사정에 의한 취득이 포함된다고 하였다. 즉 토지 및 임야조사사업을 통한 사정은 확인적 성격을 갖고 있음을 부인할 수는 없지만, 토지 및 임야조사사업이 일제나 그와 결탁한 친일반민족행위자들에 의하여 토지를 수탈하는 수단으로 이용되기도 하였음은 널리 알려진 사실이므로, 사정이라는 제도가 반드시 사정명의인의 해당 토지나 임야에 대한 기존의 소유권을 확인받는 절차에 불과하다고 볼 것은 아니라는 것이다. 더욱이 사정의 결과로 작성된 토지대장, 임야대장을 토대로 근대적 등기제도가 시행됨으로써 근대적 의미의 소유권이 처음으로 생겨났으며, 이를 통해 토지나 임야에 관하여 그 명의로 사정을 받은 사람은 해당 토지나 임야를 원시적·창설적으로 취득하게 되었으므로, 이러한 사정에 의한 취득 역시 특별법 제2조 제2호에 정한 '취득'에 포함된다고 보아야 한다는 것이다.

그러나 토지 및 임야조사사업이 일제나 그와 결탁한 친일반민족행위자들에 의하여 토지를 수탈하는 수단으로 이용되기도 하였다는 주장은 더 이상 학계에서 주장되거나 인정되는 것이 아니다. 적어도 이러한 주장이 증명을 필요로 하지 않는 공지의 사실이라고는 할 수 없다. 설령 위와 같은 일이 있다고 하여도, 원래 확인적 성격을 가지던 사정이 그와 같은 이유만으로 확인적 성격을 상실한다는 것은 앞뒤가 맞지 않는다.

다른 한편 대법원 2013. 3. 28. 선고 2009두11454 판결은, 사정에 의한 취득의 경우 특별법 제2조 제2호에서 말하는 취득에서 이를 배제할 수는 없다고 하더라도, 거기에 토지 및 임야조사사업 시행 이전의 옛 법률관계에 터잡은 사실상의 소유권을 근대적 소유권으로 전환시키는 확인적 성격이 포함되어 있음도 부인할 수 없으며, 특별법상 추정조항 역시 토지 및 임야조사사업을 통해 근대적 소유권 제도가 창설되기 이전에 이미 친일반민족행위자의 재산 취득이 가능하였음을 전제로 그 적용대상인 재산의 범위를 토지 및 임야조사사업의 실시 이전인 러·일전쟁 개전시부터 기산하고 있는 점 등에 비추어 볼 때, 친일반민족행위자가 사정을 통해 취득한 토지의 경우 그 사정의 기초가 된 옛 법률관계 혹은 사실상의 소유권이 러·일전쟁 개전 전부터 이미 존재하였다는 점에 관하여 상당한 개연성을 수긍케 하는 사정이 인정된다면 위 추정조항은 적용될 수 없고, 이 경우 해당 토지의 취득과 친일행위 사이의 대가관계는 피고가 증명하여야 한다고 하였다.

抵當權에 대한 侵害를 排除하기 위한 擔保地上權의 效力*

Ⅰ. 서 론

종래 채권자가 토지에 관하여 저당권을 취득하면서, 그 저당 목적물에 관하여 제3자가 용익권을 취득하거나 목적 토지의 담보가치를 하락시키는 침해행위를 하는 것을 배제함으로써 저당목적물의 가치를 유지할 목적으로 저당목적물인 토지에 대하여 지상권을 아울러 취득하는 것이 거래상 많이 행하여지고 있다. 이처럼 저당권에 대한 침해를 배제하기 위하여 설정되는 지상권을 보통 담보지상권이라고 부르고 있다. 금융기관의 실무상으로는 저당권과 담보지상권을 동시에 취득하는 것이 통례로 되어 있다고 한다.[1] 그런데 지상권은 타인의 토지에 건물 기타 공작물이나 수목을 소유하기 위하여 그 토지를 사용하는 것을 내용으로 하는 물권이므로, 토지를 사용하기 위하여서가 아니라 단순히 저당권의 담보가치를 확보하기 위한 지상권이 인정될 수 있는가 하는 의문이 제기될 수 있다.

판례는 기본적으로 이러한 담보지상권의 유효성을 인정하고 있고, 학설상으로도 직접 이러한 지상권의 유효성을 부정하는 견해는 별로 눈에 뜨이지 않는다. 그러나 사견으로서는 이러한 담보지상권의 유효성을 인정하는 것은 물권

---

* 이 글은 필자가 종전에 발표했던 간단한 판례평석을 대폭 확충, 보완한 것이다. 尹眞秀, "저당목적물의 담보가치를 확보하기 위한 지상권의 효력", 法律新聞 제3841호(2010. 5. 17) 참조.

1) 정우형, "한국의 입체적 토지이용을 위한 공시제도에 관한 연구", 土地法學 제26-1호, 2010, 259면 참조.

법정주의에 어긋나고, 허위표시에 해당하여 무효라고 보아야 한다고 생각한다. 나아가 저당권에 기한 방해배제가 인정되는 이상 별도로 담보지상권을 인정할 필요도 없다. 이하에서는 이제까지의 이에 관한 판례와 학설의 상황을 살펴보고, 이에 대한 본인의 견해를 서술하고자 한다.

Ⅱ. 종래의 판례와 학설

1. 판　　례

이 문제를 직접 다룬 판례로는 대법원 2004. 3. 29.자 2003마1753 결정[2]이 최초인 것으로 보인다. 이 결정은 담보지상권의 유효성을 인정하면서, 그 효력으로서 그에 기한 방해배제청구권을 인정하였다. 즉 토지에 관하여 저당권을 취득함과 아울러 그 저당권의 담보가치를 확보하기 위하여 지상권을 취득하는 경우, 특별한 사정이 없는 한 당해 지상권은 저당권이 실행될 때까지 제3자가 용익권을 취득하거나 목적 토지의 담보가치를 하락시키는 침해행위를 하는 것을 배제함으로써 저당 부동산의 담보가치를 확보하는 데에 그 목적이 있으므로, 그와 같은 경우 제3자가 비록 토지소유자로부터 신축중인 지상 건물에 관한 건축주 명의를 변경받았다 하더라도, 그 지상권자에게 대항할 수 있는 권원이 없는 한 지상권자로서는 제3자에 대하여 목적 토지 위에 건물을 축조하는 것을 중지하도록 구할 수 있다는 것이다.

이 사건에서는 재항고인이 채무자에게 대출을 하면서 채무자 소유의 토지에 대하여 근저당권 및 지상권을 취득하였는데, 당시 위 토지상에는 건물신축공사가 진행중이었다. 그 후 제3자가 채무자로부터 위 건물의 건축허가명의를 변경받아 공사를 진행하자, 재항고인이 지상권에 기하여 공사중지를 명하는 가처분을 신청하였다. 원심은 재항고인으로서는 근저당권 및 지상권설정등기를 할 당시에 자신의 근저당권 및 지상권이 위 신축건물에 의하여 제한을 받을 수도 있다는 것을 예상하였거나 예상할 수 있었으므로, 위와 같은 제한을 용인하고 근저당권 및 지상권을 취득하였다는 이유로 가처분신청을 받아들이지 않았다. 그러나 대법원은 앞에서 인용한 것과 같이 판시하면서, 재항고인이 이 사건 근

2) 공 2004상, 781.

저당권 및 지상권 취득 당시 이 사건 토지에 토지소유자가 건물을 신축하는 것을 알고서 이로 인한 제한을 용인하였다고 하더라도, 제3자인 상대방이 소유자로부터 건축주 명의를 변경받아 건물을 축조하는 데에 대하여도 재항고인이 용인한 것으로 볼 수는 없으므로, 상대방이 재항고인에게 대항할 수 있는 권원이 있음을 주장·입증하지 못하는 한 재항고인으로서는 상대방에 대하여 위 건물의 축조를 중지하도록 구할 피보전권리가 있다고 하여 원심결정을 파기환송하였다.

그 후의 대법원 2008. 2. 15. 선고 2005다47205 판결[3]도 같은 취지에서 저당권자 겸 지상권자가 제3자에 대하여 방해배제청구로서 신축중인 건물의 철거와 대지의 인도 등을 구할 수 있다고 하였다.

다른 한편 대법원 2008. 1. 17. 선고 2006다586 판결[4]에서는 이러한 담보지상권자가 목적물을 사용수익하지 못함으로 인한 손해배상을 청구할 수 있는가가 문제되었다. 이 사건에서는 저당권 및 담보지상권의 설정자 겸 채무자가 그 목적 토지 중 한 필지를 지방자치단체에게 기부채납하였다. 그런데 채무자 소유의 인접 토지를 매수한 회사가 아파트를 건설하면서 기부채납된 토지상에 아스팔트포장도로를 개설하고 위 토지와 채무자 소유로 남아 있던 토지의 경계선상에 콘크리트 옹벽을 설치하여 지방자치단체에게 기부채납하였다. 저당권자는 저당권에 기한 경매를 신청하였으나 응찰자가 없어 경매가 유찰되자, 경매신청을 취하하고, 건설회사 및 지방자치단체를 상대로 저당권 침해 및 지상권 침해로 인한 손해배상을 청구하였다.

원심은 저당권 침해로 인한 손해배상은 인정하였으나, 지상권 침해로 인한 손해배상은 인정하지 않았고, 대법원도 원심판결에 대한 원고와 피고의 상고를 모두 기각하였다.

대법원은 지상권 침해로 인한 손해배상청구를 받아들이지 않는 이유를 다음과 같이 설시하였다. 즉 금융기관이 대출금 채무의 담보를 위하여 채무자 또는 물상보증인 소유의 토지에 저당권을 취득함과 아울러 그 토지에 지료를 지급하지 아니하는 지상권을 취득하면서 채무자 등으로 하여금 그 토지를 계속하여 점유, 사용토록 하는 경우에 이는 저당 부동산의 담보가치를 확보하는 데에 그 목적이 있고, 그 경우 지상권의 목적 토지를 점유, 사용함으로써 임료 상당의 이익이나 기타 소득을 얻을 수 있었다고 보기 어려우므로, 그 목적 토

3) 미공간.
4) 미공간.

지의 소유자 또는 제3자가 저당권 및 지상권의 목적 토지를 점유, 사용한다는 사정만으로는 금융기관에게 어떠한 손해가 발생하였다고 볼 수 없다는 것이다.

이상의 판례를 정리해 본다면, 담보지상권자는 저당 부동산의 담보가치를 확보하기 위하여 지상권에 기한 방해배제청구권은 행사할 수 있지만, 사용, 수익권의 침해를 이유로 하는 손해배상은 청구할 수 없다는 것이다.

다른 한편 대법원 1997. 6. 24. 선고 96도1218 판결[5]은, 양도담보를 설정하여 주기로 한 사람이 목적물에 대한 기존의 근저당권자에게 지상권설정등기를 경료하여 준 것이 배임죄를 구성한다고 보았다. 즉 배임죄에 있어서 손해란 현실적인 손해가 발생한 경우뿐만 아니라 재산상의 위험이 발생된 경우도 포함되므로, 지상권의 설정이 새로운 채무부담행위에 기한 것이 아니라 기존의 저당권자가 가지는 채권을 저당권과 함께 담보하는 의미밖에 없다고 하더라도 이로써 피해자들의 채권에 대한 담보능력 감소의 위험이 발생한 이상 배임죄를 구성한다는 것이다.

그리고 대법원 1991. 3. 12. 선고 90다카27570 판결[6]에서는 저당권 아닌 가등기의 효력 보전을 위한 지상권이 문제되었다. 이 사건에서는 가등기권자가 목적 토지에 수목의 소유를 목적으로 하는 지상권을 취득하였는데, 가등기에 기한 본등기청구권이 시효의 완성으로 소멸된 경우 그 지상권 또한 소멸하는가가 문제되었다. 대법원은 지상권이 수목의 소유를 목적으로 하는 것이라기보다는, 가등기에 기한 본등기가 이루어질 경우 그 부동산의 실질적인 이용가치를 유지, 확보할 목적으로 전 소유자에 의한 이용을 제한하기 위한 것이고, 따라서 그 가등기에 기한 본등기청구권이 시효의 완성으로 소멸되었다면 그 가등기와 함께 경료된 위 지상권 또한 그 목적을 잃어 소멸되었다고 판시하였다. 즉 위 판결은 가등기의 효력을 확보하기 위한 지상권은 가등기에 대한 부종성을 가진다고 본 것이다.

2. 학설상의 논의

담보지상권의 문제를 국내에서 처음으로 언급한 것은 1970년대 말에 나온 실무가의 논문인 것으로 보인다.[7] 이 논문은 저당권과 동시에 지상권이 설정

5) 공 1997하, 2219.

6) 집 39권 1집 민265; 공 1991상, 1178.

7) 金杜祥, "抵當權者가 同時에 用益權者인 경우에 抵當權에 基한 競賣와 用益權의 運命", 사법행정 1978. 12, 67면 이하. 이 글은 民事裁判의 諸問題 제2권, 1980, 67면 이하에도 실려

된 경우에, 그 저당권이 실행되어 저당목적물이 경락되면 지상권[8]은 어떻게 취급되어야 하는가에 관한 두 개의 대법원 판례[9]를 다루고 있다.

위 두 개의 대법원 판결은 저당권과 함께 설정된 지상권은 저당권의 목적토지대지의 경락으로 당시의 경매법 제3조 제2항에 의하여 소멸한다고 판시하였다. 당시의 경매법 제3조 제2항은 경매의 목적인 부동산 위에 존재하는 권리로서 경매인의 권리보다 후에 등기된 권리는 경락대금의 완납으로 인하여 소멸한다고 규정하고 있었다.[10] 현행 민사집행법 제91조 제3항도 기본적으로 같은 취지이다.[11] 그런데 위 논문은 뒤에서 살펴볼 일본에서의 병존임차권에 관한 논의를 원용하면서, 병존지상권은 저당권설정등기보다 선순위로 설정된 것이라도 목적부동산의 경락으로 당연히 소멸한다고 주장하였다.[12] 그러면서 현실로 토지사용을 예정하지 않는 임차권, 지상권의 설정계약 및 이를 등기원인으로 하는 병존임차권, 지상권의 설정등기가 허위표시(민법 제108조)가 아닌가 하는 의문도 제기될 여지가 있으나, 현실로 토지사용이 예정되어 있지 않다고 하더라도 경솔히 허위표시라고 볼 것은 아니라고 하였다.[13] 그러나 적극적으로 허위표시로 보아서는 안 되는 근거는 제시하지 않고 있다.

그 후에도 담보지상권의 유효성에 대하여 직접 다루고 있는 문헌은 없는 것 같고, 다만 다른 주제를 다루면서 부수적으로 그 유효성을 인정하고 있는 것들이 눈에 뜨인다. 한 논문은 담보지상권은 물권법정주의에 반하거나 허위표시에 의한 것으로 무효가 아닌가 하는 의문이 있다고 하면서도, 당사자 사이에

있는데, 이하 인용은 뒤의 것에 의한다.

8) 여기서는 이러한 지상권을 竝存地上權이라고 하고, 지상권 외에 임차권이 설정된 경우에는 竝存賃借權이라고 하며, 양자를 포괄하는 명칭으로는 竝存用益權이라는 용어를 쓰고 있다.

9) 대법원 1975. 2. 25 선고 74다724 판결(미공간); 1975. 7. 8 선고 74다1331 판결(미공간).

10) 경매법(제정 1962. 1. 15 법률 제968호, 폐지 1990. 1. 13 법률 제4201호) 제3조(競落의 效果)
① 競落人은 競落代金을 完納한 때에 競賣의 目的인 權利를 取得한다.
② 競賣의 目的인 不動産위에 存在하는 權利로서 競賣人의 權利보다 後에 登記된 權利는 競落代金의 完納으로 因하여 消滅한다. 但, 抵當權은 競賣人의 權利보다 먼저 登記된 것도 또한 消滅한다.
③ 競落人은 留置權者와 競賣人에 優先하는 質權者 및 그 質權者에 優先하는 債權者에게 辨濟하지 아니하면 競賣의 目的物을 受取할 수 없다.

11) 위 조항은 집행권원에 기한 강제경매에 관한 것이지만, 민사집행법 제268조에 의하여 담보권 실행등을 위한 경매에도 준용된다.

12) 같은 취지, 李時潤, 新民事執行法, 제3판, 2006, 241면. 그러나 실제로는 담보지상권이 저당권보다 선순위로 설정되는 일은 없는 것으로 생각된다. 담보지상권이 저당권보다 선순위로 설정되면 그 자체 저당목적물의 담보가치를 떨어뜨리게 되기 때문이다. 崔承祿, "임의경매절차에 있어서 이른바 '제시외 건물'", 사법논집 제29집, 1998, 441면 주 171) 참조.

13) 金柱祥(주 7), 87면 주 25).

지상권을 설정하겠다는 의사가 있었으므로 이를 민법 제108조의 허위표시로 볼 수는 없고, 또한 민법에 정해진 내용에 따른 지상권을 설정하고 있으므로 물권법정주의에도 반하지 않으며, 단지 당사자의 숨은 의도가 용익권으로 인한 저당권의 침해를 막자는 것에 있다고 볼 것이므로 무효는 아니라고 설명하고 있다.[14)]

다른 한편 담보지상권이 무효라고까지 하고 있는 것은 아니지만, 저당권에 기한 방해배제청구권이 인정된다면 굳이 담보지상권을 인정할 필요가 없을 것이라는 주장이 있다.[15)] 그러나 이에 대하여는, 저당권 침해의 특수성으로 말미암아 저당권침해의 인정범위에 한계가 있을 수밖에 없고, 물권법정주의 원칙상 지상권의 효력을 저당권의 효력으로 포섭할 수도 없다는 반론이 있다.[16)]

그리고 저당권자가 목적물의 담보가치를 유지할 목적으로 설정받는 지상권은 지상권 본래의 목적에 따른 이용이 아니라 하나의 변태적 이용에 지나지 않는다고 하면서, 이 경우에는 등기된 지상권의 목적이나 존속기간에 관계없이 저당권이 소멸되면 지상권도 그 목적을 잃어 함께 소멸한다고 하는 설명도 있다.[17)]

다른 한편 저당토지에 대한 용익행위를 전면적으로 금지하는 담보지상권의 설정은 저당권의 효력범위를 넘은 과잉보호로서 사회경제적 이익에 반할 수 있다고 언급하는 문헌이 있는데,[18)] 담보지상권을 일반적으로 무효라고 보는 취지인지는 명확하지 않다.

Ⅲ. 검　　토

사견으로는 저당목적물의 담보가치를 확보하는 것만을 목적으로 하는 담보지상권은 물권법정주의에 어긋나는 것으로서 현행법상 인정될 수 없고, 이러한 지상권을 설정하기로 하는 계약은 허위표시로서 무효라고 볼 수밖에 없다

---

14) 崔承祿(주 12), 440면.

15) 金載亨, "抵當權에 기한 妨害排除請求權의 認定範圍 ― 獨逸 民法과의 比較를 중심으로 ―", 判例實務硏究 Ⅷ, 2006, 307면; 金美京, "저당권에 기한 방해배제청구", 裁判과 判例 제15집, 2007, 369면. 필자도 과거에 발표한 글에서 이와 같은 취지로 언급한 바 있다. 尹眞秀, "2006년도 주요 民法 관련 판례 회고", 民法論攷 Ⅲ, 2008, 730-731면.

16) 金昶寶, "토지저당권에 기한 방해배제청구권의 행사로서 지상건물에 대한 철거청구", 民事裁判의 諸問題 제16권, 2007, 590면.

17) 民法注解 Ⅵ, 1992, 14면, 21-22면(朴在允).

18) 이진기, "저당권의 침해와 일괄경매청구권의 확대", 인권과 정의 2008, 9, 74면.

고 생각한다. 나아가 저당권에 기한 방해배제가 인정되는 이상 현실적으로도 이러한 담보지상권을 인정할 필요도 없다. 여기서는 우선 물권법정주의와 허위표시의 문제를 살펴보고, 저당권에 기한 방해배제와의 관계는 Ⅵ.에서 따로 설명한다.

1. 담보지상권과 물권법정주의

지상권은 타인의 토지에 건물 기타 공작물이나 수목을 소유하기 위하여 그 토지를 사용하는 것을 내용으로 하는 물권이다(민법 제279조). 이처럼 지상권의 대상인 토지 위에 지상물을 소유한다는 것은 지상권의 핵심적인 내용이라고 할 수 있다. 따라서 지상물을 소유할 것을 목적으로 하지 않고, 토지상의 저당권에 대한 침해배제만을 보전하기 위하여 지상권을 설정한다는 것은 지상권의 내용과는 전혀 부합하지 않는다. 독일에서도 건축물(Bauwerk)을 소유한다는 것은 지상권(世襲建築權, Erbbaurecht)의 본질적이고 강행법적인 내용이므로 건축물이 아닌 것을 위한 지상권은 성립할 수 없고, 건축물의 건축이 불가능한 경우에는 지상권의 설정을 목적으로 하는 계약은 불능으로 된다고 한다.[19)]

그런데 우리나라의 교과서나 주석서에서는 우리나라의 지상권은 토지를 사용할 수 있는 것을 본질적 내용으로 하는 권리이므로, 외국의 입법에서와 같이 타인의 토지에서 공작물 특히 건물을 소유하는 것을 본질적 내용으로 하는 것은 아니라고 한다. 그리하여 현재 공작물이나 수목이 없더라도 설정계약에 의하여 지상권은 유효하게 성립하며, 또한 이미 존재하고 있는 공작물이나 수목이 멸실하더라도 지상권은 존속할 수 있다고 설명한다.[20)] 그러나 우리 민법상의 지상권도 "건물 기타 공작물이나 수목을 소유하기 위하여" 타인의 토지를 사용하는 것을 내용으로 하므로, 이러한 지상물의 소유가 전제되지 않는 지상권은 인정될 수 없는 것이다. 외국에서 지상물을 소유하는 것을 지상권의 내용으로 규정하고 있는 것은, 지상물이 토지와는 별개의 부동산으로 인정되지 않기 때문에 지상권 제도에 의하여 그에 대한 예외를 인정하고 있는 것일 뿐, 권리의 실질적인 내용 자체가 다른 것은 아니다.[21)]

19) MünchKomm/von Oefele, 5. Aufl., 2009, ErbbauVO §1 Rdnr. 8; Staudinger/Ring, Bearbeitung 1994, §1 ErbbauVO Rdnr. 2.
20) 郭潤直, 物權法, 제7판, 2002, 223-224면; 民法注解 Ⅵ, 1992, 17면(朴在允) 등.
21) 金曾漢·金學東, 物權法, 제9판, 1996, 365면 주 3)도 같은 취지이다.

그리고 현재 공작물이나 수목이 없더라도 설정계약에 의하여 지상권은 유효하게 성립하며, 또한 이미 존재하고 있는 공작물이나 수목이 멸실하더라도 지상권은 존속할 수 있다는 것은 지상권을 어떻게 정의하는가 하는 문제와는 관련이 없다. 이는 지상권을 독립된 물권으로 보는 이상 당연한 것이다. 독일에서도 지상권은 공작물의 멸실로 인하여 소멸하지 않고,[22] 현재 존재하고 있는 공작물뿐만 아니라 장래에 건립될 공작물을 위하여도 설정될 수 있다.[23] 그러나 지상물의 소유를 전혀 예정하고 있지 않은 지상권도 민법이 인정하는 지상권이라고 할 수는 없다.

나아가 담보지상권은 타인의 토지를 사용하는 것도 아니다. 그러므로 이 점에서도 담보지상권은 민법이 규정하고 있는 지상권에는 해당하지 않는다. 판례는 앞에서 본 것처럼, 담보지상권자는 지상권의 목적 토지를 점유, 사용함으로써 임료 상당의 이익이나 기타 소득을 얻을 수 있었다고 보기 어려우므로, 그 목적 토지의 소유자 또는 제3자가 저당권 및 지상권의 목적 토지를 점유, 사용한다는 사정만으로는 담보지상권자에게 어떠한 손해가 발생하였다고 볼 수 없다고 한다.

그렇다면 담보지상권이 설정된 토지를 제3자가 불법점유하고 있는 경우에는 누가 그 제3자에 대하여 손해배상을 청구할 수 있는가? 대법원 1974. 11. 12. 선고 74다1150 판결[24]은, 지상권이 설정된 대지의 소유자는 그 소유권 행사에 제한을 받아 그 대지를 사용 수익할 수 없으므로 불법점유자에 대하여 차임 상당의 손해배상을 청구할 수 없다고 하였는데, 그렇다면 이 사건과 같은 경우에는 토지 소유자와 지상권자 모두 불법점유자에 대하여 손해배상을 청구할 수 없다는 것이 될 것이다. 그런데 이에 대하여는, 위 판결은 순수한 지상권에 관한 것이고 병존지상권(담보지상권)에 관한 것이 아니므로 이 판시 법리를 병존지상권에 그대로 적용할 수 없다는 주장이 있다.[25] 그러나 위 판결의 경우에도 지상권자는 금융기관인 제주은행이었으므로, 위 지상권도 담보지상권이었던 것으로 보인다. 물론 이 사건에서 대법원은 위 지상권이 담보지상권이라는 점을 특별히 염두에 두었던 것은 아니라고 생각된다. 그러나 어쨌든 위 판례대로라면 아무도 불법점유자에 대하여 손해배상을 청구할 수 있는 사람은 없게 된다. 나아가 담보지상권의 경우에는 보통의 지상권과는 달리 소유자가

22) 독일 지상권법(Verordnung über das Erbbaurecht), §13.
23) MünchKomm/von Oefele, ErbbauVO §1 Rdnr. 8.
24) 집 22권 3집 민71; 공 1975, 8166.
25) 金柱祥(주 7), 84면 주 20).

불법점유자를 상대로 손해배상을 청구할 수 있다고 본다면, 지상권에는 소유자가 불법점유자를 상대로 손해배상을 청구할 수 있는 것과 그렇지 않은 것의 두 가지가 있다는 것이 되나, 이러한 것은 민법이 예정하고 있는 바가 아니다.

이를 약간 다른 관점에서 살펴본다. 지금까지 판례나 학설이 인정하고 있는 담보지상권의 내용은 기본적으로 저당권의 침해에 대한 방해배제청구권일 뿐이고, 그 외에는 담보지상권의 권리내용이라고 할 만한 것이 없다. 그런데 방해배제청구권과 같은 물권적 청구권은 물권을 보유하고 있는 사람이 그 물권을 제대로 향유하지 못하고 있는 경우에 이를 시정하기 위하여 인정되는 권리로서, 물권과는 독립된 별개의 독자적인 권리는 아니다. 이러한 의미에서 물권은 하나의 母權(Mutterrecht)이고, 물권적 청구권은 이러한 모권으로부터 파생되어 나오는 子權이라고 할 수 있다.[26] 그런데 물권에 기한 다른 권리는 인정되지 않으면서도 물권적인 방해배제청구권만이 인정된다는 것은, 방해배제청구권에 의하여 보호되어야 할 물권의 실체가 존재하지 않음에도 불구하고 방해배제청구권만을 인정하는 것이 된다. 이는 말하자면 어머니 없이 태어난 자식을 인정하는 셈이다. 대법원 2009. 3. 26. 선고 2009다228, 235 판결[27]은, 소유권의 핵심적 권능에 속하는 사용·수익의 권능이 소유자에 의하여 대세적으로 유효하게 포기될 수 있다고 하면, 이는 결국 처분권능만이 남는 민법이 알지 못하는 새로운 유형의 소유권을 창출하는 것으로서, 물권법의 체계를 현저히 교란하게 된다고 한다. 마찬가지로 저당권의 담보가치만을 확보하기 위한 지상권을 인정한다면, 이는 사용권은 없고 다만 방해배제만을 청구할 수 있는 지상권으로서, 우리 민법이 알지 못하는 새로운 유형의 지상권을 창출하는 것이다.

대법원 1969. 5. 27. 선고 68다725 전원합의체 판결[28]은, 소유권을 양도함에 있어 소유권에 의하여 발생되는 물상청구권을 소유권과 분리, 소유권 없는 전소유자에게 유보하여 제3자에게 대하여 이를 행사하게 한다는 것은 소유권의 절대적 권리인 점에 비추어 허용될 수 없는 것이라고 판시하였다. 마찬가지로 소유자가 소유권을 유보하면서 물권적 청구권만을 다른 사람에게 행사하게 한다는 것도 허용될 수 없다.[29] 그런데 담보지상권은 지상권의 설정이라는 형

26) 民法注解 Ⅴ, 1992, 182면(梁彰洙).

27) 공 2009상, 571.

28) 집 17권 2집 민103.

29) 이것이 우리나라의 일반적인 견해이고 반대설은 찾아볼 수 없다. 民法注解 Ⅴ, 184면 이하(梁彰洙) 등 참조.

식을 빌어 이와 같은 결과를 가져오려고 하는 것이다.

그리고 담보지상권을 인정하는 종래의 판례나 학설은 담보지상권은 저당권에 부종된 권리로서 저당권이 소멸하면 담보지상권도 소멸한다고 보는데, 이러한 부종성은 원래 담보물권에 특유한 것으로서, 용익물권인 지상권에도 인정되는 것은 아니다. 그럼에도 불구하고 담보지상권의 부종성을 인정한다는 것 또한 물권법정주의에는 어긋난다. 이처럼 담보지상권의 부종성을 인정한다면, 결과적으로 담보지상권의 존속기간은 저당권의 피담보채권의 존속기간과 같다는 것이 되어, 민법이 지상권의 최저존속기간을 편면적 강행규정으로 하고 있는 것(제280조, 281조, 289조)과도 맞지 않는다.

결국 이러한 담보지상권은 민법이 규정하고 있는 지상권에는 들어맞지 않고, 그 외에 민법이 이러한 형태의 물권을 예정하고 있지 않으므로 담보지상권이라는 것은 물권법정주의에 어긋난다는 것이 명백하다. 원래 담보지상권이라는 명칭은 일종의 형용모순(oxymoron)이라고 하지 않을 수 없다. 지상권은 용익물권이고 담보권으로서의 성질을 가지지 않으므로, 담보지상권이란 그 자체 모순되는 개념인 것이다.

2. 담보지상권 설정계약의 허위표시 여부

그런데 이처럼 담보지상권은 민법이 규정하고 있는 지상권에는 해당하지 않음에도 불구하고 지상권이라는 형식을 취하여 등기되고 있으므로, 그에 대하여 법적으로 어떠한 효과를 부여하여야 할 것인가가 문제된다. 사견으로는 이러한 담보지상권 설정계약은 전형적인 허위표시에 해당한다고 보인다.

이에 대하여는 현실로 토지사용이 예정되어 있지 않다고 하더라도 경솔히 허위표시라고 볼 것은 아니라는 주장이 있음은 앞에서 보았다. 그러나 이러한 주장은 받아들일 수 없다. 지상권설정등기를 신청하는 경우에는 신청서에 지상권 설정의 목적을 기재하여야 하는데(부동산등기법 제69조 제1호), 이때에는 소유의 대상인 공작물 또는 수목을 기재하여야 하고, 등기부에도 그러한 목적이 기재된다. 이러한 목적의 기재는 가령 지상권의 존속기간을 정하는 기준이 되는 것이다. 따라서 단순히 "건물의 소유", "공작물의 소유" 등과 같이 추상적으로 기재하여서는 안 되고, "목조건물의 소유", "견고한 건물의 소유" 등과 같이 구체적으로 기재하여야 한다. 이러한 목적의 기재가 없는 지상권 설정등기 신청은 “신청정보의 제공이 대법원 규칙으로 정한 방식에 맞지 아니한 경우(부동산등기법 제28조 제6호)에 해당하여 각하사유가 된다.[30] 그런데 실제로는 저당목적물의 담보가치 확보만을 목적으로 하고 전혀 공작물이나 수목을 소유할 생각도 없으면서도, 신청서에만 등기를 위하여 공작물 또는 수목의 소유를 목적으로 하는 것이라고 기재하는 것이 허위표시에 해당하지 않는다고 하기는 어려울 것이다.

그런데 이에 대하여는 담보지상권도 양도담보와 마찬가지로 일종의 신탁행위[31]로서 유효하다고 하는 반론이 있을 수 있다. 그러나 이러한 주장은 받아들이기 어렵다. 신탁행위와 허위표시의 구별은 애매한 경우가 많다. 그러나 양도담보의 경우에는 양도담보의 피담보채무의 불이행이 있으면 양도담보권자가 담보권을 실행하여 피담보채무의 만족을 얻을 수 있고, 이 점에 관하여는 의사의 합치가 있으므로 이를 허위표시라고 볼 필요는 없다. 그러나 담보지상권의 경우에는 지상권의 핵심적인 내용, 즉 지상물을 소유하기 위하여 토지를 사용한다는 점에 관하여 의사의 합치가 없고, 다만 물권적 방해배제청구권만을 행사할 수 있도록 하는 것이므로, 이를 신탁행위라고 이해할 수는 없다. 오히려 이처럼 원래 소유자가 행사하여야 할 방해배제청구권을 저당권자가 행사하게 할 목적으로 지상권을 설정하는 것은 원칙적으로 허용되지 않는 소송신탁[32]에 해당하여 무효라고도 볼 수 있는 것이다.

Ⅳ. 저당권에 기한 물권적 방해배제청구권과의 비교

1. 저당권에 기한 방해배제청구권의 인정

위에서 본 것은 이론적인 측면이지만, 실제적으로도 담보지상권을 인정할 필요성은 없다. 왜냐하면 저당목적 토지의 담보가치를 하락시키는 침해를 배제

30) 金鍾權, 實務 不動産登記法(下), 1992, 377-378면 참조. 부동산등기규칙 제126조는 지상권설정의 등기를 신청하는 경우에는 지상권설정의 목적(부동산등기법 제69조 제1호)을 신청정보의 내용으로 등기소에 제공하여야 한다고 규정하고 있다.

31) 다만 양도담보가 가등기담보 등에 관한 법률의 적용을 받는 경우에는 양도담보는 일종의 담보권으로 보는 것이 오늘날 일반적인 견해이다.

32) 대법원 1983. 5. 24. 선고 82다카1919 판결(집 31권 3집 민19) 등.

하기 위하여는 저당권에 기한 방해배제청구권을 행사하면 그것으로 충분하기 때문이다.

종래 저당권에 기한 방해배제청구권은 이를 인정하는 명문의 규정(민법 제370조에 의한 제214조의 준용)에도 불구하고 별다른 관심의 대상이 되지 못하였다. 그런데 대법원 2005. 4. 29. 선고 2005다3243 판결[33]은, 저당부동산에 대한 점유가 저당부동산의 본래의 용법에 따른 사용·수익의 범위를 초과하여 그 교환가치를 감소시키거나, 점유자에게 저당권의 실현을 방해하기 위하여 점유를 개시하였다는 점이 인정되는 등, 그 점유로 인하여 정상적인 점유가 있는 경우의 경락가격과 비교하여 그 가격이 하락하거나 경매절차가 진행되지 않는 등 저당권의 실현이 곤란하게 될 사정이 있는 경우에는 저당권의 침해가 인정될 수 있다고 하였다. 다만 당해 사건에서는 방해배제청구를 받아들이지 않았다.

그 후 대법원 2006. 1. 27. 선고 2003다58454 판결[34]은 저당권자의 방해배제청구를 정면으로 인정하였다. 이 사건은 원래의 토지 소유자가 그 지상에 오피스텔을 건축하여 분양하기로 하고, 공사에 착수한 상태에서 은행으로부터 돈을 차용하고 토지상에 근저당권을 설정하여 주었으며, 그 후 토지 소유자가 부도를 내자 수분양자들이 피고 조합을 결성하여 건축사업의 시행권을 양수한 뒤 공사를 재개한 사안에 관한 것이다. 그 후 근저당권자가 근저당권 실행을 위한 임의경매신청을 하고, 피고 조합을 상대로 하여 건물신축행위의 금지를 청구하였는데, 원심은 원고의 청구를 인용하였다.

대법원은 "저당권자는 저당권 설정 이후 환가에 이르기까지 저당물의 교환가치에 대한 지배권능을 보유하고 있으므로 저당목적물의 소유자 또는 제3자가 저당목적물을 물리적으로 멸실·훼손하는 경우는 물론 그 밖의 행위로 저당부동산의 교환가치가 하락할 우려가 있는 등 저당권자의 우선변제청구권의 행사가 방해되는 결과가 발생한다면 저당권자는 저당권에 기한 방해배제청구권을 행사하여 방해행위의 제거를 청구할 수 있다"고 하는 일반론을 설시하였다.

그리고 당해 사건에 관하여는, "대지의 소유자가 나대지 상태에서 저당권을 설정한 다음 대지상에 건물을 신축하기 시작하였으나 피담보채무를 변제하지 못함으로써 저당권이 실행에 이르렀거나 실행이 예상되는 상황인데도 소유자 또는 제3자가 신축공사를 계속한다면 신축건물을 위한 법정지상권이 성립

33) 공 2005상, 837.

34) 공 2006상, 316.

하지 않는다고 할지라도 경매절차에 의한 매수인으로서는 신축건물의 소유자로 하여금 이를 철거하게 하고 대지를 인도받기까지 별도의 비용과 시간을 들여야 하므로, 저당목적 대지상에 건물신축공사가 진행되고 있다면 이는 경매절차에서 매수희망자를 감소시키거나 매각가격을 저감시켜 결국 저당권자가 지배하는 교환가치의 실현을 방해하거나 방해할 염려가 있는 사정에 해당한다"고 판시하여, 피고의 상고를 기각하였다.

이어서 대법원 2007. 10. 25. 선고 2007다47896 판결[35]은 "점유권원을 설정받은 제3자의 점유가 저당권의 실현을 방해하기 위한 것이고, 그 점유에 의해서 저당권자의 교환가치의 실현 또는 우선변제청구권의 행사와 같은 저당권의 실현을 방해하는 특별한 사정이 있는 경우에는 저당권의 침해로 인정될 수 있을 것이다"라고 판시하였다. 나아가 대법원 2008. 1. 17. 선고 2006다586 판결(주 4)은 위 2005다3243 판결(주 33)을 인용하면서 같은 취지로 판시하고 있다.

이러한 판례에 따른다면, 저당토지상에 건물을 신축하는 것과 같은 행위는 저당권에 기한 방해배제청구에 의하여 충분히 막을 수 있는 것이다. 이 점은 담보지상권에 기한 방해배제청구를 인정한 위 대법원 2004. 3. 29.자 2003마1753 결정(주 2)과, 저당권에 기한 방해배제청구를 인정한 위 대법원 2006. 1. 27. 선고 2003다58454 판결(주 34)을 비교하면 잘 알 수 있다.[36] 위 2003마1753 결정의 사안은 2003다58454 판결의 사안과 거의 차이가 없고, 다만 전자에서는 근저당권자가 근저당권설정등기와 함께 지상권설정등기까지 마쳤을 뿐이다.

위 2003마1753 사건에서는 근저당권자 겸 지상권자가 근저당권설정자로부터 건축주 명의를 넘겨받은 사람을 상대로 하여 공사중지가처분을 신청하였다. 위 사건의 원심결정은, 근저당권자가 자신의 근저당권 및 지상권이 위 신축건물에 의하여 제한을 받을 수도 있다는 것을 예상하였거나 예상할 수 있었음에도 이 사건 토지에 근저당권 및 지상권을 설정하였다고 하여, 근저당권자가 저당권설정자로부터 건축주 명의를 변경받은 사람에 대한 공사중지가처분 신청을 기각하였다. 그러나 대법원은, 토지에 관하여 저당권을 취득함과 아울러 그 저당권의 담보가치를 확보하기 위하여 지상권을 취득하는 경우, 특별한 사정이 없는 한 당해 지상권은 저당권이 실행될 때까지 제3자가 용익권을 취득하거나 목적 토지의 담보가치를 하락시키는 침해행위를 하는 것을 배제함으로써 저당

35) 미공간.

36) 이 점에 대하여는 尹眞秀(주 15), 729면 이하 참조.

부동산의 담보가치를 확보하는 데에 그 목적이 있으므로, 근저당권자가 저당권 설정자가 건물을 신축하는 것을 알고서 이로 인한 제한을 용인하였다고 하더라도, 제3자가 저당권 설정자로부터 건축주 명의를 변경받아 건물을 축조하는 데에 대하여도 재항고인이 용인한 것으로 볼 수는 없다고 하여 원심 결정을 파기하였다.

그러므로 위 2003마1753 결정에서 근저당권자 겸 지상권자가 지상권 아닌 저당권에 기한 방해배제청구를 하였더라도 충분히 인용될 수 있었을 것이다. 따라서 이러한 경우에는 별도로 지상권의 등기를 요구할 필요가 없는 것이다.[37)]

2. 저당권에 기한 방해배제청구권의 인정 범위

그러나 이에 대하여도 저당권에 기한 방해배제청구권의 인정범위는 지상권에 기한 방해배제청구의 인정범위만큼 넓을 수는 없으므로, 저당권에 기한 방해배제청구권이 인정된다고 하더라도 담보지상권에 기한 방해배제청구는 인정될 필요가 있다고 하는 주장이 있을 수 있다.[38)] 과연 저당권에 기한 방해배제청구와 지상권에 기한 방해배제청구의 인정 범위에 차이가 있는가?

저당권에 기한 방해배제청구를 현재의 판례보다 좁은 범위에서 인정하려는 견해는 대체로 상대방에게 저당권의 실행을 방해할 목적이 있는 경우에 한정되어야 한다고 보고 있다.[39)] 그러나 이러한 주장은 이론적으로나 실제상 불

37) 필자는 이 점에 관하여, 저당권자가 지상권을 같이 취득하지 않은 경우라고 하여 저당권자에게 저당 부동산의 담보가치를 확보하려는 의사가 없었다고는 말할 수 없고, 저당권설정자도 저당권자의 이러한 목적을 위한 지상권 설정 요구에 대하여 특별히 거부할 사유는 없으므로 구태여 저당권과 아울러 지상권을 취득한 경우에만 저당권자에게 그러한 보호를 부여할 이유는 없고, 저당권만을 취득한 경우에도 같은 보호를 하여 주는 것이 지상권 설정으로 인한 비용을 절감한다는 면에서 더 합리적이라고 설명하였다. 尹眞秀(주 15), 730-731면. 그런데 이에 대하여는, 이는 등기를 마치지 않은 부동산매수인에게 물권적 청구권과 같은 부동산소유자로서의 법적 구제수단을 인정하는 것이나, 부동산임대차계약을 체결한 사람이 확정일자를 받지 아니하고 주택임대차보호법 제3조의 2에서 정하는 우선변제권을 인정하는 것과 같다는 비판이 있다. 梁彰洙, "2006년도 民事判例 管見", 民法研究 제9권, 2007, 371-372면. 이준현, "저당권에 기한 방해배제청구권", 財産法研究 제24권 2호, 2007, 89-90면도 같은 취지이다. 그러나 이는 부정확한 비판이다. 필자가 주장한 것은 등기된 물권인 저당권에 기하여서도 지상권에 기한 방해배제청구권과 동일한 내용의 권리를 인정할 수 있다는 것이지, 지상권 등기가 되어 있지 않은데도 지상권에 기한 방해배제청구권을 인정하여야 한다는 취지가 아니다.

38) 金祥寶(주 16)은 그러한 취지로 보인다. 또한 梁彰洙(주 37), 370-372면도 양자의 범위가 다르다는 취지인 것으로 이해된다.

39) 吳賢圭, "저당권에 기한 방해배제청구권과 건물신축행위의 중지청구", 民事判例研究 XXIX, 2007, 549면 이하; 梁彰洙(주 37), 376면 이하; 이준현, "저당권에 기한 방해배제청구(민법 제

합리하여 받아들이기 어렵다.

첫째, 일반적으로 물권적 청구권의 행사에 있어서는 상대방의 고의나 과실 등 귀책사유는 요건이 아니므로, 이러한 주관적 요건을 도입하는 것은 이론상으로도 문제일 뿐만 아니라 실제의 심리에 있어서도 불확실성을 증가시키므로 바람직하다고 할 수 없다.[40] 이에 대하여는, 제3자의 채권침해와 관련하여 그 위법성의 판단에서 害意 등의 주관적 요건이 고려되는 것을 보아도 알 수 있듯이, 물권적 청구권의 발생요건을 판단함에 있어서 주관적 요건을 고려하는 것이 언제나 배제되어야 하는 것은 아니라는 반론이 있다.[41] 그러나 물권적 방해배제청구의 대상이 되는 "방해"란 물권에 의하여 법적으로 보장되는 물건에 대한 권능 내지 가능성이 타인의 개입에 의하여 실제에 있어서는 실현되지 못하고 있는 상태라고 말할 수 있다.[42] 그러므로 물건에 대한 권능 내지 가능성이 실제로 실현되지 못하고 있다면 상대방에게 고의나 과실 등의 귀책사유가 없더라도 방해는 존재하는 것이고, 반대로 객관적으로 그러한 권능 내지 가능성이 실제로 실현되고 있다면 상대방에게 고의나 과실 또는 방해의 목적 등이 있다고 하더라도 방해가 존재한다고 말할 수는 없는 것이다.

둘째, 저당권에 기한 방해배제청구권의 요건으로서 상대방의 방해의 목적을 요구하는 것은 실제로도 타당하지 않다. 현재의 판례는 방해의 목적을 저당권에 기한 방해배제청구권의 필수적인 요건으로는 보지 않고, 다만 경우에 따라 방해의 목적이 있다는 것을 저당권에 기한 방해배제를 인정하는 한 요소로서 언급하고 있다.[43] 뿐만 아니라 판례는 방해의 목적이 없다고 보이는 경우에도 저당권에 대한 방해를 인정하고 있다.

앞에서 살펴본 대법원 2008. 1. 17. 선고 2006다586 판결(주 4)은 근저당권이 설정된 토지의 인접 토지(지목이 田으로 되어 있었다)를 매수한 피고 회사가

370조에 의한 제214조의 준용)의 입법적 구체화 검토", 民事法學 제46호, 2009, 387면 이하 등.

40) 尹眞秀(주 15), 729면 주 84).

41) 梁彰洙(주 37), 377-378면.

42) 民法注解 Ⅴ, 241-242면(梁彰洙).

43) 대법원 2005. 4. 29. 선고 2005다3243 판결(주 33); 대법원 2008. 1. 17. 선고 2006다586 판결(주 4) 등. 다만 대법원 2007. 10. 25. 선고 2007다47896 판결(주 35)은 "점유권원을 설정받은 제3자의 점유가 저당권의 실현을 방해하기 위한 것이고, 그 점유에 의해서 저당권자의 교환가치의 실현 또는 우선변제청구권의 행사와 같은 저당권의 실현을 방해하는 특별한 사정이 있는 경우에는 저당권의 침해로 인정될 수 있을 것이다"라고 하여 방해 목적이 있어야만 저당권의 침해가 인정되는 것과 같은 표현을 쓰고 있다. 그러나 위 판결 자체가 위 2005다3243 판결을 인용하고 있는 점에 비추어 보면, 이 판결과 반드시 다른 태도를 취하고 있는 것으로 볼 수는 없다.

아파트를 건설하면서, 그 토지상에 아스팔트포장도로를 개설하고 위 토지와 저당권이 설정된 토지의 경계선상에 콘크리트 옹벽을 설치하여, 그 때문에 저당권의 효용이 떨어지게 된 경우였다. 대법원은 이에 대하여, 저당부동산에 대한 소유자 또는 제3자의 점유가 저당부동산의 본래의 용법에 따른 사용·수익의 범위를 초과하여 그 교환가치를 감소시키거나, 점유자에게 저당권의 실현을 방해하기 위하여 점유를 개시하였다는 점이 인정되는 등, 그 점유로 인하여 정상적인 점유가 있는 경우의 경락가격과 비교하여 그 가격이 하락하거나 경매절차가 진행되지 않는 등 저당권의 실현이 곤란하게 될 사정이 있는 경우에는 저당권의 침해가 인정될 수 있다고 하면서, 지목이 '전'인 토지에 도로를 개설하여 일반 공중에게 제공하는 피고들의 위와 같은 행위는 사회통념에 비추어 토지의 본래의 용법에 따른 정상적인 사용·수익행위라고 볼 수는 없다고 하여 저당권의 침해를 인정하였다. 대법원은 위 사건을 저당권의 방해목적이 있는 경우는 아니지만 토지의 정상적인 사용·수익행위가 아닌 경우로 파악한 것이다.[44] 실제로도 위와 같은 경우에 피고 회사는 자체의 사업을 실행한 것이었을 뿐, 원고의 저당권 실행을 방해할 목적이 있었던 것이라고는 할 수 없을 것이다. 그런데 이러한 경우에 저당권 방해의 목적이 없었다고 하여 저당권의 침해 내지 방해를 인정하지 않는다는 것은 명백히 부당하다.

원래 이처럼 저당권 침해에 대하여 방해의 목적을 요구하는 것은 일본 최고재판소 2005(平成 17). 3. 10. 판결[45]의 영향을 받은 것으로 보인다. 이 사건에서 최고재판소는, 저당권설정등기 후에 저당건물의 소유자로부터 점유권원을 설정받아 점유하는 자라도, 그 점유권원의 설정에 저당권실행으로서의 경매절차를 방해할 목적이 인정되고, 그 점유에 의해 저당부동산의 교환가치의 실현이 방해되어 저당권자의 우선변제청구권의 행사가 곤란하게 되는 때에는, 저당권자는 당해 점유자에 대해서 저당권에 기한 방해배제청구로서 이러한 상태의 배제를 구할 수 있다고 판시하였다. 이 판결이 이처럼 방해의 목적이라는 주관적 요건을 요구하고 있는 데 대하여는 일본에서 찬반의 논의가 있다. 그러나

44) 물론 이 경우에는 당사자가 방해배제 아닌 손해배상을 청구하였으나, 이러한 경우에 손해배상의 요건으로서의 저당권의 침해와 방해배제의 요건으로서의 저당권의 방해를 구별할 필요는 없을 것이다. 위 판결도 저당권의 방해배제에 관한 대법원 2005. 4. 29. 선고 2005다3243 판결(주 33)을 인용하고 있다. 위 사건에서 피고의 공사가 완료되기 전에 저당권자가 그 공사의 중지를 청구하였더라면 이러한 청구는 받아들여졌을 것이다.

45) 민집 59권 2집 356면.

실제로는 이러한 주관적 요건은 저당부동산의 교환가치의 실현이 방해되어 우선변제청구권의 행사가 곤란하게 된다는 객관적인 제사정으로부터 판단될 수 있으므로, 그러한 객관적인 판단과 중복되는 경우가 많을 것이라고 한다. 주관적 요건이 필요하다는 견해도, 이러한 주관적 요건은 정상적인 임대차의 임차인은 방해배제의 대상이 되지 않는다는 취지를 명확하게 하는 것이라고 한다.[46] 이러한 점에 비추어 본다면 방해의 목적이라는 요건을 요구하는 것은 실질적인 의미를 가지지도 못한다.[47]

다른 한편 만일 저당권의 침해를 인정하기 위하여는 방해 목적이 있어야 한다고 본다면, 지상권에 기한 방해배제청구의 경우에는 그와는 달리 방해의 목적이 없어도 된다고 볼 수는 없다. 담보지상권은 기본적으로 저당권에 대한 침해를 방지하기 위한 것인데, 저당권의 방해목적이 없어서 저당권의 침해라고 인정되지 않는다면, 지상권에 기한 방해배제도 인정되어서는 안 될 것이다. 그렇게 보지 않는다면 저당권에 대한 침해를 방지하기 위한 것으로서 저당권에 부종하는 성격을 가진다는 담보지상권에 대하여 저당권보다 더 강력한 효력을 부여하는 것으로서, 지상권 제도의 남용이라고 하지 않을 수 없다.

그리고 저당권에 기한 방해배제와 지상권에 기한 방해배제는 그 효과면에서 차이가 있다고 하는 주장도 있을 수 있다. 즉 저당권자는 저당목적물을 점유할 권리를 가지지 않으므로, 저당목적물을 점유하는 자에 대하여 그 점유가 저당권을 방해하는 것이라고 하여도 직접 자신에의 인도를 청구할 수는 없고, 이 점에서 자신에게 직접 인도를 청구할 수 있는 지상권의 경우와는 차이가 있다는 것이다. 그러나 저당권의 방해가 인정된다면, 필요한 경우에는 저당목적물을 저당권자에게 직접 인도할 것을 청구할 수도 있다고 보아야 할 것이다. 위

46) 田高寛貴, "抵當權に基づく妨害排除請求", 別冊 ジュリスト No. 195, 民法判例百選 ①, 第6版, 2009, 178-179면 참조. 梁彰洙(주 37), 375면은, 판례에 의하면 나대지의 저당권자는 그 피담보채무의 불이행이 있으면 그 토지상에 행하여지는 건물신축행위의 중지를 청구할 수 있는 것으로 이해되지만, 피담보채무의 불이행을 전후하여 저당권자 등의 법적 지위가 현격하게 달라져야 하는 근거를 납득할 수 없다고 하면서, 건물이 저당목적물인 경우에 그 저당권의 피담보채무가 불이행상태에 빠지더라도 건물소유자는 그 건물을 용익할 수 없게 되어서 제3자에게 임대하여서는 안 된다고는 볼 수 없다고 한다. 그러나 저당권의 피담보채무가 불이행상태에 빠진다고 하여 건물소유자가 그 건물을 용익할 수 없게 된다고 볼 아무런 근거가 없다. 판례도 그러한 취지는 아니다.

47) 吳賢圭(주 39), 555면 이하는 저당권에 기한 방해배제의 요건으로서 방해의 목적이 있어야 한다고 보면서도, 위 대법원 2006. 1. 27. 선고 2003다58454 판결(주 34)의 경우에는 여러 가지 사정에 비추어 경매 방해 목적을 인정할 수 있을 것이라고 본다.

일본 최고재판소 2005. 3. 10. 판결(주 45)은 저당부동산의 소유자가 저당권에 대한 침해가 생기지 않도록 저당부동산을 적절하게 유지관리하는 것이 기대될 수 없는 경우에는 저당권자는 점유자에 대하여 직접 자기에게 저당부동산의 명도를 구할 수 있다고 하였고, 이는 일반적으로 일본의 학설상 지지를 받고 있다.[48)]

그러므로 저당권에 기한 방해배제청구가 인정되는 이상, 그 요건이나 효과면에서 차이가 없는 담보지상권에 기한 방해배제를 인정할 현실적인 필요성도 존재하지 않는다.

3. 일본의 이른바 併用賃借權에 관한 논의

이 문제에 관하여는 일본의 병용임차권에 관한 논의가 참고가 될 수 있다. 이 문제를 국내에서 처음으로 다룬 논문도 주로 일본의 병용임차권에 관한 논의를 참조하고 있다.[49)] 현재 담보지상권을 설정하고 있는 금융기관의 실무도 일본의 병용임차권의 영향을 받은 것으로 추측된다.

2003년 개정 전의 일본 민법 395조는 단기임대차[50)]는 저당권의 등기 후에 등기되었더라도 저당권에 대항할 수 있다고 규정하고 있었다. 그런데 실제로는 이 규정을 악용하여 저당권의 실행을 방해하기 위하여 단기임대차 계약을 체결하는 일이 많았으므로, 저당권자는 저당권의 설정과 함께 저당권자를 예약권리자로 하여 채무불이행이 있으면 예약완결권을 행사하거나 또는 이를 정지조건으로 하는 조건부 임대차계약을 체결하고, 그에 기한 임차권설정청구권 가등기를 한 다음 나중에 임차권의 본등기를 함으로써 사후에 설정된 단기임차권을 배제하려고 하는 것이 일반적이었다. 이러한 임차권을 일반적으로 병용임차권이라고 부르고 있었다. 그런데 일본 최고재판소 1989(平成 元). 6. 5. 판결[51)]은, 이러한 경우 예약완결권을 행사하여 임차권의 본등기를 마치더라도 임차권으로서의 실체를 가지지 않는 이상 대항요건을 구비한 후순위의 단기임차권을 배제하는 효력을 인정할 여지가 없다고 하였고, 그에 따라 병용임차권은 더 이

48) 內田 貴, 民法 Ⅲ, 제3판, 2005, 439-440면; 道垣內弘人, 擔保物權法, 제3판, 2008, 184면; 田高寬貴(주 46), 179면 등.

49) 金柱祥(주 7) 참조.

50) 민법 제602조에 정한 임대차 기간을 넘지 않는 임대차. 위 임대차기간은 수목의 식재나 벌채를 목적으로 하는 산림의 임대차는 10년, 기타의 토지의 임대차는 5년, 건물의 임대차는 3년, 동산의 임대차는 6개월이다.

51) 민집 43권 6집 355면.

상 이용될 수 없게 되었다.

이 판결에 대하여는 찬반 양론이 있었는데, 비판하는 견해에서는 저당권 자체에 기하여 방해배제를 청구할 수 있는가 하는 점이 명백하지 않은 이상, 병용임차권에 의한 단기임차권의 배제를 인정하여야 한다고 주장하였다. 반면 이를 긍정하는 견해에서는 위와 같은 병용임차권의 설정은 탈법행위이거나 허위표시로서 무효라고 하면서, 저당권의 보호는 저당권에 기한 방해배제청구권을 인정하는 방법에 의하여야 한다고 주장하였다.[52] 그 후 최고재판소 1999(平成 11). 11. 24. 판결[53]은, 저당권자는 저당목적물을 불법점유하는 자에 대하여 소유자의 방해배제청구권을 대위행사할 수 있다고 하였고, 최고재판소 2005(平成 17). 3. 10. 판결(주 45)은 한 걸음 더 나아가 저당권 자체에 기한 방해배제청구권의 행사를 인정하였다. 그리하여 병용임차권에 관한 논의는 더 이상 의미가 없게 되었다. 한편 2003년 개정 일본 민법은 위와 같은 단기임대차 제도 자체를 폐지하여 버렸다.

이러한 점에 비추어 보더라도, 저당권의 침해가 있으면 저당권 자체에 기한 방해배제청구권이 인정되므로, 저당권의 침해 배제를 위한 별도의 담보지상권을 인정할 필요는 없는 것이다.

Ⅴ. 結 論

이제까지의 논의를 요약한다면 다음과 같다. 즉 저당권에 대한 침해 배제를 위한 담보지상권은 물권법정주의에 어긋날 뿐만 아니라, 이를 설정하기로 하는 계약은 허위표시로서 무효이고, 또 저당권 자체에 기한 방해배제청구권이 인정되는 이상 담보지상권을 인정할 현실적인 필요성도 없다는 것이다. 따라서 담보지상권의 효력을 인정하는 현재의 판례는 더 이상 유지될 이유가 없다.

그런데 이에 대하여는 이론적으로는 문제가 있다고 하더라도, 현실적으로 담보지상권을 인정한다고 하여 큰 불합리는 없으므로 구태여 이를 무효라고 할 필요성은 없다고 하는 의견이 있을 수 있다. 즉 담보지상권에 기한 방해배

52) 간단한 소개는 甲斐道太郎, "併用賃借權の效力", 法律時報 제63권 6호, 1991, 16면 이하, 특히 19면 이하 참조.

53) 민집 53권 8집 1899면.

제를 인정하는 것과 저당권에 기한 방해배제를 인정하는 것은 결과에 있어서 차이가 없고, 또 판례가 담보지상권자의 사용수익권을 인정하지 않는 것은 타당한 결론이므로 굳이 이를 무효라고 할 것까지는 없다는 것이다.

그러나 우선 담보지상권을 무효라고 하지 않으면 저당권을 취득할 때 담보지상권을 설정하게 하는 금융기관의 실무가 바뀌지 않을 것이다. 이는 담보지상권 설정에 소요되는 비용과 노력을 쓸데없이 계속 지출하게 하는 것으로서 경제적으로 낭비를 가져온다. 그리고 앞에서 본 것처럼 담보지상권의 효력을 인정하는 것은 저당권에 기한 방해배제청구권의 인정 범위에 관하여 불필요한 혼란을 일으키고 있다. 이러한 점에서 판례가 담보지상권이 무효라는 것을 명확하게 선언하는 것이 요청된다.

〈追記〉

1. 김현, "지상권 침해에 대한 손해배상의 판단기준", 대한토목학회지 제58권 제11호, 2010, 100면은 물권법정주의를 근거로 담보지상권의 유효성을 인정한 판례를 비판하는 시각도 적지 않지만, 이러한 형태의 지상권의 효력을 인정하는 것으로 일반 국민들의 법적 확신이 형성되었으므로, 이러한 지상권은 관습법에 의하여 창설된 물권으로서 유효하다고 한다. 그러나 위와 같은 일반 국민들의 법적 확신이 형성되었다고 말하기는 어려울 것이다.

2. 대법원 2011. 4. 14. 선고 2011다6342 판결(공 2011상, 921)은 위 대법원 1991. 3. 12. 선고 90다카27570 판결(주 6)과 마찬가지로 담보지상권이 부종성을 가진다고 보았다. 즉 근저당권 등 담보권 설정의 당사자들이 그 목적이 된 토지 위에 차후 용익권이 설정되거나 건물 또는 공작물이 축조·설치되는 등으로써 그 목적물의 담보가치가 저감하는 것을 막는 것을 주요한 목적으로 하여 채권자 앞으로 아울러 지상권을 설정하였다면, 그 피담보채권이 변제 등으로 만족을 얻어 소멸한 경우는 물론이고 시효소멸한 경우에도 그 지상권은 피담보채권에 부종하여 소멸한다는 것이다. 그러나 부종성은 담보물권의 고유한 성질이고, 담보물권 아닌 지상권은 비록 그것이 담보지상권이라는 이름으로 불려져도 담보물권이 될 수 없으므로, 이 판결이 지상권의 부종성을 인정한 것은 법에 정면으로 어긋난다는 비판을 면하기 어려울 것이다.

〈고상룡교수고희기념논문집 한국민법의 새로운 전개, 2012〉

〈追記〉

최수정, “담보를 위한 지상권의 효력”, 민사법학 제56호, 2011, 87면 이하, 106면 이하는 담보지상권도 유효하다고 하면서, 다만 위 대법원 2011. 4. 14. 선고 2011다6342 판결이 담보지상권의 저당권에 대한 부종성을 인정한 것은 새로운 유형의 담보물권을 창설하는 것으로, 지상권의 효력을 인정하는 근거에 상치되며 법해석의 한계를 넘는다고 한다. 그리하여 당사자, 특히 토지소유자는 지상권설정계약시에 해제권 또는 해지권을 유보하거나 저당권의 소멸을 해제조건으로 할 필요가 있다고 주장한다. 반면 배병일, “담보지상권”, 법학논고 제43집, 2013, 203면 이하는 판례를 지지하면서, 담보지상권은 그동안 우리나라 금융기관의 고유한 대출실무 관행이 대법원의 판례에 의해서 인정된 권리로서 관습법상 물권으로 정착하고 있다고 볼 수 있다고 한다.

다른 한편 이진기, “물권법정주의, 소유권과 제한물권의 범위와 한계”, 비교사법 제19권 4호, 2012, 1186면 이하는 담보지상권의 설정이 허위표시는 아니지만, 담보지상권은 물권법정주의에 어긋나므로 무효라고 하고, 金炫先, “나대지에 저당권을 설정한 후 저당목적물의 담보가치를 확보하기 위한 지상권의 효력”, 중앙법학 제14집 3호, 2012, 185면 이하는 담보지상권은 물권법정주의에 어긋나서 무효라고 한다. 그리고 오시정, “저당권과 지상권의 관련성 및 저당권자의 실무적 대응방안”, 은행법연구 제6권 1호, 2013, 215면 이하는 대체로 이 글에 동조하여 담보지상권은 무효라고 한다.

유치권 및 저당권설정청구권에 관한 민법개정안*

Ⅰ. 서 론

법무부 산하에 설치된 민법개정위원회는 2012년에 민법 및 상법에 규정된 유치권제도를 개정하여, 부동산 유치권은 원칙적으로 미등기 부동산에 대하여만 인정하는 한편, 저당권 설정청구권 제도를 만들어서 그에 대한 보완책을 마련하였다. 유치권 제도의 개선은 민법의 개정만으로 이루어질 수는 없고, 상법, 부동산등기법 및 민사집행법 등 여러 법을 아울러 고려하여야 한다. 이하에서는 우선 왜 이와 같은 개정안을 마련하게 되었는가라는 개정의 필요성에 대하여 설명하고, 개정안의 기본 골자를 간략히 살펴본 다음, 개별 조문을 해설하는 순으로 진행한다.

유치권 제도의 개정은 매우 중요하고 이해관계가 첨예하게 대립할 수 있는 문제로서, 여러 가지의 반대의견이 있을 수 있다. 개정안의 작성 과정에서도 여러 가지의 의견대립이 있었다. 그리하여 개정안의 취지를 보다 잘 이해할

---

* 이 논문은 2012. 11. 26. 법무부 주최로 개최되었던 유치권 제도 개선을 위한 민법·부동산등기법·민사집행법 개정안 공청회 발표 자료를 기초로 하였고, 공청회에서의 토론 내용과 그 후 2012. 12. 3.과 2012. 3. 4. 열렸던 민법개정위원회 분과위원장단 회의 결과를 반영하여 작성된 것이다. 공청회에서 지정토론을 맡아 주신 이상영 동국대 교수님, 박철규 법무법인 태평양 변호사님, 안갑준 대한법무사협회 법제연구소장님과 자유토론을 해 주신 이상태 건국대 교수님, 김상수 서강대 교수님, 그리고 초록 작성에 도움을 주신 권영준 서울대 교수님께 감사의 뜻을 표한다. 한편 위 개정안에 대하여는 2013. 1. 16.부터 입법예고 절차가 진행되어 2013. 2. 25.까지 의견을 제출하도록 하였다. 위 개정안에 대하여 제출된 의견은 2003. 3. 4. 위원장단 회의에서 논의되었고, 그 중 일부는 개정안의 수정에 참고가 되었다. 아래 Ⅲ. 5. 다. 참조.

수 있도록 개정의 결과뿐만 아니라 작성 과정에서 있었던 여러 논의도 아울러 소개하고자 한다.

Ⅱ. 유치권 제도의 개정 필요성

1. 부동산 유치권 제도의 문제점

종래 부동산 유치권 제도에 대하여는 많은 비판이 있었다.[1] 비판의 표적이 되었던 점은 주로 다음의 두 가지이다. 첫째, 부동산 유치권은 등기부에 공시되지 아니함에도 불구하고, 경매절차에서 매각되더라도 소멸하지 않으며, 오히려 매수인이 유치권자에게 피담보채권을 변제할 책임이 있으므로(민사집행법 제91조 제5항), 사실상 그 성립시기가 앞서는 저당권보다도 우선하여 변제받는 결과가 되고, 제3자에게 예측할 수 없었던 손해를 주는 것이 된다는 것이다. 둘째, 부동산 유치권이 성립하여 존속하려면 채권자의 점유가 필요하므로, 다른 사람들이 부동산을 사용·수익하지 못하고, 유치권자 자신도 채무자의 승낙 없이는 유치물을 사용하지 못하므로(민법 제324조 제2항), 부동산의 사용가치가 사장되게 된다.

이러한 문제점은 경매절차에서 가장 명확하게 나타난다.[2] 우선 부동산이 경매절차에서 매각되어도, 그 매수인은 유치권의 부담을 안게 되므로 그만큼 매각대금이 낮아지게 된다. 뿐만 아니라 매수인이 부동산을 점유하고 있는 유치권자로부터 부동산을 인도받기 위하여는 유치권자의 자발적인 협조가 없는 한 소송 등을 거쳐야 하므로, 그만큼 매수하려는 사람이 적어지게 된다. 경매의 현황을 실증적, 통계적으로 분석한 한 연구에 의하면, 유치권의 부담이 있는 경매목적물의 평균 유찰횟수는 2.22회인 반면, 그렇지 않은 경매목적물의 평균 유찰횟수는 1.27회로서 유치권의 부담이 있는 경우가 0.95회 더 많이 유

1) 예컨대 金永斗, "부동산유치권의 문제점에 관한 연구", 至嚴 李善永博士華甲紀念 土地法의 理論과 實務, 2006, 203면 이하: 金載亨, "부동산 유치권의 개선방안", 民事法學 제55호, 2011, 349면 이하; 정준영·이동진, "부동산유치권의 개선에 관한 연구", 2009년 법무부 연구용역 과제 보고서, 2009, 22면 이하 참조.

2) 秋信英, "가장유치권의 진입제한을 위한 입법적 고찰", 民事法學 제44호, 2009, 351면 이하; 이상현, "부동산 경매과정에서의 유치권의 진정성립(허위유치권)에 관한 제문제", 民事法研究 제18집, 2010, 169면 이하 등 참조.

찰되고, 유치권의 부담이 있는 경매목적물의 매각대금은 그렇지 않은 경매목적물보다 약 21.8% 적다고 한다.[3] 다른 한편 이 문제는 허위유치권 때문에 더욱 심각하다. 경매 과정에서 어떤 사람이 유치권이 있다고 신고하더라도, 그 신고가 정당한지를 실질적으로 심사하는 절차가 없기 때문에, 허위의 유치권 신고를 막을 수 없다. 그리하여 예컨대 채무자나 소유자와 짠 사람이 허위의 유치권 신고를 함으로써 경매절차를 지연시키거나, 매각가격을 떨어뜨려 싼 값에 매수하는 일도 생길 수 있다.[4]

나아가 유치권의 성립과 존속을 위하여는 채권자의 점유가 필요하므로, 폭력에 의하여 강제로 점유를 취득하려고 하거나, 점유를 침탈함으로써 유치권을 상실시키려는 행위도 많이 일어나고 있는 것으로 보인다.[5]

2. 해석에 의한 해결

이러한 문제점을 해결하기 위하여 현행법의 해석론으로 여러 가지 의견이 주장되고 있다. 즉 유치권의 피담보채권이 될 수 있는 범위를 엄격하게 제한하거나, 일정한 경우에는 제3자에 대한 유치권의 주장을 허용하여서는 안 된다는 것이다.[6] 판례도 이러한 생각을 상당 부분 받아들이고 있다.

대법원 2012. 1. 26. 선고 2011다96208 판결은 유치권의 피담보채권에 관하여, 피고가 건물 신축공사 수급인과의 약정에 따라 공사현장에 시멘트와 모래 등의 건축자재를 공급한 경우에는, 피고의 건축자재대금채권은 매매계약에

---

3) 박혜웅 · 남기범, "부동산 법원경매에서 유치권이 감정가와 매각가 차이에 미친 영향 분석", 한국정책연구 제11권 3호, 2011, 134면 이하. 김종국 · 안정근, "유치권이 부동산경매의 매각가율에 미치는 영향", 不動産學報, 제47호, 2011, 208면 이하도 비슷한 결과를 보여주고 있다.

4) 이상현(주 2), 172면 이하 참조.

5) 대법원 2010. 4. 15. 선고 2009다96953 판결은, 공매절차에서 점유자의 유치권 신고 사실을 알고 부동산을 매수한 자가 그 점유를 침탈하여 유치권을 소멸시키고 나아가 고의적인 점유이전으로 유치권자의 확정판결에 기한 점유회복조차 곤란하게 하였음에도, 유치권자가 현재까지 점유회복을 하지 못한 사실을 내세워 유치권자를 상대로 적극적으로 유치권부존재확인을 구하는 것은, 권리남용에 해당하여 허용되지 않는다고 하였다. 그런데 대법원 2012. 2. 9. 선고 2011다72189 판결은 이와 대조적으로, 경매절차에서 부동산을 매수한 사람이 유치권자의 점유를 침탈하여 제3자에게 임대한 경우에, 유치권자가 점유회수의 소를 제기하여 승소판결을 받아 점유를 회복하면 점유를 상실하지 않았던 것으로 되어 유치권이 되살아나지만, 위와 같은 방법으로 점유를 회복하기 전에는 유치권이 되살아나는 것이 아니라고 하여 유치권자가 상가에 대한 점유를 회복하였는지를 심리하지 아니한 채 매수인에 대하여 유치권의 확인을 구할 수는 없다고 하였다.

6) 정준영 · 이동진(주 1), 28면 이하의 소개 참조.

따른 매매대금채권에 불과할 뿐 건물 자체에 관하여 생긴 채권이라고 할 수는 없다고 하였다.[7] 또한 대법원 2005. 8. 19. 선고 2005다22688 판결은, 채무자 소유의 건물 등 부동산에 강제경매개시결정의 기입등기가 경료되어 압류의 효력이 발생한 이후에 채무자가 위 부동산에 관한 공사대금 채권자에게 그 점유를 이전함으로써 그로 하여금 유치권을 취득하게 한 경우, 그와 같은 점유의 이전은 목적물의 교환가치를 감소시킬 우려가 있는 처분행위에 해당하여 민사집행법 제92조 제1항, 제83조 제4항에 따른 압류의 처분금지효에 저촉되므로 점유자로서는 위 유치권을 내세워 그 부동산에 관한 경매절차의 매수인에게 대항할 수 없다고 하였다.[8] 그리고 대법원 2011. 10. 13. 선고 2011다55214 판결은, 채무자 소유의 건물에 관하여 증·개축 등 공사를 도급받은 수급인이 경매개시결정의 기입등기가 마쳐지기 전에 채무자로부터 그 건물의 점유를 이전받았다 하더라도, 경매개시결정의 기입등기가 마쳐져 압류의 효력이 발생한 후에 공사를 완공하여 공사대금채권을 취득함으로써 그 때 비로소 유치권이 성립한 경우에는 수급인은 그 유치권을 내세워 경매절차의 매수인에게 대항할 수 없다고 하였다. 나아가 대법원 2011. 12. 22. 선고 2011다84298 판결은, 채무자가 채무초과의 상태에 이미 빠졌거나 그러한 상태가 임박함으로써 채권자가 원래라면 자기 채권의 충분한 만족을 얻을 가능성이 현저히 낮아진 상태에서, 이미 채무자 소유의 목적물에 저당권 기타 담보물권이 설정되어 있어서 유치권의 성립에 의하여 저당권자 등이 그 채권 만족상의 불이익을 입을 것을 잘 알면서 자기 채권의 우선적 만족을 위하여 위와 같이 취약한 재정적 지위에 있는 채무자와의 사이에 의도적으로 유치권의 성립요건을 충족하는 내용의 거래를 일으키고 그에 기하여 목적물을 점유하게 됨으로써 유치권이 성립하였다면, 유치권자가 그 유치권을 저당권자 등에 대하여 주장하는 것은 다른 특별한 사정이 없는 한 신의칙에 반하는 권리행사 또는 권리남용으로서 허용되지

---

7) 대법원 2012. 1. 12.자 2011마2380 결정은, 부동산 매도인이 매매대금을 다 지급받지 아니한 상태에서 매수인에게 소유권이전등기를 마쳐주어 목적물의 소유권을 매수인에게 이전한 경우에는, 매도인의 목적물인도의무에 관하여 동시이행의 항변권 외에 물권적 권리인 유치권까지 인정할 것은 아니라고 하였다.

8) 이 문제에 대하여 상세한 것은 姜旻成, “민사집행과 유치권”, 司法論集 제36집, 2003, 51면 이하; 車文鎬, “유치권의 성립과 경매”, 司法論集 제42집, 2006, 343면 이하 등 참조. 대법원 2006. 8. 25. 선고 2006다22050 판결은 이러한 경우에 부동산에 경매개시결정의 기입등기가 경료되어 있음을 채권자가 알았는지 여부 또는 이를 알지 못한 것에 관하여 과실이 있는지 여부 등은 채권자가 그 유치권을 경락인에게 대항할 수 없다는 결론에 아무런 영향을 미치지 못한다고 하였다.

아니한다고 보았다.9)

이러한 판례들의 타당성은 그 자체로는 수긍할 수 있으나, 이것만으로는 앞에서 지적한 부동산 유치권 제도의 문제점을 충분히 시정할 수는 없다. 대법원 2009. 1. 15. 선고 2008다70763 판결은, 근저당권설정 후 경매로 인한 압류의 효력 발생 전에 취득한 유치권으로 경매절차의 매수인에게 대항할 수 있다고 하였다.10) 그리고 대법원 2011. 11. 24. 선고 2009다19246 판결은, 부동산에 가압류등기가 경료되어 있을 뿐 현실적인 매각절차가 이루어지지 않고 있는 상황하에서는 채무자의 점유이전으로 인하여 제3자가 유치권을 취득하게 된다고 하더라도 이를 처분행위로 볼 수는 없으므로, 유치권자가 경매절차에서 부동산을 매수한 사람에게 유치권을 주장할 수 있다고 하여, 부동산이 압류된 경우와는 달리 보았다.11)

그러므로 해석에 의하여 부동산 유치권의 폐해를 막는 데에는 한계가 있고, 입법적인 해결이 필요하다.

3. 채권자의 이익을 고려한 제도 개선의 필요성

이러한 부동산 유치권 제도가 나타내고 있는 여러 가지 문제점을 근본적으로 해결하기 위한 방법으로는 우선 부동산 유치권 제도를 전면적으로 폐지하는 것을 생각할 수 있다. 그러나 이 또한 문제가 있다. 우선 부동산 유치권이 문제되는 거의 대부분의 사건은 건축공사를 도급받은 수급인이나 하수급인이 비용을 지출하여 그 목적물의 가치를 증가시킨 경우에 그로 인한 보수채권을 담보하기 위하여 유치권을 주장하는 경우이다. 이 경우에는 그러한 사람들에게 우선적인 권리를 준다고 하더라도 반드시 불공평하다고는 할 수 없을 것

---

9) 대법원 2011. 6. 15.자 2010마1059 결정은, 매수인이 유치권자에게 그 유치권으로 담보하는 채권을 변제할 책임이 있다는 민사집행법 제91조 제5항의 규정에도 불구하고, 유치권에 의한 경매도 강제경매나 담보권 실행을 위한 경매와 마찬가지로 목적부동산 위의 부담을 소멸시키는 것을 법정매각조건으로 하여 실시되고, 우선채권자뿐만 아니라 일반채권자의 배당요구도 허용되며, 유치권자는 일반채권자와 동일한 순위로 배당을 받을 수 있다고 하였다.

10) 남준희, "저당권 설정 후 경매개시결정 기입등기 전에 취득한 유치권의 효력", 동북아법연구 제3권 2호, 2009, 541면 이하; 朴庠彦, "抵當權 設定後 成立한 留置權의 效力", 民事判例研究 제32권, 2010, 333면 이하; 이상태, "유치권에 관한 연구", 토지법학 제26-1호, 2010, 77면 이하는 이 판결에 대하여 비판적이다.

11) 河相赫, "가압류 후에 성립한 유치권으로 가압류채권자에게 대항할 수 있는지 여부", 대법원판례해설 제89호(2011하), 56면 이하는 이 판결에 대한 재판연구관의 해설이다.

이다. 종래의 학설이 유치권 제도의 근거를 공평에서 찾고 있는 것[12]도 이러한 의미로 이해할 수 있다. 말하자면 현재의 유치권은 일종의 전용물소권(actio de in rem verso)과 같은 기능을 하고 있다.[13]

그런데 유치권을 완전히 폐지하여 버리면, 특히 미등기 부동산의 경우에는 채권자가 따로 담보를 취득할 방법이 없어서 난감한 상황에 처하게 된다. 현실적으로도 이처럼 부동산 유치권 제도를 완전히 폐지하는 안은 심한 반대에 부딪쳐서 입법화되는 데 어려움이 있을 것으로 예상된다.[14]

그렇지만 이러한 채권자의 이익을 언제나 우선적으로 보호하는 것도 문제가 있다. 가령 프로젝트 금융(project financing)에 의하여 건설사업을 진행하는 경우에는, 그 사업의 주체가 그 사업에서 나오는 수입을 담보로 하여 금융기관으로부터 대출을 받아 사업에 착수한다. 따라서 금융기관의 대출이 없었더라면 사업 자체가 시작될 수 없고, 이 점에서 그 사업에 착수한 후 이해관계를 가지게 되는 수급인 등이 대출채권자인 금융기관에 대하여도 유치권에 기하여 우선권을 행사할 수 있다는 것은 합리적이라고 할 수 없다. 이러한 경우에 실무에서는 금융기관이 공사를 하는 수급인으로부터 유치권 포기 각서를 받고 있다. 그러나 그러한 포기 각서의 효력이 어떤 것인가에 대하여는 논란의 여지가 있다.[15] 판례도 전용물소권 자체는 인정하지 않는다.[16]

그러므로 유치권 제도를 개선하는 데 있어서는 채권자나 다른 이해관계인 어느 일방의 이익만을 고려할 수는 없고, 여러 이해관계인의 이익을 가장 잘 조화시키는 방법을 모색하여야 한다.

언론 기사 가운데 이러한 점을 잘 나타내고 있는 사례가 있다. 중앙일보 2012. 10. 11.자에는 다음과 같은 기사가 실려 있다.

---

12) 民法注解 Ⅵ, 1992, 275면(胡文赫); 郭潤直, 物權法, 제7판, 2004, 282-283면 등.

13) 유치권이 전용물소권과 비슷한 기능을 한다는 점에 대하여는 정준영·이동진(주 1), 27면; 이동진, "「물권적 유치권」의 정당성과 그 한계", 民事法學 제49-1호, 2010, 76면 이하 참조.

14) 金永斗(주 1), 216-217면은 현행 민법 하에서 유치권제도가 활발하게 이용되고 있다는 점을 고려한다면 민법의 개정에 의해서 부동산유치권을 전면적으로 부정하는 것은 큰 혼란을 가져오기 때문에 바람직하지 않을 것이라고 한다.

15) 김병두, "부동산 프로젝트 금융(PF)과 담보", 比較私法 제19권 2호, 2012, 423-424면 참조.

16) 대법원 2002. 8. 23. 선고 99다66564, 66571 판결. 諸哲雄, "都給契約上의 受給人과 民法 第203條의 費用償還請求權", 法曹 2003. 6, 97면 이하는 민법이 유치권을 인정하고 있기 때문에 전용물소권을 인정할 필요가 없다고 한다. 그러나 이동진(주 13), 77면 주 127)은 오히려 전용물소권을 부정하는 것과 마찬가지 이유로 유치권도 부정되어야 하는 것은 아닌지 논의할 필요가 있다고 한다.

「이모(57·회사원)씨는 지난 1월부터 경기도 용인의 여관을 전전하며 살고 있다. 경매로 낙찰받은 용인 S아파트(345가구)에 입주하지 못하고 있기 때문이다. 아파트 공사에 참여했지만 대금을 받지 못한 하청업체들이 유치권을 주장하며 정문에 지키고 앉아 아파트 출입을 막고 있다. … 이들의 입주를 막고 있는 하청업체들도 괴롭기는 마찬가지다. 하청업체들은 시공사인 S건설이 2009년 11월 부도로 법정관리에 들어가면서 공사대금 263억원을 받지 못했다. 채권단 협의회 관계자는 "이미 5개 업체가 부도나 길거리로 나앉았다"며 "하청업체 관련자만 수백 명인데 자살을 생각하는 사람도 많다"고 말했다.」[17)]

그러므로 부동산 유치권 제도를 전면 폐지하기보다는 그 적용 범위를 제한하는 대신, 채권자를 위한 보호 장치를 마련하는 것이 합리적인 해결책이 될 것이다.

4. 외국의 입법례

이러한 문제를 외국에서는 어떻게 다루고 있는지에 대하여는 이미 국내에도 많이 소개되었기 때문에, 여기서는 간략하게만 살펴본다.[18)]

프랑스 민법은 원래 채권자가 물건을 유치할 수 있는 경우를 개별적으로 나열하고 있었으나, 판례와 학설은 민법에 명문 규정이 없는 경우에도 급부거절권으로서의 유치권(droit de rétention)을 인정하였다. 유치권이 성립하면 양수인, 저당권자, 우선특권자 등과 같은 채무자의 특별승계인뿐만 아니라 채무자가 유치물의 소유자가 아닌 경우 진정한 소유자에게도 인도를 거절할 수 있다. 이러한 유치권은 동산뿐만 아니라 부동산에 대하여도 인정된다. 나아가 2006년 개정된 프랑스 민법 제2286조는 유치권을 명문으로 규정하였다.[19)]

독일 민법은 제273조에서 유치권(Zurückbehaltungsrecht)을 규정하고 있는데,[20)] 이는 물권이 아니라 채권이므로 원칙적으로 제3자에 대하여는 주장할 수

17) http://article.joinsmsn.com/news/article/article.asp?total_id=9555300(최종 방문: 2012. 11. 9).

18) 상세한 것은 정준영·이동진(주 1), 37면 이하; 이동진(주 13), 54면 이하 참조.

19) 제2286조(2006. 5. 23. 오르도낭스 제2006-346호) 다음 각호의 자는 그 물건에 대하여 유치할 권리를 갖는다:
1. 그 채권의 변제까지라는 약정에 의해 담보물을 교부받은 자.
2. 물건의 인도의무를 발생시킨 계약상의 채권자.
3. 물건의 보관시 발생한 채권의 채권자.
유치권은 임의로 점유를 상실하면 소멸한다.

20) 제273조(유치권) ① 채무자가 자신의 채무가 발생한 것과 동일한 법적 관계에 기하여 채권자에 대하여 이행기가 도래한 청구권을 가지는 경우에는, 채권관계로부터 달리 해석되지

없다. 다만 독일민법 제1000조는 점유자에게 비용상환청구권에 기하여 목적물을 유치할 수 있는 권리를 인정하고 있는데,[21] 제999조에 의하여 비용지출 후 소유권을 취득한 제3취득자에 대하여도 주장할 수 있다는 점에서[22] 순수한 채권적 권리와 다른 면이 있다. 이러한 비용상환청구권은 동산뿐만 아니라 부동산에 대하여도 인정되지만, 부동산의 경우에는 동산의 경우와는 달리 강제집행절차나 도산절차에서는 유치권을 주장할 수 없다.

오스트리아 민법(ABGB)은 질권에 관한 규정인 제471조에 유치권(Retentionsrecht)에 관한 규정을 두고 있다.[23] 이러한 유치권은 원칙적으로 물권이 아니라 채권적 권능으로 이해되고 있으므로, 제3자에 대하여는 주장하지 못한다.

스위스 민법 제895조 제1항은 동산 또는 유가증권에 한하여 물권으로서의 유치권(Retentionsrecht)을 인정하고 있으나, 부동산에 대하여는 유치권을 인정하지 아니한다.[24]

일본 민법의 유치권 제도는 대체로 우리 민법과 유사하다. 다만 일본에서도 최근에는 입법론적으로 부동산유치권을 부정하거나 제한하여야 한다는 주장이 제기되고 있다.

아니하는 한, 그는 청구할 수 있는 급부가 실행될 때까지 의무를 부담하는 급부를 거절할 수 있다("유치권").
② 목적물을 인도할 의무를 부담하는 사람이 그 목적물에 대한 비용지출 또는 그에 의하여 발생한 손해로 인하여 이행기가 도래한 청구권을 가지는 경우에도 같은 권리를 가진다. 다만 그가 목적물을 고의의 불법행위에 의하여 취득한 때에는 그러하지 아니하다.
③ 채권자는 유치권의 행사를 담보제공에 의하여 회피할 수 있다. 담보제공은 보증인으로써는 할 수 없다.

21) 제1000조(점유자의 유치권) 점유자는 상환 받아야 할 비용이 결제될 때까지 물건의 반환을 거절할 수 있다. 점유자가 고의의 불법행위에 의하여 물건을 취득한 경우에는 그는 유치권을 가지지 못한다.

22) 제999조(전주의 지출비용의 상환) ① 점유자는 그가 권리를 승계한 전점유자가 지출한 비용에 관하여 전점유자가 물건을 반환하였다면 청구할 수 있었을 범위에서 상환을 청구할 수 있다.
② 소유자의 비용상환의무는 그가 소유권을 취득하기 전에 지출된 비용에도 미친다.

23) 제471조(유치권에 관하여) ① 물건을 반환할 의무를 지는 자는 그 물건에 대한 비용지출 또는 그 물건으로부터 야기된 손해로 인한 그의 채권이 변제기에 도달한 경우 그 채권의 담보를 위하여 유치를 할 수 있고, 그 경우 그는 그 물건을 반대급부와 상환으로 반환할 것을 명하는 판결을 받을 수 있다.
② 유치권의 행사는 담보제공에 의하여 이를 피할 수 있다. 보증에 의한 담보제공은 배제된다.

24) 제895조 ① 채무자의 의사에 좇아 채권자가 점유하고 있는 동산 및 유가증권은 그 채권의 변제기가 도달하고 또 그 성질상 유치의 목적물과 관련이 있는 경우에는 그 채권의 만족을 얻을 때까지 채권자가 이를 유치할 수 있다.
② 상인간에는 점유와 채권이 그 영업상의 거래로부터 발생한 경우에는 전항의 관련이 성립한다.
③ 채권자가 선의로 수령한 물건이 채무자에게 속하지 않는 경우에도 제3자가 전점유로부터 권리를 가지지 않는 한 채권자는 유치권을 가진다.

영미법은 유체동산에 관하여는 우선권(lien)을 인정한다. 여기에는 보통법상 우선권(common law lien)과 형평법상 우선권(equitable lien) 및 제정법상 우선권(statutory lien)이 있다. 보통법상 우선권은 채무가 변제될 때까지 목적물을 유치할 수 있는 권리에 불과하고, 채무의 만족을 위하여 그 목적물을 매각할 권리는 인정되지 않는다.

요약한다면, 독일이나 오스트리아는 물권 아닌 채권으로서의 유치권만을 인정하고, 스위스는 부동산에 대하여는 물권으로서의 유치권은 인정하지 않고 있다. 미국법도 결과에 있어서는 스위스 법과 비슷하다. 우리나라와 일본이 부동산에 대하여도 물권으로서의 유치권을 인정하고 있는 것은 대체로 프랑스법의 영향을 받은 것으로 보인다.

Ⅲ. 개정안의 검토

1. 개정안의 개요

종래 부동산 유치권 제도의 개선에 관하여는 여러 가지 입법론이 주장되었다. 세부적으로는 차이가 많이 있으나, 대체로 유치권도 등기할 수 있도록 하여, 공시의 원칙에 따라야 하고, 유치권자의 보호를 위하여는 법정저당권과 같은 제도를 도입할 필요가 있으며, 우선변제권을 부여하여 경매절차가 종결되면 유치권도 소멸하게 함으로써 매수인의 부담을 줄이는 방향으로 입법이 이루어져야 한다고 보고 있다.

민법개정위원회가 마련한 개정안도 큰 방향에서는 이처럼 종래 주장되었던 여러 가지 입법론과 맥락을 같이 한다. 우선 유치권을 동산과 유가증권 외에 미등기 부동산에 대하여만 인정한다. 그리고 미등기 부동산에 대한 유치권자는 부동산이 등기되면 그 부동산에 관하여 저당권설정청구권을 가진다. 이 저당권설정청구권 행사에 의하여 설정되는 저당권은 일반적인 저당권과는 달리, 그 효력이 피담보채권의 변제기로 소급되는 강력한 효력을 지닌다. 이러한 저당권설정청구권은 그 성립 후 소유자가 변경되더라도 그의 선의 악의를 불문하고 새로운 소유자에게도 주장할 수 있다. 그리고 부동산이 등기된 후 유치권에 기한 저당권설정청구권을 더 이상 행사할 수 없게 되면 유치권도 소멸한다.

반면 등기된 부동산에 대하여는 더 이상 유치권은 인정되지 않지만, 동산이나 미등기부동산이라면 유치권을 취득할 수 있는 채권자는 일방적으로 소유자에 대하여 저당권설정청구권을 행사할 수 있다. 이 청구권은 일반적인 저당권과 마찬가지로 등기된 때부터 효력을 가지며, 소유자가 바뀐 경우에는 새 소유자에게는 주장할 수 없다. 그리고 부동산에 관하여는 상법상의 상사유치권도 인정하지 않기로 하였다.

그 외에 개정안은 유치권에 의하여 담보될 수 있는 채권의 범위를 명확하게 하였고, 개정 유치권 제도의 시행에 대비하여 경과규정을 두었으며, 또 개정 유치권 제도의 적용을 위하여 부동산등기법과 민사집행법도 개정하기로 하였다.

원래 유치권 개정안은 2010년에 민법개정위원회에서 담보권을 담당한 5분과에서 작성하였는데,[25] 실무위원회와 위원장단 회의에서 상당히 수정되어, 2012. 4. 23.과 8. 27.의 두 차례 개정위원회 전체회의에서 개정안이 확정되었다.[26] 그리고 공청회의 토론 결과를 반영하여 2012. 12. 3.의 위원장단 회의에서는 민사집행법의 문언을 일부 수정하였다. 개정안 작성 과정에서 달라진 부분에 대하여는 아래에서 상술한다.

2. 민법 제320조

가. 개 정 안

현 행 법	개 정 안
제320조 (유치권의 내용) ① 타인의 물건 또는 유가증권을 점유한 자는 그 물건이나 유가증권에 관하여 생긴 채권이 변제기에 있는 경우에는 변제를	제320조 (유치권의 내용) ① 타인의 동산을 점유한 자는 그 동산에 대한 비용지출로 인한 채권 또는 그 동산으로 인한 손해배상채권이 변제기에 있는

25) 그 내용은 金載亨(주 1)에 소개되어 있다.

26) 2010년 이래로 민법개정위원회에서는 각 분과위원회에서 개정안을 제출하면, 이를 실무위원회에서 다시 검토하여 검토 결과를 위원장, 부위원장 및 각 분과위원장들로 구성된 위원장단 회의에 보내고, 위원장단회의에서 전체회의에 회부할 개정안을 정한 다음, 개정위원회 전 위원들이 참석하는 전체회의에서 최종적으로 개정안을 확정하는 방식을 취하고 있다. 2011년과 2012년의 실무위원회는 위원장인 본인과 윤용섭 변호사(법무법인 율촌), 이태종 부장판사(서울고등법원), 권영준 교수(서울대학교 법학전문대학원)로 구성되어 있었다.

받을 때까지 그 물건 또는 유가증권을 유치할 권리가 있다.	경우에는 변제를 받을 때까지 그 동산을 유치할 권리가 있다. 유가증권의 경우에도 이와 같다.
〈신 설〉	② 타인의 미등기 부동산을 점유한 자에 대해서도 제1항을 준용한다. 이 경우 그 부동산에 제1항의 채권을 담보하기 위하여 제372조의2에 따른 저당권설정등기를 한 때 또는 저당권설정등기를 청구할 수 있는 권리가 소멸된 때에는 유치권이 소멸한다.

나. 유치권의 객체

개정안은 유치권을 원칙적으로 동산, 유가증권 및 미등기 부동산에 한하여 인정한다. 동산과 유가증권의 경우에는 점유가 공시방법이므로, 점유하는 자에게 유치권을 인정하여도 특별한 문제는 없다. 그러나 등기된 부동산의 경우에는 점유 아닌 등기가 원칙적인 공시방법이므로, 등기에 의하여 공시되지 않은 유치권이라는 강력한 물권을 인정하는 것은 공시의 원칙에 어긋나고 거래의 안전을 해친다. 비록 채권이 목적물의 가치를 유지 또는 증가시킨 경우에도, 이러한 채권자를 보호할 필요성이 공시의 원칙보다 우위에 있는 것은 아니며, 이러한 채권자는 필요하다면 등기된 부동산에 대하여 약정담보권을 취득할 수 있는 지위에 있으므로, 그러한 약정담보권 외에 따로 법정담보물권을 인정할 필요는 없다.

다만 미등기 부동산의 경우에는 다른 공시의 방법이 없으므로 점유가 공시의 기능을 할 수 있다고 생각되고, 또 미등기 부동산에 대하여는 채권자가 다른 물적 담보권을 취득할 수 없으므로, 정책적인 관점에서 미등기 부동산의 경우에는 유치권을 인정하려고 한다.

그렇지만 이러한 미등기 부동산에 대한 유치권은 한시적인 것이어서, 부동산이 등기된 후 저당권설정청구권의 행사에 의하여 저당권이 성립하거나, 아니면 개정안 제372조의2에 의하여 저당권설정청구권이 소멸하면 유치권도 소멸하는 것으로 하였다. 제372조의 2에 의하면 저당권설정청구권은 부동산이 등기된 날로부터 6개월 내에 소로써 행사하여야 하므로, 부동산이 등기된 후 6개월 동안 저당권설정청구권을 행사하지 않으면 유치권도 소멸하는 것이다.

그런데 개정안 작성 과정에서, 미등기부동산에 대한 유치권은 미등기 상태에서만 인정하고, 등기되면 바로 소멸하는 것으로 규정하여야 한다는 주장이 있었다. 그러나 이렇게 규정하면, 등기가 되기만 하면 유치권자가 더 이상 권리를 행사하지 못하고 유치권이 소멸하는 것이 되어 유치권자의 지위를 지나치게 약화시키는 것이 된다. 그리하여 위와 같은 주장은 받아들여지지 않았다.

다. 피담보채권의 범위 한정

현재의 민법 제320조는 유치권의 피담보채권을 "그 물건이나 유가증권에 관하여 생긴 채권"이라고 규정하고 있다. 종래의 통설은 물건 또는 유가증권에 관하여 생긴 채권, 즉 견련성의 의미를 채권이 물건 자체에서 생긴 경우와 채권이 물건의 반환청구권과 동일한 법률관계 또는 동일한 사실관계에서 발생한 경우로 나누어 설명하고 있다(이른바 2원설).

그러나 종래 판례에 나타난 것은 거의 대부분 채권자가 그 물건에 관하여 필요비 등을 지출한 경우나 건물 등을 신축하기 위하여 도급계약을 체결한 경우의 보수채권 등이고, 그 외의 경우는 물건 그 자체로 인하여 손해가 발생한 경우 정도를 찾아볼 수 있을 따름이다.[27][28]

그리하여 근래의 학설은 대체로 피담보채권을 채권이 물건 그 자체에서 생긴 경우로 한정하고, 그 외의 경우에는 특별히 이와 동일시할 수 있는 경우에만 인정하고 있다.[29] 나아가 피담보채권이 물건 그 자체에서 생긴 경우에만 유치권을 인정하여야 한다는 견해도 주장되고 있다.[30] 이 견해에서는 물건에 대한 비용상환청구권과 물건에 의하여 야기된 손해배상채권만이 유치권의 피담보채권이 될 수 있다고 한다. 이외에 학설상 인정 여부에 관하여 대립이 있는 것으로는 토지임차인의 지상물매수청구권이나 부속물매수청구권, 가등기담보설정자의 청산금지급청구권 등이 있다.

---

27) 대법원 1969. 11. 25. 선고 69다1592 판결은 말이 채권자의 농작물을 먹은 경우 말에 대한 유치권을 인정하였다.

28) 그런데 대법원 2007. 9. 21. 선고 2005다41740 판결은 토지임차인의 지상물매수청구권이나 부속물매수청구권도 유치권의 피담보채권이 될 수 있다고 보는 듯하나, 학설상 이에 관하여는 견해가 대립한다. 위 판결도 위 채권의 변제기가 도래하지 않았다고 하여 결론적으로 유치권의 주장을 받아들이지 않은 것이므로, 위 판시는 방론이라고 볼 수 있다.

29) 李英俊, 새로운 體系에 의한 韓國民法論[物權編], 新訂2版, 2004, 706면 이하; 李銀榮, 物權法, 제4판, 2006, 679면 이하 등.

30) 車文鎬(주 8), 377-378면; 신국미, "留置權의 成立要件으로서 物件과 債權의 牽聯關係", 財産法研究 제21권 1호, 2004, 127면 이하.

여기서 목적물 자체에 대하여 비용을 지출한 경우(필요비, 유익비 등)에 유치권이 인정될 수 있다는 것에 대하여는 별다른 이견이 없다. 이러한 경우에 유치권을 인정하는 근거는, 그러한 채권이 목적물의 가치를 증가시키거나 유지하기 위하여 필요하였다는 점에 있다고 할 수 있다.

그러므로 입법론적으로는 채권이 물건 그 자체에서 생긴 경우로 한정하여야 하는데, 구체적으로는 목적물에 대한 비용지출로 인한 채권[31]과 목적물로 인하여 입게 된 손해를 배상받을 채권[32]이 이에 해당한다.

이 점에 대하여 직접 참고된 입법례로는 오스트리아 민법 제471조가 있다. 이 규정은 "물건을 반환할 의무를 지는 자는 그 물건에 대한 비용지출 또는 그 물건으로부터 야기된 손해로 인한 그의 채권이 변제기에 도달한 경우 그 채권의 담보를 위하여 유치를 할 수 있고, 그 경우 그는 그 물건을 반대급부와 상환으로 반환할 것을 명하는 판결을 받을 수 있다"고 규정한다.[33]

그리고 스위스 민법 제895조 제1항은 채권이 그 성질상 유치의 목적물(동산 및 유가증권)과 관련이 있는 때에는 유치권을 인정하는데, 이에 포함되는 것으로는 비용상환청구권 외에 동물 점유자의 손해배상책임과 같이 목적물이 발생시킨 손해배상청구권이 있다. 나아가 스위스에서는 점유를 하게 된 것과 동일한 법률관계 또는 사실관계에서 발생한 채권도 견련성이 있다고 보고 있으나,[34] 개정안에 따르게 되면 이는 포함되지 않을 것이다.

개정안 작성 과정에서 손해배상채권을 피담보채권에 포함시키는 데 대하여는 반대의견도 있었다. 그러나 오스트리아나 스위스뿐만 아니라, 독일에서도 해석상 손해배상채권이 유치권의 피담보채권이 될 수 있다고 보고 있는 점에 비추어 보면,[35] 이를 포함시키는 것에 문제가 있다고 보이지는 않는다.

그 외에 학설상 논의되는 임차인의 지상물매수청구권이나 부속물매수청구권, 가등기담보설정자의 청산금지급청구권 등이 유치권이 피담보채권이 될 수 있는가 하는 점은 위의 기준에 비추어 판단하여야 하는데, 학설과 판례의 논의

31) 필요비나 유익비를 지출한 경우와 공사대금채권 등이 이에 해당할 것이다.

32) 공작물책임이나 동물점유자의 책임 등에 기한 손해배상채권 등. 하자담보로 인한 손해배상채권 등도 포함될 수 있을 것이다.

33) 실제로는 오스트리아에서는 이 규정을 다소 넓게 해석한다. 즉 목적물에 대한 필요비나 유익비 외에 무효인 매매로 인하여 지출된 매매대금반환청구권, 하자담보로 인한 손해배상청구권 등이다. Rummel/Hofmann, ABGB Kommentar, 3. Aufl., 2000, §471 Rdnr. 8 참조.

34) Basler Kommentar/ZGB, 2. Aufl., 2002, Art. 895 Rdnr. 40 ff.

35) Münchener Kommar zum BGB/Krüger, 6. Aufl., 2012, §273 RdNr. 24 참조.

를 기다려 볼 필요는 있으나, 피담보채권으로 인정되기는 어려울 것이다.

다른 한편 목적물에 대한 비용지출로 인한 채권 대신 목적물의 가치를 증가시키거나 유지함으로써 가지게 된 채권이라고 규정하여야 한다는 의견이 있었다. 이는 주로 대법원 1976. 9. 28. 선고 76다582 판결을 염두에 둔 것이다. 이 판결은 수급인의 공사잔금채권이나 그 지연손해금청구권과 도급인의 건물인도청구권은 모두 건물신축도급계약이라고 하는 동일한 법률관계로부터 생긴 것이므로, 공사대금채권을 피담보채권으로 하는 유치권이 인정된다고 하였다. 그런데 이러한 공사대금채권에는 비용 외에도 수급인의 이익이 포함되어 있으므로, 엄밀히 말하여 물건에 대하여 지출한 비용에 해당하는 것은 아니고, 이러한 경우까지 포섭하기 위하여는 목적물의 가치를 증가시키거나 유지함으로써 가지게 된 채권이라고 규정하여야 한다는 것이다. 그러나 심의 과정에서, 비용과 이익을 엄밀하게 구분하기는 어려우므로 수급인의 공사대금채권도 목적물의 비용지출로 인한 채권으로 볼 수 있고, 또 목적물의 가치를 감소시킨 경우에도 유치권을 인정할 필요가 있으며, 구체적으로 목적물의 가치를 증가 또는 유지시켰느냐에 관하여 심리하고 감정을 명하는 것도 번거로운 일이라는 이유로 이러한 주장은 채택되지 않았다.

3. 민법 제372조의2

가. 개 정 안

현 행 법	개 정 안
〈신 설〉	제372조의2(부동산 유치권자의 저당권설정청구권) ① 제320조 제2항에 의한 부동산 유치권자는 그 부동산이 등기된 때에는 부동산 소유자에 대해서 그 피담보채권을 담보하기 위하여 그 부동산을 목적으로 한 저당권의 설정을 청구할 수 있다. 유치권이 성립한 후 부동산의 소유권을 취득한 자에 대해서도 또한 같다. ② 제1항의 권리는 채권자가 그 부동산이 등기된 날로부터 6개월 내에 소로써

	행사하지 아니하면 소멸한다. ③ 제1항에 따른 저당권은 그 채권의 변제기에 설정된 것으로 본다.

나. 저당권설정청구권의 인정

개정안은 미등기부동산에 관하여 성립한 유치권은 원칙적으로 그 부동산이 등기된 때부터 6개월이 지나면 소멸하는 것으로 규정하였다. 그러나 이처럼 유치권이 소멸하는 것에 대한 보완책으로서, 그 기간 내에 유치권자가 소유자를 상대로 저당권설정청구를 할 수 있게 하였다. 이처럼 유치권이 저당권으로 바뀌므로, 부동산이 경매되면 경매절차 내에서 그러한 저당권은 소멸하게 되고, 매수인이 유치권의 부담을 지지 않게 된다.

이러한 저당권설정청구권의 성질을 청구권으로 볼 것인가, 아니면 형성권으로 볼 것인가에 관하여는 개정안 작성 과정에서 특별히 논의되지는 않았다. 그러나 민법 제666조가 인정하고 있는 수급인의 저당권설정청구권은 채권적 청구권으로 이해되고 있으므로,[36] 여기서의 저당권설정청구권도 청구권으로 보는 데 큰 의문은 없다. 다만 채무자 아닌 부동산 소유자도 저당권설정의무자가 된다는 점에서 채권적 청구권이라기보다는 일종의 물권적 청구권이라고 할 수 있다(아래 5. 다. 참조).

종래 입법론으로서는 유치권 그 자체를 등기할 수 있게 하자는 주장도 있었다.[37] 그러나 법률의 규정에 의하여 당연히 성립하는 유치권을 등기하게 한다는 것은 법정담보물권으로서의 성격에 부합하지 않는다. 위와 같이 유치권을 등기하게 하여야 한다는 논자들은 등기 전에는 유치권의 효력을 제3자에게는 주장하지 못하게 하여야 한다고 보고 있는데, 이는 유치권자의 보호수단으로서는 불충분하다. 다른 한편 이와 같이 등기된 유치권에 우선변제권을 인정한다면 이는 저당권과 다를 바가 없다. 따라서 개정안은 일단 유치권은 등기 없이도 당연히 성립하고, 다만 그 유치권이 저당권으로 바뀔 수 있도록 하였다.

---

36) 民法注解 XV, 1997, 450면(金龍潭); 金曾漢·金學東, 債權各論, 제7판, 2006, 532면 등. 제666조의 제정에 있어 모범이 되었던 독일 민법 제648조가 규정하고 있는 건축수급인의 보전저당권 설정청구권도 채권적인 청구권으로 해석되고 있다. MünchKommBGB/Busche, §648 Rdnr. 1 참조.

37) 金永斗(주 1), 213면; 吳始暎, "부동산유치권의 한계와 입법적 검토", 至嚴 李善永博士華甲紀念 土地法의 理論과 實務, 2006, 196면 이하 등.

다. 저당권설정청구권의 내용

개정안 제372조의2가 규정하는 저당권설정청구권은 매우 강력한 효력을 가진다. 첫째, 그 상대방은 부동산의 소유자이다. 이 소유자는 채무자가 아니어도 상관없다. 또 유치권이 성립한 후 부동산의 소유권을 취득한 자에 대해서도 주장할 수 있다. 그리고 저당권설정청구권의 행사에 의하여 저당권이 성립하면, 이 저당권은 피담보채권의 변제기에 성립한 것으로 보므로, 그 등기보다 앞서 등기된 저당권 등이 있더라도 그에 우선한다.

이러한 저당권을 인정하는 것은 민법의 체계에서는 매우 이례적이다. 우선 일반적인 채권적 청구권은 채무자에 대하여만 주장할 수 있고, 채무자 아닌 제3자에 대하여는 주장할 수 없는 것이 원칙이다. 그런데 개정안은 소유자가 채무자 아닌 경우에도 그에게 저당권설정청구권을 행사할 수 있도록 하였고, 또 유치권 성립 후에 소유권을 취득한 자에 대하여도 행사할 수 있도록 하였다. 이 점에서 이는 물권적 청구권으로서의 성질을 가진다. 다른 한편 개정안은 "시간이 앞설수록 권리가 우선한다(prior in tempore, potior in jure)"라는 물권법의 원칙과는 어긋나게, 저당권설정청구권의 행사에 의하여 성립한 유치권은 그보다 앞서 등기된 저당권보다도 우선하는 것으로 규정하였다.

이러한 점에 대한 정당화 근거는, 이 경우의 저당권설정청구권은 결국 유치권의 연장 내지 변형으로 파악되어야 한다는 데서 찾을 수 있다. 유치권은 원래 누구에게나 주장할 수 있는 물권이고, 또 유치권자는 사실상 다른 권리자에 우선하여 변제를 받을 수 있다. 그렇다면 유치권이 저당권으로 바뀌더라도, 유치권자의 그러한 지위는 보장되어야 한다는 것이다.[38)]

이처럼 나중에 등기된 저당권임에도 불구하고 먼저 등기된 권리자에게 우선권을 부여하는 입법례로서 참고할 수 있는 것은 스위스의 법정저당권 제도와

---

38) 이종구, "미국의 주법상의 건축공사 우선특권(Construction Lien)과 부동산 유치권의 비교법적 연구", 比較私法 제19권 2호, 2012, 618면은 민법개정위 확정안의 전단계인 분과위 개정안을 검토하였는데, 대체로 본문과 같은 취지이다. 즉 미등기 부동산에 관하여 유치권을 가진 자가 그 부동산의 보존등기가 경료되어 저당권설정등기를 하는 경우에는 그 저당권설정등기는 사실상 이미 성립하였던 유치권에 터 잡아 이루어지는 등기라고 볼 수 있고, 따라서 기득권보호의 차원에서 위 저당권설정등기의 효력도 위 유치권의 효력을 기준으로 정하는 것은 미등기 건물에 관하여 유치권을 인정하는 이상 부득이 한 조치로 볼 수 있으며, 이 경우에는 위 저당권자는 먼저 성립하였다가 소멸한 유치권자와 동일한 법적 지위를 가져야 할 것이므로, 위 유치권의 효력발생 시점 이후에 그 부동산의 소유권을 취득한 제3취득자 및 기타의 이해관계인들에 대하여서도 선/악의를 불문하고 대항할 수 있도록 하는 것이 논리적일 것이라고 한다.

미국의 공사수급인과 재료공급자의 우선특권(Mechanics' and Materialmen's Lien) 제도가 있다. 우선 스위스의 법정저당권 제도를 살펴본다.[39] 스위스민법은 공사수급인에게 법정저당권의 설정을 청구할 권리를 인정한다.[40] 이러한 법정저당권 설정청구권은 채권과 물권의 중간 단계에 있는 물적 채무(Realobligation)로서, 부동산 소유자가 파산하거나 부동산이 압류 또는 가압류된 경우에도 가능하고, 그 상대방은 그때그때의 토지 소유자이므로 담보 목적물의 양도에도 불구하고 담보설정청구권은 침해되지 아니한다. 법정저당권의 순위는 등기 또는 그 보전을 위한 가등기의 순위에 따른다. 그러나 제841조[41]는 공사수급인의 법정담보권을 보장함과 동시에 다른 채권자들과의 이해관계를 조정하기 위하여 공사수급인의 우선권(Vorrecht)을 규정하고 있다. 즉 법정담보권자의 급부에 의하여 증가된 가치의 전부 또는 일부가 다른 선순위 담보권자에게 돌아가 경매절차에서 법정담보권자의 채권이 만족되지 아니한 경우로서, 그 선순위 담보권자가 그 선순위 담보권에 의하여 법정담보권자에게 불이익이 초래됨을 담보권 설정 당시 알거나 알 수 있었던 경우에는, 그 선택에 따라 선순위 담보권자 중 일부 또는 전부를 상대로 그 반환을 구할 수 있다. 이러한 방법으로 스위스민법은 등기부를 신뢰한 선순위 담보권자들과 법정담보권자 사이의 이해관계를 조정하고 있다.

그리고 미국의 공사수급인과 재료공급자의 우선특권은 각 주의 법에 의하여 인정되는 것으로서, 부동산의 개량을 위하여 노무 또는 재료를 제공하고 대금을 지급받지 못한 자에 대하여 부여된, 목적물에 대하여 다른 일반채권자보

---

39) 이에 대하여는 정준영 · 이동진(주 1), 85면 이하; 이춘원, "저당권설정청구권에 관한 비교법적 고찰 — 스위스법을 중심으로", 比較私法 제14권 4호, 2007, 351면 이하 등 참조.

40) 제837조 ① 다음 각호의 경우에는 법정담보권의 설정을 청구할 수 있다:
3. 부동산 위에 건물을 건축하거나 기타 공작물을 설치하기 위하여 재료와 노무 또는 노무만을 제공한 수급인의 채권에 대하여. 다만, 그가 토지 소유자나 수급인을 채무자로 하는 경우에 한한다.
② 이러한 법정담보권의 권리자는 미리 이를 포기하지 못한다.
제839조 ① 수급인의 담보권은 노무급부의무를 진때부터 부동산등기부에 등기할 수 있다.
② 등기는 일이 완성된 후 3월 이내에 이를 하여야 한다.
③ 채권이 소유자에 의하여 승인되거나 법원에서 확정된 때에만 이를 할 수 있다. 소유자가 통지한 채권에 충분한 담보를 제공한 경우에는 이를 청구할 수 없다.
제840조 수급인의 법정담보권이 다수 등기된 경우, 그 날짜가 다르다 하더라도, 그 법정담보권 상호간은 담보물로부터 동일한 만족을 청구할 권리를 갖는다.

41) 제841조 ① 담보권실행시 수급인의 채권이 만족을 얻지 못하는 경우, 선순위 담보채권자의 배당금 중 대지의 가치를 초과하는 부분은, 그 담보권에 의하여 토지에 수급인에게 불이익한 부담이 설정되었고 그와 같은 사정을 그가 알 수 있었던 경우에는 반환되어야 한다.

다 우선하여 변제를 받을 수 있는 권리를 말한다.[42] 그 내용은 각 주에 따라 다소 차이가 있으나 대체로 다음과 같다.

우선특권의 상대방은 당해 부동산의 소유자이다. 소유자가 도급인이어야 하는 것은 아니나, 공사에 동의하지 아니한 소유자는 우선특권의 부담을 지지 아니한다. 우선특권은 우선특권자가 소유자에게 일정한 기간 내에 통지하여야 한다. 통지의 내용은 노무 또는 재료를 투입할 예정이고 우선특권을 행사할 의사가 있다는 점 등에 한하고, 피담보채권액 내지 그 개산액을 기재할 필요는 없다. 일을 완성한 후에도 일정한 기간 내에 등기하여야 하고, 정해진 기간 내에 등기하지 아니하면 우선특권이 소멸한다.

등기된 우선특권의 효력에 관하여, 다수의 주에서는 일단 등기된 이상 그 등기시기에 관계없이 공사의 개시 또는 눈에 보이는 개시(visible commencement) 시에 소급하여 우선권이 생긴다고 하고 있다. 반면 메릴랜드 주와 같은 일부 주에서는 수급인 우선특권의 효력이 공사개시시점으로 소급한다면 적법절차(due process)에 어긋난다는 이유로, 등기된 시점 내지 법원의 명령이 내려진 시점을 기준으로 하고 있다.

공청회에서는 저당권의 효력이 소급하는 시점을 변제기 아닌 유치권 성립시로 하여야 한다는 주장이 제기되었다.[43] 경청할 만한 주장이기는 하지만, 변제기는 서면 등에 의하여 비교적 확정하기 쉬운 반면, 유치권이 언제 성립하였는가 하는 점은 실제 언제 점유가 개시되었는가를 따져 보아야 하기 때문에 다툼이 생길 소지가 많다. 따라서 변제기가 간명할 것이다. 실제로 어떻게 하는가에 따라 큰 차이가 생길 것으로는 보이지 않는다.

다른 한편 개정안의 작성과정에서는 소유자가 바뀐 경우에는 새로운 소유자가 악의인 경우에만 그에게 저당권설정청구권을 행사할 수 있어야 한다는 주장도 있었다. 그러나 그렇게 되면 소유자가 목적물을 양도함으로써 사실상 유치권을 무력하게 할 수 있기 때문에 그러한 주장은 받아들여지지 않았다.

이러한 저당권설정청구권은 매우 강력한 권리이므로, 개정안은 이해관계인의 피해를 최대한 줄이기 위하여 채권자는 부동산이 등기된 날로부터 6개월 내에 저당권설정청구권을 소로써 행사하지 아니하면 소멸한다고 규정한다. 이

42) 이에 대하여는 정준영 · 이동진(주 1), 97면 이하; 이종구(주 38), 583면 이하; 이춘원, "건설공사에서 하도급 대금의 담보에 관한 일고찰 — 미국의 Mechanics' and Materialmen's Lien의 소개 —", 成均館法學 제19권 3호, 2007, 753면 이하 참조.

43) 이상태 교수.

와 같이 저당권설정청구권이 소멸하면 유치권도 아울러 소멸한다.

4. 민법 제372조의3

가. 개 정 안

현 행 법	개 정 안
〈신 설〉	제372조의3(유치권자 아닌 채권자의 저당권설정청구권) ① 등기된 부동산에 대한 비용지출로 인한 채권 또는 그 부동산으로 인한 손해배상채권을 가진 채권자는 그 채권을 담보하기 위하여 변제기가 도래하지 않은 경우에도 부동산 소유자에 대해서 그 부동산을 목적으로 한 저당권의 설정을 청구할 수 있다. 그러나 저당권설정청구권이 성립한 후 부동산소유권을 취득한 제3자에 대해서는 그러하지 아니하다. ② 부동산이 등기된 후 제320조 제2항 또는 제328조에 의하여 유치권을 상실한 채권자도 제1항의 권리를 행사할 수 있다.

나. 해 설

제372조의3은 등기된 부동산에 관하여 제320조 제2항의 채권, 즉 비용지출로 인한 채권 또는 그 부동산으로 인한 손해배상채권을 가진 채권자도 저당권설정청구권을 가지는 것으로 규정한다. 이 경우에는 제372조의2와는 달리 피담보채권의 변제기가 도래하였을 필요는 없고, 또 목적물을 점유하고 있을 필요도 없다. 건축물 공사 도급계약이 체결된 경우에는 저당권 등기 후에 공사대금이 증가될 수도 있는데, 이때에는 피담보채권의 변경등기가 있어야만 증가된 대금에 대한 우선변제권을 주장할 수 있을 것이다.

이 조문에 의한 저당권설정청구권은 유치권에 근거한 것은 아니므로, 제372조의2에 의한 저당권설정청구권에 비하여는 약한 효력만을 가진다. 즉 그 상대방은 피담보채권이 성립할 당시의 소유자에 한하고, 저당권설정청구권이 성립한 후 부동산소유권을 취득한 제3자에 대해서는 저당권설정청구권을 행사하지 못한다. 또 그 청구권의 행사에 의하여 성립한 저당권의 효력은 보통의 저당권과 마찬가지로 등기된 때부터 발생하며, 그 전으로 소급하지 않는다. 이 점에서 이 조문에 의한 저당권설정청구권의 성질은 제666조가 규정하고 있는 저당권설정청구권과 차이가 없다. 다만 청구권자가 수급인에 한정되지 않고, 상대방도 채무자 아닌 소유자도 포함된다는 점에서 제666조와는 다르다. 상대방에 채무자 아닌 소유자도 포함되는 점에 대하여는 이론이 있을 수 있으나, 소유자에게 채권자의 행동에 의한 이익이 귀속된다는 점에서 합리성이 없다고는 할 수 없다. 또한 채권자가 부동산을 점유하고 있는지 아닌지도 묻지 않는다.

최초의 분과위 안은 저당권설정청구권자가 유치권자인지 아닌지를 불문하고 저당권설정청구권에 관하여는 통일적으로 규정하고 있었다. 그리하여 저당권설정청구권자가 유치권자가 아닌 경우에도 그 피담보채권의 변제기가 등기시보다 빠르면 변제기를 기준으로 저당권의 효력발생시기를 정하도록 하였다.[44] 그러나 이렇게 되면 변제기와 저당권등기 사이에 목적 부동산에 대하여 권리를 취득한 제3자에게 불측의 손해를 입히게 되고, 유치권 제도를 개선하는 효과는 거의 거둘 수 없게 된다. 그리하여 개정안은 이 규정에 의한 저당권은 일반적인 저당권과 마찬가지로 취급하여야 한다고 보아, 그 효력 발생 시기에 대하여는 따로 규정을 두지 않았다.[45]

이처럼 저당권 등기의 효력이 소급하지 않는다는 점에서 채권자의 보호가 충분하지 않다는 비판이 있을 수 있으나, 채권자로서는 저당권설정의 가등기를 명하는 가처분(부동산등기법 제90조)을 받음으로써 등기가 늦어짐으로 인한 손해를 예방할 수 있을 것이다.

다른 한편 제1항 단서는 저당권설정청구권이 성립한 후 부동산소유권을 취득한 제3자에 대해서는 저당권설정청구권을 행사할 수 없다고 규정하여, 그 청구권의 성질이 채권적인 것임을 명확히 하였다. 개정안 작성 과정에서, 그 제3자가 채무자인 경우에는 청구권을 행사할 수 있다는 것을 밝혀야 한다는 의견이 제기되었는데, 위원장단 회의에서는 이는 규정을 두지 않더라도 당연한

44) 金載亨(주 1), 368-369면 참조.

45) 이종구(주 38), 618면은 위 분과위 안에 대하여, 위와 같은 소급효는 권리자를 두텁게 보호하는 역할을 하겠지만, 그 반면에 위에서 든 바와 같이 거래안전을 해칠 위험이 크고, 등기된 부동산에 대한 비용지출 등의 채권자의 저당권설정등기에 대하여는 그 등기의 효력을 소급할 만한 이유는 충분하지 않다고 비판한다.

것이라고 하여 규정되지 않았다.

이처럼 제1항이 제666조의 권리를 확장한 것이라고 본다면, 제666조는 더 이상 존치할 필요가 없을 것이라고도 생각할 수 있다. 그리하여 위원장단안은 이를 삭제하는 것으로 하였으나, 전체회의에서 삭제 여부에 관하여 가부 동수가 되어 결국 제666조는 그대로 존속하게 되었다. 삭제에 반대하는 견해는, 주로 이 규정을 삭제하게 됨으로써 실제로 어떤 문제를 야기하는 것은 아니지만, 수급인의 보호를 소홀히 한다는 인상을 주게 될 점을 우려한 것으로 보인다.

다. 제 2 항

제2항은 유치권자로서 제373조의2에 의한 저당권설정청구권을 가지고 있었는데, 유치권자가 부동산이 등기된 후 6개월 내에 저당권설정청구의 소를 제기하지 않거나, 또는 점유를 상실함으로써 제328조에 의하여 유치권을 상실한 경우에도 제373조의3 제1항에 의한 저당권설정청구권은 행사할 수 있다는 점을 규정하였다. 이 규정이 없더라도 해석상 그러한 사람은 당연히 제1항의 권리를 가지므로 제2항의 규정이 불필요하다는 논의도 있었으나, 주의적으로 이와 같은 규정을 두기로 하였다. 다만 논의 과정에서 이러한 사람에게는 제1항에 의한 저당권설정청구권을 인정하면 안 된다는 주장도 있었다.

다른 한편 유치권자가 유치권을 상실하는 경우는 위 두 가지 외에도 유치권자가 선량한 관리자의 주의의무를 위반하거나, 채무자의 승낙 없이 유치물을 사용하는 등의 사유로 채무자가 유치권의 소멸을 청구한 때(제324조)와 채무자가 상당한 담보를 제공하고 유치권의 소멸을 청구한 때(제327조)가 있다. 그러나 이러한 경우에는 제1항에 의한 저당권설정청구권을 인정할 필요가 없다고 보아 제320조와 제328조에 의한 유치권 소멸의 경우만을 규정하였다.

5. 부동산등기법

가. 개 정 안

현 행 법	개 정 안
제75조 ① ~ ② (생 략)	제75조 ① ~ ② (현행과 같음)
〈신 설〉	③ 등기관은 민법 제372조의2에 따라 저

	당권의 등기를 할 때에는 그 규정에 따른 저당권임을 표시하고, 변제기를 기록하여야 한다.
〈신 설〉	제80조의2(이해관계인의 승낙) 민법 제372조의2에 따라 저당권설정등기를 하는 경우에 등기상 이해관계 있는 제3자가 있을 때에는 제3자의 승낙이 있어야 한다.

나. 제75조 제3항

제372조의2에 의한 저당권설정청구에 의하여 저당권을 등기하는 경우에는 그 효력이 등기시보다 앞선 변제기이므로 등기부상 이를 공시할 필요가 있다. 즉 이 등기는 제372조의2에 의한 등기라는 것과 그 변제기를 표시하여야 한다.[46]

제372조의3에 따른 등기의 경우에도 이를 표시할 것인가가 문제될 수 있는데, 구태여 이를 표시하게 할 필요는 없다. 현행 제666조에 의한 저당권설정등기의 경우에도 특별히 이를 표시하지는 않고 있다. 다만 부동산등기법 제75조는 등기원인에 변제기의 기재가 있으면 이를 기록하도록 하고 있다.

다. 제80조의2

이 규정은 원래 입법예고된 안에는 포함되어 있지 않았는데, 입법예고에 대하여 국민은행에 제기한 의견에 대응하여 위원장단회의에서 신설하기로 한 것이다.

국민은행은 제372조의2에 의한 저당권설정청구의 경우에는 유치권자와 소유자가 통모하여 유치권자의 저당권이 인정되고, 그 채권의 변제기에 저당권이 설정된 것으로 보며, 해당부동산에 대해 저당권설정 등 이미 이해관계를 가지는 자가 인지하지 못하는 상태에서 이해관계인보다 선순위인 저당권어 설정될 가능성도 배제하기 어려우므로, 유치권자가 유치권에 기한 저당권설정청구의 소를 제

46) 부동산등기법 제95조는 "등기관이 제94조 제1항에 따라 가처분채권자 명의의 소유권 외의 권리 설정등기를 할 때에는 그 등기가 가처분에 기초한 것이라는 뜻을 기록하여야 한다"라고 규정하고 있다. 또한 한시법이었던 부동산소유권 이전등기 등에 관한 특별조치법(법률 제7500호)에 의한 소유권이전등기에 관하여는 "부동산소유권 이전등기 등에 관한 특별조치법 시행에 따른 등기업무처리지침(등기예규 제1117호, 2008. 6. 13 등기예규 제1252호에 의하여 폐지됨)"이 "법률 제7500호에 의한 등기"임을 등기부에 기재하도록 규정하고 있었다.

기하는 경우 필수적으로 해당 부동산의 등기부상 이해관계인 모두에게 통지하여 그 청구의 당부에 관하여 다툴 수 있는 기회가 부여되도록 하여야 한다고 주장하였다.

위 주장처럼 유치권자와 소유자가 통모하여 저당권 설정등기를 할 가능성이 있다는 문제점은 부정할 수 없으므로, 이를 막을 수 있는 방법이 있다면 개정안에 규정하여야 할 것이다. 그러나 이를 위하여 유치권자에게 이해관계인에 대한 통지 의무를 부담시키는 것은 반드시 실효적인 방법이 되지 못한다. 또한 그러한 통지의무를 이행하지 않은 경우에 어떻게 처리할 것인지, 소를 각하하여야 하는지, 통지의무를 이행하지 않았음에도 불구하고 설정된 저당권의 효력을 부정하여야 하는지 등의 여러 가지 문제가 발생할 수 있다.

그러므로 부동산등기법에 유치권에 기한 저당권이 설정될 당시에 등기상 이해관계인이 있는 경우에는, 그 저당권 설정에 대한 이해관계인의 승낙을 받도록 하는 규정을 두는 것이 훨씬 간명하고 효과적이다. 이렇게 되면 유치권자는 저당권설정등기를 하기 위하여 소유자뿐만 아니라 등기상 이해관계인의 승낙도 받아야 하기 때문에, 소유자와의 통모에 의한 저당권 설정은 막을 수 있게 된다.

이와 유사한 경우가 등기의 말소 또는 말소등기의 회복을 청구하는 경우에 등기상 이해관계 있는 제3자가 있는 경우이다. 부동산등기법 제57조와 제59조는 이러한 때에는 말소등기나 말소등기의 회복을 신청하려면 제3자의 승낙이 있어야 한다고 규정한다. 유치권에 의한 저당권의 경우에도 그 등기의 효력이 변제기로 소급하므로, 등기상 이해관계 있는 제3자가 있을 때에는 그 제3자의 이익이 침해되게 된다. 따라서 이러한 경우에는 그러한 제3자의 승낙을 받도록 함으로써 유치권자와 소유자의 통모에 의한 저당권설정을 예방할 수 있게 된다.

반대로 유치권자가 정당한 저당권설정청구권을 가지고 있다면, 위와 같은 제3자는 그 설정등기에 승낙할 의무가 있다고 보아야 할 것이다. 이러한 저당권설정청구권은 제3자에게도 주장할 수 있는 물권적 청구권이기 때문이다(위 3. 가. 참조). 대법원 2007. 4. 27. 선고 2005다43753 판결은, 등기상 이해관계 있는 제3자가 말소등기에 대하여 승낙의무를 부담하는지 여부는 그 제3자가 말소등기권리자에 대한 관계에서 그 승낙을 하여야 할 실체법상의 의무가 있는지 여부에 의하여 결정된다고 하여, 아무런 원인 없이 소유권이전등기가 경료된 토지에 관하여 국세징수법에 근거하여 압류등기가 마쳐졌다면 그 압류등기 명의인은 소유권이전등기의 말소에 대하여 승낙할 실체법상의 의무를 진다고 하였다.

6. 민법 부칙

가. 개 정 안

개 정 안
민법 부칙 제1조(시행일) 이 법은 공포 후 1년이 경과한 날부터 시행한다. 제2조(효력의 불소급) 이 법은 종전의 규정에 따라 생긴 효력에 영향을 미치지 아니한다. 제3조(경과조치) ① 이 법 시행 당시 부동산에 대한 유치권자는 이 법 시행 후 2년 내에 제372조의 2의 규정에 따라 저당권설정을 청구할 수 있다. 다만 미등기부동산의 경우에는 소유권보존등기를 한 날로부터 그 기간을 기산한다. ② 제1항의 경우에는 제320조 제2항 제2문, 제372조의 3 제2항을 준용한다.

나. 해 설

민법 부칙 제1조와 제2조에 대하여는 별도로 해설할 필요가 없다. 제3조는 이 법 시행 당시 존재하고 있던 부동산 유치권을 이 법이 시행 후에 어떻게 처리할 것인가에 관하여 규정한다. 이 점에 대하여 특별한 규정을 두지 않으면 유치권이 그대로 존속하게 된다. 그러나 개정법의 시행 후에도 기간의 제한 없이 계속 유치권이 존속한다고 보는 것은 개정 취지에도 부합하지 않는다. 그리하여 2년의 유예기간을 주고, 그 기간 내에 저당권설정을 청구할 수 있도록 하였다. 미등기 부동산의 경우에는 그 기산점이 소유권보존등기를 한 날이다. 그리고 이 경우에는 민법 제320조 제2항 제2문과 제373조 제2항을 준용하는 것으로 하였다.

이처럼 개정법 시행 전에 이미 존재하던 유치권을 개정법에 의하여 소멸시키는 것이 위헌인지 여부가 문제될 수 있으나, 유치권이 소멸하기 전에 저당권설정청구권을 행사할 수 있는 유예기간을 주고 있다는 점에서 위헌이라고 할 수는 없을 것이다.[47)]

47) 헌법재판소 2001. 5. 31. 선고 99헌가18, 99헌바71 · 111, 2000헌바51 · 64 · 65 · 85, 2001헌바2 결정은 부동산 실권리자 명의 등기에 관한 법률 제11조 제1항에 의한 기존 명의신탁자

민법개정위원회의 전체회의에서는 유예기간 2년은 짧다고 하여 3년으로 하여야 한다는 주장이 있었으나, 다수의견은 2년을 지지하였다.

7. 민사집행법 및 그 부칙

가. 개 정 안

현 행 법	개 정 안
제88조(배당요구) ① 집행력 있는 정본을 가진 채권자, 경매개시결정이 등기된 뒤에 가압류를 한 채권자, 민법·상법, 그 밖의 법률에 의하여 우선 변제청구권이 있는 채권자는 배당요구를 할 수 있다.	제88조(배당요구) ① 집행력 있는 정본을 가진 채권자, 경매개시결정이 등기된 뒤에 가압류를 한 채권자, 민법 제372조의 2 제1항에 의하여 저당권설정청구의 소를 제기한 유치권자, 민법·상법, 그 밖의 법률에 의하여 우선 변제청구권이 있는 채권자는 배당요구를 할 수 있다.
② (생　략)	② (현행과 같음)
제91조(인수주의와 잉여주의의 선택 등) ① (생　략) ② 매각부동산 위의 모든 저당권은 매각으로 소멸된다. ③ ~ ④ (생　략)	제91조(인수주의와 잉여주의의 선택 등) ① (현행과 같음) ② 매각부동산 위의 모든 저당권과 유치권은 매각으로 소멸된다. ③ ~ ④ (현행과 같음)
⑤ 매수인은 유치권자(留置權者)에게 그 유치권(留置權)으로 담보하는 채권을 변제할 책임이 있다.	〈삭　제〉
제160조(배당금액의 공탁) ① 배당을 받아야 할 채권자의 채권에 대하여 다음 각호 가운데 어느 하나의 사유가 있으면 그에 대한 배당액을 공탁하여야 한다.	제160조(배당금액의 공탁) ① 배당을 받아야 할 채권자의 채권에 대하여 다음 각호 가운데 어느 하나의 사유가 있으면 그에 대한 배당액을 공탁하여야 한다.

의 실명전환의무 규정이 위헌이 아니라고 하였다. 또한 제정 민법 부칙 제10조가 위헌이 아니라고 한 헌법재판소 1996. 12. 26. 선고 93헌바67 결정 참조.

1.~ 2. (생 략)	1.~ 2. (현행과 같음)
〈신 설〉	3. 민법 제372조의2 제1항에 의하여 저당권설정청구의 소를 제기한 유치권자의 채권인 때
3. 제49조 제2호 및 제266조 제1항 제5호에 규정된 문서가 제출되어 있는 때	4. 제49조 제2호 및 제266조 제1항 제5호에 규정된 문서가 제출되어 있는 때
4. 저당권설정의 가등기가 마쳐져 있는 때	5. 저당권설정의 가등기가 마쳐져 있는 때
5. 제154조 제1항에 의한 배당이의의 소가 제기된 때	6. 제154조 제1항에 의한 배당이의의 소가 제기된 때
6. 민법 제340조 제2항 및 같은 법 제370조에 따른 배당금액의 공탁청구가 있는 때	7. 민법 제340조 제2항 및 같은 법 제370조에 따른 배당금액의 공탁청구가 있는 때
제161조(공탁금에 대한 배당의 실시) ① (생 략) ② 제1항에 따라 배당을 실시함에 있어서 다음 각호 가운데 어느 하나에 해당하는 때에는 법원은 배당에 대하여 이의하지 아니한 채권자를 위하여서도 배당표를 바꾸어야 한다. 1. 제160조 제1항 제1호 내지 제4호의 사유에 따른 공탁에 관련된 채권자에 대하여 배당을 실시할 수 없게 된 때 2. 제160조 제1항 제5호의 공탁에 관련된 채권자가 채무자로부터 제기당한 배당이의의 소에서 진 때 3. 제160조 제1항 제6호의 공탁에 관련된 채권자가 저당물의 매각대가로부터 배당을 받은 때	제161조(공탁금에 대한 배당의 실시) ① (현행과 같음) ② 제1항에 따라 배당을 실시함에 있어서 다음 각호 가운데 어느 하나에 해당하는 때에는 법원은 배당에 대하여 이의하지 아니한 채권자를 위하여서도 배당표를 바꾸어야 한다. 1. 제160조 제1항 제1호 내지 제5호의 사유에 따른 공탁에 관련된 채권자에 대하여 배당을 실시할 수 없게 된 때 2. 제160조 제1항 제6호의 공탁에 관련된 채권자가 채무자로부터 제기당한 배당이의의 소에서 진 때 3. 제160조 제1항 제7호의 공탁에 관련된 채권자가 저당물의 매각대가로부터 배당을 받은 때
제274조(유치권 등에 의한 경매) ① 유치권에 의한 경매와 민법·상법, 그 밖의 법률이 규정하는 바에 따른 경매(이하 "유치권 등에 의한 경매"라 한다)는 담보권 실행을 위한 경매의 예에 따라 실시	제274조(유치권 등에 의한 경매) ① ~ ③ 현행과 같음. ④ 유치권에 의하여 개시된 경매의 목적부동산에 민법 제372조의2에 의한 저당권설정등기가 마쳐진 경우에는 그 저당

한다. ② 유치권 등에 의한 경매절차는 목적물에 대하여 강제경매 또는 담보권 실행을 위한 경매절차가 개시된 경우에는 이를 정지하고, 채권자 또는 담보권자를 위하여 그 절차를 계속하여 진행한다. ③ 제2항의 경우에 강제경매 또는 담보권 실행을 위한 경매가 취소되면 유치권 등에 의한 경매절차를 계속하여 진행하여야 한다.	권 실행을 위한 경매가 개시된 것으로 보고 절차를 계속하여 진행한다.
	부 칙
〈신 설〉	제1조(시행일) 이 법은 공포 후 1년이 경과한 날부터 시행한다.
〈신 설〉	제2조(효력의 불소급) 이 법은 종전의 규정에 따라 생긴 효력에 영향을 미치지 아니한다.
〈신 설〉	제3조(경과조치) ① 이 법은 이 법 시행 전에 성립한 부동산 유치권에 대하여도 적용한다. ② 제1항에 불구하고 이 법 시행 전에 경매가 신청된 부동산에 대하여는 종전의 규정을 적용한다. 이 경우 경매절차가 매각 없이 끝난 때에는 그때부터 민법 부칙 제3조 제1항 및 상법 부칙 제3조 제1항의 기간이 진행한다.

나. 제88조

배당요구권자에 "민법 제372조의2 제1항에 의하여 저당권설정청구의 소를 제기한 유치권자"를 추가하였다.[48] 유치권에 기하여 저당권설정이 이루어지면

48) 원래의 개정안은 단순히 "저당권설정청구의 소를 제기한 유치권자"라고만 되어 있었는데, 공청회의 지정토론자인 안갑준 대한법무사협회 법제연구소장이, 그와 같이 규정하면 제372조의3에 의하여 저당권 설정청구의 소를 제기한 유치권자도 포함되는 것처럼 보일 우려가 있다는 지적이 있어서(법무부, 유치권 제도 개선을 위한 민법·부동산등기법·민사집행법 개정안 공청회 발표 자료집, 2012, 67면), 위원장단회의에서 이와 같이 수정되었다. 제160조 제1

경매절차 내에서 배당이 이루어져야 하는데, 이를 위하여는 유치권자의 배당요구가 선행되어야 한다. 다만 경매개시결정 등기 후 배당요구를 하지 않은 채 유치권에 의한 등기를 경료한 자가 문제되나, 이러한 자는 별도로 배당요구를 하지 않은 이상 배당요구권자에 포함될 수 없을 것이다. 이처럼 배당요구를 하였으나 배당기일까지 아직 저당권설정등기가 되지 않은 때에는 제160조와 제161조에 의하여 처리된다.

공청회에서는 단순히 저당권설정청구의 소를 제기하였다는 것만으로 배당요구를 할 수 있게 한다면, 실제로는 유치권을 가지지 않은 사람이 임의로 저당권설정청구의 소를 제기하고 배당요구를 하게 되는 문제점이 있을 수 있다는 지적이 있었다.[49] 이러한 지적도 일리가 있기는 하지만, 어떤 사람을 배당요구권자로 인정할 것인가는 입법정책의 문제이다.[50] 이러한 허위유치권자에 의한 배당요구가 있더라도 최종적인 배당이 늦어지는 정도의 차이만 생길 뿐이다. 그리고 목적물이 매각되면 유치권이 소멸하게 되기 때문에, 이와 같은 최소한의 보장은 불가피하다.

다. 제91조

유치권도 저당권과 마찬가지로 매각으로 인하여 소멸하고(제2항), 매수인은 유치권을 인수하지 않는다(제5항 삭제). 종래 부동산 유치권의 문제점으로 지적되었던 것이 매수인이 유치권을 인수하여야 하는 점이었는데, 개정안은 유치권이 매각으로 인하여 소멸하는 것으로 규정함으로써 이 문제를 해결하였다.

라. 제160조 및 제161조

배당요구권자인 저당권설정청구의 소를 제기한 유치권자가 있고 배당 당시 아직 저당권 등기가 경료되지 않은 경우에는, 그 유치권자가 아직 우선변제권을 가지지는 않으므로 바로 우선변제권이 있는 것과 같이 배당을 할 수는 없다. 따라서 이러한 유치권자가 있으면 일단 공탁을 하고, 유치권자의 저당권설정청구의 소가 받아들여지면 그에게 배당하며,[51] 받아들여지지 않으면 종전

항 제3호도 마찬가지이다.

49) 김상수 교수.

50) 현재의 민사집행법 제88조 제1항과 같이 배당요구권자를 제한한 것은 1990년의 개정 민사소송법 제605조에서 유래되었다.

51) 그런데 경매절차에서 매각이 되면 이미 설정되어 있던 저당권도 소멸하게 되므로, 저당권

의 배당권자에게 배당하면 된다. 제160조는 그와 같은 내용을 규정하였다. 제161조는 제160조의 개정에 따라 조문 번호를 수정하는 내용이다.

마. 제274조

개정법 시행 후 미등기 부동산에 존재하던 유치권에 기하여 부동산이 등기된 후 경매절차가 개시될 수 있다. 그런데 경매절차 진행 중에 유치권에 기하여 민법 제372조의2에 의한 저당권이 설정되면 유치권이 소멸하는데(제320조 제2항), 이 경우에 이미 개시된 경매절차는 어떻게 될 것인가가 문제된다. 아무런 규정을 두지 않는다면 경매 개시의 근거가 된 유치권이 소멸하였으므로 경매절차도 종료되어야 할 것이다. 그러나 그렇게 되면 저당권자가 된 종전의 유치권자는 새로 경매개시를 신청하여야 할 것인데, 이는 낭비를 초래하므로, 종전에 이미 진행되던 경매절차를 저당권에 기한 경매에 활용할 수 있는 근거규정을 둘 필요가 있다. 그리하여 유치권에 의하여 개시된 경매가 개시되었다가 그 유치권이 저당권으로 바뀌면, 그 저당권에 기하여 경매가 개시되었던 것으로 보아 종전의 경매절차를 계속 진행하도록 하는 규정을 두었다.

개정안 작성 과정에서, 민사집행법 제274조 제2항이 유치권에 의한 경매절차 진행 중에 담보권 실행을 위한 경매절차가 개시된 경우에는 유치권에 의한 경매절차는 정지되는 것으로 규정하고 있는 것과 관련하여 논의가 있었다. 즉 이 경우에도 유치권에서 바뀐 저당권에 기한 경매 절차가 진행되는 것인가 하는 점이다. 이 문제는 기본적으로 해석에 의하여 해결하여야 할 문제이기는 하지만, 신설하는 제4항은 유치권에 기한 경매절차가 진행중임을 전제로 하기 때문에, 위와 같이 유치권에 기한 경매절차가 정지된 경우에까지 적용된다고는 볼 수 없을 것이다.

등기설정청구의 소의 이익이 없어지게 되는 것이 아닌가 하는 의문이 제기될 수 있다. 이 점에 대하여는 저당권설정의 가등기가 있은 때의 논의를 참조할 수 있다. 즉 배당절차에서 저당권설정의 가등기 권리자가 본등기를 하든가, 본등기를 하지 않더라도 본등기에 필요한 조건을 구비한 때에는 그 가등기권리자에게 그 배당금액을 지급한다. 이 경우 본등기에 필요한 조건이라 함은 예컨대 등기의무자의 동의서나 본등기를 함에 필요한 저당권 그 자체의 성립을 인낙하는 의무자의 채권확인서 또는 본등기를 명하는 확정판결이 제출된 경우를 말한다. 이러한 서류가 제출되면 법원사무관은 공탁 전이면 공탁을 하지 않고, 그 배당액을 지급하고, 공탁 후라면 공탁된 배당액지급절차에 의하여 배당액을 지급한다. 註釋 民事執行法 제3판, Ⅲ, 2012, 312면(황진구); 법원실무제요 민사집행 Ⅱ, 2003, 606-607면도 같다. 저당권설정청구의 소가 제기된 경우도 마찬가지로 보아야 할 것이다.

바. 부칙 제3조

개정법 시행 당시 존재하고 있던 부동산 유치권에 대하여는 민법 부칙이 개정법을 적용하도록 하였다. 따라서 경매절차에서도 마찬가지이다.

다만 시행일 이후의 경매절차에 관련된 유치권에 대해 일률적으로 소멸주의의 입장에 서게 되면, 시행일 당시 계속 중인 법원의 경매 사건에는 이제 갓 경매신청이 된 사건부터 경매개시결정이 된 사건, 배당요구 종기를 지나 매각절차에 들어간 사건, 매각허가결정이 이루어진 사건, 배당단계에 있는 사건 등 다양한 단계에 걸쳐 유치권자가 결부되어 있을 것인데, 일률적으로 소멸주의를 적용하게 하는 것은 상당한 혼란을 가져오게 된다. 그리하여 민사집행법 시행일을 기준으로 유치권 목적 부동산에 관하여 경매가 신청된 사건부터 개정법률을 적용하고, 그 전에 접수된 사건에 대해서는 구법을 적용하도록 하였다. 이 경우에는 결과적으로 개정민법에 따른 유치권에 관한 규정이 적용되지 않는 것으로 된다.

다른 한편 개정법 시행 당시 경매가 개시되었으나 경매신청이 취하되거나 경매개시결정이 취소되는 등 경매절차가 매각 없이 끝나게 되면, 그 후에 다시 개시되는 경매절차에는 신법이 적용되어야 할 것이다. 그리고 이 경우에도 민법 부칙 제3조의 2년 기간이 법 시행 당시부터 진행되게 되면 유치권자에게는 혼란을 가져오게 되므로, 이때에는 경매절차가 끝난 때부터 위 기간이 진행하도록 하였다.

8. 기　　타

가. 상사유치권에 대하여

민법개정위원회에서는 상법 제58조와 제91조의 상사유치권의 목적물도 부동산은 제외하고 동산과 유가증권에 한정하기로 하였고, 그에 따른 상법 부칙 규정도 마련하였다. 그러나 상법 개정에 대해서는 상법특별위원회가 별도로 운영 중이므로 상법특별위원회에 이러한 개정안을 전달하고 상법 개정 계획에 맞추어 이 개정안을 반영하기로 하였다.

나. 입법예고 절차에서 제출된 의견에 대하여

입법예고 절차에서 대한건설협회는 독일민법 제648조의a와 같이 수급인의 담보제공 청구권 규정을 신설하자고 제안하였고, 건설공제조합은 부동산유치권자가 저당권설정 등기명령을 신청하거나 그에 상당하는 다른 담보물의 제공을 청구할 수 있게 하자고 제안하였다.

위와 같은 담보제공 청구권 규정을 신설할 것인가 하는 점은 신중한 검토를 요하는 사항이다. 민법개정위원회에서는 그러한 규정의 필요성은 인정되지만, 이는 민법보다는 건설산업기본법과 같은 특별법에서 규정하는 것이 더 실효성이 있을 것이라고 판단하였다. 그리고 저당권설정등기명령 제도를 신설하지 않더라도, 저당권설정의 가등기를 명하는 가처분(부동산등기법 제90조)을 활용함으로써 그러한 등기명령제도를 신설하는 것과 동일한 효과를 얻을 수 있을 것이다(위 4. 나. 참조).

Ⅳ. 결　　론

부동산 유치권은 여러 이해당사자의 이익이 첨예하게 대립하는 장이다. 그럴수록 유치권 제도는 합리적으로 설계되어야 한다. 그런데 현재의 부동산 유치권은 유치권자에게 지나치게 강력한 권리를 부여하고 있어서 다른 이해당사자들의 이익을 부당하게 침해하고 있다. 이 점에서 유치권 제도의 개혁은 필수적으로 요청된다. 이 개정안은 부동산 중 미등기부동산에 대하여만 유치권을 인정하고, 등기된 부동산에는 유치권을 인정하지 않으며, 그 대신 종래의 유치권자에게 저당권설정청구권을 인정함으로써 당사자들의 이익을 균형 있게 보호하려고 한다.

〈追記〉

1. 대법원 2013. 2. 28. 선고 2010다57350 판결은, 상사유치권은 민사유치권과 달리 피담보채권이 '목적물에 관하여' 생긴 것일 필요는 없지만 유치권의 대상이 되는 물건은 '채무자 소유'일 것으로 제한되어 있다는 점을 근거로 하여, 상사유치권은 성립 당시 채무자가 목적물에 대하여 보유하고 있는 담보가

치만을 대상으로 하는 제한물권이라는 의미를 담고 있고, 따라서 유치권 성립 당시에 이미 목적물에 대하여 제3자가 권리자인 제한물권이 설정되어 있다면, 상사유치권은 그와 같이 제한된 채무자의 소유권에 기초하여 성립할 뿐이고, 기존의 제한물권이 확보하고 있는 담보가치를 사후적으로 침탈하지는 못한다고 하여, 채무자 소유의 부동산에 관하여 이미 선행(先行)저당권이 설정되어 있는 상태에서 채권자의 상사유치권이 성립한 경우에는 상사유치권자는 채무자 및 그 이후 채무자로부터 부동산을 양수하거나 제한물권을 설정받는 자에 대해서는 대항할 수 있지만, 선행저당권자 또는 선행저당권에 기한 임의경매절차에서 부동산을 취득한 매수인에 대한 관계에서는 상사유치권으로 대항할 수 없다고 판시하였다.

위 판결이 근거로 들고 있는, 상사유치권은 성립 당시 채무자가 목적물에 대하여 보유하고 있는 담보가치만을 대상으로 한다는 점은 반드시 타당한지는 의문이지만, 이 판결도 유치권의 적용범위나 효력을 제한하려는 판례의 흐름의 한 예라고 할 수 있다.

2. 이 글의 최종 교정 당시인 현재(2013. 6. 24) 개정안에 대한 법제처의 법안 심사가 진행되고 있는데, 조문의 위치나 표현 등에는 다소 수정이 있을 것으로 보인다. 그리고 부동산등기법 제80조의2 신설안은 입법예고된 개정안에는 포함되어 있지 않아서 국회에 제안될 개정안에서는 빠질 것으로 보인다.

〈민사법학 제63-1호, 2013〉

〈追記〉

1. 정부는 2013. 7. 17. 법제처 심사를 거쳐 다소 수정된 개정안을 국회에 제안하였다. http://likms.assembly.go.kr/bill/jsp/BillDetail.jsp?bill_id=ARC_M1Q3U0N7O1S7J1T6R2H0Y2G8R0M1F0 참조.

2. 대법원 2014. 3. 20. 선고 2009다60336 전원합의체 판결의 다수의견은, 체납처분압류가 되어 있는 부동산이라고 하더라도 그러한 사정만으로 경매절차가 개시되어 경매개시결정등기가 되기 전에 그 부동산에 관하여 민사유치권을 취득한 유치권자가 경매절차의 매수인에게 그 유치권을 행사할 수 없다고 볼 것은 아니라고 하였다. 김창석 대법관의 다수의견에 대한 보충의견은, 부동산의 점유를 이전받아 유치권을 취득하는 동일한 행위가 가압류의 처분금지효

에는 저촉되지 않고 압류의 처분금지효에는 저촉된다고 보는 이유를 다음과 같이 설명하였다. 즉 압류나 가압류의 처분금지효에 저촉되는 처분행위에는 점유의 이전과 같은 사실행위는 포함되지 않지만, 경매절차가 개시된 뒤에 부동산의 점유를 이전받아 유치권을 취득하는 경우에도 이러한 논리에 따라 그 효력을 마찬가지로 인정하게 되면 집행절차의 법적 안정성을 중대하게 훼손하므로, 이 경우에는 그러한 행위의 효력을 제한하기 위하여 압류의 처분금지효에 저촉되는 처분행위로 본다는 것이다. 또한 체납처분절차에서는 체납처분압류가 체납처분절차의 제1단계로서 조세채권의 만족을 위한 재산을 확보하는 수단일 뿐이므로, 체납처분압류가 되어 있는 부동산에 관하여 유치권을 취득하였다고 하여 그것이 그와 전혀 별개의 절차로서 아직 개시되지도 않은 경매절차의 법적 안정성을 훼손하는 것이라고 볼 수도 없다고 하였다. 김소영 대법관의 다수의견에 대한 보충의견도 대체로 같은 취지인데, 체납처분압류는 민사집행법상의 압류와는 상당히 다르고, 오히려 가압류에 가깝다고 할 수 있다고 하였다.

한국법상 약관규제법에 의한 소비자 보호

Ⅰ. 서 론

오늘날 소비자가 맺는 계약은 상대방과 그 내용에 관하여 개별적, 구체적으로 협의하여 체결하는 것이 아니라, 그 상대방이 일정한 형식으로 미리 마련한 약관[1]에 의하여 체결하는 것이 그 대다수를 차지한다. 이러한 약관에 의한 계약 체결은 일방이 미리 그 내용을 마련하므로, 자연히 그 일방에게는 유리하고 상대방에게는 불리한 불공정한 내용이 포함되게 될 가능성이 많다. 따라서 이러한 불공정한 내용이 포함된 약관을 어떻게 규제하는가가 여러 나라에서 중요한 문제로 떠올랐다. 동아시아의 각국이 이 문제를 해결하는 입법적 방식에는 차이가 있다. 대만은 특별법인 消費者保護法 제11조 이하에서 8개 조문을 두어 약관에 대하여 규율하고 있고,[2] 일본은 消費者契約法에서 소비자계약을 규율함으로써 간접적으로 약관을 규제하고 있으며, 중국은 合同法 제39조에서 제41조까지 약관에 관한 3개의 조문을 두고 있다.[3]

한국은 1986년 약관의 규제에 관한 법률(이하 '약관규제법'이라고만 한다)을 제정하여 이 문제에 대처하고 있다. 이 법은 1976년에 제정된 독일의 약관규제법(Gesetz zur Regelung des Rechts der Allgemeinen Geschäftsbedingungen, AGBG)을 모델로 하여 제정된 것으로서, 시행된 지 20년 이상이 경과한 지금 비교적

1) 중국에서는 이를 格式条款이라고 부르고, 대만에서는 이를 定型化契約이라고 부른다.

2) 吳瑾瑜, "消費者定型化契約在台灣的管制現況—以行政管制為觀察中心", 財產法研究 제26권 제3호, 2010, 599면 이하 참조.

3) 중국의 약관법에 대하여는 이정표, 中國統一契約法, 2002, 122면 이하; 蘇在先, 中國統一契約法(合同法) 개론, 2005, 100면 이하; 江平 저, 盧正煥 외 역, 中國民法, 2007, 1218면 이하 등 참조.

성공적으로 소비자보호라는 목적을 달성하고 있는 것으로 평가되고 있으며, 이 법에 관한 판례도 많이 집적되어 있다.

약관규제법에 관한 문헌은 비교적 쉽게 찾아볼 수 있으나, 근래에 이르기까지의 약관규제의 흐름을 전반적으로 통관한 문헌은 찾기 어렵다. 이 글의 목적은 약관규제법에 관한 새로운 이론을 전개하기보다는, 약관규제법에 관한 이제까지의 논의의 흐름을 판례를 중심으로 하여 살펴보고 논평하려는 데 있다. 약관규제법의 내용은 크게 사법적인 부분과 행정규제적인 부분 두 가지로 나눌 수 있는데, 이 글에서는 약관규제법의 사법적인 부분을 개관하고자 한다.

일반적으로 약관의 사법적인 규제 방법으로는 이른바 편입통제, 해석통제 및 내용통제의 3가지 방법이 있다고 설명한다. 편입통제란 부당한 약관이 당사자 사이의 계약의 내용에 편입되지 않았다고 보는 것이다. 약관규제법 제3조가 규정하고 있는 사업자의 명시·설명의무나, 제4조가 규정하고 있는 개별약정 우선의 원칙 등은 이에 해당한다. 다른 하나는 해석통제의 방법이다. 즉 약관의 내용을 고객에게 유리하도록 해석하고, 또 신의성실의 원칙에 따라 공정하게, 객관적으로 해석하여야 한다는 것이다. 약관규제법 제5조는 약관의 해석원칙을 규정함으로써 이러한 목적을 달성하려고 하고 있다. 마지막으로 약관의 내용을 심사하여 불공정한 약관은 무효로 선언하는 직접적인 내용통제(불공정성 통제)의 방법이 있다. 이에 관하여 차례로 살펴본다. 그리고 약관이 무효로 되는 경우의 효과에 관하여는 몇 가지 쟁점이 있고, 특히 이른바 효력유지적 축소가 허용되는가에 대하여는 논란이 많으므로 이 문제는 별도로 다룬다.

Ⅱ. 약관의 편입통제

1. 약관의 개념

약관규제법 제2조는 약관을 그 명칭이나 형태 또는 범위에 상관없이 계약의 한쪽 당사자가 여러 명의 상대방과 계약을 체결하기 위하여 일정한 형식으로 미리 마련한 계약의 내용을 말한다고 정의하고 있다. 여기서 상대 당사자에게 약관을 계약의 내용으로 할 것을 제안하는 자가 사업자이고, 그 상대방이 고객이다. 약관의 법적 성질이 무엇인가에 관하여 종래에는 이것이 당사자 사이의 계약이 아닌 법규범이라고 하는 주장도 있었으나, 약관규제법이 시행된 후에는 약관도 계약의 일종이라고 보는 견해가 많고,[4] 판례도 그와 같이 보고 있다.[5]

이처럼 약관에 해당하는 경우에는 구체적으로 고객이 그 약관의 내용을 알아야만 계약으로서 구속력이 인정되는 것은 아니다. 대법원 1989. 4. 25. 선고 87다카2792 판결은, 당시의 전기사업법에 의한 전기사업자와 일반 수요자와의 공급계약에 대한 공급규정은 보통계약약관으로서의 성질을 가지고 있고, 위 공급규정의 개정이 전기사업법 소정의 절차를 거쳐 인가를 받고 공표의무를 마친 것이라면 공급규정의 개정에 따른 새 요금 요율을 내용으로 하는 계약내용의 변경이 있는 것으로서, 다수의 개별수요자와 위 변경된 공급규정을 내용으로 하는 새로운 계약을 일일이 체결하여야 하거나 승낙을 받아야 비로소 구속력이 생기는 것이라고 할 수는 없다고 하였다. 현재의 전기사업법은 전기공급규정이라는 이름 대신 기본공급약관이라는 명칭을 쓰면서, 이 약관에 대하여는 지식경제부장관의 인가를 받도록 하였다.

반면 당사자들이 계약의 내용에 관하여 개별적, 구체적으로 교섭을 하였다면 이러한 계약은 약관에 의한 것이라고 할 수 없다. 그러나 어느 계약이 약관으로서의 성질을 가진다고 하더라도, 모든 조항이 다같이 약관규제법의 적용을 받아야만 하는 것은 아니다. 즉 약관 중 사업자와 고객 사이에 교섭이 이루어진 조항은 약관 작성상의 일방성이 없으므로 약관의 규제에 관한 법률 소정의 약관에 해당하지 않지만, 약관 조항 중 일부의 조항이 교섭되었음을 이유로 그 조항에 대하여는 같은 법의 적용이 배제되더라도 교섭되지 아니한 나머지 조항들에 대하여는 여전히 같은 법이 적용되어야 한다.[6]

대법원 2008. 7. 10. 선고 2008다16950 판결은, 계약의 일방 당사자가 다수의 상대방과 계약을 체결하기 위해서 일정한 형식에 의하여 미리 계약서를 마련하여 두었다가 어느 한 상대방에게 이를 제시하여 계약을 체결하는 경우에도, 그 상대방과 특정 조항에 관하여 개별적인 교섭(또는 흥정)을 거침으로써 상대방이 자신의 이익을 조정할 기회를 가졌다면, 그 특정 조항은 약관의 규제

4) 상세한 것은 宋德洙, "普通去來約款의 法律問題", 이화여대 法學論集 제11권 1호, 2006, 24면 이하 참조.

5) 대법원 1985. 11. 26. 선고 84다카2543 판결 등 다수.

6) 대법원 2000. 12. 22. 선고 99다4634 판결. 다른 한편 이 판결은 동일한 약관집 내의 대다수의 조항들이 교섭되고 변경된 경우, 변경되지 아니한 나머지 소수의 조항들에 대해서도 교섭이 이루어진 것으로 추정할 수 있다고 하였다.

에 관한 법률의 규율대상이 아닌 개별약정이 된다고 보아야 하지만, 이때 개별적인 교섭이 있었다고 하기 위해서는 비록 그 교섭의 결과가 반드시 특정 조항의 내용을 변경하는 형태로 나타나야 하는 것은 아니라 하더라도, 적어도 계약의 상대방이 그 특정 조항을 미리 마련한 당사자와 거의 대등한 지위에서 당해 특정 조항에 대하여 충분한 검토와 고려를 한 뒤 영향력을 행사함으로써 그 내용을 변경할 가능성은 있어야 한다고 하였다.[7] 이 사건에서는 부동산임대업자인 원고가 미리 부동문자로 인쇄한 임대차계약서를 제시하여 임대차계약을 체결하였는데, 그 계약서에는 임대차계약 종료일로부터 인도 또는 복구된 날까지의 통상 차임 및 관리비와 임대차보증금에 대한 월 1%의 비율에 의한 이자의 합산액의 2배를 배상액으로 정하고 있는 조항이 있었다. 그런데 그 사건 임차인인 피고는 이 사건 배상금 조항을 배제하는 특약을 이 사건 임대차계약의 내용에 포함하려고 시도하다가 원고측의 반발로 무산되었다는 사정이 있었다. 대법원은 그러한 사정만으로는 피고가 이 사건 배상금 조항에 대하여 충분한 검토와 고려를 한 뒤 영향력을 행사함으로써 그 내용을 변경할 가능성이 있었다고 보기 어렵다고 하여, 위 배상금 조항은 약관에 해당하는데 이는 고객인 피고에 대하여 부당하게 과중한 손해배상의무를 부담시키는 조항으로서 약관규제법 제8조에 의하여 무효라고 보았다.[8]

다른 한편 대법원 2010. 10. 14. 선고 2008두23184 판결에서는, 은행이 사용하는 여신거래기본약관, 대출거래약정서, 근저당권설정계약서 등에서 대출거래약정서 작성에 따르는 인지세를 차주 부담, 은행 부담, 차주 및 은행 각 50% 부담의 3가지 방법 중 하나를 차주가 선택할 수 있도록 하였고, 또 저당권이나 근저당권 설정비용을 채무자, 설정자, 채권자 중 1인이 부담하는 것으로 선택할 수 있도록 한 것이 약관인지가 문제되었다. 이 사건에서는 공정거래위원회가 2008. 1. 30. 위 조항들이 불공정하다고 하여 원고들에게 개정 표준약관의 사용을 권장하였다. 그러자 은행들이 위 표준약관 사용 권장처분에 대하여 그 취소를 구하는 행정소송을 제기하였다. 대법원은 여신거래기본약관뿐만 아니라 대출거래약정서, 근저당권설정계약서 등의 위와 같은 조항도 약관에

7) 대법원 2010. 9. 9. 선고 2009다105383 판결은, 약관조항이 당사자 사이의 합의에 의하여 개별약정으로 되었다는 사실은 이를 주장하는 사업자 측에서 증명하여야 한다고 하였다.

8) 金東勳, "개별교섭후 수정되지 않은 약관조항의 효력", 國民大學校 法學論叢 제22권 2호, 2010, 461면은 이 경우에는 수정되지 않은 약관조항이 약관성을 상실한다고 보아 이 판결에 반대한다.

해당함을 전제로 하여, 불공정 약관조항에 해당하는지 여부를 심사함에 있어서는 문제되는 조항만을 따로 떼어서 볼 것이 아니라 전체 약관내용을 종합적으로 고찰한 후에 판단하여야 하고, 그 약관이 사용되는 거래분야의 통상적인 거래관행, 거래대상인 상품이나 용역의 특성 등을 함께 고려하여 판단하여야 한다는 이유로, 위 조항이 불공정하지 않다고 본 원심판결을 파기환송하였다.

그러자 은행들과의 대출거래에서 인지세 및 저당권 설정비용을 부담하였던 당사자들이 위와 같은 불공정 약관조항은 무효이고, 이러한 약관조항에 근거하여 자신들이 위 비용을 부담함으로써 은행들이 부당이득을 얻었다고 하여 그 반환을 청구하는 민사소송을 여러 건 제기하였다. 이에 대하여 서울중앙지방법원 2012. 12. 6. 선고 2011가합100645 판결과 같은 날 선고된 2012가합31685 판결은, 위 여신거래기본약관의 조항 자체는 약관에 해당하지만, 위 약관조항의 내용은 고객이 그 비용의 부담주체를 스스로 선택할 수 있도록 선택권을 부여하여 구체적인 계약에서 일방 당사자와 상대방 사이의 교섭을 통해 계약의 내용이 되도록 예정하고 있고, 이러한 약관 조항을 금융거래양식으로 하여 고객인 원고들이 스스로 비용부담자를 자신들로 표시하여 체결함으로써 성립된 합의 내지 약정은 약관과는 별도의 개별약정에 해당한다고 보았다. 위 판결들은 그 근거의 하나로서, 거래의 실제에서 고객과 은행 간 근저당권 설정비용의 부담비율은 대출금액, 신용등급 등에 상관없이 거의 균등하다는 점을 들고 있다.

위 판결들이 설시하고 있는 것처럼, 고객들이 근저당권 설정비용을 누가 부담할 것인가를 충분히 선택할 수 있었다고 한다면, 그에 따라 고객이 그 설정비용을 자신이 부담하기로 한 것은 약관에 근거한 것이 아닌 별개의 개별약정에 해당하는 것으로 보아야 할 것이다.

그리고 근래에는 이른바 키코 통화옵션계약의 조항이 약관에 해당하는지에 관하여 하급심 판례들이 다른 태도를 보이고 있다. 키코 통화옵션이란 '수출대금의 환율변동위험을 회피하기 위해 기업의 은행에 대한 넉아웃(Knock-Out) 풋옵션(Put-Option)과 은행의 기업에 대한 넉인(Knock-In) 콜옵션(Call-Option)을 주로 1:2 비율로 결합한 통화옵션'을 의미한다. 즉 기업이 환위험을 회피하기 위해 은행으로부터 풋옵션(장래의 일정시기에 계약금액을 행사가격에 매도할 수 있는 권리)을 매입하되, 은행에 그 프리미엄을 지급하는 대신 콜옵션(장래의 일정시기에 주로 계약금액의 2배를 행사가격에 매수할 수 있는 권리)을 매도하여, 결국 제로코스트(Zero-Cost)를 실현한 통화옵션이다. 다만, 기업의 풋옵션에는 넉아웃 조건이, 은행의 콜옵션에는 넉인 조건이 각각 붙어 시장환율이 하단환율 이하로 떨어지면 해당 구간에 관한 계약은 실효되고(넉아웃), 반대로 시장환율이 상당환율 이상으로 오르면 은행의 콜옵션이 실제로 발생하게 된다(넉인).[9]

위와 같은 키코 계약이 약관에 해당하는가에 관하여, 서울고등법원 2009. 8. 21.자 2009라997 결정은, 그 사건 각 계약의 내용 중 주요 계약조건인 계약금액, 행사환율, 옵션행사의 조건이 되는 환율, 계약기간 등은 그 구체적인 내용을 채권자와 채무자들이 개별적 교섭에 의해 결정하였으므로 각 계약 조항이 모두 약관에 해당한다고 할 수는 없지만, 계약의 기본구조에 관한 조항은 채무자들이 다수의 기업과 계약을 체결하기 위하여 일정한 형식에 의해 미리 마련해 놓은 것으로 볼 수 있으므로, 약관에 해당한다고 하였다.[10]

그러나 수원지법 2011. 1. 14. 선고 2009가합3756 판결은, KIKO 통화옵션 계약의 구조가 정형화되어 있는 면이 없는 것은 아니나, 그 계약구조는 개별적 교섭에 의하여 결정된 구체적인 계약조건에 결부되어 계약 내용을 이루는 것이고, 구체적인 계약조건에 의하여 보충되지 않은 계약구조에 관한 조항만으로는 계약 내용에 편입될 수 없으므로, 계약구조에 관한 부분만을 약관에 해당한다고 하기는 어렵다고 하였다. 대부분의 하급심 판례는 이러한 태도를 취하고 있는 것으로 보인다.

학설로서는 키코 계약이 약관에 의한 계약이라고 보는 견해도 있다.[11] 그러나 계약의 개별 조항이 약관이 아니라면, 계약의 기본 구조가 약관에 해당한다고 보는 것은 수긍하기 어렵다. 그와 같은 주장을 밀고 나간다면 특정의 정형적인 계약은 모두 약관이라고까지 하게 될 우려도 있다.[12]

---

9) 서울중앙지방법원 2008. 12. 30.자 2008카합3816 결정 참조.

10) 같은 취지, 서울중앙지방법원 2008. 12. 30.자 2008카합3816 결정.

11) 전경근, “키코(KIKO) 거래의 법률관계”, 이화여자대학교 법학논집 제14권 4호, 2010, 87-89면; 서완석, “KIKO 분쟁에 있어서 판례의 동향과 자본시장법상의 쟁점”, 상사판례연구, 제23권 1호, 2010, 417면 이하; 정상근, “키코소송문제와 거래기업의 보호”, 무역보험연구 제12권 1호, 2011, 76-77면 등.

12) 성민섭, “키코통화옵션계약의 무효·취소 가능성에 대한 소고”, 경제법연구 제8권 1호, 2009, 117면 이하; 나태영, “키코(KIKO)통화옵션계약의 효력에 관한 소고”, *漢陽法學* 제33권, 2011, 260면 이하 등.

2. 약관의 작성, 명시 및 설명의무

약관의 편입통제 방법으로 약관규제법이 정하고 있는 것으로는 약관의 작성, 명시 및 설명의무 규정(제3조)과 개별약정의 우선 규정(제4조)이 있다. 다른 한편 약관규제법은 고객이 계약의 거래형태등 제반 사정에 비추어 예상하기 어려운 조항, 즉 意外條項을 무효라고 규정하고 있다(제6조 제2호). 다시 말하여 이러한 조항도 일단 약관으로 편입되기는 하지만, 내용통제의 대상이 된다는 것이다. 그러나 이러한 조항은 편입통제의 방법에 의하여 처음부터 약관의 내용에 편입되지 않는다고 볼 수도 있다.[13]

약관규제법 제3조는 약관의 작성, 명시 및 설명의무에 대하여 규정하고 있다.[14] 여기서 작성 의무란 사업자가 고객이 약관의 내용을 쉽게 알 수 있도록 작성하여야 한다는 것을 말한다(제1항). 그리고 명시 의무는 사업자가 고객에게 약관의 내용을 분명하게 밝히고, 고객이 요구할 경우 그 약관의 사본을 고객에게 내주어 고객이 약관의 내용을 알 수 있게 하여야 한다는 것이다(제2항). 마지막으로 설명의무는 사업자가 약관에 정하여져 있는 중요한 내용을 고객이 이해할 수 있도록 설명하여야 한다는 것을 의미한다(제3항). 그리하여 특히 명시 및 설명의무를 위반한 경우에는 해당 약관을 계약의 내용으로 주장할 수 없다고 규정한다(제4항).

주로 문제되는 것은 설명의무이다. 즉 어떤 사항이 설명하여야 하는 중요한 사항인가 하는 점이다. 대법원 2005. 10. 7. 선고 2005다28808 판결은, 보험계약에서 명시·설명의무가 인정되는 것은 어디까지나 보험계약자가 알지 못하는 가운데 약관의 중요한 사항이 계약 내용으로 되어 보험계약자가 예측하지 못한 불이익을 받게 되는 것을 피하고자 하는 것 등에 그 근거가 있다고 하고, 대법원 2008. 12. 16.자 2007마1328 결정은, 설명의무의 대상이 되는 '중요한 내용'이라 함은 사회통념에 비추어 고객이 계약체결의 여부나 대가를 결정하는 데 직접적인 영향을 미칠 수 있는 사항을 말하고, 약관조항 중에서 무엇이 중요한 내용에 해당하는지에 관하여는 일률적으로 말할 수 없으며, 구체적인 사건에서 개별적 사정을 고려하여 판단하여야 한다고 판시하였다.

판례는 보험상품의 내용, 보험료율의 체계 및 보험청약서상 기재사항의 변동

---

13) 독일 민법 제305c조 제1항은 이와 같은 방법을 채택하고 있다.

14) 중국 合同法 제39조도 이와 유사한 내용을 규정하고 있다.

사항 등 보험계약의 중요한 내용은 설명의무의 대상이고,[15] 은행거래약관에서 예금채권에 관한 양도금지의 특약을 정하고 있는 경우, 은행으로서는 고객과 예금계약을 체결함에 있어서 이러한 약관의 내용에 대하여 구체적이고 상세한 명시·설명의무를 지게 되며,[16] 업무용자동차보험계약 체결시 유상운송에 대하여는 보험자가 책임을 지지 않는다는 유상운송면책약관은 중요한 내용이라고 한다.[17] 또한 귀금속 가게에 대한 기계경비계약에서 '금고감지기가 부착된 금고 내에 보관하지 않아 발생한 사고'에 대한 면책약관은 계약의 체결 여부나 대가를 결정하는 데 직접적인 영향을 미칠 수 있는 사항으로서 사업자의 설명의무의 대상인 '중요한 내용'에 해당하고,[18] 영국해상보험법상의 워런티(Warranty) 조항[19]을 사용하여 해상보험을 체결하는 보험자로서는 원칙적으로 당해 보험계약자에게 워런티의 의미 및 효과에 대하여 충분히 설명할 의무가 있고, 단순히 워런티 조항이 해상보험 거래에서 흔히 사용되고 있다는 사정만으로 이를 언제나 설명의무의 대상에서 제외될 수 있는 사항이라고 볼 수는 없다고 한다.[20]

다른 한편 판례는, 보험약관의 중요한 내용에 해당하는 사항이라고 하더라도, 보험계약자나 그 대리인이 그 내용을 충분히 잘 알고 있는 경우에는 보험자로서는 보험계약자 또는 그 대리인에게 약관의 내용을 따로 설명할 필요가 없고,[21] 보험약관에 정하여진 사항이라고 하더라도 거래상 일반적이고 공통된 것이어서 보험계약자가 별도의 설명 없이도 충분히 예상할 수 있었던 사항이거나, 이미 법령에 의하여 정하여진 것을 되풀이하거나 부연하는 정도에 불과한 사항이라면 그러한 사항에 대하여서까지 보험자에게 명시·설명의무가 인정된다고 할 수 없다고 한다.[22] 그러나 일반 국민이 법령에 규정된 사항이라고 하여 모두 알고 있을 것이라고 할 수는 없으므로, 법령에 규정되었다는 것만으

---

15) 대법원 1995. 8. 11. 선고 94다52492 판결.
16) 대법원 1998. 11. 10. 선고 98다20059 판결.
17) 대법원 1999. 5. 11. 선고 98다59842 판결.
18) 대법원 2010. 7. 15. 선고 2010다19990 판결.
19) 이는 피보험자가 어떤 특정한 일이 행하여지거나 행하여지지 않을 것, 또는 어떤 조건이 충족될 것을 약속하거나 또는 특정한 사실상태의 존재를 긍정하거나 부정하는 내용의 워런티를 말하는 것으로서, 만약 이것이 정확하게 충족되지 않으면 보험증권에 명시적 규정이 있는 경우를 제외하고는 보험자는 워런티 위반을 이유로 보험계약 해지통고 등을 할 필요조차 없이 자동적으로 워런티 위반일에 소급하여 그 보험계약상의 일체의 책임을 면한다.
20) 대법원 2010. 9. 9. 선고 2009다105383 판결.
21) 대법원 1998. 4. 14. 선고 97다39308 판결; 1999. 3. 9. 선고 98다43342, 43359 판결 등.
22) 대법원 1999. 9. 7. 선고 98다19240 판결; 2000. 7. 4. 선고 98다62909, 62916 판결 등.

로 당연히 설명의무가 인정되지 않는다고 하는 것은 지나친 일반화라고 할 것이다.[23)]

3. 개별약정의 우선

약관규제법 제4조는 약관에서 정하고 있는 사항에 관하여 사업자와 고객이 약관의 내용과 다르게 합의한 사항이 있을 때에는 그 합의 사항은 약관보다 우선한다고 규정하고 있다.[24)] 이러한 개별약정의 우선원칙은 약관조항의 효력이 미치는 범위를 해석에 의하여 결정한다는 점에서 약관규제법 제5조와 함께 약관의 해석에 관한 규정으로 볼 수도 있으나,[25)] 우리나라에서는 이를 편입통제의 일종으로 분류하는 것이 일반적이다.[26)] 판례는 이와 같은 개별약정 우선 원칙의 근거를 다음과 같이 설명한다. 즉 약관이 계약당사자 사이에 구속력을 갖는 것은 그 자체가 법규범이거나 또는 법규범적 성질을 가지기 때문이 아니라 당사자가 그 약관의 규정을 계약내용에 포함시키기로 합의하였기 때문이므로, 계약당사자가 명시적으로 약관의 규정과 다른 내용의 약정을 하였다면 약관의 규정을 이유로 그 약정의 효력을 부인할 수는 없다는 것이다.[27)]

대법원 2001. 3. 9. 선고 2000다67235 판결은, 금융기관의 여신거래기본약관에서 금융사정의 변화 등을 이유로 사업자에게 일방적 이율 변경권을 부여하는 규정을 두고 있으나, 실제 대출 약정서에서는 '본 약정체결일에 정하여진 적용이자율, 수수료율, 지연배상금률 및 중도상환 수수료율은 대출실행만기일까지 변경하지 않는다'고 규정하고 있는 경우에는 위 약관조항과 위 약정서의 내용은 서로 상충되고, 이러한 개별약정은 위 약관조항에 우선하므로, 결국 금융기관이 위 약관 조항에 근거하여 한 이율인상은 위 각 약정서의 내용에 반하는 것으로서 효력이 없다고 하였다.

또한 대법원 2003. 7. 11. 선고 2001다6619 판결에서는 자동차판매회사가 신조자동차를 고객이 요청하는 일정 장소까지 운반하여 인도하여 주는 사람이

23) 같은 취지, 金星泰, "保險者의 約款說明義務", 民事判例硏究 제22권, 2000, 462면 이하.

24) 中國 合同法 제41조; 臺灣 消費者保護法 제15조도 같다.

25) 개별 약정 우선의 원칙을 선언하고 있는 독일 민법 제305b조에 관하여 독일의 일부 학설은 이와 같이 보고 있다. Ulmer in Ulmer/Brandner/Hensen, AGB-Recht, 10. Aufl., 2006, §305b Rdnr. 7.

26) 金東勳(주 8), 454면 참조.

27) 대법원 1998. 9. 8. 선고 97다53663 판결; 2003. 7. 11. 선고 2001다6619 판결 등.

보험회사와 맺은 자동차취급업자종합보험의 약관에, 보상책임을 지는 금액을 보험금 지급기준에 의하여 산정한 금액에 의하는 보통약관과, 법원의 확정판결에 의하여 피보험자가 손해배상청구권자에게 배상하여야 할 금액에 의하는 특별약관의 2가지가 있었는데, 이 중 어느 것이 적용되는가가 문제되었다. 이 사건에서는 배상책임보험료가 보통약관의 경우에는 6,700원이었고 특별약관의 경우에는 그에 1,500원이 추가되는데, 보험계약자가 지급한 보험료는 6,700원이었다. 대법원은 이 사건에서 지급된 보험료가 6,700원임에도 불구하고, 확정판결에 의한 손해배상금 전액을 보험자가 보상하여야 한다는 개별적 약정이 있다고 보았다. 즉 보험계약자나 그 대리인은 물론 보험회사의 대리점을 운영하는 사람과 그 직원도 이 사건 보험계약에 의하여 보험회사가 피보험자에게 확정판결에 의한 손해배상금 전액을 보상할 의무가 있는 것으로 인식하고 있었을 뿐, 보통약관 외에 특별약관이 따로 존재한다는 사실을 알지 못하고 있었고, 보통약관에 의하는 경우와 특별약관에 의하는 경우의 보험료의 차액이 근소하고 그 보험료는 자동차의 매수인이 부담하는 것이어서, 보험회사측에서 보험비용에 관한 자세한 안내와 설명을 하였다면 보험계약자가 보통약관에 의한 보험을 선택할 이유가 없었을 것으로 보이는 점 등에 비추어 보면, 비록 이 사건 보험계약의 보험료로 보통약관이 정한 금액만이 수수되었다 하더라도, 보상한도에 관하여는 약관의 내용과 별도로 확정판결에 의한 손해배상금 전액을 보험자가 보상하기로 하는 개별적 약정이 있었다는 것이다. 이 판결은 아래에서 객관적 해석의 문제를 다룰 때 다시 한 번 살펴본다.

다른 한편 대법원 2000. 1. 18. 선고 98다18506 판결은, 무효인 약관조항에 의거하여 계약이 체결되었다면, 그 후 상대방이 계약의 이행을 지체하는 과정에서 약관작성자로부터 채무의 이행을 독촉받고, 종전 약관에 따른 계약내용의 이행 및 약정내용을 재차 확인하는 취지의 각서를 작성하여 교부하였다 하여 무효인 약관의 조항이 유효한 것으로 된다거나, 위 각서의 내용을 새로운 개별약정으로 보아 약관의 유·무효와는 상관없이 위 각서에 따라 채무의 이행 및 원상회복의 범위 등이 정하여진다고 할 수 없다고 하였다.[28] 이 사건에서 대법원은 매매계약 가운데 매도인인 원고들의 귀책사유로 계약이 해제될 경우 매수인인 피고들은 이미 수취한 잔금의 원금만을 환급하고, 계약보증금은

---

28) 또한 대법원 1998. 12. 22. 선고 97다15715 판결(아래 Ⅳ. 2. 나. (4))도 참조할 것.

물론 지연손해금도 피고들에게 귀속하며, 피고들은 원고들로부터 이미 지급받은 잔금의 원금 중에서 지연손해금 및 제 세금을 공제한 나머지 대금을 원고들에게 반환한다고 규정하고 있는 조항이 약관규제법 제9조 제4호에 의하여 무효라고 판단하였다.

앞에서 본 것처럼 대법원 2008. 7. 10. 선고 2008다16950 판결은, 약관의 특정 조항이 개별적인 교섭을 거침으로써 개별약정이 되기 위하여는, 계약의 상대방이 그 특정 조항을 미리 마련한 당사자와 거의 대등한 지위에서 당해 특정 조항에 대하여 충분한 검토와 고려를 한 뒤 영향력을 행사함으로써 그 내용을 변경할 가능성은 있어야 한다고 하였으므로, 무효인 약관조항을 그대로 시인하는 각서를 썼다고 하여 그것이 약관과는 별개의 개별 약정이 된다고는 할 수 없을 것이다.

Ⅲ. 약관의 해석통제

1. 객관적 해석의 원칙

약관규제법 제5조 제1항은, 약관은 신의성실의 원칙에 따라 공정하게 해석되어야 하며 고객에 따라 다르게 해석되어서는 아니 된다고 규정하고 있다. 계약의 조항은 일반적으로 신의성실의 원칙에 따라 공정하게 해석되어야 하므로, 이것이 약관에 특유한 문제라고는 할 수 없다. 그러므로 약관의 해석으로서 중요한 것은 고객에 따라 다르게 해석되어서는 안 된다는 이른바 객관적·통일적 해석의 원칙이다.

판례는 보험약관에 관하여, 보통거래약관 및 보험제도의 특성에 비추어 볼 때 약관의 해석은 일반 법률행위와는 달리 개개 계약 당사자가 기도한 목적이나 의사를 기준으로 하지 않고, 평균적 고객의 이해가능성을 기준으로 하되 보험단체 전체의 이해관계를 고려하여 객관적 획일적으로 해석하여야 한다고 설명한다.[29)]

대법원 2012. 4. 12. 선고 2010다21849 판결은 약관의 객관적 해석에서 당

---

29) 대법원 1995. 5. 26. 선고 94다36704 판결 등.

사자들 사이의 개별적인 법률관계가 고려될 수 있는가 하는 문제를 다루고 있다. 이 사건에서는 오피스텔 분양자인 피고 회사가 원고들과 분양계약을 체결하면서, '계약 해제에 따른 원상회복으로 피고 회사가 이미 받은 분양대금을 반환할 경우 이자 지급을 배제한다'는 취지의 약관을 둔 다음, 은행으로부터 피고들 명의로 대출을 받아 중도금에 충당하면서 대신 대출이자를 납부하였는데, 그 후 분양계약이 해제되자 피고들이 이미 납부한 분양대금과 이에 대하여 민법 제548조 제2항에서 정한 이자의 반환을 구하였다.

원심은 위와 같이 이자 지급을 배제하는 약관 조항은 원칙적으로 무효이지만, 피고가 은행에게 이자 등을 납부하였으므로, 위 약관조항 중 피고가 위 대출금에 대한 이자를 납부한 기간에 대한 이자에 해당하는 부분은 피고의 지급의무가 배제된다고 하더라도 사업자의 원상회복의무를 부당하게 경감하는 결과가 된다고 볼 수 없다고 하였다. 그러나 대법원은, 보통거래약관의 내용은 개개 계약체결자의 의사나 구체적인 사정을 고려함이 없이 평균적 고객의 이해 가능성을 기준으로 하여 객관적, 획일적으로 해석하여야 한다고 하면서, 분양계약이 해제됨으로써 피고가 자신이 납부한 고객의 대출금 이자채무 상당액의 원상회복청구권을 취득한 후 고객의 피고에 대한 이자의 반환채권과 서로 상계하는 경우 등은 이 사건 약관조항에서 전혀 규정 내지 예정하지 아니한 별개의 법률관계이므로, 이러한 별개의 법률관계까지 고려하여 이 사건 약관조항이 일정한 대가관계에 따른 이자반환의무의 면책을 규정한 조항이라고 해석할 수는 없다고 하여 원심의 판단은 잘못이라고 보았다.

만일 위와 같은 대출이자 대납 약정이 약관에 포함되어 있었다면, 원심과 같은 판단도 반드시 불합리하다고 할 수는 없었을 것이다. 그러나 약관에 포함되지 않은 별개의 법률관계를 근거로 하여 당사자에 따라 약관의 효력을 달리 판단하는 것은 대법원의 판단과 같이 약관의 객관적 해석에 어긋난다고 하지 않을 수 없다.30)

객관적 해석은 주로 보험계약에서 많이 문제되었다. 대법원 2009. 5. 28. 선고 2009다9294, 9300 판결에서는 운전자상해보험계약에서 보험사고인 "자동차 운전중 사고"의 의미가 쟁점이었다. 이 사건의 피고는 보험회사인 원고와 "자동차 운전중 사고로" 다른 사람에게 피해를 입혔을 경우에 보험금을 지급

---

30) 이 판결과 아래에서 살펴볼 대법원 2008. 12. 16.자 2007마1328 결정(Ⅳ. 2. 가)을 대비하여 볼 필요가 있다.

받기로 하는 보험계약을 체결하였다. 그런데 피고의 작업 지시하에 어떤 인부가 이삿짐을 내리기 위하여 피고 소유 차량의 고가사다리 위에 설치된 적재함으로 올라가다 적재함이 뒤집히면서 9.8m 아래로 추락하여 사망한 것이 자동차운전 중 사고에 해당하는가가 문제되었는데, 원심은 자동차손해배상보장법이 규정하고 있는 "자동차의 운행" 개념에 따라서, 위 작업은 이 사건 차량 및 그 부착 장치를 예정된 사용목적에 따라 사용한 경우에 해당하므로 이 사건 사고는 이 사건 차량의 운전중에 발생한 사고에 해당한다고 보았다.

그러나 대법원은 객관적 해석의 원칙을 강조하면서, 도로교통법의 해석에 의하더라도 이삿짐 운반을 위해 장시간 주차한 화물차 사다리를 이용한 이삿짐 운반작업 도중에 발생한 사고는 운전중 사고에 해당하지 않는다는 점 등의 사정에 비추어 보면, 이 사건 차량의 운전과 관계없이 그 부착 장치를 이용한 작업 중 발생한 이 사건 사고는 보험사고의 범위에 들어간다고 해석하기는 어렵다고 보았다.

그런데 근래 한국에서는 약관의 해석에서도 일반적인 계약 해석의 원리가 적용되어야 하므로, 당사자들이 일치하여 어느 계약조항에 대하여 그것의 객관적 의미와는 다른 의미를 부여한 때에는, 그것이 비록 개별약정으로서의 성질을 갖지 못하더라도 그것은 그대로 효력을 가져야 한다는 주장도 제기되고 있다. 여기서는 객관적 해석을 약관해석의 범위 내에서 개별적 사안의 구체적 사정을 전혀 고려해서는 안 된다는 경직된 의미가 아니라, 당사자들의 공통적 의사가 확인될 수 없는 경우에 비로소 객관적으로 해석되어야 한다는 의미로 보고 있다.[31]

원래 객관적 해석의 원칙은 독일에서 유래한 것이기는 하지만, 독일 법에는 객관적 해석에 관한 명문 규정이 없어서 과연 객관적 해석을 약관 해석의 원칙으로 인정할 수 있을 것인가가 다투어지고 있다.[32] 그러나 우리나라의 약관규제법은 객관적 해석에 관한 명문 규정을 두고 있으므로, 해석에 의하여 이를 부정할 수는 없다. 위의 비판론이 제기하는 문제점은 그러한 경우에 약관과는 다른 개별약정이 있었다고 봄으로써 해결될 수 있을 것이다.[33]

앞에서 살펴본 대법원 2003. 7. 11. 선고 2001다6619 판결은, 보험계약자

31) 金鎭雨, "약관의 해석에 관한 일고찰", 財産法硏究 제28권 제3호, 2011, 179면 이하 참조,

32) Staudinger/Schlosser, Neubearbeitung 2006, §305c Rdnr. 126 ff. 참조.

33) Münchener Kommentar zum Bürgerlichen Gesetzbuch/Basedow, 6. Aufl., 2012, §305c Rdnr. 26 참조.

가 보통약관에 따른 보험료만을 지급하였음에도 불구하고 보험회사는 특별약관과 같이 법원의 확정판결에 의한 손해배상금 전액을 보험자가 보상하기로 하는 개별적 약정이 있다고 보았다. 판례는 그 주된 이유로서 계약 당사자들이 모두 이 사건 보험계약에 의하여 보험회사가 피보험자에게 확정판결에 의한 손해배상금 전액을 보상할 의무가 있는 것으로 인식하고 있었다는 점을 들고 있는데, 이 또한 그와 같은 취지로 이해될 수 있다.

그런데 대법원 2008. 12. 16.자 2007마1328 결정은, 편입통제와 해석통제 및 불공정성통제(내용통제)의 과정에서, 개별사안에 따른 당사자들의 구체적인 사정을 고려해야 한다고 보고 있다. 그러나 편입통제의 경우에 개별사안에 따른 당사자들의 구체적인 사정을 고려하여야 한다는 것은 당연하지만, 해석통제에서도 개별 사안에 따른 당사자들의 구체적인 사정을 고려하여야 한다는 것은 의문이다. 위와 같은 판시는 해석통제 아닌 편입통제에 관련된 부분에서 언급된 것이었고, 달리 위 사건에서 해석통제가 문제되지는 않았으므로, 위와 같은 판시는 방론에 불과한 것으로 보인다. 또한 위 판시 중 내용통제에 관한 부분도 의문이다(아래 Ⅳ. 1. 가. 참조).

2. 불명확조항의 해석

약관규제법 제5조 제2항은 "약관의 뜻이 명백하지 아니한 경우에는 고객에게 유리하게 해석되어야 한다"고 하여 고객 유리의 해석 원칙을 선언하고 있다. 이 원칙은 일반적으로는 작성자 불이익의 원칙(contra proferentem rule)이라고 불리고 있으나, 약관규제법의 문언에 따르면 고객유리의 해석원칙이라고 불러야 할 것이다. 이 원칙은 현재에는 주로 약관의 해석에 관하여 문제되지만,[34] 연혁적으로는 일반적인 계약 해석의 한 원칙이었고, 이론적으로도 이 원칙의 적용 범위를 반드시 약관의 해석에 국한할 이유는 없다.[35] 어쨌든 이 원칙이 주로 문제되는 것은 거의 대부분 약관의 경우이다. 이 원칙의 근거는 경

34) PECL Article 5.103; 中國 合同法 제41조; 臺灣 消費者保護法 제11조도 약관에 한정하여 작성자 불이익의 원칙을 규정하고 있다.

35) 尹眞秀, "契約 解釋의 方法에 관한 國際的 動向과 韓國法", 民法論攷 Ⅰ, 2007, 273면 이하(初出: 2005); 金鎭雨(주 31), 195면 등. PICC 2010, Art. 4.6도 계약 조항이 일방에 의하여 제공된 경우에는 약관이 아니더라도 이 원칙을 적용하도록 규정하고 있고, DCFR Ⅱ.- 8:103은 이 원칙을 개별적으로 교섭되지 않은 조항뿐만 아니라(제1항), 일방 당사자의 지배적인 영향 아래 채택된 조항에도 적용하고 있다(제2항).

제적인 관점에서 볼 때 계약 내지 약관을 작성한 자는 계약 내지 약관을 좀 더 작은 비용으로 명확하게 작성할 수 있으므로, 작성자 불이익의 원칙은 그로 하여금 계약이나 약관을 좀 더 명확하게 작성하도록 하는 유인을 제공하는 것이라는 점에서 찾을 수 있다.36)

위 원칙은 기본적으로 약관의 의미가 불명확한 경우에 비로소 적용될 수 있다. 판례는, 보험약관의 해석은 약관규제법 제5조 제1항에 의하여 신의성실의 원칙에 따라 당해 약관의 목적과 취지를 고려하여 공정하고 합리적으로 해석하되, 개개 계약 당사자가 기도한 목적이나 의사를 참작함이 없이 평균적 고객의 이해가능성을 기준으로 보험단체 전체의 이해관계를 고려하여 객관적·획일적으로 해석하여야 한다는 일반론을 전제로 하면서, 위와 같은 해석을 거친 후에도 약관 조항이 객관적으로 다의적으로 해석되고, 그 각각의 해석이 합리성이 있는 등 당해 약관의 뜻이 명백하지 아니한 경우에는 고객에게 유리하게 해석하여야 한다고 보고 있다.37) 따라서 당해 약관의 뜻이 명백한 경우에는 위 원칙이 적용될 여지가 없다.

판례상 위 원칙을 적용한 예는 매우 많다. 예컨대 대법원 1998. 10. 23. 선고 98다20752 판결에서는 신용보증기금의 신용보증약관 중 채권자가 채무자로부터 회수하여 우선 변제충당할 수 있는 '보증부대출 이외의 채권'38)의 개념이 문제되었다. 위 약관 제8조 제1항 본문은 "신용보증사고 발생 후의 회수대전은 채권자의 보증부대출 이외의 채권, 보증부대출채권의 순으로 충당할 수 있습니다"라고 규정하고 있고, 제2항은 "제1항의 '보증부대출 이외의 채권'이라 함은 채무자가 채권자에게 주된 채무자로서 부담하는 채무를 말하며 채무자가 제3자를 위하여 부담한 보증채무 및 어음상의 채무 등은 포함하지 아니합니다"라고 규정되어 있었다. 대법원은, 위 약관 제8조 제2항의 "채무자가 제3자를 위하여 부담한 보증채무 및 어음상의 채무 등"은 이를 "'채무자가 제3자를 위하여 부담한 보증채무', '어음상의 채무 등'"으로 해석할 수도 있는 반면에, 이를 "'채무자가 제3자를 위하여 부담한 보증채무', '채무자가 제3자를 위하여 부담

36) 尹眞秀(주 35), 241면; 尹眞秀·李東珍, "계약법의 법경제학", 金一仲·김두얼 편, 법경제학 이론과 응용, 2011, 213면 참조. Ayres, Ian and Robert Gertner, "Filling Gaps in Incomplete Contracts: An Economic Theory of Default Rules", 99 Yale L. J. 87(1989)는 이처럼 당사자가 원하지 않았을 결과를 부과하는 방식을 "Penalty Default Rule"이라고 부른다. 또한 金鎭雨(주 31), 194면; 崔竣圭, "보험계약의 해석과 작성자불이익의 원칙", BFL 제48호, 2011. 7, 45면 참조.

37) 대법원 2009. 5. 28. 선고 2008다81633 판결; 2010. 9. 30. 선고 2009다51318 판결 등.

38) 즉 신용보증기금이 보증하지 아니한 채권.

한 어음상의 채무 등'"으로 해석할 수 있는 여지가 있고 또한 그러한 해석이 무리라고 보여지지도 아니하며, 더구나 " … 어음상의 채무 '등'"이라고 함은 채무자가 제3자를 위하여 부담한 보증채무와 같은 종류의 것들이 더 있음을 나타내는 것으로 보여져, 위 규정의 " … 어음상의 채무"도 이를 "채무자가 제3자를 위하여 부담한 어음상의 채무"로 해석하는 것이 온당하다고 하면서, 결국 약관 제8조 제2항의 " … 어음상의 채무"라는 규정이 약관작성자인 피고의 의사와는 달리 위와 같이 해석될 수 있고, 따라서 약관 제8조 제2항은 그 뜻이 명백하지 아니한 경우에 해당하므로 작성자 불이익의 약관해석원칙에 따라 위 규정의 " … 어음상의 채무"는 위 약관의 작성자에게 불리하게, 고객인 원고에게 유리하게 이를 "채무자가 제3자를 위하여 부담한 어음상의 채무"로 해석하여야 한다고 판단하였다.

그리고 대법원 2011. 7. 28. 선고 2011다30147 판결에서는 보험계약에서 수술을 받은 때에 수술비를 지급하기로 하였는데, 갑상선장애에 대하여 고주파 절제술을 시술한 것이 수술에 해당하는가가 문제되었다. 고주파 절제술이란, 1~2㎜ 굵기의 바늘을 외부에서 목에 꽂아 종양 내에 삽입한 후, 고주파 영역에서 전류를 통하게 하여 발생하는 마찰열로 종양을 제거하는 시술방법을 말한다. 원심은, 일반적으로 수술이란 '피부나 점막, 기타의 조직을 의료 기계를 사용하여 자르거나 째거나 조작을 가하여 병을 고치는 일'을 말한다고 하여, 고주파절제술은 수술이 아니라고 하였다. 그러나 대법원은, 보험계약의 보험증권이나 보험약관에서는 수술비의 지급대상이 되는 수술을 의료 기계를 사용하여 신체의 일부를 절단하거나 절제하는 외과적 치료방법으로 제한하고 있지 아니하고, 원고는 갑상선 결절의 치료를 직접적인 목적으로 하여 외과적 치료방법을 대체하는 치료방법으로 고주파 절제술을 받은 것으로 보이며, 바늘을 종양 안에 삽입한 다음 고주파 영역에서 교차하는 전류를 통하게 하여 발생하는 마찰열로 종양세포을 괴사시키는 고주파 절제술도 넓은 의미의 수술에 포함될 여지가 충분히 있으므로, 고주파 절제술은 이 사건 보험계약 약관의 수술에 해당한다고 봄이 상당하고, 이러한 해석론이 약관 해석에 있어서의 작성자 불이익의 원칙에도 부합하는 것이라고 하였다.[39]

다른 한편 이러한 고객 유리의 원칙과는 다소 다른 의미에서 엄격해석의

39) 최근 온라인 게임 약관에 대하여 이 원칙을 적용한 흥미 있는 판결로는 대법원 2011. 8. 25. 선고 2009다79644 판결이 있다.

원칙이라는 것도 인정되고 있다. 대법원 2001. 3. 23. 선고 2000다71555 판결은, 법률행위는 당사자의 내심적 의사 여하에 관계없이 당사자가 그 표시행위에 부여한 객관적 의미를 합리적으로 해석하여야 하고, 특히 그 계약의 내용이 당사자 일방이 작성한 약관의 내용으로서 상대방의 법률상의 지위에 중대한 영향을 미치게 되는 경우에는 약관의 규제에 관한 법률 제6조 제1항, 제7조 제2호의 규정 취지에 비추어 더욱 엄격하게 해석하여야 한다고 보았다.[40] 그리하여 신용보증사고의 통지를 지연함으로써 채권보전에 장애를 초래한 경우에는 보증채무가 면책된다는 보증약관은, 피보험자가 신용보증사고의 통지기한 내에 통지를 하지 아니함으로 인하여 채권보전조치에 실질적인 장애를 초래한 경우에 한하여 면책된다는 취지로 해석하여야 하고, 피보험자가 통지기한 내에 통지를 하지 아니하였다고 하여 언제나 보험자의 채권보전에 장애가 초래되었다고 볼 수 없고, 비록 보험자가 통지기한 만료일까지 통지를 받지 못하였다 하더라도, 보험자가 통지를 받은 후 채권보전조치를 취할 수 있는 상당한 기간이 지난 후까지 아무런 조치도 취하지 아니한 경우에는 면책을 주장할 수 없다고 보아야 한다고 판시하였다.

이러한 엄격해석 또는 제한해석이 고객 유리의 해석에서 파생되는 것인가, 아니면 그와는 별개의 것인가에 관하여는 다소 논란이 있다.[41] 그러나 엄격해석은 약관뿐만 아니라 일반적인 계약에서도 인정되고 있고,[42] 논리적으로도 엄격해석은 약관이나 계약 조항의 작성자가 누구인지를 묻지 않는다는 점에서 양자는 구별될 수 있을 것이다. 대법원의 판례도 엄격해석의 근거를 약관규제법 제5조가 아닌 내용통제에 관한 제6조 제1항, 제7조 제2호에서 찾고 있다는 점에서, 엄격해석의 원칙을 고객 유리의 원칙과는 다른 것으로 본다고 이해될 수 있다.[43] 그렇지만 이 문제를 어떻게 보는가에 따라 실제로 중요한 차이가

---

40) 같은 취지, 대법원 2006. 9. 8. 선고 2006다24131 판결; 2011. 4. 28. 선고 2010다106337 판결 등.

41) 李銀榮, 約款規制法, 1994, 157면은 약관규제법은 축소해석의 원칙을 작성자 불이익 원칙의 파생원칙으로 이해하여 독자적 의미를 가지지 않는다는 전제 아래 별도의 규정을 두지 않는다고 하였다.

42) 尹眞秀(주 35), 271면 참조.

43) E. Allen Farnsworth, Contracts, 4th ed., 2004, §7. 11(p. 459)는 당사자들의 거래 과정은 공정한 거래를 초래하여야 하고, 따라서 합리적인 인간이 하였을 거래를 초래하는 해석과 그렇지 않은 해석 가운데에서는 전자가 우선해야 한다고 하면서, 이는 법원이 원래 불공정한 합의의 조항에 대하여 非良心性(unconscionability)의 법리에 근거한 결정이 더욱 솔직한 경우에 그 조항에 대하여 효력을 부여하는 것을 회피하기 위하여 사용한다고 한다. 또한 尹眞秀(주 35), 272면 참조.

있는 것은 아니다.[44)]

3. 약관의 해석과 내용통제의 관계

위와 같은 고객 유리의 해석 원칙이나 엄격해석의 원칙은 실제로는 약관이 제6조 이하의 규정에 의하여 무효로 되는 것을 방지하는 기능을 하고 있다. 가령 대법원 2009. 11. 13.자 2009마1482 결정은, 주택분양보증약관에 있는 전속적 관할합의에 관한 약관조항에서 정한 '상대방의 관할 영업점 소재지 법원'에 '상대방의 업무이관 등으로 인하여 변경된 관할 영업점 소재지 법원'도 포함되는가가 문제되었다. 원심은 이 또한 포함된다고 보면서, 이러한 약관 조항이 무효는 아니라고 보았다. 그러나 대법원은, 상대방의 내부적인 업무조정에 따라 위 약관조항에 의한 전속적 합의관할이 변경된다고 볼 경우에는 당사자 중 일방이 지정하는 법원에 관할권을 인정한다는 관할합의조항과 다를 바 없는 결과를 초래하게 되고, 사업자가 그 거래상의 지위를 남용하여 사업자의 영업소를 관할하는 지방법원을 전속적 관할로 하는 약관조항을 작성하여 고객과 계약을 체결함으로써 건전한 거래질서를 훼손하는 등 고객에게 부당하게 불이익을 주는 것으로서 무효인 약관조항이라고 볼 수밖에 없을 것이므로,[45)] 다른 특별한 사정이 없는 한 위 약관조항에서 말하는 '상대방의 관할 영업점 소재지 법원'은 위 주택분양보증계약이 체결될 당시 이를 관할하던 상대방의 영업점 소재지 법원을 의미하는 것으로 봄이 상당하다고 하였다.[46)]

이러한 대법원의 해석 방법은 계약의 해석에서 그것이 유효하게 되는 해석과 무효로 되는 해석이 있다면, 유효한 해석이 우선되어야 한다는 유효해석의 원칙에 터잡은 것이라고 할 수 있다.[47)] 그리고 유효해석의 근거는 契約 優好의 원칙(favor contractus)에서 찾을 수 있다.[48)]

---

44) 근래 독일에서는 제한해석의 원칙(Restriktionsprinzip) 내지 축소해석(einschränkende Auslegung)의 원칙이 불명확원칙 외에 별도의 독자적인 의미를 갖지 않는다는 견해도 유력하게 주장된다. Ulmer in Ulmer/Brandner/Hensen, §305c Rdnr. 100 등.

45) 아래 Ⅳ. 10에서 살펴볼 대법원 1998. 6. 29.자 98마863 결정 참조.

46) 또한 대법원 1996. 12. 10. 선고 94다56098 판결 참조.

47) 尹眞秀(주 35), 269-270면 참조. 또한 DCFR Ⅱ. - 8:106 참조.

48) 계약 우호의 원칙이란 가능한 한 계약을 보존함으로써 계약의 존재나 그 효력에 의문이 생기거나 계약이 조기에 종료하는 것을 되도록 제한하려는 원칙을 말한다. Schlechtriem/Schwentzer/Schmidt-Kessel, Kommentar zum Einheitlichen UN-Kaufrecht, 4. Aufl., 2004, Art. 8 Rdnr. 49는 법률행위 우호의 원칙은 첫째, 계약이 무효로 되는 것을 막고, 계약의 개별 부분이 무효인 경

그런데 근래 독일에서는 이와는 상반되는 이른바 고객 불리의 해석(kunden-feindliche Auslegung)이 주장되고 있다. 원래 이러한 해석 방법은 독일에서 인정되고 있는 단체소송(Verbandsprozess)[49]에서 발전되었던 것으로서, 이러한 경우에 고객에게 유리한 해석을 하는 것은 부당한 약관의 사용을 금지하려는 단체소송의 예방적 기능에 장애가 된다는 것이 그 근거였다.[50] 근래에는 이러한 해석 방법은 단체소송 아닌 개별 소송(Individualprozess)에서도 적용되어야 하고, 그럼에도 불구하고 문제의 조항이 무효로 되지 않을 때 비로소 고객에게 유리한 해석이 적용된다는 주장이 독일의 판례나 학설상 받아들여지고 있다.[51]

아래에서 살펴볼 대법원 2005. 2. 18. 선고 2003두3734 판결(아래 Ⅳ. 6.)에 관한 대법원 재판연구관의 해설은, 추상적 내용통제인 공정거래위원회의 시정명령 절차와 관련하여, 작성자 불이익 원칙의 적용은 약관해석의 원래의 기능에 따라 사업자가 불명확한 조항의 위험을 부담하는 역할에 한정하는 것이 바람직하므로, 고객에게 불리한 해석을 하여 약관을 무효로 한 후 임의법규로 보충하는 것이 건전한 거래질서 확립 및 소비자의 보호라는 약관법의 취지에 더 부합하는 것이라고 보고 있다.[52]

그러나 약관규제법 제5조 제2항이 명백하게 "약관의 뜻이 명백하지 아니한 경우에는 고객에게 유리하게 해석되어야 한다"고 규정하고 있으므로, 고객에게 불리하게 해석하여야 한다는 것은 약관규제법과는 정면으로 배치된다. 다른 한편 뒤에서 보는 것처럼 계약을 되도록 유효한 것으로 유지하려는 효력유지적 축소의 이론이 우리나라에서는 독일과는 달리 판례나 학설상 일반적으로 인정되고 있는 점에 비추어 보면, 위와 같은 독일의 이론이 한국에 쉽게 받아들여지기는 어려울 것이다.

우에는 이를 최소화하며, 둘째, 불합리한 해석의 결과를 막는데 이바지하고, 셋째, 당사자들은 개별 조항을 이유 없이 합의하지는 않았으리라는 추정을 가져온다고 한다.

49) 금지소송법(Unterlassungsklagengesetz, UKlaG) 제1조, 제3조가 규정하고 있는, 소비자 권익 보호를 위한 조직이나 단체 등이 무효인 약관의 사용을 금지하거나 사용 권유를 철회할 것을 청구하는 소송.

50) Ulmer in Ulmer/Brandner/Hensen, §305c Rdnr. 65, 66 참조.

51) MünchKomm/Basedow, §305c Rdnr. 19, 20.

52) 河宗大, 대법원판례해설 55호(2005 상반기), 2005, 333면.

Ⅳ. 약관의 내용통제[53)]

1. 약관규제법상 내용통제 일반론[54)]

약관규제법상의 내용통제는 우선 그것이 구체적인 분쟁을 전제로 하는가 아닌가에 따라 구체적 내용통제와 추상적 내용통제로 구분할 수 있다. 법원은 구체적인 분쟁이 있는 경우에 구체적인 내용통제의 임무를 수행한다. 반면 공정거래위원회는 구체적인 분쟁이 없는 경우에도 약관의 조항을 심사하여 그것이 부당할 때에는 약관조항의 삭제·수정 등 시정에 필요한 조치를 권고하거나 명할 수 있다(약관규제법 제17조의 2).

다른 한편 약관규제법은 제6조에서 일반적으로 불공정한 약관조항을 무효로 한다는 일반규정을 두고, 제7조에서 제14조까지는 개별적인 불공정한 약관조항을 금지하고 있다. 이러한 일반규정과 개별금지조항의 관계에 관하여는, 제7조에서 제14조까지의 개별적인 금지조항이 우선적으로 적용되고, 그러한 개별적인 금지조항이 적용되지 않는 경우에 보충적으로 제6조가 적용된다고 보아야 할 것이다.

그리고 약관규제법의 규정 가운데에는 '상당한 이유 없이'라든지 '부당하게 불리한' 등과 같이 불공정 여부에 관하여 법원이 평가를 하여야만 하는 경우가 있는 반면, 그러한 평가의 여지가 없이 무조건 무효로 보는 경우가 있다. 전자를 상대적 무효규정, 후자를 절대적 무효규정이라고 부른다. 약관규제법 제7조 제1호, 제9조 제1호 및 제13조는 절대적 무효규정이고, 나머지 규정들은 상대적 무효규정이다.

2. 일반규정(제6조)

가. 규정의 내용

제6조는 제1항에서 "신의성실의 원칙에 반하여 공정을 잃은 약관조항은

53) 2002년 상반기까지의 학설 및 판례에 대하여 좀 더 상세한 것은 尹眞秀, "約款의 內容統制", 民法論攷 Ⅲ, 2009, 161면 이하(初出: 2002) 참조.
54) 약관의 내용통제의 근거에 대하여는 김진우, "약관 내용통제의 정당화사유", 釜山大學校 法學研究 제53권 1호, 2012, 251면 이하 참조.

무효이다"라고 하여, 불공정성의 기본적인 판단근거가 신의성실의 원칙임을 밝히고 있다.[55] 대법원 1991. 12. 24. 선고 90다카23899 전원합의체 판결은, "약관의 내용통제원리로 작용하는 신의성실의 원칙은 보험약관이 보험사업자에 의하여 일방적으로 작성되고 보험계약자로서는 그 구체적 조항내용을 검토하거나 확인할 충분한 기회가 없이 보험계약을 체결하게 되는 계약성립의 과정에 비추어, 약관작성자는 계약상대방의 정당한 이익과 합리적인 기대 즉 보험의 손해전보에 대한 합리적인 신뢰에 반하지 않고 형평에 맞게끔 약관조항을 작성하여야 한다는 행위원칙을 가리키는 것"이라고 설시하고 있다.

그리고 제2항에서 이를 좀 더 구체화하여, 다음과 같은 경우는 불공정한 것으로 추정하고 있다.

첫째, 고객에 대하여 부당하게 불리한 조항(제1호).[56]

둘째, 고객이 계약의 거래형태 등 제반 사정에 비추어 예상하기 어려운 조항(제2호).

셋째, 계약의 목적을 달성할 수 없을 정도로 계약에 따르는 본질적 권리를 제한하는 조항(제3호).[57]

그런데 제2항의 규정에 대하여는 입법론적인 비판이 제기되고 있다.

첫째, 제1호의 "고객에 대하여 부당하게 불리한 조항"이라는 의미가 불분명하다는 것이다. 그리하여 이를 '임의법규의 근본취지에 반하는 조항'으로 구체화시킬 필요가 있다고 한다.[58]

둘째, 제2호와 같이 예상하기 어려운 의외조항을 무효로 하는 것보다는 독일과 같이 편입통제의 방법에 의하여 이러한 조항을 계약의 내용으로 편입시키지 않는 것이 타당하다고 한다.[59]

위와 같이 약관의 무효 여부를 판단함에 있어서는 문제되는 조항만을 따

55) 臺灣 消費者保護法 제12조 제1항도 이와 같다.

56) 대법원 2008. 12. 16.자 2007마1328 결정은, 사업자와 고객 사이에서 사업자의 영업소를 관할하는 지방법원으로 전속적 관할합의를 하는 내용의 약관조항이 고객에 대하여 부당하게 불리하다는 이유로 무효라고 보기 위해서는 그 약관조항이 고객에게 다소 불이익하다는 점만으로는 부족하고, 사업자가 그 거래상의 지위를 남용하여 이러한 약관조항을 작성·사용함으로써 건전한 거래질서를 훼손하는 등 고객에게 부당하게 불이익을 주었다는 점이 인정되어야 한다고 판시하였다.

57) 臺灣 消費者保護法 제12조 제2항 제3호도 이와 같다.

58) 張敬煥, "약관의 불공정성 판단", 權五乘 편, 公正去來法講義 Ⅱ, 2000, 502면. 臺灣 消費者保護法 제12조 제2항 제2호도 이와 같이 규정하고 있다.

59) 張敬煥(주 58), 502-504면.

로 떼어서 볼 것이 아니라 전체 약관내용을 종합적으로 고찰한 후에 판단하여야 하고, 그 약관이 사용되는 거래분야의 통상적인 거래관행, 거래대상인 상품이나 용역의 특성 등을 함께 고려하여 판단하여야 한다.[60] 그렇지만 개별적이고 구체적인 당해 계약 당사자들의 사정을 고려하여서는 안 되고, 객관적이고 일반적, 평균적인 고객과 사업자의 관계를 기준으로 하여 판단하여야 할 것이다.[61]

그런데 대법원 2008. 12. 16.자 2007마1328 결정은, 전속적 관할합의 약관조항이 고객에게 부당한 불이익을 주는 행위인지 여부는, 그 약관조항에 의하여 고객에게 생길 수 있는 불이익의 내용과 불이익 발생의 개연성, 당사자들 사이의 거래과정에 미치는 영향, 관계 법령의 규정 등 제반 사정을 종합하여 판단하여야 한다고 보았다. 이러한 판시 자체는 문제가 없으나, 이 결정은 그 앞부분에서는 불공정성통제(내용통제)의 경우에도 개별사안에 따른 당사자들의 구체적인 사정을 고려해야 한다고 하면서, 당해 사안에서는 계약 당사자들의 구체적인 사정을 고려하여 위 관할 합의가 무효가 아니라고 하였다. 그러나 이러한 판시는 문제가 있다. 위 판례대로라면 동일한 약관조항의 효력이 고객에 따라 다르게 판단될 수 있어서 약관의 객관적 해석 원칙에 어긋나기 때문이다.[62] 다만 약관규제법상으로는 유효하다고 하더라도 계약 당사자의 구체적인 사정에 따라서는 무효가 될 수 있다는 것이 배제되는 것은 아니다.

나. 제6조에 관한 중요 판례

(1) 무면허운전면책약관에 관한 판결

대법원 1991. 12. 24. 선고 90다카23899 전원합의체 판결의 다수의견은, 자동차 책임보험의 약관에 "자동차의 운전자가 무면허운전을 하였을 때에 생긴 사고로 인한 손해를 보상하지 않는다고 한 규정"이 유효한가에 관하여, 위 무면허운전면책조항이 절취운전 등과 같이 보험계약자나 피보험자의 지배 또는 관리가능성이 없는 무면허운전의 경우에까지 적용된다고 보는 경우에는 그 조항은 신의성실의 원칙에 반하여 공정을 잃은 조항으로서 약관규제법 제6조,

60) 대법원 2010. 10. 14. 선고 2008두23184 판결.

61) Staudinger/Coester, §307 Rdnr. 109; Fuchs in Ulmer/Brandner/Hensen, §307 Rdnr. 109; MünchKomm/Basedow, §307 Rdnr. 110 등 참조.

62) 위 대법원 2012. 4. 12. 선고 2010다21849 판결(Ⅲ. 1) 참조. 그러나 金時徹, "개별약정에 의한 관할합의의 허용범위와 법원이 관할합의 약관조항에 대하여 행하는 구체적 내용통제의 특성", 대법원판례해설 77호(2008 하반기), 2009, 393-394면은 위 2007마1328 결정의 결론에 별다른 문제가 없다는 취지이다.

제7조 제2, 3호의 각 규정에 비추어 무효라고 볼 수밖에 없다고 하면서, 이러한 경우에는 위 무면허운전면책조항은 위와 같은 무효의 경우를 제외하고 무면허운전이 보험계약자나 피보험자의 지배 또는 관리가능한 상황에서 이루어진 경우에 한하여 적용되는 조항으로 수정해석을 하여야 한다고 하였다.

여기서 대법원은 위와 같은 무면허운전면책약관이 무효로 되는 근거로서 약관규제법 제7조 제2, 3호도 들고 있다. 그러나 제7조 제3호는 담보책임의 배제 또는 제한에 관한 것으로서 보험자의 보험금 지급책임과는 관계가 없는 것이다. 또 제7조 제2호 중에서 "사업자가 부담하여야 할 위험을 고객에게 이전시키는 조항"이라 함은 이행불능의 경우에 급부의 위험이나 대가위험을 말하는 것으로서, 보험회사가 인수하는 위험을 의미하는 것은 아니다.[63] 그러므로 이 판결이 무면허면책조항을 무효로 본 근거는 결국 고객에게 부당하게 불리한 것으로서 불공정한 계약은 무효라는 약관규제법 제6조에서 찾아야 할 것이다.

그러나 이 판결이 이 문제를 약관규제법에 의하여 해결할 수밖에 없었는가에 관하여는 의문이 있다. 즉 위 전원합의체 판결에서 별개의견을 낸 김용준 대법관은, 당시의 상법 제653조는 "보험기간중에 보험계약자, 피보험자 또는 보험수익자의 고의 또는 중대한 과실로 인하여 사고발생의 위험이 현저하게 변경 또는 증가된 때에는 보험자는 계약을 해지할 수 있다"고 규정하고 있었고, 상법 제663조는 이 규정을 피보험자나 보험수익자의 불이익으로 변경하지 못한다고 규정하고 있으므로 위 무면허면책약관은 이 때문에 무효라고 한다. 상법학자들 사이에서는 이러한 별개의견을 지지하는 견해가 많다.[64]

(2) 자동차종합보험의 업무상 재해 면책약관

대법원 2005. 3. 17. 선고 2003다2802 전원합의체 판결은, 업무상 자동차종합보험약관 중 대인배상 Ⅱ에서 "배상책임 있는 피보험자의 피용자로서 산재보험법에 의한 재해보상을 받을 수 있는 사람에 대하여는 보상하지 아니한다"는 면책조항은 산재보험에 의한 전보가 가능한 범위에서는 자동차보험의

63) 梁彰洙, "自動車保險約款의 無免許運轉免責條項에 대한 內容統制", 俓史李會昌先生 華甲紀念 法과 正義, 1995, 739-740면; 孫智烈, 民法注解 XII, 1997, 365면 등 참조. 대법원 2001. 3. 23. 선고 2000다11560 판결도 보증보험의 경우에 보험자가 책임을 면하는 약관은 담보책임에 관한 것이 아니므로 약관규제법 제7조 제3호가 적용될 수 없다고 한다.

64) 상세한 문헌의 소개는 李宙興, "책임보험에서의 無免許運轉免責約款條項의 效力", 金容俊憲法裁判所長 華甲紀念 재판의 한 길, 1998, 570면 주) 5 이하 참조. 또한 比較法實務硏究會 편, 判例實務硏究 Ⅱ, 1998, 766면(尹眞秀 발언)도 같은 취지이다.

대인배상 범위에서 이를 제외하려는 데 있는 것으로 해석함이 상당하고, 그렇지 아니하고 업무상 자동차사고에 의한 피해 근로자의 손해가 산재보험법에 의한 보상범위를 넘어서는 경우에도 위 면책조항에 의하여 보험자가 면책된다면, 자동차보험의 피보험자인 사업주의 피해 근로자에 대한 손해배상책임이 남아 있음에도 불구하고 보험자의 면책을 인정하여 피보험자에게 실질적으로 손해배상책임을 부담하게 하는 것이 되는데, 이는 약관규제법 제6조 제1항, 제2항 제1호 및 제7조 제2호에 의하여 효력이 없다고 하면서, 이에 어긋나는 대법원 1993. 11. 9. 선고 93다23107 판결 및 대법원 1997. 4. 25 선고 97다4746 판결을 변경하였다.

위 판결에 대하여는 반대하는 견해가 전혀 없지는 않지만,[65] 대체로는 이 판결에 찬성하고 있다.[66] 기본적으로 업무상 재해로서의 자동차사고가 통상의 자동차사고보다 사고발생의 확률 면과 손해의 정도 면에서 좀 더 위험하다고 볼 만한 근거가 없으므로, 보험료를 지급받는 보험회사 입장에서 특별히 업무상 재해의 경우에만 이를 보험사고에서 제외할 근거는 없다. 다만 위 판결이 위 약관이 무효라는 근거로서 약관규제법 제6조 외에 제7조 제2호를 들고 있는 것은 앞의 판결과 마찬가지로 문제가 있다.

(3) 종합통장자동대출에 대한 신용보증에서 신용보증서 발급일로부터 60일 이내에 최초 건별 대출의 실행을 요구하는 약관조항의 효력

대법원 2010. 10. 28. 선고 2008다83196 판결은, 위와 같은 약관조항은 고객에 대하여 부당하게 불리한 것으로 신의성실의 원칙에 반하여 공정을 잃은 조항에 해당하여 무효라고 하였다. 대법원은 그 이유로서, 종합통장자동대출 방식의 대출에서는 금융기관은 그 대출구조상 채무자에게 건별 대출의 실행을 강요할 수단이 없는데, 위 약관조항에 따르게 되면 금융기관으로서는 기업이 언제 첫 대출을 받는가라는 외부적인 사정에 따라 인적담보를 상실하는 불측의 손해를 입게 될 위험을 부담하게 되고, 이러한 손해의 발생을 피하기 위하여 금융기관으로서는 신용보증서 발급일로부터 60일 이내에 최초 건별 대출이 실행되었는지 여부를 일일이 조사한 후 그 실행이 없었으면 종합통장자동대출약정을 정지

65) 梁承圭, "자동차보험약관 중 '산재사고' 면책조항의 효력", 損害保險 제437호, 2005, 36면 이하.

66) 朴世敏, "自動車保險約款 중 被傭者災害免責條項에 관한 考察", 法曹 2005. 10, 47면 이하 등 참조.

시키는 방법밖에 없는데, 금융기관과 채무자 사이의 당초의 종합통장자동대출약정에서 그 약정을 정지시킬 수 있다는 특약을 하지 아니하는 한 금융기관이 일방적으로 이러한 조치를 취할 수는 없고, 가사 그러한 특약이 있다고 하더라도 일일이 최초 건별 대출의 실행일자를 파악하여 그와 같은 조치를 취한다는 것은 금융기관에게 상당한 부담이 될 것임이 명백하다고 하는 점을 들었다.

(4) 저당권 설정비용 부담조항

앞에서 본 것처럼(위 Ⅱ. 1), 근래 은행거래계약에서 대출의 담보를 위하여 필요한 저당권 설정비용을 고객이 부담하게 하는 조항이 불공정한 것으로서 무효인가가 문제되고 있다. 위 대법원 2010. 10. 14. 선고 2008두23184 판결의 환송 후 원심인 서울고등법원 2011. 4. 6. 선고 2010누35571 판결은, 위와 같은 조항은 대출거래에서 우월한 지위에 있는 은행이 그 지위를 이용하여 대출 관련 부대비용 중 은행이 부담하여야 할 비용까지 고객으로 하여금 부담하게 하거나 가산금리를 적용하는 방법 등으로 사실상 이를 고객에게 전가시킬 수 있도록 한 것이어서, 고객에게 부당하게 불리한 불공정 약관조항이라고 하였다.

그러나 은행과 거래하였던 고객들이 그 비용의 반환을 청구하는 민사소송에서 서울중앙지방법원은, 위 조항이 약관에 해당한다고 하더라도 이것이 신의성실의 원칙에 반하여 공정을 잃은 약관조항이라고는 할 수 없다고 보았다.[67)]

위 사건에는 여러 가지 쟁점이 있으나, 기본적으로 소비대차 계약에서 담보 설정을 위한 비용을 대주가 부담하는 것이 원칙인가, 아니면 차주가 부담하는 것이 원칙인가에서 출발하여야 한다. 그런데 대법원 1962. 2. 15. 선고 4294민상291 판결은, "저당권 설정등기에 있어서 당사자 간에 특별한 약정이 없는 한 그 비용은 채무자가 부담함이 거래상 원칙이라 할 것"이라고 판시하였다. 이론적으로 보더라도 이는 채무자인 차주가 부담하는 것이 타당하다.[68)] 가령 이를 대주인 금융기관이 부담하도록 하더라도, 금융기관은 차주로부터 받게 될

67) 서울중앙지방법원 2012. 12. 6. 선고 2011가합100645 판결; 2012. 12. 6. 선고 2012가합31685 판결. 이 판결이 앞에서 위와 같은 조항이 불공정하다고 한 서울고등법원 2011. 4. 6. 선고 2010누35571 판결과는 상충되지 않는가가 문제되는데, 서울중앙지방법원은 표준약관에 관한 구 약관규제법 제19조의 2에서 말하는 '불공정 약관조항'과 제6조 제1항의 '신의성실에 반하여 공정을 잃은 약관조항'이 동일한 개념이라고 선뜻 인정할 수 없다고 하였다.

68) 프랑스 민법 제2438조는 반대의 특약이 없는 한 저당권등기자가 지출한 등기비용선급금은 채무자의 부담으로 한다고 규정하고 있다.

이자 등에 그 담보 설정을 위한 비용을 포함시켜 결국 차주에게 전가하게 될 것이기 때문이다. 그러므로 담보 설정을 위한 비용을 차주인 고객에게 부담시킨다는 약관 조항이 불공정한 것이라고는 할 수 없다.[69)70)]

(5) 의외조항의 무효

대법원 1998. 12. 22. 선고 97다15715 판결은, 상가분양계약서에 기재된 “기부채납에 대한 부가가치세액은 별도”라는 규정이 약관규제법 제6조 제2항 제2호에 해당하여 무효라고 하였다. 이 사건에서 피고는 지하도 겸 지하상가를 건설하여 인천시에 기부채납하고 19년 6월 동안 위 상가를 무상으로 사용할 수 있는 권한을 취득하여 이를 원고 등 여러 사람에게 분양하여 주었는데, 그 분양계약서에 위와 같은 약관조항을 넣었고, 그에 의거하여 위 기부채납에 따른 부가가치세 중 원고가 분양받은 부분에 상응하는 금액을 납부할 의무가 있다고 주장하였다.

이에 대하여 원심 판결은, 피고가 이 사건 상가를 기부채납하고 그 대가로 무상사용권을 부여받은 행위가 부가가치세법상의 ‘재화의 공급’에 해당되어 부가가치세가 부과된다는 것은 일반인은 잘 알지 못하고, 부과가 된다고 하더라도 그 액수가 얼마인지 미리 알기도 어려우며, 특히 수분양자들이 임대분양계약서에서 정한 임대보증금을 납부할 당시 부가가치세가 포함된 금액을 공급가액과 구분하여 납부하였으므로, 위 약정 당시 기부채납에 따른 부가가치세를 위 부가가치세와 혼동할 우려가 있음에도 불구하고 피고측에서 이 점에 관한 명백한 고지나 설명이 없었다는 점 등을 이유로, 위 계약서 기부채납에 대한 부가가치세 부담에 관한 부분은 위 법률 제6조 제2항 제2호 소정의 “고객이 계약의 거래 형태 등 제반 사정에 비추어 예상하기 어려운 조항”에 해당하여 공정을 잃은 것으로 추정되므로, 위 법률 제6조 제1항에 의하여 무효라고 할 것이고, 따라서 원고의 위 주장은 이유 있다고 판시하였고, 대법원도 이러한 원심의 판단이 정당하다고 하였다. 위 판결은 또한, 원고가 기부채납에 대한 부가가치세액을 납부하기로 한다는 취지의 확약서를 다시 작성한 것이 무효행

69) 지원림, “근저당권 설정비용의 부담자”, 고려법학 제66호, 2012, 133면 이하; 黃南奭, “근저당권설정비용의 부담주체에 관한 고찰”, *法曹* 2012. 8, 5면 이하 등 참조.

70) 그런데 독일연방대법원 제11민사부가 2012. 5. 8. 선고한 두 판결(사건번호 XI ZR 61/11 및 XI ZR 437/11, NJW 2012, 2342)은 담보 설정 비용을 차주가 부담하도록 하고 있던 독일의 저축은행과 은행의 약관이 모두 불공정한 것으로서 무효라고 하였다. 이에 대하여는 유주선, “독일의 저당권 설정비용에 관한 논의”, 최신외국법제정보 2012년 제6호, 44면 이하 참조. 그러나 이러한 독일의 판례를 우리나라에서도 받아들일 수 있는지는 의문이다. 독일에서도 위 판결이 있기 전까지는 학설이나 판례가 모두 위와 같은 약관을 유효한 것으로 보고 있었다.

위를 추인한 것이라는 피고의 주장에 대하여는, 무효인 법률행위를 추인에 의하여 새로운 법률행위로 보기 위하여는 당사자가 이전의 법률행위가 무효임을 알고 그 행위에 대하여 추인하여야 하는 것이라고 하여 이 주장을 배척하였다.

3. 면책조항의 금지(제7조)

약관규제법 제7조는 약관사용자인 사업자의 책임을 제한하거나 배제하는 조항을 일정한 범위에서 무효로 하고 있다.

가. 고의 또는 중과실에 대한 면책특약의 무효(제1호)

약관규제법 제7조 제1호는 사업자, 이행보조자 또는 피용자의 고의 또는 중대한 과실로 인한 법률상의 책임을 배제하는 조항을 무효로 하고 있다. 민법상 채무자 자신의 고의에 대한 면책특약이 공서양속(민 103조)에 위반하여 무효라는 점에 대하여는 이견이 없지만, 채무자 자신에게 중대한 과실이 있는 경우나, 채무자 아닌 이행보조자 등의 고의 또는 과실에 대한 면책특약의 효력에 관하여는 논란이 있다. 그러나 약관규제법은 채무자인 사업자뿐만 아니라 이행보조자나 피용자의 고의 또는 중대한 과실에 대한 면책특약을 무효로 규정하고 있고, 이는 이른바 절대적 무효조항이다. 그러나 책임의 배제만을 무효로 하고 있으므로 책임의 제한은 인정될 여지가 있다.

대법원 1996. 5. 14. 선고 94다2169 판결은, "고객은 현금 및 귀중품을 되도록 금융기관에 예치하고 부득이한 경우에는 고정금고 또는 옮기기 힘든 대형금고 속에 보관하여야 하며 이를 준수하지 아니하여 발생한 사고에 대하여는 용역경비업자가 책임을 지지 않는다"는 용역경비계약의 면책약관은, 피고의 고의, 중과실로 인한 경우까지 적용된다고 본다면 약관규제법 제7조 제1호에 위반되어 무효라고 볼 수밖에 없기 때문에, 그 외의 경우에 한하여 피고의 면책을 정한 규정이라고 해석하는 한도 내에서만 유효하다고 수정 해석하여야 한다고 판시하였다.[71] 위 판례는 아래에서 살펴볼 이른바 효력유지적 축소를 인정한 것이다.

---

71) 같은 취지, 대법원 1995. 12. 12. 선고 95다11344 판결; 1997. 2. 25. 선고 96다37589 판결.

나. 손해배상범위의 제한 또는 위험의 이전(제2호)

상당한 이유 없이 사업자의 손해배상범위를 제한하거나 사업자가 부담하여야 할 위험을 고객에게 이전시키는 조항은 무효이다.

여기서 우선 문제되는 것은 상당한 이유의 유무인데, 그 유무는 계약의 목적, 거래관행, 배상액 제한의 내용, 배상범위를 제한하는 이유 등을 종합적으로 참작하여 결정된다. 실제로는 주로 가격 할인과 관련하여 문제가 되는데, 일반적으로는 고객이 가격표에 의하여 여러 가지 가능성(전액배상 또는 일부배상) 중에서 한 가지를 선택한 경우나, 운송약관에서 손해배상의 범위를 일정액으로 제한하는 대신에 통상의 운임보다 특별히 싼 운임을 지급하기로 하는 경우에는 상당한 이유가 있지만, 가격할인이 언제나 상당한 이유가 되지는 않으며, 특정조항이 단지 가격이 저렴하다는 이유로 상당성을 인정받기 위하여는 고객의 가격상의 이익이 그 조항으로 인한 권리상실을 보상한다는 관계의 존재가 실제로 증명되어야 한다고 설명한다.[72)]

대법원 2005. 2. 18. 선고 2003두3734 판결은, 상가를 분양하는 회사의 임대분양 약관에서 분양자가 천재지변 또는 이에 상응하는 부득이한 사유로 인하여 지정한 날짜에 계약상의 개점이 어려울 경우, 분양자는 분양받은 자에게 사전통보하고 이때 분양받은 자는 이로 인한 이의를 제기하지 않는다고 규정한 것은, 상당한 이유 없이 사업자의 손해배상범위를 제한하거나 사업자가 부담하여야 할 위험을 고객에게 이전시키는 조항이라고 하였다.

판례 가운데 제7조 제2호의 적용이 문제된 것은 주로 보험계약에서 보험자가 어느 범위의 사고를 보험사고로서 부담할 것인가에 관해서였다.[73)] 그러나 제7조 제2호에서 말하는 위험이 보험사고의 대상으로서의 위험을 말하는 것은 아니므로 이러한 논리에는 문제가 있고, 이러한 문제는 제6조의 적용이나 아니면 보험법 자체의 규정에 의하여 해결되어야 할 것이다.[74)]

다. 담보책임의 배제 또는 제한 등(제3호, 제4호)

제7조 제3호는 “상당한 이유 없이 사업자의 담보책임을 배제 또는 제한하

72) 孫智烈(주 63), 364면 등 참조.
73) 위 대법원 1991. 12. 24. 선고 90다카23899 전원합의체 판결; 1998. 6. 23. 선고 98다14191 판결 등.
74) 위 Ⅲ. 2. 가. 참조.

거나 그 담보책임에 따르는 고객의 권리행사의 요건을 가중하는 조항"을 무효로 하고 있고, 제4호는 "상당한 이유 없이 계약목적물에 관하여 견본이 제시되거나 품질·성능 등에 관한 표시가 있는 경우 그 보장된 내용에 대한 책임을 배제 또는 제한하는 조항"을 무효로 하고 있다. 민법 제584조는 매도인의 담보책임을 면제하는 특약을 한 경우에도 매도인이 알고 고지하지 아니한 사실 및 제3자에게 권리를 설정 또는 양도한 행위에 대하여는 책임을 면하지 못한다고 규정하고 있고, 제672조는 수급인의 담보책임을 면제하는 특약이 있었어도 수급인이 알고 고지하지 아니한 사실에 대하여는 그 책임을 면하지 못한다고 규정하고 있는데, 제3호는 이를 넘어서서 담보책임 면제 또는 제한의 효력을 제한하고 있는 것이다. 그리고 제4호는 견본이나 보장된 내용과 다른 급부를 제공한 경우, 그 사업자의 악성이 높다고 보아, 보장된 내용에 대한 책임을 배제 또는 제한하는 조항을 무효로 하고 있다.

대법원 1996. 12. 10. 선고 94다56098 판결에서는 아파트분양계약에 기재된 "공유대지에 관한 지분소유권이전등기는 피분양자가 분양가격을 완납하고 공부 정리가 완료된 후에 이행하되, 위치를 지정 또는 할당(구획표시)하지 아니하고 공유대지에 대한 공부 정리 결과 공유대지의 증가나 감소가 있을 경우 이에 대한 상당 금액을 서로 청구하지 않기로 한다"는 조항의 효력이 문제되었다. 원심은 이 조항이 무효라고 하였으나, 대법원은 위 계약조항에서 '공유대지에 대한 공부 정리 결과 공유대지의 증가나 감소가 있을 경우'라 함은 바로 분양계약 당시 계획된 아파트 단지의 대지에 대하여 위와 같은 순수한 지적공부 정리 결과 객관적으로 불가피하게 발생하는 증감만을 뜻하는 것으로 해석하여야 할 것이고, 이와 같이 해석하는 한 위 면책조항이 형평의 원칙이나 신의칙에 반한 것이어서 무효라고 할 수는 없다고 판시하였다. 이 판결은 위 면책조항의 적용을 약관규제법 제7조 제3호가 아니라 약관규제법 제5조 등에 의한 약관의 해석에 의하여 좁힌 것이라고 할 수 있다.

4. 과중한 손해배상액의 예정약관의 무효(제8조)

약관규제법 제8조는 "고객에 대하여 부당하게 과중한 지연손해금등의 손해배상의무를 부담시키는 약관조항"을 무효로 하고 있다. 원래 민법 제398조 제2항은 "손해배상의 예정액이 부당히 과다한 경우에는 법원은 적당히 감액할 수 있다"고 규정하고 있다. 그러므로 약관규제법 제8조와 민법 제398조 제2항은 그 기본 목적이 동일하다고 할 수 있다. 그러나 약관규제법 제8조는 민법과는 달리 법원이 감액할 수 있다는 규정을 두지 않고 있고, 이 때문에 양자 사이의 관계를 어떻게 이해할 것인지가 문제된다.

여기서 "부당하게 과중"하다고 함은 손해배상의 예정이 경제적 약자의 지위에 있는 고객에게 부당한 압박을 가하여 공정을 잃는 결과를 초래한다고 인정되는 경우를 말하고, 그 판단에 있어서는 채권자와 채무자의 경제적 지위, 계약의 목적과 내용, 손해배상액을 예정한 경위(동기), 채무액에 대한 예정액의 비율, 예상손해액의 크기, 그 당시의 거래관행과 경제상태 등을 두루 참작하여야 한다.[75] 주로 문제된 것은 계약보증금 등이 채무불이행시 일방에게 귀속된다고 한 약관의 효력에 관한 것이었다.

대법원 1994. 5. 10. 선고 93다30082 판결은, 피고인 한국토지개발공사가 택지분양공고를 하면서 그 분양공고에서 "당첨후 지정기한내에 계약을 체결하지 않는 경우에는 당첨을 무효로 하며 분양신청금은 이 공사에 귀속됩니다"라는 조항을 둔 경우에, 위 조항은 약관규제법 제6조 및 제8조에 의하여 무효라고 하였다. 이 사건에서는 분양신청금이 분양용지의 공급가액의 10%였다.[76]

반면 대법원 1997. 3. 28. 선고 95다48117 판결은 이와 거의 유사한 분양신청금 귀속조항을 유효라고 하였는데, 이 사건에서는 분양신청금이 입찰금액의 5%였다.

이처럼 계약보증금 등의 귀속약관이 부당하게 과중하여 무효인가에 관하여 판례는 반드시 일관된 모습을 보이지 않고 있다. 물론 개별적인 사정, 예컨대 보증금이 전체 대금의 몇 %인가, 당사자가 입는 손해가 어느 정도인가 하는 사정에 따라 달라질 수도 있지만, 근래의 판례는 이를 무효라고 보는데 신중을 기하고 있다는 느낌이 든다.

그리고 대법원 2000. 12. 8. 선고 99다53483 판결에서는 이른바 차액보증금 약관의 효력이 문제되었다. 여기서는 원고가 건설공사의 입찰을 실시하면서 공사계약 일반조건이라는 약관을 붙였는데, 이 약관에 의하면 수급인이 예정가격의 100분의 85 미만으로 낙찰받으면 낙찰금액과 예정가격의 차액(차액보증금)을 현금으로 위 계약보증금과 함께 납부하여야 하고, 차액보증금을 피고인 건

75) 孫智烈(주 63), 371면.

76) 대법원 1996. 9. 10. 선고 96다19758 판결도 동일한 약관조항에 관하여 거의 같은 취지이다.

설공제조합 등이 발행하는 보증서로 납부하고자 하는 경우에는 위 차액의 2배를 납부하여야 하며, 수급인이 계약상의 의무를 이행하지 아니할 때에는 계약보증금과 차액보증금은 원고에게 귀속하는 것으로 하였다.

대법원은 위와 같은 차액보증금 약관 조항 자체는 유효하다고 하였다. 그러나 차액보증금을 현금으로 납부하였든 보증서로 납부하였든 간에 수급인의 채무 불이행으로 인한 원고의 손해는 똑같음에도 불구하고, 차액보증금을 보증서로 납부하는 경우에는 현금으로 납부하는 경우보다 2배나 납부하게 하고 수급인이 계약상의 의무를 이행하지 아니할 때에는 현금으로 납부한 경우보다 2배나 되는 금액을 원고에게 귀속시킬 합리적인 이유가 없는 점, 위 약관상 차액보증금과는 별도로 수급인의 채무 불이행으로 인한 손해배상의 예정으로서 낙찰금액의 10%에 상당하는 계약보증금을 수급인으로 하여금 납부하게 하고 있는 점 등에 비추어 보면, 차액보증금의 귀속에 관한 부분은 약관법 제8조의 "고객에 대하여 부당하게 과중한 손해배상의무를 부담시키는 약관조항" 또는 제6조 제2항 제1호의 "고객에 대하여 부당하게 불리한 조항"으로서 무효라고 판시하였다.

이처럼 손해배상의무의 예정이 부당하게 과다한 경우에 법원이 그 예정액을 감액할 수 있는가가 문제되는데, 대법원은 이를 부정하고 있다. 이는 이른바 효력유지적 축소의 문제인데, 아래에서 다시 살펴본다(아래 Ⅴ. 3. 참조).

5. 계약의 해제 및 해지(제9조)

약관규제법 제9조는 계약의 해제 · 해지에 관한 약관의 무효에 관한 것이다. 그 중 제1호에서 제3호까지는 해제, 해지의 사유와 행사방법에 관한 것이고, 제4, 5호는 해제, 해지의 효과에 관한 것이다. 제6호는 계속적 채권관계의 존속기간에 관한 것으로서 해제, 해지와는 성질을 달리하지만, 계약의 존속이라는 점에서 함께 규정한 것이다.

제1호는 "법률에 따른 고객의 해제권 또는 해지권을 배제하거나 그 행사를 제한하는 조항"을 무효로 하고 있다. 이는 이른바 절대적 무효규정의 한 예이다. 해제, 해지권을 정면으로 배제하는 조항 외에 법정의 해제, 해지의 사유를 축소하거나 법률이 정하지 않은 요건을 부가하는 조항 등도 무효이다.

제2호는 "사업자에게 법률에서 규정하고 있지 아니하는 해제권 또는 해지권을 부여하여 고객에게 부당하게 불이익을 줄 우려가 있는 조항"을 무효로 하고 있고, 제3호는 법률에 따른 사업자의 해제권 또는 해지권의 행사 요건을 완화하여 고객에게 부당하게 불이익을 줄 우려가 있는 조항을 무효로 하고 있다. 이 두 경우에는 제1호와는 달리 고객에 대하여 부당하게 불이익을 줄 우려가 있는 경우에 한하여 무효로 된다.

대법원 2002. 5. 10. 선고 2000다70156 판결은, 이행보증보험 약관에서 피보험자가 변경되었을 때에는 보험계약은 효력은 상실된다고 한 약관에 대하여, 이는 실질적으로 그와 같은 피보험자의 변경을 이유로 하여 아무런 제한 없는 해지권을 보증보험회사인 피고에게 부여한 것에 다름 없고, 이 규정은 상법 제653조와 달리 피보험자의 변경으로 위험이 현저하게 변경 또는 증가되었는지를 묻지 않고, 또 계약해지권과 함께 보험료의 증액청구권을 선택적으로 규정하지도 않았으며, 그 계약해지권 행사의 제척기간도 규정하지 않은 점에서 제653조의 규정보다 그 해지권의 행사요건을 크게 완화하여 고객에 대하여 부당하게 불이익을 줄 우려가 있는 조항으로서 무효라고 하였다.

제4호는 고객의 원상회복의무를 상당한 이유 없이 과중하게 부담시키거나 원상회복청구권을 부당하게 포기하도록 하는 조항을 무효로 하고 있고, 제5호는 사업자의 원상회복의무나 손해배상의무를 부당하게 경감하는 조항을 무효로 하고 있다. 대법원 1996. 7. 30. 선고 95다16011 판결은, 지방자치단체인 피고가 공장용지 분양계약을 체결하면서 계약해제시 반환할 금액에는 이자를 부가하지 않는다는 조항에 대하여, 임의법규인 민법 제548조 제2항의 규정에 의하면 계약이 해제된 경우에 반환할 금전에는 이자를 가하여야 하도록 되어 있다는 점, 피고가 시행하고 있는 조례에 의하면 피고가 계약 상대방의 귀책사유로 인하여 공업용지 분양계약을 해제하였을 때에는 납입한 계약보증금을 제외한 납입액에 대하여는 기간 중 법정이자를 가산하여 반환하도록 규정하고 있다는 점 등에 비추어 보면, 반환할 금전에 대한 이자의 지급을 배제하고 있는 부분은 사업자의 원상회복의무를 부당하게 경감하는 조항으로서 약관규제법 제9조 제4호의 규정에 위반되어 무효라고 하였다.[77)]

제6호는 계속적인 채권관계의 발생을 목적으로 하는 계약의 존속기간을 부당하게 장기 또는 단기로 하거나 묵시의 기간연장 또는 갱신이 가능하도록

77) 같은 취지, 대법원 2008. 12. 24. 선고 2008다75393 판결; 2012. 4. 12. 선고 2010다21849 판결.

정한 조항을 무효라고 규정하고 있다.

대법원 1998. 1. 23. 선고 96다19413 판결은, 시계회사와 대리점이 대리점계약을 체결하면서 대리점측의 연대보증인을 세웠는데, 위 대리점계약에서 "이 계약의 효력은 계약 성립일로부터 향후 1년간 지속된다. 계약기간 만료일에 계약 갱신의 통보가 없을 때에는 1년간씩 계속 연장된 것으로 하며, 제21조에 의한 연대보증인의 책임도 이에 준한다"라고 한 조항의 효력에 관하여, 이는 계속적인 채권관계의 발생을 목적으로 하는 계약에서 묵시의 기간 연장 또는 갱신이 가능하도록 규정하여 고객인 연대보증인에게 부당하게 불이익을 줄 우려가 있다고 보여지므로 위 연대보증기간 자동연장 조항은 무효라고 하였다. 그리고 대법원 1999. 8. 24. 선고 99다26481 판결은, 주채무의 거래기간이 연장되면 연대보증기간도 자동적으로 연장되는 것으로 규정한 소비대차약정상의 약관도 효력이 없다고 하였다.

반면 대법원 2001. 11. 27. 선고 99다8353 판결은, 어음거래약정서와 같이 일반적으로 약관을 포함하고 있는 정형적인 계약서 중 계약기간이나 거래금액 등에 관한 조항이라고 하더라도, 그 존속기간과 거래금액을 보충하여 기재할 수 있는 난을 마련하여 두어 당사자의 구체적 합의에 의하여 그 내용이 결정될 것이 예정되어 있는 경우에는, 이를 바로 무기한의 존속기간 및 무한도의 거래한도를 정한 약관에 해당한다고 볼 수는 없고, 따라서 합의에 의해 보충예정된 연대보증의 보증기간이나 보증한도액의 정함이 없다고 하여 약관 형식의 어음거래약정이 위 법 제6조, 제9조 제5호에 위반되어 무효라고 볼 것은 아니라고 하였다.

6. 채무의 이행(제10조)

제10조는 채무의 이행에 관한 약관의 내용 중 상당한 이유 없이 급부의 내용을 사업자가 일방적으로 결정하거나 변경할 수 있도록 권한을 부여하는 조항(제1호) 및 상당한 이유 없이 사업자가 이행하여야 할 급부를 일방적으로 중지할 수 있거나 제3자로 하여금 대행할 수 있게 하는 조항(제2호)을 무효로 하고 있다.

대법원 2005. 2. 18. 선고 2003두3734 판결은, 대규모 쇼핑몰의 점포에 관한 임대분양계약의 '상가운영위원회와의 협의를 거쳐 매년 임대료를 인상할 수 있다'고 정한 약관은, 상가운영위원회와 인상내용에 관한 구체적인 합의가 이루어져야 할 것까지를 의미한다고 볼 수 없고, 위 약관조항은 원고가 일방적으로 그의 주관적인 판단에 따라 객관적으로 상당한 차임의 범위를 초과하여 인상할 수도 있는 것으로 해석될 수 있으며, 위 약관조항은 상당한 이유 없이 상가활성화를 빌미로 사업자인 임대인이 고객인 모든 임차인의 임대료를 일률적으로 인상할 수 있는 권한을 부여하는 조항으로 해석될 수 있으므로 위 약관조항은 약관규제법 제10조 제1호에 해당하여 무효라고 하였다.

반면 대법원 1996. 2. 27. 선고 95다35098 판결은, 호텔 휘트니스클럽의 규약에 피고가 공과금, 물가인상 기타 경제적 요인을 고려하여 연회비를 임의 조절할 수 있도록 클럽규약에 규정되어 있어도, 피고가 아무런 합리적인 근거 없이 임의로 연회비에 관한 사항을 정할 권한을 가진다고 해석할 수는 없고, 다수의 회원과 시설이용계약을 체결한 피고로서는 객관적으로 합리적인 범위 내에서만 그 연회비의 인상 여부 및 그 인상 범위를 정할 수 있다고 판시하여 앞의 판결과는 다소 다른 취지로 보인다.

앞의 판결은 추상적 내용통제인 공정거래위원회의 시정명령이 적법한 것인가에 관한 것이었는데, 이 판결에 대한 대법원 재판연구관의 해설은, 공정거래위원회에 의한 약관의 추상적 심사에 있어서는 효력유지적 축소해석이 허용되지 않고, 또한 작성자 불이익의 원칙에 관하여도 이러한 경우에는 고객에게 불리한 해석을 하여 약관을 무효로 한 후 임의법규로 보충하는 것이 건전한 거래질서 확립 및 소비자의 보호라는 약관법의 취지에 더 부합한다고 설명하고 있다.[78] 이는 추상적 내용통제에 관하여는 앞에서 살펴본 고객 불리의 해석(kundenfeindliche Auslegung)(위 Ⅲ. 3. 참조)을 적용하려는 생각과 통한다.

그리고 대법원 2008. 2. 14. 선고 2005다47106, 47113, 47120 판결은, 택배회사의 위탁영업소계약에서 운송수수료율은 영업소가 운송행위에 대한 대가로 어떠한 이득을 취득할 것인가라는 주된 급부에 관한 사항이고, 이러한 급부내용을 변경할 사정변경이 있는 경우에는 당사자 간의 합의에 따라 조정하는 것이 기본 법리이므로, 위 계약에서 사정변경에 따라 운송수수료율을 택배회사측이 일방적으로 변경할 수 있도록 규정한 경우, 약관규제법 제10조 제1호에 해당하거나, 제6조 제2항 제1호에 의하여 무효라고 하였다.

---

78) 河宗大(주 52), 332면.

제2호에 관한 판례로서는 대법원 1998. 2. 13. 선고 97다37210 판결이 있다. 여기서는 컴퓨터통신 회사가 사전통지 없이 게시물을 삭제할 수 있다고 한 이용약관의 효력이 문제되었는데, 대법원은 그 삭제할 수 있는 경우로서 1. 다른 이용자 또는 제3자를 비방하거나 중상 모략으로 명예를 손상시키는 내용인 경우, 2. 공공질서 및 미풍양속에 위반되는 내용의 정보, 문장, 도형 등을 유포하는 내용인 경우, 3. 범죄적 행위와 결부된다고 판단되는 내용인 경우, 4. 다른 이용자 또는 제3자의 저작권 등 기타 권리를 침해하는 내용인 경우, 5. 게시 시간이 규정된 기간을 초과한 경우, 6. 기타 관계 법령에 위배된다고 판단되는 내용인 경우를 들고 있는 것은 약관규제법 제6조 제2항 제1호나 제10조 제2호에 해당하지 않는다고 하였다.

7. 고객의 권익보호(제11조)

제11조는 고객의 항변권, 상계권 등의 권리를 상당한 이유 없이 배제하거나 제한하는 조항(제1호), 고객에게 주어진 기한의 이익을 상당한 이유 없이 박탈하는 조항(제2호), 고객이 제3자와 계약을 체결하는 것을 부당하게 제한하는 조항(제3호), 사업자가 업무상 알게 된 고객의 비밀을 정당한 이유없이 누설하는 것을 허용하는 조항(제4호)을 무효로 하고 있다.

대법원 2005. 2. 18. 선고 2003두3734 판결은, 임차인은 임대인에게 임대차등기절차의 이행을 요구할 수 없다고 하는 것은 당사자 간에 반대약정이 없으면 임차인은 임대인에 대하여 그 임대차등기절차에 협력할 것을 청구할 수 있다고 규정한 민법 제621조의 임대차등기청구권을 배제하는 조항인데, 이 사건 임대분양계약의 경우 임차권의 양도 및 계약기간의 연장이 허용되고, 분양대금에 임대차보증금 및 5년간 매월 일정금액씩 소멸하는 장기임대료가 포함되는 등 일반적인 임대차계약과 다른 사정이 있다고 하더라도, 그러한 사정만으로는 약관에 의하여 민법 제621조에 의한 임차인의 임대차등기청구권을 배제할 만한 상당한 이유가 된다고 할 수 없으므로, 위 약관조항은 민법 제621조에 의한 임차인의 임대차등기청구권을 상당한 이유 없이 배제하는 조항으로서 법 제11조 제1호에 해당한다고 하였다.

그리고 대법원 2009. 12. 10. 선고 2009다61803, 61810 판결은, 금융기관인 양도담보권자가 양도담보 목적물을 보관하는 창고업자로부터 '창고주는 양도담보권자가 담보물 임의처분 또는 법적 조치 등 어떠한 방법의 담보물 환가와 채무변제 충당시에도 유치권 등과 관련된 우선변제권을 행사할 수 없다'는 문구가 부동문자로 인쇄된 확약서를 제출받은 사안에서, 위 문구를 약관으로 보고, 위 약관이 창고업자의 유치권 행사를 배제하는 이유는 원고의 양도담보권 실행에 있어서 일방적으로 우선적 지위를 보장받기 위한 것으로 보일 뿐, 달리 '상당한 이유'를 발견하기 어려우므로 이는 창고업자가 보관료 징수 등을 위하여 공평의 관점에서 보유하는 권리인 유치권의 행사를 상당한 이유 없이 배제하고 일방적으로 금융기관인 양도담보권자의 담보권 실행에 유리한 내용의 약관 조항으로서, 고객에게 부당하게 불리하고 신의성실의 원칙에 반하여 공정을 잃은 것이므로 무효라고 하였다.

8. 의사표시의 의제 등(제12조)

제12조는 고객 또는 사업자의 의사표시에 관한 약관조항에 관하여 규율하고 있다.

제1호 본문은 일정한 작위 또는 부작위가 있을 때 고객의 의사표시가 표명되거나 표명되지 아니한 것으로 보는 조항을 무효로 규정한다. 이 규정만을 보면 절대적 무효조항처럼 보이지만, 단서에서는 그러한 뜻을 명확하게 따로 고지하거나 부득이한 사유로 그러한 고지를 할 수 없는 경우에는 본문이 적용되지 않는다고 규정하고 있고, 부득이한 사유의 유무에 관하여는 가치평가가 필요하므로 역시 상대적 무효조항이라고 하겠다. 그런데 계속적 채권관계에서의 자동연장조항 등과 같은 것은 제9조 제5호뿐만 아니라 본호의 적용도 문제될 여지가 있다.

제2호는 고객의 의사표시의 형식이나 요건에 대하여 부당하게 엄격한 제한을 두는 조항을 무효로 하고 있다. 의사표시에 관하여 서면을 요구하는 것은 통상 부당하게 엄격하다고 보기는 어려울 것이지만, 신용카드의 분실 통지와 같이 긴급을 요하고 구태여 서면에 의하여야 할 이유가 없는 경우에는 서면의 형식을 요구하는 것도 부당한 제한이 될 수 있다.[79]

제3호는 고객의 이익에 중대한 영향을 미치는 사업자의 의사표시가 상당한 이유없이 고객에게 도달된 것으로 보는 조항을 무효로 하고 있다.

---

79) 孫智烈(주 63), 393면 참조.

대법원 2000. 10. 10. 선고 99다35379 판결에서는 보험계약자 또는 피보험자가 개인용자동차보험 보통약관에 따라 주소변경을 통보하지 않는 한 보험증권에 기재된 보험계약자 또는 기명피보험자의 주소를 보험회사의 의사표시를 수령할 지정장소로 한다고 규정하고 있는 개인용자동차보험 특별약관의 보험료 분할납입 특별약관 조항의 효력이 문제되었다. 대법원은, 이 조항을 피고가 보험계약자 또는 피보험자의 변경된 주소 등 소재를 알았거나 혹은 보통일반인의 주의만 하였더라면 그 변경된 주소 등 소재를 알 수 있었음에도 불구하고 이를 게을리 한 과실이 있어 알지 못한 경우에도, 보험계약자 또는 피보험자가 주소변경을 통보하지 않는 한 보험증권에 기재된 종전 주소를 회사의 의사표시를 수령할 지정장소로 하여 보험계약의 해지나 보험료의 납입최고를 할 수 있다고 해석하게 되는 경우에는, 위 약관 조항은, 약관규제법 제12조 제3호에 따라 무효이고, 따라서 위 약관 조항은 피고가 과실 없이 보험계약자 또는 피보험자의 변경된 주소 등 소재를 알지 못하는 경우에 한하여 적용되는 것이라고 해석하여야 한다고 판시하였다.[80)]

제4호는 고객의 이익에 중대한 영향을 미치는 사업자의 의사표시 기한을 부당하게 길게 정하거나 불확정하게 정하는 조항을 무효로 하고 있다. 이 조항의 취지는 고객이 사업자의 의사표시를 지나치게 오래 기다리게 되어 그 계약상의 지위가 불안정하게 되는 것을 막기 위한 것이다. 예컨대 고객의 청약에 대한 승낙 또는 거절의 기간을 부당하게 장기로 하거나 불확정기한으로 하는 조항은 무효라고 할 수 있다.

9. 대리인의 책임가중(제13조)

제13조는 고객의 대리인에 의하여 계약이 체결된 경우 고객이 그 채무를 이행하지 아니하는 때에는 대리인에게 그 의무의 전부 또는 일부를 이행할 책임을 지우는 내용의 약관조항을 무효로 규정하고 있다.

사업자가 약관조항 중에 계약서에 서명한 대리인도 본인과 함께 책임을 진다는 조항을 두는 경우에 이 규정이 적용될 것이다. 또 무권대리인은 민법 제135조에 의하여 상대방에게 책임을 지게 되는데, 약관으로 이보다 더 무거운

---

80) 은행여신거래약관의 유사한 조항에 대하여 대법원 2007. 9. 21. 선고 2006다26021 판결은 같은 취지로 판시하였다.

책임을 지우는 것도 무효라고 본다.[81] 이 조항은 절대적 무효조항이다.

그러나 대리인이 동시에 연대채무자 또는 보증인이 되는 경우에는 본조가 적용될 수 없다.[82] 대법원 1999. 3. 9. 선고 98두17494 판결은 대리인이 계약체결의 대리인의 지위를 넘어 이행보조자의 지위에 있는 경우에는 본조가 적용될 수 없다고 한다. 이 사건에서는 국내의 사업자가 해외에서 쇠고기를 수입하면서 그 약관에서 규격 상이품이 발생한 경우 공급자 및 국내대리점이 책임을 지도록 규정하였는데, 그 조항에 대하여 공정거래위원회가 약관규제법 제13조를 이유로 시정명령을 하였으나 법원은 사업자의 시정명령 취소청구를 인용하였다.

10. 소제기의 금지 등(제14조)

제14조는 고객에 대하여 부당하게 불리한 소송 제기 금지 조항 또는 재판관할의 합의조항이나 상당한 이유없이 고객에게 입증책임을 부담시키는 약관조항을 무효로 하고 있다.

부제소특약은 원칙적으로는 허용되지만, 약관에 의한 부제소특약은 본조에 의하여 제한된다. 대법원 1994. 12. 9. 선고 93다43873 판결은, 독립적 은행보증의 보증의뢰인과 보증은행 사이에 체결된 보증의뢰계약에서 보증의뢰인이 보증은행의 보증금 지급을 저지시키기 위하여 행사할 수 있는 가처분신청권을 포함한 일체 소송절차에 있어서의 신청을 배제시키는 의미의 부제소 특약조항을 두고 있는 것은, 약관규제법 제14조의 규정에 따라 무효라고 판시하였다. 독립적 은행보증(First Demand Bank Guarantee)이란 채권자가 채무자의 채무불이행이 있음을 증명할 필요 없이 보증인인 은행에게 보증금액의 지급을 요구하기만 하면, 보증인이 무조건 보증금액을 지급하는 것을 내용으로 하는 것으로서, 보증인의 의무가 무조건적이라는 데 그 특성이 있다. 이 점에서 이러한 은행의 보증은 주채무에 대하여 부종성을 가지는 민법상의 보증과는 그 성격을 달리한다. 그러므로 이러한 독립적 은행보증에 있어서는 채무자가 보증인의 지급을 저지하기 위하여 보증인을 상대로 지급금지 가처분을 청구하는 경우가 많은데, 대상판결은 이러한 지급금지 가처분을 청구할 수 없도록 한 약관이 고객에 대하여 부당하게 불리한 소제기의 금지조항을 무효라고 규정하고 있는

81) 孫智烈(주 63), 396면 등.
82) 孫智烈(주 63), 396면 등.

약관규제법 제14조에 의하여 무효라고 한 것이다.[83)]

다른 한편 중재조항도 이러한 소제기의 금지조항에 해당하므로 무효라는 주장이 있으나,[84)] 이러한 주장에는 찬성하기 어렵다. 중재조항이 반드시 고객에게 부당하게 불리한 것이라고 보기 어렵기 때문이다. 대법원 1997. 2. 25. 선고 96다24385 판결; 2001. 10. 12. 선고 99다45543, 45550 판결은, "중재계약은 당해 계약서 자체에 중재조항이 명기되어 있는 경우에 한하지 아니하고 중재조항을 포함하는 일반거래약관 등 다른 문서를 인용하는 경우에도 당사자가 이를 계약의 내용으로 삼은 이상 허용된다"고 판시하였다.

재판관할의 합의조항에 관하여는 몇 개의 판례가 있다. 우선 대법원 1998. 6. 29.자 98마863결정은, 아파트의 공급계약서에서 "본 계약에 관한 소송은 서울민사지방법원을 관할법원으로 한다"고 정하고 있는 약관은 민사소송법상의 관할법원 규정보다 고객에게 불리한 관할법원을 규정한 것이어서, 사업자에게는 유리할지언정 원거리에 사는 경제적 약자인 고객에게는 제소 및 응소에 큰 불편을 초래할 우려가 있으므로 약관규제법 제14조에 의하여 무효라고 하였다.

반면 대법원 2008. 12. 16.자 2007마1328 결정은, 변호사와 위임인 사이의 위임계약서에서 "이 위임계약으로 인하여 생기는 일체의 소송에 대하여는 대구지방법원을 전속 관할법원으로 한다"는 규정이 무효가 아니라고 하였다. 이 결정에서는 사업자와 고객 사이에서 사업자의 영업소를 관할하는 지방법원에 관하여 전속적 관할합의를 하는 내용의 약관조항이 고객에 대하여 부당하게 불리하다는 이유로 무효라고 보기 위해서는, 그 약관조항이 고객에게 다소 불이익하다는 점만으로는 부족하고, 사업자가 그 거래상의 지위를 남용하여 이러한 약관조항을 작성·사용함으로써 건전한 거래질서를 훼손하는 등 고객에게 부당하게 불이익을 주었다는 점이 인정되어야 한다고 하면서, 이는 그 약관조항에 의하여 고객에게 생길 수 있는 불이익의 내용과 불이익 발생의 개연성, 당사자들 사이의 거래과정에 미치는 영향, 관계 법령의 규정 등 제반 사정을 종합하여 판단하여야 한다고 하였다.[85)]

83) 이 판결의 의의 및 독립적 은행보증의 법리에 관하여는 尹眞秀, "獨立的 銀行保證과 支給禁止假處分 申請禁止 約款의 效力", 民法論攷 Ⅲ, 2008, 100면 이하(初出: 1995) 참조.

84) 李銀榮(주 41), 356-357면; 孫智烈(주 63), 398-399면 등.

85) 그런데 이 판결은 위임인이 변호사 사무실에 직접 찾아가서 이 사건 위임계약을 체결한 점 및 대구지방법원은 이 사건 위임계약의 체결 당시 위임인 주소지의 인근 대도시 관할법원에 해당하는 점 등을 들어 재항고인에게 부당하게 불이익을 주는 약관조항에 해당한다고 보기는 어렵다고 하였으나, 앞에서 본 것처럼 이처럼 구체적인 개별 계약 당사자의 사정에

그리고 대법원 2009. 11. 13.자 2009마1482 결정도 위 2007마1328 결정과 같은 취지인데, 여기서는 주택분양보증약관에 있는 전속적 관할합의에 관한 약관조항에서 정한 '상대방의 관할 영업점 소재지 법원'에 '상대방의 업무이관 등으로 인하여 변경된 관할 영업점 소재지 법원'도 포함되는가가 문제되었다. 대법원은, 상대방의 내부적인 업무조정에 따라 위 약관조항에 의한 전속적 합의관할이 변경된다고 볼 경우에는 당사자 중 일방이 지정하는 법원에 관할권을 인정한다는 관할합의조항과 다를 바 없는 결과를 초래하게 되고, 사업자가 그 거래상의 지위를 남용하여 사업자의 영업소를 관할하는 지방법원을 전속적 관할로 하는 약관조항을 작성하여 고객과 계약을 체결함으로써, 건전한 거래질서를 훼손하는 등 고객에게 부당하게 불이익을 주는 것으로서 무효인 약관조항이라고 볼 수밖에 없으므로, 다른 특별한 사정이 없는 한 위 약관조항에서 말하는 '상대방의 관할 영업점 소재지 법원'은 위 주택분양보증계약이 체결될 당시 이를 관할하던 상대방의 영업점 소재지 법원을 의미하는 것으로 봄이 상당하다고 하였다.

일반적으로 약관에 의한 관할의 합의 가운데 특정한 법원에 대해서만 관할을 인정하고 그 밖의 다른 법원의 관할을 배제하는 전속적 관할합의에 대하여는 그 효력을 부정하고, 법정관할 이외에 다른 법원을 부가하는 부가적 관할합의에 대하여는 심히 부당한 경우가 아닌 한 그 효력을 인정하여야 한다고 보는 견해가 많다.[86] 그러나 판례는 전속적 관할합의라고 하여 반드시 무효는 아니라고 보고 있다.[87] 그렇지만 약관에 의한 전속적 관할합의의 효력은 부가적 관할합의에 비하여 무효로 될 수 있는 가능성이 많다고 여겨진다.

입증책임의 전환 조항에 관하여 우리 법은 상당한 이유없는 경우에 한하여 이를 무효로 하고 있으나, 개정 독일 민법 제309조 제12호(종전의 약관규제법 제11조 15호)는 이를 절대적 무효조항으로 하고 있다.

따라 약관의 유무효가 달라진다고 보는 것은 문제가 있다.

86) 李銀榮(주 41), 352면; 孫智烈(주 63), 399면; 金秉云, "約款에 의한 管轄合意의 效力", 民事訴訟 (Ⅱ), 1999, 165면 이하; 최병규, "부당한 재판관할약관에 대한 연구", 商事判例硏究 23집 2권, 2010, 318면 등.

87) 金時徹(주 62), 401면 이하 참조.

11. 적용의 제한(제15조)

약관규제법 제15조는 국제적으로 통용되는 약관이나 그 밖에 특별한 사정이 있는 약관으로서 대통령령으로 정하는 경우에는 제7조부터 제14조까지의 규정을 적용하는 것을 조항별 · 업종별로 제한할 수 있다고 규정하고 있다. 그리하여 같은 법 시행령 제3조는 국제적으로 통용되는 운송업, 국제적으로 통용되는 금융업 및 보험업 및 무역보험법에 따른 무역보험을 이에 해당하는 것으로 들고 있다.

그런데 위 시행령에서 들고 있는 업종에서 사용되는 약관이라고 하여도 그 전체에 대하여 약관규제법의 적용이 배제되는 것은 아니고, 당해 약관이 "국제적으로 통용되는 약관"인지는 개별적으로 따져 보아야 한다.[88]

그리고 제15조는 약관규제법 제7조 내지 제14조의 적용을 배제하고 있으므로, 제6조는 여전히 적용되는 것이 아닌가 하는 의문이 생길 수 있다. 이에 관하여 대법원 1999. 12. 10. 선고 98다9038 판결은, 제15조의 문리해석상으로는 위 법률 제6조의 적용은 배제되지 않는다고 볼 수 있으나, 약관이 구체적으로 무효가 되는 경우들을 규정한 위 법률 제7조 내지 제14조에 대하여 약관이 일반적으로 무효가 되는 경우를 포괄적으로 규정하고 있는 제6조가 적용되게 되면 구체적 무효조항들의 적용을 배제하는 제15조의 규정 취지가 거의 완전히 몰각되는 불합리한 결과를 가져오게 되므로 제6조 역시 대통령령으로 정하는 특정 업종들의 약관에는 적용이 없다고 하였다.[89] 이 문제에 관하여는 학설상으로는 제6조는 어떠한 종류의 계약에서도 무시되어서는 안 된다는 이유로 위와 같은 업종들의 약관에도 적용된다고 하는 설[90]과, 제6조를 적용하여 심사할 수 있다면 제7조 내지 제14조의 적용을 배제하는 것이 의미가 없게 되므로 제6조의 적용도 배제되어야 한다는 설[91]이 대립하였는데, 판례는 후자의 입장을 지지한 것이다.

그러나 제15조는 그 문언상 제6조의 적용을 배제하지 않고 있으므로, 그 문언과는 달리 제6조의 적용까지도 배제된다고 하는 이른바 목적론적 확장

---

88) 대법원 1994. 12. 9. 선고 93다43873 판결. 또한 대법원 2005. 8. 25. 선고 2004다18903 판결도 참조.

89) 같은 취지, 대법원 2002. 5. 24. 선고 2000다52202 판결; 2002. 5. 28. 선고 2000다50299 판결.

90) 李銀榮(주 41), 361-362면; 孫智烈(주 63), 402면 등.

91) 金永甲, "約款規制의 法理와 修正解釋의 問題", 民事實務硏究會 편, 民事裁判의 諸問題 제9권, 1997, 585-586면 등.

(teleologische Extension)을 꾀하기 위하여는 그에 대한 충분한 논증이 있어야 할 것인데, 제6조가 적용되게 되면 구체적 무효조항들의 적용을 배제하는 제15조의 규정 취지가 거의 완전히 몰각된다고 단정할 수는 없으므로,[92] 위와 같은 판례에는 문제가 있다.

Ⅴ. 약관의 무효

1. 일부무효의 원칙

민법 제137조 제1항에 의하면 법률행위의 일부에 무효사유가 있으면 전부가 무효로 되는 것이 원칙이다. 그러나 약관규제법 제16조는 약관조항이 무효로 되는 경우에도 계약은 나머지 부분만으로 유효하게 존속하고, 다만 유효한 부분만으로는 계약의 목적달성이 불가능하거나 일방당사자에게 부당하게 불리한 때에 한하여 당해 계약을 무효로 하고 있다.[93] 이처럼 약관규제법이 민법과는 달리 일부무효를 원칙으로 하고 있는 것은, 전부무효를 원칙으로 하면 오히려 고객에게 불리한 결과를 가져오게 되기 쉽다는 고려에 기인한 것이다.[94] 보다 근본적으로는 민법이 규정하고 있는 전부무효의 원칙 자체에 문제가 있다. 전부무효를 원칙으로 하면 당사자가 동일한 효과를 가져오기 위하여는 또 다른 계약을 맺어야 하는데 이를 위한 재교섭(renegotiation)에는 비용이 들기 때문에, 계약의 일부분이 무효라고 하더라도 나머지 부분은 유효로 하는 것이 이러한 재교섭의 비용을 줄이는 결과가 되어 경제적으로 효율적이라고 할 수 있다.[95] 판례도 민법 제137조의 적용범위를 좁히려고 한다.[96] 2009년에 발족한 법무부의 민법개정위원회는 민법 제137조를 일부무효를 원칙으로 하는 것으로 바꾸기로 하였다.[97]

---

92) 石光現, "國際去來와 약관의규제에관한법률의 적용", 國際私法硏究 제9호, 2003, 92-94면.

93) 臺灣 消費者保護法 제16조도 마찬가지이다.

94) 孫智烈(주 63), 403-404면 참조.

95) 이것이 계약 존중(favor contractus) 원칙의 일반적인 근거라고 할 수 있다. 尹眞秀・李東珍(주 36), 205-210면 참조.

96) 대법원 2004. 6. 11. 선고 2003다1601 판결; 2007. 6. 28. 선고 2006다38161, 38178 판결 등.

97) 윤철홍, "한국민법의 개정작업과 과제", 숭실대학교 법학연구소 법학논총, 제23집, 2010, 8면 참조.

2. 무효부분의 보충

이처럼 약관의 일부만이 무효라고 할 때, 그 무효인 부분을 단순히 없는 것으로 취급하여도 충분한 경우도 있지만, 이를 다른 방법으로 보충할 필요가 있는 경우도 존재한다. 이때에는 제1차적으로는 이 문제를 규율하는 임의법규(default rule, dispositives Recht)에 의하여 보충하고, 임의법규가 없으면 관습에 의하여 보충하여야 할 것이다. 이러한 임의법규나 관습도 없다면, 당사자들이 약관이 무효임을 알았더라면 어떻게 약정했을 것인가 하는 이른바 가정적인 의사를 밝혀서 그에 의하여 해결하는 이른바 보충적 계약해석의 법리를 적용할 필요가 있다.[98)]

약관이 무효인 경우의 보충적 계약해석에 관하여는 대법원 2010. 7. 22. 선고 2010다23425 판결이 참고가 된다. 이 사건에서는 임대주택법상 임대보증금이 건설교통부장관이 정한 표준임대보증금을 초과하는 경우에 어떤 효과가 생기는가가 문제되었다. 임대주택법 시행령에서는 임대주택법상의 임대주택의 최초의 임대보증금 및 임대료는 건설교통부장관이 정하여 고시하는 표준임대보증금 및 표준임대료를 초과할 수 없다고 규정하고, 건설부장관의 고시는 표준임대보증금 및 표준임대료를 정한 다음 임대보증금과 임대료는 임대차계약시 임차인의 동의가 있는 경우에는 상호전환이 가능하도록 하였는데, 임대사업자가 임차인의 동의 없이 임대보증금은 표준임대보증금보다 높게 책정하고, 임대료는 표준임대료보다 낮게 책정한 경우의 법률관계가 문제되었다. 이 사건의 원심판결은, 임차인인 원고들의 동의 없이 정하여진 임대차계약상의 임대보증금은 표준임대보증금을 초과하는 한도 내에서 무효라고 하면서, 원고들의 동의가 없어 임대보증금과 임대료를 상호 전환할 수 없었더라면 원고들과 표준임대보증금 및 표준임대료에 의하여 임대차계약을 체결하였을 것임이 분명하므로, 이 사건 임대차계약은 표준임대보증금과 이를 기초로 산정한 표준임대료를 내용으로 하는 부분만이 법적으로 유효하게 잔존한다고 하였다. 대법원도 위와 같은 원심의 판시를 그대로 받아들이면서, 원심이 '원고들이 그 선택에 따라 표준임대보증금 및 표준임대료에 의하여 임대차계약을 체결할 권리가 있다는 것일 뿐, 표준임대보증금의 적용을 받으면서 동시에 표준임대료보다 낮은 이

98) 孫智烈(주 63), 405면. 보충적 계약해석에 대하여는 尹眞秀(주 35), 275-278면 참조.

사건 임대차계약상의 임대료의 적용도 받는다는 취지는 아니다'라고 판시한 것도 정당한 것이라고 하였다. 위 판결이 원고들의 동의가 없어 임대보증금과 임대료를 상호 전환할 수 없었더라면, 원고들과 표준임대보증금 및 표준임대료에 의하여 임대차계약을 체결하였을 것임이 분명하다는 점을 들고 있는 것은 이른바 계약의 보충적 해석에서 말하는 가정적 의사를 가리키는 것이라고 할 수 있다.

위 사건에서 임대보증금 약정이 무효가 된 것이 약관규제법에 근거한 것은 아니었지만, 이 사건의 임대차계약서는 약관에 의한 것이었으므로, 위 판결의 법리는 약관규제법에 의하여 약관이 무효로 된 경우에도 적용될 수 있을 것이다.

3. 효력유지적 축소(Geltungserhaltende Reduktion)의 가부

그런데 이처럼 약관이 약관규제법에 의하여 무효로 되는 경우에, 그 조항 전부가 무효로 되는 것인가, 아니면 약관규제법에 저촉되는 부분만 무효로 되고 저촉되지 않는 부분은 유효하게 존속한다고 볼 수 있는가 하는 것이 문제로 된다. 예컨대 사업자의 모든 행위에 대하여 고의나 중과실 여부를 묻지 않고 면책된다는 약관조항이 약관규제법 제7조 제1호에 의하여 무효라면, 사업자에게 경과실만이 있는 경우에도 면책되지 않고 책임을 지는가, 아니면 위 면책조항은 경과실면책의 경우에 한하여 유효하기 때문에 경과실이 있는 사업자는 면책되는 것인가 하는 점이다. 이처럼 약관규제법에 저촉되지 않는 부분의 효력은 유지되는 것을 효력유지적 축소(Geltungserhaltende Reduktion)라고 부른다.[99)]

독일에서는 이 문제에 관하여 학설 대립이 있으나, 판례와 다수설은 일반적으로 이러한 효력유지적 축소를 부정한다.[100)] 그러나 대법원의 판례는 수정해석이라는 이름 아래 이러한 효력유지적 축소를 인정한다. 예컨대 대법원

99) 이를 효력유지적 축소해석이라고 부르는 예도 많으나, 효력유지적 축소를 인정한다 하더라도 이는 법률행위 해석은 아니고, 법률행위의 일부무효의 법리에 의한 것이다. 따라서 이를 수정해석이나 효력유지적 축소해석이라고 부르는 것은 정확한 용어라고는 할 수 없다. 다만 근래에는 효력유지적 축소의 근거를 보충적 계약해석에서 찾는 주장도 제기되고 있다. 金鎭雨, "불공정조항의 내용통제에 관한 몇 가지 법적 문제점", 外法論集 제36권 제1호, 2012, 171면 이하 참조.

100) 그러나 근래에는 보충적 계약해석의 이론에 의거하여 효력유지적 축소를 지지하는 견해도 유력하게 주장된다. 학설 및 판례에 대하여 상세한 것은 Staudinger/Schlosser, §306 Rdnr. 22 ff. 참조.

1991. 12. 24. 선고 90다카23899 판결(공 1992, 652면)의 다수의견은, 자동차 책임보험의 약관에 "자동차의 운전자가 무면허운전을 하였을 때에 생긴 사고로 인한 손해를 보상하지 않는다고 한 규정"은 절취운전 등과 같이 보험계약자나 피보험자의 지배 또는 관리가능성이 없는 무면허운전의 경우에까지 적용된다고 본다면 약관규제법의 각 규정에 비추어 무효라고 볼 수밖에 없고, 이러한 경우에는 위 무면허운전면책조항은 위와 같은 무효의 경우를 제외하고 무면허운전이 보험계약자나 피보험자의 지배 또는 관리가능한 상황에서 이루어진 경우에 한하여 적용되는 조항으로 수정해석을 하여야 한다고 하였다. 또 고의 중과실을 묻지 않고 면책시키는 약관에 대하여는, 고의·중과실의 경우에는 무효이고, 그 외의 경우에 한하여 면책을 정한 규정이라고 해석하는 한도에서는 유효하다고 한다.[101] 그리고 보험증권에 기재된 보험계약자 또는 기명피보험자의 주소를 보험회사의 의사표시를 수령할 지정장소로 한다고 규정하고 있는 약관도, 보험회사가 보험계약자 또는 피보험자의 변경된 주소 등 소재를 알았거나 혹은 보통일반인의 주의만 하였더라면 그 변경된 주소 등 소재를 알 수 있었음에도 불구하고 이를 게을리 한 과실이 있어 알지 못한 경우에도 적용된다고 보면 무효이고, 따라서 위 약관 조항은 피고가 과실 없이 보험계약자 또는 피보험자의 변경된 주소 등 소재를 알지 못하는 경우에 한하여 적용되는 것이라고 해석하여야 한다고 판시하고 있다.[102] 다만 약관규제법 제8조에 의하여 무효인 손해배상의 예정약관에 관하여는, 위 약관조항이 무효인 이상 그것이 유효함을 전제로 민법 제398조 제2항을 적용하여 적당한 한도로 손해배상예정액을 감액하거나, 과중한 손해배상의무를 부담시키는 부분을 감액한 나머지 부분만으로 그 효력을 유지시킬 수는 없다고 하여, 효력유지적 축소의 이론을 적용하지 않고 있다.[103]

학설상으로는 이 문제에 관하여 견해의 대립이 있다.[104] 효력유지적 축소를 부정하는 견해는, 약관규제법 조항이 다소 추상적이어서 무효원인을 쉽게 밝혀내기 어렵더라도 그 해석에 대한 불이익은 약관을 명확한 내용으로 작성하여야 할 의무가 있는 사업자에게 귀속시켜야 하고, 효력유지적 축소를 허용

101) 대법원 1995. 12. 12. 선고 95다11344 판결; 1996. 5. 14. 선고 94다2169 판결; 1997. 2. 25. 선고 96다37589 판결 등.

102) 대법원 2000. 10. 10. 선고 99다35379 판결.

103) 대법원 1994. 5. 10. 선고 93다30082 판결; 1996. 9. 10. 선고 96다19758 판결 등.

104) 상세한 것은 金鎭雨(주 99), 170면 이하 참조.

하면 사업자로 하여금 처음부터 상당한 내용의 약관조항을 작성하도록 주의를 기울이게 할 수 없어 예방의 목적을 달성할 수 없다고 주장한다.[105] 반면 우리나라의 약관규제법은 거의 전부가 「별도의 평가를 요하는 요건」을 정하고 있어서 어떠한 약관조항이 무효로 되는지 여부를 처음부터 분명하게 알 수 없는 것이 통상이며, 이는 평가가능성 없는 금지조항이 훨씬 더 많은 독일과는 다르다고 하여 효력유지적 축소를 긍정하는 견해도 있다.[106] 또한 효력유지적 축소 내지 수정해석은 보충해석에 해당하는 것으로 보면서, 법률행위 해석의 기준과 방법에 관한 일반법리를 준수하는 한에서 그 효력을 유지하는 효력유지적 보충해석(이른바 수정해석)은 허용된다고 하는 견해도 있다.[107]

그리고 효력유지적 축소를 원칙적으로 부정하면서도, 사업자에게 공정한 내용의 약관작성이 기대되기 어려운 경우에까지 예방목적을 관철하는 것은 사업자에게 지나치게 가혹한 것이 된다고 하여, 약관내용의 공정성의 한계에 관하여 학설이나 판례상 다툼이 있다든지, 명확한 기준이 당해 거래관행상 확립되어 있지 않다든가 하는 특별한 사정이 있는 경우에는 축소를 허용해야 한다는 절충설도 있다.[108]

생각건대 효력유지적 축소를 부정하는 견해는, 이에 의하여 사업자가 부당한 약관을 사용하려는 것을 방지하려는 일반예방적 효과 내지 억제적 효과를 노리고 있다. 그러나 효력유지적 축소를 긍정한다고 하여, 사업자가 부당한 약관을 사용하게 될 유혹을 느끼게 될 경우가 그와 같이 많으리라고는 생각되지 않는다. 많은 경우에는 사업자도 자신이 사용하는 약관이 무효가 되지는 않으리라고 생각하였기 때문에 그러한 약관을 사용할 것이다. 반면 효력유지적 축소를 부정한다면, 사업자에게 법률상 허용되는 것까지 허용하지 않게 되는 부당함을 가져올 우려가 있다. 결국 효력유지적 축소를 인정하는 것은 약관규제법에 어긋나지 않는 범위 내에서 당사자의 의도 내지 사적 자치를 최대한 보장하려고 하는 것이므로 이를 일률적으로 부정할 필요는 없고, 따라서 효력유지적 축소가 원칙적으로 금지된다고 볼 필요는 없다. 다만 이를 허용함으로써

105) 최병규, "약관규제법상 일부무효의 특칙에 관한 연구", 경제법연구 제10권 2호, 2011, 194면 이하 참조. 金永甲(주 91), 605-606면도 같은 취지이다.

106) 梁彰洙(주 63), 741면 이하.

107) 南孝淳, "약관의 해석", 公正去來法講義 Ⅱ(주 58), 2000, 481면 이하. 최봉경, "효력유지적 축소에 관한 소고", 民事裁判의 諸問題 21권, 2012, 198-200면은 사적 자치의 원리에서 효력유지적 축소의 근거를 찾는다.

108) 張敬煥(주 58), 513-514면 등.

사업자가 부당한 약관을 사용하게 될 위험성이 많은 경우에만 효력유지적 축소를 금지하여야 할 것이다.[109)]

그러면 약관규제법 제8조에 어긋나는 손해배상액 예정의 경우는 어떠한가? 이 경우에는 그 전부가 무효라고 보아야 하고, 과중한 부분만이 무효라고 하여 효력유지적 축소를 인정하거나, 민법 제398조에 의하여 손해배상 예정액의 감액을 인정하여서는 안 될 것이다. 만일 그와 같이 본다면 약관규제법 제8조가 민법 제398조와는 달리 그러한 약관을 무효라고 규정하고 있는 것이 의미가 없게 될 뿐만 아니라, 사업자의 입장에서는 과다한 손해배상액의 예정을 약관으로 규정하여도 최악의 경우에 법원에 의하여 감액되는데 그칠 것이므로, 적정한 약관을 사용할 동기가 미약해질 것이기 때문이다.[110)]

Ⅵ. 결　　론

이제까지 한국에서의 약관규제법에 의한 소비자 보호의 대강을 살펴보았다. 약관규제법은 많이 활용되고 있고, 그 성과도 비교적 만족스러운 것으로 평가되고 있다. 그러나 아직 약관에 관하여 충분한 연구의 축적이 이루어졌다고 하기는 어렵다. 약관규제법에 관하여는 계속적으로 판례가 나오고 있는데, 이러한 판례에 대한 분석은 제대로 이루어지지 않고 있다. 그리고 객관적 해석의 이론적 의미[111)]나 고객에게 가장 불리한 해석의 문제[112)] 등은 국내에서는 이제야 논의가 시작되는 단계이다. 따라서 한국의 민법학자들에 의한 좀 더 깊은 연구가 요망된다.

〈민사법학 제62호, 2013〉

109) 尹眞秀(주 53), 198-200면 참조. 金鎭雨(주 99), 172면은 효력유지적 축소는 적정한 범위 내에서만 허용되어야 할 것이라고 하여, 객관적으로 약관규제법을 명백히 위반하거나 사업자가 그 위반을 명확하게 인식할 수 있었던 경우에는 불공정약관조항은 그 전부가 무효이지만, 선의의 사업자가 그 조항의 유효성을 믿거나 법적 상황에 대하여 합리적으로 의문을 가질 수 있었던 때에는 효력유지적 축소가 허용되어야 한다고 주장한다.

110) 尹眞秀(주 53), 183-185면; 孫智烈(주 63), 373면 등. 그러나 최봉경(주 107), 201면은 이러한 경우에도 효력유지적 축소가 인정되어야 한다고 본다.

111) 위 Ⅲ. 1. 참조.

112) 위 Ⅲ. 3. 참조.

〈追記〉

1. 이 논문은 2012. 8. 18. 한국, 대만, 일본, 중국 4개국 민법학자들이 참가하여 중국 연길에서 개최된 제2회 동아시아민사법학술대회에서 발표한 것을 토대로 하였다.

2. 2013. 9. 26. 선고된 4건의 대법원 전원합의체 판결(2011다53683, 53690 사건, 2012다1146,1153 사건, 2012다13637 사건, 2013다26746 사건)은 모두 키코 통화옵션계약의 구조 자체는 약관에 해당하지 않는다고 하였다.

3. 대법원 2014. 6. 12. 선고 2013다214864 판결은, 근저당권설정비용의 부담자를 차주가 선택할 수 있도록 하는 금융기관의 비용부담조항에 관하여, 이는 약관에 해당한다고 보았다. 그리고 그에 의하여 이루어진 계약 내용이 합의에 의한 개별약정에 해당하는 것도 아니라고 하였다. 다른 한편 위 비용부담조항이 무효인가에 대하여는, '신의성실의 원칙에 반하여 공정을 잃은 약관조항'이라는 이유로 무효라고 보기 위해서는, 그 약관조항이 고객에게 다소 불이익하다는 점만으로는 부족하고, 약관 작성자가 거래상의 지위를 남용하여 계약 상대방의 정당한 이익과 합리적인 기대에 반하여 형평에 어긋나는 약관 조항을 작성·사용함으로써 건전한 거래질서를 훼손하는 등 고객에게 부당하게 불이익을 주었다는 점이 인정되어야 한다고 하여, 위 조항이 무효인 것은 아니라고 하였다. 생각건대 약관의 형식을 갖춘 조항이 고객에게 몇 가지의 선택지를 주고 있다고 하여 약관이 아니라 개별약정이라고 할 수는 없을 것이다. 그만큼 당사자의 선택 가능성을 제한하고 있기 때문이다. 이 점에서는 본문의 설명(Ⅱ. 1.)을 수정한다. 그렇지만 위 약관조항이 불공정하다고는 볼 수 없다. 위 판결도 고객이 선택형 부담조항에 따라 담보권설정 비용을 부담하는 선택을 하는 경우에는 고객에게 유리한 내용으로 거래가 이루어질 수 있는 측면도 있다고 하였다.

증여계약의 해제에 관한 민법개정안

Ⅰ. 서　　론

민법은 증여계약에 특수한 해제 사유로서 서면에 의하지 아니한 증여의 해제(제555조), 수증자의 이른바 망은행위(忘恩行爲)로 인한 해제(제556조) 및 증여자의 재산상태 변경으로 인한 해제(제557조)의 3가지를 규정하고 있다.[1] 그리고 제558조는 위 각 규정에 의한 해제는 이미 이행한 부분에 대하여는 영향을 미치지 않는다고 규정하고 있다. 학설상 서면에 의하지 아니한 증여의 해제가 이미 이행한 부분에 대하여는 효력을 미치지 않는다는 점에 대하여는 이제까지 별다른 이의가 제기되지 않았다. 이러한 민법의 규정은 증여계약의 성립을 위하여는 공증 또는 서면과 같은 방식을 요구하고 있는 다른 나라의 입법례와 결과적으로 유사하다.[2]

그러나 망은행위와 재산상태 변경으로 인한 해제, 특히 망은행위로 인한 해제의 경우에도 해제의 효력이 이미 이행한 부분에 대하여는 영향을 미치지

1) 이하 민법 조문에 대하여는 따로 민법임을 표시하지 않는다.

2) 프랑스 민법 제931조, 독일민법 제518조는 증여계약의 요건으로서 공증을 요구하고 있고, 오스트리아 민법 제943조는 서면을 요구하고 있다. 스위스 민법 제243조는 원칙적으로 서면을 요구하면서, 부동산 또는 부동산에 관한 물권을 증여하는 경우에는 공증을 요구하고 있다. 그러나 독일, 스위스 오스트리아에서는 모두 방식을 준수하지 않은 증여계약이 이행되면 유효한 것으로 취급한다. 반면 프랑스 민법 제1339조는 증여자의 생전에는 법정의 방식에 따라 새로운 증여를 하지 않는 한 무효인 생전증여의 결함을 치유할 수 없다고 규정하고, 제1340조는 증여자 사망 후 상속인에 의한 추인 내지 임의이행을 허용한다. 본문과 같은 취지, 梁昌洙, "매도증서의 교부와 서면에 의한 증여", 民法硏究 제2권, 1991, 222면(初出: 人權과 正義 1989. 19). 그 밖에 보통법(Common Law) 국가들을 포함한 증여의 방식에 관한 비교법적 분석으로는 Richard Hyland, Gifts, A Study in Comparative Law, 2009, pp. 317 ff. 참조.

않는다고 하는 부분에 대하여는 비판이 많았다. 그리하여 법무부 민법개정위원회는 2012년에 망은행위로 인한 해제와 재산상태 변경으로 인한 해제의 경우에는 증여가 이행된 경우에도 해제의 효력이 미치도록 하는 개정안을 마련하였다.

이 글에서는 그 개정안의 내용을 소개하려고 한다. 논의의 순서로서는 현재까지의 논의상황을 살펴보고, 증여의 해제에 관하여 전반적으로 고찰한 다음, 개정안의 각 규정을 개별적으로 분석한다. 여기서 다루는 것은 어디까지나 증여에 특유한 해제, 즉 제555조에서 제558조가 규정하고 있는 해제이다. 그리고 부담부 증여에서 부담을 이행하지 않음으로 인한 해제는 다루지 않는다.

Ⅱ. 현재까지의 논의상황

1. 민법 제정 당시의 논의

민법이 제정되기 전에 적용되고 있던 의용민법 제550조는 "서면에 의하지 않은 증여는 각 당사자가 취소할 수 있다. 다만 이행이 종료된 부분에 대하여는 그러하지 아니하다"라고 규정하여,[3] 우리 민법 제555조와 같은 내용을 규정하고 있으나,[4] 제556조, 제557조와 같은 규정은 두지 않고 있었다.

민법안심의록은 제556조, 제557조[5]를 둔 이유를 특별히 밝히지는 않고 있고, 다만 이 점에 관한 입법례로서 독일, 프랑스, 스위스, 중국의 입법례를 들고 있다.[6] 그리고 제558조[7]에 대하여는 현행법[8] 제550조 단서와 동일하다고만 설명하고 있다.

이러한 제558조에 대하여는 민법 제정 당시부터 논란이 있었다. 민사법연구회가 발간한 민법안의견서에서 증여 부분을 담당한 현승종 교수는, 망은행위

3) 이는 현재의 일본 민법 제550조와 같다. 다만 2004년의 민법 현대어화를 위한 개정 당시에 "취소"가 "철회"로 바뀌었다.
4) 다만 우리 민법 제555조는 "취소" 대신 "해제"라는 용어를 쓰고 있다.
5) 민법안심의록은 민법이 국회를 통과하기 전에 초안을 대상으로 만들어졌던 것이어서, 현행 제556조는 제545조로, 현행 제557조는 제546조로 되어 있다.
6) 民議院 法制司法委員會 民法案審議小委員會, 民法案審議錄 上卷, 단기 4290(1957), 324-325면.
7) 심의록에서는 제547조이다.
8) 당시의 의용민법을 말한다.

로 인한 해제에 관한 초안 제545조 및 재산상태의 변경에 관한 초안 제546조의 신설에 찬성하면서 다음과 같은 수정의견을 제시하였다. 즉 초안 제545조 중 제2항을 신설하여, "前項의 境遇에 贈與者는 受贈者에 對하여 이미 履行한 贈與의 目的이 現存하는 限度에서 그 返還을 請求할 수 있다"고 규정하고, 초안 제547조[9] 중 "前三條"를 "第五百四十四條 및 第五百四十五條"로 수정하여야 한다는 것이다. 그리고 그 이유에 대하여는 다음과 같이 설명한다. 제545조의 취지를 철저하게 실현하고자 하는 입장에 의하면 제547조는 경우를 구분하여야 한다고 한다. 서면에 의하지 않은 증여에 관한 제544조의 경우에 이미 이행한 부분에 대하여는 영향을 미치지 않는다고 한 것은 당연하고, 제546조의 경우에도 제546조의 취지가 증여자의 생계가 사회적·경제적인 낙오자를 내지 않겠다는 데 있는 것이니, 생계가 아직도 파탄에 빠지지 않았을 때에, 또 그러한 우려가 없을 때에 이행한 부분까지를 반환시킬 필요는 없다고 한다. 그러나 망은행위로 인한 해제에 관한 제545조의 경우에는 수증자가 얻은 이익이 현존하는 범위 내에서 그 이익을 반환시키는 것이 형평의 관념에 합치한다고 한다. 그리고 이 점에 관하여 독일 민법 제531조 제2항과 스위스 채무법 제249조의 규정을 인용하고 있다.[10] 그러나 이러한 의견은 민법 제정 과정에서 반영되지는 않았다.

2. 판　　례

민법 시행 후에 제558조에 관하여는 여러 개의 대법원 판례가 나왔다. 그러나 이는 거의 대부분 제555조의 서면에 의하지 않은 증여의 해제에 관한 것이고,[11] 망은행위로 인한 해제나 재산상태 변경으로 인한 해제의 효과에 관한 것은 확인하기 어렵다. 이는 하급심 판례의 경우에도 같다.

한편 대법원 1996. 1. 26. 선고 95다43358 판결은 부양의무 불이행을 이유로 하는 해제를 인정하면서도, 제558조가 적용되지 않는다고 하였다. 즉 부담부 증여에 있어서는 쌍무계약에 관한 규정이 준용되어 부담의무 있는 상대방이 자신의 의무를 이행하지 아니할 때에는 비록 증여계약이 이행되어 있다 하

9) 현행 제558조.

10) 民事法硏究會, 民法案意見書, 단기 4290(1957), 168-169면.

11) 예컨대 대법원 1970. 8. 31. 선고 70다1320 판결; 2009. 9. 24. 선고 2009다37831 판결 등.

더라도 그 계약을 해제할 수 있고, 제556조 제1항 제2호에 규정되어 있는 '부양의무'란 제974조에 규정되어 있는 직계혈족 및 그 배우자 또는 생계를 같이 하는 친족간의 부양의무를 가리키는 것으로서, 친족간이 아닌 당사자 사이의 약정에 의한 부양의무는 이에 해당하지 아니하여 제556조 제2항이나 제558조가 적용되지 않는다는 것이다. 그러므로 이 판결은 직접적으로는 부담부 증여(제561조)에 관한 것이고,[12] 제556조에 관한 것은 아니다.

다른 한편 헌법재판소 2009. 10. 29. 선고 2007헌바135 결정에서는 제558조가 위헌인지 여부가 다투어졌다. 이 사건 헌법소원의 청구인은, 수증자가 어떠한 망은행위[13]를 하더라도 일률적으로 증여계약의 이행이 완료된 부분에 대해서 해제권의 소급효를 제한하는 것은 기본권 제한의 한계를 넘어 헌법에 보장된 증여자의 기본권인 재산권, 사적 자치권 등을 침해하는 것이라고 주장하였다. 그러나 헌법재판소는 다음과 같은 이유로 청구인의 주장을 받아들이지 않았다. 즉 망은행위를 이유로 한 증여계약의 법정해제권을 법률로 정할지 여부, 그리고 이를 입법한다면 그 내용과 효력을 어떻게 형성할지는 수증자의 망은행위에 대한 그 사회의 윤리적 평가를 바탕으로 하여 입법자에게 광범위한 입법재량이 인정된다고 하였다. 그런데 제558조 부분에서 이미 증여계약의 이행이 완료된 부분에 대하여 망은행위로 인한 법정해제권 행사의 효과를 제한하는 것은, 이미 이행된 증여부분은 증여자의 의사가 분명히 드러남과 아울러 증여가 경솔하게 이루어지지 않았다는 것이 명백하기 때문에 증여자와 수증자 사이의 법률관계를 조속히 안정시켜 증여자의 일방적인 의사에 의하여 법률관계가 불안정하게 되는 것을 최소화하기 위한 것이므로, 민법 제558조 부분이 망은행위로 인한 법정해제권의 효과를 제한한 것을 두고 합리적인 입법재량의 한계를 일탈하여 기본권 제한의 입법적 한계를 벗어난 것이라고 보기는 어렵다고 보았다.

그리고 위 헌법재판소 결정은, 제556조 제2항이 부양의무 불이행을 이유로 하는 해제권은 해제원인 있음을 안 날로부터 6월을 경과하거나 증여자가 수증자에 대하여 용서의 의사를 표시한 때에는 소멸한다고 규정하고 있는 것도 위헌이 아니라고 하였다. 우선 해제권의 행사기간에 대하여는, 망은행위에 의한 증여의 해제는 무상·편무계약을 특질로 하는 증여계약에서 수증자의 망은행위

12) 부담부증여에 관하여 부담의무 불이행을 이유로 하는 해제를 인정한 대법원 1997. 7. 8. 선고 97다2177 판결 참조.

13) 이 사건에서는 제556조 제1항 제2호의 부양의무 불이행이 문제되었다.

에 대한 윤리적 평가를 법률적으로 고려하여 예외적으로 특별히 인정한 것인데, 이러한 법정해제권을 장기간 존속시킬 경우에는 증여자와 수증자의 법률관계를 불안정한 상태로 두게 되고 거래의 동적 안전에도 나쁜 영향을 미치게 될 것이므로, 제556조 제2항 부분이 거기서 정한 사유가 있을 때에는 해제권이 소멸되도록 규정한 것은 그 입법목적이 정당하다는 것이다. 그리고 6월의 행사기간은 그 기산점이 불합리하게 책정되었다고 할 수 없고, 증여자와 수증자 사이의 신뢰관계에 기초한 증여계약의 특성과 이에 따른 법률관계의 조속한 안정의 필요성을 감안할 때 위 6월이라는 기간은 증여자가 증여계약의 해제권을 행사하기에 충분한 기간이라고 보일 뿐만 아니라, 현행 민법상 인정되는 다른 제척기간 관련 규정이 정하고 있는 권리행사기간과 비교하여 보더라도 그 행사기간 자체가 지나치게 단기간이거나 기산점을 불합리하게 책정하여 그 권리행사를 현저히 곤란하게 하거나 사실상 불가능하게 한 것이라고 보기는 어렵다고 하였다.

또한 증여자가 수증자의 망은행위를 용서한 때에는 구태여 망은행위에 의한 해제권을 존속시킬 필요가 없고, 여기서 용서의 의사표시는 명시적일 때는 물론이고 묵시의 표시도 포함되는 것으로 해석되고, 증여자와 수증자의 관계, 망은행위 이후의 정황, 증여자의 의사표시의 내용 등을 감안하여 구체적인 사건에서 법관의 법 보충작용에 의하여 합리적으로 판단될 수 있을 것이며, 달리 법관의 자의적 해석을 가능하게 할 위험성이 있다고 보기 어렵다고 보았다.

3. 학　　설

현재의 학설은 대체로 제558조가 망은행위 및 재산상태 변경으로 인한 해제의 경우에도 이미 이행한 부분에 대하여는 영향을 미치지 않는다고 하는 데 대하여 비판적인 태도를 보이고 있다.

우선 제558조의 입법 이유에 관하여 학설은 다음과 같이 설명한다. 즉 증여계약에 의해 부담하는 급부이행이 완료되면 증여자의 의사가 분명해지고, 동시에 증여가 경솔하게 이루어지지 않았다는 것도 명백하며, 또한 급부 이행 후에도 해제가 가능하다면 법률관계를 복잡하게 만들고, 수증자에게 예측하지 못한 손해를 입히게 될 우려도 있다는 것이다.[14)]

---

14) 民法注解[XIV], 1997, 46면(高永鍔); 註釋民法 債權各則(2), 제3판, 1999, 185-186면(尹喆洪) 등. 위 헌법재판소 2009. 10. 29. 선고 2007헌바135 결정도 같은 취지이다.

그러나 이러한 설명에 대하여는, 증여자가 경솔하게 재산을 무상으로 처분하는 것을 예방함과 아울러 당사자의 의사를 명확하게 한다는 것은 서면에 의하지 않은 증여의 해제를 인정하는 제555조에는 타당하지만, 제556조나 제557조에는 타당하지 않고, 법률관계를 복잡하게 만들고 수증자에게 예측하지 못한 손해를 입힌다는 이유는 해제권의 효력을 제한하는 사유가 될 수 없는데 유독 증여에 대해서만 해제권의 효력을 제한하여야 할 이유가 없다는 비판이 있다.[15] 실제로 제558조의 존재이유를 위와 같이 설명하고 있는 논자들도, 제558조가 제556조와 제557조에 의한 해제에도 적용되는 것에 대하여는 비판적인 태도를 보이고 있다.[16]

그리하여 학설은 일반적으로 제556조와 제557조에 의한 해제의 경우에도 이미 이행된 것까지도 반환을 청구할 수 있어야 입법목적을 달성할 수 있다고 보고 있다.[17]

Ⅲ. 증여계약의 해제에 관한 일반론

1. "해제"라는 용어의 적절성

민법은 제555조-제557조에서 증여자 내지 증여계약 당사자의 의사표시에 의하여 계약의 효력을 소멸시키는 것을 증여계약의 "해제"라고 표현하고 있다. 민법안심의록은 이 점에 관하여, 현행법(의용민법)의 「취소」라는 용어는 의사표시에 관한 하자를 원인으로 하는 것과 혼동의 염려가 있으므로, 초안이 「해제」라고 규정한 것은 타당하다고 하였다.

그런데 학설상으로는 여기서 말하는 해제는 제543조 이하가 규정하는 일반적인 해제와는 다르므로 '철회'가 타당하다는 주장이 있다. 이러한 논자들은, 증여계약은 해제에 의하여 절대적으로 무효가 되고, 이러한 무효는 제3자에게 대항

15) 명순구, "서면에 의하지 않은 증여와 그 해제", 民事法學 제42호, 2008, 297면 이하.
16) 高永鉀(주 14), 43-44면; 尹喆洪(주 14), 182-183면, 185면.
17) 郭潤直, 債權各論, 新訂(修正版), 2000, 145-146면; 金曾漢 · 金學東, 債權各論, 제7판, 2006, 196면; 金亨培, 債權各論(契約法), 1997, 391-392면. 高永鉀(주 14), 44면; 尹喆洪(주 14), 183면은 망은행위로 인한 해제의 경우에는 수증자가 얻은 이익이 현존하는 범위 내에서 그 이득을 반환시키는 것이 형평의 관념에 부합한다고 한다.

할 수 있으며, 해제로 인한 원상회복은 제3자의 권리를 해하지 못한다는 제548조 제1항 단서는 이 경우에 적용되지 않는다고 한다.[18] 판례도, 제555조에서 말하는 해제는 일종의 특수한 철회일 뿐 제543조 이하에서 규정한 본래 의미의 해제와는 다르므로 형성권의 제척기간의 적용을 받지 않는다고 보고 있다.[19]

그러나 이에 대하여는, 철회는 아직 효력이 발생하지 않은 의사표시를 백지화하는 것인데, 증여는 의사표시의 합치만으로 성립하고 효력이 발생하는 것이고, 따라서 여기에서의 해제는 본래의 의미의 해제라고 하는 비판이 있다.[20] 그리고 제555조의 해제는 그 실질이 본래적 철회, 해제 또는 취소의 어느 것과도 일치하지 않는 특수한 형성권이므로, 그것을 현행민법이 사용하고 있는 용어들인 "철회", "해제" 또는 "취소" 중 어느 하나로 일컫는다 하여 잘못이라고 할 수는 없다는 견해도 있다.[21]

외국의 경우에는 대체로 해제 대신 철회[22]라는 용어를 사용하고 있다.[23] 생각건대 제555조 이하에서 규정하는 증여의 해제는 다른 계약의 해제와는 다른 특수한 성질의 것이므로, 이 점을 나타내기 위하여 해제 외의 다른 용어를 쓰는 것도 검토할 가치는 있다. 그러나 증여의 해제 또한 증여 계약이 일단 효력을 발생한 다음에 사후적으로 계약의 효력을 소멸시킨다는 점에서 일반적인 해제와 전혀 다르다고 할 수는 없을 것이다. 독일에서도 증여의 철회는 해제와 유사하다고 보는 견해가 많다.[24]

가령 부담부 증여(제561조)의 경우에는 쌍무계약에 관한 규정이 준용되므로, 수증자가 부담을 이행하지 않을 때에는 증여자가 증여계약을 해제할 수 있는데, 제556조 제1항 제2호에 의한 부양의무 불이행을 이유로 하는 증여의 해제가 부담부 증여의 해제와 질적으로 다른 것이라고 볼 수는 없을 것이다. 위 대법원 1996. 1. 26. 선고 95다43358 판결은 약정에 의한 부양의무 불이행을 이유로 하는 해제를 인정하면서, 그 근거를 부담부 증여라는 점에서 찾았다.

---

18) 高永鉀(주 14), 40면; 尹喆洪(주 14), 177-178면.

19) 대법원 2003. 4. 11. 선고 2003다1755 판결; 2009. 9. 24. 선고 2009다37831 판결.

20) 金曾漢·金學東(주 17), 194면.

21) 김진우, "서면에 의하지 아니한 증여의 해제", 민사법학 제56호, 2011, 347면.

22) 독일어: Widerruf. 프랑스어: Révocation.

23) 독일 민법 제530조, 스위스 민법 제249, 250조, 오스트리아 민법 제948조, 프랑스 민법 제953조 이하 등.

24) Larenz/Wolf, Allgemeiner Teil des Bürgerlichen Rechts, 9. Aufl., 2004, § 39 Rn. 8. 더 상세한 문헌의 소개는 김진우(주 21), 346면 주 35 참조.

그런데 약정에 의한 부양의무가 아니라 법률 규정에 의한 부양의무 불이행이라고 하여 법적으로 특별히 달리 취급할 이유는 없을 것이다. 이 점은 동시에 현행법이 제556조에 의한 해제가 이미 이행된 부분에 대하여는 영향을 미치지 않는다고 하고 있는 것에 대한 비판의 근거도 될 수 있다.

실질적으로 중요한 문제는 민법상 일반적인 해제에 관한 규정, 예컨대 해제의 방법과 불가철회성(제543조), 해제권의 불가분성(제547조) 등의 규정이 증여계약의 해제에도 적용될 것인가 하는 점인데, 특별히 이를 배제할 이유가 없는 한 원칙적으로는 적용된다고 보아야 할 것이다. 다른 한편 계약 해제로 인한 원상회복이 제3자의 권리를 해하지 못한다는 제548조 제1항 단서가 증여의 해제에도 적용되는가에 관하여는 다소 논의가 있다. 학설상으로는 증여의 해제는 일반적인 계약 해제와는 다르므로 위와 같은 규정은 증여의 해제에는 적용되지 않는다는 견해가 있다는 것은 앞에서 본 바와 같다(위 주 18 참조). 그러나 현행법상으로는 제548조 제1항 단서의 적용 여부는 처음부터 문제되지 않는다. 계약 해제로 인한 원상회복은 일단 계약이 이행되었을 것을 전제로 하는데, 제555조 이하에 의한 증여계약의 해제는 이미 이행된 부분에 대하여는 영향을 미치지 않기 때문이다. 다만 개정안처럼 증여계약의 해제가 이미 이행한 부분에 대하여도 영향을 미치게 되면 제548조 제1항 단서의 적용 여부가 문제될 것인데, 위 규정의 적용을 배제할 만한 특별한 이유가 없으므로 이 또한 적용되어야 할 것이다.[25)]

2. 증여 해제의 사유와 그 근거

다른 나라에서는 어떤 경우에 증여계약의 해제(철회)를 인정하고 있는가? 상세한 것은 아래 Ⅳ.에 미루고, 여기서는 우선 그 사유를 중심으로 살펴본다.

영미와 같은 보통법 국가에서는 증여자의 일방적인 의사에 의한 철회를 인정하지 않고 있다.[26)] 반면 대륙법 국가에서는 일정한 사유가 있으면 증여자

25) 프랑스 민법상으로도 망은행위로 인한 증여의 철회는 그 철회가 등기로 공시되지 않는 한 제3자에게 영향을 미치지 못한다(제958조). 다만 아래에서 살펴볼 자녀의 출생으로 인한 증여의 철회(제960조)는 제3자에 대하여도 효력이 미친다(제963조 참조). Droit Partrimonial de la Famille, sous la direction de MICHEL GRIMALDI, quatrième éd., 2011, n°s 315.111, 315. 124(par YVONNE FLOUR). 후자에 대하여는 거래의 안전을 해친다는 비판이 있다. Philippe Malaurie, Droit civil : Les successions, les libéralités, 4e éd., 2010, n° 466.

26) Hyland(주 2), p. 513 참조.

가 일방적으로 증여를 철회할 수 있도록 하고 있다.[27] 그러나 어떠한 사유를 증여의 철회 사유로 인정하는지는 나라에 따라 다소 차이가 있다. 아래에서 주로 참고로 하는 독일, 오스트리아, 스위스, 프랑스의 경우에는 모두 망은행위는 증여의 철회 사유로 인정되고 있다. 그리고 독일, 오스트리아, 스위스에서는 증여자의 재산상태 변경이 증여계약의 철회사유로 인정되고 있다. 이 점에서는 공통참조기준초안(Draft Common Frame of Reference, DCFR)[28]도 마찬가지이다. 일본 민법에는 이러한 규정이 없으나, 판례나 학설상은 이를 부담부 증여나 묵시의 해제조건부 증여 또는 사정변경의 원칙 등의 이론구성에 의하여 이 문제를 해결하려고 한다.[29] 다른 한편 프랑스에서는 증여자의 재산상태 변경을 철회 사유로 인정하지 않는 반면, 증여 후 증여자에게 자녀가 출생하였던 경우에는 철회를 인정한다. 스위스도 증여 후 증여자에게 새로운 친족법상의 의무가 발생한 경우를 증여의 철회 사유로 인정하고 있다.[30]

우리에게 다소 생소하게 들리는 것은 프랑스 민법이 증여 후의 자녀 출생을 증여의 철회 사유로 인정하는 것이다. 이 점에 대하여 간단히 살펴본다. 2006년 개정 전의 프랑스 민법 제960조는, 증여 당시 자녀 또는 직계비속이 없는 자에 의하여 행해진 모든 증여는, 증여자의 생전 또는 사후에 婚生子가 출생하거나 증여 후에 출생한 혼외자가 혼인에 의하여 준정이 된 때에는 증여자에 의하여 철회되지 않더라도 당연히 철회된 것으로 본다고 규정하고 있었다. 이 규정의 근거는 종래 증여자가 자녀를 가질 것을 고려하였더라면 증여를 하지 않았을 것이라는, 증여자의 의사를 보호하기 위한 것이라고 설명하고 있었다.[31] 그러나 이에 대하여는, 많은 비판이 있었다. 즉 증여가 당연히 철회되도록 하는 것은 거래의 안전을 심하게 해치게 되고, 자녀의 보호는 유류분 제도

---

27) 이는 증여에 회의적이어서 이를 약화시키려는 방편으로 철회권을 인정하였던 로마법의 영향이라는 설명이 있다. Hyland(주 2), p. 513.

28) 이는 2005년 유럽위원회(European Commission)가 2005년에 유럽 사법에 관하여 공통참조기준(Common Frame of Reference)을 만들기 위하여, 유럽민법전 연구그룹(Study Group on a European Civil Code)과 현재의 유럽공동체사법 연구그룹(Research Group on Existing EC Private Law, acquis group)에게 의뢰하여 만들어진 것이다. 국내에서는 공통참조요강초안, 공통준거기준안이라고 번역되기도 한다.

29) 柚木・松川, 新版 注釋民法 (14), 1993, 33-37면. 內田 貴, 民法 Ⅱ, 第2版, 2006, 160-161면은 근거를 제시하지 않은 채 이러한 경우에도 철회가 가능할 것이라고 서술한다.

30) 그 외에 다른 프랑스 법계에 속하는 이탈리아, 스페인 등도 유사한 규정을 가지고 있다. Hyland(주 2), pp. 543 ff. 다만 이 책에서는 스위스는 이러한 규정을 가지고 있지 않다고 하는데(p. 560), 부정확하다.

31) FLOUR(주 25), n° 315.120; Hyland(주 2), pp. 550 f. 등.

로도 충분하다는 것이다.[32] 이러한 비판의 결과 2006년에 프랑스 민법이 개정되면서, 자녀의 출생 또는 입양은 증여계약에서 정한 경우에만 취소될 수 있는 것으로 개정되었다.[33]

이처럼 망은행위가 있거나, 증여자의 재산상태가 악화되면 증여계약을 증여자가 일방적으로 해제(철회)할 수 있는 것으로 하는 이유는 무엇인가? 이는 우선 증여의 무상성에서 찾을 수 있을 것이다. 증여의 경우에는 수증자가 증여를 받기 위하여 그 대가로서 특별히 재산을 출연하지는 않는다. 다시 말하여 수증자의 신뢰투자(Vertrauensinvestition)가 없으므로, 증여계약이 해제되더라도 수증자의 신뢰를 크게 해친다고는 할 수 없다. 증여자의 재산상태 악화로 인한 계약의 해제는 사정변경의 원칙을 명문화한 것이라고도 말할 수 있다.[34]

다른 한편 망은행위로 인한 증여의 해제는 다음과 같은 점에서도 근거를 찾을 수 있다. 즉 증여를 한 사람은 수증자가 감사하는 것을 기대할 수 있겠지만, 이러한 기대가 어긋난다고 하여 손해배상을 청구하거나 할 수는 없다. 그런데 수증자가 이보다 더 나아가 망은행위를 하는 경우에는 더 이상 증여자의 의무를 존속시킬 필요는 없다는 것이다.[35] 고전이라고 할 수 있는 마르셀 모스(Marcel Mauss)의 「증여론」에 의하면, 증여는 증여 그 자체로 끝나는 것이 아니고, 실제로는 증여를 받은 수증자도 증여자에게 답례를 해야 하는 사회적 의무를 수반한다고 한다. 다시 말하여 증여는 호혜성(reciprocity)을 전제로 하는 것이다.[36] 이러한 모스의 분석은 현재 일반적으로 받아들여지고 있다.[37]

이 점에 대하여 좀 더 살펴본다. 증여행위를 이타주의의 발로로 이해한다고 하더라도, 이는 순수한 이타주의라기보다는 호혜적 이타주의(reciprocal altruism)에 근거한 것이다. 호혜적 이타주의란, 한 사람이 다른 사람을 도우면, 나중에 도움을 받은 사람이 도움을 준 사람을 도울 수 있고, 따라서 처음에 도움을 준 사람도 나중에 도움을 받은 사람으로부터 도움을 받을 수 있다는 것을 예상하면서 도움을 준다는 것이다. 예컨대 두 명의 사냥꾼 A와 B가 사냥을 나갔는데,

---

32) FLOUR(주 25), n° 315.120. Hyland(주 2), pp. 551 f.는 19세기의 학자인 Vinnius와 Voet의 비판을 소개하고 있다.

33) 상세한 것은 김성수, "프랑스민법의 증여의 취소(révocation)에 관한 연구", 民事法學 제59호, 2012, 640면 이하 참조.

34) 高永鉀(주 14), 44면; 尹喆洪(주 14), 183면 등.

35) MünchKommBGB/J. Koch, 6. Aufl., 2012, §530 Rdnr. 1.

36) 마르셀 모스, 이상률 옮김, 증여론, 한길사, 2002.

37) 예컨대 Hyland(주 2), pp. 14 ff. 참조.

A만 사냥에 성공하면 A는 B에게 자신이 사냥한 것의 일부를 주어 B가 굶주리지 않게 해준다. 그러면 나중에 반대로 B가 사냥에 성공하고 A가 사냥에 실패하였을 때에는 B가 A에게 자신이 사냥한 것의 일부를 줌으로써 전에 받았던 도움을 갚게 된다. 이를 돌이켜 생각하면, A가 B에게 도움을 준 것은 나중에 언젠가 자신도 B로부터 도움을 받을지도 모른다는 것을 예상하고 그렇게 한 것이라고 설명할 수 있다.[38] 그런데 망은행위는 이러한 호혜성의 원리에 정면으로 어긋나는 것이고, 따라서 망은행위를 한 사람에게는 그에 상응하는 제재가 가해져야 하는 것이다.

Ⅳ. 외국의 입법례

우선 개정안의 작성과정에서 참고하였던 외국의 입법례와, 실정법은 아니지만 입법론적으로 많은 참고가 될 수 있는 DCFR 및 일본에서의 개정 논의를 소개한다.

1. 독일 민법

제519조
① 증여자의 다른 의무를 고려하면 자신의 적절한 생계 또는 법률에 의하여 부담하는 부양의무의 이행을 위태롭게 하지 않고는 증여 약속을 이행할 수 없을 때에는 증여자는 약속의 이행을 거절할 수 있다.
② 수인의 수증자의 청구권이 병존하는 때에는 먼저 발생한 청구권이 우선한다.
제528조
① 증여자가 증여의 실행 후에 자신의 적절한 생계를 유지할 수 없고, 또 혈족, 배우자, 생활동반자 또는 종전의 배우자나 생활동반자에 대하여 법률에 의하여 부담하는 부양의무를 이행할 수 없게 되는 한, 증여자는 수증자에게 부당이득의 반환에 관

38) 이러한 호혜적 이타주의의 이론은 미국의 생물학자인 Robert Trivers가 1971년에 체계적으로 제시하였다. R. Trivers, “The evolution of Reciprocal Altruism”, The Quarterly Review of Biology 46(Mar.) pp. 35-57. Reprinted in: R. Trivers, Natural Selection and Social Theory, Selected Papers of Robert Trivers, 2002, pp. 18 ff. 참조. 호혜적 이타주의에 대한 보다 상세한 설명은 예컨대 David M. Buss, Evolutionary Psychology, 2nd ed., 2004, pp. 253 ff. 또한 尹眞秀, “財産法과 비교한 家族法의 特性”, 民事法學 제36호, 2007, 587-588면도 참조.

한 규정에 따라 증여물의 반환을 청구할 수 있다. 수증자는 생계 및 부양에 필요한 금액을 지급하여 반환의무를 면할 수 있다. 수증자의 의무에 대하여는 제760조 및 혈족부양의무에 관한 제1613조가 준용되며, 또한 증여자가 사망한 경우에는 제1615조도 준용된다.

② 수증자가 수인 있는 때에는 시간적으로 앞선 수증자는 후의 수증자가 의무를 지지 아니하는 범위에서만 책임을 진다.

第529조

① 증여자가 고의 또는 중과실에 의하여 곤궁을 초래하거나, 곤궁이 증여된 증여목적물의 급부로부터 10년이 경과한 후에 발생한 것인 때에는 증여자의 반환청구권은 배제된다.

② 수증자의 다른 의무를 고려하면 자신의 적절한 생계[39] 또는 법률에 의하여 부담하는 부양의무의 이행을 위태롭게 하지 않고는 증여물을 반환할 수 없는 때에도 또한 같다.

第530조

① 수증자가 증여자 또는 그의 근친에 대한 현저한 비행으로 인하여 중대한 망은의 책임이 있는 때에는 증여자는 증여를 철회할 수 있다.

② 증여자의 상속인은 수증자가 고의로 위법하게 증여자를 살해하였거나 철회를 방해한 때에 한하여 철회권을 가진다.

第531조

① 철회는 수증자에 대한 의사표시로써 한다.

② 증여가 철회된 때에는 부당이득의 반환에 관한 규정에 따라 증여물의 반환을 청구할 수 있다.

第532조

증여자가 수증자를 용서하였거나 철회권자가 그 권리 요건이 충족되었음을 안 날부터 1년이 경과한 때에는 철회는 배제된다. 수증자의 사망 후에는 철회는 더 이상 허용되지 않는다.

第533조

철회권은 철회권자가 망은을 알게 된 때에 비로소 포기될 수 있다.

第534조

도의적 의무 또는 예의상 고려에 따라 행해진 증여는 반환청구나 철회의 대상이 되지 못한다.

39) 원문은 “standesmäßiger Unterhalt”로서, “신분에 상응하는 생계”의 의미이지만, 이는 원래 제519조와 같이 “적절한 생계(angemesser Unterhalt)”를 의미하는데, 편집상의 과오로 현행과 같이 되었다고 한다. BGH NJW 2000, 3488; MünchKommBGB/J. Koch, §529 Rdnr. 4 등 참조.

2. 스위스 채무법

제249조

현실증여 및 이행된 증여에 있어서 증여자는 다음의 경우에 증여를 철회하고, 수증자에게 이익이 현존하는 한 증여물의 반환을 청구할 수 있다.

1. 수증자가 증여자 또는 그와 밀접한 관계에 있는 사람에게 중대한 범죄를 저지른 때.
2. 수증자가 증여자나 그의 친족에 대하여 부담하는 친족법상의 의무를 중대하게 위반한 때.
3. 수증자가 증여와 결부된 부담을 부당하게 이행하지 아니한 때.

제250조

① 증여의 약속에 있어서 증여자는 다음의 경우에 약속을 철회하고 그 이행을 거절할 수 있다.

1. 현실증여에서 증여물의 반환을 청구할 수 있는 것과 동일한 사유가 있는 때.
2. 증여의 약속 후에 증여가 증여자에게 대단한 부담이 될 정도로 그의 재산상태가 변경된 때.
3. 증여 약속 후에 전혀 존재하지 않았거나 사소한 범위에서만 존재하였던 증여자의 친족법상의 의무가 생겨났을 때.

② 증여자에 대한 추심불능증서[40]의 발급 또는 파산절차의 개시가 있으면 모든 증여 약속은 실효된다.

제251조

1. 철회는 증여자가 철회 사유를 안 날부터 1년 내에 할 수 있다.
2. 증여자가 그 1년 내에 사망하면, 소권(Klagerecht)은 남은 기간 동안 상속인에게 이전된다.
3. 증여자의 상속인은 수증자가 고의로 위법하게 증여자를 살해하였거나 또는 철회를 방해한 때에는 증여를 철회할 수 있다

---

40) Verlustschein을 번역한 말로서, 스위스 법상 채권의 집행이 무위로 돌아가거나, 채권자가 파산절차에서 배당을 받지 못하면 그에 대하여 발부되는 증서이다. 스위스 채권추심 및 파산에 관한 연방법률(Bundesgesetz über Schuldbetreibung und Konkurs) 제149조, 제265조.

3. 오스트리아 민법

제947조
증여자가 사후에 최소한의 생계를 유지할 수 없을 정도로 빈곤해졌으면 그는 증여물 또는 그 가치가 현존하고 그의 최소한의 생계가 부족한 한도에서, 수증자가 마찬가지로 빈곤한 상태에 있지 않으면 수증자에게 매년 증여된 금액의 법정이자 상당을 청구할 수 있다. 수증자가 여러 사람 있으면 먼저 증여를 받은 사람은 나중에 증여를 받은 사람의 부담액이 생계에 충분하지 않은 한도에서 책임이 있다.
제948조
수증자가 증여자(Wohltäter)에게 중대한 망은행위에 대한 책임이 있을 때에는 증여는 철회될 수 있다. 중대한 망은행위는 직권 또는 피해자의 청구에 의하여 가해자가 형법에 의하여 처벌될 수 있는 신체, 명예, 자유 또는 재산에 대한 침해를 의미한다.
제949조
망은행위는 망은행위자 자신을 악의의 점유자로 만든다. 그리고 피해자가 망은행위를 용서하지 않았고, 증여의 현물이나 가액이 현존하는 한 피해자의 상속인에게 가해자의 상속인에 대하여서도 반환의 소를 제기할 수 있는 권리를 부여한다.

4. 프랑스 민법

제953조
생전증여는 약정한 조건의 불이행, 망은 및 증여 후의 자녀출생의 사유에 의해서만 철회될 수 있다.
제955조
생전증여는 다음 각 호의 경우에 한하여 망은을 이유로 철회될 수 있다.
1. 수증자가 증여자의 생명에 위해를 가한 경우.
2. 수증자가 증여자에 대하여 학대 · 경죄 · 모욕의 범죄를 한 경우.
3. 수증자가 증여자에 대한 부양을 거절하는 경우.
제956조
조건의 불이행 또는 망은행위가 있다고 하여 증여가 당연히 철회되는 것은 아니다.
제957조
① 망은을 이유로 한 철회의 의사표시는 증여자가 수증자의 행위로 주장하는 비행이 있던 날 또는 증여자가 비행을 알 수 있었던 날로부터 1년 안에 하여야 한다.

② 전항의 철회의 의사표시는 증여자가 수증자의 상속인에 대하여 또는 증여자의 상속인이 수증자에 대하여는 이를 할 수 없으나, 다만 증여자가 증여의 철회를 위한 소를 이미 제기하였거나 비행이 있은 때로부터 1년 안에 증여자가 사망한 때에는 증여자의 상속인이 수증자에 대하여 철회의 의사표시를 할 수 있다.
제958조
① 망은을 이유로 한 철회는 수증자에 의하여 행해진 양도 및 증여물에 대하여 설정된 저당권과 기타 물권적 부담에 영향을 미치지 않으나, 그리 되기 위해서는 이들 행위가 재산 소재지에 있는 저당권등기소에서 행하는 철회청구의 공시 전에 있어야 한다.
② 철회가 있게 되면 수증자는 철회청구 당시의 양도물의 가액과 청구일 이후의 과실을 반환하여야 한다.
제959조
혼인을 위한 증여는 망은행위를 이유로 철회할 수 없다.

5. DCFR

Ⅳ.H. - 4:101(증여의 불가철회성과 그 예외)
물건의 증여를 위한 계약은 철회할 권리가 (a) 계약의 조항에 의하여 부여되었거나, (b) 이 장의 규정에 의하여 인정된 때에 한하여 취소될 수 있다.
Ⅳ.H. - 4:103(철회의 효과)
(1) 이 장에서의 철회가 있으면 증여계약상 당사자의 미이행 의무는 소멸한다. 일부 철회의 경우에는 미이행 의무의 당해 뿐이 소멸한다.
(2) 이 장에서의 철회가 있으면 수증자는 증여물을 반환하여야 할 의무를 진다. 제7권(부당이득) 제5장 및 제6장은 이 장에서 달리 규정되지 않는 한 적절하게 변형되어 적용된다.
Ⅳ.H. - 4:104(시한)
이 장에서의 철회권은 상황을 고려하면 증여자가 관련사실을 알았거나 알았을 것으로 합리적으로 기대될 수 있는 때로부터 합리적인 기간 내에 철회 통지가 되지 않으면 소멸한다.
Ⅳ.H. - 4:201(수증자의 망은행위)
(1) 물건의 증여를 위한 계약은 수증자가 증여자에 대하여 고의로 중대한 비행을 저지름으로써 중대한 망은행위의 책임을 지게 된 때에는 철회될 수 있다.
(2) 증여자가 관련 사실을 알면서 수증자를 용서한 때에는 이 조문에 따른 철회는

배제된다.
(3) 제1항에 관하여는 Ⅳ.H. - 4:104(시한)의 합리적 기간은 최소한 1년이다. 증여자가 합리적 기간 내에 사망하면 기간의 진행은 철회권자가 관련사실을 알았거나 알았을 것으로 합리적으로 기대될 수 있는 때까지 정지된다.
(4) 제1항에 관하여는 Ⅶ. - 6:101(현존이익 상실)에 의한 현존이익 상실의 항변은 적용되지 않는다.
Ⅳ.H. - 4:202
(1) 물건의 증여를 위한 계약은 증여자가 자신의 재산이나 수입으로부터 생계를 유지할 수 없는 때에는 철회될 수 있다.
(2) 증여자는 (a) 다른 사람이 부양을 하여야 할 위치에 있을 때 증여자가 그에게 부양을 청구할 수 있거나, (b) 증여자가 사회부조(social assistance)를 받을 수 있을 때에는 생계를 유지할 수 없는 것이 된다.
(3) 철회권은 증여자가 제2항에 의한 부양을 받거나 받을 수 있는 정도로 수증자가 증여자를 부양하는 때에는 철회권은 정지된다.
(4) 제1항과 같이 스스로 생계를 유지할 수 없거나 급박하게 그렇게 되려는 증여자는 아직 이행되지 않은 계약에 따른 의무의 이행을 유보할 수 있다. 제3항은 이행을 유보할 권리에 준용된다. 증여자가 이행을 유보하면, 수증자는 계약관계를 해지할 수 있다.
(5) 이 조는 증여자가 법규정 또는 법원의 명령에 의하여 확정된 부양의무를 이행할 증여자의 능력이나 그러한 의무의 존재가 유효한 증여의 철회에 달려 있는 때에도 적용된다.
(6) 이 조에 의한 철회권은 당사자에 의하여 제한되거나 배제될 수 없다.

6. 일본의 개정 논의

앞에서 본 것처럼 일본 민법에는 서면에 의하지 않은 증여의 취소(550조) 외에는 우리민법과 같은 망은행위나 재산상태 변경을 이유로 하는 증여의 해제에 관한 규정이 없고, 다만 일본의 판례나 학설상은 이를 부담부 증여나 묵시의 해제조건부 증여 또는 사정변경의 원칙 등의 이론구성에 의하여 이 문제를 해결하려고 하고 있다. 그런데 근래의 민법 개정 논의에서는 이에 관한 규정을 두려고 한다.

가. 民法(債權法)改正檢討委員會 안

2006년에 조직된 일본의 민법(채권법)개정검토위원회[41]가 작성한 채권법 개정의 기본 방침에서는 다음과 같은 규정을 두려고 한다.[42]

> [3.2.3.05] (배신행위를 이유로 하는 해제)
> (1) 증여자는 다음의 경우에 증여를 해제할 수 있다.
> (ア) 수증자가 증여자에 대하여 학대, 중대한 모욕 기타 현저한 비행을 저지른 때
> (イ) 수장자가 사기 또는 강박에 의하여 서면에 의하지 않은 증여의 해제를 방해한 때
> (ウ) 증여자에 대하여 현 민법 877조 1항에 의해 법률상의 부양의무를 부담하는 수증자가 경제적으로 곤궁한 증여자의 부양청구를 받았으나 부양의무의 이행을 거절한 때
> (2) 증여자가 사망한 경우 증여자의 상속인은 (1)의 해제를 할 수 있다.
> (3) (1) 또는 (2)에 의하여 증여가 해제된 때에는 수증자는 해제원인이 생겼을 때 받았던 이익의 한도 내에서 반환의무를 부담한다.
> * (2)에 관하여 (1)(ウ)에 기하여 해제권이 발생한 경우에는 증여자의 상속인은 해제할 수 없다는 생각도 있다.

나. 民法改正硏究會 안

加藤雅信 교수가 대표로 있는 民法改正硏究會[43]도 이에 관하여 개정안을 제출하였다.[44]

> 제516조
> ① 증여자는 다음과 같은 때에는 증여를 철회할 수 있다.
> 증여자가 증여 후의 사정의 변화에 따라 자기의 상당한 생계를 꾸리거나 또는 법률에 의하여 자기에게 부과되는 부양의무를 이행할 수 없게 된 때

41) 이에 대하여는 예컨대 民法(債權法)改正檢討委員會 編, 詳解 債權法改正の基本方針 Ⅳ, 2010, ⅰ(刊行にあたって) 이하 등 참조.

42) 詳解 債權法改正の基本方針(주 41), 177면 이하. 같은 책 178면은, 망은행위라는 용어에 대하여, 이 제안이 의도하는 것은 이른바 「망은」행위에 대한 제재가 아니라고 하여 배신행위를 이유로 하는 제재로 하겠다고 한다.

43) 이에 대하여는 예컨대 김민중, "일본민법(재산법)개정에서 물권변동규정의 개혁에 관한 논의 ― 민법개정연구회(民法改正硏究會)의 「일본민법개정시안(日本民法改正試案)」(2009. 1. 1)을 중심으로 ―", 法學硏究 (全北大學校) 제28권, 2009, 180면 이하 참조.

44) 法律時報 增刊 民法改正 國民・法曹・學界有志案, 2009, 204-205면.

수증자가 증여자 또는 그 친족에 대하여 현저한 비행에 의하여 중대한 망은행위를 한 때
② 전항에 의한 증여의 철회가 있는 경우에는 수증자는 다음 각호에 따라 증여자에게 반환할 의무가 있다.
1. 제1호의 경우
증여가 철회된 때에 그 이익이 존재하는 한도
2. 제2호의 경우
증여의 목적이 된 물건 또는 증여자가 선택한 때에는 증여된 때의 그 물건의 가액.
③ 증여자의 상속인은 수증자가 증여자를 살해한 때에는 증여를 철회할 수 있다. 이 경우 수증자는 증여의 목적이 된 물건 또는 그 가액을 반환하지 않으면 안 된다.
④ 제1항의 철회는 증여자가 사실을 안 때부터 1년 이내에 하여야 한다. 전항의 철회는 상속인이 살해 및 증여의 사실을 안 때부터 3년 이내에 하여야 한다.

다. 민법 개정의 중간논점

일본 법무성의 법제심의회 민법(채권관계) 부회{民法(債權關係) 部會}가 2011. 4. 결정한 민법 개정에 관한 중간논점에서는 다음과 같은 점에 대하여 검토하기로 하였다. 즉 수증자의 배신행위 등을 이유로 하는 증여의 철회・해제의 규정을 신설할 것인가에 관하여는 상속에 관한 규정과의 관계, 경제 거래에 미치는 영향, 배신행위 등이 증여에 기한 채무의 이행 전에 행해졌는가, 이행 후에 행해졌는가에 따른 차이 등에 유의하면서, 구체적인 요건설정을 통하여 적용범위를 적절하게 한정하는 것이 가능한가 어떤가를 중심으로 다시 검토한다. 가령 수증자의 배신행위 등을 이유로 하는 증여의 철회, 해제의 규정을 신설하는 경우에는 증여자의 상속인에 의한 증여의 철회・해제를 인정하는 규정을 두는 것의 당부나, 법률관계의 조기 안정을 위하여 수증자의 배신행위 등을 이유로 하는 증여의 철회의 기간제한을 두는 것의 당부에 대하여 다시 검토를 한다. 또 수증자의 배신행위 등을 이유로 하는 증여의 철회・해제와는 별도로, 증여 후의 증여자의 사정 변화에 기한 철회・해제의 규정을 신설하는 것도 다시 검토한다.[45)]

이러한 중간논점에 대하여 일본 법무성이 2011년에 각계의 의견을 요청했는데, 이에 따라 제출된 의견의 대부분은 배신행위 등에 의한 증여의 철회・해

45) 民法(債権関係)の改正に関する中間的な論点整理, 130면. 일본 법무성 법제심의회 홈페이지에서 검색할 수 있다. http://www.moj.go.jp/content/000074384.pdf(최종 방문 2012. 10. 30).

제 등을 인정하는 것에는 찬성하였다. 다른 한편 증여자의 사정 변화에 기한 철회·해제의 규정을 두는 것에 대하여는 찬성하는 의견도 있었으나, 반대하는 의견 및 이행 전에 한하여 인정하여야 한다는 의견도 있었다. 그리고 증여자의 상속인에 의한 철회·해제에 대하여는 이를 찬성하는 의견도 있었으나, 반대하는 의견, 수증자가 증여자를 살해한 경우 등에 인정하자는 의견, 사정 변화의 경우에는 인정할 필요가 없다는 의견 등이 제시되었다.[46]

7. 각국 입법례의 요약

가. 망은행위

일본을 제외한 모든 나라가 이미 이행한 부분에 대하여도 반환을 청구할 수 있다고 규정하고 있다. 일본에서 현재 논의되고 있는 개정안들도 마찬가지이다. 그 반환 범위에 관하여는 독일, 스위스, 오스트리아[47]는 현존이익에 한정하고 있으나, 프랑스 민법이나 DCFR은 그와 같이 한정하지 않고, 받은 이익을 전부 반환하도록 하고 있다. 일본의 민법개정연구회 안은 증여시의 목적물 가액을 반환하도록 하고 있는 반면, 민법(채권법)개정검토위원회 안은 해제원인이 생겼을 때 받았던 이익의 한도 내에서 반환의무를 부담한다고 한다. 그 기간은 독일과 스위스, 일본의 민법개정연구회 안에서는 모두 증여한 사람이 망은행위를 안 날로부터 1년으로 한정하고 있고, 프랑스에서는 망은행위가 있던 날 또는 증여자가 망은행위를 알 수 있었던 날로부터 1년 안에 하도록 규정한다. DCFR은 철회할 수 있는 기간은 증여자가 관련사실을 알았거나 알았을 것으로 합리적으로 기대될 수 있는 때로부터 최소한 1년으로 규정하고 있다.

나. 재산상태 변경

독일, 오스트리아 및 DCFR은 이를 이유로 하는 반환청구를 인정하고, 그 반환범위는 현존이익을 한도로 한다. 그리고 그 한도 내에서 독일에서는 수증자가 실제로는 생계에 필요한 비용만 반환하면 되고, DCFR도 결과에 있어서는 크게 다르지 않다. 오스트리아에서는 그 반환 범위가 매년 법정이자 상당에

46) 「民法(債権関係)の改正に関する中間的な論点整理」に対して寄せられた意見の概要(各論5), 271면 이하. 일본 법무성 법제심의회 홈페이지에서 검색할 수 있다. http://www.moj.go.jp/content/000096208.pdf (최종 방문 2012. 10. 30).

47) Schwimann/Binder, ABGB Praxiskommentar, 3. Aufl., 2006, §949 Rdnr. 21 참조.

한정된다. 반면 스위스에서는 이러한 사정변경을 이행거절사유로만 인정하고 있다.[48] 다른 한편 프랑스 민법이나 일본 민법에는 이에 대한 규정이 없다. 다만 일본의 개정 논의에서는 이 점도 다루어지고 있다.

다. 상속인의 철회권

독일에서는 배은행위로 인한 철회권은 일신전속적인 것으로 보아 상속인은 행사할 수 없고, 다만 수증자가 고의로 위법하게 증여자를 살해하거나 철회를 방해한 때에만 상속인이 피상속인을 대리하는 의미에서 철회권을 행사할 수 있다고 규정한다.[49] 반면 스위스 법에서는 철회권은 양도할 수는 없지만, 증여자가 사망하면 철회권은 상속인에게 승계된다고 본다. 다만 상속인이 승계하는 철회권은 증여자 사망 전에 발생한 사유에 한정되는 것이고, 증여자의 살해나 철회의 방해 등이 있으면 상속인은 독자적으로 철회권을 행사한다.[50] 프랑스에서는 상속인은 원칙적으로 철회권을 행사할 수 없다고 하면서도, 비행이 있은 때로부터 1년 안에 증여자가 사망한 때에는 상속인의 철회권 행사를 인정한다.[51] 일본의 민법(채권법)개정검토위원회 안은 상속인이 제한 없이 철회권을 행사할 수 있다고 보는 반면, 민법개정연구회 안은 수증자가 증여자를 살해한 때에 상속인이 철회할 수 있다고 규정한다. 오스트리아 민법이나 DCFR에서는 이 점에 대하여 따로 규정하지 않고 있다.

Ⅴ. 개정안의 검토

1. 개정안 확정의 경과

이 문제에 대하여는 법무부가 2004년 국회에 제출하였던 민법개정안의 작

---

48) Basler Kommentar/Vogt, 4. Aufl., 2007, OR Art. 249 Rn. 1.

49) MünchKommBGB/J. Koch, §530 Rdnr. 15.

50) Sandra Maissen, Der Schunkungsvertrag im Schweizerischen Recht, 1996. S. 131 f. 상속인이 수인인 때에는 증여자의 사망 전에 생긴 사유로 인한 철회권의 행사는 상속인들이 공동으로 하여야 하고, 상속인들 사이에 합의가 되지 않으면 철회할 수 없다. Basler Kommentar/Vogt, OR Art. 251 Rn. 4.

51) 상속인이 수인일 때에는 스위스와는 달리 각 상속인 각자가 철회권을 행사할 수 있다. FLOUR(주 25), n[os] 315.91.

성 과정에서도 논의되었던 일이 있었다. 즉 법무부에 설치되었던 민법개정위원회에서 수증자의 망은행위 및 증여자의 사정변경에 따른 계약해제의 효과를 조정하여야 한다는 의견(백태승 위원)이 있었으나, 망은행위가 있어도 그 행위의 동기가 다양하고, 망은행위로 이미 행해진 증여를 다시 찾아온다는 것은 복잡한 문제를 야기하므로 그냥 두어도 별 문제 없다는 주장에 따라 개정대상에서 제외되었다.[52]

2009년에 다시 설치된 법무부의 민법개정위원회에서 2010년 제2기에 증여계약을 담당한 것은 백태승 교수를 분과위원장으로 하는 4분과였다. 그런데 4분과에서 작성한 개정안에서는 제558조에 대하여는 따로 개정안이 제출되지 않았다. 다만 망은행위에 관한 제556조 제2항 제1호의, "증여자 또는 그 배우자나 직계혈족에 대한 범죄행위가 있는 때"를 "증여자 또는 그 배우자나 직계혈족에 대하여 범죄행위, 학대 그 밖에 현저하게 부당한 대우를 한 때"로 수정하였다. 그런데 실무위원회[53]에서는 제556조, 제557조에 의한 해제는 이미 이행한 부분에 대하여도 영향을 미치도록 하여야 한다고 보아 그와 같은 내용의 개정안을 제출하였다. 위원장단회의에서는 실무위 의견을 대체로 받아들이되, 다소의 수정을 거쳐[54] 전체회의에 회부하였고, 전체회의에서는 2011. 11. 28.과 2012. 2. 13. 두 차례 회의를 거쳐 위원장단안을 개정안으로 확정하였다.

2. 개 정 안

현 행 법	개 정 안
제555조(서면에 의하지 아니한 증여와	제555조(서면에 의하지 아니한 증여와

52) 法務部, 民法(財産編) 改正 資料集, 2004, 847면.

53) 2010년 이래로 민법개정위원회에서는 각 분과위원회에서 개정안을 제출하면, 이를 실무위원회에서 다시 검토하여 검토 결과를 위원장, 부위원장 및 각 분과위원장들로 구성된 위원장단 회의에 보내고, 위원장단회의에서 전체회의에 회부할 개정안을 정한 다음, 개정위원회 전 위원들이 참석하는 전체회의에서 최종적으로 개정안을 확정하는 방식을 취하고 있다. 증여계약 부분을 검토한 2011년 실무위원회는 필자(위원장)와 윤용섭 변호사(법무법인 율촌), 이태종 부장판사(서울고등법원), 권영준 교수(서울대학교 법학전문대학원)로 구성되어 있었다. 이는 현재에도 같다.

54) 주된 수정은 망은행위로 인한 해제의 효과로서 과실의 반환책임에 관한 부분과, 재산상태 변경으로 인한 해제의 경우에 수증자가 증여된 재산을 반환함으로 인하여 수증자의 생계에 중대한 영향을 미칠 때에는 반환의무가 면제된다는 규정이 추가된 것이다.

해제) 증여의 의사가 서면으로 표시되지 아니한 경우에는 각 당사자는 이를 해제할 수 있다.	해제) ① 증여의 의사가 서면으로 표시되지 아니한 증여는 각 당사자가 해제할 수 있다. ② 제1항의 규정에 의한 계약의 해제는 이미 이행한 부분에 대하여는 영향을 미치지 아니한다.
제556조(수증자의 행위와 증여의 해제) ① 수증자가 증여자에 대하여 다음 각 호의 사유가 있는 때에는 증여자는 그 증여를 해제할 수 있다. 1. 증여자 또는 그 배우자나 직계혈족에 대한 범죄행위가 있는 때 2. 증여자에 대하여 부양의무있는 경우에 이를 이행하지 아니하는 때 ② 전항의 해제권은 해제원인 있음을 안 날로부터 6월을 경과하거나 증여자가 수증자에 대하여 용서의 의사를 표시한 때에는 소멸한다.	제556조(수증자의 행위와 증여의 해제) ① 수증자에게 다음 각 호의 사유가 있는 때에는 증여자는 그 증여를 해제할 수 있다. 1. 증여자 또는 그 배우자나 직계혈족에 대하여 범죄행위, 학대 그 밖에 현저하게 부당한 대우를 한 때 2. 증여자에 대하여 부양의무있는 경우에 이를 이행하지 아니하는 때 ② 제1항의 규정에 의하여 증여가 해제된 때에는 수증자는 증여된 재산과 해제 후에 수취한 과실(果實)을 반환하여야 한다. 수증자가 과실(果實)을 소비하였거나 과실(過失)로 인하여 훼손 또는 수취하지 못한 경우에는 그 과실(果實)의 대가를 보상하여야 한다. ③ 제1항의 해제권은 해제권자가 해제원인 있음을 안 날부터 1년을 경과하거나 증여자가 수증자에 대하여 용서의 의사를 표시한 때에는 소멸한다.
제557조(증여자의 재산상태 변경과 증여의 해제) 증여계약후에 증여자의 재산상태가 현저히 변경되고 그 이행으로 인	제557조(증여자의 재산상태 변경과 증여의 해제) ① 증여계약후에 증여자의 재산상태가 현저히 변경되고 그 이행으로

하여 생계에 중대한 영향을 미칠 경우에는 증여자는 증여를 해제할 수 있다.	인하여 생계에 중대한 영향을 미칠 경우에는 증여자는 증여를 해제할 수 있다. ② 제1항의 규정에 의하여 증여가 해제된 때에는 수증자는 그 받은 이익이 현존한 한도에서 증여자의 생계에 필요한 금액을 지급할 책임이 있다. 다만 그로 인하여 수증자의 생계에 중대한 영향을 미칠 때에는 그러하지 아니한다. ③ 수증자가 수인 있으면 먼저 증여를 받은 자는 나중에 증여를 받은 자가 책임을 이행하여도 증여자가 생계를 유지할 수 없는 한도에서 책임이 있다. ④ 제1항의 해제권은 해제권자가 해제원인 있음을 안 날부터 1년을 경과하거나 증여가 있은 때부터 5년을 경과하면 소멸한다.
第558조(해제와 이행완료부분) 전 3조의 규정에 의한 계약의 해제는 이미 이행한 부분에 대하여는 영향을 미치지 아니한다.	〈삭 제〉

3. 망은행위(제556조)

망은행위에 대하여는 이미 이행된 부분의 반환도 청구할 수 있어야 한다. 이 점은 이 글에서 검토한 대부분의 나라에서도 모두 인정하고 있다. 국내에서도 이에 관하여는 반대하는 견해가 없다고 보인다. 문제는 그 반환 범위를 현존이익에 한정할 것인가 하는 점인데, 그와 같이 한정하는 입법례도 있고, 국내에도 그와 같이 주장하는 학설도 있다. 그러나 망은행위의 경우에는 그와 같이 현존이익에 한정할 이유가 없다. 프랑스에서도 반환범위를 현존이익에 한정하고 있지 않다. DCFR의 주석서는 이 점에 관하여, 수증자의 신뢰에 기한 이익은 보호될 필요가 없을 뿐만 아니라 보호하는 것이 부당한데, 왜냐하면 수증자가 자신의 비난받아야 할 행동에 의하여 철회권의 행사를 야기하였기 때문

이라고 설명하고 있다.[55)]

다만 해제 전에 발생 내지 취득한 과실에 관하여도 반환의무를 인정할 것인가 하는 점은 검토를 요한다. 만일 이를 인정한다면 증여 후 해제시까지 장기간의 시간이 경과한 경우에는 수증자에게 지나치게 가혹하게 될 우려가 있다. 따라서 프랑스 민법(제958조 제2항)과 같이 해제 전에 수취한 과실은 수증자가 여전히 보유할 수 있도록 하는 것이 타당하다. 그런데 이 점에 관하여 개정안은, 해제 후에 수취한 과실(果實)을 반환하여야 하고, 수증자가 과실(果實)을 소비하였거나 과실(過失)로 인하여 훼손 또는 수취하지 못한 경우에는 그 과실(果實)의 대가를 보상하여야 한다고 규정하여, 간접적으로 해제 전에 수취한 과실은 반환할 필요가 없다는 것을 나타내고 있다(제2항). 그러나 해제 후의 법률효과는 일반 원칙에 따라 해결될 수 있으므로, 그것보다는 해제 전에 수취한 과실은 반환할 필요가 없다는 점을 직접적으로 밝히는 방법도 고려될 수 있을 것이다.

반환청구를 할 수 있는 시기에 관하여도 다른 나라에서는 일반적으로는 망은행위를 안 날로부터 적어도 1년 내로 규정하고 있고, 증여가 있은 때는 특별히 고려하고 있지 않다. 민법은 해제할 수 있는 기간을 해제원인이 있음을 안 날로부터 6월로 정하고 있으나, DCFR의 규정에서 보듯이 이는 짧은 느낌이 없지 않다. 따라서 그 기간을 1년으로 연장하였다.

4. 재산상태 변경(제557조)

이 경우에는 반환청구를 인정하는 나라도 있고, 철회를 인정하되 미이행의무의 소멸만을 인정하는 나라도 있으며(스위스), 아예 철회 사유로 인정하지 않는 나라도 있다(프랑스). 반환청구를 인정하는 경우에도 대체로 반환범위를 현존이익의 한도에서 생계에 필요한 최소비용으로 규정하고 있다. 과연 이러한 경우에 반드시 증여자의 반환청구를 인정할 것인가는 망은행위와는 달리 견해가 갈릴 수 있다. 그러나 증여자의 생계가 어려울 정도로 재산상태가 악화된 경우에는 적어도 증여자가 생계를 유지할 수 있을 정도의 반환은 인정하지 않으면 안 될 것이다.

---

55) Christian von Bar and Eric Clive ed., Principles, Definitions and Model Rules of European Private Law, Draft Common Frame of Reference(DCFR), Vol. 3, 2009, pp. 2869 f.

그리하여 개정안은 수증자가 그 받은 이익이 현존한 한도에서 증여자의 생계에 필요한 금액을 지급할 책임이 있고, 다만 그로 인하여 수증자의 생계에 중대한 영향을 미칠 때에는 그러한 책임을 면하도록 하였다(제2항). 위 단서의 규정은 독일 민법 제529조 제2항을 참조한 것이다. 독일 민법에는 증여자가 고의 또는 중과실에 의하여 곤궁을 초래한 경우에는 반환청구를 할 수 없다는 규정이 있으나(제529조 제1항), 개정안은 이 점에 대하여는 규정하지 않았다.

또한 개정안은 수증자가 수인 있으면 먼저 증여를 받은 자는 나중에 증여를 받은 자가 책임을 이행하여도 증여자가 생계를 유지할 수 없는 한도에서 책임이 있도록 하였다(제3항). 이는 독일 민법 제528조 제2항, 오스트리아 민법 제947조를 참조한 것이다.

해제권의 행사 기간에 관하여는 현행법에 규정이 없는데, 개정안은 해제권자가 해제원인 있음을 안 날부터 1년을 경과하거나 증여가 있은 때부터 5년을 경과하면 해제권이 소멸하는 것으로 규정하였다(제4항).

5. 제555조 및 제558조

이처럼 망은행위와 재산상태 변경의 경우 철회의 효력에 관하여 제556조와 제557조에서 따로 규정을 두게 되므로, 제558조를 그대로 존속시킬 필요는 없고, 그 내용을 서면에 의하지 않은 증여에 관한 제555조 제2항으로 옮기기로 하였다.

6. 그 밖의 논점

이하의 논점은 개정위원회에서는 별달리 논의되지 않았던 것으로서, 필자의 개인적인 견해이다.

가. 증여자의 상속인에 의한 해제권 행사의 가부

앞에서 본 것처럼 많은 입법례는 증여자의 상속인이 철회권을 행사할 수 있는가에 관하여 명문 규정을 두고 있다. 스위스는 이를 긍정하고, 프랑스도 결과에 있어서는 마찬가지이다. 일본의 민법(채권법)개정검토위원회 안도 같다. 반면 독일 민법은 망은행위로 인한 해제의 경우에는 수증자가 고의로 위법하게 증여자를 살해하였거나 철회를 방해한 때에 한하여 철회권을 인정하고, 일본의 민법개정연구회 안도 수증자가 증여자를 살해한 때에 한하여 상속인의 철회권을 인정한다. 그런데 개정안은 이에 관하여 규정을 두지 않고 있으므로, 이 문제는 해석에 의하여 해결할 수밖에 없다.

사견으로는 망은행위로 인한 해제의 경우에는 증여자의 상속인이 일반적으로 철회권을 행사할 수 있게 함이 타당하다고 생각한다. 망은행위로 인한 해제는 수증자에 대한 제재의 의미가 중요하므로, 증여자가 사망하였다고 하여 해제할 수 없다고 하는 것은 부당하다. 다만 이 경우에 해제할 수 있는 기간이 문제되는데, 원칙적으로 증여자 자신이 해제할 수 있었던 기간 내에 해제하여야 할 것이다. 문제는 증여자가 수증자에 의하여 살해된 경우이다. 이때에는 엄밀하게 보면 증여자는 해제권을 취득하지 못하므로, 상속인도 해제할 수 없다고 볼 여지가 있다. 그러나 현재 판례나 통설은 불법행위로 인하여 피해자가 사망한 경우에도 이른바 시간적 간격설에 의하여 피해자의 상속인이 사망으로 인한 손해배상청구권을 상속한다고 보고 있는 점[56]에 비추어 보면, 이러한 경우에도 증여자의 상속인이 해제권을 행사할 수 있다고 보는 데 큰 문제는 없다.[57]

다른 한편 증여자의 재산상태가 변경된 경우에는 상속인의 철회권을 인정할 필요가 없을 것이다. 이러한 경우에 증여자의 철회권을 인정하는 것은 증여자의 생계 유지를 위한 것이고, 따라서 수증자가 증여자에게 생계에 필요한 금액을 지급하는 것은 부양의 일종이라고 할 수 있다. 그런데 일반적으로 부양청구권이 상속의 대상이 되지 않는다는 점에 비추어 보면, 이러한 철회권의 상속도 인정할 필요가 없다.

나. 도의적 의무 또는 예의상 고려에 따라 행해진 출연

독일 민법 제534조는 도의적 의무 또는 예의상 고려에 따라 행해진 증여는 반환청구나 철회의 대상이 되지 못한다고 규정하고 있다. 그러므로 우리 민법에서도 이러한 경우에 해제를 인정할 것인가를 따져 볼 필요가 있다고 생각될 수 있다.

---

56) 대법원 1969. 4. 15. 선고 69다268 판결. 또한 대법원 1966. 2. 28. 선고 65다2523 판결도 참조.

57) 민법이 수유자의 유증결격을 인정하고 있는 점(제1064조에 의한 제1004조의 준용)도 근거가 될 수 있을 것이다.

그러나 이 문제는 우선 이러한 도의적 의무 또는 예의상 고려에 의하여 행해진 출연을 증여에 포함시킬 수 있는가 하는 출연행위의 성질결정이 선결되어야 한다. 만일 이러한 출연의 경우에 해제를 인정하지 않는다면 이를 구태여 증여로 볼 필요는 없다.[58] 반면 이를 증여로 본다면 이러한 경우에 해제를 인정하지 않을 이유가 없다. 스위스에서는 도의적 의무의 이행은 증여가 아니라는 명문 규정이 있다(채무법 제239조 제3항). 오스트리아의 판례도 도의적 의무 또는 예의상 의무의 이행은 증여가 아니라고 보고 있다.[59] 그런데 우리나라에서 이에 관하여 언급하고 있는 문헌은, 독일 민법은 이 또한 증여에 포함시키면서 일반의 증여자에게 부여한 반환청구권과 철회권을 부인하고 있으나, 우리 민법에서는 일반의 증여자에게도 이러한 종류의 반환청구권과 철회권이 인정되고 있지 않으므로 이러한 경우를 다른 증여와 구별할 실익이 없다고 한다.[60] 그러나 우리나라는 일본과는 달리 증여자에게 독일의 철회권에 상응하는 해제권을 인정하고 있기 때문에 이러한 설명은 문제가 있다.

결국 이러한 출연을 증여의 개념에 포함시킬 것인가, 이러한 경우에도 해제를 인정할 것인가는 해석에 의하여 결정할 문제이다. 위에서 본 것처럼 이러한 경우에는 증여가 아니라고 보는 예들이 있기는 하지만, 사견으로는 이 또한 증여로 보아야 하고, 따라서 이러한 경우에도 제555조에서 제557조의 규정이 적용되어야 할 것이다. 우선 도의적 의무라는 개념이 불명확하므로 실제 사례에서 도의적 의무의 이행을 위한 것인지 아닌지 판단하기 어렵다. 증여자가 수증자에게 어떤 의무감을 느껴서 증여하는 경우가 적지 않을 것인데, 이러한 경우에 증여자의 내심의 심리를 파악한다는 것도 쉽지 않다. 이 문제는 자연채무를 이행한 경우와 비교하여 볼 필요가 있다. 자연채무를 이행한 경우에는 증여가 아니라고 보는 것은 쉽게 이해할 수 있다.[61] 예컨대 승소의 종국판결을 받은 후 채권자가 소를 취하한 경우에는 전형적으로 자연채무가 성립하는데, 이러한 경우에 채무자가 채권자에게 채무를 지급한다고 하여 이를 증여라고 볼

58) 독일에서도 민법 제534조의 규정에도 불구하고 이러한 출연에 대하여 증여성을 인정할 것인가에 관하여 상당한 논쟁이 있었다. 小島奈津子, 贈與契約の類型化, 2004, 8면 이하 참조.

59) Schwimann/Binder, §938 Rdnr. 20 ff.; Kurzkommentar zum ABGB/Bollenberger, 3. Aufl., 2010, §938 Rdnr. 4에 소개된 판례 참조.

60) 高永鉀(주 14), 24면.

61) MünchKommBGB/J. Koch, §516 Rdnr. 26은 불완전한 의무(unvollkommene Verbindlichkeiten)의 이행을 위한 급부는 증여가 아니라고 한다. 프랑스에서의 이에 관한 논의에 대하여는 Hyland (주 2), pp. 142 f., 155 ff. 참조.

수는 없다. 자연채무의 경우에는 채권자가 적극적으로 채무자에게 이행을 소구할 수는 없지만, 재판 외의 방법으로 채무자가 이행을 한 경우에는 자연채무의 존재 자체가 채무자의 급부를 보유할 정당한 원인이 된다. 그러나 도의적 의무의 이행을 위한 급부인 경우에는 무상으로 재산을 이전한다는 증여자의 의사 내지 그에 대한 수증자와의 의사 합치가 급부를 보유할 수 있는 정당한 원인이 되는 것이므로, 이를 증여에서 배제할 이유가 없다. 도덕적 의무의 이행을 위한 것이라고 하더라도 가령 수증자가 망은행위를 한 경우에도 증여자가 철회할 수 없다고 보는 것은 타당하지 않다고 생각된다.[62]

Ⅵ. 결　　론

여기서 살펴본 민법개정안은 국내의 학설을 바탕으로 외국의 입법례를 참고하여 만들어진 것이다. 이 개정안이 법으로 만들어질 수 있을지, 그 과정에서 수정될 여지가 있을지는 좀 더 지켜보아야 할 문제이다. 그러나 현재 만들어진 개정안 자체도 학문적으로 의미를 가진다고 생각된다.

〈民事裁判의 諸問題 제21권, 2012〉

〈追記〉

1. 민법개정위원회는 그 활동을 종료한 날인 2014. 2. 17. 제4기 제11차 전체회의에서 제556조를 다시 개정하기로 하였다. 그 골자는 증여가 해제된 경우에는 수증자는 해제된 날까지 수취한 과실 또는 이익을 반환할 의무가 없다는 점을 명시하고, 증여자가 수증자의 행위로 인하여 사망한 경우에는 증여자의 상속인은 이를 안 날부터 1년 내에 증여를 해제할 수 있다고 하는 것이다. 뒤의 것은 증여자의 해제권이 일신전속적인 것임을 전제로 한다.

수정된 개정안은 다음과 같다.

제556조(수증자의 행위와 증여의 해제)

① 수증자에게 다음 각 호의 사유가 있는 때에는 증여자는 그 증여를 해

62) Bollenberger(주 59), §938 Rdnr. 4는 도덕적 의무의 이행을 위한 출연은 증여가 아니라고 보는 판례에 반대하면서, 망은행위로 인한 철회도 긍정하여야 한다고 주장한다.

제할 수 있다.

1. 증여자 또는 그 배우자나 직계혈족에 대하여 범죄행위, 학대 그 밖에 현저하게 부당한 대우를 한 때

2. 증여자에 대하여 부양의무있는 경우에 이를 이행하지 아니하는 때

② 제1항에 따라 증여가 해제된 경우에는 수증자는 해제된 날까지 수취한 과실 또는 이익을 반환할 의무가 없다. 증여받은 금전을 반환하여야 할 경우에 해제된 날까지의 이자도 이와 같다.

③ 제1항의 해제권은 해제권자가 해제원인 있음을 안 날부터 1년을 경과하거나 증여자가 수증자에 대하여 용서의 의사를 표시한 때에는 소멸한다.

④ 증여자가 수증자의 제1항의 행위로 인하여 사망한 경우에는 증여자의 상속인은 이를 안 날부터 1년 내에 증여를 해제할 수 있다.

2. 일본 법무성의 법제심의회 민법(채권관계) 부회가 2013. 4. 작성한 중간시안{民法(債権関係)の改正に関する中間試案}은 증여자의 곤궁에 의한 증여계약의 해제와, 수장자에게 현저한 비행이 있는 경우의 증여계약의 해제를 인정하면서, 전자의 경우에는 이행이 끝난 후에는 해제할 수 없고, 후자의 경우에는 수증자가 현존이익의 한도 내에서 반환할 의무가 있다고 하였다(第36 4, 5). 그러나 2014. 8.에 작성된 요강가안{民法(債権関係)の改正に関する要綱仮案}은 이러한 규정을 두지 않기로 하였다. http://www.moj.go.jp/content/000112247.pdf; http://www.moj.go.jp/content/000121259.pdf 참조.

製造物責任의 主要 爭點

— 최근의 논의를 중심으로 —

Ⅰ. 서　　론

한국의 제조물책임법은 2000. 1. 12. 공포되어 2002. 7. 1.부터 시행되었다. 이 법은 소비자 보호를 위하여 그 제정을 요망하는 여론을 반영한 것인데, 실제로 법 시행 후에 제조물책임을 묻는 사건이 크게 증가하지는 않았다. 그렇지만 제조물책임법은 이제 독자적인 법 분야로 성립하게 되었고, 또 근래에도 제조물책임에 관하여 사회적으로 주목을 끄는 사건들이 나타나고 있다. 이하에서는 제조물책임의 주요 쟁점들에 관한 최근의 논의 상황을 개관하고자 한다. 종래에도 제조물책임에 관한 연구가 상당수 있었으나, 최근의 판례를 종합적으로 분석하거나 전체적인 상황을 조감할 수 있는 글은 보이지 않는다. 여기서는 2000년대 이후의 주요한 국내 판례들을 중심으로 하여 이를 분석하고, 그 외에도 필요한 범위 내에서 국내외에서의 최근 논의들을 소개한 다음 간단히 필자의 견해를 덧붙이고자 한다.

이하에서 소개하는 판례들은 거의 대부분 제조물책임법이 시행되기 전의 사안에 대한 것이어서 직접 제조물책임법이 적용된 것은 아니지만, 아래에서 보는 것처럼 실제로 책임발생의 요건에 관하여는 큰 차이가 없기 때문에 현행 제조물책임법의 해석에 관하여도 여전히 참고가 될 수 있다.

Ⅱ. 연 혁

잘 알려져 있는 것처럼 제조물책임의 법리는 20세기에 이르러 미국의 판례에 의하여 발전된 것이다.[1] 원래 제조물책임의 법리는 계약당사자의 원칙(privity of contract)을 벗어나기 위하여 발전되었다. 종래에는 계약당사자의 원칙에 의하여, 제조자는 자신과 직접적인 계약관계에 있는 사람에 대하여만 제조물의 결함으로 인한 책임을 지는 것이 원칙이었다. 그러나 1916년 뉴욕 대법원(Court of Appeals of New York)이 선고한 MacPherson v. Buick Moter Co. 판결[2]은 이에 따르지 않고, 제조자와 계약관계에 있지 않은 제3자에 대한 손해배상책임을 인정하였다. 이 사건에서 피고인 제조자는 자동차를 중간 판매상에게 판매하고, 중간 판매상은 다시 원고에게 판매하였는데, 결함있는 나무로 제조된 자동차의 바퀴가 부서지면서 자동차가 충돌하여 원고의 처가 부상을 당하였다. 그에 대하여 이 판결은 계약당사자의 원칙을 따르지 않고 피고의 제조물책임을 인정하였다.

초기의 미국의 제조물책임은 전통적인 불법행위법상의 과실책임(negligence rule)에 근거한 것이었으나, 1960년대에 들어서면서 엄격책임(strict laibility)에 입각한 판결들이 나오게 되었고, 이것이 대세를 이루게 되었다.[3] 이러한 엄격책임에 근거한 제조물책임의 법리는 1965년에 공포된 제2차 불법행위법 리스테이트먼트 {Restatement (Second) of Tort} 제402조 A에 채택되어 한때 미국 제조물책임의 주류를 이루게 되었다. 이 제2차 리스테이트먼트는 이른바 소비자 기대 기준(consumer expectation test)에 근거한 것이었다.

그러나 이러한 소비자 기대 기준에 근거한 제조물책임이 너무 과도하다는 비판이 제기되면서, 그와는 다른 위험-효용 기준(risk-utility test)[4]이 주장되게 되

1) 이에 대하여는 우선 David G. Owen, Product Liability Law, 2nd ed., 2008, pp. 17 ff. 참조.
2) 217 N.Y. 382, 111 N.E., 1050.
3) 많이 인용되는 것은 1963년 캘리포니아 주 대법원이 선고한 Greenman v. Yuba Power Products, Inc. 판결(59 Cal.2d 57, 377 P.2d 897, 27 Cal. Rptr. 687)이다. 이 사건에서 원고는 피고가 제작한 shopsmith라는, 톱이나 선반 등으로 사용할 수 있는 기계를 사서 사용하다가 기계에서 나무조각이 튀어나와 다쳤다. 트레이너(Traynor) 대법관은 피고의 엄격책임을 인정하면서, 그러한 엄격책임의 목적은 결함 있는 제조물로부터 야기된 손해의 비용은 자신을 보호할 능력이 없는 피해자가 아니라, 그러한 제품을 시장에 내놓은 제조자가 부담하게 하는데 있다고 판시하였다.
4) 위험-이익 기준(risk-benefit test)이라고도 한다.

었고, 1998년의 미국 제3차 불법행위법: 제조물책임 리스테이트먼트(Restatement of the Law Third, Torts: Products Liability) 제2조는 설계상의 결함과 지시상의 결함에 관하여는 이러한 위험-효용 기준을 채택하였다. 소비자 기대 기준과 위험-효용 기준에 대하여는 아래에서 결함의 개념을 정의할 때 다시 살펴본다.

다른 한편 국제적으로 영향이 컸던 것은 1985년의 유럽연합의 EC 제조물책임 지침[5]이다. 이 지침은 유럽 연합 회원국에게 제조물책임에 관한 법률을 제정할 것을 요구하고 있고, 그에 따라 각국의 제조물책임법이 제정되었다. 특히 이 지침은 제6조에서 제조물의 결함을 소비자가 정당하게 기대할 수 있는 안전성을 갖추지 못한 것("A product is defective when it does not provide the safety which a person is entitled to expect")으로 규정하여 소비자 기대 기준을 따르고 있다. 1994년에 제정된 일본의 제조물책임법도 이러한 유럽연합 지침의 영향을 받은 것으로 평가된다.

우리나라에서도 1980년대부터 제조물책임법을 제정하려는 노력이 있었으나 실현되지 못하던 중, 1998년에 이르러 제조물책임법 제정이 본격적으로 추진되게 되었다.[6] 재정경제부는 1998. 8. 학계, 법조계 등 관계전문가들로 이루어진 〈제조물책임법 제정 실무위원회〉를 구성하여 이 위원회에서 제조물책임법안을 마련하였다. 정부는 1998. 11. 17. 공청회를 개최하여 이 안에 대하여 여론을 수렴한 다음 1999. 7. 13. 법무부와 합동으로 입법예고를 하였고, 이어서 1999. 10. 정부안을 마련하여 국무회의에 회부하였으나, 당시 여당이던 새정치국민회의가 별도의 입법을 준비하고 있는 점을 고려하여 국회에 제출하지 않기로 하였다.

다른 한편 새정치국민회의의 추미애 의원 외 91인의 의원이 1999. 11. 5. 국회에 별도의 법안을 제출하였는데, 이 법안은 정부의 입법안과 큰 차이는 없으나, 결함의 정의, 면책사유 등에서 다소 다르게 규정하고 있었다.[7] 이 법안은 1999. 12. 16. 국회 본회의에서 의결되어 2000. 1. 12. 공포되었다. 국회의 심의과정에서 달라진 것 가운데 특히 중요한 것은 "결함"의 정의 방법이다. 정

5) Council Directive of 25 July 1985 on the approximation of the laws, regulations and administrative provisions of the Member States concerning liability for defective products(85/374/EEC).
6) 이에 대하여는 尹眞秀, "한국의 제조물책임", 民法論攷 Ⅲ, 2009, 422면(처음 발표: 2002), 411면 이하 참조.
7) 처음에는 법안의 명칭이 "결함제조물책임법안"이었는데, 국회의 심의과정에서 명칭이 제조물책임법으로 바뀌었다.

부 안이나 당초의 의원입법안은 결함의 개념을 소비자 기대 기준에 따라 규정하고 있었는데, 제정된 법률은 제3차 리스테이트먼트를 따르고 있다. 왜 이와 같이 달라졌는가는 확실하지 않은데, 아마도 소비자 기대 기준에 따를 경우에 제조자측에게 너무 큰 부담을 준다는 고려가 있었던 것으로 추측된다. 이 법의 의결 과정에서 이해관계자, 특히 경제단체가 가장 예민하게 반응한 것은 위 법률의 시행 시기였는데, 당초의 법률안에서는 2001년 10월 1일부터 시행하도록 되어 있었으나, 의결된 법률에서는 시행 시기가 2002년 7월 1일부터로 늦추어졌다.

Ⅲ. 제조물의 개념과 책임의 주체

1. 제조물의 개념

제조물책임법 제2조 제1호는 제조물의 개념에 대하여 다른 동산이나 부동산의 일부를 구성하는 경우를 포함한 제조 또는 가공된 동산을 말한다고 규정하고 있다. 그 기본적인 표지는 제조 또는 가공된 동산이라는 점에 있다.[8] 그러나 이러한 규정만으로는 반드시 제조물의 개념이 명확하다고 할 수 없다.

가. 동 산

제조물은 동산이어야 하므로 부동산은 제외된다. 입법 과정에서는 부동산이라고 하여도 분양공급주택과 같은 것은 포함시키자는 논의가 있었으나,[9] 채택되지 않았다. 자동차, 건설기계, 선박, 항공기와 같이 동산이지만 등기나 등록제도가 구비되어 있어 물권변동에 관하여는 부동산에 준하여 다루어지고 있는 경우에는 제조물에 해당하는가? 독일에서는 등기된 선박의 경우에는 이를

8) 미국 제3차 리스테이트먼트 제19조는 제조물의 개념에 대하여, 제조물이란 사용 내지 소비용도로 상업적으로 유통되는 유체동산(tangible personal property)을 의미한다고 하면서, 부동산(real property)과 전기와 같은 기타의 물건(items)은 그들 유통 및 사용의 맥락이 이 리스테이트먼트의 규정을 적용하기에 적합할 정도로 유체동산의 그것과 유사한 경우에는 제조물로 본다고 규정하고 있다. 이에 대하여는 김천수, “제조물책임법상 제조물의 개념: 미국 제조물책임 리스테이트먼트와 비교하여”, 成均館法學 제16권 1호, 2004, 35면 이하 참조.

9) 梁彰洙, “韓國의 製造物責任法”, 서울대학교 法學 제42권 제2호, 2001, 101면; 金凡鐵, “製造物責任法에 관한 硏究”, 法曹 2000. 2, 178면 등 참조.

부동산으로 보아야 하므로 제조물에서 제외되어야 한다고 주장하는 견해가 있으나,[10] 물권변동에 관하여 부동산에 준하는 공시방법이 요구된다는 것만으로 제조물책임법상으로도 이를 부동산으로 보아야 할 이유는 없을 것이다.[11]

전기는 관리할 수 있는 자연력으로서 동산에 해당하므로(민법 제98조, 제99조 참조), 제조물에 포함될 수 있다.[12] 컴퓨터 소프트웨어가 제조물에 해당하는가에 대하여는 다소 논의가 있다. 소프트웨어가 디스켓이나 CD-ROM에 담겨 있을 때에는 그 디스켓이나 CD-ROM이 제조물에 해당할 수 있을 것이다.[13] 그러나 이러한 경우가 아니라 소프트웨어 그 자체는 제조물인가, 가령 인터넷에서 컴퓨터 프로그램을 내려받는 경우에는 이를 제조물로 볼 수 있는가 하는 점이 문제된다. 국내에는 이를 긍정하는 견해는 없는 것으로 보인다.[14] 독일에서는 이 문제에 관하여 학설상 다툼이 있기는 하지만, 통설은 이를 부정한다.[15]

제조물이 다른 동산이나 부동산의 일부를 구성하는 경우에도 제조물로서의 성질을 잃는 것은 아니다. 이는 EC 제조물지침 제2조의 영향을 받은 것이다. 그 이유는 결함이 있는 제조물이 다른 물건에 부합되었다는 이유만으로 결함이 있음에도 불구하고 제조물책임을 부담시키지 않는 것은 타당하지 않기 때문이다. 따라서 건물에 설치된 엘리베이터, 가스배관, 냉·난방시설 등에 결함이 존재한다면 제조물책임법이 적용될 수 있다.[16]

나. 제조 또는 가공

제조 또는 가공된 동산이라야 제조물에 해당되고, 그렇지 않은 자연 상태의 동산은 제조물이 아니다. 제조란 부품이나 원재료에 인공을 가하여 새로운

---

10) Staudinger/Oechsler, Neubearbeitung 2003, §2 ProdhaftG Rdnr. 20 등.

11) 박동진, "제조물책임법상 제조물의 개념", 比較私法 제10권 4호, 2003, 290-291면; 김천수(주 8), 59면 참조.

12) 尹眞秀(주 6), 413면; 김천수(주 8), 59면; 권오승, 신은주, 홍명수, 차성민, 이현종, 제조물책임법, 2003, 189면 등. 일본의 경우에는 전기가 제조물에 포함되어 있지 않다. 升田 純, 詳解製造物責任法, 1997(平成 9), 239면 이하 참조. 반면 1985년의 EC 제조물책임 지침은 명시적으로 전기를 포함시키고 있다. 미국의 제3차 리스테이트먼트는 전기는 예외적으로만 제조물에 포함시킨다.

13) 박동진(주 11), 303면; 김천수(주 8), 61면 등.

14) 앞의 주 및 이상정, "제조물책임법 제정의 의의와 한계", 저스티스 2002. 8(통권 68호), 10-11면 등.

15) Staudinger/Oechsler, §2 ProdhaftG Rdnr. 64 ff. 참조.

16) 박동진(주 11), 291면 이하 참조.

제품을 만드는 것으로 생산보다는 좁은 개념이고, 가공이란 물품의 본질을 변하지 않고서 부품이나 원재료의 가치를 증가시키는 것을 말한다고 하는 설명이 있다.[17] 그러나 법은 양자를 달리 취급하고 있지 않으므로, 양자의 엄밀한 구별은 큰 의미가 없다.[18]

그런데 여기서 말하는 제조 또는 가공의 개념은 반드시 명확한 것은 아니다. 구체적으로는 1차적 농수축산물이나 혈액 등과 같은 인체의 구성부분 등이 문제로 된다.

우선 1차적 농수축산물의 경우에는 EC의 1985년 지침에서는 제2조에서 이를 제조물의 범위에서 제외하면서도, 제15조에서 이를 포함시킬 것인가에 대하여는 각 회원국에게 위임하였다. 그런데 1990년대 후반에 이르러 소로 인한 광우병이 발생하게 되자, EC는 1999년 위 지침을 개정하여 미가공 농수축산물을 제조물에서 제외할 수 있는 근거규정을 삭제하여 버렸다.[19]

우리 제조물책임법은 이에 관한 특별한 규정을 두고 있지 않으므로 이러한 1차적 농수축산물이 제조물에 해당하는가는 제조 또는 가공된 것인가 여부에 달려 있다. 따라서 가공하지 않은 농수축산물은 제조물에 해당하지 않을 것이다. 그러나 무엇이 가공인가는 개개의 농수축산물에 가해진 인위적인 조작과 처리의 유무, 내용 등의 사정을 고려하여 사회 통념에 따라 개별적으로 판단할 수밖에 없을 것이다.[20] 구체적으로는 수확한 야채를 물에 씻기만 해서 일정한 양만큼 나누어 포장하거나, 바다에서 잡은 생선을 곧장 항구로 운반하여 토막내어 판매하는 것과 같이 새로운 속성이나 가치를 부가하지 않은 경우에는 이를 가공한 것이라고 볼 수 없고, 반대로 담뱃잎을 가공하여 담배를 만드는 경우에는 가공에 해당함이 명백하다. 나아가 생선을 건조시켜 판매하거나 냉동저장하여 판매하는 것은 가공에 해당한다고 볼 수 있을 것이다.[21] 1설은 수산

17) 이상정(주 14), 8면. 일본에서의 설명도 이와 같다. 升田 純(주 12), 210면 참조. 그런데 박동진(주 11), 297면은 제조물책임법상 가공은 우선 천연재료에 인력이 투입되어 소비자들이 사용·소비할 수 있도록 만드는 과정에서 '위험의 증가'를 내용으로 하는 인간의 활동으로 이해된다고 하여, 위험의 증가가 가공 개념의 그 본질적 요소가 된다고 하나, 일반적으로 받아들여지는 견해는 아니라고 생각된다.

18) EC의 제조물책임 지침이나 미국 제3차 리스테이트먼트에는 이와 같은 요건이 없고, 일본 제조물책임법 제2조가 우리 법과 같은 표현을 사용하고 있다.

19) DIRECTIVE 1999/34/EC OF THE EUROPEAN PARLIAMENT AND OF THE COUNCIL of 10 May 1999, Article 1.

20) 升田 純(주 12), 214면 참조.

21) 권오승 외(주 12), 190-191면 등.

물의 양식행위, 농산물을 재배하는 것도 역시 가공의 개념에 포함시킬 수 있을 것이라고 주장하지만,[22] 쉽게 받아들이기는 어렵다고 생각된다.[23] 입법론적으로는 1차적 농수축산물도 제조물에 포함시킬 필요가 있다는 주장도 있다.[24]

또 문제되는 것은 혈액이나 장기와 같은 신체의 일부이다. 이들도 신체에서 분리되면 동산에 해당하는 것은 명백하다. 문제는 어떤 경우에 가공 등의 요건을 갖춘 것으로 볼 것인가 하는 점이다. 가령 혈액을 원료고 하여 약을 만드는 경우에는 제조물에 해당한다.[25] 그리고 수혈용 혈액제재는 제조물에 해당한다. 가령 혈액 그 자체를 수혈하는 경우(이른바 全血製劑)에도 혈액을 채취한 다음 보존액과 항응고제를 첨가하여 보존하기 때문에 제조물에 해당한다.[26] 제조물책임법 시행 전에 선고된 대법원 1995. 8. 25. 선고 94다47803 판결[27] 및 1998. 2. 13. 선고 96다7854 판결[28]에서는 HIV 바이러스에 감염된 혈액을 공급한 자가 이를 수혈받아 에이즈에 걸린 사람에 대하여 손해배상책임이 있다고 판시하였는데, 이 사건들에서는 혈액 공급자의 과실 유무가 문제되었으나, 제조물책임법 시행 후에는 제조물책임의 인정 여부가 쟁점으로 될 것이다.

2. 책임의 주체

제조물책임법상의 책임 주체는 제조업자뿐만 아니라 제조물공급자도 될 수 있다.[29]

---

22) 박동진(주 11), 299면.

23) 김천수(주 8), 53-54면; 김종현, "제조물책임법상 제조물개념의 개정 필요성", 비교사법 제16권 3호, 2009, 283-284면 등.

24) 김종현(주 23), 273면 이하가 상세하다. 김천수(주 8), 54면은 입법론적으로는 농산물을 포함시키기 위하여 제조·가공이라는 제조물의 개념적 징표를 포기해야 할 것이라고 주장한다.

25) 예컨대 에이즈를 일으키는 HIV 바이러스에 감염된 혈액을 원료로 하여 만들어진 혈우병약. 서울고법 2008. 1. 10. 선고 2005나69245 판결(각공 2008상, 351면) 참조. 이 사건은 제조물책임법이 시행되기 전의 사안에 관한 것이므로 직접 제조물책임이 문제되지는 않았다.

26) 김천수(주 8), 54-55면. 山本庸幸, 注釋製造物責任法, 1994, 24-25면; 小林秀之 責任編輯, 新製造物責任法大系 Ⅱ[日本編], 新版, 1998, 29면(小林秀之·三井俊紘)에는 일본의 제조물책임법 제정과정에서 본문에서와 같은 근거로 전혈제제가 제조물에 포함되어야 한다는 논의가 소개되어 있다. 다른 한편 박동진, "혈액관련 사고에 대한 민사책임", 의료법학 제4권 2호, 2003, 76면은 위험의 증가가 가공 개념의 본질적 요소가 된다고 하여, 채혈은 기존의 위험을 감소해야 할 의무를 이행하지 않은 방법으로 제조물책임법상 가공개념에 포섭될 수 있다고 한다.

27) 공 1995하, 3269.

28) 집 46(1) 민59; 공 1998상, 702.

29) 제3조 제2항. 이 규정은 대체로 EC 제조물책임 지침 제3조와 같은 내용이다.

가. 제조업자

법이 말하고 있는 제조업자에는 4가지가 있다(제2조 제3호).

첫째, 제조물의 제조를 업(業)으로 하는 원래 의미의 제조업자. 여기서 "업"이란 동종의 행위를 계속 반복하는 경우를 말하므로, 예컨대 주부가 계절 과일을 이용하여 집에서 직접 만든 잼을 이웃 사람들에게 나누어 준 경우와 같이 1회적으로 제조물을 제조하는 자는 이에 포함되지 않을 것이다.[30] 그러나 반복성이 있기만 하면 되므로, 영리의 목적이 있는지 여부, 사업의 규모 등은 문제되지 않는다.[31] 나아가 어느 제품의 제조업자에는 그 완성품의 제조업자뿐만 아니라 그 완성품을 구성하는 부품이나 원재료의 제조업자도 포함된다.[32] 그러나 완성된 제품의 품질을 검사하는 것을 업으로 하는 사람까지 제조업자에 포함시킬 수는 없을 것이다.[33] 그 외에 제조물의 설치·수리업자 등의 용역 제공업자는 제조업자라고 볼 수 없다.[34]

둘째, 가공업자. 예컨대 가공식품 등과 같이 자연생산물 등의 동산에 노력을 가하여 새로운 물건을 만들어내는 자를 말한다. 그러나 제조와 가공의 구별이 어렵기 때문에, 제조업자와 가공업자의 구별도 명백하지 않다.

셋째, 수입업자. 수입업자를 책임 주체로 하는 것은 피해자가 외국의 제조업자에게 제조물책임을 묻는 것이 실질적으로 어렵기 때문이다.[35]

넷째, 표시제조업자. 즉 제조물에 성명·상호·상표 기타 식별가능한 기호 등을 사용하여 자신을 제조업자인 것으로 표시하거나, 그와 같이 오인시킬 수 있는 표시를 한 자. 예컨대 OEM 방식에 의하여 다른 제조업자가 제조한 상품에 자신의 상표를 붙여서 공급하는 경우가 이에 해당할 것이다. 이처럼 표시제조업자에게 책임을 부담시키는 것은 일종의 신뢰책임 내지 표현책임 또는 권리외관책임(Rechtsscheinhaftung)이라고 설명하기도 하지만,[36] 독일에서는 이러한

---

30) 金凡鐵(주 9), 184면; 권오승 외(주 12), 179면 등.

31) 권오승 외(주 12), 179면; 升田 純(주 12), 538면 이하. 그러나 梁彰洙(주 9), 103면은 「업으로」란 제조 등의 행위를 영리를 얻을 목적으로 계속적으로 반복하는 것을 의미할 것이라고 한다.

32) 권오승 외(주 12), 180면; 升田 純(주 12), 544면 등. 다만 당해 원재료 또는 부품을 사용한 제조물 제조업자의 설계 또는 제작에 관한 지시로 인하여 결함이 발생하였다는 사실을 입증하면 면책된다(제4조 제1항 제4호).

33) MünchKomm/Wagner, 5. Aufl., 2009, ProdHaftG §4 Rdnr. 10 참조.

34) 권오승 외(주 12), 186면; MünchKomm/Wagner, ProdHaftG §4 Rdnr. 13 참조.

35) 金凡鐵(주 9), 184면 참조.

36) 권오승 외(주 12), 181면; 升田 純(주 12), 555면; Staudinger/Oechsler, §4 ProdHaftG Rdnr. 54.

규정은 피해자의 구체적인 신뢰를 요구하고 있지 않으므로, 그러한 설명은 타당하지 않다는 비판이 있다.[37)38)]

나. 제조물공급자

그런데 이러한 제조업자가 아닌 제조물공급자도 보충적으로 책임을 지는 경우가 있다(제3조 제2항).[39)] 이 규정에 의하여 공급자가 책임을 지기 위한 요건은 제조물의 제조업자를 알 수 없을 것,[40)] 공급자가 영리의 목적으로 공급하였을 것,[41)] 공급자가 제조업자 또는 前 공급자를 알거나 알 수 있었음에도 불구하고[42)] 상당한 기간 내에 그 제조업자 또는 공급한 자를 피해자 또는 그 법정대리인에게 고지하지 아니하였을 것[43)] 등이다. 이러한 공급자의 보충적인 책임은 제조업자를 알 수 없는 경우에는 피해자가 구제받기 어렵기 때문에 피해자 보호를 위하여 인정된 것이다.[44)]

---

37) MünchKomm/Wagner, ProdHaftG §4 Rdnr. 22.

38) 미국에서는 이를 가리켜 외견상의 제조자(apparent manufacturer)라고 부른다. 제2차 불법행위법 리스테이트먼트 제400조; 제3차 리스테이트먼트 제14조 등. 그러나 미국에서는 일반적으로 공급자(seller)도 제조자와 동일한 책임을 지므로 이 규정의 의미는 별로 없다. Owen(주 1), p. 1029; American Law Institute, Restatement of the Law Third, Torts: Products Liability, 1998, §14 Comment b.(p. 228).

39) 미국에서는 공급자도 제조자와 동일한 책임을 부담한다. 제3차 리스테이트먼트 제1조 등. 반면 일본 제조물책임법은 공급자(판매업자) 자신의 제조물책임은 인정하지 않는다. 우리 법은 EC 제조물책임 지침 제3조 제2항과 같이 공급자의 보충적인 책임만을 인정하고 있다.

40) 법문상으로는 공급자가 제조업자를 알 수 없는 경우를 말하는 것인지, 피해자가 제조업자를 알 수 없는 경우를 말하는지가 불분명하나, 피해자가 알 수 없는 경우를 말하는 것으로 해석된다. 金凡鐵, "製造物責任法上 供給者의 責任", 比較私法 제8권 1호(上), 2001, 390면; 권오승 외(주 12), 183면 참조.

41) 국회에 제출되었던 원안에서는 제조업자와 함께 책임을 지는 "공급업자"가 영리의 목적을 가졌는가 여부를 묻지 않았으나, 의결된 법률에서는 영리목적의 요건이 추가되었다. 재정경제위원회의 심사보고서 15면은, 제조물책임은 결함피해를 입은 자가 제조・판매자에게 그 이익에 상응한 책임을 지우는 것이라 할 수 있으므로, 영리목적이 아닌 자에게까지 제조물책임을 지우는 것은 과도한 부담을 지우는 것인바, 영리를 목적으로 한 자만 손해배상책임을 지도록 하는 것이 바람직하다고 설명하고 있다. http://likms.assembly.go.kr/bms_svc/img_attach2/15/doc_20/152235_20.PDF(최종 방문: 2011. 8. 20).

42) 이 요건도 원안에는 없었는데, 심의과정에서 추가된 것이다. 金凡鐵(주 40), 395-396면은, 이러한 요건은 EC의 지침 등에서는 찾아볼 수 없는 것으로서, 공급자가 제조업자 또는 前 공급자를 알거나 알 수 있었을 개연성을 인정하여 그 개연성을 공급자가 부인하도록 해석하는 것이 타당하다고 한다.

43) 金凡鐵(주 9), 193-195면은, 상당한 기간은 피해자가 제조자 등을 알려 달라는 청구를 하였을 때부터 따져야 하고, 피해자가 손해배상을 청구하였을 때부터 따질 것은 아니라고 한다.

44) 金凡鐵(주 40), 389면; Staudinger/Oechsler, §4 ProdHaftG Rdnr. 95. 또한 권오승 외(주 12), 182-183면 참조.

그런데 법에서는 공급자라고만 규정하고 있으므로 반드시 동종의 행위를 반복할 필요는 없고, 1회적인 행위라도 공급자가 될 수 있다고 하는 견해가 있다.[45] 문언상은 그러한 해석도 가능한 것으로 보이지만, 일반적으로 영리 목적의 1회적 공급자가 얼마나 있을 것인지는 의문이다.

Ⅳ. 결함의 개념

제조물책임에 관하여 가장 논란이 되는 것은 제조물책임의 요건인 "결함"을 어떻게 파악할 것인가 하는 것이다.

1. 제조물책임법의 규정

제조물책임법 제2조 제2호는 결함을 다음과 같이 정의하고 있다.

"缺陷"이라 함은 당해 製造物에 다음 各目의 1에 해당하는 製造·設計 또는 표시상의 缺陷이나 기타 통상적으로 기대할 수 있는 안전성이 缺如되어 있는 것을 말한다.

가. "製造상의 缺陷"이라 함은 製造業者의 製造物에 대한 製造·加工상의 注意義務의 이행여부에 불구하고 製造物이 원래 의도한 設計와 다르게 製造·加工됨으로써 안전하지 못하게 된 경우를 말한다.

나. "設計상의 缺陷"이라 함은 製造業者가 합리적인 代替設計를 채용하였더라면 피해나 위험을 줄이거나 피할 수 있었음에도 代替設計를 채용하지 아니하여 당해 製造物이 안전하지 못하게 된 경우를 말한다.

다. "표시상의 缺陷"이라 함은 製造業者가 합리적인 설명·指示·警告 기타의 표시를 하였더라면 당해 製造物에 의하여 발생될 수 있는 피해나 위험을 줄이거나 피할 수 있었음에도 이를 하지 아니한 경우를 말한다.

즉 위 법은 제조물의 결함을 크게 제조상의 결함, 설계상의 결함 및 표시상의 결함으로 나누고, 특히 설계상의 결함에 관하여는 합리적인 대체설계를 채용하지 않은 것을, 표시상의 결함에 관하여는 합리적인 설명·지시·경고 기

45) 金凡鐵(주 40), 404면.

타의 표시를 하지 않은 것을 결함으로 규정하고 있다.

이러한 규정은 미국 제3차 리스테이트먼트 제2조의 결함의 정의와 거의 같고, 다만 기타의 결함을 추가한 점에 차이가 있다. 이 규정은 다음과 같다.

§2 CATEGORIES OF PRODUCT DEFECT

A product is defective when, at the time of sale or distribution, it contains a manufacturing defect, is defective in design, or is defective because of inadequate instructions or warnings.

A product:

(a) contains a manufacturing defect when the product departs from its intended design even though all possible care was exercised in the preparation and marketing of the product;

(b) is defective in design when the foreseeable risks of harm posed by the product could have been reduced or avoided by the adoption of a reasonable alternative design by the seller or other distributor, or a predecessor in the commercial chain of distribution, and the omission of the alternative design renders the product not reasonably safe;

(c) is defective because of inadequate instructions or warnings when the foreseeable risks of harm posed by the product could have been reduced or avoided by the provision of reasonable instructions or warnings by the seller or other distributor, or a predecessor in the commercial chain of distribution, and the omission of the instructions or warnings renders the product not reasonably safe.

앞에서도 언급한 것처럼, 현행 제조물책임법상 결함의 정의는 처음에 국회에 제안되었던 원안과는 차이가 있다. 최초의 결함제조물책임법안 제2조 제1호는 다음과 같이 규정하고 있었다. "缺陷"이라 함은 당해 製造物의 製造, 設計, 表示 등에 通常적으로 期待할 수 있는 安全性이 缺如되어 있는 것을 말한다. 이 경우 缺陷의 有無를 판단함에 있어서는 다음 各目의 事項을 고려하여야 한다.

가. 危險의 빈도 및 크기와 비교한 당해 製造物의 有用性

나. 損害發生의 蓋然性 및 損害의 甚大性

다. 製造業者 또는 供給業者가 당해 製造物을 공급한 時期

라. 합리적으로 豫見할 수 있는 당해 製造物의 用途 및 使用行態

마. 危險을 防止하기 위한 設計·表示 등의 技術的, 經濟的 실현 可能性

바. 기타 당해 製造物의 安全과 관련된 事項

이 원안은 EC 지침 제6조를 모델로 한 것이다.[46]

2. 위험-효용 기준과 소비자 기대 기준

앞에서도 언급한 것처럼 제3차 리스테이트먼트와 현행 제조물책임법은 위험-효용 기준을 채택한 것인 반면, 원안이나 EC 지침은 소비자 기대 기준에 입각한 것이다. 어떤 기준을 채택하는가에 따라 제조물책임의 성질을 위험책임으로 볼 것인가, 아니면 과실책임으로 볼 것인가도 달라진다.

다만 여기서 주로 문제되는 것은 설계상의 결함과 표시상의 결함에 관한 것이다. 제조상의 결함에 관하여는 주로 설계일탈기준(departure from design test)[47]에 따라 원래의 설계와는 다르게 제조된 것을 결함으로 파악한다는 데 별 논란이 없고,[48] 이는 원래의 의미에서의 엄격책임이라는 데 이론이 없다.

가. 소비자 기대 기준

소비자 기대 기준은 제조물책임 이론의 발전 초기에 지배적이었던 것으로서, 제2차 리스테이트먼트가 1965년에 채택한 것이다. 그 내용은 다음과 같다.

Restatement (Second) of Torts

§ 402A. Special Liability of Seller of Product for Physical Harm To User

---

46) Article 6.

1. A product is defective when it does not provide the safety which a person is entitled to expect, taking all circumstances into account, including:

(a) the presentation of the product;

(b) the use to which it could reasonably be expected that the product would be put;

(c) the time when the product was put into circulation.

2. A product shall not be considered defective for the sole reason that a better product is subsequently put into circulation.

47) 표준일탈기준이라고도 한다.

48) Owen(주 1), pp. 459 ff. 이 점은 EU 지침을 국내 입법화한 유럽 각국에서도 마찬가지이다. 예컨대 MünchKomm/Wagner, ProdHaftG §3 Rdnr. 30 참조.

or Consumer

(1) One who sells any product in a defective condition unreasonably dangerous to the user or consumer or to his property is subject to liability for physical harm thereby caused to the ultimate user or consumer, or to his property, if

(a) the seller is engaged in the business of selling such a product, and

(b) it is expected to and does reach the user or consumer without substantial change in the condition in which it is sold.

(2) The rule stated in Subsection (1) applies although

(a) the seller has exercised all possible care in the preparation and sale of his product, and

(b) the user or consumer has not bought the product from or entered into any contractual relation with the seller.

이 기준을 적용함에 있어 초기에는 "결함 있는 상태(defective condition)"와 "비합리적으로 위험한(unreasonably dangerous)"이라는 것이 각 별개의 개념이고, 따라서 결함이 있다고 하기 위하여는 양자의 요건을 다 충족하여야 하는가 하는 점에 관하여 논란이 있었다. 그러나 미국에서 현재는 양자는 같은 의미로서, 소비자 기대 기준이란 "소비자가 고려할 수 없었던 위험성(dangerous beyond a consumer's contemplation)"으로 정의되어야 한다는 데 다툼이 없다.[49] 여기서 말하는 소비자는 통상의 평균적이고 합리적인 소비자를 의미한다.

이처럼 소비자 기대 기준이 등장한 것은 연혁적으로 제조물책임법이 계약법상 보장(warranty)의 법으로부터 진화하였다는 점에서 유래한다. 이는 일반적으로 법의 중요한 목표의 하나가 당사자의 합리적인 기대를 보호하는 데 있다는 점에서 정당화의 근거를 찾을 수도 있는 것이다.[50]

그러나 이러한 소비자 기대 기준에는 여러 가지 문제점이 있다는 비판을 받고 있다.[51] 우선 이 기준에 따르면 위험이 명백하여 소비자가 이를 인식할 수 있었을 때에는, 비록 제조자가 쉽게 결함을 방지할 수 있는 경우에도 결함이 없다고

49) Owen(주 1), pp. 301 f.

50) Owen(주 1), pp. 302 f.

51) Owen(주 1), pp. 305 ff. 참조. 또한 영국 문헌으로서 Miller & Goldberg, Product Liability, 2nd ed., 2004, 10. 24(pp. 357 ff.)도 참조.

하게 된다.52) 그리고 소비자의 기준이라고 할 때 어떤 사람을 기준으로 하는가도 문제된다. 가령 구매자와 피해자가 서로 다를 때에는 어떠한가? 그리고 많은 경우에는 소비자 기대 기준이 명확하지 않아서 이를 확정하기 어렵다. 예컨대 자동차라든가 의약품과 같이 복잡한 제품의 설계상의 결함에 있어서는 소비자가 어떤 기대를 하였는지를 결정하기 어렵다. 이러한 점에서 미국에서는 점차 소비자 기대 기준만에 의하여 결함 유무를 결정하는 법원은 줄어들게 되었다.53)

나. 위험-효용 기준

소비자 기대 기준에 대신하여 주장된 것이 위험-효용 기준이다. 이에 따르면 특정한 위험을 제거하는 비용이 그로 인하여 얻게 되는 안전상의 이익보다 작을 때에는 그렇지 못한 제품은 결함이 있는 것이다.54) 이는 법경제학적으로는 이른바 러니드 핸드(Learned Hand) 공식에 의하여 설명될 수 있다.55)

이에 따르면 손해가 발생할 확률을 P(probability), 그 손해를 L(Loss), 그 손해를 방지하기 위하여 취하여야 할 조치의 비용을 B(Burden)이라고 하면, B<PL이면 과실이 인정된다는 것이다. 다시 말하여 이 경우에는 손해를 방지하기 위한 조치를 취하는 것이 그렇게 하지 않는 것보다 더 이익이므로, 법은 그러한 조치를 취하지 않은 사람에게 과실이 있다고 하여 손해배상을 하도록 하여야 한다는 것이다.

그러므로 제조물 책임의 경우에는 적은 비용으로, 즉 비용효과적으로(cost-effictively) 제거될 수 있는 위험을 가지고 있으면 결함이 있다는 것이다. 제3차 리스테이트먼트는 기본적으로 이 기준을 채택하였고, 현행 제조물책임법도 마찬가지이다.

그러나 이러한 위험-효용 기준에 대하여도 비판이 있다. 그 요지는, 실제

---

52) Vincer v. Esther Williams All-Aluminum Swimming Pool Co, 69 Wis.2d 326, 230 N.W.2d 794, 1975는 2살 난 아이가 지면 위에 설치된 수영장(above-ground swimming pool)의 사다리를 올라갔다가 물에 빠져서 부상을 입은 사안에 관한 것이다. 원고는 위 사다리 꼭대기에 어린아이는 열 수 없게 저절로 잠기는 빗장 달린 문을 설치하지 않은 것이 사다리의 결함이라고 하여 수영장 제조자를 상대로 소송을 제기하였으나, 위스컨신 주 대법원은 통상의 소비자는 그러한 아동이 다칠 위험을 인식할 수 있으므로 결함이 없다고 하였다.

53) Owen(주 1), pp. 309 f.

54) Owen(주 1), p. 313.

55) 이는 러니드 핸드 판사가 U.S. v. Carrol Towering Co., 159 F.2d 169(2d Circuit, 1947)에서 제시한 것이다. 이를 언급하고 있는 많은 국내의 문헌 가운데 우선 朴世逸, 法經濟學, 改訂版, 2000, 291면 참조.

로 법원은 이러한 위험과 효용을 평가함에 있어서 수많은 요소들을 고려하기 때문에 불확정적이고, 순전하게 경제적인 효용만을 가지고 평가하는 것은 정의를 무시한다는 것이다.56)

다. 소 결

이처럼 두 가지 기준은 서로 다른 것처럼 보인다. 즉 소비자 기대 기준은 엄격책임 내지 무과실책임인 반면, 위험-효용 기준은 과실책임에 해당하는 것으로 이해될 수 있다는 것이다.57)

그러면 위 두 가지의 기준은 서로 모순 대립되는 개념인가? 반드시 그렇게 이해할 필요는 없다. 우선 소비자 기대 기준에서도 보호되는 것은 합리적(reasonable)인 소비자의 기대라고 보아야 할 것이다. EC 지침 제6조도 제조물의 결함을 소비자가 정당하게 기대할 수 있는 안전성을 갖추지 못한 것("A product is defective when it does not provide the safety which a person is entitled to expect")이라고 규정하고 있다.58) 그렇다면 무엇이 합리적인가 하는 점은 위험과 효용을 비교함으로써 결정될 수 있을 것이다.59) EC 지침을 따라서 제정된 독일 제조물책임법의 해석상으로도, 설계상의 결함을 정함에 있어서는 미국 제조물책임법상 인정되고 있는 비용-효용 분석이 필요하다는 견해가 있다.60)

---

56) Owen(주 1), pp. 317 f.는 이러한 비판을 소개하면서 이에 대한 재반론을 펴고 있다. 다른 한편 金濟完, "製造物責任法에 있어서 設計上의 缺陷의 判斷基準: 合理的 代替設計(Reasonable Altemative Design)의 立證責任問題를 中心으로", 法曹 2005. 4, 78면은 미국의 제3차 Restatement에서 설계상의 결함에 관하여 소비자 기대 이론을 배제하고 위험-효용이론을 채용한 것은 기본적으로 제3차 리스테이트먼트의 보고자(reporter)인 핸더슨(Henderson) 교수와 트워스키(Twerski) 교수의 친기업적 정책에 의한 것이라는 비판을 소개하고 있다.

57) 尹眞秀(주 6), 415면 참조. 서울고등법원 2006. 1. 26. 선고 2002나32662 판결(각공 2006상, 552); 서울중앙지방법원 2007. 1. 25. 선고 99가합104973 판결(각공 2007상, 582)도 제조물책임법에서는 제조상의 결함으로 인한 제조물책임은 무과실책임으로, 설계상의 결함 또는 표시상의 결함으로 인한 제조물책임은 과실에 근거한 책임으로 규정하였다고 해석되고 있다고 판시하고 있다. 반면 嚴東燮, "自動車急發進事故와 製造物責任", 判例實務硏究[Ⅶ], 2004, 368면 주 85)는, 제조물책임법의 근본취지에 비추어 볼 때 설계상의 결함과 표시상의 결함을 과실책임으로 이해하는 것은 타당하지 않고, 제조물책임은 본질적으로 위험책임(무과실책임)이지만 결함의 유형에 따라 예외적으로 제조업자에게 면책의 가능성이 부여되어 있다고 보아야 한다고 주장한다. 같은 취지, 박동진, "製造物責任法에서의 損害賠償", 比較私法 제9권 3호, 2002, 304면.

58) 이 지침에 따른 독일 제조물책임법 제3조는 "정당하게 기대될 수 있는(berechtigterweise erwartet werden kann)"이라고 표현하고 있다.

59) Owen(주 1), p. 310; Miller & Goldberg(주 51), 11. 41(pp. 416 f.); 김민동, 제조물책임에서 설계상 결함의 판단기준에 관한 연구, 고려대학교 박사학위논문, 2005, 32-33면.

60) MünchKomm/Wagner, ProdHaftG §3 Rdnr. 31. Jane Stapleton 교수는, EC 지침의 합리적인 해석은 설계상의 결함과 표시상의 결함에 관하여는 제조자가 모든 합리적인 주의를 하였으

우리 제조물책임법의 해석상으로도, 이와 같은 해석이 어느 정도 가능하다. 즉 제2조는 “결함”이라 함은 당해 제조물에 다음 각목의 1에 해당하는 제조·설계 또는 표시상의 결함이나 기타 통상적으로 기대할 수 있는 안전성이 결여되어 있는 것을 말한다고 규정하고 있어서, 그곳에서 열거하고 있는 제조·설계 또는 표시상의 결함이 통상적으로 기대할 수 있는 안전성 결여의 한 예인 것처럼 표현하고 있기 때문이다.[61] 다른 한편으로는 소비자의 기대 또한 결함 판단에서 고려되어야 할 요소의 한 가지이다. 제3차 리스테이트먼트도 소비자의 기대를 독립된 기준으로 들고 있지는 않으나, 합리적인 대체설계 여부의 판단에 있어서 참고가 될 수 있다고 한다.[62]

대법원 2003. 9. 5. 선고 2002다17333 판결[63]은 결함 여부의 판단에 관하여 다음과 같이 판시하였다. 즉 일반적으로 제조물을 만들어 판매하는 자는 제조물의 구조, 품질, 성능 등에 있어서 현재의 기술 수준과 경제성 등에 비추어 기대가능한 범위 내의 안전성을 갖춘 제품을 제조하여야 하고, 이러한 안전성을 갖추지 못한 결함으로 인하여 그 사용자에게 손해가 발생한 경우에는 불법행위로 인한 배상책임을 부담하게 되는데,[64] 그와 같은 결함 중 주로 제조자가 합리적인 대체설계를 채용하였더라면 피해나 위험을 줄이거나 피할 수 있었음에도 대체설계를 채용하지 아니하여 제조물이 안전하지 못하게 된 경우를 말하는 소위 설계상의 결함이 있는지 여부는, 제품의 특성 및 용도, 제조물에 대한 사용자의 기대의 내용, 예상되는 위험의 내용, 위험에 대한 사용자의 인식, 사용자에 의한 위험회피의 가능성, 대체설계의 가능성 및 경제적 비용, 채택된 설계와 대체설계의 상대적 장단점 등의 여러 사정을 종합적으로 고려하여 사회통념에 비추어 판단하여야 한다는 것이다.

다시 말하여 결함 여부의 판단은 제1차적으로 기대가능한 범위 내의 안전성을 갖추었는지 여부에 따라 판단하여야 하고, 설계상의 결함의 경우에는 그러한 기대가능성은 합리적인 대체설계가 가능한가 여부에 따라 결정되어야 한

면 책임을 면한다고 하는 것이 EC 지침상의 결함 개념과 개발위험의 항변의 가장 합리적인 해석의 상호작용의 결과라고 한다. Jane Stapleton, “Products Liability in the United Kingdom: The Myths of Reform”, 34 Texas International Law Journal 45, 53(1999).

61) 金濟完(주 56), 82-83면도 이러한 취지로 이해된다.

62) American Law Institute(주 38), §2 Comment g(p. 27 f.).

63) 공 2003하, 2012.

64) 제조물의 결함에 관한 이러한 정의는 대법원 1992. 11. 24. 선고 92다18139 판결(집 40(3) 민 158; 공 1993, 224)을 따른 것이다.

다고 보고 있다.[65)]

다른 한편 영미에서는 예컨대 망이 없는 선풍기와 같이 간단한 제품 설계의 경우에는 소비자 기대 기준에 의하고, 자동차와 같이 복잡한 제품 설계의 경우에는 위험-효용 기준에 의하여야 한다는 판례가 등장하였고,[66)] 이를 지지하는 견해도 유력한데,[67)] 우리 법의 해석상으로도 이를 고려하여 볼 수 있을 것이다.

3. 제조상의 결함

제조상의 결함(manufacturing defect)은 제조물이 원래 의도한 설계와 다르게 제조 · 가공됨으로써 안전하지 못하게 된 경우를 말한다. 즉 설계에서 일탈하였는지 여부가 그 판단 기준이다. 이 경우에는 제조업자가 제조물에 대한 제조 · 가공상의 주의의무를 이행하였는지 여부에 관계없이 제조업자가 책임을 지게 되므로, 엄격책임 내지 무과실책임이다.

예컨대 닭 사료에 불순물이 있어서 이를 먹은 닭이 죽었는데, 다른 사료에는 불순물이 없었다면 이는 사료 제조상의 과실이라고 볼 수 있다.[68)] 또한 텔레비전이 폭발하는 사고가 발생하였는데, 다른 텔레비전에서는 그러한 사고가 발생하였다는 보고가 없었다면 이는 텔레비전 제조상의 과실에 기인한 것이라고 볼 수 있다.[69)] 그리고 혈액을 채취하여 혈우병제제를 만들었는데, 그 가운데 HIV 바이러스가 함유되어 있어 이를 수혈받은 사람이 에이즈에 걸렸다면,[70)] 이는 혈우병제제를 제조하는데 있어서 결함이 있다고 볼 수 있다.[71)]

그런데 혈액제제의 경우에 채취한 혈액이 HIV 바이러스나 C형 간염 바이러스에 감염되어 있었다면, 그러한 혈액제제의 결함을 제조상의 결함으로 볼

---

65) 같은 취지, 대법원 2008. 2. 28. 선고 2007다52287 판결(공 2008상, 444).

66) Soule v. General Motors Corp., 8 Cal.4th 548, 882 P.2d 298(Cal., 1994) 등.

67) Owen(주 1), p. 325; Miller & Goldberg(주 51), 11. 32 ff.(pp. 410 ff.).

68) 대법원 1977. 1. 25. 선고 75다2092 판결(집 25권 1집 민21; 공 1977, 9889).

69) 대법원 2000. 2. 25. 선고 98다15934 판결(공 2000상, 785). 閔中基, "製造物責任의 成立要件과 立證責任의 分配", 法曹 2000. 6, 183면 참조.

70) 서울고등법원 2008. 1. 10. 선고 2005나69245 판결(각공 2008상, 351)의 사실관계이다. 이 판결은 제조물책임법 시행 전의 사안에 관한 것이었고, 위 판결에서는 제조물책임에 관하여는 언급하지 않고 있다. 위 사건은 현재 대법원에 계속되어 있다(2008다16776 사건).

71) 任銀河, "製造物責任法상 缺陷의 槪念과 類型에 관한 考察", 法曹 2007. 1, 160-161면.

것인가, 아니면 설계상의 결함으로 볼 것인가는 분명하지 않다. 특히 이러한 바이러스가 들어 있는 것을 쉽게 발견하기 어려운 경우에는, 이를 설계상의 결함으로 본다면 혈액제제 제조업자가 면책될 가능성이 크다.[72] 그러나 같은 혈액제제에 모두 동일한 결함이 생기는 것은 아니고, 혈액제제 제조업자로서도 이러한 바이러스의 감염을 의도하였던 것은 아니므로 제조상의 결함으로 보아야 할 것이다.[73]

다른 한편 서울중앙지방법원 2007. 1. 25. 선고 99가합104973 판결[74]은 담배에 제조상 결함이 없다고 하면서, 피고 대한민국이 제조한 담배가 1980년대 말까지 여전히 미국산 담배 등에 비하여 타르·니코틴 함유량이 높았다고 하더라도, 당시 우리나라의 기술수준과 사회경제적 환경에 비추어 볼 때, 그것만으로는 피고 대한민국이 제조·판매한 담배가 유통 당시의 기술수준과 경제성에 비추어 기대 가능한 범위 내의 품질상 안전성을 갖추지 못하였다고 보기 어렵고, 달리 이를 인정할 증거가 없다고 판시하였다. 그러나 이는 설계상 결함에 관하여 적용될 수 있는 것이고, 제조상 결함에 관한 판시로서는 적합하지 않다. 이 경우에는 제조된 담배가 원래의 설계와 차이가 나는 것이 아니었으므로 제조상 결함이 인정될 수 없는 것이다.

위 판결의 항소심 판결인 서울고등법원 2011. 2. 15. 선고 2007나18883 판결[75]은, 피고들이 제조한 담배가 신체에 위해하다 하더라도 그러한 상태가 피

72) 김제완, "제약산업과 제조물책임", 사법 제2호, 2008, 12면도 의약품의 원료에 문제가 있다면 이를 제조상의 결함이라고 보아야 하는지 또는 설계상의 결함이라고 보아야 하는지에 관하여는 이론적으로는 논란의 여지가 있다고 한다. Jane Stapleton, "Bugs in Anglo-American products liability", in: Duncan Fairgrave ed., Product Liability in Comparative Perspective, 2005, pp. 307 ff.는 이러한 견지에서 C형 바이러스에 감염된 혈액 및 혈액제제로 치료받은 혈우병 환자들의 제조물책임에 기한 손해배상청구를 인정한 영국 High Court의 A v The National Blood Authority [2001] EWHC QB 446, 65 BMLR 1, (2001) 65 BMLR 1 판결을 비판하고 있다. 이 판결에서 Burton 판사는 개발위험의 항변(development risk defense)도 받아들이지 않았다.

73) 혈액제제의 감염으로 인한 제조물책임에 관하여는 각국의 태도가 반드시 일치하지 않는다. 영국의 판례는 주 72)에서 보는 바와 같이 이를 인정하고 있고, 프랑스 민법 제1386조의 12는 손해가 인체의 구성부분 또는 인체로부터의 산물로 인하여 생긴 경우에는 개발위험의 항변을 배제하고 있다. 그 경위에 관하여는 梁彰洙, "프랑스의 새로운 製造物責任立法", 民法硏究 Ⅵ, 2001, 491면(처음 발표: 1999) 참조. 반면 미국 제3차 리스테이트먼트 제19조 제3항은 명시적으로 혈액과 인체의 조직을 제조물에서 제외하고 있다. 이는 미국 각 주의 입법과 판례를 반영한 것이다. American Law Institute(주 38), §19 Comment c(p. 269); Owen(주 1), pp. 1117 ff. 참조. 일본의 제조물책임법 제정 과정에서도 혈액제제에 관하여는 그 결함을 판단함에 있어 특별한 고려가 필요하다는 논의가 있었다. 升田 純(주 12), 398면 참조.

74) 주 57).

75) 미공간. 현재 대법원에 계속중이다(2011다22092 사건).

고들이 원래 의도한 설계와 다르게 제조·가공됨으로 인해 발생한 것이라고 보기 어렵고 달리 이를 인정할만한 아무런 증거가 없으므로, 피고들이 제조한 담배에 제조상 결함이 있다고 인정할 수 없다고 보았다.

미국에서는 이러한 제조상의 결함을 묻는 소송은 제조물책임 이론이 발전하기 시작한 초기에는 상당히 중요한 의미를 가졌지만, 오늘날은 기술의 발전과 품질 보증 등의 영향으로 줄어들고 있다. 그러나 우리나라에서는 아직도 제조상의 결함에 관한 소송이 다른 결함에 관한 소송보다 더 많은 것으로 보인다. 실제로는 제조상의 결함에 관하여는 결함 유무 그 자체의 판단보다는 그 증명이나 인과관계의 문제가 더 중요하다. 아래에서 보는 것처럼 결함 추정의 법리가 적용되는 것은 주로 제조상의 결함이다.

4. 설계상의 결함

가. 일반적 고찰

앞에서도 여러 번 언급한 것처럼, 설계상의 결함(design defect)은 제조업자가 합리적인 대체설계를 채용하였더라면 피해나 위험을 줄이거나 피할 수 있었음에도 대체설계를 채용하지 아니하여 당해 제조물이 안전하지 못하게 된 경우를 말한다.

대법원의 판례[76]는, 설계상의 결함이 있는지 여부의 판단 요소로서 제품의 특성 및 용도, 제조물에 대한 사용자의 기대와 내용, 예상되는 위험의 내용, 위험에 대한 사용자의 인식, 사용자에 의한 위험회피의 가능성, 대체설계의 가능성 및 경제적 비용, 채택된 설계와 대체설계의 상대적 장단점 등의 여러 사정을 종합적으로 고려하여 사회통념에 비추어 판단하여야 한다고 보고 있다.

과거에 미국에서 많이 인용되었던 것은 미국의 Wade 교수가 제안한 7가지 요소였고,[77] 위 판결도 어느 정도 이를 참고하였다고 생각된다.[78] 이는 여

76) 대법원 2003. 9. 5. 선고 2002다17333 판결(주 63); 2008. 2. 28. 선고 2007다52287 판결(주 65).

77) 첫째, 사용자와 일반 대중에 대한 제품의 유용성과 타당성, 둘째, 제품이 야기할 수 있는 손해의 가능성과 가능한 손해의 중대성, 셋째, 동일한 기능을 수반하면서도 안전한 대체제품의 가능성, 넷째, 제품의 유용성을 감소시키지 않거나 과다비용의 지출없이 제품의 위험성을 낮출 수 있는 제조자의 능력, 다섯째, 제품을 사용할 때 주의를 기울임으로써 위험을 회피할 수 있는 사용자의 능력, 여섯째, 제품에 내재해 있는 위험에 대한 예상되는 인식과 그 회피가능성, 일곱째, 제조자의 측면에서 본 제품의 가격설정 또는 책임보험에 의하여 손실을 분산할 수 있는 실행가능성 등이다. John Wade, “On the Nature of Strict Liability for Products”,

러 가지로 변형된 채로 이용되기도 하였으나,[79] 그 기준들이 불필요하거나 부정확하다는 비판도 있었다.[80]

제3차 리스테이트먼트가 들고 있는 기준은 기본적으로 합리적인 대체설계(reasonable alternative design)이다. 그리고 합리적 대체설계 여부를 판정함에 있어서 고려할 요소로는 다음과 같은 것들을 든다. 첫째, 제품에서 예상되는 위험의 가능성과 중대성, 둘째, 제품에 수반되는 지시와 경고, 셋째, 제품에 대하여 소비자가 기대하는 기대의 내용과 강도 등이다. 아울러 당해 제품과 대체제품을 비교하였을 때의 상대적인 이익과 불이익도 고려하여야 하는데, 대체설계가 생산비에 어떤 영향을 미치는가, 대체설계가 제품의 수명, 유지 및 수선, 심미감 등에 어떤 영향을 주는가, 소비자가 선택할 수 있는 제품의 범위와 같은 것이다. 그런데 원고가 이러한 요소들을 모두 증명할 필요는 없고, 각 요소의 중요성의 정도는 사례에 따라 달라질 뿐만 아니라, 각 요소 상호간에는 가령 예견되는 손해의 중대함과 가능성이 크다는 증거는 주장되고 있는 대체설계가 제품의 효율성과 효용을 감소시킨다는 증거에 의하여 약화될 수 있다고 한다.[81]

결국 중요한 것은 제품이 가져올 수 있는 위험과 대체설계에 의하여 얻는 이익을 비교하는 것이고, 이를 구체적으로 확정함에 있어서는 각 사안에 따라 위와 같은 요소들을 고려하여 결정하게 될 것이다.

나. 설계상의 결함을 긍정한 판례

우리 판례상 설계상의 결함을 긍정한 것은 그다지 많지 않다.

(1) 대법원 1992. 11. 24. 선고 92다18139 판결[82]

위 판결이 제조물책임의 법리를 본격적으로 논하고 있는 최초의 판결이라고 할 수 있다. 이 사건의 사실관계는 대체로 다음과 같다. 즉 피고는 원고에게 1984. 10. 31. 계기용 변압변류기(Metering Outfit)를 제작, 공급하여 원고는 이를 자신이 경영하는 광업소 내 자체변전소에 설치하여 사용하였다. 그런데

---

44 Missippi Law Journal 825, 837 f.(1973).

78) 崔明龜, “자동기어변속장치를 장착한 자동차급발진과 제조물책임”, 民事法學 28호, 2005, 124면도 같은 취지이다.

79) 김민동(주 59), 131면 이하 참조.

80) Owen(주 1), pp. 516 ff.

81) American Law Institute(주 38), §2 Comment f.(p. 23).

82) 주 64.

설치 후 약 2년 2개월이 경과한 1987. 1. 17. 위 변압변류기가 폭발하자, 일단 진화작업을 하여 불길을 잡았으나, 위 변압변류기에 전력이 공급되자 다시 폭발하여 가열된 절연유가 쏟아져 나와 진화작업을 하고 되돌아 나오는 원고의 소속 직원 2사람이 죽거나 다치게 되었다. 이에 원고가 위 직원들에게 손해를 배상하여 준 다음 피고를 상대로 하여 손해배상을 청구하였다.

원심은 위 변압변류기에 원고가 주장하는 바와 같은 하자가 있다고 인정할 만한 증거가 없다고 하여 원고의 청구를 기각하였다. 그러나 대법원은 다음과 같은 이유로 원심판결을 파기환송하였다.

“물품을 제조하여 판매하는 제조자는 그 제품의 구조, 품질, 성능 등에 있어서 현대의 기술수준과 경제성에 비추어 기대가능한 범위 내의 안전성과 내구성을 갖춘 제품을 제조하여야 할 책임이 있고, 이러한 안전성과 내구성을 갖추지 못한 결함 내지 하자로 인하여 소비자에게 손해가 발생한 경우에는 계약상의 배상의무와는 별개로 불법행위로 인한 배상의무를 부담한다고 보아야 한다.

… (중략) 그런데 위 감정인이 작성한 감정서 기재내용을 살펴보면 350kv를 넘는 어떠한 전압의 충격에도 견딜수 있는 안전성과 내구성을 갖춘 변압변류기를 제조한다는 것은 현대의 기술수준과 경제성에 비추어 기대가능성이 없음을 알 수 있으므로, 이 점에서 이 사건 변압변류기에 결함 내지 하자가 있다고 볼 수는 없음이 명백하다.

그러나 위 감정서내용을 살펴보아도 350kv 이하의 작은 전압의 누적된 충격이나 계속된 부분방전에 의한 점진적인 절연열화로 절연파괴가 되는 경우에 있어서는 그러한 점진적인 절연열화를 예방하거나 최소화할 수 있는 방법이 있는지, 있다면 그러한 방법으로 절연열화를 최소화한 경우에 기대 가능한 내구성, 즉 최소한의 성능보존기간은 어느 정도나 되는지가 불분명하다.

만일 점진적인 절연열화를 최소화할 수 있는 방법이 있고 그러한 방법으로 절연열화를 최소화한 경우에 최소한의 내구연한이 2년 2개월을 초과한다면, 그 내구연한 전에 발생한 절연파괴는 위와 같은 절연열화를 최소화하는 방법을 취하지 않은 구조 내지 제조상의 결함이 있는 것으로 추정할 수 있을 것이다.”

이 판결은 우선 제조물책임의 요건으로서의 “결함”을 정의하려고 하였다. 이 판결은 그 표현상으로 볼 때 소비자 기대 기준설의 입장을 채택한 것처럼 보이지만, 다른 한편 결함 유무를 “현대의 기술수준과 경제성에 비추어 기대가능한 범위 내”라는 표현을 쓰고 있는 점에서, 합리적인 대체설계의 개념을 도

입하였다고 볼 여지도 있다.[83][84]

(2) 서울고등법원 2006. 1. 26. 선고 2002나32662 판결[85]

이 판결은 월남전에서 사용된 고엽제(枯葉劑)에 인체에 유해한 성분이 있음을 이유로, 월남전에 참전하였던 사람들이 고엽제 제조 회사를 상대로 하여 손해배상청구를 한 사건에 관한 것이다. 위 판결은 우선 고엽제가 원래 의도된 설계와 다르게 제조되었음을 인정할 증거가 없다고 하여 원고들의 제조상 결함 주장은 배척하였다.

반면 설계상 결함에 관하여는 다음과 같은 이유로 그 존재를 긍정하였다. 즉 고엽제의 원료인 2, 4, 5 - T를 생산하는 과정에서 독성물질인 2, 3, 7, 8 - TCDD가 부산물로 생성되는데, 2, 4, 5 - T 내 TCDD 함량 기준을 0.1ppm 이하로 설정하는 설계는 당시의 기술수준과 경제성 등에 비추어 합리적 대체설계로서 그 채택이 충분히 기대 가능하였고, 위와 같은 대체설계에 의하여 제조되는 2, 4, 5 - T는 당시로서 확보 가능한 최고수준의 안전성을 지니게 되므로, 위 대체설계를 채용하지 않은 데에는 설계상의 결함이 인정된다고 하였다.

다. 설계상의 결함을 부정한 판례

(1) 대법원 2003. 9. 5. 선고 2002다17333 판결[86]

이 판결은 1994. 3. 3. 당시의 공군 참모총장이 타고 있던 헬기가 추락하여 여기에 타고 있던 참모총장 및 그 부인과 조종사, 그 외의 다른 탑승자들이 모두 사망하자, 참모총장의 유족이 헬기 제조회사와 위 제조회사로부터 헬기를 매수하여 대한민국에 판매한 회사를 상대로 하여 손해배상을 청구한 사안에 대한 것이다.

원심법원이 확정한 사실관계에 의하면, 위 헬기의 자체 속도와 고도를 측정하기 위하여 헬기 외부에 동정압관(피토트 튜브)이 설치되어 있고, 그 내부에는 결빙을 방지하기 위하여 열을 발생시킬 수 있는 피토트 히트가 설치되어 있는데, 조종사가 피토트 히트 스위치를 켜지 않아 피토트 튜브가 결빙되었고,

---

83) 閔庚道, "製造物責任", 僫史李會昌先生華甲紀念 法과 正義, 1995, 625-629면 참조.

84) 참고로 이 사건은 대법원에서 파기환송된 후 원심에서 환송전 원심판결과 마찬가지로 원고 패소의 판결을 하였고, 이 판결에 대한 원고의 상고도 기각되어 결국 원고 패소의 판결이 확정되었다. 閔庚道(주 83), 618면 참조.

85) 주 57). 이 사건은 현재 대법원에 계속 중이다(2006다17539 사건).

86) 주 63).

이에 따라 헬기의 실제 속도와 달리 속도계에 나타나는 속도가 감소하고 회전꼬리날개의 아래 부분에 장착된 수평안정판(스태빌레이터)의 뒷전이 내려가면서 헬기도 하강하고 있었는데, 조종사들은 이러한 상황을 제대로 파악하지 못한 채 속도계상 헬기의 속도가 떨어지는 것을 보고 속도를 증가시키려고 함으로써 헬기가 급강하하게 되었고, 조종사가 뒤늦게 헬기의 자세를 회복하려고 시도하는 과정에서 헬기의 주회전날개 중 하나가 후방동체에 부딪혀 헬기가 추락하게 되었다는 것이다.

원고들은, 피토트 튜브가 결빙되는 경우 수평안정판의 작동에 영향을 미쳐 헬기의 운항에 위험을 초래하게 되므로 피토트 튜브의 결빙을 방지하여야 하는데도 불구하고, 헬기 제조회사는 위 헬기에 피토트 히트 자동작동장치, 피토트 히트 스위치를 켜지 않았음을 경고하는 장치, 피토트 튜브가 결빙되었음을 경고하는 장치, 피토트 튜브가 결빙되어 스태빌레이터가 제대로 작동될 수 없는 경우에 스태빌레이터를 포함한 자동항법장치의 작동을 자동으로 중단시켜 스태빌레이터를 수동으로 작동시키도록 하는 장치 등을 장착하지 아니한 설계상의 결함이 있다고 주장하였다.

그러나 원심 법원은 위 주장을 배척하였고, 대법원도 상고를 기각하였다. 원심이 설계상의 결함을 부인한 이유는 다음과 같다. 우선 원고들이 주장하는 각종 장치를 설치할 경우에는 조종사의 업무를 덜어주고 피토트 튜브 결빙에 따른 사고가 예방될 수 있기는 하지만, 그 반면 위와 같은 장치를 설치하는 데는 추가적인 비용이 소요되고 헬기의 구조가 복잡해지며 그 장치가 고장이 나는 경우에 조종사가 이를 간과할 수 있는 위험성이 있는 단점이 있고, 헬기는 피토트 튜브가 결빙될 수 있는 환경에서 비행하는 경우가 상대적으로 적으며, 위 헬기 기종의 조종사들은 위와 같은 상황에 대하여 교육을 받고, 기타 피토트 튜브가 결빙되더라도 이에 대처할 수 있는 방법이 있으므로, 헬기운항시에 피토트 히트가 무조건 작동되도록 하는 장치를 설치하지 않고 구체적인 결빙상황에 맞추어 피토트 히트를 작동시키도록 한 것을 들어 위 헬기의 결함이라고 하기는 어려워서, 피토트 히트 자동작동장치를 설치하지 않은 것을 설계상의 결함이라고 할 수 없다고 하였다. 그리고 특정 상황에서 피토트 히트를 작동하지 않은 데 대한 경고장치가 반드시 필요한 것이라고 보기도 어렵고, 설사 피토트 히트 스위치를 켜지 않아 피토트 튜브가 결빙되었다 하더라도, 조종사들은 계기판의 속도계, 수직상황표시계 등을 통하여 스태빌레이터의 비정상적인 작동을 알 수 있고 스태빌레이터를 수동조절함으로써 이에 대처할 수 있으므로, 피토트 튜브 결빙 경고장치나 스태빌레이터를 자동적으로 수동전환시키는 장치가 반드시 필요한 것이라고 할 수 없다고 하였다.

그러므로 고도로 훈련받은 조종사들로 하여금 피토트 히트 스위치를 켜도록 함으로써 피토트 튜브의 결빙에 대비할 수 있고, 만약의 경우 피토트 튜브가 결빙된 경우에도 계기판을 통하여 그 상황을 인식하고 이에 대처할 수 있는 이상, 헬기 제조회사에게 조종사들이 합리적으로 기대되는 위와 같은 조치를 하지 아니하는 경우까지 대비하여 원고들이 주장하는 안전장치를 설치하기 위하여 비용을 들이고 시스템을 복잡하게 만들도록 요구할 수는 없고, 위 피고가 그러한 안전장치를 갖추지 않았다고 하여 위 헬기에 통상적으로 기대되는 안전성이 결여되었다고 할 수도 없다고 하였다.

대법원도, 위 헬기는 현재 갖추고 있는 정도의 장치만으로도 통상적인 안전성은 갖춘 것으로 보여진다고 하여 원고들의 상고를 기각하였다.[87]

위 사건의 판결 이유를 분석해 본다면, 원고들이 주장하는 장치를 설치한다면 피토트 튜브 결빙에 따른 사고를 예방할 수 있기는 하지만, 그러한 장치를 설치하는 데는 추가적인 비용이 들고, 헬기는 피토트 튜브가 결빙될 수 있는 환경에서 비행하는 경우가 상대적으로 적으며, 조종사들이 고도의 훈련을 받으므로 구태여 그러한 장치까지 필요하지는 않다는 것으로 요약할 수 있고, 이는 피토트 튜브 설치에 따른 비용이 이를 설치하지 않음으로써 입게 될 손해 발생의 가능성 및 손해의 크기에 비하여 작지 않다는, 일종의 위험-효용 분석을 적용한 것이라고 이해할 수 있다.

그러나 과연 그와 같이 단정할 수 있는지는 의문이다. 우선 위 판결은 피토트 튜브 자동작동장치와 같은 장치를 설치하는데 얼마나 많은 비용이 드는지를 확정하지 않고 있으나, 그다지 큰 비용이 들 것으로는 생각되지 않는다. 그러므로 판례가 말하는 바와 같이 위 사고 발생의 가능성이 그다지 높지 않다고 하더라도, 위와 같은 장치를 설치하는 비용이 손해 발생의 기댓값(손해 발

87) 대법원은 부가적으로, 제조자의 고의 또는 과실을 전제로 하지 않는 엄격책임으로서의 제조물책임은 제조물책임법(2000. 1. 12. 법률 제6109호)에서 새로이 도입되었고, 같은 법 부칙 규정에 의하여 2002. 7. 1. 이후 공급된 제조물에 대하여 적용되는 것이어서 이 사건 헬기에는 적용될 여지가 없으므로, 원심에서 판단한 결함으로 인한 책임이란 모두 제조자의 기대가능성을 전제로 한 과실책임의 일환이라 볼 수 있다는 판시를 덧붙였다. 그러나 이러한 판시를 가지고 대법원이 제조물책임 일반을 모두 엄격책임으로 보고 있다고 단정할 필요는 없을 것이다.

생의 가능성에 예상 손해액을 곱한 값)보다 크다고 하기는 어렵지 않은가 생각된다. 특히 아래에서 보는 것처럼, 대체설계가 합리적이 아니라고 하는 점을 제조자측에서 입증하여야 한다고 본다면 더욱 그러하다.

위 사건에서 원심법원은, 위 사고 후 대한민국 공군은 동일 기종의 헬기 조종사들에게 헬기운항시 항상 피토트 히트를 켜도록 지시하였고, 헬기 제조회사도 미국 육군 및 해군에 같은 기종의 헬기를 이륙시키기 전에 항상 피토트 히트를 켜게 하도록 권고한 사실을 인정하였다. 이는 피토트 히트 자동작동장치를 설치하는 데 별다른 문제가 없다는 것을 방증하는 것으로 볼 수 있다. 영미법상은 이른바 repair doctrine이 확립되어 있는데, 이에 따르면 사고 후에 가해자측이 사고를 방지하기 위하여 취한 행동은 가해자의 과실이나 제조물의 결함을 증명하는 증거로서 허용될 수 없다고 한다.[88] 이는 위와 같은 주장을 허용하면 가해자측의 개선 노력을 저해하는 유인(disincentive)이 될 것이라는 생각에 기인한다. 그러나 영미에서도 이 원칙의 정당성에 대한 의문이 제기되고 있고, 미국이나 다른 영미법 국가에서도 이를 따르지 않는 판례가 늘어나고 있다.[89]

(2) 대법원 2004. 3. 12. 선고 2003다16771 판결[90]

이 사건은 이른바 자동차 급발진에 관한 것이다. 주차관리원인 이 사건 원고는, 제조물책임법 시행 전인 1997년에 주차장에 세워져 있던 자동차를 이동시키기 위하여 위 자동차에 탑승하여 시동을 켜고 자동변속기의 선택레버를 주차에서 전진으로 이동하였는데, 위 자동차가 갑자기 앞으로 진행하면서 그곳에 주차되어 있던 다른 자동차를 충격하고 계속 전진하면서 다른 주차차량과 음식점의 벽면을 잇달아 충격한 후 정지하였고, 그에 따라 위 자동차들 및 음식점 벽의 일부가 파손되었으며, 원고도 부상을 입었다.

이 사건에서 법원은, 사고의 직접적인 원인은 원고가 시동을 걸고 자동변속기 레버를 전진으로 이동하는 단계에서 액셀러레이터 페달을 밟지 않아야 할 상황인데도 비정상적으로 액셀러레이터 페달을 밟음으로써 발생한 것으로 추정하

88) Owen(주 1), pp. 410 ff.; 미국 聯邦證據規則(Federal Rule of Evidence) Rule 407. 국내 문헌으로서 이를 소개하고 있는 것으로는 閔靖晳, “美國 製造物責任法에 있어서 缺陷 및 因果關係의 槪念과 그 立證에 있어서의 諸問題”, 재판자료 제116집, 2008, 597면 이하가 있다.

89) Miller & Goldberg(주 51), 14. 143 ff.(pp. 607 f.). EC 제조물책임지침 제6조 제2항은 사후에 더 나은 제품이 유통되었다는 것만으로 제품에 하자가 있다고 여겨져서는 안 된다는 규정을 두고 있으나, 우리 제조물책임법에는 그러한 규정이 없다.

90) 공 2004상, 611.

였다. 그리하여 주된 쟁점은, 피고 회사가 운전자가 브레이크 페달을 밟아야만 자동변속기 레버를 주차 위치에서 전(후)진 위치로 움직일 수 있도록 고안된 장치인 쉬프트 록(shift lock)을 장착하지 않은 것이 설계상의 결함에 해당하는가 하는 점이었는데, 원심과 대법원은 모두 이것이 설계상의 결함이 아니라고 하였다.

대법원은 그 이유로서, 쉬프트 록을 장착하더라도 모든 유형의 급발진사고에 대하여 예방효과가 있는 것이 아니고, 시동을 켠 후 자동변속기의 레버를 주차 위치에서 후진 또는 전진 위치로 변속하는 단계에서 비정상적으로 액셀러레이터 페달을 밟는 경우에 한하여 이를 방지 또는 감소시키는 효과를 가질 뿐이며, 또한 설령 쉬프트 록이 장착된 차량이라고 할지라도 운전자가 자동변속기를 주차가 아닌 다른 위치에서 변속시키는 과정에서 급발진사고가 발생하는 위험성은 방지할 수 없어서, 쉬프트 록의 장착으로 급발진 사고를 예방할 수 있는 효과가 크다고 보기 어렵고 그 정도를 가늠하기도 어려우며, 운전자가 자동변속기 자동차의 기본적인 안전운전 요령만 숙지하여 실행하면 굳이 쉬프트 록을 장착하지 않더라도 동일한 사고예방효과가 있는데, 자동차는 법령에 정하여진 바에 따른 운전면허를 취득한 사람만이 운전할 수 있고 액셀러레이터 페달의 올바른 사용은 자동차 운전자로서 반드시 숙지하여야 할 기본사항인 점, 일반적으로 자동변속기 또는 액셀러레이터 페달의 오조작을 감소시키려면 쉬프트 록 이외에도 여러 가지 안전장치를 강구할 수 있는 점, 통계상 급발진사고를 일으킨 차량은 그 이전에 동종의 사고를 일으킨 적이 없으며 그 후에도 그러하기 때문에, 그 차량에 대하여 급발진사고를 대비한 안전장치가 없다고 하여 그 자동차가 통상적으로 기대되는 안정성을 결하였다고 보기 어렵다는 점 등을 들고 있다.[91)]

그러나 대법원이 이러한 이유만으로 설계상의 결함을 부정한 것은 별로 설득력이 없다. 우선 이 사건 제1심 판결은 쉬프트 록의 제조 원가는 금 3,500원 정도이므로 그에 따른 부대비용을 포함하여도 합리적인 대체설계를 저해할 정도의 비용이 소요되지는 않는다고 보았다.[92)] 그리고 쉬프트 록이 모든 유형의 급발진 사고를 예방하여야만 합리적 대체설계라고 할 이유는 없고, 적어도 이 사고의 경우처럼 시동을 켠 후 자동변속기의 레버를 주차 위치에서 후진

91) 閔裕淑, "자동차 급발진사고와 제조물책임", 대법원판례해설 49호(2004 상반기), 267면 이하는 이러한 판시를 지지하고 있다.

92) 崔明龜(주 78), 132면에 의하면 쉬프트 록의 원가는 3,500원 정도이고, 신차 제조시에 약 2-3만원 정도이면 장착할 수 있다고 한다.

또는 전진 위치로 변속하는 단계에서 비정상적으로 액셀러레이터 페달을 밟는 경우에는 이를 방지할 수 있다면, 그 한도에서는 이를 설치하는 것이 합리적일 것이다.[93] 나아가 위 판결은 자동변속기 또는 액셀러레이터 페달의 오조작을 감소시키려면 쉬프트 록 이외에도 여러 가지 안전장치를 강구할 수 있다는 점을 설계상 결함을 부정하는 이유로 들고 있으나, 그것이 왜 설계상 결함을 부정하는 이유가 되는지 알 수 없다. 그리고 통계상 급발진사고를 일으킨 차량은 그 이전에 동종의 사고를 일으킨 적이 없으며 그 후에도 그러하기 때문에, 그 차량에 대하여 급발진사고를 대비한 안전장치가 없다고 하여 그 자동차가 통상적으로 기대되는 안정성을 결하였다고 보기 어렵다고 보고 있는데, 이는 사고의 가능성이 크지 않다는 의미로 이해된다. 그러나 급발진 사고의 예가 많이 보고되고 있으므로, 개별 자동차로서는 가능성이 크지 않다고 하더라도 판매되는 수많은 자동차를 고려한다면 그와 같이 말하기는 어려울 것이다.

아마도 위 판결이 설계상의 결함을 부정한 이유는, 위와 같은 사고가 나게 된 것은 기본적으로 운전자의 실수 내지 과실에 기한 것이므로 그로 인한 손해를 자동차 회사에게 부담시킬 이유는 없다고 하는 생각에 기인한 것인지도 모른다. 그러나 위와 같이 자동차를 운전하면서 비정상적으로 액셀러레이터 페달을 밟는 것을 자동차 회사로서 전혀 예상할 수 없었던 것이 아니라면, 이러한 운전자측의 과실은 과실상계 사유는 될 수 있어도 그것만으로 설계상의 결함을 부정할 이유는 되지 못한다.[94] 결국 이 사건에서 쉬프트 록을 장치하지 않은 것은 설계상의 결함으로 보았어야 할 것이다.[95]

93) 閔裕淑(주 91), 269면은, 설계결함은 특정한 자동차의 설계가 잘못되었다는 것이 아니라 일반적으로 그 차종의 차량들이 사고방지에 필요한 안전장치를 갖추지 않았다는 것이므로, 다른 형태의 급발진사고 및 쉬프트록이 장착된 급발진사고에 대하여는 쉬프트록의 미장착이 설계결함이 될 수 없다 하여 청구를 기각하고, 특정한 형태의 사고에 대하여만 설계결함을 인정할 것이 아니라, 오히려 위의 사정이 전체적으로 설계결함을 부정할 근거가 된다고 보아야 할 것이라고 주장하나, 수긍하기 어렵다.

94) 閔裕淑(주 91), 269면은, 제조자에게 사용자가 당해 제조물을 그 원래의 용법에 따라 정상적으로 사용하지 않고 비정상적으로 사용할 것까지 예견하여 그 비정상적인 사용으로 인한 사고발생을 방지하기 위하여 안전장치를 할 의무가 있는가 여부가 문제라고 하면서, 미국의 해석론과 판결들은 모두 이를 부정하는 것이 주류적인 태도로 생각된다고 설명한다. 그러나 여기서 언급하고 있는 미국의 잘못된 사용의 항변(misuse defense)은 제조물을 원래의 용도가 아닌 부적절한 용도에 사용하는 경우를 말하는 것이고, 일반적인 사용상의 잘못은 과실상계(comparative negligence 또는 contributory negligence)의 문제(경우에 따라서는 위험의 인수, assumption of risk)로 다루어진다. 뿐만 아니라 오사용의 경우에도 제조업자가 그러한 오사용을 예견할 수 있었으면 제조업자의 책임이 면제되지 않는다. Owen(주 1), pp. 832 ff. 참조.

95) 같은 취지, 崔明龜(주 78), 133면; 權大祐, "製造物責任의 成立要件", 民事判例硏究 XXVII,

(3) 서울중앙지방법원 2007. 1. 25. 선고 99가합104973 판결[96] 및 서울고등법원 2011. 2. 15. 선고 2007나18883 판결[97]

이 사건에서는 담배를 제조한 데 설계상의 과실이 있는가가 다투어졌다. 제1심인 99가합104973 판결은, 담배를 연소시켜 그 연기를 흡입하는 것이 담배의 본질적 특성인 이상, 니코틴과 타르의 체내 흡입을 막을 방법은 없고, 담배연기에서 니코틴이나 타르만을 선별적으로 걸러내는 방법이 없으며, 가사 담배연기에서 니코틴만을 선별적으로 제거하는 것이 가능하다 하더라도, 담배의 니코틴은 술의 알코올이나 커피의 카페인과 같이 담배에서 기호품으로서의 효용을 창출하는 주된 성분이므로, 니코틴 제거를 담배의 특성 및 용도, 담배에 대한 흡연자의 기대에 부합하는 합리적 대체설계라고 보기 어렵고, 달리 담배연기에서 니코틴과 타르를 제거할 합리적 대체설계 수단이 존재함을 인정할 증거가 없다고 판시하였다. 항소심인 2007나18883 판결도 같은 취지이다.

미국에서는 본래 위험성을 가지고 있는 물건(inherently dangerous product)에 대하여는 그 위험을 줄일 수 있는 대체설계가 가능하지 않기 때문에 설계상의 결함은 문제되지 않는다고 보고 있다.[98] 제2차 리스테이트먼트는 그 예로서 담배는 단지 흡연의 효과가 건강에 나쁘다는 이유만으로 비합리적으로 위험한 것은 아니라고 하고 있다.[99] 다른 관점에서 설명한다면, 유용하지만 피할 수 없이 위험한 물건을 제조하는 사람은 그 본래의 위험을 알면서도 이를 원하는 사람에게 제공하는 데 대하여 책임을 져서는 안 된다는 것이다.[100] 그러므로 담배의 경우에는 주로 표시상의 위험만이 문제될 것이다.

(4) 대법원 2008. 2. 28. 선고 2007다52287 판결[101]

이 사건에서는 어떤 사람이 합성 교감신경흥분제인 페닐프로판올아민(Phe-

2005, 510-511면.

96) 주 57).

97) 주 75).

98) Owen(주 1), pp. 669 ff.

99) §402 A Comment i. 제3차 리스테이트먼트는 현재는 그 예로서 술, 화기, 지상의 수영장만을 들고 있다. §2 comment d. 원래의 초안에는 그 목록에 담배를 포함시켰으나, ALI의 회의석상에서 아슬아슬하게 제외되었다고 한다. Owen(주 1), p. 674 fn. 23 참조.

100) Owen(주 1), p. 673.

101) 주 65). 이 사건에서는 원고들이 제조자를 상대로 한 청구 외에도 국가에 대하여 콘택 600의 판매를 허용하고, 사후에도 적절한 조치를 취하지 않았다고 하여 국가배상책임을 묻는 청구를 병합하였으나, 이 청구는 받아들여지지 않았다. 그러나 박성민, 주동진, 이재근, "의약품 부작용과 국가배상책임", 법학평론 제1권, 2010, 510면 이하는 이에 대하여 비판적이다.

nylpropanolamine, PPA)을 함유하고 있는 감기약 "콘택 600"을 먹고 출혈성 뇌졸중으로 사망한 경우에, 감기약 제조업자가 그러한 위험이 없으면서도 PPA와 비슷한 효능을 가지는 슈도에페드린 성분으로 감기약을 만들지 않은 것이 설계상의 결함인가가 문제되었다.[102)]

원심[103)]은 다음과 같은 이유로 망인이 콘택 600을 복용한 시점인 2003. 12.경 콘택 600은 유통당시의 기술수준과 경제성 등에 비추어 기대가능한 범위 내의 안전성을 갖추지 못한 결함 있는 의약품이라고 보았다. 즉 PPA 성분이 출혈성 뇌졸중을 유발할 위험의 가능성이 있음은 이미 밝혀졌고, 감기약 제조업자로는 PPA와 비슷한 효능을 가지는 슈도에페드린 성분으로도 감기약을 제조할 수 있으며, 그러한 제조가 PPA 함유 감기약에 비하여 더 큰 비용이 필요한 것은 아니고, 2000년 이후의 지식수준에서 살펴볼 때 슈도에페드린 성분은 PPA 함유 감기약보다는 보다 안전하다고 인정되고 있을 뿐만 아니라, 일반 소비자인 망인으로서는 PPA가 함유된 감기약이 출혈성 뇌졸중의 위험성을 3배 이상 증가시킨다는 사실을 알았더라면 PPA 함유 감기약을 복용하지 않았을 것이라는 점이다. 그러나 위와 같은 위험성이 있음을 보고한 2000년 4월경 공표된 미국 예일대학교 의과대학의 연구보고서만으로는 1일 최대섭취량 100㎎ 미만의 PPA 함유 감기약와 출혈성 뇌졸중 사이의 상관관계가 있다고 보기는 어렵고, 따라서 예일대 보고서가 공개되었을 때 피고들이 PPA 함유 감기약으로 1일 최대 PPA 복용량이 80㎎인 콘택 600이 출혈성 뇌졸중을 일으킬 위험성이 있는 의약품이라고 알았거나 알 수 있었던 과실이 있었다고 인정하기 어렵다고 판단하였다.

나아가 망인이 복용한 콘택 600은 제조물책임법 시행일인 2002. 7. 1. 전인 2001. 9. 7.경에 제조되어 공급되었으므로 제조물책임법은 적용되지 않고, 제조물책임법에 의하더라도 피고들이 콘택 600을 제조하여 판매할 당시의 과학, 기술 수준으로는 결함의 존재를 발견하기 어려웠으므로, 제조업자가 당해 제조물을 공급한 때의 과학·기술수준으로는 결함의 존재를 발견할 수 없었다는 사실을 입증한 때에는 제조물책임법에 의한 손해배상책임을 면한다고 규정하고 있는 제조물책임법 제4조 제1항 제2호에 의하여 피고의 제조물책임은 면

102) 의약품의 설계상 결함으로 인한 제조물책임 일반에 관하여는 김민동, "의약품의 설계상 결함으로 인한 제조물책임", 고려법학 제56호, 2010, 95면 이하 참조.

103) 서울고등법원 2007. 6. 19. 선고 2006나9448 판결(미간행).

책된다고 하였다.

대법원은 우선 설계상의 결함에 관한 종전의 판시를 되풀이하면서,[104] 이러한 법리는 의약품의 경우에도 마찬가지로 적용되어야 하되, 다만 의약품은 통상 합성화학물질로서 인간의 신체 내에서 화학반응을 일으켜 질병을 치유하는 작용을 하는 한편 정상적인 제조과정을 거쳐 제조된 것이라 하더라도 본질적으로 신체에 유해한 부작용이 있다는 측면이 고려되어야 한다고 하였다. 그런데 원심이 채용한 증거들에 의하면, 피고가 합리적인 대체설계를 채용하지 아니하여 그 제조 및 공급 당시의 기술 수준과 경제성 등에 비추어 기대가능한 범위 내의 안전성을 갖추지 못함으로써, 이를 복용하였다가 피해를 입은 소비자에 대하여 불법행위책임을 부담하게 할 정도의 결함을 가지고 있다고 보기 어렵다고 하여 원고들의 주장을 배척하였다. 다른 한편 위 판결은 제조물책임 주장에 대하여는 원고들이 상고이유를 기재하지 않았다고 하여 따로 판단하지 않았다.[105]

우선 위 대법원 판결이 설계상의 결함 자체를 부정한 취지인지, 아니면 제조물책임법상의 설계상의 결함에는 해당하지만 과실이 없기 때문에 불법행위가 성립하지 않는다는 것인지가 분명하지 않다. 다른 한편 원심 판결은 일단 제조물책임법상의 설계상의 결함은 긍정하면서도 이른바 개발위험의 항변을 인정하였다.[106] 그러나 우리 제조물책임법상 설계상의 결함을 인정하면서도 개발위험의 항변을 받아들이는 것은 체계상 문제가 있다. 이 점에 대하여는 아래에서 다시 언급한다.

(5) 기　타

경기도는 담배제조회사인 케이티엔지(KT&G) 주식회사를 상대로 하여, 위 회사가 외국에는 해외에는 빨아들이지 않으면 저절로 꺼지는 화재안전담배를 만들어 수출하는 반면, 국내용 담배는 화재위험이 높은 담배를 생산하여 경기도가 화재발생에 따른 화재진압 비용 등의 재정손실을 입었다는 이유로 손해

104) 위 주 63)의 본문 참조.

105) 전병남, “감기약 콘택600 제조물책임사건에 관한 민사법적 고찰”, 의료법학 제10권 1호, 2009, 249면 이하는 이 판결을 지지한다.

106) 한편 서울중앙지방법원 2006. 2. 7. 선고 2006나29855 판결 및 그 항소심인 서울고등법원 2007. 7. 11. 선고 2006나29855 판결은 동일한 감기약의 결함이 문제된 사안에서 설계상의 결함을 인정하면서도, 감기약 복용과 사망 사이의 인과관계 내지 감기약 복용 그 자체를 부정하여 원고의 청구를 기각하였다. 김제완(주 72), 10면 참조.

배상청구소송을 제기하였다.[107] 이러한 주장이 입증된다면 KT&G가 화재안전 담배를 만들 수 있었음에도 만들지 않은 것은 설계상의 과실에 해당한다고 볼 수 있을 것이다. 그러나 위와 같은 경기도측의 손해라고 하는 것은 제조물책임법 제3조 제1항이 규정하는 "제조물의 결함으로 인하여 생명·신체 또는 재산에 입은 손해"라고 볼 수는 없기 때문에 제조물책임법이 직접 적용될 수는 없다. 다른 한편 위와 같은 경기도측의 손해는 이른바 순수한 경제적 손해(pure economic loss)에 해당하는데, 이러한 순수한 경제적 손해에 대하여 어느 경우에 손해배상을 인정할 수 있는가 하는 점은 다른 나라에서도 어려운 문제로 여겨지고 있다.[108][109]

5. 표시상의 결함

표시상의 결함(warning defect)은 제조업자가 합리적인 설명·지시·경고 기타의 표시를 하였더라면 당해 제조물에 의하여 발생될 수 있는 피해나 위험을 줄이거나 피할 수 있었음에도 이를 하지 아니한 경우를 말한다. 예컨대 의약품을 제조하여 판매하면서 그 의약품으로 인한 부작용을 충분히 표시하지 않은 경우이다.

이러한 표시상의 결함의 경우에도 요구되는 것은 "합리적인 설명·지시·경고 기타의 표시"이다. 제조업자에게 모든 예상되는 위험에 대하여 표시하도록 하는 것은 실제로 불가능하기 때문이다. 그러므로 표시상의 결함이 있는가 여부를 판단함에 있어서도 위험-효용 기준이 적용된다고 할 수 있다. 이렇게 본다면 표시상의 결함은 실제로는 거의 대부분 전통적인 과실책임의 법리에 의하여도 해결될 수 있다.[110]

107) 수원지방법원 2009가합863 사건. 배금자, "화재안전담배법 제정해야 한다", 웹진 시민과 변호사 2010. 3(http://webzine.seoulbar.or.kr/etc5/etc5_dtl.asp?YYMM=201003&ARTICLECLASCD=A10400. 최종 방문 2011. 8. 20) 참조.

108) 이에 대하여는 Youngjoon Kwon, "Pure Economic Loss: A Korean Perspective", Journal of Korean Law, Vol. 10, No. 2, 2011, pp. 213 ff. 참조.

109) 이 사건에서 수원지방법원은 2010. 11. 피고 KT&G는 미국에 수출하는 화재안전담배 전부 또는 일부를 미국에 수출하는 가격과 동일한 가격과 조건으로 국내에서 출시하라는 화해권고결정을 하였으나, 피고가 같은 해 12월 이를 거부하였다. 경기도 홈페이지(http://gnews.gg.go.kr/popup/pop_bbs_print.asp?number=10054&BS_CODE=S017) 참조(최종 방문 2011. 8. 20). 현재 이 사건은 아직 수원지방법원에 계속 중이다.

110) Owen(주 1), p. 589 참조. 독일에서도 같은 취지의 설명이 있다. MünchKomm/Wagner, §3

결국 문제되는 것은 어느 범위까지 위험을 표시하여야 하는가 하는 점이다. 이 점에 관하여 판례는 "제조물의 특성, 통상 사용되는 사용형태, 제조물에 대한 사용자의 기대의 내용, 예상되는 위험의 내용, 위험에 대한 사용자의 인식 및 사용자에 의한 위험회피의 가능성 등의 여러 사정을 종합적으로 고려하여 사회통념에 비추어 판단하여야 한다"고 판시하고 있다.111) 이 중에서도 위험이 실현된다면 발생할 손해의 중대성 및 그 발생 가능성, 표시가 없더라도 위험을 사용자가 얼마나 잘 알 수 있었는가 하는 점들이 중요할 것이다.112)

우선 제조업자가 예견할 수 없었던 위험에 대하여까지 표시할 의무가 있는지가 문제되나, 이를 인정하기는 어려울 것이다.113) 다른 한편 소비자가 전문가로서 위험을 충분히 알고 있었다고 볼 수 있는 경우에는 표시의무가 부정되거나 제한된 범위에서만 인정될 것이고,114) 또 전문가가 아니더라도 잘 알려진 위험에 대하여는 표시의무가 없다고 할 수 있을 것이다.

그리고 단순히 위험에 대하여 언급하는 것만으로는 불충분하고, 이를 소비자가 잘 이해할 수 있게 표시하였는가 하는 점도 고려하지 않으면 안 된다.115)

아래에서는 우리 판례에서 나타난 사안을 중심으로 하여 좀 더 구체적으로 살펴본다.

(1) 대법원 2003. 9. 5. 선고 2002다17333 판결116)

이 사건은 앞에서 살펴본 헬기 추락에 관한 것이다. 여기서 원고들은, 그 사건 헬기에는 스태빌레이터의 작동이 피토트 튜브로부터 영향을 받는 특징이 있음에도 피고 유나이티드는 위 사고 발생 전까지 헬기의 운항 중에는 피토트 히트를 반드시 켜라고 경고한 바 없고, 또 계기비행방식으로 비행할 때 피토트 튜브의 결빙과 그에 따른 위험 및 대응책을 적절하게 경고하지도 아니한 지시·경고상의 결함이 있었다고 주장하였다.

ProdHaftG Rdnr. 33 참조.

111) 대법원 2003. 9. 5. 선고 2002다17333 판결(주 63); 2004. 3. 12. 선고 2003다16771 판결(주 90); 2008. 2. 28. 선고 2007다52287 판결(주 65).

112) MünchKomm/Wagner, §823 Rdnr. 638 ff. 참조(일반 불법행위법상의 표시의무에 관한 서술이다).

113) 金凡鐵, "製造物責任法上 警告義務의 限界", 法曹 2006. 7, 121면. 제조물책임법 제4조 제1항 제2호는 제조업자가 당해 제조물을 공급한 때의 과학·기술수준으로는 결함의 존재를 발견할 수 없었다는 사실을 입증하면 제조업자가 면책되도록 규정하여 이른바 개발위험의 항변을 인정하고 있다.

114) MünchKomm/Wagner, §823 Rdnr. 641.

115) Owen(주 1), pp. 593 ff.; MünchKomm/Wagner, §823 Rdnr. 642.

116) 주 63).

그러나 원심법원은, 위 헬기의 사용설명서에서 스태빌레이터의 비정상적인 작동이 발생할 수 있는 점과 이에 대한 대책을 설명하고 있었고, 위 헬기의 특성상 스태빌레이터의 비정상적인 작동이 피토트 튜브의 결빙 때문에 초래될 수도 있음은 조종사들도 쉽게 짐작할 수 있다고 보이므로, 피토트 튜브의 결빙에 따른 스태빌레이터의 비정상적인 작동에 대처하는 방법에 관하여는 충분한 경고가 있었다고 하여 이 주장을 배척하였고, 대법원도 이러한 원심의 판단을 시인하였다.

이 사건에서는 위 헬기의 조종사들이 고도로 훈련을 받은 사람들이었으므로, 법원도 사용설명서의 일반적인 설명만으로도 충분한 지시, 경고가 있었던 것으로 판단한 것으로 보인다.

(2) 대법원 2004. 3. 12. 선고 2003다16771 판결[117)]

이 사건은 앞에서 살펴본 자동차 급발진에 관한 것이다. 이 사건에서 원심법원은, 사고의 직접적인 원인은 원고가 시동을 걸고 자동변속기 레버를 전진으로 이동하는 단계에서 액셀러레이터 페달을 밟지 않아야 할 상황인데도 비정상적으로 액셀러레이터 페달을 밟음으로써 발생한 것으로 추정하였다. 그리고 피고가 급발진사고위험의 존재와 본질에 대하여 경고하여야 할 의무가 있음에도 이를 경고하지 않았다는 원고의 주장에 대하여는 이를 받아들이지 않았다.

대법원도, 이 사건 자동차의 취급설명서에 엔진시동 시에는 액셀러레이터 페달과 브레이크 페달의 위치를 확인한 후 브레이크 페달을 밟고 시동을 걸고 자동변속기 선택레버를 이동시키라는 지시문구가 기재되어 있어서, 원고가 위 지시 내용을 확인하고 이에 따랐더라면 이 사건 사고는 충분히 예방할 수 있었던 점을 인정할 수 있으므로, 법령에 의한 면허를 갖춘 사람만이 운전할 수 있는 자동차에 있어서 위의 지시 외에 운전자가 비정상적으로 액셀러레이터 페달을 밟는 경우까지 대비하여 그에 대한 경고나 지시를 하지 아니하였다 하여 결함이 존재한다고 볼 수는 없다고 판단하였다.

대법원이 판시한 것처럼, 법령에 의한 자동차 운전면허를 가진 사람으로서는 자동변속기 레버를 전진으로 이동하는 단계에서 액셀러레이터 페달을 밟으면 안 된다는 것은 당연히 알고 있었을 것이므로, 별도로 이에 관하여 경고할

---

117) 주 90).

필요는 없다고 볼 수 있다.

(3) 대법원 2006. 3. 10. 선고 2005다31361 판결[118)]

이 사건에서는 화훼농장을 경영하는 원고들이 피고회사가 제조한 비료를 구입하여 장미 재배에 사용하였다. 그런데 위 비료의 포장지에는 발효과정에서 암모니아 가스가 15일 내지 20일 동안 발생한다고 기재되어 있었는데, 실제로는 40일 이상 가스가 발생하여, 원고들이 재배하던 장미가 비료의 살포 및 발효과정에서 고사하는 등의 피해를 입었다. 그리고 원심법원은, 발효과정에서 작물의 생육에 유해한 가스가 필연적으로 발생하는 미발효 유기질 비료는 이 사건 피해 작물의 경우처럼 이미 비닐하우스 시설 내에 정식되어 생육중인 다년생 화훼작물에 사용하기에는 부적합하다고 보았다. 그리하여 원심법원은 피고의 표시상 결함으로 인한 제조물책임을 인정하였고, 대법원도 원심법원의 판단을 유지하였다.

대법원은 종래의 판례와 마찬가지로, 표시상의 결함 유무를 판단함에 있어서는 제조물의 특성, 통상 사용되는 사용형태, 제조물에 대한 사용자의 기대의 내용, 예상되는 위험의 내용, 위험에 대한 사용자의 인식 및 사용자에 의한 위험회피의 가능성 등의 여러 사정을 종합적으로 고려하여 사회통념에 비추어 판단하여야 할 것이라고 보았다. 그런데 이 사건 비료가 원고들의 경우와 같은 재배환경하에서 이용하기에 부적절한 이상 그 용법에 관한 표시상의 결함이 존재한다고 보아야 하고, 그 시비과정에서 위 비료의 포장지 등에 명시한 설명방법을 원고들이 그대로 따르지 아니하였더라도, 그것이 원고들의 귀책으로 돌아가는 비정상적인 사용상태로 인하여 피해가 발생한 경우에 해당한다고 보기는 어렵고, 다만 위와 같은 원고들의 과실 기타 사정을 참작하여 그 책임비율을 감경한 것은 타당하다고 보았다.

(4) 서울중앙지방법원 2007. 1. 25. 선고 99가합104973 판결[119)] 및 서울고등법원 2011. 2. 15. 선고 2007나18883 판결[120)]

이 사건에서는 담배의 위해성을 담배 제조업자나 대한민국이 경고하지 않은 것이 표시상의 결함인가가 다투어졌다. 우리나라에서 판매되는 담배에는 1975. 12. 31.까지는 아무런 경고 문구가 없었는데, 1976. 1. 1.부터는 "건강을

118) 미공간.
119) 주 57).
120) 주 75).

위하여 지나친 흡연은 삼갑시다"라는 경고문구를 표시하였고, 1989. 12. 17.부터는 담배포장 앞면에 "흡연은 폐암 등을 일으킬 수 있으며, 특히 임산부와 청소년의 건강에 해롭습니다"라는 경고문구가 표시되기 시작하였으며, 1996년에는 "흡연은 폐암 등 각종 질병의 원인이 되며, 특히 임산부와 청소년의 건강에 해롭습니다"와 같은 좀 더 강력한 문구가 기재되었다. 그런데 제1심 판결과 제2심 판결은 모두 표시상의 결함을 부정하였다.

제1심 법원은 일반론으로서, 담배의 표시상 결함이 인정되기 위해서는 피고들이 담배의 유해성에 관한 설명이나 경고를 하였다면 이 사건 흡연자들이 흡연량을 줄이거나 금연하여 폐암 발병의 위험을 줄이거나 피할 수 있었음이 인정되어야 하고, 담배의 특성, 담배의 통상 사용형태, 담배에 대한 흡연자의 기대의 내용, 예상되는 위험의 내용, 위험에 대한 흡연자의 인식 및 흡연자에 의한 위험회피의 가능성 등의 여러 사정을 종합적으로 고려하여 사회통념에 비추어 판단하여 볼 때, 요구되는 설명이나 경고는 합리적이어야 한다고 판시하였다.

그리하여 시기를 나누어서, 1963년까지는 당시에 흡연의 위험성에 대한 보고가 별로 없었고, 우리나라에도 잘 소개되지 않았으며, 당시까지 담배에 경고문구를 표시한 나라가 없었으므로, 피고 대한민국에게 세계에서 최초로 흡연의 위험성에 관한 경고문구를 표시할 의무가 있었다고 보기 어렵다고 하였다. 또한 1964년 이후에는 미국의 1964년 보건총감보고서가 흡연의 유해성을 공식적으로 보고한 이후 국내 각 언론매체에서 흡연과 폐암의 관련성이 여러 차례 보도되었으므로, 이 사건 흡연자들은 이 시기에는 이미 흡연의 유해성을 인식하고 있었다고 봄이 상당하고, 피고 대한민국만이 흡연의 유해성에 관하여 흡연자가 알게 되면 흡연량을 줄이거나 금연하게 될 만한 특별한 정보를 알고 있었다고 볼 증거도 없으므로, 이 시기의 피고 대한민국에게도 흡연의 위험성에 관한 경고문구를 표시할 의무가 있었다고 보기 어렵다고 보았다.

이어서 1976년 이후에는 이 시기에는 흡연과 폐암 사이의 관련성은 이미 공지의 사실이 되었고, 피고들이 담배갑 포장지에 흡연의 유해성에 관한 경고문구를 표시하였으며, 그러한 경고의 정도가 관련 법규에 부합할 뿐만 아니라, 외국의 사례와 비교하여 높은 편에 속하므로, 담배에 표시상의 결함이 있다고 보기 어렵고, 달리 이를 인정할 증거가 없다고 보았다.

제2심 법원도 대체로 같은 취지이다. 즉 원고들은 추상적으로나마 흡연의 위해성을 인식하고 있었고, 피고들은 경고문 기재에 관한 법 규정을 잘 지켜왔으며, 여러 외국의 담뱃갑 포장지에 기재된 경고문구의 내용 및 그 경고 시점, 피고들이 폐암 등의 발병 혹은 니코틴 의존이 유발되지 않을 수 있는 정확한 흡연량이나 니코틴, 타르 등의 함량을 알고 있었다고 인정할 만한 자료가 없는 점 등에 비추어 법령상 의무지워진 경고의무 이외에 특별한 사정이 없는 한 담배 제조자들인 피고들이 추가적으로 특정한 경고의무를 부담한다고 할 수 없다고 하였다.

이들 판결을 검토해 본다면, 우선 1976. 1. 1.부터의 경고문구인 "건강을 위하여 지나친 흡연은 삼갑시다"라는 문구가 충분한 경고가 되는 것인지는 의심스럽다. 그리고 다른 나라와 비교하여 충분한 경고인지 판단하는 것도 그다지 설득력이 없다. 그러나 1989년 이후의 경고문구는 어느 정도 충분한 경고라고 볼 수 있다. 그러므로 1989년 이후에 흡연을 시작한 사람들은 담배 제조업자에게 책임을 묻기 어려울 것이다.

그러면 그 이전은 어떠할까? 이 문제는 제1차적으로는 흡연의 위험이 어느 정도 사람들에게 알려져 있었는가 하는 점에 달려 있다. 이 점은 사실 인정의 문제인데, 과연 이 판결이 판시하고 있는 것처럼 1964년 당시 이미 국내의 흡연자들이 흡연의 위험을 알고 있었다고 볼 수 있을지는 명확하지 않다.[121] 다른 한편 이 문제는 흡연자들이 얼마나 쉽게 담배를 끊을 수 있는가, 흡연은 어느 정도 자유 의지의 문제인가 하는 점에도 달려 있다.[122] 그렇지만 외국에서도 흡연자의 폐암 발병으로 인한 제조물책임 소송을 받아들인 예는 찾아보기 어렵다.[123]

---

121) MünchKomm/Wagner, §823 Rdnr. 643은 독일에 관하여 이를 긍정한다. 같은 취지, 박규용, "흡연자의 건강침해에 대한 담배제조사의 제조물책임", 民事法學 제40호, 2008, 241면 이하. 그러나 미국연방 제6항소법원은, 합리적인 배심원들은 1950년에서 1965년 사이에 흡연과 폐암 사이에 관련이 있다는 점에 대하여 "일반적인 인식(common knowledge)"이 없었다는 결론을 내릴 수 있다고 판시하였다. Tompkin v. American Brands 219 F.3d 566, 572(2000).

122) 이 문제는 영미법상 이른바 위험의 인수(assumption of risk, volenti non fit injuria)의 문제라고 할 수 있는데, Miller & Goldberg(주 51), 9. 126(p. 343)은 니코틴의 중독성 때문에 위험 인수의 항변은 인정되기 어렵다고 한다. 반면 위 제1심 판결은 담배의 의존성 내지 중독성은 그다지 크지 않고, 흡연은 자유 의지의 문제라고 보았다.

123) Miller & Goldberg(주 51), 9. 124 ff.(pp. 342 f.) 참조. 독일의 경우에 관하여는 박규용(주 121), 227면 이하; 同, "독일민법에 따른 담배제조업자의 책임", 法學硏究 제222집, 2006, 93면 이하; 전경운, "독일 제조물책임법의 주요내용과 동향에 관한 일고찰", 法과 政策硏究 제10집 3호, 2010, 1272면 주 10) 참조. 다만 미국에서는 흡연자측이 담배회사를 상대로 하여 제기한 소송이 받아들여진 예들이 있다. 그러나 이는 엄밀한 의미에서는 제조물책임에 근거한 것이 아니고, 담배가 건강에 해롭지 않다고 하는 담배회사측의 적극적인 주장에 대하여 책임을 물

(5) 대법원 2008. 2. 28. 선고 2007다52287 판결[124)]

이 사건에서는 감기약 콘택 600의 부작용으로 출혈성 뇌졸중이 생길 수 있다는 점에 관하여 제약회사가 충분한 표시를 하였는가가 문제되었다.

대법원은 원심법원과 마찬가지로, 콘택 600의 사용설명서에는 부작용으로 출혈성 뇌졸중이 표시되어 있고, 또 고혈압 환자, 출혈성 뇌졸중의 병력이 있는 환자, 심장애 환자에는 투여하지 말고, 다른 PPA 함유 의약품과 같이 복용하지 말라는 주의사항이 기재되어 있는 사실 등에 비추어 보면, 사회통념상 콘택 600에는 출혈성 뇌졸중의 위험에 대한 적절한 경고표시가 기재되어 있었다고 보아야 하고, 제약회사에게 의사의 처방이 필요하지 않은 일반의약품인 콘택 600을 복용할 당시 특별히 더 출혈성 뇌졸중의 위험성을 경고하여 콘택 600을 복용하지 말도록 표시하였어야 할 의무가 있다고 하기 어렵다고 보았다.

그러나 일반적으로 부작용으로 출혈성 뇌졸중이 표시되어 있다는 이유만으로 그에 대하여 충분히 표시를 하였다고 볼 수 있는지는 의심스럽다. 이 사건에서 출혈성 뇌졸중으로 사망한 사람은 고혈압 환자, 출혈성 뇌졸중의 병력이 있는 환자, 심장애 환자의 어느 것에도 해당하지 않았다.[125)]

Ⅴ. 결함 및 인과관계의 증명

1. 결함의 증명책임

제조물에 결함이 있다는 것은 제조물책임의 요건사실이므로 책임이 있음을 주장하는 사람이 증명하여야 한다. 또한 제조업자가 제조물을 유통시킬 당

은 것이다. Williams v. Philip Morris Inc. 182 Or.App. 44, 48 P.3d 824(Court of Appeals of Oregon, 2002) 참조. 이 사건에서는 7,950만불의 징벌적 배상의 지급을 명하였다. 미국 연방대법원은 2번이나 원심판결을 파기하였으나, 결국 최종적으로 연방대법원이 2007년 허가하였던 이송명령(certiorari)을 2009년에 취소함으로써 손해배상을 명한 판결이 확정되었다. Williams v. Philip Morris Inc., 129 S.Ct. 1436, 173 L.Ed.2d 346, 77.

124) 주 65).

125) 김제완(주 72), 23면도 이 점에 대하여 비판적이다. 미국에서는 이러한 PPA의 부작용으로 인한 제조물책임 소송이 대단히 많이 제기되었는데, 원고들 중 상당수는 화해나 판결에 의하여 배상을 받았다. In re Phenylpropanolamine (PPA) Products Liability Litigation, Slip Copy, 2009 WL 6042809 (W.D.Wash., 2009) 참조.

시에 결함이 있다는 것도 제조물책임을 주장하는 사람이 증명하여야 한다.[126)]

그런데 문제가 되는 것은 설계상의 결함이다. 원래는 설계상의 결함에서 합리적 대체설계가 가능하다는 점 또한 결함의 개념에 속하므로, 책임을 묻는 원고가 증명하여야 할 사항이다. 그러나 실제로는 합리적 대체설계가 가능하다는 것을 피해자측이 증명하기는 매우 어렵다. 이를 위하여는 전문적인 지식과 비용이 필요하기 때문이다. 미국에서는 이를 위하여 전문가 증언(expert testimony)이 활용되고 있지만, 우리나라의 상황에서 피해자에게 일반적으로 이를 기대하기란 쉽지 않다. 반면 실제로 제조한 제조업자측에서 합리적 대체설계가 어렵거나 불가능하다는 것을 증명하기란 상대적으로 용이하다고 볼 수 있다. 그러므로 피해자가 특정의 대체설계를 주장하면, 제조업자측이 그러한 대체설계는 합리적은 아니라고 하는 점을 증명하도록 할 필요가 있다.

그 법적 근거가 문제되는데, 제조물책임법 제4조 제1항 제2호가 규정하고 있는 이른바 개발위험의 항변, 즉 제조업자가 당해 제조물을 공급한 때의 과학·기술수준으로는 결함의 존재를 발견할 수 없었다는 항변에 주목할 필요가 있다.

개발위험의 항변을 별도의 면책사유로 인정하고 있는 것은 EC의 제조물책임지침 제7조, 일본 제조물책임법 제4조 등에서 찾아볼 수 있다. 그러나 이들 입법에서는 기본적으로 결함의 기준으로서 소비자 기대 기준에 서서 결함개념을 객관적으로 규정하여 원래의 의미에서의 무과실책임의 원칙을 채택하고 있으므로, 개발위험의 항변을 인정함으로써 이러한 무과실책임에 의한 책임범위를 제한할 필요성이 있게 된다.

반면 우리나라의 제조물책임법과 같이 결함의 종류에 따라 결함을 달리 정의하여, 특히 설계상의 결함이나 표시상의 결함의 경우에는 제조업자가 합리적인 대체설계를 채용할 수 있었는가 내지 합리적인 설명·지시·경고 기타의 표시를 할 수 있었는가의 여부를 결함 유무의 판단에 있어 고려하는 입법례에서는, 제조업자가 당해 제조물을 공급한 때의 과학·기술수준으로는 결함의 존재를 발견할 수 없었다는 이른바 개발위험의 항변은 이미 결함 유무의 판단에

---

126) EC 제조물책임 지침 제7조는 이와 반대로 제조업자가 제조물을 유통시킬 시점에 결함이 없었을 가능성을 입증하여야 면책되는 것으로 규정하고 있다. 우리나라의 제조물책임법 제정 당시 정부가 입법예고하였던 안에서는 제조자 등이 당해 제조물을 유통시킨 시점에는 결함이 없었다는 사실 또는 그 결함이 그 후에 발생하였다는 사실(제7조 제1항 제2호)을 면책사유로 규정하고 있었으나, 국무회의에 회부된 정부안에는 이 내용이 빠져 있다.

서 고려될 사항이고, 별도의 항변으로 인정할 필요가 없는 것이라고 생각할 수 있다.[127] 실제로 우리 제조물책임법과 같은 방식으로 결함을 정의하고 있는 미국 제3차 리스테이트먼트는 개발위험의 항변과 유사한 기술수준의 항변(state of the art defense)을 독립적으로 규정하지 않고 있으며, 그 공식 해설에서는 이를 설계상의 결함 유무를 판단하는 하나의 요소로 취급하고 있다.[128] 우리 법에 개발위험의 항변이 규정되게 된 것은 최초의 법안에서는 EC 지침과 같이 결함을 정의하고 있었는데, 최종 입법 단계에서 결함 개념을 제3차 리스테이트먼트와 같이 바꾸면서도 개발위험의 항변을 그대로 유지한 데 기인한 것으로 보인다.

그러나 법상 규정되어 있는 개발위험의 항변이 의미를 가지도록 모색하여 볼 필요는 있다. 엄밀히 말하여 개발위험의 항변과 기술 수준의 항변이 동일한 것은 아니며, 기술 수준의 항변의 의미도 다의적으로 사용되고 있어서 그 개념을 확정하는 것은 쉽지 않으나, 가장 안전하고 진보된 기술에 의하여서도 달성할 수 없는 것을 의미하는 것으로 이해될 수 있다.[129] 반면 개발위험의 항변은 제조업자가 당해 제조물을 공급한 때의 과학·기술수준으로는 결함의 존재를 발견할 수 없었다는 것을 말하므로, 가령 결함의 존재를 발견할 수 있었어도 당시의 기술수준으로는 그러한 결함을 예방할 수 없다면, 개발위험의 항변에는 해당하지 않지만, 합리적인 대체설계가 불가능하므로 설계상의 결함은 없다고 하게 될 것이다. 그렇다면 거꾸로 일단 설계상의 결함이 인정되는 경우에는 개발위험의 항변은 인정될 여지가 없다는 결론이 나오게 된다.

그러나 이는 법상 개발위험의 항변을 무의미하게 만드는 것이므로, 이를 의미 있게 해석하려면, 제조업자에게 훨씬 어려운 개발위험의 항변을 증명하게 하는 것보다는 원고가 주장하는 대체설계가 당시의 기술 수준으로는 불가능하다는 것을 증명하여야 한다고 봄이 옳을 것이다.[130]

---

127) 尹眞秀(주 6), 417-418면 참조.

128) American Law Institute(주 38), §2 Comment d(pp. 19 ff.) 참조.

129) American Law Institute(주 38), §2 Comment d.(p. 20); Miller & Goldberg(주 51), 13. 36(p. 495) 등.

130) 같은 취지, 嚴東燮(주 57), 368면. 다소 논거는 다르나 결론에 있어서 유사한 것으로는 金濟完(주 56), 81면 이하; 김민동(주 59), 173면 등.

2. 사실적 인과관계의 증명

제조물책임의 사실적 인과관계, 즉 결함으로 인하여 손해가 발생하였다는 것에 대한 증명책임은 일반적인 불법행위에 있어서와 마찬가지로 피해자가 부담하여야 한다.[131] 그리고 제조물책임에서는 특별히 이른바 역학적 인과관계(疫學的 因果關係)가 논의되고 있다. 역학적 인과관계란 역학(epidemiology)에 의한 조사 결과, ① 특정의 유해물질(인자)이 발병의 일정기간 전에 작용 또는 존재한 것이고, ② 유해물질과 발병률 사이에 용량반응의 관계가 존재하며, ③ 그 유해물질의 분포소장이 이미 관찰된 유형의 특성과 모순 없이 설명되고, ④ 그 유해물질이 질병의 원인으로서 작용하는 과정이 생물학적으로 모순 없이 설명된다면 유해물질과 건강피해 사이의 '통계적 연관성'이 인정되는 것을 말한다.[132]

고엽제 소송에 관한 서울고법 2006. 1. 26. 선고 2002나32662 판결[133]은, 역학적 인과관계에 관하여 다음과 같이 판시하여 고엽제의 살포와 그 사건 원고들의 증상과의 사이에 인과관계를 인정하였다.

"유해물질로 인하여 건강상 피해가 발생한 경우 유해물질과 피해자에게 발생한 질병 사이의 인과관계를 인정하기 위하여는, 우선 일반적으로 인체가 당해 유해물질에 노출될 경우 문제된 질병이 야기될 수 있다는 일반적 인과관계가 증명되어야 하고(이러한 사정이 부인된다면 피해자가 그 유해물질에 노출되었다 하더라도 당해 질병이 발생할 여지가 없다), 나아가 피해자가 당해 유해물질에 노출된 후 그 질병이 발생하였다는 개별적 인과관계까지 입증되어야 한다.

그런데 유해물질로 인한 질병 발생이 집단적 병리현상으로서 문제되고, 임상의학 또는 병리학적으로 당해 유해물질이 문제된 질병의 원인이 되는지 여부와 당해 유해물질로 인한 발병의 기전이 아직 명확히 밝혀지지 않았으며, 나

---

131) 다른 한편 동일한 종류의 제조물을 여러 제조업자가 제조하였는데 그 중 어떤 제조업자의 제품으로 인하여 손해가 발생하였는가 하는 점을 확정하는 것도 인과관계의 문제에 속한다고 할 수 있다. 미국에서는 제조업자를 특정하지 못하는 경우에 제조업자들의 연대책임을 인정하거나, 각 제조업자의 시장 점유율에 따른 분할책임을 인정한 판례도 있다. 이에 대하여는 Owen(주 1), pp. 780 ff.; 閔靖晳(주 88), 618면 이하 참조. 이 글에서는 이 문제는 다루지 않는다.

132) 서울고법 2006. 1. 26. 선고 2002나32662 판결(주 57).

133) 주 57).

아가 개개 피해자가 당해 유해물질에 노출되었는지 여부나 그 노출 정도를 입증할 과학적 방법조차 확립되지 않은 경우에는, 앞서 본 바와 같은 환경침해소송에서의 인과관계 입증에 관한 법리에 의하더라도 그 인과관계를 입증하기란 쉽지 않다고 할 것이다.

따라서 이러한 경우에는 인간을 집단적으로 관찰하여 당해 유해물질과 그 질병 발생 사이에 역학적으로 인과관계가 있음을 밝히고, 이러한 역학적 인과관계에 기초하여 개개 피해자에게 당해 유해물질이 도달한 후 당해 질병이 발생한 사실로부터 개개 피해자의 질병이 당해 유해물질의 노출로 인하여 발생하였을 상당한 개연성이 있다고 인정할 수 있고, 이로써 그 인과관계가 일응 증명되었다고 할 것이다."

그런데 담배소송에 관한 서울지방법원 2007. 1. 25. 선고 99가합104973 판결[134]은 흡연과 폐암의 발병 사이에 역학적 인과관계가 있음은 인정하면서도, 그러한 역학적 인과관계만으로는 특정 개인의 구체적 질병 발생의 원인을 규명하는 개별적 인과관계에 직접 적용하기 어렵고, 특히 폐암과 같은 비특이성 질환은 다양한 요인들이 복합적으로 작용하는 것이어서, 흡연 이외의 다른 원인에 의해서도 발병할 수 있고 비흡연자에게서도 발병할 수 있으므로, 역학적 인과관계를 개별적 인과관계에 직접 적용하기가 더욱 어렵다고 하여 원고들의 주장을 받아들이지 않았다.

그러나 어떤 물질이 암의 원인이 된다는 점에 관하여 역학적인 인과관계가 인정된다면 일반적인 인과관계(general causation)는 인정될 수 있고, 나아가 개별 피해자가 그 물질에 노출되었다는 것이 밝혀지면 개별적 인과관계(specific causation)도 인정될 수 있다고 보아야 할 것이다.[135] 그러므로 위 사건에서는 피고측에서 원고들의 폐암 발병이 다른 원인에 의한 것임을 증명하지 않는 한 인과관계가 부정되어서는 안 될 것이다.[136]

위 99가합104973 판결의 항소심인 서울고등법원 2011. 2. 15. 선고 2007나18883 판결은, 흡연과 폐암 등 질병 사이의 인과관계는 일반적인 불법행위의 경우와 달리 그 입증책임을 완화할 필요성이 있는데, 흡연과 폐암은 역학적 인과관계가 있다고 인정할 수 있는 요건을 모두 갖추고 있고, 흡연과 원고들의

134) 주 57).
135) Owen(주 1), pp. 776 ff. 참조.
136) 같은 취지, 박영만, "담배와 폐암, 그 인과관계", 法律新聞 2007. 4. 9.자(제3544호).

폐암 발병에 관한 개별적 인과관계도 입증된 것으로 보아야 한다고 판시하였다. 즉 이 사건에서와 같이 젊은 나이부터 흡연을 시작하여 약 30년 이상의 흡연기간 동안 약 20년 이상의 흡연력을 가진 사람으로서, 폐암으로 진단받을 무렵까지 계속 흡연하여 왔다는 것과, 발생한 개별적인 폐암이 일반적인 폐암보다도 흡연과의 관련성이 더 높은 사정, 즉 고령의 남성으로서 편평세포암이나 소세포암 진단을 받았다는 것이 증명된 경우에는, 흡연이 폐암 발병의 주요한 요인이거나 상당한 인관관계를 인정할 수 있을 정도로 비중 있는 발병요인이라고 볼 수 있으므로 흡연과 폐암의 발생 사이에 인과관계가 존재하는 것으로 추정할 수 있고, 피고들이 반증으로 흡연자들의 폐암 발병이 전적으로 혹은 주요하게 다른 요인에 기인한 것임을 증명할 책임을 부담한다고 봄이 상당하다고 하여 인과관계를 인정하였다. 다만 앞에서 본 것처럼 표시상의 결함의 존재를 부정하여 결국 원고들의 청구를 인정하지는 않았다.

다른 한편 대법원 2008. 2. 28. 선고 2007다52287 판결[137]의 원심판결인 서울고등법원 2007. 6. 19. 선고 2006나9448 판결[138]은, PPA 함유 감기약이 출혈성 뇌졸중의 위험성을 증가시킨다는 사실이 밝혀졌고, 망인이 PPA 함유 감기약인 콘택 600을 복용하고 출혈성 뇌졸중이 발생하였으며, 망인이 이 사건 사고 이전에 고혈압이나 동맥경화 증상이 없었으므로, 피고들이 망인이 콘택 600을 복용하지 않았다고 하더라도 망인에게 출혈성 뇌졸중이 발생하리라는 점을 입증하지 못하는 이상, 망인의 콘택 600 복용과 이 사건 사고 사이의 인과관계는 인정된다고 하였다.[139]

3. 제조상 결함의 존재 및 인과관계의 추정

판례는 제조상 결함 및 인과관계의 추정에 관하여 다음과 같이 판시하고 있다. 즉 고도의 기술이 집약되어 대량으로 생산되는 제품의 결함을 이유로 그 제조업자에게 손해배상책임을 지우는 경우, 그 제품의 생산과정은 전문가인 제

137) 주 65).
138) 주 103).
139) 미국에서는 PPA의 사용과 출혈성 뇌졸중 사이에 인과관계가 있다는 전문가의 증언이 배심재판에서 허용될 수 있는가 하는 점에 관하여 각 법원의 태도가 일치하지 않았다. Charles Bazerman, “How Does Science Come To Speak In The Courts? Citations, Intertexts, Expert Witnesses, Consequential Facts, And Reasoning”, 72 Law and Contemporary Problems 91 ff.(2009) 참조.

조업자만이 알 수 있어서, 그 제품에 어떠한 결함이 존재하였는지, 그 결함으로 인하여 손해가 발생한 것인지 여부는 일반인으로서는 밝힐 수 없는 특수성이 있어서, 소비자측이 제품의 결함 및 그 결함과 손해의 발생과의 사이의 인과관계를 과학적·기술적으로 입증한다는 것은 지극히 어려우므로, 그 제품이 정상적으로 사용되는 상태에서 사고가 발생한 경우, 소비자측에서 그 사고가 제조업자의 배타적 지배하에 있는 영역에서 발생하였다는 점과 그 사고가 어떤 자의 과실 없이는 통상 발생하지 않는다고 하는 사정을 증명하면, 제조업자측에서 그 사고가 제품의 결함이 아닌 다른 원인으로 말미암아 발생한 것임을 입증하지 못하는 이상, 그 제품에게 결함이 존재하며 그 결함으로 말미암아 사고가 발생하였다고 추정하여 손해배상책임을 지울 수 있도록 입증책임을 완화하는 것이 손해의 공평·타당한 부담을 그 지도원리로 하는 손해배상제도의 이상에 맞는 것이라고 한다.[140)]

이 판결이 들고 있는 요건은 첫째, 제품이 정상적으로 사용되었을 것, 둘째, 그 사고가 제조업자의 배타적 지배하에 있는 영역에서 발생하였을 것, 셋째, 그 사고가 어떤 자의 과실 없이는 통상 발생하지 않는다는 것이 증명될 것이다.

대법원은 98다15934 사건에서 이러한 이론을 구체적으로 적용하여 제조자의 책임을 인정하였다. 이 사건에서는 피고 회사가 1988.말경부터 1990.초경까지 사이에 제조한 텔레비전 중 하나를 소비자가 사서 약 6년 동안 사용하고 있었는데, 갑자기 텔레비전이 폭발하여 불이 나서 소비자가 피해를 입게 되자, 보험회사가 피해를 입은 소비자에게 보험금을 지급하고 피고 회사에게 소송을 제기하였다. 이 사건에서는 텔레비전이 폭발한 원인이 정확하게 밝혀지지는 않았다.

원심은 원고의 청구를 받아들였고, 대법원도 상고를 기각하였다. 대법원은 결함과 인과관계의 증명책임 완화에 관한 일반론에 관하여는 앞에서 본 것처럼 설시하였다. 그리고 당해 사건에 관하여는, “이 사건과 같이 텔레비전이 정상적으로 수신하는 상태에서 발화·폭발한 경우에 있어서는, 소비자측에서 그 사고가 제조업자의 배타적 지배하에 있는 영역에서 발생한 것임을 입증하고,

---

140) 대법원 2004. 3. 12. 선고 2003다16771 판결(주 90). 이 판결이 선례로서 인용하고 있는 대법원 2000. 2. 25. 선고 98다15934 판결(주 69)도 같은 취지이지만, 이 판결이 보다 일반적인 설시를 하고 있다.

그러한 사고가 어떤 자의 과실 없이는 통상 발생하지 않는다고 하는 사정을 증명하면, 제조업자측에서 그 사고가 제품의 결함이 아닌 다른 원인으로 말미암아 발생한 것임을 입증하지 못하는 이상, 위와 같은 제품은 이를 유통에 둔 단계에서 이미 그 이용시의 제품의 성상이 사회통념상 당연히 구비하리라고 기대되는 합리적 안전성을 갖추지 못한 결함이 있었고, 이러한 결함으로 말미암아 사고가 발생하였다고 추정하여 손해배상책임을 지울 수 있도록 입증책임을 완화하는 것이 손해의 공평·타당한 부담을 그 지도원리로 하는 손해배상제도의 이상에 맞는다"고 하였다.

반면 대법원 2000. 7. 28. 선고 98다35525 판결[141]에서는, 지하주차장에 주차해 둔 차량의 운전석에서 원인불명의 화재가 발생하여 차량이 전소한 경우에, 차량의 결함부위 및 내용이 특정되지 아니하였고 차량의 외부에서 발화하여 그 내부로 인화되었을 가능성도 배제할 수 없는 점 등에 비추어 차량의 제조상의 결함(하자)으로 화재가 발생하였다고 추정하기는 어렵다고 하였다.

그리고 대법원 2004. 3. 12. 선고 2003다16771 판결[142]에서는 급발진 사고에 관하여 위 법리가 적용되지 않는다고 하였다. 즉 이 사건 자동차가 정상적으로 사용되는 상태에서 제조업자의 배타적 지배하에 있는 영역에서 사고가 발생하였다는 점이 입증되지 아니하므로, 위 급발진사고가 자동차의 결함으로 인하여 발생하였다고 추정할 수도 없다는 것이다.

이러한 대법원의 결함 및 인과관계 추정의 법리는 미국의 이른바 기능 이상 법리(malfunction doctrine)의 영향을 받은 것으로 보인다.[143] 이에 따르면 제조물의 기능에 이상이 있었고, 그 기능 이상이 정상적인 사용 상태에서 일어났으며, 제조물이 기능 이상을 일으킬 수 있을 정도로 변경되거나 잘못 사용되지 않았으면 결함이 있는 것으로 추정될 수 있다는 것이다.[144]

제3차 리스테이트먼트는 제3조에서 이를 명문화하였다. 즉 특정의 결함이 증명되지 않더라도, 원고에게 손해를 가한 사건이 (a) 제품의 결함으로 인하여

---

141) 공 2000하, 1923.

142) 주 90).

143) 閔中基(주 69), 180면; 閔靖晳(주 88), 600-601면; 朴基東, "美國의 製造物責任과 事實推定의 法理", 判例實務硏究[Ⅲ], 1999, 474면 이하 참조. 기능 이상 법리를 res ipsa loquitur(사물 그 자체가 증명한다)의 법리와 같은 의미로 사용하기도 하지만, Owen(주 1), p. 465는 미국의 판례가 후자는 과실책임에 관하여 적용하고, 엄격책임인 제조물책임에 관하여는 전자의 법리를 발전시켰다고 설명한다.

144) Owen(주 1), p. 466 참조.

통상 발생할 수 있는 것이고, (b) 당해 사건에서 제품의 판매나 유통 당시에 존재하였던 결함 이외의 원인의 유일한 결과가 아니라면, 원고가 입은 손해는 제조물의 결함으로 인한 것으로 추정될 수 있다는 것이다.

Ⅵ. 결　　론

이제까지 제조물책임법의 내용을 살펴보았다. 제조물책임법상 문제될 수 있는 것으로는 제조물 계속감시의무(법 제4조 제2항) 등 몇 가지 다른 문제가 있으나, 여기서 다룬 것들이 비교적 중요한 것에 속한다.

아직까지 우리나라에서는 제조물책임에 관한 판례가 그다지 많지 않고, 이제까지의 판례도 실제로는 제조물책임법 시행 전의 사안에 관한 것이 대부분이다. 그러나 앞으로 사회가 발전함에 따라 제조물책임이 문제되는 사례가 더욱 늘어날 것으로 예상된다. 이에 대비한 연구와 외국법의 동향에 관한 관심이 요청된다.

〈연세대학교 법학연구 제21권 3호, 2011〉

〈追記〉

1. 제조물책임법은 2013. 5. 22. 전문개정되었으나, 표현의 수정에 그쳤고 내용 자체가 달라지지는 않았다.

2. 법무부는 2013년 제조물책임법 개정안을 마련하였으나, 2014. 12. 현재 입법예고절차는 이루어지지 않고 있다. 개정안에 대하여는 朴東瑱, “제조물책임법 개정시안의 중요내용”, 비교사법 제20권 3호, 2013, 553면 이하 참조.

3. 서울고등법원 2006. 1. 26. 선고 2002나32662 판결(주 57)의 상고심인 대법원 2013. 7. 12. 선고 2006다17539 판결은 고엽제의 설계상 결함을 인정한 원심판결이 정당하다고 하였다. 그러나 이른바 특이성 질환 아닌 비특이성 질환의 경우에는 특정 위험인자와 비특이성 질환 사이에 역학적 상관관계가 인정된다 하더라도, 어느 개인이 그 위험인자에 노출되었다는 사실과 그 비특이성 질환에 걸렸다는 사실을 증명하는 것만으로 양자 사이의 인과관계를 인정할 만한 개연성이 증명되었다고 볼 수 없고, 그 위험인자에 의하여 그 비특이

성 질환이 유발되었을 개연성이 있다는 점이 증명되어야 한다고 보았다.

4. 서울고등법원 2008. 1. 10. 선고 2005나69245 판결(주 70)의 상고심인 대법원 2011. 9. 29. 선고 2008다16776 판결은, 환자인 피해자가 제약회사를 상대로 바이러스에 오염된 혈액제제를 통하여 감염되었다는 것을 손해배상책임의 원인으로 주장하는 경우, 제약회사가 제조한 혈액제제를 투여받기 전에는 감염을 의심할 만한 증상이 없었고, 혈액제제를 투여받은 후 바이러스 감염이 확인되었으며, 혈액제제가 바이러스에 오염되었을 상당한 가능성이 있다는 점을 증명하면, 제약회사가 제조한 혈액제제 결함 또는 제약회사 과실과 피해자 감염 사이의 인과관계를 추정할 수 있다고 판시하였다. 이 판결은 환경오염소송에서의 이른바 개연성 이론에 의하여 인과관계를 인정한 것과 같은 취지로 보인다. 尹眞秀, “이용훈 대법원의 민법판례”, 李容勳大法院長在任記念 正義로운 司法, 2011, 53면; 문현호, “혈액제제 제조물책임 소송과 증명책임”, 의료법학 제12권 2호, 2011, 86면 참조.

5. 주 107)의 본문에서 언급한 사건에 관하여 수원지방법원 2013. 2. 19. 선고 2009가합863 판결은, 담뱃불이 스스로 꺼지지 않는 담배를 만드는 것이 설계상의 결함에는 해당하지 않는다는 등의 이유로 원고의 청구를 기각하였다.

6. 대법원 2014. 4. 10. 선고 2011다22092 판결은 서울고등법원 2011. 2. 15. 선고 2007나18883 판결(주 75)의 상고심 판결인데, 대체로 항소심 판결과 마찬가지로 담배에 제조물로서의 결함이 있다는 원고들의 주장을 배척하였다. 그리고 역학적 인과관계에 대하여는, 흡연과 비특이성 질환인 비소세포암, 세기관지 폐포세포암의 발병 사이에 역학적 인과관계가 인정될 수 있다고 하더라도, 어느 개인이 흡연을 하였다는 사실과 위 비특이성 질환에 걸렸다는 사실이 증명되었다고 하여 그 자체로서 양자 사이의 인과관계를 인정할 만한 개연성이 증명되었다고 단정하기는 어렵다고 보았다. 그러나 소세포암과 비소세포암 중 편평세포암은 흡연과 관련성이 매우 크다고 하여 인과관계를 인정할 수 있다고 볼 수 있는 여지를 남겼다. 다른 한편 비소세포암 중 세기관지 폐포세포암을 제외한 선암에 대하여는 위 두 조직형의 폐암과 비교해서 관련성이 현저히 낮다고 평가되고 있다고 하여 명백한 태도를 보이지 않았다.

저자약력

서울대학교 법과대학 졸업(1977)
사법연수원 제9기 수료(1979)
육군 법무관(1979)
서울민사지방법원 판사(1982)
독일 함부르크대학교 및 막스플랑크 외국사법 및 국제사법 연구소 연수(1987-1988)
헌법재판소 헌법연구관(1990)
대법원 재판연구관(1992)
서울대학교 법학박사(1993)
수원지방법원 부장판사(1995)
서울대학교 법과대학 조교수, 부교수, 정교수(1997-)
미국 버지니아 대학교 객원연구원(2003-2004)
서울대학교 법학전문대학원 교수(2007-)
전 한국법경제학회 회장, 한국비교사법학회 회장, 한국가족법학회 회장, 한국민사법학회 회장
전 법무부 가족법개정특별위원회 위원장, 법무부 민법개정위원회 실무위원장, 부위원장
현 민사판례연구회 회장

民法論攷 Ⅵ

초판인쇄 2015년 5월 10일
초판발행 2015년 5월 20일

지은이 윤진수
펴낸이 안종만

편 집 김선민·이승현·한두희
기획/마케팅 조성호
표지디자인 김문정
제 작 우인도·고철민

펴낸곳 (주) 박영사
서울특별시 종로구 새문안로3길 36, 1601
등록 1959. 3. 11. 제300-1959-1호(倫)
전 화 02)733-6771
f a x 02)736-4818
e-mail pys@pybook.co.kr
homepage www.pybook.co.kr
ISBN 979-11-303-2532-3 94360
978-89-6454-734-2(세트)

정 가 35,000원